Historisches Forschungszentrum der Friedrich-Ebert-Stiftung
Reihe Politik- und Gesellschaftsgeschichte, Bd. 57

Herausgegeben von Dieter Dowe und Michael Schneider

Bernd Buchner

Um nationale und republikanische Identität

Die deutsche Sozialdemokratie
und der Kampf um die politischen Symbole
in der Weimarer Republik

Verlag J.H.W. Dietz Nachf.

Die Deutsche Bibliothek – CIP-Einheitsaufnahme

Buchner, Bernd:
Um nationale und republikanische Identität:
die deutsche Sozialdemokratie und der Kampf um die
politischen Symbole in der Weimarer Republik / Bernd Buchner. –
Bonn : Dietz 2001
(Reihe: Politik- und Gesellschaftsgeschichte ; Bd. 57)
ISBN 3-8012-4117-3
ISSN 0941-7621

Copyright © 2001 by
Verlag J.H.W. Dietz Nachf. GmbH
In der Raste 2, 53129 Bonn
Lektorat: Prof. Dr. Michael Schneider
Druck und Verarbeitung: SDV, Saarbrücken
Alle Rechte vorbehalten
Printed in Germany 2001

Inhaltsverzeichnis

Vorwort 7

Abkürzungen 9

Einleitung 11

1. Der neue Staat und sein umkämpftes Zeichen:
   Flaggenstreit um schwarz-rot-gold und schwarz-weiß-rot 45

   1.1. „Die Reichsfarben sind schwarz-rot-gold" (3. Juli 1919) 45
   1.2. Symbole in der Novemberrevolution 52
   1.3. Die Hinwendung zu schwarz-rot-gold: Gründe und Verlauf 63
   1.4. Kontroversen in der Sozialdemokratie 83
   1.5. Popularisierung und Verteidigung der Reichsfarben 96
   1.6. Die großen Auseinandersetzungen um die Flaggen 104
   1.7. Rücknahme und Beseitigung: Schwarz-rot-gold am Ende der
        Weimarer Republik 123

2. Die Indienstnahme des freiheitlichen 19. Jahrhunderts:
   Lied der Deutschen und „Tradition von 1848" 133

   2.1. Das Deutschlandlied wird Nationalhymne (11. August 1922) 133
   2.2. Der Kontext des Gesangs: 1848, Langemarck, Versailles 140
   2.3. „Sanges-Schmerzen und Lieder-Bedenken": Die Zeit bis 1922 .. 152
   2.4. Die Nationalhymne und die Sozialdemokratie 159
   2.5. Zwischen Volkserhebung und Reformgeist:
        Die Weimarer Sozialdemokratie und die „Tradition von 1848" .. 168

3. Die Geburt der Republik aus dem „Geist von 1914":
   Monarchie und Weltkrieg im Weimarer Staat 185

   3.1. Hindenburgs Einzug in Berlin (11. Mai 1925) 185
   3.2. Der Mythos in der Republik: Hermann, Siegfried, Dolchstoß 193

3.3. Der Weltkrieg in der symbolischen Deutung der Republikaner 210
3.4. Totengedenken und Reichsehrenmal 220
3.5. „Schlagt Hitler! Wählt Hindenburg!" Die Sozialdemokratie in der Reichspräsidentenwahl von 1932 231
3.6. Der Schatten der deutschen Geschichte: Friedrich der Große und Bismarck aus sozialdemokratischer Sicht 237

4. Der Krieg der gespaltenen Arbeiterklasse: Proletarische Symbole im Widerstreit von SPD und KPD 252

4.1. Sozialdemokraten gegen Kommunisten (1. Mai 1929) 252
4.2. Der Maifeiertag und seine Wandlungen in der Republik 263
4.3. „... außen rot und innen weiß"? Riten, Mythen und Symbole der Weimarer Arbeiterbewegung 276
4.4. Die Verbindung von nationalrepublikanischer und proletarischer Symbolik als SPD-Spezifikum 285
4.5. Dreipfeil gegen Hakenkreuz: Die „Eiserne Front" im symbolischen Kampf gegen den Nationalsozialismus 288

5. Die untergehende Republik und ihre Festkultur: Verfassungstag und Weimarer Tradition 301

5.1. Der letzte Weimarer Verfassungstag (11. August 1932) 301
5.2. Alte und neue Feiertage 309
5.3. Die gescheiterte Erhebung des 11. August zum Nationalfeiertag ... 321
5.4. Die Entwicklung des Verfassungstages in der Republik 330
5.5. Traditionsbildung in der Republik: Aspekte einer Weimarer Erinnerungskultur 346

Zusammenfassung 361

Quellen- und Literaturverzeichnis 369
    Ungedruckte Quellen 369
    Zeitungen und Zeitschriften 370
    Gedruckte Quellen und Literatur 370

Personenregister 401

Der Autor 408

Vorwort

> „Pflanzt die schwarz-rot-goldne Fahne
> auf die Höhe des deutschen Gedankens,
> macht sie zur Standarte des freien Menschtums,
> und ich will mein bestes Herzblut für sie hingeben."
> *(Heinrich Heine: Deutschland. Ein Wintermärchen, 1844)*

Die vorliegende Arbeit ist die leicht überarbeitete Fassung einer Doktorarbeit, die ich im Februar 1999 an der Philosophischen Fakultät der Justus-Liebig-Universität Gießen einreichte und am 19. Mai des gleichen Jahres disputierte. Zufällig fiel in diese Zeit auch der Umzug des Deutschen Bundestags von Bonn nach Berlin. Zusammen mit den Abgeordneten zogen die Kennzeichen der alten Bundesrepublik, die Farben schwarz-rot-gold und der Gesang von „Einigkeit und Recht und Freiheit", in die neue Hauptstadt, in der Vergangenheit und Zukunft symbolisch aufeinandertreffen. Wenn ich im Folgenden den Versuch unternehme, die Rolle der deutschen Sozialdemokratie in den Kämpfen um die politischen Symbole in der Republik von Weimar (1918 bis 1933) zu skizzieren, so verstehe ich dies als Beitrag zur historischen Forschung ebenso wie zur aktuellen Frage nach dem Selbstverständnis der neu vereinigten Republik. Die Republikaner und Demokraten im Weimarer Staat, von denen nicht wenige zu Märtyrern wurden, haben in dieser Hinsicht bereits viele Antworten gegeben.

Am vorläufigen Ende einer mehrjährigen Beschäftigung mit dem Thema ist vielen Menschen und Institutionen zu danken, ohne deren Hilfe die Studie nicht möglich gewesen wäre. Helmut Berding, mein Doktorvater, hat das Projekt angeregt, stand mir fachlich mit Rat und Tat zur Seite und hat mich mit seiner außerordentlichen Persönlichkeit selbst durch menschliche Krisen getragen. In seinem Gießener Oberseminar, in dem ich mehrmals referieren durfte, fand ich ein offenes und höchst anregendes Gesprächsklima vor. Dort und bei vielen anderen Gelegenheiten profitierte ich erheblich von den Anregungen von Winfried Speitkamp, meinem zweiten Gutachter. Der Friedrich-Ebert-Stiftung ist für ihre finanzielle Unterstützung und ideelle Förderung im Rahmen eines Promotionsstipendiums zu danken, ebenso Michael Schneider und Dieter Dowe, die die Arbeit in die von ihnen herausgegebene Reihe aufnahmen.

Neben den zahllosen Bediensteten von Archiven und Bibliotheken, denen ich im Lauf der Jahre oft auf die Nerven gegangen bin, haben viele Verwandte, Freunde und Bekannte geholfen: indem sie fachliche Hinweise gaben, regen Anteil an der Arbeit nahmen, mir Unterkunft bei Archivaufenthalten gewährten, mich in Gesprächen dazu brachten, inhaltliche Sicherheit zu gewinnen, mich Arbeitsökonomie lehrten. Stellvertretend für diese vielen – und viele wissen gar nicht, wie sehr sie geholfen haben – danke ich meinen Eltern: für die immerwährende materielle und moralische Unterstützung. Die Widmung gilt zwei Menschen, die die Veröffentlichung leider nicht mehr miterleben dürfen: Franziska und Gerhard Liegel.

Bernd Buchner
Bayreuth, im Februar 2001

Abkürzungen

ADAV	Allgemeiner Deutscher Arbeiterverein
ADGB	Allgemeiner Deutscher Gewerkschaftsbund
AdR	Akten der Reichskanzlei
AdsD	Archiv der sozialen Demokratie, Bonn
Art.	Artikel
BArchBln	Bundesarchiv, Berlin
BArchKo	Bundesarchiv, Koblenz
Bd.	Band
bearb.	bearbeitet(...)
BVP	Bayerische Volkspartei
DAS	Deutscher Arbeiter-Sängerbund
DDP	Deutsche Demokratische Partei
DNVP	Deutschnationale Volkspartei
dt.	deutsch(...)
DVLP	Deutsche Vaterlandspartei
DVP	Deutsche Volkspartei
ebd.	ebenda
EF	Eiserne Front
EKKI	Exekutivkomitee der Kommunistischen Internationale
erw.	erweitert(...)
fol.	folio
GStA PK	Geheimes Staatsarchiv Preußischer Kulturbesitz, Berlin
H.	Heft
HA	Hauptabteilung
HIKO	Historische Kommission zu Berlin
HLD	Hessisches Landesmuseum, Darmstadt
HLHB	Hessische Landes- und Hochschulbibliothek, Darmstadt
HMF	Historisches Museum, Frankfurt
hschr.	handschriftlich
HStAD	Hessisches Staatsarchiv, Darmstadt

Kl.Erw.	Kleine Erwerbungen
KPD	Kommunistische Partei Deutschlands
mschr.	maschinenschriftlich
Mskr.	Manuskript
MSPD	Mehrheitssozialdemokratische Partei Deutschlands
ND	Nachdruck/Neudruck
NF	Neue Folge
NL	Nachlass
Nr.	Nummer
NSBO	Nationalsozialistische Betriebszellenorganisation
NSDAP	Nationalsozialistische Deutsche Arbeiterpartei
o.J.	ohne Jahresangabe
o.O.	ohne Ortsangabe
o.P.	ohne Paginierung
PP-USPD	Protokolle der Parteitage der USPD
PVP-SPD	Protokolle über die Verhandlungen der Parteitage der SPD
RdV	Rat der Volksbeauftragten
Rep.	Repositur
RFB	Roter Frontkämpfer-Bund
RfH	Reichszentrale für Heimatdienst
S.	Seite
SA	Sturmabteilung
Sp.	Spalte
SPD	Sozialdemokratische Partei Deutschlands
StGB	Strafgesetzbuch
UBHd	Universitätsbibliothek, Heidelberg
USPD	Unabhängige Sozialdemokratische Partei Deutschlands
VNV	Verhandlungen der Deutschen Nationalversammlung
VRT	Verhandlungen des Reichstags
WRV	Weimarer Reichsverfassung
W.T.B.	Wolffs Telegraphisches Bureau
ZK	Zentralkomitee
ZSg.	Zeitgeschichtliche Sammlungen

Einleitung

„Die Sozialdemokratie, im alten Staat Oppositionspartei, Partei der Opposition gegen diesen Staat und deshalb ohne warmes Verhältnis zum Staatsgedanken überhaupt, musste nach dem Kriege zur Staatspartei umgestaltet werden, zur verantwortungsbewussten Trägerin des neuen Staates, der ihr Staat ist." Mit diesen Worten beschrieb 1925 der frühere Reichsjustizminister Gustav Radbruch (SPD) in einem Gedenkartikel für den verstorbenen Friedrich Ebert den Weg seiner Partei „von der Staatsfremdheit zur Staatsbejahung" zwischen Kaiserreich und Weimarer Republik.[1] Die parlamentarisch-demokratische Grundordnung war 1918/19 auf den Trümmern der im Ersten Weltkrieg untergegangenen Hohenzollernmonarchie errichtet worden, und der neue Staat hatte nicht nur deren Erblasten, sondern auch die Beschwerungen durch den Vertrag von Versailles zu tragen. Obwohl nur zeitweilig in nationaler Regierungsverantwortung, entwickelte sich die deutsche Sozialdemokratie zur wichtigsten Vertreterin des republikanischen Gedankens in Deutschland und damit zur „Staatspartei der Republik", wie sie der *Vorwärts*-Chefredakteur Friedrich Stampfer nicht ohne Stolz nannte.[2] Diese Entwicklung, die zugleich das scheinbare Spannungsverhältnis zwischen nationaler Loyalität und internationaler Klassensolidarität zu lösen versuchte, hatte sich bereits seit der Jahrhundertwende angedeutet und 1914 mit dem *Burgfrieden* und der Gewährung der Kriegskredite ihren vorläufigen Höhepunkt erreicht. Der sozialdemokratische „Aufbruch in die Nation"[3] setzte sich nach der Novemberrevolution fort und spiegelte sich fortan in besonderem Maße in der politischen und nationalen Symbolik der Republik. Zum einen führten, wie unten näher zu erläutern sein wird, die fortschreitende Massenkultur sowie der politische Bruch von 1918/19, der einen Symbolbruch nach sich zog, zu einer wachsenden Bedeutung von politischer Symbolik. Deshalb waren symbolische Fragen in der Weimarer Republik wohl mehr als in jeder anderen Epoche der deutschen Geschichte

---

1 Gustav Radbruch: Friedrich Ebert, der Staatsmann, in: Schleswig-Holsteinische Volks-Zeitung (SchlHVZ) 3.3.1925 (wieder abgedruckt in Gustav Radbruch: Biographische Schriften. Bearb. von Günter Spendel (Gustav Radbruch: Gesamtausgabe. Hg. von Arthur Kaufmann, Bd. 16), Heidelberg 1988, S. 96-100, Zitate S. 99).
2 Friedrich Stampfer: Die vierzehn Jahre der Ersten Deutschen Republik, Köln o.J. [³1953], S. 342.
3 Vgl. hierzu zusammenfassend Gunther Mai: Das Ende des Kaiserreichs. Politik und Kriegführung im Ersten Weltkrieg (Deutsche Geschichte der neuesten Zeit vom 19. Jahrhundert bis zur Gegenwart, hg. von Martin Broszat u.a.), München ³1997, S. 38-51.

reale und höchst streitige Probleme.[4] Es entzündeten sich Symbolkämpfe, die nicht etwa allein das Produkt einer besonders streitlustigen politischen Öffentlichkeit waren, sondern verschleppte Konflikte aus der deutschen Geschichte des gesamten 19. Jahrhunderts widerspiegelten. Berühmtes Beispiel hierfür ist die Auseinandersetzung zwischen den beiden deutschen Trikoloren schwarz-rot-gold und schwarz-weiß-rot, die die Ideen von 1848 respektive 1871 repräsentierten. Nach der Machtübernahme Hitlers hat Hubertus Prinz zu Löwenstein vom holländischen Exil aus mit vollem Recht die Ansicht geäußert, in der Tragödie der Farben liege die Tragödie des ganzen Volkes umschlossen.[5] Zum anderen hatte sich die Arbeiterbewegung im Kaiserreich eine von der bürgerlichen Kultur strikt getrennte Kulturorganisation geschaffen und ihren Riten, Mythen und Symbolen einen bewusst staatsoppositionellen Charakter verliehen. Unter den gewandelten Verhältnissen der Weimarer Republik mussten proletarische und staatliche Symbolik wieder in Beziehung gesetzt, die Formen und Inhalte von politischer Reklame ins Positive gewendet werden.[6] Die Aufhebung der Zensur und die Demokratisierung des Wahlrechts mussten besonders die SPD herausfordern, denn als klassische Arbeiterpartei hatte sie die proletarischen Massen für sich und für die Demokratie zu gewinnen. Immer wieder hat die Weimarer Sozialdemokratie dabei ein spezifisches Nationsverständnis vorgetragen, das fern vom wilhelminischen Hurra-Patriotismus und noch ferner von der revanchistischen Agitation der rechten Parteien in der Republik einen Ausgleich zwischen nationaler Gesinnung einerseits, Völkerverständigung und internationaler proletarischer Solidarität andererseits herzustellen versuchte.

Indes zeigt ein Blick in die Literatur zur Epoche zwischen 1918 und 1933, dass ein Zusammenhang zwischen dem Nationsverständnis politischer Parteien

---

4 Dass Symbole maßgeblichen Einfluss auf reale Politik haben, ist indes keineswegs ein rein deutsches Phänomen, wie zwei auswärtige Beispiele zeigen. In Frankreich scheiterte im Jahr 1873 eine Rückkehr zur Monarchie an der Forderung des Thronprätendenten Henri Graf von Chambord, statt der blau-weiß-roten Tricolore wieder das bourbonische Lilienbanner als Nationalfahne einzuführen (Heinz-Otto Sieburg: Geschichte Frankreichs. 4., überarbeitete und erweiterte Auflage, Stuttgart usw. 1989, S. 345f.). Auf dem Höhepunkt der Auseinandersetzungen zwischen schwarz-rot-gold und schwarz-weiß-rot in der Weimarer Republik stritt man auch in Südafrika leidenschaftlich um die Staatsflagge (Jörg Fisch: Geschichte Südafrikas, München 1990, S. 262). Siehe hierzu ferner den Artikel „Flaggenfrieden in Südafrika" in der Kreuz-Zeitung vom 17.11.1927. Dort ist zu lesen, am Kap der guten Hoffnung habe man die Frage der Staatsfahne mit gesundem Menschenverstand, nicht mit Parteimehrheiten und parlamentarischen Mitteln zu lösen verstanden, worauf in Deutschland zu hoffen man jedoch den Mut verliere.
5 Prinz Hubertus Löwenstein: Die Tragödie eines Volkes. Deutschland 1918-1934, Amsterdam 1934, S. 170.
6 Siehe etwa Kurt Koszyk: „Nie vergessen, auszusprechen das, was ist". Aus 85 Jahren Agitation, Propaganda und politischer Werbung der SPD, in: Vorwärts 24.11.1960.

und Bewegungen und ihrer Haltung zu Fragen politischer und nationaler Symbolik allenfalls beiläufig hergestellt wird. Zwar ist aus der *ungeliebten Republik* eines der Lieblingskinder der historischen Forschung in Deutschland geworden. „Kaum eine Epoche der deutschen Geschichte ist so eingehend bearbeitet worden wie die Zeit der Weimarer Republik", stellt Hans Mommsen fest.[7] Zur politischen, wirtschaftlichen, gesellschaftlichen und kulturellen Geschichte der 20er Jahre gibt es eine nicht mehr überschaubare Fülle von Überblicksdarstellungen und Einzelabhandlungen. Dagegen findet sich über die politische und nationale Symbolik in Weimar nur sehr wenig einschlägige Literatur. Nach der Dissertation von Alois Friedel aus dem Jahr 1956, der bisher einzigen Gesamtbetrachtung des Themas, ist lediglich eine Reihe von Aufsätzen zu Einzelfragen veröffentlicht worden. Zur Symbolik des rechten Spektrums, zumal des Nationalsozialismus, gibt es inzwischen fundierte Veröffentlichungen, während eine Betrachtung der Symbolik der Linken bislang ebenso fehlt wie eine aktuelle Monographie über die republikanische Nationalsymbolik im Weimarer Staat. Allein die zahllosen zeitgenössischen Veröffentlichungen etwa zum Flaggenstreit, die von Friedel so gut wie nicht ausgewertet wurden, böten Stoff genug.[8] Gerade der Streit der Trikoloren, der in der Weimarer Republik

---

7 Hans Mommsen: Die verspielte Freiheit. Der Weg der Republik von Weimar in den Untergang 1918 bis 1933 (Propyläen Geschichte Deutschlands, hg. von Dieter Groh, Bd. 8), Frankfurt a.M./Berlin 1989, S. 10.

8 Alois Friedel: Die politische Symbolik in der Weimarer Republik, phil. Diss. Marburg 1956. Aufsätze zu Einzelfragen: Wolfgang Ribbe: Flaggenstreit und Heiliger Hain. Bemerkungen zur nationalen Symbolik in der Weimarer Republik, in: Dietrich Kurzke (Hg.): Aus Theorie und Praxis der Geschichtswissenschaft. Festschrift für Hans Herzfeld zum 80. Geburtstag (Veröffentlichungen der Historischen Kommission zu Berlin, Bd. 37), Berlin/New York 1972, S. 175-188; Peter Bucher: Die Errichtung des Reichsehrenmals nach dem ersten Weltkrieg, in: Jahrbuch für westdeutsche Landesgeschichte 7 (1981), S. 359-386; Richard Albrecht: Symbolkampf in Deutschland 1932: Sergej Tschachotin und der „Symbolkrieg" der Drei Pfeile gegen den Nationalsozialismus als Episode im Abwehrkampf der Arbeiterbewegung gegen den Faschismus in Deutschland, in: Internationale wissenschaftliche Korrespondenz zur Geschichte der deutschen Arbeiterbewegung 22 (1986), S. 498-533; Ursula Mader: Wie das „Deutschlandlied" 1922 Nationalhymne wurde. Aus der Ministerialakte „Nationallied", in: Zeitschrift für Geschichtswissenschaft 38 (1990), S. 1088-1100; Winfried Speitkamp: „Erziehung zur Nation". Reichskunstwart, Kulturpolitik und Identitätsstiftung im Staat von Weimar, in: Helmut Berding (Hg.): Nationales Bewusstsein und kollektive Identität. Studien zur Entwicklung des kollektiven Bewusstseins in der Neuzeit 2, Frankfurt a.M. 1994. Zur Symbolik der Rechten: Karlheinz Weißmann: Schwarze Fahnen, Runenzeichen. Die Entwicklung der politischen Symbolik der deutschen Rechten zwischen 1890 und 1945, Düsseldorf 1991; Sabine Behrenbeck: Der Kult um die toten Helden. Nationalsozialistische Mythen, Riten und Symbole 1923 bis 1945 (Kölner Beiträge zur Nationsforschung, hg. von Otto Dann u.a., Bd. 2), Vierow bei Greifswald 1996. Zeitgenössische Veröffentlichungen zum Flaggenstreit: Paul Bartels: Die deutschen Reichsfarben. Ein Beitrag zur Frage der Einheits-Flagge, Hannover 1926; Max Buchner: Schwarz-Rot-Gold und Schwarz-Weiß-Rot in Vergangenheit und Gegenwart. Betrachtungen über den Werdegang und Stand der „Deutschen Frage", München 1924; Eduard

bis zum Rücktritt eines Reichskanzlers führte, widerlegt diejenigen, die zu einer Unterschätzung von Faktoren wie politischer Symbolik neigen. Bezeichnend mag sein, dass sich in der gesamten Literatur zur Nationalhymne nicht die geringste stichhaltige Aussage über das Verhältnis der Sozialdemokratie zum *Lied der Deutschen* findet. Ebenso vernachlässigt wird der Verfassungstag der Weimarer Republik, zu dem es bislang lediglich einige Spezialstudien gibt. Selbst in einschlägigen Publikationen über die deutsche Nationalsymbolik wird in den Passagen zu Weimar der 11. August entweder schlicht ausgeblendet oder auf eine Stufe mit antirepublikanischen Gedenktagen gestellt.[9]

Symbolik, so hat es den Anschein, wird oft als bloßes Beiwerk zur politischen Geschichte unterschätzt, das zur Illustrierung bereits bekannter Sachverhalte diene und die harten Fakten lediglich mit bunten Bildern garniere. Dieser Position hat schon 1979 der Ethnologe Gottfried Korff mit Blick auf die Geschichte des Maifeiertages widersprochen. Bisher, so Korff, könne man sich „über die Geschichte des 1. Mai nur an beiläufiger Stelle informieren". Der Grund: „Den Historikern war die politische Geschichte wichtiger als die Feiertagsarabeske, obwohl der 1. Mai von Anfang an stets Brennpunkt heftiger

---

David: Um die Fahne der Deutschen Republik! Ihre Bedeutung in Geschichte und Gegenwart, Stuttgart/Berlin 1921; ders.: Um die Fahne der Deutschen Republik. Ihre Bedeutung in Geschichte und Gegenwart. Gänzlich neu bearbeitete Auflage, Hannover 1926; Die Geschichte von Schwarz-Rot-Gold. Beiträge zur deutschen Flaggenfrage, Berlin 1922; Wilhelm Erman: Schwarzrotgold und Schwarzweißrot. Ein historischer Rückblick (Die Paulskirche, eine Schriftenfolge), Frankfurt a.M. ²1925; Ernst Jäger: Schwarz-Rot-Gold in der deutschen Geschichte. Kulturhistorischer Beitrag zur Flaggenfrage, Berlin o.J. [1925]; Ottfried Neubecker/Erik Wolf: Die Reichseinheitsflagge. Ein Vorschlag. Mit einer farbigen Tafel, Heidelberg 1926; Erwin Ritter: Hoch über den Parteien das Vaterland! Ein Beitrag zur Flaggen-, Wappen- und Festtagsfrage, Karlsruhe o.J.[1931]; Fritz Schultze: Die deutsche Fahne, Berlin/Leipzig 1930; Veit Valentin/Ottfried Neubecker: Die deutschen Farben. Mit einem Geleitwort von Reichskunstwart Dr. Edwin Redslob, Leipzig o.J. [1929]; Egmont Zechlin: Die Entstehung der schwarz-weiß-roten Fahne und das Problem der schwarz-rot-goldenen Farben. Zur Geschichte von Bismarcks Verfassungsgründung, in: Archiv für Politik und Geschichte 3 (1925), S. 345-367.

9 Gerade Autoren, die sich explizit mit der Weimarer Symbolik beschäftigen, neigen offenbar zu einer Geringschätzung des Verfassungstages. Beispielhaft sind die Bemerkungen von Hans Hattenhauer im von der Bundeszentrale für politische Bildung publizierten *Handbuch zur deutschen Einheit*. Hier wird der 11. August schlicht unterschlagen; siehe Hans Hattenhauer: Nationalsymbole, in: Werner Weidenfeld/Karl-Rudolf Korte (Hg.): Handbuch zur deutschen Einheit, ND Bonn 1994, S. 486-493, Zitat S. 490: „Die Weimarer Republik hat keinen überzeugenden Nationalfeiertag zustande gebracht. Der 1. Mai und der 18. Januar (Reichsgründungstag) waren partiell gebundene Veranstaltungen geblieben. Der Volkstrauertag war als das Werk des Volksbundes deutscher Kriegsgräberfürsorge zwar im Aufstieg begriffen, nicht aber als Feiertag geeignet." Immerhin Erwähnung findet der 11. August bei Karlheinz Weißmann, allerdings in einer 20-seitigen Passage über die Nationalsymbolik der Weimarer Republik nur an einer einzigen kurzen Stelle und zudem sachlich falsch (Karlheinz Weißmann: Die Zeichen des Reiches. Symbole der Deutschen, Asendorf 1989, S. 95-116, hier S. 113).

strategischer Diskussionen und Auseinandersetzungen war. Die Gestaltung des 1. Mai als Kampftag oder Feiertag war stets eine wichtige politische Frage."[10] Zur intellektuellen Unterschätzung von Symbolen und allgemein der politischen Imponderabilien hat Pierre Lantz einen ebenso interessanten Gedanken formuliert: „In der Politik verlieren die Begriffe die Genauigkeit, die sie auf anderen Bereichen haben mochten. Dies gilt vor allem für das politische Imaginäre. So ziehen es auch die, die auf Wissenschaftlichkeit Anspruch erheben, vor, hierüber lieber nicht zu reden."[11] Man kann zwar schwerlich behaupten, dass die politische Geschichte der Weimarer Republik von ihrer Symbolgeschichte überlagert worden sei. Indes wäre es falsch, bei der Suche nach den Ursachen für das Scheitern der Republik und für den Aufstieg des Nationalsozialismus die Frage des Symbolischen und Imaginären in der Politik völlig außer acht zu lassen. Denn es fällt auf, dass kaum eine Erörterung der Frage, warum es den Nationalsozialisten gelang, gewichtige Teile der deutschen Bevölkerung für ihre Politik zu begeistern und zu „verführen", ohne den Hinweis auf Symbolik und Inszenierung sowie auf die propagandistischen Fähigkeiten von Hitler und Goebbels auskommt.

Die historische Forschung betont diese und vernachlässigt gleichzeitig die republikanische Seite auf dem Gebiet der Symbolpolitik. Dies gab den Anstoß zur vorliegenden Studie, die sich als Beitrag sowohl zum Verständnis der Weimarer Sozialdemokratie von Staat, Nation und Republik als auch zur Geschichte der politischen und nationalen Symbolik in Weimar versteht. Dabei liegt auf der Hand, dass es *die* Weimarer Sozialdemokratie nicht gegeben hat. Die Partei war nicht nur bis 1922 organisatorisch gespalten, sie blieb auch darüber hinaus einerseits hoch fragmentiert und verfügte auf der anderen Seite bei allem „Aufbruch in die Nation" nach wie vor über ein relativ festgefügtes proletarisches Milieu und Wählerpotenzial. Die gesellschaftspolitische Entwicklung der SPD zu einer Volkspartei der linken Mitte kam in der Republik über einige Ansätze nicht hinaus.[12] Doch verstärkte sich die Betonung des Nationalen gerade des-

---

10 Gottfried Korff: Volkskultur und Arbeiterkultur. Überlegungen am Beispiel der sozialistischen Maifesttradition, in: Geschichte und Gesellschaft 5 (1979), S. 83-102, Zitat S. 87.
11 Pierre Lantz: Krise der Politik und Krise des Symbols, in: Jürgen Link/Wulf Wülfing (Hg.): Nationale Mythen und Symbole in der zweiten Hälfte des 19. Jahrhunderts. Strukturen und Funktionen von Konzepten nationaler Identität (Sprache und Geschichte, hg. von Reinhart Koselleck/Karlheinz Stierle, Bd. 16), Stuttgart 1991, S. 72-83.
12 Zur Weimarer Sozialdemokratie grundlegend und unverzichtbar Heinrich August Winkler: Von der Revolution zur Stabilisierung. Arbeiter und Arbeiterbewegung in der Weimarer Republik 1918 bis 1924, Berlin/Bonn ²1985; ders.: Der Schein der Normalität. Arbeiter und Arbeiterbewegung in der Weimarer Republik 1924 bis 1930, Berlin/Bonn ²1988; ders.: Der Weg in die Katastrophe. Arbeiter und Arbeiterbewegung in der Weimarer Republik 1930 bis 1933, Bonn ²1990 (Geschichte der Arbeiter und der Arbeiterbewegung in Deutschland seit

halb, weil die Nation nun erstmals in der deutschen Geschichte entschieden und ausschließlich republikanisch verstanden wurde. Die Sozialdemokratie hat das in der ersten deutschen Republik an den politischen Symbolen und in den vielfältigen symbolischen Gefechten durchexerziert. Beide Themen: das im Vergleich zum Kaiserreich gewandelte Verhältnis der SPD zu Staat, Nation und Republik sowie die Auseinandersetzungen um die politischen Symbole in Weimar, werden also aus gegebenem Anlass verknüpft. Dabei finden die verschiedenen Bereiche der politischen und nationalen Symbolik Berücksichtigung, von spezifisch proletarischen Riten, Mythen und Symbolen wird ebenso die Rede sein wie vom weiterwirkenden Imponderabilienfundus der untergegangenen Monarchie und insbesondere von den brisanten Weltkriegssymbolen und -mythen. Im Mittelpunkt steht indes die *republikanische Nationalsymbolik* des Weimarer Staates, die mit maßgeblicher Beteiligung der SPD auf die freiheitlich-nationale Tradition des deutschen Vormärz und der Revolution von 1848 zurückgriff. Damit ist eine der drei Erscheinungsformen nationaler Symbolik benannt, zwischen denen für die Weimarer Zeit aufgrund des Politikbruches in Deutschland 1918/19 zu unterscheiden ist. Den offiziellen Weimarer Symbolen stand die *nicht republikanische Nationalsymbolik* gegenüber, die im Kaiserreich von 1871 und im Ersten Weltkrieg ihren Ursprung hatte und in der Weimarer Republik überwiegend negativ-antirepublikanisch weiterwirkte. Gleiches gilt für die dritte Kategorie, die *politisierte Nationalsymbolik* aus dem überlieferten Mythen- und Allegorienfundus der deutschen Geschichte. Die Politisierung von Hermann- oder Nibelungenmythos hatte bereits im Kaiserreich eingesetzt, verstärkte sich in der Weimarer Zeit immens und spielte in den politischen Tageskämpfen der Republik eine zentrale Rolle, wie am Beispiel der Dolchstoßlegende ersichtlich ist. Die drei Spielarten nationaler Symbolik werden nicht separat betrachtet, sondern in fünf Kapiteln in je eigener Weise miteinander verbunden. Nur punktuell ist ein chronologisches Vorgehen möglich. Manche Gesichtspunkte, Organisationen, Ereignisse und Gestalten tauchen deshalb an mehreren Stellen auf, so etwa das Reichsbanner Schwarz-Rot-Gold, der Mord an Reichsaußenminister Walther Rathenau oder die Figur des Reichspräsidenten Paul von Hindenburg.

Die Gliederung bedarf einer ausführlichen Erläuterung. Nachdem die Einleitung weiter unten eine Definition des Begriffs „Symbol" sowie einen kurzen historischen Überblick über politische Symbolik gibt und schließlich einige

---

dem Ende des 18. Jahrhunderts, hg. von Gerhard A. Ritter). Das sozialdemokratische Verhältnis zur Nation beleuchten Dieter Groh/Peter Brandt: „Vaterlandslose Gesellen". Sozialdemokratie und Nation 1860-1990, München 1992, bes. S. 174-210. Wichtige soziologische Analysen zur Frage der „Volkspartei" SPD liefern Peter Lösche/Franz Walter: Die SPD: Klassenpartei-Volkspartei-Quotenpartei. Zur Entwicklung der Sozialdemokratie von Weimar bis zur deutschen Vereinigung, Darmstadt 1992, S. 1-76.

allgemeine Aspekte der Weimarer Symbolgeschichte behandelt, greifen die fünf Kapitel der Studie zentrale Themen der politischen und nationalen Symbolik in Weimar-Deutschland heraus. Brennpunktartig beginnt jedes dieser Kapitel mit der Schilderung eines paradigmatischen Ereignisses aus der Geschichte der Republik. Diese fünf Daten (3. Juli 1919, 11. August 1922, 11. Mai 1925, 1. Mai 1929, 11. August 1932) bilden das kalendarische Gerüst der Studie. Davon abgesehen ist eine relative Chronologie lediglich in den zwei ersten Kapiteln enthalten. Beide beschäftigen sich im engeren und weiteren Sinne mit der *Tradition von 1848*, auf die sich die Verantwortlichen der republikanischen Politik nach 1918 maßgeblich beriefen, um das Fehlen eines eigenständigen Gründungsmythos im Weimarer Staat wettzumachen. Die Wahl der Hoheitssymbole war sichtbares Zeichen dieses Versuches. Unter führender Beteiligung der Sozialdemokratie erfolgte dabei eine „Indienstnahme des freiheitlichen 19. Jahrhunderts", so der Titel des zweiten Kapitels, der strenggenommen für beide Abschnitte gilt. Thema des ersten Kapitels ist die zentrale symbolpolitische Auseinandersetzung in Deutschland nach 1918, der Flaggenstreit zwischen schwarz-rot-gold und schwarz-weiß-rot. Die schwarz-rot-goldenen Weimarer Nationalfarben, umkämpftes Zeichen des neuen Staates, stammten aus der freiheitlichen Nationalbewegung des 19. Jahrhunderts und versinnbildlichten nach dem Ersten Weltkrieg zugleich den Wunsch nach einer deutschösterreichischen Vereinigung. Ihnen stand die schwarz-weiß-rote Fahne der untergegangenen Hohenzollernmonarchie gegenüber, ein nicht republikanisches Nationalsymbol von kaum geringerer Bindungskraft. Nachdem die Weimarer Nationalversammlung am 3. Juli 1919 in einer denkwürdig salomonischen Entscheidung beide Trikoloren in die neue Reichsverfassung aufgenommen hatte, entwickelte sich ein leidenschaftlich geführter Streit zwischen schwarz-rot-goldenen Republikanern, an deren Spitze die SPD stand, und schwarz-weiß-roten Monarchisten. Die Auseinandersetzung prägte die politische Kultur in Weimar maßgeblich und belastete das öffentliche Klima nachhaltig. „Der durch keine Kunst zu schlichtende Flaggenstreit", stellte August Winnig 1929 fest, „ist das Symbol für unsern inneren Zustand."[13]

Standen sich schwarz-rot-gold und schwarz-weiß-rot als Kain und Abel der Republik gegenüber, so vereinigte das zweite zentrale Weimarer Staatssymbol zugleich republikanische und nichtrepublikanische Elemente auf sich: Das dreistrophige Deutschlandlied[14] aus der Feder von August Heinrich Hoffmann

---

13 August Winnig: Das Reich als Republik. 1918-1928, Stuttgart/Berlin 1929, S. 303.
14 Neben dem ursprünglichen Titel „Lied der Deutschen" kam nach dem Ersten Weltkrieg die sekundäre Bezeichnung „Deutschlandlied" (vereinzelt auch „Deutschland-Lied") auf. Über die Ursachen für diese semantische Verschiebung ist nichts bekannt, die Tatsache an sich wird in der Literatur an keiner einzigen Stelle überhaupt erwähnt. Seit den 20er Jahren werden beide Begriffe in der Fachliteratur, im öffentlichen Diskurs und selbst amtlicherseits

von Fallersleben, Hauptthema des zweiten Kapitels, wurde am 11. August 1922 durch den sozialdemokratischen Reichspräsidenten Friedrich Ebert unter Betonung der dritten Strophe („Einigkeit und Recht und Freiheit") zur deutschen Nationalhymne erhoben. Diese Schwerpunktsetzung sowie der Versuch, die gerade nach 1871 im In- und Ausland missdeutete Formel „Deutschland über alles" neu zu interpretieren, war Ausdruck des republikanischen und sozialdemokratischen Bemühens, den Gesang auf seine Entstehungszeit zurückzuführen und damit für die Gegenwart nutzbar zu machen. Mit diesem Kampf um die Definitionsmacht im Sinne von 1848 beschäftigen sich die ersten vier Abschnitte des zweiten Kapitels. Abschließend wird exkursorisch die Tradition von 1848 noch einmal allgemein aufgegriffen, denn sie war in der Weimarer Republik in wesentlich mehr Facetten lebendig, als es die Übernahme von schwarzrot-gold und des Hoffmann-Haydnschen Gesanges andeutet. Das weiterhin lebendige Gedenken an die Märzgefallenen oder die Erinnerung an die Paulskirche, wobei die Vertreter der Arbeiterbewegung stets führend die Initiative ergriffen, beleuchtet eindrucksvoll das historisch gewachsene Spannungsverhältnis der Sozialdemokratie zwischen Volkserhebung und Reformgeist, das gerade in der Weimarer Zeit von aktueller Relevanz war.

Das dritte Kapitel behandelt symbolische Aspekte von Monarchie und Weltkrieg unter dem Stichwort der Geburt der Republik aus dem *Geist von 1914*.[15] Dieser schlagworthaft verdichtete ideologische Komplex, der den nationalen Burgfrieden und die scheinbare Kriegsbegeisterung in Deutschland bei Ausbruch des Ersten Weltkrieges umfasst, wirkte machtvoll in die 20er Jahre hinein und prägte mit seinen Mythen und symbolischen Figuren die Weimarer Republik maßgeblich. Die republikanisch gesinnten Frontkämpfer versuchten, dem antidemokratischen Impetus dieser spezifischen Erinnerungskultur entgegenzutreten. Der Krieg war in der Republik das Maß aller Dinge: Es herrschte „Krieg im Frieden".[16] Fragen nach der Schuld an Krieg und Zusammenbruch

---

parallel verwendet, zuletzt 1991 im Briefwechsel zwischen Bundespräsident Richard von Weizsäcker und Bundeskanzler Helmut Kohl, durch den die dritte Strophe des Liedes zur deutschen Nationalhymne erklärt wurde (abgedr. in Ekkehard Kuhn: Einigkeit und Recht und Freiheit. Die nationalen Symbole der Deutschen, Berlin/Frankfurt a.M. 1991, S. 147). Weizsäcker verwendete den Begriff „Lied der Deutschen", Kohl sprach dagegen vom „Deutschlandlied". Die vorliegende Arbeit folgt aus Stilgründen der Gepflogenheit, beide Bezeichnungen gleichberechtigt zu verwenden.

15 Die Formulierung wandelt Friedrich Nietzsches „Die Geburt der Tragödie aus dem Geiste der Musik" von 1872 ab, ein Werk, mit dem der Philosoph seinen Ruf als moderner Zivilisationskritiker begründete.

16 So der Titel einer Sammlung von Dokumenten zur Nachwirkung des Weltkriegserlebnisses in der Weimarer Republik: Bernd Ulrich/Benjamin Ziemann (Hg.): Krieg im Frieden. Die umkämpfte Erinnerung an den Ersten Weltkrieg. Quellen und Dokumente, Frankfurt a.M. 1997. Die Formulierung geht auf den Namen eines Lustspiels von Gustav von Moser und Franz von Schönthan aus dem Jahr 1881 zurück.

gehörten zum ständigen Repertoire der Reichstagsreden. Reichstagspräsident Paul Löbe machte am 17. Dezember 1921, als es um die möglichst schnelle Verabschiedung des Reichspräsidentenhaushaltes ging, zum Gelächter der Abgeordneten die Bemerkung: „Eine bindende Verpflichtung, hierbei über die Schuld am Kriege, über den ‚Dolchstoß von hinten' und ähnliche Angelegenheiten hier zu sprechen, liegt nach der Geschäftsordnung nicht vor."[17] Die Tatsache, dass eine Demobilisierung der Gemüter scheiterte, lässt sich beispielhaft an der Figur von Generalfeldmarschall Paul von Hindenburg ablesen, der wie keine andere Persönlichkeit der Weimarer Jahre an der Schnittstelle zwischen Monarchie und Republik stand. Zum Nachfolger des Sozialdemokraten Friedrich Ebert im Amt des Reichspräsidenten gewählt, zog der Weltkriegsmythos und prononcierte Anhänger der schwarz-weiß-roten Hohenzollernmonarchie am 11. Mai 1925 feierlich in Berlin ein und leistete tags darauf den Amtseid auf die Weimarer Verfassung mit den Reichsfarben schwarz-rot-gold. Daß die SPD Hindenburg 1925 noch entschieden bekämpfte, bei seiner Wiederwahl 1932 hingegen unterstützte, zeugt ebenso von der Ambivalenz, die die sozialdemokratische Erinnerung an Monarchie und Weltkrieg prägte, wie die Haltung der Partei in der Frage des Reichsehrenmales für die Gefallenen des Krieges sowie zu historischen Figuren wie Friedrich den Großen und Bismarck. Das Nachleben dieser beiden Repräsentanten ganz unterschiedlicher Epochen deutscher Monarchie aus der Perspektive der Weimarer Sozialdemokratie wird abschließend exkursorisch beleuchtet.

Das vierte Kapitel hat den Krieg der gespaltenen Arbeiterklasse zum Thema, die auch mit Symbolen geführte Auseinandersetzung zwischen Sozialdemokraten und Kommunisten um den richtigen Weg zur Verwirklichung des Sozialismus in den Weimarer Jahren. Die vielfältige politische Symbolik beider Parteien weist sowohl historisch begründete Gemeinsamkeiten als auch aktuell bedingte Unterschiede auf. Insgesamt lässt sich auf dieser Ebene die Sowjetisierung der KPD einerseits, die Nationalisierung der SPD andererseits unterstreichen. Ausgangspunkt der Betrachtung ist der Maifeiertag, der nach 1918 eine eigentümliche Geschichte hatte und schließlich zu einem sichtbaren Zeichen für die Spaltung der Arbeiterbewegung wurde: In den ersten Maitagen 1929 kam es in Berlin zu blutigen Konflikten zwischen kommunistischen Demonstranten und der sozialdemokratisch befehligten Polizei. Dutzende Menschen verloren dabei ihr Leben. Der *Blutmai* leitete eine Entwicklung der Weimarer Spätjahre ein, bei der die Politik zunehmend von den Parlamenten und Zeitungsspalten auf die Straße verlagert wurde. Die Zeit vor 1933 war geprägt vom symbolischen Kampf gegen den Nationalsozialismus, in dem die Sozialdemokratie

---

17 Verhandlungen des Reichstags (VRT). I. bis VII. Wahlperiode. Bände 344-456. Stenographische Berichte und Anlagen, Berlin 1921ff.; hier Bd. 352, S. 5343 (17.12.1921).

wieder verstärkt auf proletarische Symbole zurückgriff, aber auch neue Symbolformen wie den berühmten antifaschistischen Dreipfeil einsetzte.

Im Zentrum des fünften Kapitels stehen die untergehende Republik und ihre Festkultur. Noch im Jahr 1932, als die Demokratie bereits auf dem Sterbebett lag, begingen die Sozialdemokraten trotz des latenten Bürgerkrieges im Lande zum letzten Mal den 11. August als Verfassungstag und damit „Tag der Republik", während sich der deutschnationale Reichsinnenminister Wilhelm von Gayl bei der Feier der antiparlamentarischen Reichsregierung bereits offen von der Verfassung distanzierte. Der 11. August, zentrales Thema des Kapitels, stand im Mittelpunkt der sich entwickelnden Fest- und Erinnerungskultur in der Weimarer Republik. Nationale Feiertage standen in Deutschland seit der Reichsgründung von 1871 im Kreuzfeuer der innenpolitischen Diskussion, und nach 1918 fand diese Debatte ihren Höhepunkt.[18] Zunächst fällt der Blick unter dem Stichwort „Alte und neue Feiertage" auf die überkommenen Feste der Monarchie, die nach deren Ende auf unterschiedliche Weise weiterlebten, sowie auf Ursprung und Anfänge des Weimarer Verfassungstages. Anschließend werden die legislativen Versuche um eine Erhebung des 11. August zum Nationalfeiertag sowie die praktische Ausgestaltung des Verfassungstages sowohl durch die Reichsbehörden als auch die SPD-Parteigliederungen beleuchtet. Ein besonderer Blick gilt den großen Feierlichkeiten von 1929, denn das zehnjährige Jubiläum der Reichsverfassung stellte einen Höhepunkt in der Geschichte der Verfassungstage dar. Danach werden, in Verbindung mit einer Betrachtung der Initiativen von SPD und Reichsbanner, Entwicklungen und Tendenzen des republikanischen Feiertages aufgezeigt. Hier wird insbesondere die enge Verschränkung von staatlichen und nichtstaatlichen Aktivitäten deutlich. Daran anschließend soll der Versuch unternommen werden, anhand programmatischer Stellungnahmen aus der SPD ein spezifisches Verfassungsverständnis der Weimarer Sozialdemokratie zu skizzieren, bevor sich ein Blick auf den misstönenden Ausklang der Verfassungstagsgeschichte nach 1929 richtet. Indes bestand die Festkultur in der Weimarer Republik aus mehr als dem 11. August. Ein abschließender Exkurs soll zeigen, dass die Republik auch mit dem Gedenken an namenlose und berühmte Märtyrer den Versuch einer Traditionsbildung unternommen hat. Die neue Staatsform wollte sich nicht nur geschichtlich durch die Berufung auf 1848 legitimieren, sondern auch durch die Erinnerung etwa an den ermordeten Reichsaußenminister Walther Rathenau sowie den viel bewunderten und geschmähten sozialdemokratischen Reichspräsidenten Friedrich Ebert. Allerdings erlangten diese Ansätze über die ohnehin republikanisch gesinnten Kreise hinaus keine entscheidende Werbekraft.

---

18 Fritz Schellack: Nationalfeiertage in Deutschland von 1871 bis 1945 (Europäische Hochschulschriften, Reihe 3: Geschichte und ihre Hilfswissenschaften, Bd. 415), Frankfurt a.M. usw. 1990, S. 4.

Für die vorliegende Studie wurden als Quellen zunächst die gängigen regierungsamtlichen Akten des Reiches (Büro des Reichspräsidenten, Reichskanzlei, Reichsministerium des Innern, Reichskunstwart) und Preußens (Staats- und Innenministerium) ausgewertet. Eine umfangreiche Reihe von Nachlässen sozialdemokratischer Politiker aus der Weimarer Epoche bot darüber hinaus reichlich Stoff für die Darstellung. Ergänzt wurden die Quellenstudien durch Plakat- und Kartensammlungen, Zeitungen und Zeitschriften sowie durch anderweitige Akten und ungedruckte Memoiren, so jene von Albert Grzesinski und Wolfgang Heine im Koblenzer Bundesarchiv.[19] Ferner ist die breite Memoirenliteratur aus der Weimarer Zeit herangezogen worden, aus der besonders die Erinnerungen von Arnold Brecht, Paul Löbe, Gustav Radbruch und Carl Severing hervorzuheben sind. Die Sekundärliteratur ist sehr umfangreich, denn zum einen finden sich Angaben zur Symbolik meist sehr entlegen, zum anderen sind Symbolfragen nicht nur für den geschichtswissenschaftlichen Bereich von Belang, sondern interessieren ebenso Kommunikationswissenschaftler und Kunsthistoriker, Soziologen und Politologen, Germanisten und Musikwissenschaftler.

Das fächerübergreifende Bedeutung von Symbolik hat zur Folge, dass sich die Frage, was unter Symbolik und seinen Sonderformen im politischen Bereich zu verstehen ist, auf vielerlei Arten beantworten läßt. Ein Universalgelehrter wie Johann Wolfgang von Goethe konnte über das Wesen des Symbols noch auf gut deutsch schreiben, es sei „die Sache, ohne die Sache zu sein, und doch die Sache; ein im geistigen Spiegel zusammengezogenes Bild, und doch mit dem Gegenstand identisch".[20] Das ist zwar schön formuliert, erhellt den Sachverhalt jedoch nicht genügend. Die heutige soziologische und kommunikationswissenschaftliche Definition sieht im Symbol neben Symptom, Signal und Chiffre eine der vier Erscheinungsformen des Zeichens. Harry Pross nennt das Zeichen eine „triadische Relation", bestehend aus dem Mittel, dem bezeichneten Objekt und dem interpretierenden Bewusstsein.[21] Spricht man zum Beispiel die schwarz-rot-

---

19 In allen verwendeten Quellen sind offensichtliche Druckfehler korrigiert und Umlaute eingesetzt worden. Die neue Rechtschreibung fand Berücksichtigung. Einzig die unterschiedlichen Schreibweisen der Farbenkombinationen schwarz-rot-gold und schwarz-weiß-rot wurden in Quellen und Literatur beibehalten. Kursiv gesetzte Hervorhebungen befinden sich, wenn nicht anders vermerkt, in den Originalen. An fragmentarischen Stellen wurden in eckigen Klammern [ ] Kürzel ausgeschrieben respektive Auslassungen sinngemäß ergänzt.
20 Goethes Werke [Weimarer Ausgabe]. Hg. i.A. der Großherzogin Sophie von Sachsen. Bd. 49/1, Weimar 1898, S. 142 (Nachträge zu „Philostrats Gemälden", Schriften zur Kunst 1816-1832).
21 Harry Pross: Politische Symbolik. Theorie und Praxis der öffentlichen Kommunikation, Stuttgart usw. 1974, S. 14. Zur Unterscheidung von Symptom, Signal und Chiffre: Staatslexikon. Recht-Wirtschaft-Gesellschaft. Hg. von der Görres-Gesellschaft. Fünf Bände, Frei-

goldene deutsche Trikolore als Symbol an, so ist das streng genommen nicht ganz korrekt, denn schon die Herkunft des Wortes *Symbol* von dem griechischen Verb *symbállein* in der Bedeutung von „zusammenwerfen" oder „vereinigen" zeigt an, dass es hier nicht um einen Gegenstand geht, sondern um das Ergebnis eines Prozesses, in dem ein Bezeichnendes mit dem von ihm Bezeichneten zu einer organischen Einheit verbunden worden ist. Zu dem Symbolkomplex, den die deutschen Nationalfarben bilden, gehören also erstens das bloße Fahnentuch als Mittel, zweitens der Begriff schwarz-rot-gold als bezeichnetes Objekt mit allen seinen Assoziationen sowie drittens das interpretierende Bewusstsein des Menschen. Im Kreis der Zeichen nimmt das Symbol insofern eine Sonderstellung ein, als es etwas Abstraktes darstellt. An zwei Beispielen mit der Farbe rot läßt sich dieser Unterschied veranschaulichen. Die rote Ampel steht als Signal sozialer Kommunikation für einen sehr konkreten, objektiven und stets gleich identifizierten Tatbestand, nämlich für einen bestimmten Paragraphen der Straßenverkehrsordnung und damit für ein staatsverordnetes Haltegebot. Dagegen versinnbildlicht die rote Fahne als politisches Symbol einen ganzen Komplex von Ideen, Hoffnungen, Zielen und Forderungen einer bestimmten politischen Richtung. Ein solches Symbol ist in seiner Bedeutung nicht eindeutig bestimmbar, weil es für die Interpretation keine objektiven Maßstäbe gibt und die Wirksamkeit gänzlich vom interaktiven Zusammenspiel zwischen Objekt und Betrachter abhängt. Die rote Fahne wird, je nach historischer und politischer Orientierung des Betrachters, Zustimmung oder Ablehnung wecken, jedenfalls Emotionen hervorrufen. Während also die rote Ampel nur auf etwas *verweist*, wird in der roten Fahne etwas Abstraktes gebündelt und emotional *verdichtet*.[22]

Gerade das Merkmal der Verdichtung bestimmt Wesen und Funktion der politischen Symbolik, die unverzichtbarer Bestandteil der politischen Kultur

---

burg i.Br. usw. 1985ff.; hier Bd. 5, Sp. 409f. Ein Symptom stellt als sichtbares Ereignis eine Kausalbeziehung zu einem bestimmten Vorgang her, so Rauch für Feuer, Fieber für Krankheit. Ein Signal dient, vor allem im Straßen- und Zugverkehr, als Warnbotschaft. Eine Chiffre steht in der Regel verkürzend für ein anderes Zeichen (ABC für Alphabet). Die historische Symbolforschung unterscheidet dagegen zwischen den Begriffen Zeichen und Symbol nicht systematisch. Percy Ernst Schramm verwendet in Anlehnung an den mittelalterlichen Sprachgebrauch den Begriff Zeichen anstatt Symbol. Siehe Percy Ernst Schramm: Herrschaftszeichen und Staatssymbolik. Beiträge zu ihrer Geschichte vom dritten bis zum sechzehnten Jahrhundert. Mit Beiträgen verschiedener Verfasser (Schriften der Monumenta Germaniae Historica, Deutsches Institut für Erforschung des Mittelalters, Nr. 13). 3 Bde, Stuttgart 1954-1956; hier Bd. 3, S. 1076.

22 Zur Unterscheidung von Verweisungs- und Verdichtungssymbolen siehe Murray Edelman: Politik als Ritual. Die symbolische Funktion staatlicher Institutionen und politischen Handelns, Frankfurt a.M./New York 1976, S. 5.

jedes Landes ist.[23] Der Begriff umfasst nach Ulrich Sarcinelli optische, akustische und sprachliche Stimuli zur Vermittlung und Wahrnehmung von Politik. Symbolische Politik meint den konkreten Gebrauch von politischer Symbolik.[24] Auch reales politisches Handeln kann maßgebliche symbolische Dimensionen haben. Geläufige Beispiele aus der Weimarer Republik sind das Volksbegehren zur Fürstenenteignung von 1926, das im Zusammenhang mit dem Kampf gegen monarchistische Tendenzen stand, und die sozialdemokratische Wahlagitation unter dem Schlagwort „Kinderspeisung statt Panzerkreuzer" aus dem Jahr 1928. Der Streit um die Arbeitslosenversicherung, der zwei Jahre später zum Bruch der letzten parlamentarischen Koalition der Republik führte, war ebenfalls symbolisch durchwirkt. Wenn in dieser Arbeit von Symbol*kämpfen* die Rede ist, so liegt dem Begriff also eine doppeltes Verständnis zugrunde: Zum einen geht es um symbolische Kämpfe in der praktischen Politik, zum anderen um die Auseinandersetzungen über die Symbole selbst. Einzelne politische Gruppierungen sind ebenso auf symbolische Darstellungsformen angewiesen wie eine zur Form des Staates verdichtete politische Gemeinschaft, denn Staat und Nation sind Abstrakta, die ihren Teilhabern wahrnehmbar gemacht werden müssen. Die Erscheinungsformen von politischer, staatlicher und nationaler Symbolik in der Öffentlichkeit lassen sich in vier Bereiche unterscheiden.[25]

1. *Sichtbare Symbolik*. Zu dieser wichtigsten Gruppe zählen Fahnen, Wappen, Abzeichen, Uniformen, Titel und Orden, ferner alle Mittel staatlicher

---

23 Zur aktuellen Bedeutung politischer Symbole in Deutschland lässt sich zum Beispiel verweisen auf die kontroversen Diskussionen um die Verhüllung des Reichstages durch das Künstlerpaar Christo und Jeanne-Claude, realisiert und stark beachtet im Sommer 1995, unmittelbar bevor das Gebäude einem weitgehenden Umbau für die Neueröffnung zur Gründung der *Berliner Republik* unterzogen wurde; siehe Ansgar Klein u.a. (Hg.): Kunst, Symbolik und Politik. Die Reichstagsverhüllung als Denkanstoß, Opladen 1995. Besonders in Wahlkämpfen werden politische Symbole gerne zur Polarisierung verwendet, siehe etwa die Klassifizierung des Bundestagswahlkampfes 1998 als Entscheidung zwischen „Schwarz-Rot-Gold" und „Rot-Grün-Dunkelrot" durch CDU-Generalsekretär Hintze (Süddeutsche Zeitung 19.5.1998). Ein weiteres prominentes Beispiel der jüngeren Vergangenheit ist der wahlkampfbedingte Streit wegen der Verwendung einer Sequenz aus der Hymne der früheren DDR bei der Feier zum Tag der Deutschen Einheit am 3. Oktober 1998 in Hannover. Der Streit gipfelte im Boykott der Feier durch den CSU-regierten Freistaat Bayern sowie in der Forderung nach einer neuen Nationalhymne aus den Reihen von Bündnis 90/Die Grünen.
24 Ulrich Sarcinelli: Symbolische Politik und politische Kultur. Das Kommunikationsritual als politische Wirklichkeit, in: Politische Vierteljahresschrift 30 (1989), S. 292-309, hier S. 295.
25 Zum Folgenden Karl Loewenstein: Betrachtungen über politischen Symbolismus, in: Dimitri S. Constantopoulos/Hans Wehberg (Hg.): Gegenwartsprobleme des Internationalen Rechtes und der Rechtsphilosophie. Festschrift für Rudolf Laun zu seinem siebzigsten Geburtstag, Hamburg 1953, S. 559-577, hier S. 564-570. Wenn oben bereits von republikanischer, nicht republikanischer und politisierter Nationalsymbolik gesprochen wurde, so ist damit angedeutet, daß der Begriff der nationalen Symbolik hier relativ weit gefasst wird und alle politischen Symbole einschließt, denen nationale Bedeutung zukommt.

Formgebung, also Siegel, Stempel, Banknoten, Münzen und Briefmarken. Die „Formgebung des Reiches" war in der Weimarer Republik Aufgabe des Reichskunstwarts. Eine Sonderform der funktionalen Symbolik bildet der Bereich der Architektur, also Bauten und Denkmäler, die im Kaiserreich von 1871 Hochkonjunktur hatten.

2. *Hörbare Symbolik.* Dazu gehören neben Hymnen und Liedern auch Grußformeln wie das *Freiheit* der Arbeiterbewegung und das *Sieg Heil* der Nationalsozialisten sowie regelmäßig wiederholte politische Schlagworte, die symbolische Funktion haben, so das berühmte „Ceterum censeo", mit dem Cato der Ältere am Ende jeder seiner Senatsreden im Römischen Reich zur Zerstörung Karthagos aufrief.

3. *Rituell-zeremoniale Symbolik.* Dieser Bereich umfasst Paraden, Demonstrationen und Staatsakte sowie politische und nationale Gedenktage. Der Politologe Karl Rohe nennt diese Symbolhandlungen und Inszenierungen den politischen Sonntag, den jede Gemeinschaft brauche, um den politischen Alltag bewältigen zu können.[26] Bei diesen Anlässen besteht in der Regel die Möglichkeit, verschiedene symbolische Formen aus dem sicht- und hörbaren Bereich miteinander zu verknüpfen. Teilweise sind Symbole sogar auf einen bestimmten Ritus angewiesen. Denkmäler, so die Feststellung von Charlotte Tacke, „können ohne die an sie gebundene symbolische Praxis nicht entschlüsselt werden".[27] Politische Gedächtnistage unterliegen, historisch bedingt, starken Wandlungen. So spielt etwa der 9. November in der deutschen Geschichte eine ganz eigentümliche Rolle und stellt ein Beispiel für „Symbolmutationen"[28] dar.

4. *Gedankliche Abstraktion als Symbol.* Zum einen kann diese Abstraktion komplizierte politische Ideenkomplexe zu klaren, einprägsamen Begriffen verknappen, zum Beispiel *Einheit und Freiheit* oder *Diktatur des Proletariats*, und damit öffentlichkeitswirksam handhaben. Diese sprachlichen Symbole nennt die Kommunikationswissenschaft diskursiv, während alle nicht sprachlichen

---

26 Karl Rohe: Politik. Begriffe und Wirklichkeiten. Eine Einführung in das politische Denken, Stuttgart usw. ^{2}1994, S. 170.
27 Charlotte Tacke: Denkmal im sozialen Raum. Nationale Symbole in Deutschland und Frankreich im 19. Jahrhundert (Kritische Studien zur Geschichtswissenschaft, hg. von Helmut Berding u.a., Bd. 108), Göttingen 1995, S. 18.
28 Michael Salewski: Über historische Symbole, in: Julius H. Schoeps (Hg.): Religion und Zeitgeist im 19. Jahrhundert (Studien zur Geistesgeschichte, hg. von Julius H. Schoeps, Bd. 1), Stuttgart/Bonn 1982, S. 157-183, Zitat S. 161. Zur denkwürdigen Rolle des 9. November in der deutschen Geschichte siehe den Essayband von Johannes Willms (Hg.): Der 9. November. Fünf Essays zur deutschen Geschichte, München 1994, sowie Hans-Jörg Koch: Der 9. November in der deutschen Geschichte, Freiburg ^{2}2000. In der jüngeren deutschen Geschichte lassen sich alle drei im Jahr 1919 diskutierten Farben mit Ereignissen des 9. November in Verbindung bringen: rot mit der Revolution von 1918/19, schwarz-weiß-rot mit dem Hitlerputsch 1923 und der Pogromnacht 1938, schwarz-rot-gold mit der Ermordung Robert Blums 1848 und dem Fall der Berliner Mauer 1989.

Symbole als präsentativ bezeichnet werden.[29] Zum anderen lassen sich unter gedanklicher Abstraktion historische Orte, Gedenkstätten, Persönlichkeiten und politische Mythen zusammenfassen, die im kollektiven Bewusstsein mit einer bestimmten Konnotation versehen sind. So wurde im öffentlichen Diskurs der Weimarer Republik ein gewisser Gegensatz zwischen Weimar und Potsdam hergestellt.[30] Hindenburg verdankte seinen Sieg bei der Reichspräsidentenwahl 1925 mehr dem Mythos als seiner Person.

In allen Epochen der Geschichte stand der politische Mythos in einer eigentümlichen Beziehung zur historischen und politischen Realität. Zwei markante Beispiele aus der neueren Geschichte können das verdeutlichen. Den berühmten Anschlag der 95 Thesen von Martin Luther an der Schlosskirche zu Wittenberg am 31. Oktober 1517 hat es so nie gegeben. Der Reformator sandte seine Forderungen lediglich an den zuständigen Bischof. Der martialisch ausgeschmückte symbolische Akt ist eine historische Fiktion, klug erdacht und zu Papier gebracht in Luthers Todesjahr 1546 von seinem konfessionellen Mitstreiter Philipp Melanchthon.[31] Auch der Mythos des Bastillesturms hat mit dem tatsächlichen Geschehen an jenem Pariser 14. Juli 1789 wenig zu tun und schien als politisch integrierendes Symbol lange Zeit schwerlich geeignet.[32] Der aufgebrachten Volksmenge, die dieses fast leere, von einer Handvoll Invaliden verteidigte Stadtgefängnis erstürmte und schließlich noch etliche Offiziere und Soldaten niedermetzelte, ging es in der Hauptsache um die Erbeutung von Schießpulver, weniger um die Befreiung von politischen Gefangenen. Solche befanden sich in der Bastille überhaupt nicht. Dennoch wurde das Geschehen sehr rasch als symbolischer Auftakt der Französischen Revolution rezipiert und war während des gesamten 19. Jahrhunderts entsprechend umstritten, bevor der 14. Juli im Jahre 1880 zum französischen Nationalfeiertag erklärt wurde und im 20. Jahrhundert eine ausgeprägte integrative Funktion für das politische Selbstverständnis des Landes erhielt. Was aber die Franzosen von links bis

---

29 H. Pross: Symbolik, S. 28-31.
30 Siehe hierzu in der Einleitung weiter unten. Andere Beispiele aus der ersten Hälfte des 20. Jahrhunderts sind Versailles, Compiègne oder Tannenberg, aktuelle etwa der Diskurs um die *Berliner Republik*. Zu diesem publizistisch beliebten Thema sei nur ein Umkehrschluss angemerkt: Der Bayreuther Historiker Hermann Hiery hielt im Sommersemester 2000 eine Vorlesung über die *Erste Berliner Republik*, so seine – offenbar für neue Begrifflichkeiten werbende – Bezeichnung für die Republik von Weimar.
31 Siehe hierzu Gerhard Prause: Niemand hat Kolumbus ausgelacht. Populäre Irrtümer der Geschichte richtiggestellt, Düsseldorf/München 1986, S. 79-91; Heinz Schilling: Aufbruch und Krise. Deutschland 1517-1648 (Siedler Deutsche Geschichte/Das Reich und die Deutschen), Berlin 1988, S. 98f.
32 Zum Bastillesturm siehe Herfried Münkler: Siegfrieden, in: ders./Wolfgang Storch: Siegfrieden. Politik mit einem deutschen Mythos, Berlin 1988, S. 50-132, bes. S. 52-55; Hans-Jürgen Lüsebrink/Rolf Reichardt: Die Bastille. Zur Symbolgeschichte von Herrschaft und Freiheit, Frankfurt a.M. 1990.

rechts verbinde, so Herfried Münkler, sei „nicht das historische Ereignis, sondern ein politischer Mythos".[33] Entscheidend ist, dass sowohl Thesenanschlag als auch Bastillesturm im kollektiven Gedächtnis des Protestantismus respektive Frankreichs etwas Magisches an sich haben, das man nicht einfach mit einer rationalen historiographischen Darlegung vom Tisch wischen kann. Der Schriftsteller und Kulturhistoriker Egon Friedell hat über diese Art von Magie geschrieben: „Wenn Schiller zehn Seiten beseelter deutscher Prosa über eine Episode des Dreißigjährigen Krieges schreibt, die sich niemals so zugetragen hat, so ist das für die historische Erkenntnis fruchtbarer als hundert Seiten ‚Richtigstellungen nach neuesten Dokumenten' ohne philosophischen Gesichtspunkt und in barbarischem Deutsch."[34] Darin liegt unverkennbar auch ein Seitenhieb gegen eine nüchtern-rationalistische Geschichtsschreibung, denn Friedell scheint fast die Magie der Geschichte für die eigentliche Geschichte zu halten. Tatsächlich brauchen religiöse und politische Gemeinschaften diese Art mythischer Vorgänge wie den Thesenanschlag und den Bastillesturm, weil sie komplexes Geschehen einzig mit Hilfe von Bildern und Symbolen zu erfassen in der Lage sind. Deswegen geht die Funktion von Symbolen auch weit über ihre Rolle als „Poesie der Politik" hinaus.[35] Politische Symbole üben zwei zentrale kommunikative Funktionen aus, denn sie sind gleichermaßen „Medien der Selbstbegegnung und des Ausdruckswillens".[36] Im Bereich von Staat und Nation spiegeln sie das Selbstverständnis der politischen Gemeinschaft im historischen Prozess wider und verweisen auf bestehende Traditionen. Nach außen bewirken die Hoheitszeichen Repräsentation und Abgrenzung von anderen Staaten, nach innen integrieren und disziplinieren sie den Einzelnen und schaffen die Basis für eine Identifikation mit dem Staatsgebilde. Symbolische Darstellungsformen sollen Herrschaftsformen und Machtmittel legitimieren helfen und den Massen „Sinn und Wirkungsausmaß der politischen Institutionen und Ideologien"[37] verdeutlichen. In der Präsentation eines nicht wahrnehmbaren Ganzen sind Symbole im modernen Nationalstaat außerdem ein „unerlässliches

---

33 H. Münkler: Siegfrieden, S. 52f.
34 Egon Friedell: Kulturgeschichte der Neuzeit. Die Krisis der europäischen Seele von der schwarzen Pest bis zum Ersten Weltkrieg. Ungekürzte Ausgabe in zwei Bänden, München 1976 [zuerst München 1927-1931], Zitat Bd. 1, S. 17.
35 Die Formulierung stammt von einem Abgeordneten des Europaparlaments, zit. nach Markus Göldner: Politische Symbole der europäischen Integration. Fahne, Hymne, Hauptstadt, Pass, Briefmarke, Auszeichnungen (Rechtshistorische Reihe, hg. von H.-J. Becker u.a., Bd. 62), Frankfurt a.M. usw. 1988, S. 29.
36 Leo Uhen: Gruppenbewusstsein und informelle Gruppenbildungen bei deutschen Arbeitern im Jahrhundert der Industrialisierung (Untersuchungen über Gruppen und Verbände, hg. von Georg Weippert, Bd. 1), Berlin 1964, S. 103.
37 K. Loewenstein, Betrachtungen, S. 559.

Zugeständnis an die irrationalen Bedürfnisse in einer sonst streng rational verfassten politischen Welt".[38]

Angesichts der großen Bedeutung von Symbolik im öffentlichen Raum verwundert es nicht, dass schon im Altertum politische und religiöse Gemeinschaften Symbole als Integrations- und Abgrenzungsmittel erkannt und genutzt haben. Auch im Heiligen Römischen Reich Deutscher Nation, das sich als legitimer Nachfolger des Römerreiches verstand, wurde auf den verschiedenen Machtebenen der Herrschergedanke mit einem immensen Formenreichtum an politischer Symbolik transportiert und entfaltete eine hohe integrative Wirkung.[39] Wesentlich trug dazu die enge Verknüpfung von religiöser, politischer und auch militärischer Sphäre bei. Macht und Legitimation Karls des Großen, im Jahr 800 zum Kaiser gekrönt, wurden durch Adler und Kreuz symbolisiert, Zeichen für die Kontinuität des Römischen Reiches und für das Christentum. Aus Sicht der Untertanen entsprach dem Glauben an Gott in weltlicher Perspektive die Treue zum Herrscher. Alle Reichsinsignien waren Herrschaftszeichen und zugleich sakrale Gegenstände, so dass sie sie eine „religiös-politische Doppelfunktion"[40] ausübten. Viele symbolische Formen entwickelten sich im Bereich von Kampf und Krieg und hatten ursprünglich rein praktische Funktionen: Die Fahne trat erstmals als *vexillum*, als an eine Lanze geheftetes Tuch in den öffentlichen Raum und diente zur Unterscheidung von Freund und Feind während der Schlacht.[41] Beim Wappen deutet schon die semantische Abhängigkeit vom Begriff *Waffen* darauf hin, dass es sich dabei im ursprünglichen Sinne um den Schutzschild des Kriegers handelte.

Seit Beginn der Neuzeit gab es zwei gravierende Veränderungen. Zum einen löste sich der Begriff der politischen Symbolik von dem der Herrschaftsdarstellung. Der Unabhängigkeitskampf der Spanischen Niederlande im 16. und 17. Jahrhundert schaffte sich mit einer Flagge und einer Hymne erstmals eine Symbolik von unten.[42] Zum anderen jedoch erlitt Symbolik als politische Ausdrucksform im Zeitalter des Rationalismus generell einen starken Bedeutungsverlust. Endgültig in der Aufklärung „schrumpfte der Sinn für Hintergründigkeit zusammen".[43] Die barocke Prachtentfaltung und das ausgeprägte höfische Zeremoniell der frühen Neuzeit wirkten demgegenüber geradezu wie Anachro-

---

38 Theodor Schieder: Das Deutsche Kaiserreich von 1871 als Nationalstaat (Wissenschaftliche Abhandlungen der Arbeitsgemeinschaft für Forschung des Landes Nordrhein-Westfalen, hg. von Leo Brandt, Bd. 20), Köln/Opladen 1961, S. 72.
39 Zur Symbolik im Mittelalter grundlegend P.E. Schramm: Herrschaftszeichen.
40 K. Weißmann: Fahnen, S. 13.
41 Elisabeth Fehrenbach: Über die Bedeutung der politischen Symbole im Nationalstaat, in: Historische Zeitschrift 213 (1971), S. 296-357, hier S. 309f.
42 Zur Symbolik in den Spanischen Niederlanden vgl. ebd. S. 309, 317 u.ö.
43 P.E. Schramm: Herrschaftszeichen, Bd. 3, S. 1060.

nismen. Diese Fassade hat schon der exzentrische spanischen König Philipp II. im Jahr 1561 mit einer symbolischen Tat konterkariert: Er verkaufte die Kaiserornate seiner Vorfahren und wandelte fortan in schwarzer Kleidung durch die Weiten des Escorial.[44] Parallel dazu maßen die rationalistischen Staatstheorien dem Faktor Symbolik wegen seines irrationalen Impetus keine wesentliche Rolle bei, seine Wirksamkeit und die ihm innewohnenden latenten Gefahren fanden kein Interesse. Dieses Staatsdenken hat die nachfolgenden Jahrhunderte geprägt und noch im 20. Jahrhundert eine Rolle gespielt.

Zunächst aber erlebte die politische Symbolik eine unerwartete Renaissance, und das durchaus in aufklärerischem Sinne. Das Jahr 1789 gilt mit dem Beginn der Französischen Revolution als das Geburtsjahr der modernen Nation und damit der nationalen Symbolik. Dies ist insofern ein Paradoxon, als ausgerechnet die rational-aufklärerische Revolution dem Irrationalismus durch umfangreiche Symbolik und Allegorik Rechnung trug und damit den Grundstein für Schaffung und Durchsetzung einer ausgeprägten staatlichen Symbolik auf nationaler Ebene legte. Die Symbolik in der Französischen Revolution setzte sich aus Motiven des religiösen Bereiches und der Freimaurer sowie aus antiken Reminiszenzen zusammen. Indes waren die herausragenden Ausdrucksformen, die blau-weiß-rote Tricolore und die Marseillaise, spontan entstandene Neukreationen.[45] Das französische Beispiel bei der Schaffung von Nationalsymbolen als unerlässliche Integrations- und Identifikationsmittel fand im 19. Jahrhundert in ganz Europa Nachahmung. Ausgehend von der Tricolore wurde die Dreifarbigkeit einer Fahne zum Kennzeichen nationaler Unabhängigkeit und Volkssouveränität. Dem Urteil von Elisabeth Fehrenbach zufolge gehört es „zu den Paradoxien der nationalstaatlichen Epoche, daß auch die Nationalsymbole auf ihre Weise eine internationale Verbreitung fanden."[46]

Der Siegeszug der nationalen Bewegungen in Europa fiel in eine Zeit, in der die Entmythisierung und Rationalisierung des öffentlichen Bewusstseins zu einem Drang nach neuer Sinnstiftung auf anderer Ebene führte. Dieser Sinnsuche versuchte die Politik durch die Schaffung von Identifikationssymbolen und -figuren beizukommen.[47] Das 19. Jahrhundert entwickelte sich so zur Hoch-Zeit nationaler Symbole und Allegorien. Auch für den spät gegründeten deut-

---

44 Ebd. S. 1059. Ebenso veräußerte Cromwell alle englischen Königsutensilien zum Gegenwert des Materials, „um auf diese Weise dem Königtum nach dem Kopf auch noch die Zeichen abzuschlagen" (ebd. S. 1059f.).
45 Zur Symbolik in der Französischen Revolution vgl. E.Fehrenbach, Bedeutung, S. 302-315. Tricolore und Marseillaise waren echte Kinder der Revolution. Die blau-weiß-rote Tricolore verband die Stadtfarben von Paris mit dem weißen Banner der Bourbonen. Die Marseillaise, 1792 von Rouget de Lisle verfasst, fand als revolutionär-patriotischer Kampfgesang rasche Verbreitung.
46 Ebd. S. 315.
47 Lothar Machtan (Hg.): Bismarck und der deutsche National-Mythos, Bremen 1994, S. 16f.

schen Nationalstaat, das Kaiserreich von 1871, trifft dies zu. Zwar waren beide Staatsgründer, Wilhelm I. und Otto von Bismarck, mit einer Abneigung gegen alles Symbolische und Feierliche beschlagen, da ihnen der Sinn für irrationale Faktoren in der Politik abging.[48] Der Kaiser akzeptierte die neuen Reichsfarben nur widerwillig und beteiligte sich nicht an Initiativen für einen Nationalfeiertag. Aber auch das Reich benötigte als Nationalstaat ein gewisses Maß an Irrationalität und bildete nach 1871 eine spezifische Symbolik heraus, in deren Mittelpunkt die antifranzösische Stoßrichtung sowie die Faktoren Militär und Monarchie standen. Die Selbstdarstellung des Reiches machte sich dessen Grundwerte Uniformität und Autorität dienstbar. Parallel dazu wurden seitens der bürgerlichen Gesellschaft die nationalintegrativen Symbolfaktoren Mythos und Monument ausgeprägt. Mit der Stilisierung von Nationalfiguren wie der Germania, dem heiligen Michael, der den tumben *deutschen Michel* ablösen sollte, und insbesondere Hermann dem Cherusker gelang eine Verortung der deutschen Nation im historischen Mythos. Eines der wichtigsten Ausdrucksmittel war die Architektur. In einer Reihe von monumentalen Bauten wurde dieses funktionale Symbolmotiv für die Idee der Nation genutzt.[49] In der Zeit des Kaiserreiches entstanden das Hermannsdenkmal im Teutoburger Wald, das Niederwalddenkmal am Rhein, das Kyffhäuserdenkmal in Thüringen sowie das monumentale Völkerschlachtdenkmal nahe Leipzig, das kurz vor Beginn des Ersten Weltkrieges zum Zentenarium der berühmten Schlacht von 1813 eingeweiht wurde. Im Zentrum des nationalen Kultes stand die Figur Bismarcks als Sinnbild für Reichseinigung und deutsche Großmachtstellung. Mit dem wachsenden zeitlichen Abstand konnte die Reichsgründung als „Schöpfungsgeschichte"[50] propagiert werden.

Friedrich Nietzsche hat bezüglich des mythisierenden Charakters des Kaiserreichs den berühmten Satz notiert: „Der Kultus des Gefühls wurde aufgerichtet an Stelle des Kultus der Vernunft".[51] Im Kern traf diese polarisierende Feststellung sicherlich zu, und es lassen sich zwei Gründe für diese Tendenz nennen. Erstens war mit der Vereinigung von 1871 eine innere Einheit noch lange nicht hergestellt: Reichspatriotische Gefühle mussten sich erst noch entwickeln. Zweitens fiel die Gründung in eine geschichtliche Epoche, die mit einem rapi-

---

48 F. Schellack: Nationalfeiertage, S. 75.
49 Vgl. zu den Nationaldenkmälern im Kaiserreich George L. Mosse: Die Nationalisierung der Massen. Politische Symbolik und Massenbewegungen in Deutschland von den Napoleonischen Kriegen bis zum Dritten Reich, Frankfurt a.M./Berlin 1976; Thomas Nipperdey: Nationalidee und Nationaldenkmal in Deutschland im 19. Jahrhundert, in: Historische Zeitschrift 206 (1968), S. 529-585.
50 L. Machtan: Bismarck, S. 18.
51 Friedrich Nietzsche: Morgenröte. Gedanken über die moralischen Vorurteile. Mit einem Nachwort von Ralph-Rainer Wuthenow, Frankfurt a.M. 1983 [zuerst 1881], S. 157 (Aphorismus 197).

den Anstieg der Bevölkerung den Beginn des Zeitalters der Massen markiert. Die Masse, ein überwiegend proletarisches Phänomen, konnte zwar von einer politischen Einflussnahme noch weitgehend ferngehalten werden, indes konnte sich die Reichspolitik der Massen*stimmung* nicht mehr ohne weiteres entziehen. Symbole und Propaganda gewannen dadurch rapide an Bedeutung. Im Jahr 1909 sah der britische Journalist Graham Wallas mit dem Zeitalter der Masse auch den „Einzug des Irrationalen in die Politik".[52] Und Murray Edelman beschreibt diesen soziologischen Zusammenhang kurz und bündig: „Die Masse will Symbole, keine echten Nachrichten."[53] Als im Jahre 1914 der Erste Weltkrieg ausbrach, wurde rasch klar, daß in einer von Fortschritt, Technik und Machbarkeit geprägten weltgeschichtlichen Ära wie dem 19. Jahrhundert eine Rationalisierung stattgefunden hatte, „die alles rational macht, nur den Menschen nicht", wie Sigmund Neumann in seiner hellsichtigen Parteienanalyse aus dem Jahr 1932 konstatierte.[54] Die kriegsbedingten Propagandaschlachten, die auch Anstoß für eine sozialwissenschaftliche Beschäftigung mit dem Phänomen waren, führten in ganz Europa zu einer verzerrten öffentlichen Wahrnehmung. Gerade in Deutschland, wo ein mythologisch aufgeladener *Siegfriede* propagiert wurde und im „Eroberungstaumel"[55] ein Annexionsprogramm das andere jagte, breitete sich allgemeines Entsetzen aus, als gegen Ende des Krieges die katastrophale militärische Situation des Reiches zutage trat, die bisher nur wenigen Eingeweihten bekannt war. Doch der verbreitete Irrationalismus der Kriegsjahre ließ sich nicht von heute auf morgen abstellen. Im Gegenteil: Dem Weimarer Staat hat er von Anfang an und lebenslang zu schaffen gemacht. Die Feststellung Sigmund Neumanns, „dass sich gerade im Zeitalter der höchsten Rationalisierung irrational betonte Massenbewegungen entwickeln", trifft auf die Epoche des Weltkrieges ebenso zu wie auf die ihr folgende, auf die sie sich bezog.[56]

Die Epoche der deutschen Geschichte, die man heute unter dem Begriff *Weimar* subsumiert, begann symbolisch im Morgengrauen des 5. November 1918 mit der Hissung der roten Fahnen auf den Kriegsschiffen im Hafen von Kiel. Sie endete symbolisch am Abend des 30. Januar 1933 mit den NS-Fackelzügen in Berlin und im ganzen Reich. Dieses Bild von Anfang und Ende als Wasser und

---

52 Zit. nach Manfred Hagen: Das politische Plakat als zeitgeschichtliche Quelle, in: Geschichte und Gesellschaft 4 (1978), S. 412-436, hier S. 416f.
53 M. Edelman: Politik, S. 7.
54 Sigmund Neumann: Die Parteien der Weimarer Republik. Mit einer Einführung von Karl Dietrich Bracher [zuerst Berlin 1932 u.d.T. „Die politischen Parteien in Deutschland"], Stuttgart 1965, S. 79.
55 Wilhelm Hoegner: Die verratene Republik. Deutsche Geschichte 1918-1933, München 1979 [zuerst 1958], S. 20.
56 S. Neumann: Parteien, S. 79.

Feuer rückt die Weimarer Republik symbolhaft in die Nähe des *Ring des Nibelungen* von Richard Wagner, denn auch dieser gigantische Opernzyklus beginnt im Wasser und endet im Feuer. Tatsächlich fühlte sich der sozialdemokratische Politiker und spätere Widerstandskämpfer Theodor Haubach angesichts des Fackelzuges der nationalsozialistischen Sturmabteilungen durch Berlin am Abend der Hitlerschen Kanzlerschaft an eine Wagner-Oper erinnert.[57] Zwischen Wasser und Feuer, zwischen Morgen und Abend der Republik lagen Jahre, in denen ein leidenschaftlicher Streit um die nationale Symbolik geführt wurde. Der Behauptung Adolf Hitlers beim NSDAP-Parteitag 1929, die Republik sei „arm an Symbolen", muss jedenfalls schon ein flüchtiger Blick auf die Materie die Grundlage entziehen.[58] Symbole waren in Weimar zahlreich und streitbefangen. Schon dem Tag der Revolution, dem 9. November 1918, wird gelegentlich nurmehr symbolischer Charakter beigemessen, da die eigentliche Revolution, die Parlamentarisierung, bereits zuvor stattgefunden habe.[59] Dass die zwanziger Jahre in Deutschland zu einer so extrem symbolträchtigen Zeit wurden, hatte zwei zentrale Gründe.

1. *Die fortschreitende Massenkultur.* Das Zeitalter der Massen brachte insbesondere in der Weimarer Republik die Herausbildung bislang unbekannter Kommunikationsformen und -möglichkeiten mit sich. Zeichen, Bilder und Symbole gewannen in einer sich immer weiter ausdifferenzierenden Gesellschaft sprunghaft an Bedeutung, Faktoren wie Reklame oder Propaganda erreichten einen völlig neuen Stellenwert. Allein durch die Demokratisierung des Wahlrechts mussten von den politischen Kräften auch zusätzliche Wählerschichten wie die Frauen und die unter 25-Jährigen angesprochen werden, und die Aufhebung der Zensurbestimmungen eröffnete der politischen Werbung ungeahnte Möglichkeiten. Das galt schon für den ersten Wahlkampf der Republik im Januar 1919, in dem erstmals in Deutschland „bunte Plakatzeichnungen in großer Masse" zum Einsatz kamen, wie sich Friedrich Stampfer erinnerte.[60] Hinzu trat die Entwicklung und Einführung technischer Hilfsmittel und neuer Medien, mit deren Hilfe die öffentliche Kommunikation massiv forciert werden konnte. In den Weimarer Anfangsjahren sprachen die politischen Redner und Agitatoren noch ohne Mikrophon, während eine Massenrede aus der Endzeit

---

57 Das Reichsbanner 11.2.1933. Haubach bezog sich auf eine Bemerkung des neuen Reichsministers Hermann Göring, der im Anblick des Fackelzuges eine Wiedergeburt des „Geistes von 1914" zu erkennen meinte: „Wie 1914 – sagt der Herr Minister, aber wir sagen – *wie in der Wagner-Oper!*"
58 Zit. nach Gerhard Paul: Aufstand der Bilder. Die NS-Propaganda vor 1933, Bonn 1990, S. 165.
59 Annelise Thimme: Flucht in den Mythos. Die Deutschnationale Volkspartei und die Niederlage von 1918, Göttingen 1969, S. 79.
60 F. Stampfer: Jahre, S. 93.

der Republik ohne dieses Hilfsmittel kaum noch denkbar ist.[61] Durch Kino und Rundfunk veränderte die öffentliche und politische Kommunikation vollständig. Die Zahl der Lichtspielhäuser in Deutschland verdoppelte sich zwischen 1914 und 1930 auf rund 5000, und nach der Einführung des Rundfunks im Jahre 1923 gab es neun Jahre später bereits 4,2 Millionen Empfänger.[62]

2. *Der Politik- und Symbolbruch von 1918/19.* Der Nationalstaat von 1871 existierte zwar fort, aber die politischen Gegebenheiten hatten sich vollständig gewandelt. Nach dem Ende des Kaiserreiches stand die junge Demokratie nicht nur vor massiven realen Problemen, sondern auch vor der Aufgabe, die Selbstdarstellung des Reiches zu organisieren und für die Republik zu werben. Dafür wurde 1920 auf Betreiben der Weimarer Koalitionsparteien SPD, DDP und Zentrum das Amt des Reichskunstwarts geschaffen, in dessen Händen die „Formgebung des Reiches" lag.[63] In den symbolischen Auseinandersetzungen prallten die oben skizzierten Spielarten der nationalen Symbolik, die republikanische, negative und politisierte, immer wieder frontal aufeinander, und sie schienen ein Bedürfnis der Bevölkerung nach Symbolisierung zu erfüllen. „Es ist

---

61 Carl Zuckmayer war bei einer Massenversammlung in Frankfurt Anfang 1919 anwesend, auf der Paul Levi noch ohne Mikrophon zu den Versammelten sprach (Carl Zuckmayer: Carlo Mierendorff. Porträt eines deutschen Sozialisten, in: ders.: Aufruf zum Leben. Portraits und Zeugnisse aus bewegten Zeiten, Frankfurt a.M. 1976, S. 37-60, hier S. 43). Dieter Fricke berichtet dagegen über die kommunistische Maifeier im Berliner Lustgarten 1932 (Dieter Fricke: Kleine Geschichte des Ersten Mai. Die Maifeier in der deutschen und internationalen Arbeiterbewegung, Frankfurt a.M. 1980, S. 216): „Während bisher an mehreren Stellen Rednertribünen errichtet worden waren, um die sich die Massen sammelten, wurde erstmals die Rede Ernst Thälmanns von starken Lautsprechern übertragen." Bei vielen Hitler-Reden vor und nach 1933 hat man den Eindruck, als habe der Mann noch nicht zur Kenntnis genommen, daß ihm ein Hilfsmittel zur Verfügung steht. Ähnliches gilt für das Nachkriegswirken von Kurt Schumacher (Peter Merseburger: Der schwierige Deutsche. Kurt Schumacher. Eine Biographie, Berlin 1997, S. 332-335).
62 Karl Christian Führer: Auf dem Weg zur „Massenkultur"? Kino und Rundfunk in der Weimarer Republik, in: Historische Zeitschrift 262 (1996), S. 739-781, hier S. 742, 766-780. Dass sich die Menschen an die neuen Medien nur langsam gewöhnten, zeigt eine Episode bei der Flucht des preußischen Ministerpräsidenten Otto Braun in die Schweiz Anfang März 1933. Beim Grenzübertritt am Vorabend der Reichstagswahl zeigte Braun nicht seinen neutralen Personalausweis, sondern seinen Dienstpass, worauf er von den Zollbeamten erkannt wurde. Braun ging davon aus, daß die Nachricht von seiner Flucht erst am Tag nach der Wahl in den Zeitungen stehen würde, hatte aber den Rundfunk vergessen. Die Meldung lief bereits am Samstag abend im Radio und wurde während des gesamten Wahlsonntages wiederholt, so dass Goebbels propagandistisches Kapital daraus schlagen konnte (Hagen Schulze: Otto Braun oder Preußens demokratische Sendung. Eine Biographie, Frankfurt a.M. usw. 1977, S. 786f.).
63 Zum Reichskunstwart siehe Annegret Heffen: Der Reichskunstwart – Kunstpolitik in den Jahren 1920-1933. Zu den Bemühungen um eine offizielle Reichskunstpolitik in der Weimarer Republik, Essen 1986; W. Speitkamp: Erziehung; neuerdings auch Gisbert Laube: Der Reichskunstwart. Geschichte einer Kulturbehörde 1919-1933 (Rechtshistorische Reihe, hg. von H.-J. Becker u.a., Bd. 164), Frankfurt a.M. 1997; dort allerdings wenig Erhellendes.

kein Zufall", so Harry Pross über die Bedeutung politischer Symbolik in der Weimarer Republik und für den Nationalsozialismus, „daß der zwischen den Ordnungen seiner Zeit befindliche Hitler die Massen mit Fahnen, Uniformen, Emblemen und ritualisierten Diensten mobilisierte, vielmehr waren diese präsentativen Symbolismen das gemeine Bedürfnis der durch Weltkrieg I aus der alten Ordnung ins Unanschauliche geworfenen Bevölkerung."[64]

Diese neue Unanschaulichkeit führte in der Weimarer Republik zu einer augenscheinlichen Verdrängung von realer durch symbolische Politik. „Kampf der Symbole", so eine Feststellung von Peter Steinbach, „setzt in der Tat die Emotionalisierung von Politik durch die Symbolisierung von Konflikten voraus."[65] Über die eben genannten Gründe hinaus ist diese Form von Ableitung vor dem Hintergrund der politischen Ohnmacht nach dem verlorenen Weltkrieg zu betrachten. In konservativen Kreisen erfolgt eine regelrechte „Flucht in den Mythos", so der Titel einer Studie von Annelise Thimme über die DNVP.[66] Gerade aus dem Jahr 1919 lässt sich für diesen Verdrängungsprozess eine ganze Reihe von Anhaltspunkten nennen. Vor der Bekanntgabe der Versailler Friedensbedingungen wurde in Deutschland der proletarische Maifeiertag symbolisch zum Demonstrationstag für einen maßvollen Friedensschluss uminterpretiert und als „Nationalfesttag" begangen. Nach der Bekanntgabe des „Schmachfriedens" verbrannte man vor dem Denkmal Friedrichs des Großen in Berlin französische Fahnen: auch dies eine reine Ersatzhandlung, die von der symbolischen zur realen Ebene zurückverwies, da es daraufhin zu weiteren diplomatischen Friktionen kam. Bei den verbrannten Fahnen handelte es sich um eine Beute aus dem deutsch-französischen Krieg von 1870/71, die nach dem Willen der Siegermächte an Frankreich zurückgegeben werden sollten.[67] Unter rein symbolischen Gesichtspunkten wurde während der Weimarer Verfassungsberatungen auch die Alternative „Monarchie oder Republik" behandelt. Während das Plenum im Februar 1919 die Frage noch real diskutiert hatte, tauchte sie im Verfassungsausschuss nurmehr in der Symbolfrage auf, in der

---

64 H. Pross: Symbolik, S. 68f.
65 Peter Steinbach: Widerstand gegen den Nationalsozialismus – eine „sozialistische Aktion"? Zum 100. Geburtstag Carlo Mierendorffs (1897-1943). Vortrag vor dem Gesprächskreis Geschichte der Friedrich-Ebert-Stiftung in Bonn am 3. März 1997 (Gesprächskreis Geschichte, hg. von Dieter Dowe, H. 18), Bonn 1997, S. 19.
66 A. Thimme: Flucht.
67 Siehe zu den Fahnenverbrennungen W.Hoegner: Republik, S. 53; Albert Grzesinski: Im Kampf um die deutsche Republik. Lebensweg eines heute Staatenlosen (BArchKO Kl.Erw.144), fol. 148. Helmut Heiber meint, die Selbstversenkung der deutschen Kriegsflotte in Scapa Flow sowie die Verbrennung der französischen Fahnen hätten eine mögliche Kompromissbereitschaft der Alliierten nicht eben gefördert; Helmut Heiber: Die Republik von Weimar. Durchgesehen und ergänzt von Hermann Graml (dtv-Weltgeschichte des 20. Jahrhunderts, hg. von Martin Broszat/Helmut Heiber), München [14]1981, S. 58.

Auseinandersetzung zwischen schwarz-rot-gold und schwarz-weiß-rot.[68] Auch in den Folgejahren haben sich die Rechtsparteien zwar immer wieder für die Symbolik des Kaiserreiches eingesetzt, aber ein ernsthaftes Bemühen um die Wiedereinführung der Monarchie ist nirgends erkennbar. Allen konservativen Lippenbekenntnissen zum Trotz wurde das Regiment der Hohenzollern insgeheim für die Kriegsniederlage verantwortlich gemacht und galt als diskreditiert. Überhaupt hatte der vierjährige Weltkrieg viel stärkere mentale Folgen für die Republik als die vierdutzendjährige Monarchie. Der Krieg wurde symbolisch fortgeführt und tauchte in Weimar als symbolischer Bürgerkrieg zwischen rechts und links wieder auf. „Der Kampf mit Gewehren und Fäusten", beschreibt Andreas Dörner in seiner Studie über den Hermannmythos diese Transformation, „wandelt sich zu einem Kampf mit Begriffen und Symbolen."[69] Der öffentliche Raum wurde durch die Präsenz der Frontkämpferbünde, deren Mitgliedszahl bei insgesamt rund acht Millionen lag, zunehmend militarisiert. Die Bezeichnungen dieser Bünde, Stahlhelm, Reichsbanner Schwarz-Rot-Gold, Roter Frontkämpfer-Bund, Kyffhäuserbund, waren gänzlich symbolisch und verwiesen auf militärisches Utensil, Fahne und Farbe oder auf den deutschen Mythos. Paradoxerweise erhielt die NS-Kampftruppe, die SA, als einzige einen nicht-symbolischen Namen. Mit den militärisch organisierten Bünden erfolgte in den Jahren der Republik zunehmend eine Verlegung des politischen Kampfes auf die Straße. „Spürst du, daß dir Gedanken fehlen, dann stell' dich mit dem Schlagring ein", so der preußische Kultusminister Adolf Grimme (SPD) über die radikalen Verbände seiner Zeit.[70]

Die Symbolisierung politischer Gefechte in der Weimarer Zeit berührte die innere Entwicklung wie auch das Verhältnis zu den Nachbarstaaten. Beispiel für eine zwischenstaatliche Auseinandersetzung ist neben den Fahnenverbrennungen von 1919 der sogenannte Grabschrift-Konflikt mit Polen in den Jahren 1926/27.[71] Der Streit entzündete sich an der Inschrift „Im Kampf mit den preußischen Horden" auf einem Soldatengrab auf dem Friedhof im polnischen

---

68 Christoph Gusy: Die Weimarer Reichsverfassung, Tübingen 1997, S. 74.
69 Andreas Dörner: Politischer Mythos und symbolische Politik. Der Hermannmythos: zur Entstehung des Nationalbewusstseins der Deutschen, Reinbek 1996, S. 226.
70 Adolf Grimme: Aufruf an die republikanische Jugend. Ansprache bei der Jugendkundgebung des Reichsbannerbundestages in Magdeburg Pfingsten 1930, in: ders: Das neue Volk – Der neue Staat. Sieben Ansprachen, Berlin 1932, S. 2-5, Zitat S. 5. Die Zahl von acht Millionen nennt Fritz Hilpert: Das Reichsehrenmal und die Frontkämpfer. Nach authentischem Material der Frontkämpferverbände Reichskriegerbund Kyffhäuser, Reichsbanner, Stahlhelm und Reichsbund jüdischer Frontsoldaten, Berlin o.J. [1927], S. 7. Siehe zum „Formwandel der Öffentlichkeit" Detlev J.K. Peukert: Die Weimarer Republik. Krisenjahre der Klassischen Moderne (Moderne Deutsche Geschichte, Bd. 9), Frankfurt a.M. 1987, S. 163-165.
71 Siehe hierzu die amtlichen Dokumente in den Akten des Preußischen Innenministeriums: GStA PK I. HA Rep. 77, Tit. 1215 Nr. 3d Beiheft (ohne Nummerierung).

Kcynia pow. Szubin (Exin). Die deutsche Kritik an dieser Inschrift beantwortete die Gegenseite mit einem ähnlichen Beispiel: Auf dem Friedhof in Oswitz bei Breslau lag ein polnischer Soldat begraben, laut Inschrift Mitglied einer „polnischen Bande". Nach erheblichen Unstimmigkeiten wurden schließlich beide Inschriften entfernt. Noch stärker freilich gestalteten sich die Konflikte im Inneren um die politische Symbolik der Republik. Mit welcher Schärfe und Unerbittlichkeit die Auseinandersetzungen ausgetragen wurden und wie sehr die politische Kultur dadurch Schaden nahm, zeigen zwei Beispiele aus den streitigen Reichstagsdebatten um Nationalfarben und -feiertag. Am 29. Oktober 1919 wandte sich der Berliner SPD-Abgeordnete Stücklen polemisch an die Gegner der Reichsfarben: „Auf Sie scheint die schwarz-rot-goldene Fahne zu wirken wie auf ein Geschöpf, von dem im Hause nichts in vierbeiniger Aufmachung vertreten ist". Darauf antwortete der deutschnationale Abgeordnete von Graefe: „Sie sagten vorhin, die schwarz-rot-goldene Fahne schiene auf uns zu wirken wie das rote Tuch auf den Stier. (...) Ich habe aber viel mehr den Eindruck gehabt, daß die schwarz-weiß-rote Fahne auf die Herren [nach links] gewirkt hat wie das Tuch auf den Ochsen."[72] Mit der subtilen Unterscheidung zwischen Stier und Ochse diffamierte der Deutschnationale, ein Rittergutsbesitzer aus Mecklenburg, die republikanischen Kräfte quasi als nationale Kastraten. Ob diese die Beleidigung überhaupt verstanden, ist fraglich. Ein noch beschämenderes Beispiel für den Niedergang der politischen Kultur im deutschen Parlament gegen Ende der 20er Jahre stammt aus einer der vielen Reichstagsdebatten über eine Erhebung des Verfassungstages zum offiziellen Nationalfeiertag der Republik am 10. Juli 1928. Für die NSDAP, die bei der Reichstagswahl wenige Wochen zuvor 2,6 Prozent der Stimmen und zwölf Mandate errungen hatte, sprach in seiner parlamentarischen Jungfernrede ein Mann namens Joseph Goebbels und lieferte bereits hier ein schlagendes Beispiel für den grenzenlosen Zynismus des späteren Reichsministers für Volksaufklärung und Propaganda. „Wenn wir Nationalsozialisten Ihnen einen Vorschlag machen dürfen, so wäre das folgender: Führen Sie doch als Nationalfeiertag dieser Republik das *Purimfest* ein. Das wäre doch das allerangebrachteste! Lassen Sie die Führer der demokratischen Parteien in Sprechchören anmarschieren unter Aufsicht des Rabbinats, und lassen Sie dann durch Massengesang des Kohudregebetes Ihre Republik in entsprechender und würdiger Weise feiern! (...) Richten Sie das Purimfest als Nationalfeiertag ein mit Hugo Preuß als Vater der

---

72 Verhandlungen der verfassungsgebenden Deutschen Nationalversammlung [VNV]. Bände 326-343. Stenographische Berichte und Anlagen, Berlin 1920; hier Bd. 330, S. 3529, 3537 (29.10.1919).

Verfassung und dem Juden Hilferding als Ausführer der Verfassung! Dann haben Sie Ihrer Republik den Feiertag gegeben, den sie verdient."⁷³

Das von den Nationalsozialisten so geschmähte „System von Weimar" war nach dem Ende des Ersten Weltkrieges an einem durchaus ungewöhnlichen Ort ins Leben gerufen und rechtlich kodifiziert worden, denn im Gegensatz zu Frankfurt am Main und Erfurt hatte das thüringische Weimar als Parlamentssitz keine Tradition in der deutschen Geschichte. Arthur Rosenberg bezeichnete Wiemar denn auch als eines der leichtfertig gewählten Symbole, die die Weltgeschichte zu diskreditieren liebe.⁷⁴ Der Begriff *Weimarer Republik* ist indes nicht zeitgenössisch. Er taucht weder in der umfangreichen Memoirenliteratur auf, noch ist er in abwertendem Sinne von den Republikgegnern verwendet worden. Nach 1933 sprach man lediglich von der „Systemzeit". Erst in den 50er Jahren bürgerte sich der Begriff für die erste deutsche Republik ein. In diesem Zusammenhang ist allerdings auf verschiedene zeitgenössische Schlagworte zu verweisen, die von den rechten Republikgegnern in diffamierender Absicht geprägt wurden und noch heute wie selbstverständlich zum semantischen Bestand im historischen Diskurs über die Weimarer Epoche gehören. Die Bezeichnung *Erfüllungspolitik*, geprägt von der Rechtsopposition, sollte die regierungsamtlichen Bemühungen abwerten, den Bedingungen des Versailler Vertrages nachzukommen. Selbst die als „nationale Realpolitik" deklarierte Außenpolitik Stresemanns und die Brüningsche Reparationspolitik wurden mit diesem Begriff belegt. Auch das Schlagwort von der *Republik ohne Republikaner*, entstanden nach der Wahlniederlage der Weimarer Koalition im Juni 1920, stammt aus der semantischen Kriegführung gegen die Republik. Der sozialdemokratische Reichsinnenminister Carl Severing hat dazu bei der Eröffnung einer Tagung des Deutschen Republikanischen Lehrerbundes am 17. Juni 1928 in Frankfurt das Notwendige gesagt: „Die Behauptung, Deutschland sei eine Republik ohne Republikaner, ist zwar nie richtig gewesen, immerhin hat die geräuschvolle Agitation der Monarchisten recht oft die stille, beharrliche Kleinarbeit der Republikaner übertönt und damit in der Öffentlichkeit falsche Eindrücke über die Stellung der Republikaner in der Republik hervorgerufen."⁷⁵ Diese Feststellung hat auch bezüglich der wissenschaftlichen und öffentlich-bewussten Rückschau auf die Repu-

---

73 VRT Bd. 423, S. 151 (10.7.1928). Das Purimfest wird zur Erinnerung an die Rettung der persischen Juden durch Esther begangen. Im modernen Judentum hat es Züge der abendländischen Karnevalskultur angenommen.
74 Arthur Rosenberg: Geschichte der Weimarer Republik. Hg. von Kurt Kersten (Sammlung „res novae". Veröffentlichungen zu Politik, Wirtschaft, Soziologie und Geschichte, Bd. 9), Frankfurt a.M. 1961 [zuerst Karlsbad 1935], S. 73.
75 Carl Severing: Erziehung zu guten republikanischen Staatsbürgern. Einleitende Worte, in: Friedrich Dessauer u.a.: Wie erziehen wir republikanische Menschen? (Republikanische Erziehung. Schriftenreihe, hg. von Ludwig Hüter, H. 1), Langensalza usw. 1929, o.P.

blik von Weimar nichts von ihrer Richtigkeit verloren, wenn man sich vor Augen führt, mit welcher Selbstverständlichkeit dieses Schlagwort mit allen seinen Abwandlungen noch immer verwendet wird.[76] Ferner erstaunt es, dass man bis heute von der Kriegsschuld*lüge* und der Dolchstoß*legende* spricht, obwohl ein Tausch der Begriffe historisch wesentlich präziser erscheint: Die deutsche Alleinschuld am Kriege ist eine Legende, der Dolchstoß eine Lüge.

Wenn auch erst die Nachwelt von der *Weimarer Republik* gesprochen hat, so wurde der Ort indes schon zeitgenössisch ein Synonym für die neue Staatsform, und insofern lohnt ein Blick auf die Umstände, die die Republik im Jahr 1919 veranlasst haben, nach Thüringen zu gehen. Wie keine andere deutsche Stadt repräsentierte das ehemalige Residenzstädtchen an der Ilm als Wahlheimat von Goethe und Schiller die klassische deutsche Dichtung. Hier hatte Deutschland seinen ehrenvollen Ruf als Land der Dichter und Denker erworben. Michael Salewski hat im Zusammenhang mit den Klassikern, ihrer Stadt und der Republik von Weimar von einem ganzen „Symbolgefüge" gesprochen.[77] Aber es war weniger der *genius loci*, der die Abgeordneten der Nationalversammlung in die Stadt gerufen hatte. Die Klassiker fungierten lediglich als „Nothelfer".[78] Es gehörte zum Wesen der *improvisierten Demokratie*, dass sie sich ihren Namen und ihr erstes, wichtigstes Symbol absichtslos erschuf. Sachliche Erwägungen standen bei der Entscheidung im Vordergrund. Mitte Dezember 1918 erhielt die Regierung der Volksbeauftragen eine Mitteilung von Hugo Preuß über eine eventuelle Bedrohung der bevorstehenden Wahlen. Preuß forderte die Feststellung eines Ortes als Sitz der Nationalversammlung sowie Maßnahmen zu dessen Sicherung. Am Silvestertag 1918 wurde als Termin für den Zusammentritt der Nationalversammlung der 6. Februar 1919 festgelegt, über den Ort jedoch noch keine Entscheidung gefällt.[79] Am gleichen Tage stellte der führende Kopf im Rat der Volksbeauftragten, Friedrich Ebert, bei einer gemeinsamen Sitzung von Kabinett und *Zentralrat der Deutschen sozialistischen Republik* erstmals die politische Zweckmäßigkeit einer Nationalver-

---

76 Vgl. z.B. die Publikation von Stephan Speicher über den Berliner Reichstag aus dem Jahr 1995, in der der Abschnitt über die Weimarer Republik mit „Parlament ohne Republikaner" überschrieben ist (Stephan Speicher: Ort der deutschen Geschichte. Der Reichstag in Berlin, Berlin 1995, S. 96).
77 M. Salewski: Symbole, S. 162.
78 Wolfgang Benz: Die Klassiker als Nothelfer. Die Weimarer Republik in Weimar und Berlin, in: Uwe Schultz (Hg.): Die Hauptstädte der Deutschen. Von der Kaiserpfalz in Aachen zum Regierungssitz Berlin, München 1993, S. 194-204.
79 Die Regierung der Volksbeauftragten 1918/19 [RdV]. Zwei Teile. Eingel. von Erich Matthias. Bearb. von Susanne Miller unter Mitw. von Heinrich Potthoff (Quellen zur Geschichte des Parlamentarismus und der politischen Parteien. 1.Reihe: Von der konstitutionellen Monarchie zur parlamentarischen Republik. Hg. von Werner Conze/Erich Matthias, Bde 6/I u. 6/II), Düsseldorf 1969; hier Bd. 1, S. 373 (13.12.1918); ebd. Bd. 2, S. 149.

sammlung in Berlin in Frage, und zwar unter Hinweis auf die von separatistischen Motiven bestimmte Abneigung gegen die Hauptstadt: „Wir müssen mit den Auffassungen und Strömungen rechnen, die sich in den verschiedensten Bezirken des Reiches gegen Berlin geltend machen." Ebert fuhr in dunklen Andeutungen über „die große Strömung im ganzen Reich gegen Berlin, die Unzufriedenheit über die Dinge in Berlin" fort und brachte daraufhin die Möglichkeit ins Spiel, „die Nationalversammlung mehr in das Herz Deutschlands hineinzuverlegen". Erst als zweiten Grund nannte er den Sicherheitsaspekt. „Es ist schwer, einen geeigneten Ort zu finden. Der Weg führt ja unter Berücksichtigung der historischen Paulskirche nach Frankfurt. In der Nähe von Frankfurt ist aber die neutrale Zone. Man kann nicht mit der Nationalversammlung in die Nähe der gegnerischen Besetzung gehen. Weiter nach Süddeutschland zu gehen, ist auch beschwerlich. Wir haben eine Reihe von Orten in Aussicht genommen, Kassel, Bayreuth, Weimar, auch Frankfurt, und wir wollen einige Leute beauftragen, schnellstens in diesen Orten zu sondieren, ob es möglich sei, die Nationalversammlung nach einem dieser Orte zu berufen und dort gut unterbringen zu können."[80]

Inzwischen hatten sich über die hier erwogenen Tagungsorte hinaus auch Erfurt, Eisenach, Würzburg und Bamberg als Sitz der Nationalversammlung ins Spiel gebracht.[81] Die Vorentscheidung zugunsten von Weimar fiel bei einer Sitzung der Reichsregierung am 14. Januar 1919.[82] Zunächst berichtete ein Emissär über Erkundungen in Bayreuth, Nürnberg, Jena und Weimar. In den ersten drei Städten hatte er keine optimalen Bedingungen vorgefunden. Die Klassikerstadt dagegen lag verkehrstechnisch günstig, versprach im Gegensatz zu Berlin politische Ruhe und Sicherheit, bot gute Unterbringungs- und Arbeitsmöglichkeiten und verfügte nicht zuletzt mit dem Hoftheater, das am Tag der Nationalversammlungswahl mit Zustimmung der provisorischen Regierung programmatisch in *Deutsches Nationaltheater* umgetauft werden sollte, einen geeigneten Tagungsort für das Plenum der Nationalversammlung. In der folgenden Diskussion traten Hugo Preuß, Otto Landsberg und der preußische Kriegsminister Walther Reinhardt für Berlin ein, während Ebert, Scheidemann und Außenminister Graf Brockdorff-Rantzau für Weimar plädierten. In deren

---

80 Ebd. Bd. 2, S. 164f.
81 BArchBln R 15.01/17141, Bl. 2, 4, 7f., 19. Erfurt warb unter Hinweis auf günstige Räumlichkeiten sowie auf die geschichtliche Bedeutung der Stadt durch das Erfurter Programm von 1891, den Fürstenkongreß 1808 sowie das Vorparlament 1848. Eisenach führte die Wartburg als Argument ins Feld: „Schon wiederholt ist für Deutschland von hier, von der Wartburg, das Licht einer neuen Zeit ausgegangen."
82 RdV Bd. 2, S. 223-232; alle folgenden Stellungnahmen und Zitate ebd. Die Art der Sitzung ist im Protokoll nicht genannt. Wilhelm Ziegler (Die Deutsche Nationalversammlung 1919/1920 und ihr Verfassungswerk, Berlin 1932, S. 27-29, hier S. 27) spricht von einem erweiterten Reichskabinett.

Stellungnahmen war neben dem Sicherheitsaspekt nun auch von der symbolischen Bedeutung des Ortes die Rede. Ebert meinte, es werde „in der ganzen Welt angenehm empfunden werden, wenn man den Geist von Weimar mit dem Aufbau des neuen Deutschen Reiches verbindet." Scheidemann bezeichnete die Stadt Goethes als einen guten Ausweg, als „gutes Symbol für die junge deutsche Republik". Selbst der Berlin-Befürworter Preuß wollte das „ideale Moment" nicht verkennen, das im „Deutschland von Weimar gegenüber dem Deutschland von Potsdam-Berlin" liege. Nachdem sich bei dieser Sitzung eine Mehrheit für Weimar ergeben hatte, war die Entscheidung faktisch gefallen, denn unmittelbar danach begannen die Vorbereitungen konkreter Maßnahmen, so die Schaffung der notwendigen Post- und Zugverbindungen zwischen Berlin und Weimar. Wenige Tage später kam es bei einer gemeinsamen Sitzung des Reichskabinetts mit der Preußischen Staatsregierung zu einer schweren Auseinandersetzung. Nach Zeitungsberichten protestierten die preußischen Minister entschieden gegen die Verlegung des Sitzes und brachten ihrerseits Potsdam ins Gespräch. Am Abend des 20. Januar beschloss die Reichsregierung endgültig, Weimar zum Sitz der Nationalversammlung zu machen, und tags darauf wurde eine entsprechende Verordnung im Reichsgesetzblatt veröffentlicht.[83] Damit war entschieden, dass die Verfassungsgebung der ersten deutschen Republik in einem Theatersaal vonstatten gehen sollte. Walter Oehme wollte auch darin ein Symbol erblicken, nachdem die Parlamente des 19. Jahrhunderts in Frankfurt und Erfurt ihre Heimstätten in Kirchen gesucht hätten. Ob darin allerdings ein Fortschritt der bürgerlichen Revolution zu sehen sei oder ob man dadurch das Gleichnis allzu weit treibe, da Theater für eine Zukunft schaffende Versammlung nicht eben das richtige Symbol sei, ließ er offen.[84]

In der eben zitierten Bemerkung von Hugo Preuß über den Gegensatz zwischen Weimar-Deutschland und Potsdam-Deutschland klingt eine Symbolisierung der beiden Orte an, die in den 20er Jahren fester Bestandteil des politischen Diskurses war. Die „zwei symbolischen Pole des deutschen Charakters"[85] standen am Beginn und am Ende der Republik. In Weimar fand 1919 der Gründungsakt statt, am *Tag von Potsdam*, dem 21. März 1933, wurde die republikanische Staatsform zu Grabe getragen, und die Residenz Friedrichs des Großen errang als „Inbegriff der besonders engen Verbindung protestantischer Kirchlichkeit mit der preußischen Staatsidee", so Werner Freitag, einen symbolischen Sieg über Weimar.[86] Ein dritter symbolischer Ort und Begriff, der wie ein Damokles-

---

83 Ebd. S. 283-285.
84 Walter Oehme: Die Weimarer Nationalversammlung 1919. Erinnerungen, Berlin 1962, S. 69f.
85 Arnold Brecht: Walther Rathenau und das deutsche Volk, München 1950, S. 7.
86 Werner Freitag: Nationale Mythen und kirchliches Heil: Der „Tag von Potsdam", in: Westfälische Forschungen 41 (1991), S. 379-430, Zitat S. 382.

schwert über der Republik schwebte, war Versailles. Daß die Friedensverhandlungen nach dem Ersten Weltkrieg dort ausgetragen wurden, war die französische Antwort auf die deutsche Kaiserproklamation von 1871 am gleichen Orte. Symbolisch trat die Konferenz der Siegermächte am 18. Januar 1919 erstmals zusammen, exakt 48 Jahre nach der Reichsgründung. Ernst Jäckh, Mitglied der deutschen Delegation in Versailles, hat zur Ortswahl der Friedenskonferenz interessante Thesen vorgetragen.[87] Laut Jäckh machte General von Seeckt bei einem Spaziergang mit ihm und Brockdorff-Rantzau im Trianon-Park die aufschlussreiche Bemerkung: „Der Umstand, dass wir Deutschen nach Versailles geladen wurden, und die Alliierten nicht nach Berlin gingen, gibt uns eine wundervolle Gelegenheit, unsre historische Niederlage zu verschleiern. Wir müssen den Alliierten dankbar dafür sein." Der psychologische Unterschied zwischen den Friedensschlüssen von Brest-Litowsk und Budapest, die in den besiegten Ländern stattgefunden hätten, und dem von Versailles sei „folgenschwer und entscheidend" gewesen, so Jäckh. Seine Folgerung: Ein *Potsdamer Friede* hätte die Dolchstoßlegende und selbst Potsdam 1945 verhindern können.

Abgesehen von dieser interessanten, indes spekulativen Geschichtsbetrachtung zeigt der in der Republik geführte Diskurs um die Antithese Weimar-Potsdam eine deutliche Tendenz zur Überwindung dieses scheinbaren Gegensatzes und zur Verschmelzung der symbolischen Pole. Schon Werner Sombart hatte in seinem berühmt-berüchtigten Kriegsbuch *Händler und Helden* eine Verschmelzung im Dienste des Militarismus proklamiert: „Militarismus ist der zum kriegerischen Geist hinaufgesteigerte heldische Geist. Er ist Potsdam und Weimar in höchster Vereinigung. Er ist ‚Faust' und ‚Zarathustra' und Beethoven-Partitur im Schützengraben. Denn auch die Eroika und die Egmont-Ouvertüre sind doch wohl echtester Militarismus."[88] Auch nach dem Untergang des Kaiserreichs wurden eher die Gemeinsamkeiten als die Gegensätze der beiden Symbolstädte betont, und zwar von allen politischen Lagern. Anfang 1919 machte Gustav Stresemann in einem Aufsatz in den *Deutschen Stimmen* darauf aufmerksam, dass das Reich nur erhalten werden könne, wenn eine Verbindung der Geistigkeit und des Humanismus von Weimar mit dem Pflichtgefühl und der Vaterlandsliebe von Potsdam gelinge.[89] Ganz ähnlich, wenn auch unter ganz anderen Vorzeichen, schrieb zur gleichen Zeit die *Rote Fahne*

---

87 Zum Folgenden siehe Ernst Jäckh: Der goldene Pflug. Lebensernte eines Weltbürgers, Stuttgart 1954, S. 288f, 382f.; die Zitate ebd.
88 Zit. nach Hermann Glaser: Ein deutsches Missverständnis. Die Walhalla bei Regensburg (1842), in: Hans Jürgen Koch (Hg.): Wallfahrtsstätten der Nation. Zwischen Brandenburg und Bayern. Erweiterte Neuausgabe, Frankfurt a.M. 1986, S. 25-37, Zitat S. 26.
89 Paraphrasiert wiedergegeben von Rochus Freiherr von Rheinbaben: Stresemann. Der Mensch und der Staatsmann. Die Biographie, an der er selbst noch mitgewirkt hat, Dresden 1930, S. 152.

über die Unruhen in Berlin und die Weimarer Nationalversammlung: „Potsdam marschierte in Berlin ein und hob mit Maschinengewehren, Geschützen, Tanks, Karabinern und Handgranaten die Nationalversammlung aus der Taufe (...) Sieger in Berlin, begibt sich die Nationalversammlung des weißen Schreckens alsbald auf die Flucht vor den ‚Besiegten'. Sie geht nach Weimar – und Potsdam zieht mit. Die Nationalversammlung, das ist Potsdam in Weimar (...) Also Potsdam hat wieder die Waffen, und unter den Fittichen der Landsknechte Noskes wird die Nationalversammlung die Manen Goethes und Schillers anrufen können."[90] In der kommunistischen Polemik steckte Wahrheit: Im Grunde ging es in der Republik nicht um einen Gegensatz zwischen den beiden symbolischen Orten. Darauf haben Vernunft- wie Herzensrepublikaner immer wieder aufmerksam gemacht. Der republikanische, sozialdemokratisch dominierte Frontkämpferbund *Reichsbanner Schwarz-Rot-Gold* gab bereits im ersten Jahr seines Bestehens, 1924, eine Aufsatzsammlung mit dem programmatischen Titel „Das Reichsbanner und Potsdam" heraus, um der antirepublikanischen Vereinnahmung des Ortes entgegenzutreten.[91] Unter Hinweis auf Friedrich den Großen, dessen Ansichten zu Kultur und Krieg der „wahre Geist von Potsdam" und „zugleich der Geist von Weimar" seien, wurde Potsdam republikanisch-kosmopolitisch reklamiert. Richart Mischler entwarf in der Broschüre das Bild eines republikanischen Nationalismus in der Tradition der großdeutschen Idee von 1848 als Antithese zum preußischen Nationalismus: „Der preußische, konservative Nationalismus, dem Deutschland ohne Verherrschaft Preußens undenkbar schien, hat die historische Schuld, dass jene 10 Millionen Volksgenossen noch heute vor den Toren des Vaterhauses stehen. Die Rivalität zweier Dynastien hat die politische Zusammengehörigkeit der ganzen Nation zerrissen, der preußische Nationalismus hat am Geiste der Sprache, an Kultur und Schicksalsgemeinschaft gesündigt. (...) Unser Nationalismus spürt den Herzschlag des ganzen deutschen Volkes, nicht nur Preußens. Er will beitragen zur Verwirklichung des Sehnsuchtstraumes der ganzen Nation, zum Großdeutschland der Zukunft. Wir hissen stolz das hundertjährige schwarz-rot-goldene Banner deutscher Einheit und singen Arndts Lied ‚Das ganze Deutschland' soll es sein!"

Mischler verband mit der Ablehnung des preußischen Nationalismus jedoch keine symbolische Abkehr von Potsdam, wie es etwa Reichstagspräsident Paul

---

90 Zit. nach W.Oehme: Nationalversammlung, S. 23 (Rote Fahne Ende Januar/Anfang Februar 1919).
91 Das Reichsbanner und Potsdam. Hg. von der Ortsgruppe Potsdam des Reichsbanners Schwarz-Rot-Gold, Rehbrücke bei Potsdam o.J. [1924]. Aktueller Anlass der Veröffentlichung war die Auseinandersetzung um den französischen Sorbonne-Professor Basch, der in Potsdam einen Vortrag gehalten hatte, was in rechtskonservativen Kreisen lebhafte Proteste auslöste. Die folgenden Zitate aus (Anonym:) Weimar und Potsdam, in: ebd. S. 13-15, Zitat S. 15; Richart Mischler: Das Reichsbanner und Potsdam, in: ebd. S. 15-18, Zitate S. 17f.

Löbe tat, der beim Festakt des Reichsbanners zum fünften Verfassungstag 1924 in Weimar das republikanische Streben als Kampf in zwei Richtungen beschrieb: „Abwehr der Rückschrittler, des Herrengeistes, der Untertanengesinnung, der Knechtseligkeit, Aufbau der großen deutschen Republik, die eines Tages alle deutschen Stämme vereint." Das Reichsbanner lenke seine Schritte nach Weimar, nicht nach Potsdam.[92] Der konservative Sozialdemokrat Wolfgang Heine bezeichnete diese Gegenüberstellung später als schief und missbräuchlich: „‚Potsdam' bedeutet doch nicht das Gamaschentum Friedrich Wilhelms I., sondern die Erinnerung an die Persönlichkeit Friedrichs d[es] Großen. Derartige historische Analogien sind überhaupt bedenklich und nur mit Vorbehalt verwendbar; einmal weil sie meist die wirklichen Tatsachen entstellen, die wesentlich anders ausgesehen haben, als die Tradition sie darstellt, dann aber weil die große Vergangenheit, die man nicht selbst gemacht hat, keineswegs immer als Vorbild und Antrieb wirkt, sondern leicht zur Selbstzufriedenheit mit eingebildeten Verdiensten führt, dem Tode gesunden politischen Lebens. (...) Die Antithese Weimar gegen Potsdam enthielt von dem, was in der Lage der Republik das nötigste war, der Pflicht nationaler Volksverbundenheit, nichts, im Gegenteil war sie für sehr weite Teile der Nation verletzend."[93]

Wenn auch die populäre Antithese zwischen Weimar und Potsdam als Geburts- und Sterbeort der Republik auf teilweise polemischen Widerspruch traf, so herrschte in der Bewertung der beiden Reichspräsidenten der ersten deutschen Demokratie weitgehende Einigkeit. Sowohl Friedrich Ebert als auch Paul von Hindenburg hatten schon zu Lebzeiten hohe symbolische Bedeutung und werden von der Geschichtsschreibung ebenso wahrgenommen. Horst Möller notiert über die so unterschiedlichen Reichspräsidenten: „Hindenburg war von seiner sozialen Herkunft, Laufbahn und politischen Einstellung her der Exponent des alten Systems. So symbolisch sein Lebensweg für das Gestern war, so symbolisch war Eberts Lebensweg für das Neue, das Heute und Morgen. Welche Paradoxie, dass Ebert Hindenburg vorherging und nicht nach ihm kam."[94] Der Sozialdemokrat Ebert starb 1925 im Alter von 54 Jahren, sein Nachfolger Generalfeldmarschall Hindenburg war bei Amtsantritt 77 Jahre alt. Von diesem Tatbestand ausgehend, hat Fritz Stern die berühmte These vom Tod als

---

92 Der fünfte Jahrestag der Deutschen Reichsverfassung. Aufmarsch des Reichsbanners Schwarz-Rot-Gold am Verfassungstage 1924. Hg. von Wilhelm Kindermann, Jena o.J. [1924], S. 13f., Zitat S. 14.
93 Wolfgang Heine: Politische Aufzeichnungen/Erinnerungen (BArchKo Kl.Erw.371-9), Bd. 5, S. 17f.
94 Horst Möller: Weimar. Die unvollendete Demokratie (Deutsche Geschichte der neuesten Zeit vom 19. Jahrhundert bis zur Gegenwart, hg. von Martin Broszat u.a.), München ⁵1994, S. 66.

Anti-Republikaner formuliert: „Es ist schon oft darauf hingewiesen worden, daß die deutsche Republik viele ihrer Verantwortung tragenden Führer durch deren zufälligen oder frühen Tod verlor: Ebert, Erzberger, Rathenau, Stresemann, selbst Helfferich. Vielleicht ist es unfreundlich, dem noch hinzuzufügen, daß die unnatürliche Langlebigkeit anderer – Hindenburg, Ludendorff und Tirpitz zum Beispiel – einen ebenso großen Einfluß darauf hatten [sic], die deutsche Demokratie zu schwächen. In Weimar war selbst der Tod Anti-Republikaner."[95] Schon Arthur Rosenberg hatte in seiner *Geschichte der deutschen Republik* aus dem Jahr 1935, bezogen auf Reichsaußenminister Gustav Stresemann und den führenden SPD-Linken Paul Levi, das „beispiellose Unglück" hervorgehoben, „von dem die deutsche Republik gerade in den Personenfragen verfolgt wurde".[96] Dieses Unglück brach ausgerechnet in einem Moment über die Republik herein, in der die wirtschaftliche und parlamentarische Krise begann. Zwischen 1929 und 1931 starben neben Stresemann und Levi auch Adolf Köster, Ulrich Rauscher und Hermann Müller-Franken. Keiner dieser Politiker war deutlich über 50 Jahre alt. So kämpfte der Tod an allen Fronten gegen die Republik: Erzberger und Rathenau fielen direkten rechtsradikalen Mordanschlägen zum Opfer, Friedrich Ebert wurde laut Peter-Christian Witt „in den Tod gehetzt", die eben Genannten zollten der hohen Nervenbelastung in der Republik Tribut und „starben in der politischen Tretmühle", wie Hagen Schulze formuliert.[97] Auch sie waren Opfer. Gustav Stresemann sagte am Abend vor seinem Tode zu Rudolf Olden, dem stellvertretenden Chefredakteur des *Berliner Tageblattes*: „Wenn ich jetzt sterben sollte, dann sollen Sie wissen, daß ich von meinen Feinden vergiftet worden bin. Man kann nämlich einen Menschen auch ohne physische Mittel vergiften."[98] Den letzten Streich spielte der Tod der Republik nach ihrem Untergang: Als am 2. August 1934 der inzwischen 86jährige Reichspräsident Paul von Hindenburg die Augen für immer schloss, tat er es in einem Moment, der für Hitler genau richtig kam.[99]

---

95 Fritz Stern: Adenauer in Weimar: Der Mann und das System, in: ders.: Das Scheitern illiberaler Politik. Studien zur politischen Kultur Deutschlands im 19. und 20. Jahrhundert, Frankfurt a.M. usw. 1974, S. 189-211, S. 274 Anm. 2.
96 A. Rosenberg: Geschichte, S. 196.
97 Peter-Christian Witt: Friedrich Ebert. Parteiführer-Reichskanzler-Volksbeauftragter-Reichspräsident. Bonn ³1992, S. 19; Hagen Schulze: Weimar. Deutschland 1917-1933 (Siedler Deutsche Geschichte/Die Deutschen und ihre Nation), Berlin ⁴1993, S. 254f.
98 Zit. nach Hubertus Prinz zu Löwenstein: Botschafter ohne Auftrag. Lebensbericht, Düsseldorf 1972, S. 53.
99 Volker Ackermann: Nationale Totenfeiern in Deutschland. Von Wilhelm I. bis Franz Josef Strauß. Eine Studie zur politischen Semiotik (Sprache und Geschichte, hg. von Reinhart Koselleck/Karlheinz Stierle, Bd. 15), Stuttgart 1990, S. 67f.

1. Der neue Staat und sein umkämpftes Zeichen: Flaggenstreit um schwarz-rot-gold und schwarz-weiß-rot

1.1. „Die Reichsfarben sind schwarz-rot-gold" (3. Juli 1919)

Anfang Juli 1919 befand sich Deutschland in einem Zustand permanenter öffentlicher Erregung, obwohl die blutigen inneren Auseinandersetzungen des Frühjahres bereits so gut wie abgeklungen waren. Die äußere und innere Neugestaltung des Landes nach dem Ende des Ersten Weltkrieges war noch in vollem Gange. Das Reich stand in diesen Wochen insbesondere im Zeichen der so genannten „Schmach von Versailles". Die im Mai von den Alliierten unterbreiteten Friedensbedingungen hatten zu einem regelrechten nationalen Aufschrei geführt, in den auch die gemäßigte Sozialdemokratie einstimmte. Reichsministerpräsident Philipp Scheidemann (MSPD) sprach nach der Bekanntgabe den berühmten Satz: „Welche Hand müßte nicht verdorren, die sich und uns in diese Fesseln legt?"[1] Sich und sein Kabinett sah er auf Grund der scheinbaren Unerfüllbarkeit der Bedingungen zum Rücktritt veranlasst. Schließlich unterzeichneten am 28. Juni zwei Mitglieder des neuen Kabinetts Bauer, Kolonialminister Bell und Außenminister Müller, den Vertrag.

Die Bestimmungen von Versailles waren für die äußere Gestalt der jungen Republik wegweisend, ebenso wie es für die innere Ordnung die zur gleichen Zeit beratene Verfassung war. Häufig ergaben sich Wechselwirkungen zwischen den beiden Komplexen. So geriet zum Beispiel der zwischen den Weimarer Koalitionsparteien ausgehandelte Flaggenkompromiss durch die Friedensbestimmungen wieder in Gefahr. Die Frage der Reichsfarben sei die „volkstümlichste Frage des ganzen Verfassungswerkes", sagte der DNVP-Abgeordnete Laverrenz in der Nationalversammlung.[2] Im Gegensatz zu den sperrigen juristischen Debatten etwa um die Grundrechte, die Reich-Länder-Problematik oder die Wirtschaftsordnung war die Entscheidung zwischen schwarz-rot-gold und schwarz-weiß-rot in der Öffentlichkeit leicht nachvollziehbar und auch der breiten Masse auf Anhieb verständlich. Die Schlussberatungen der Weimarer Nationalversammlung zum Entwurf einer neuen republikanischen Reichsverfassung begannen nur wenige Tage nach Unterzeichnung des Versailler Vertra-

---
1 VNV Bd. 327, S. 1083 (12.5.1919).
2 Ebd. S. 1228 (2.7.1919).

ges. Gleich zu Beginn der dritten Lesung, am 2. und 3. Juli, kam es zu einer leidenschaftlichen Auseinandersetzung um das zentrale Hoheitszeichen der Republik. Der vom Verfassungsausschuss mehrheitlich unterbreitete Vorschlag sah als Reichsfarben schwarz-rot-gold vor und überließ die Bestimmung der Handelsflagge einem Reichsgesetz.[3] Bis zum Beginn der Debatte im Plenum der Nationalversammlung waren zu diesem Punkt jedoch etliche Änderungsanträge eingegangen. Die beiden Parteien der politischen Rechten, DNVP und DVP, forderten die schwarz-weiß-rote Trikolore der untergegangenen Monarchie als Reichsflagge, die Unabhängigen Sozialdemokraten wollten dagegen die rote Fahne als Symbol des neuen Staatswesens durchsetzen.[4] Damit standen in der Nationalversammlung drei Flaggen zur Debatte, die für vollkommen unterschiedliche historische und ideologische Orientierungen in der deutschen Geschichte standen.

Der fragliche Kompromiss

Der Ausgang der Abstimmung in der Flaggenfrage war völlig offen, da besonders hinter dem Verhalten der DDP-Fraktion ein großes Fragezeichen stand. Im Verfassungsausschuss hatten sich ihre Abgeordneten noch klar hinter den Kompromiss gestellt, aber nach der Unterzeichnung des Versailler Vertrages waren die Linksliberalen in ihrer Mehrheit nicht mehr bereit, einem Flaggenwechsel zuzustimmen.[5] Deswegen brachten fünf Abgeordnete von MSPD und Zentrum am 2. Juli einen weiteren Kompromissvorschlag ein. Er lautete: „Die Reichsfarben sind schwarz-rot-gold. Die Handelsflagge ist schwarz-weiß-rot mit einer Gösch in schwarz-rot-gold in der oberen inneren Ecke."[6] Es ist nicht klar, wer der Urheber dieses Vorschlages war. Die Bezeichnung *Gösch* ist hier jedenfalls irrig und wurde in der endgültigen Fassung beseitigt.[7] Für eine derartige Flaggenkombination mit einem Feld in der oberen inneren Ecke gibt es neben dem US-amerikanischen Vorbild auch aus der deutschen Geschichte zwei Beispiele, und zwar aus dem Jahre 1848. Die von der Frankfurter Paulskirche seinerzeit bestimmte Reichskriegsflagge war schwarz-rot-gold mit einem

---

3 Zum Zustandekommen dieses Vorschlags siehe Kapitel 1.3.
4 Die Anträge in VNV Bd. 337, Nr. 413, 422, 428.
5 Bei einer vorhergehenden Abstimmung in der DDP-Fraktion hatte es eine Mehrheit von 23 gegen 19 für den Kompromiss gegeben, im Verfassungsausschuss stimmten vier von fünf Liberalen zu (Conrad Haußmann: Schlaglichter. Reichstagsbriefe und Aufzeichnungen. Hg. von Ulrich Zeller, Frankfurt a.M. 1924, S. 287f.).
6 Antrag der Abgeordneten Quarck, Katzenstein, Molkenbuhr (MSPD) sowie Gröber und Trimborn (Zentrum) in VNV Bd. 337, S. 292 (2.7.1919).
7 Eine Gösch ist kein Inneneck einer Flagge, sondern eine eigenständige maritime Miniaturausgabe der Nationalflagge, „die von Kriegsschiffen am Bugspriet aus besonderer Veranlassung gesetzt wird" (zit. nach A. Friedel: Politische Symbolik, S. 43 Anm. 3).

schwarzen, doppelköpfigen Adler auf gelbem Grund in der oberen inneren Ecke. Bei den zahlreichen Kundgebungen des Revolutionsjahres wurden auch schwarz-rot-goldene Fahnen mit den „preußischen Farben in einem kleineren Felde" gezeigt.[8]

Als die MSPD-Abgeordneten am Vormittag des gleichen Tages, noch vor Beginn der Debatte in der Nationalversammlung, zu einer Fraktionssitzung zusammenkamen, müssen die Unsicherheit über das Verhalten der Demokraten und die Furcht vor einer Entscheidung zugunsten von schwarz-weiß-rot enorm groß gewesen sein. Am Ende der Beratungen stand die Absicht, notfalls sogar für rot zu stimmen, um die Kaiserfahne als Symbol der Republik zu verhindern, und es wurden genaue Instruktionen für die Abstimmungen erteilt: „Beschlossen wird nach einer längeren Diskussion, für das von den Unabhängigen beantragte *Rot* als Reichsfarbe zu stimmen, wenn *kein* Kompromiss zustande kommt, das das Schwarzrotgold sichert. Kommt aber ein solches [sic] zustande, dann verzichten wir auf das Rot, um das Schwarzrotgold nicht zu gefährden gegenüber einer starken Rechten, die das Schwarzweißrot beibehalten will. Die Meeresflagge soll schwarzweißrot bleiben, aber mit einem schwarzrotgoldenen Eckfelde. Bei dem Unabhängigen-Antrag auf Rot kann *dagegen* stimmen wer will, ebenso kann sich enthalten wer will, falls das obige Kompromiss zustande gekommen [ist]."[9]

Der Flaggenstreit im Parlament

Die Debatte der Nationalversammlung um den Flaggenartikel der Verfassung begann am Nachmittag des 2. Juli und geriet – wie alle symbolpolitischen Diskussionen in der Weimarer Republik – rasch zu einer grundsätzlichen Auseinandersetzung um die jüngere deutsche Geschichte und die aktuelle Situation.[10]

---

8 Abbildung der Reichskriegsflagge in V.Valentin/O.Neubecker: Farben, Tafel V/1 (angenommen durch Gesetz vom 31.7./12.11.1848). Zur Kombination von schwarz-rot-gold und schwarz-weiß siehe den Bericht der Vossischen Zeitung vom 8.8.1848 über die „Huldigungsfeier für die deutsche Zentralgewalt" am 6. August 1848 in Berlin, abgedruckt in Karl Obermann (Hg.): Einheit und Freiheit. Die deutsche Geschichte von 1815 bis 1849 in zeitgenössischen Dokumenten, Berlin 1950, S. 514-519, Zitat S. 518.

9 Die SPD-Fraktion in der Nationalversammlung 1919-1920. Eingel. von Heinrich Potthoff. Bearb. von dems./Hermann Weber (Quellen zur Geschichte des Parlamentarismus und der politischen Parteien. 3. Reihe: Die Weimarer Republik. Hg. von Karl Dietrich Bracher/Rudolf Morsey, Bd. 7), Düsseldorf 1986, Dok. 60, S. 119 (2.7.1919). Mit der „Meeresflagge" ist die Handelsflagge gemeint, die von den deutschen Schiffen geführt wurde.

10 Zu der Debatte liegt eine unveröffentlichte Arbeit vor, die 1993 im Rahmen eines Seminars an der Ruhr-Universität Bochum entstand; Anke Scherer: Die Diskussion über die Farben der deutschen Fahne in der Nationalversammlung 1919. Schriftliche Hausarbeit im Rahmen der Veranstaltung „Der Nationalismus in der Zeit der Weimarer Republik" von Bernd Faulenbach, Ruhr-Universität Bochum, Wintersemester 1992/93 [unveröffentlicht]. Sie betrach-

In den Reden spiegeln sich die Aussagen und Argumente, die von den Vertretern der verschiedenen Parteien bereits im Verfassungsausschuss vorgetragen worden waren.[11] Zunächst ergriff Reichsinnenminister Eduard David das Wort.[12] David, ein Vertreter der pragmatischen, gemäßigten Richtung in der Mehrheitssozialdemokratie, war in den Weimarer Jahren einer der sachkundigsten und engagiertesten SPD-Vertreter in der Flaggenfrage und veröffentlichte eine mehrmals aufgelegte Studie zu dem Thema.[13] In seiner Rede erklärte sich der Minister zunächst namens der Reichsregierung mit dem kurz zuvor eingebrachten parteiübergreifenden Kompromissvorschlag einverstanden. Die Anträge von USPD, DNVP und DVP lehnte er ab, da es sich bei den vorgeschlagenen Fahnen um parteigebundene Abzeichen handele. Die Argumentation Davids insbesondere gegen die Weiterführung der schwarz-weiß-roten Fahne der Monarchie war dabei von hoher historischer und politischer Brisanz: „Das frühere System hat jahrzehntelang einen großen Teil unseres Volkes durch Ausnahmegesetze und Ächtung als Vaterlandsfeinde bezeichnet, hat dadurch einen Gegensatz zwischen Millionen unseres Volkes und der offiziellen Regierung mit ihren offiziellen Symbolen erzeugt, und so ist es gekommen, dass diese Fahne als eine Parteifahne, als ein feindliches Symbol im Kampfe von Millionen von Arbeitern empfunden wurde. (...) Dazu kommt aber ein anderes. Auch jetzt wieder ist das Schwarz-weiß-rot als ein Parteibanner entfaltet worden mit der Devise: Gegen Demokratie, gegen die Republik!" Der neue Staat, so David weiter, brauche vielmehr ein Symbol, „das über alle Parteigegensätze und alle Parteifahnen hinaus von möglichst allen Parteien als der Ausdruck der Zusammengehörigkeit zur Volksgemeinschaft, die höher ist als alle Parteien, angesehen und empfunden wird."

Der DVP-Abgeordnete Wilhelm Kahl begann seine Entgegnung mit der von Konservativen gern gestreuten Behauptung, die Novemberrevolution sei mit russischem Gelde gemacht worden, und hielt im Folgenden ein leidenschaftliches Plädoyer für die Fahne der Hohenzollernmonarchie. Einen Flaggenwechsel lehnte er als „gegen unsere nationale Würde" gerichtet ab: „Preußischer Staat und deutsches Kaisertum haben in der universalgeschichtlichen Entwicklung so unermesslich Großes und für die Gesamtheit, für die Welt Notwendiges, Unvergängliches geleistet, dass demgegenüber Schlagworte – und ein anderes sind sie nicht – wie ‚Obrigkeitsstaat' oder ‚Imperialismus' nicht ausreichen können,

---

tet die Flaggenfrage vor dem Hintergrund der politischen Kultur in der Weimarer Republik und ist insofern von Interesse, als sie auch das zeitgenössische Presseecho auf die Entscheidung der Nationalversammlung berücksichtigt.
11 Siehe hierzu auch Kapitel 1.3.
12 VNV Bd. 327, S. 1224-1226 (2.7.1919). Die folgenden Zitate und Paraphrasierungen S. 1227f. (Kahl), 1229 (Laverrenz), 1232f. (Cohn), 1235 (Quidde).
13 E. David: Fahne/1921; ders.: Fahne/1926.

die Notwendigkeit des Farbenwechsels irgendwie zu begründen. (...) Unter schwarz-weiß-rot (...) haben wir die Reichseinheit gewonnen. Mit ihrem Werdegange ist die Geschichte des Reiches aufs engste verknüpft. Unter dieser Fahne sind unsere Helden gefallen. Schon die Achtung vor diesem Opfer erfordert, dass wir sie jetzt nicht wechseln. Vor allem aber fordert es die Selbstachtung vor uns als Deutschen."

Noch pointierter und ideologisch zugespitzter argumentierte der Sprecher der DNVP, Laverrenz: „Gerade in diesen Tagen der grausamsten Demütigung und der trostlosesten Ohnmacht sollte man sich doppelt hüten, das letzte Sinnbild zu beseitigen, das an die einstige Größe des Vaterlandes erinnert. Mit Ernst Moritz Arndt glauben wir alle an die Ewigkeit unseres Volkes, und als äußeres Symbol dieses deutschen Evangeliums sollte der alte Dreiklang schwarz-weiß-rot in die dunkle Zukunft mit hinübergenommen werden. (...) Es ist eine mächtige Klammer, die das von uns gerissene und unter fremdes Joch getriebene Deutschtum zusammenhalten wird. Wie die gemeinsame Muttersprache ist es ein Bindemittel, das uns mit den Brüdern und Schwestern im unerlösten Deutschland – denn das haben wir jetzt – für immer unzertrennlich verbindet."

Seitens der Unabhängigen Sozialdemokraten warnte Oskar Cohn zwar zunächst davor, die Bedeutung der Flaggenfrage unnötig zu überschätzen und die Debatte dadurch zu emotionalisieren: „Wir machen das nicht mit, wir nehmen uns vernünftigere und sachlichere Maßstäbe." Anschließend jedoch begründete er in einem weit ausholenden, vom Bauernkrieg über Friedrich den Großen, Herder und Nietzsche bis zur Gegenwart reichenden historischen Diskurs die Forderung der USPD nach der roten Fahne als deutsche Nationalflagge: „Die *rote Farbe* ist, solange wir überhaupt die Geschichte von Freiheitsbewegungen schreiben können, solange der Drang hervorgetreten ist, gewisse Bewegungen in Farben zu symbolisieren, in jedem Lande, unter jedem Himmelsstrich die Farbe der Revolution gewesen, die Farbe jeder wahren Freiheitsbewegung." Notwendig sei eine entschiedene symbolische Abkehr von der Monarchie: „[Weil] wir der Meinung sind, dass man bewusst abgehen muss von dem alten Geist, der vorherrschend war, und von seinem Symbol, den alten Farben, deswegen sind wir dafür, dass auch die Reichsfarben symbolisch Ausdruck geben der bewussten Abkehr von dem alten Geist."

Nachdem Hermann Molkenbuhr namens der MSPD-Fraktion den Kompromissvorschlag verteidigt hatte, trug Ludwig Quidde die Minderheitsmeinung der DDP vor und nannte als Gründe für sein Eintreten zugunsten von schwarz-rot-gold die dadurch symbolisierte Verständigung zwischen Bürgertum und Sozialdemokratie, die Tradition von 1848 sowie das angestrebte Großdeutschland. Ein Abgeordneter des Zentrums ergriff nicht das Wort.

Die Entscheidung

Da sich die Diskussion in die Länge gezogen hatte, wurde die parlamentarische Entscheidung zum Flaggenartikel 3 der Verfassung auf den nächsten Tag verschoben.[14] Als die MSPD-Fraktion am Morgen des 3. Juli zusammenkam, schien eine Mehrheit für den Kompromiss wieder wahrscheinlicher zu sein, so dass von dem Plan, notfalls mit den Unabhängigen für rot zu stimmen, nicht mehr die Rede war: „Die Fraktion bekräftigte den gestrigen Beschluss, *gegen* rot und schwarzweißrot und *für* schwarzrotgold zu stimmen."[15] Im Plenum wurde zunächst der USPD-Antrag für die rote Reichsfahne von allen anderen Fraktionen zurückgewiesen.[16] Anschließend fanden namentliche Abstimmungen über die Anträge von DNVP und DVP für schwarz-weiß-rot sowie über den Kompromissvorschlag statt. Artikel 3 war der einzige Verfassungsartikel, bei dem dieses Verfahren gewählt wurde: auch dies ist ein Zeichen für die Brisanz der Flaggenfrage.[17] Für schwarz-weiß-rot als Reichsfarben stimmten 110 Abgeordnete, dagegen 191, fünf enthielten sich, 117 waren nicht anwesend. Damit war der Weg für den Kompromissvorschlag frei. Ihn befürworteten anschließend 213 Parlamentarier, 90 lehnten ihn ab, einer enthielt sich, 119 fehlten.[18] Die beiden sozialdemokratischen Parteien waren sich dabei lediglich in ihrer Ablehnung der monarchischen Farben schwarz-weiß-rot einig. Die Unabhängigen befürworteten rot und lehnten den Kompromiss ab, während umgekehrt die MSPD gegen rot votierte und dem Kompromiss durch ihre geschlossene Zustimmung maßgeblich zum Erfolge verhalf. Damit hatte sich die Weimarer Republik für die Reichsfarben schwarz-rot-gold entschieden, während die schwarz-weiß-rote Fahne, mit einem Obereck in den Reichsfarben versehen, zur Handelsflagge wurde.[19] In den Abendstunden des 31. Juli 1919, dem Tag der Verabschiedung der Weimarer Verfassung, wurde am First des National-theaters ein erstes schwarz-rot-goldenes Fähnchen gesetzt und von einer

---

14 VNV Bd. 327, S. 1235f. (2.7.1919).
15 Die SPD-Fraktion S. 123 (3.7.1919). Das Protokoll verschleiert die Zusammenhänge nicht unbeträchtlich, denn einen „gestrigen Beschluss", gegen rot zu stimmen, hatte es so nicht gegeben (vgl. oben).
16 Hierzu und zum Folgenden siehe VNV Bd. 327, S. 1245 (Abstimmungen), 1276-1278 (endgültige Ergebnisse der namentlichen Abstimmungen).
17 VNV Bd. 327, S. 1228. Namentliche Abstimmung hatten die beiden Rechtsparteien beantragt.
18 Das Ergebnis ist ebd. S. 1278 mit 211 gegen 90 Stimmen bei einer Enthaltung angegeben, die Auszählung ergibt indes 213 Ja-Stimmen.
19 Die endgültige Fassung von Artikel 3 der Weimarer Reichsverfassung lautete (Reichsgesetzblatt 1919, S. 1383): „Die Reichsfarben sind schwarz-rot-gold. Die Handelsflagge ist schwarz-weiß-rot mit den Reichsfarben in der oberen inneren Ecke."

„Handvoll Weimarer Müßiggänger" beklatscht, wie sich ein Zeitgenosse erinnerte.[20]

Folgen

Der am 3. Juli 1919 verabschiedete Flaggenartikel der Weimarer Verfassung und damit der Wechsel der Reichsfarben hat nicht nur einen permanenten leidenschaftlichen Flaggenstreit in der Republik ausgelöst, sondern ist auch bezüglich der Position der Sozialdemokratie im neuen Staat aufschlussreich. Die Spaltung in MSPD und Unabhängige auch in dieser symbolischen Frage verweist auf die unterschiedliche Bewertung der Revolution von 1918/19 und die divergierenden staatspolitischen Vorstellungen der deutschen Sozialisten. Die führende Regierungspartei MSPD ging beim Problem der Reichsfarben einen doppelten Kompromiss ein. Zum einen stellte die schwarz-rot-goldene Fahne schon für sich genommen einen Mittelweg zwischen dem monarchischen schwarz-weiß-rot und dem revolutionären rot dar. Zum anderen waren die neuen Reichsfarben selbst angesichts der Dreiviertelmehrheit der Parteien der republikgründenden *Weimarer Koalition* aus MSPD, DDP und Zentrum nur durch ein Zugeständnis an die monarchische Symbolik in der Gestalt der Handelsflagge möglich. Die Entscheidung in der Flaggenfrage war damit ein prägnantes Beispiel für die klassenübergreifende republikanische Politik im Jahr 1919 und Ausdruck der damaligen innenpolitischen Gegebenheiten und Möglichkeiten. Die MSPD stimmte dabei als einzige Partei geschlossen für den Kompromiss. Allerdings wird diese Tatsache durch die hohe Zahl der Abgeordneten, die bei den Abstimmungen nicht anwesend waren, relativiert. Am 3. Juli 1919 fehlten fast 60 der 165 Mehrheitssozialdemokraten in der Nationalversammlung.[21] Gründe für diese Abwesenheitsquote sind nicht näher bekannt, es kann aber nicht ausgeschlossen werden, dass zumindest einige Sozialdemokraten aus stillem Protest gegen den Kompromiss fernblieben. Eine einhellige Zustimmung lässt sich jedenfalls nur rein formal konstatieren. Die beiden anderen Fraktionen der Regierungskoalition, DDP und Zentrum, waren dagegen offen gespalten. Vom katholischen Zentrum votierten 15 Abgeordnete für schwarz-weiß-rot, beim Kompromissvotum gab es vier Nein-Stimmen. Krasser

---

20 W. Oehme: Nationalversammlung, S. 367. Die Hissung ist mit Zeitpunkt belegt in einer Rede von Paul Löbe am Verfassungstag 1924 (Der fünfte Jahrestag/Reichsbanner, S. 13f., hier S. 13).

21 Bei der Entscheidung über schwarz-weiß-rot votierten von den 165 Vertretern der Mehrheitssozialdemokratie 107 mit nein, 58 waren nicht anwesend. Dem Kompromissvorschlag gaben anschließend 108 Parlamentarier ihre Zustimmung, während 57 fehlten. Nicht an der Abstimmung nahmen unter anderem Philipp Scheidemann, Carl Severing, August Winnig und Reichswehrminister Gustav Noske teil. Bei Winnig und Noske ließe sich am ehesten eine absichtsvolle Abwesenheit vermuten.

noch war die Lage bei der DDP. 41 von 56 anwesenden Liberalen befürworteten zunächst schwarz-weiß-rot, anschließend stimmten 38 Abgeordnete für den Kompromiss, immerhin noch 16 dagegen. Von einem glänzenden Sieg für schwarz-rot-gold konnte keine Rede sein. Ludwig Quidde, der am 2. Juli für die Minderheit in der DDP sprach, nannte die Farben zwar zu Recht ein Symbol „für die Verständigung zwischen Bürgertum und Sozialdemokratie".[22] Aber dass diese Verständigung auf tönernen Füßen stand, deutete sich schon bei der Flaggenentscheidung der Nationalversammlung an. Nachdem sich an dieser Frage eine scharfe Auseinandersetzung um die Vergangenheit entzündet hatte, war Quidde der einzige, der die Farben schwarz-rot-gold mit einer glücklicheren Zukunft in Verbindung bringen wollte, nämlich mit der angestrebten Einheit mit Österreich. Tatsächlich aber wurden die neuen Nationalfarben und der sich an ihnen entzündende Streit zu Zeichen für die politischen Auseinandersetzungen der Weimarer Jahre.

1.2. Symbole in der Novemberrevolution

Im Zusammenhang mit der parlamentarischen Entscheidung von 1919, schwarz-rot-gold zu den verfassungsmäßigen deutschen Nationalfarben zu machen, wurde und wird gewöhnlich der Begriff *Flaggenwechsel* verwendet. Der SPD-Flaggenexperte Eduard David hat hingegen mit Recht die Ansicht vertreten, dass diese Bezeichnung dem chronologischen Ablauf der Ereignisse widerspreche. An die Stelle der schwarz-weiß-roten Fahne, so erklärte er in seiner zweiten großen Reichstagsrede zur Flaggenfrage im Juni 1921, sei durch die siegreiche Revolution im November 1918 nicht die schwarz-rot-goldene, sondern zunächst die rote Fahne gesetzt worden.[23]

Die Revolution ist rot

In der Tat war die rote Fahne der sozialistischen Arbeiterbewegung das zentrale Symbol, unter dem sich die revolutionäre Erhebung von Soldaten und Arbeitern im November 1918 über Deutschland ausbreitete und die Hohenzollernmonarchie endgültig zu Fall brachte. Für die Terminierung des Übergangs von der Monarchie zur Republik bietet der geschichtswissenschaftliche Definitionsspielraum verschiedene Daten an.[24] *Symbolisch* begann die Epoche Wei-

---

22 VNV Bd. 327, S. 1235 (2.7.1919).
23 VRT Bd. 350, S. 4164-4172, hier S. 4170 (27.6.1921).
24 Allein Helmut Heiber nennt sechs verschiedene Daten zwischen September 1918 und August 1919. Auch für das Ende der Republik bietet er sechs Termine an (H. Heiber: Republik, S. 7).

mar unzweifelhaft am Morgen des 5. November 1918, als aufständische Matrosen im Kieler Hafen auf den Kriegsschiffen statt der Reichskriegsflagge die rote Fahne hissten. Die Meuterei hatte Ende Oktober begonnen, nachdem die Flottenführung den Befehl zu einem militärisch sinnlosen Auslaufen gegen England erteilt hatte. „Als der 5. November sich mit blutrotem Schein aus den Seenebeln emporhob", schrieb Bernhard Rausch, Redakteur der sozialdemokratischen *Schleswig-Holsteinischen Volkszeitung*, in einem emphatischen Erlebnisbericht, „blickte er in eine völlig veränderte Welt. Über der deutschen Flotte, vom Kieler Rathaus und dem Schlossturm wehte die rote Fahne der Revolution." Noch am gleichen Tag sei es zu blutigen Auseinandersetzungen um das Symbol gekommen: „Als die Mannschaften des Linienschiffes ‚König' die Kriegsflagge, die dort noch am Vormittag wehte, einziehen und die rote Flagge hissen wollten, suchten das die Offiziere mit Waffen in der Hand zu verhindern. Ein Matrose wurde erschossen, worauf die Mannschaften gegen die Offiziere vordrangen. Zwei Offiziere, darunter der Kommandant, wurden getötet und mehrere verwundet. Auch vom Hafen aus begann eine wilde Schießerei gegen den ‚König', die erst aufhörte, als die rote Flagge gesetzt war. Im Hafen gab es kein Schiff mehr, das nicht die rote Flagge führte, und auch die Stadt hatte das Festkleid der Revolution angelegt."[25]

Das *Festkleid der Revolution* war also blutbefleckt, ein an sich untypischer Vorgang für einen weitgehend gewaltlosen Umsturz. Er zeigt, welche große Bedeutung die Akteure auf beiden Seiten der Flaggensymbolik beimaßen. Hinter der Ablehnung der roten Fahne seitens der konservativ-militärischen Elite in Deutschland stand offenbar die Angst vor dem ein Jahr zuvor in Russland an die Macht gekommenen Bolschewismus. Indes wurde die rote Fahne, so ist es auch für die Folgezeit häufig belegt, von den Meuterern nicht primär als Zeichen des revolutionären Sozialismus oder gar des russischen Bolschewismus verstanden, sondern als Sinnbild der Kriegsmüdigkeit, des Protests gegen die Monarchie und des Wunsches nach Demokratie. Bezeichnend ist ja schon, dass es weder streikende Arbeiter noch revolutionäre Politiker waren, die die rote Fahne in Kiel setzten, sondern Soldaten. Das Symbol wurde in der Revolution

---

25 Bernhard Rausch: Am Springquell der Revolution. Die Kieler Matrosenerhebung, Kiel 1918, abgedruckt in Gerhard A. Ritter/Susanne Miller (Hg.): Die deutsche Revolution 1918-1919. Dokumente, Hamburg ²1975, S. 43-51, Zitate S. 48f. Mit der „Kriegsflagge" ist die Reichskriegsflagge gemeint, die auf weißem Grund das schwarze Eiserne Kreuz mit der schwarz-weiß-roten Flagge in der oberen inneren Ecke zeigte. Zu dem Zwischenfall vgl. Dirk Dähnhardt: Revolution in Kiel. Der Übergang vom Kaiserreich zur Weimarer Republik 1918/19 (Mitteilungen der Gesellschaft für Kieler Stadtgeschichte, hg. von Jürgen Jensen, Bd. 64), Neumünster 1978, S. 97; Wolfgang Malanowski: November-Revolution 1918. Die Rolle der SPD, Frankfurt a.M./Berlin 1969, S. 22. Die im Dock liegende *König* war das einzige Schiff gewesen, auf dem der Kommandant den Matrosen zuvorgekommen war und noch die Kriegsflagge hatte setzen lassen.

von allen verwendet, ob Sozialisten oder nicht.[26] Es konnte durchaus auch als Beschwichtigungs- oder Tarnzeichen dienen: So floh der Bruder des Kaisers, Großadmiral Heinrich von Preußen, mit einem roten Wimpel am Auto aus dem revolutionären Kiel.[27] Ungeachtet der Tatsache, dass die Fahne in Deutschland eher ein Protestzeichen als ein wirklich revolutionäres Symbol war, wurde sie auch zum direkten *Anlass* für Konfrontationen und mancherorts erst zur Ursache für den Ausbruch der Revolution. In Bielefeld war ein kleines rotes Schleifchen an der Brust eines Marinesoldaten, der am Schalter des Bahnhofes eines Fahrkarte verlangte, „der Funke, der in das auch hier offen stehende Pulverfass fiel. Sofort trat die Bahnhofswache auf die Blaujacke zu und fragte nach ihrem Ausweis." Als der Soldat zum Mitkommen aufgefordert wurde, so fährt der Zeitungsbericht fort, habe sich eine Menge Menschen dem Zug angeschlossen. Er führte zu einer örtlichen Kaserne, wo die Soldaten herausgeholt und Gefangene befreit wurden. Damit war das Startsignal der Erhebung gegeben.[28] In Kassel wurde ein Offizier, der eine rote Fahne entfernen wollte, von meuternden Soldaten erschossen. Tödliche Zwischenfälle gab es aus ähnlichen Gründen an etlichen weiteren Orten.[29] So rasch wie die Revolution eroberte sich ihr Symbol das ganze Land, schon am 5. November war es in Hamburg und Lübeck zu sehen, um am 9. November die Reichshauptstadt Berlin zu erreichen. „Ungeheure Züge bildeten sich, die mit roten Fahnen dem Stadtinnern zuströmten und die großen Verkehrsstraßen durchzogen", erinnerte sich Eduard Bernstein an den Revolutionstag, und der sozialdemokratische Kriegsteilnehmer Adam Scharrer ließ seinen antimilitaristischen Kriegsroman *Vaterlandslose Gesellen*, der 1930 erstmals erschien, mit einer Beschreibung der revolutionären Massendemonstrationen in Berlin enden, deren zentrales Symbol selbstverständlich die rote Fahne ist: „Die Fahnen werden zu einem roten Meer. (...) Dort, wo gestern noch Soldaten des 1. Garderegiments standen, stehen bewaffnete Arbeiter und Soldaten mit roten Kokarden. (...) Auf dem Schloss weht die rote Fahne."[30] Dorthin, und zwar an die Stelle, wo bisher die Kaiserstandarte

---

26 Vgl. A. Friedel: Politische Symbolik, S. 29.
27 Herbert Kranz: Schwarz Weiß Rot und Schwarz Rot Gold (Erzählte Geschichte. Die letzten hundert Jahre, Bd. 2), Stuttgart 1961, S. 144.
28 Westfälische Neueste Nachrichten 9.11.1918 (Artikel „Wie Bielefeld genommen wurde", Exemplar in AdsD NL Carl Severing, Mp. 5/158).
29 Hermann Müller-Franken: Die Novemberrevolution. Erinnerungen, Berlin 1928, S. 181. Besonders interessant ist ein Fall aus Wilhelmshaven, wo ein Leutnant, der eine rote Fahne entfernte, von den Mannschaften bedroht und anschließend „wegen Vergehens gegen die §§ 110, 113, 141 und 142 des Strafgesetzbuches mit 7 Monaten 2 Wochen Gefängnis bestraft" wurde (ebd.).
30 Eduard Bernstein: Die deutsche Revolution – ihr Ursprung, ihr Verlauf und ihr Werk. 1. Bd.: Geschichte der Entstehung und ersten Arbeitsperiode der deutschen Republik, Berlin-Fichtenau 1921, S. 30; Adam Scharrer: Vaterlandslose Gesellen. Das erste Kriegsbuch eines

wehte, hatte sie Karl Liebknecht gesetzt, als er vom Balkon des Schlosses die „freie sozialistische deutsche Republik" ausrief.[31] Die von Liebknecht angeführten Spartakisten, die am gleichen Tag die Redaktionsräume des *Berliner Lokal-Anzeigers* besetzten, nannten ihre fortan dort hergestellte Zeitung programmatisch *Die Rote Fahne*.[32] Das spartakistische Blatt berichtete noch am Abend des 9. November über die Ereignisse in Berlin und erwähnte dabei auch eine bemerkenswerte Symbolhandlung der Revolutionäre: „Der Arbeiter- und Soldatenrat ließ heute nachmittag eine große Anzahl Militär- und Privatautomobile, mit roten Fahnen besteckt, durch die Stadt fahren, um der Bevölkerung die Abdankung des Kaisers mitzuteilen. Die Automobile waren dicht besetzt mit Arbeitern und Soldaten, die Mehrzahl mit Gewehren bewaffnet. Vorne auf den Automobilen stand je ein Arbeiter und ein Soldat, die sich die Hand reichten."[33] Diese Handreichungen, die der Öffentlichkeit die neuen Machthaber bildhaft präsentieren wollten, erinnerten an die in der Arbeiterbewegung beliebten *Tableaux Vivants*, mit denen revolutionäre Bilder und Motive nachgestellt wurden.[34] Die Farbe rot war in diesen Tagen überall präsent, ob in Form von Fahnen in den Straßen und bei der Beisetzung von Opfern der Revolutionsunruhen, oder in Form von Kokarden und Armbinden, die die allerorts gegründeten Ausschüsse und Räte trugen. Diese Komitees waren für die Aufrechterhaltung der öffentlichen Ordnung und der Lebensmittelversorgung sowie für den

---

Arbeiters (Kleine Bibliothek Politik-Wissenschaft-Zukunft, Bd. 266), Köln 1982 [zuerst 1930], S. 272-275, Zitat S. 275.

31 Richard Müller: Geschichte der deutschen Revolution. 3 Bde. Bd. 1: Vom Kaiserreich zur Republik. Bd. 2: Die Novemberrevolution, Berlin 1973f. [zuerst 1924]; hier Bd. 2, S. 13. Bei der zwei Stunden zuvor erfolgten Ausrufung der Republik durch Philipp Scheidemann gab es keinen Flaggenschmuck.

32 Ein paralleler Fall ist aus Hamburg bekannt, wo die Revolutionäre sogar eine Arbeiterzeitung, das Hamburger Echo, beschlagnahmten und als *Rote Fahne* in den Dienst der Revolution stellten; Heinrich Laufenberg: Die Hamburger Revolution, Hamburg o.J. [1919], S. 3; H. Müller-Franken: Novemberrevolution, S. 34f.

33 Die Rote Fahne 9.11.1918.

34 Siehe hierzu Gottfried Korff: Rote Fahnen und Tableaux Vivants. Zum Symbolverständnis der deutschen Arbeiterbewegung im 19. Jahrhundert, in: Albrecht Lehmann (Hg.): Studien zur Arbeiterkultur. Beiträge der 2. Arbeitstagung der Kommission „Arbeiterkultur" in der Deutschen Gesellschaft für Volkskunde in Hamburg vom 8. bis 12. Mai 1983 (Beiträge zur Volkskunde in Nordwestdeutschland, hg. von der Volkskundlichen Kommission für Westfalen, Landschaftsverband Westfalen-Lippe, H. 44), Münster 1984, S. 103-140, hier S. 123-128. Ein Händedruck war bereits das Emblem der Arbeiterverbrüderung von 1849 und tauchte 1875 als Zeichen der vereinigten Sozialdemokratie von Gotha auf; siehe Ursula Zeller: Die Frühzeit des politischen Bildplakats in Deutschland (1848-1918), Stuttgart 1988, S. 20 Anm. 3. Die verschlungenen Hände (dextrarum junctio) symbolisierten bereits seit der Antike Treue und Freundschaft. In die Arbeiterbewegung wurde das Motiv vermutlich von Lassalle eingeführt (G. Korff: Tableaux, S. 118). Es wird später an noch weit prominenterer Stelle auftauchen: im Parteisymbol der 1946 gegründeten SED.

Schutz der Infrastruktureinrichtungen verantwortlich, so dass die rote Farbe zugleich Zeichen des Umsturzes und einer neuen Autorität war.

Rot gegen schwarz-weiß-rot

Die alte Autorität in Deutschland war quasi über Nacht außer Landes gegangen, aber ihr Zeichen, das kaiserliche schwarz-weiß-rot, war noch überall präsent, nicht zuletzt in der sich auflösenden und heimkehrenden Armee. Als der Waffenstillstand in Kraft trat, standen an den Fronten in West- und Osteuropa respektive in den besetzten Ländern noch rund sechs Millionen deutsche Soldaten, die es nun möglichst schnell zurückzuführen galt.[35] Nach dem 9. November kam es zunächst häufig zu Zwischenfällen, bei denen frustrierte und aufständisch gesinnte Frontkämpfer ihren Vorgesetzten die Achselstücke und Kokarden von den Uniformen rissen.[36] Hier entlud sich die Wut der einfachen Soldaten und der Zivilbevölkerung auf die Militärführung, deren desaströse Kriegführung und repressive Innenpolitik für die Niederlage im Weltkrieg verantwortlich gemacht wurde. Das Entfernen der schwarz-weiß-roten Kokarden deutete mithin an, dass die Autorität der Militärs wie auch die der schwarz-weiß-roten Hohenzollernmonarchie zerbrochen war. „Der Verschleiß einer Ordnung", so der Kommunikationswissenschaftler Harry Pross zur psychologischen Dimension dieser Vorgänge, „kündigt sich an im Verschleiß ihrer Symbole. Was die Herrschaft angeht, so ist ihr Untergang der Untergang ihrer Symbole: der Befehl, der Gehorsam erzwingt, entleert sich. Er vermittelt nichts mehr."[37] Ob das Entfernen der Abzeichen „meistens in ziemlich höflichen Formen" geschah, wie die *Rote Fahne* schrieb, kann man wohl getrost bezweifeln.[38] Ein besonnener Mann wie Harry Graf Kessler ließ deshalb seine Uniform vorsichtshalber zu Hause im Schrank und ging in Zivil auf die Straßen Berlins,

---

35 Im Waffenstillstandsabkommen vom 11. November 1918 waren „fortlaufende Räumungsfristen" vereinbart worden, so der spätere DDP-Reichstagsabgeordnete Ernst Lemmer, der bei Kriegsende Kompanieführer eines Infanterieregiments an der belgisch-französischen Grenze war (Ernst Lemmer: Manches war doch anders. Erinnerungen eines deutschen Demokraten, Frankfurt a.M. 1968, S. 32): „Jeder Truppenteil, der etwa am 12. November um neunzehn Uhr dieses oder jenes Ziel nicht erreicht hatte, lief danach Gefahr, in Gefangenschaft zu fallen. Es lag also im höchsten Interesse aller, dass der Rückzug – der Gegner folgte dichtauf, ohne anzugreifen – rasch vor sich ging."
36 Lemmer berichtet zum Beispiel aus der Zeit unmittelbar nach dem 9. November (E. Lemmer: Manches, S. 36): „Bei einer Etappenformation hatten die Landser soeben allen Offizieren die Achselstücke heruntergerissen und rote Fahnen an ihren Wagen angebracht. Das bedeutete Meuterei."
37 H. Pross: Symbolik, S. 81.
38 Die Rote Fahne 9.11.1918.

um einer Demütigung zu entgehen.[39] Philipp Scheidemann äußerte Verständnis für die Vorfälle. Es sei zwar „kein schöner Anblick" gewesen, dass man den Offizieren während der Revolution die Achselstücke herunterriss und sie zu Boden warf, aber immerhin sei bei diesem „Achselstückmord" niemand getötet worden. Scheidemann bemühte sich sogar um Interpretation und historische Parallelen: „Vielen mag dieser Kampf gegen eine Uniformäußerlichkeit lächerlich, etwa als Streit um eine Toilettenfrage, erscheinen. Für uns war sie damals keineswegs zum Lachen. Die Feldgrauen wollten ein Symbol vernichten und darin ihren Willen zum Ausdruck bringen, dass es mit der Offizierherrschaft des alten Stils zu Ende sei. In diesem Sinn rückt das Abreißen der Achselstücke gleich neben das Verbrennen Wielandscher ‚undeutscher' Schlüpfrigkeiten durch den Hainbund oder ähnliche Handlungen der Burschenschaften auf der Wartburg, wodurch ja auch keine unmittelbaren praktischen Ergebnisse gezeitigt wurden."[40]

Indes sind ebenso Fälle bezeugt, in denen die Soldatenräte den Offizieren ihre Achselstücke und auch die schwarz-weiß-roten Kokarden ausdrücklich beließen.[41] Und es hat fast den Anschein, als habe der aufrührerische Geist innerhalb der Truppen während des notwendigerweise schnellen Rückzuges nachgelassen. „Je näher die Männer der Heimat kamen, um so ruhiger und disziplinierter wurden sie", berichtet Ernst Lemmer. „Als die Truppen die Grenzen überschritten, verschwanden die roten Fahnen bei den Kolonnen. Die meisten Abteilungen führten noch die schwarz-weiß-rote Fahne mit sich, was klar genug von ihrer Gesinnung sprach."[42] Es gibt zahlreiche Berichte über Konflikte zwischen den Truppen und dem in der Heimat aufgepflanzten Symbol der Revolution. Beispielhaft ist ein Vorfall in Frankfurt an der Oder, wo zurückkehrende Frontsoldaten mehrere rote Fahnen entfernten und dergleichen die Abnahme der „republikanischen Fahne" vom Regierungsgebäude, dem Sitz des Arbeiter- und Soldatenrates, verlangten. Bei einer Sitzung mit diesem räumten die Feldwebel jedoch Fehler ein und brachten in der Folgezeit die roten Fahnen wieder an ihre Plätze. Am 7. Dezember 1918 rückten heimkehrende

---

39 Harry Graf Kessler: Tagebücher 1918-1937. Hg. von Wolfgang Pfeiffer-Belli, Frankfurt a.M. ⁴1979, S. 23 (9.11.1918).
40 Philipp Scheidemann: Der Zusammenbruch, Berlin 1921, S. 216.
41 Francis L. Carsten: Revolution in Mitteleuropa 1918-1919, Köln 1973, S. 46. Im weißrussischen Grodno reklamierte der Soldatenrat die alleinige Befehlsgewalt für sich, leistete aber gleichzeitig den Befehlen der Offiziere weiterhin Folge.
42 E. Lemmer: Manches, S. 40. Dass die Truppen die rote Fahne führten, war offenbar kein Einzelfall. Ein weiteres Beispiel gibt es aus Neisse in Oberschlesien; Richard Bessel: Die Heimkehr der Soldaten: Das Bild der Frontsoldaten in der Öffentlichkeit der Weimarer Republik, in: Gerhard Hirschfeld u.a. (Hg.): Keiner fühlt sich hier mehr als Mensch ... Erlebnis und Wirkung des Ersten Weltkriegs (Schriften der Bibliothek für Zeitgeschichte. NF, hg. von Gerhard Hirschfeld, Bd. 1), Essen 1993, S. 221-239, hier S. 229.

Soldaten mit gezückten Waffen nach Witkowo bei Gnesen ein, besetzten das Landratsamt, rissen die roten Fahnen herunter und hissten an ihrer Stelle schwarz-weiß-rote sowie „Adlerfahnen".[43] Auch im Westen kam es zu zahlreichen Konflikten. Der Vorsitzende des Remscheider Arbeiter- und Soldatenrates berichtete, in den Durchmarschtagen seien vielerorts Arbeiter- und Soldatenräte gewaltsam aufgelöst und ihre Fahnen verbrannt worden. Die Inhaber der provisorischen Gewalt seien gezwungen worden, die zur Begrüßung der heimkehrenden Truppen gehissten roten Fahnen zu entfernen.[44]

Das Verhältnis der heimkehrenden Truppen zur Revolution und zur roten Fahne war ambivalent, und schließlich kam es in dieser Frage sogar zu einem Konflikt zwischen der Obersten Heeresleitung und den exekutiven Organen des nachmonarchischen Staates. Der Nachfolger Ludendorffs als Erster Generalquartiermeister der OHL, General Groener, sah sich bereits eine Woche nach der Revolution veranlasst, den Gebrauch von roten Fahnen und Abzeichen im Feldheer zu verbieten, da es unter ihrem Schutz zu Ausschreitungen gekommen sei.[45] Genauere Angaben machte Groener nicht. Immerhin gelangte der General zu einer objektiven Einschätzung des revolutionären Symbols: „Die rote Fahne ist nicht ein Zeichen des Bolschewismus, sondern lediglich ein Kennzeichen für die erfolgte Umwälzung im Staatsleben für beide sozialdemokratischen Parteien, und hiermit in der Heimat vielfach das Abzeichen der Sicherheitsorgane dieser Partei." Deshalb sei *dort* ein Einschreiten gegen die rote Fahne zu unterlassen. Jeder Konflikt in dieser Frage könne in der augenblicklichen Situation die Stellung der gegenwärtigen Regierung gefährden. Diesbezüglich war der Erlass von Groener aber kontraproduktiv: Durch das Verbot der roten Fahne mussten sich die Auseinandersetzungen weiter verschärfen und dadurch die Autorität der sozialdemokratischen Revolutionsregierung untergraben. Außerdem entbehrte es jeder Logik, den Status des Revolutionssymbols davon abhängig zu machen, ob sich die heimkehrenden Truppen noch außerhalb oder bereits innerhalb der Landesgrenzen befinden. Einigen führenden Generälen war diese Unterscheidung denn auch gleichgültig. Mindestens drei Armeekommandanten, die noch den „Rotkoller" der Vorkriegszeit hatten, so nannte es Hermann Müller-Franken, erließen entgegen der Anordnung Groeners auch auf deutschem Boden ein Verbot des Tragens roter Fahnen und Abzeichen.[46]

---

43 AdsD NL Emil Barth I/99 (undatierter Bericht von P. Tirpitz aus Frankfurt/Oder, drei mschr. Seiten, hier S. 2f., Zitat S. 3), I/120 (Telegramm aus Gnesen vom 9.12.1918 an den Vollzugsausschuss des Arbeiter- und Soldatenrates Berlin).
44 W. Malanowski: November-Revolution, S. 152-155 (Bericht von Brass beim Allgemeinen Kongress der Arbeiter- und Soldatenräte Deutschlands).
45 RdV Bd. 1, S. 111 Anm. 16. Die folgenden Zitate ebd.
46 H. Müller-Franken: Novemberrevolution, S. 180. Der Kommandeur der 1. Armee, General von Eberhardt, verfügte nach einem Bericht des Berliner Tageblatts vom 25.11.1918 (Abendausgabe) beim Betreten der Rheinprovinz die Unterordnung eventueller Arbeiter- und

Der Rat der Volksbeauftragten greift ein

Durch die zweifelhafte Logik Groeners und die Selbstherrlichkeit der Generäle wurde nun auch die seit dem 10. November amtierende provisorische deutsche Regierung auf den Plan gerufen. Der *Rat der Volksbeauftragten* (RdV), der aus je drei Vertretern der beiden sozialdemokratischen Parteien MSPD und USPD bestand, war mit der Obersten Heeresleitung unter Groener und Hindenburg ein Bündnis zwecks wechselseitiger Stabilisierung eingegangen, um die öffentliche Ordnung im Lande aufrecht erhalten sowie einen reibungslosen Rückzug der Fronttruppen organisieren zu können. Die Reibung mit der roten Fahne wollte die sozialistische Regierung der demobilisierten Armee allerdings nicht ersparen. Im Kabinett wurde am 25. November angeregt, die beiden durch das Fahnenverbot hervorgetretenen Generäle „sofort zu entlassen", und man beschloss, von der OHL die Aufhebung der entsprechenden Armeebefehle zu verlangen.[47] Wenige Tage später beugte sich die Heeresleitung dem Druck der Volksbeauftragten und nahm das Verbot des Tragens roter Abzeichen beim Feldheer zurück. Damit gab sich die Regierung aber noch nicht zufrieden. Am 2. Dezember machte der führende USPD-Vertreter im Rat, Hugo Haase, auf die grundsätzliche politische Problematik der Farbenfrage aufmerksam und bekräftigte seine Einschätzung, „dass die gegenrevolutionären Mächte ihr Haupt wieder erheben. Beim Rückmarsch der Truppen seien die Städte mit schwarz-weiß-roten und schwarz-weißen Fahnen geschmückt. (...) Die roten Fahnen würden heruntergerissen. Die Regierung solle klipp und klar aussprechen, dass ihr Symbol die rote Fahne sei. Das Einschreiten gegen die rote Fahne sei verboten." Dem Drängen von Haase gab das Kabinett nach und beschloss, die Militärführung zu einer Abänderung des Erlasses vom 28. November zu veranlassen. „Es soll der Satz darin vorkommen: ‚Rote Fahnen und Abzeichen sind das Symbol der Deutschen Republik, wie das aus dem Beflaggen der Amtsgebäude hervorgeht.' Jedes Vorgehen gegen die roten Fahnen und Abzeichen ist deshalb

---

Soldatenräte unter die militärische Gewalt sowie das Verbot des Tragens roter Abzeichen (RdV Bd. 1, S. 138 Anm. 21; die folgenden Einzelheiten ebd. S. 143 Anm. 4, S. 176 Anm. 52, S. 240 Anm. 3). General Sixt von Armin, der Oberkommandierende der 4. Armee, hatte nach Zeitungsberichten in Aachen den Befehl erlassen, dass „alle roten Fahnen von den Dächern verschwinden müssen". Diesen Berichten wurde zwar später dienstlich widersprochen, allerdings schenkte der RdV diesen Dementis offenbar keinen Glauben. Schließlich erließ der Oberbefehlshaber der 17. Armee, General von Mudra, in Paderborn laut *Freiheit* vom 2.12.1918 (Abendausgabe) eine Proklamation, in der das Tragen roter Abzeichen streng verboten wurde.

47 RdV Bd. 1, S. 143. Betroffen waren die Generäle von Eberhardt sowie Sixt von Armin. Der Fall des Generals von Mudra war erst Anfang Dezember bekannt geworden. Ob die Entlassungen indes tatsächlich erfolgten, ist nicht bekannt.

verboten."[48] Hermann Müller-Franken wies allerdings später darauf hin, dass dieser Beschluss lediglich „moralische Bedeutung" gehabt habe, da ihm die Gesetzeskraft und damit auch die Strafbestimmungen fehlten.[49] Gleichwohl leistete Hindenburg dem Beschluss durch ein gleichzeitig abgesandtes Telegramm an die stellvertretenden Generalkommandos Folge, in dem ein etwaiges Vorgehen gegen rote Fahnen und Abzeichen untersagt wurde: „An diesen soll, wenn sie in würdiger Form gezeigt oder der Truppe etwa in Gestalt von Blumen und dergleichen zur Begrüßung dargebracht werden, so wenig Anstand genommen werden, wie das von den Arbeiter- und Soldatenräten und von der Bevölkerung hinsichtlich der Abzeichen und Flaggen der Truppen erwartet werden muss."[50] Damit war jedoch das für die Truppen selbst verhängte Verbot des Mitführens der roten Fahne noch nicht aufgehoben. Dies erfolgte amtlich erst durch ein RdV-Telegramm an die Heeresleitung, das am 11. Dezember abgesandt wurde. Darin untersagte die Regierung nochmals ein Vorgehen gegen rote Fahnen und Abzeichen und erklärte auch das Verbot des Tragens roter Abzeichen in der Truppe endgültig für nichtig: „Ein solches Verbot ist unvereinbar mit der politischen Gewissensfreiheit, die die Reichsregierung auch für die Frontsoldaten fordern muss, wie sie sich bereit gezeigt hat, sie der heimischen Bevölkerung zu gewähren."[51]

Dass man sich in Zeiten extremer politischer und wirtschaftlicher Not so intensiv und nachdrücklich mit Flaggen und Abzeichen auseinandersetzte, mag auf den ersten Blick verwundern, aber schon hier ist mehr als deutlich, dass man in den betreffenden Farben weit mehr als nur Äußerlichkeiten erblickte. Das zeigt paradigmatisch eine Auseinandersetzung zwischen Groener und USPD-Vertretern beim *Ersten Kongress der Arbeiter- und Soldatenräte Deutschlands* im Dezember 1918. Hier ging es nicht um den praktischen Streit zwischen rot und schwarz-weiß-rot, sondern viel grundsätzlicher um die Militär- und Weltkriegstradition in Deutschland. Im Gegensatz zu der mitunter zögerlichen Haltung des Rats der Volksbeauftragten machte der Rätekongress, der im mit Kränzen und roten Schleifen geschmückten Preußischen Abgeordnetenhaus in Berlin zusammengetreten war, symbolpolitisch Nägel mit Köpfen, allerdings nur in der Negation. In den am 18. Dezember angenommenen *Sieben Hamburger Punkten* hieß es: „Als Symbol der Zertrümmerung des Militaris-

---

48 Ebd. S. 240f. Der Beschluss wurde am folgenden Tag nochmals bekräftigt (ebd. S. 250). Bei der von Haase erwähnten schwarz-weißen handelt es sich um die preußische Fahne.
49 H. Müller-Franken: Novemberrevolution, S. 180.
50 RdV Bd. 1, S. 241 Anm. 5. Das Telegramm stammt von Anfang Dezember 1918.
51 Ebd. S. 250 Anm. 25. Mit dem Telegramm hat es einige Bewandtnis. Es datiert bereits vom 9. Dezember, unterzeichnet haben neben anderen Ebert und Noske, aber abgeschickt wurde es erst zwei Tage später. Auch wurde das Schreiben aus unerfindlichen Gründen nicht veröffentlicht (ebd. Bd. 2, S. 9).

mus und der Abschaffung des Kadavergehorsams wird die Entfernung aller Rangabzeichen und des außerdienstlichen Waffentragens angeordnet." Ferner verlangte der Kongress die „Abschaffung aller Orden und Ehrenzeichen und des Adels".[52] Diese Forderungen führten am 20. Dezember bei einer gemeinsamen Sitzung des Kabinetts mit dem am Vortag auf dem Rätekongress gewählten *Zentralrat der deutschen sozialistischen Republik* zu einer Auseinandersetzung zwischen General Groener und Vertretern der USPD. Sie weitete sich zu einer Art Grundsatzdebatte über Revolution und Konterrevolution aus und nahm in ihrer Verbissenheit vieles von dem vorweg, was es in den Weimarer Jahren an symbolpolitischem Disput gegeben hat.[53] Groener führte aus: „Über die Frage der Orden und Ehrenzeichen denke ich selbst höchst freimütig in dieser Beziehung, habe nie einen besonderen Wert darauf gelegt. Aber wenn Sie den Kämpfern an der Front die Auszeichnungen nehmen, die sie sich in schweren Kämpfen verdient haben, bringen Sie damit ein böses Element in unser Volk hinein." Emil Barth, einer der drei USPD-Vertreter im Rat der Volksbeauftragten, nannte die so kritisierten Kongresbestimmungen zwar „Äußerlichkeiten", lehnte aber eine Änderung bezeichnenderweise ab. Groener widersprach Barth bezüglich der „Äußerlichkeiten". Er stellte einen Zusammenhang zwischen den Arbeiter- und Soldatenräten, den roten Armbinden und den zahlreichen Plünderungen her und betrachtete die Ausschreitungen gegen die Symbole der Revolution seitens des Heeres als Reaktion darauf. „Wenn man hier vielfach das Verhalten der jungen Offiziere stark angegriffen hat, so wollen Sie doch bedenken, dass diese jungen Leute viereinhalb Jahre lang ihre Truppen mit größter Bravour und Tapferkeit geführt haben. Sie können gar nicht begreifen, dass sie nun plötzlich in der Heimat nicht mehr geachtet werden sollen. Die rote Fahne wirkt nun einmal auf viele Menschen aufreizend. Ich wundere mich eigentlich, dass so wenig vorgekommen ist. Beschwerden über Verstöße der Truppen sind gar nicht in dem Umfange vorgekommen, dass daraus irgendwelche konterrevolutionäre Gesinnung zu erkennen wäre."

Die Zurückdrängung der Revolutionsfarbe

In diesen symbolpolitischen Auseinandersetzungen der Revolutionszeit war die Position des Rates der Volksbeauftragten von Zurückhaltung, Unsicherheit und Ambivalenz geprägt. Erst durch die Mahnung von Hugo Haase, Entschlossenheit zu demonstrieren, ließ sich die Regierung zur Bezeichnung der roten Fahne als „Symbol der Deutschen Republik" bewegen. Zuvor hatte sie sich auf Anfrage mit der Empfehlung begnügt, die bestehenden Fahnen mit einem roten

---

52 Ebd. Bd. 1, S. 393f., Zitate S. 394 (Punkte 2 und 4). Die Angabe über den Saalschmuck bei W. Malanowski: November-Revolution, S. 81.
53 RdV Bd. 2, S. 3-15. Die folgenden Zitate S. 6, 10f.

Wimpel als „Sinnbild des Neugewordenen" zu versehen.[54] Auch griffen die Volksbeauftragen bei ihrer Suche nach einer neuen Flagge der Republik nicht auf die rote Fahne zurück. Im November oder Dezember 1918 beauftragte die provisorische Regierung den jungen Kunstmaler Ewald Dülberg mit dem Entwurf einer neuen Reichsflagge, deren Farbgebung dem Künstler freigestellt war. Dülberg legte eine Reihe von Entwürfen vor, über die allerdings, wie es scheint, keine Entscheidung gefällt wurde.[55] Parallel dazu wurde die Farbe zunehmend aus der Öffentlichkeit verdrängt. Schon im Dezember 1918 notierte Harry Graf Kessler über den Flaggenschmuck für die heimkehrenden Soldaten in Berlin: „Auffallend, dass keine rote Fahne mehr zu sehen ist; alles nur Schwarz-Weiß-Rot, Schwarz-Weiß und vereinzelt Schwarz-Rot-Gold. Mannschaften und Offiziere gehen meistens wieder mit Kokarden und Achselstücken. Der Unterschied gegen Mitte November ist groß."[56] Erst recht nach dem Spartakusaufstand und den Wahlen zur Nationalversammlung im Januar 1919 taugte die Farbe immer weniger als offizielles Zeichen. Friedrich Stampfer hat dafür einen stichhaltigen Grund genannt: „Nach der Revolution von 1918 wehten auf der Reichskanzlei und den anderen öffentlichen Gebäuden rote Fahnen. Diese Beflaggung ließ sich nicht aufrechterhalten, als sich im Zeichen der roten Fahne blutige Bürgerkriege unter den Arbeitern abzuspielen begannen."[57] Die Verwendung des Symbols durch den linksradikalen Putschismus hatte einen Bedeutungswandel in der Öffentlichkeit zur Folge, der prägnant an einem Vorgang zwischen Dezember 1918 und dem folgenden Frühjahr abzulesen ist. Am 17.

---

54 Ebd. Bd. 1, S. 141 (24.11.1918).
55 Siehe hierzu BArchBln R 43 I/1832, Bl. 23-31. Dülberg wandte sich im Frühjahr 1921 an den damaligen Reichsaußenminister Simons, weil ein Honorar für seine Bemühungen noch ausstand. Simons leitete das Anliegen an die Reichskanzlei weiter. Es gehe um eine Angelegenheit, so schrieb er begleitend (Bl. 23), „die im November oder Dezember 1918 unter dem Regime der sechs Volksbeauftragten die Reichskanzlei beschäftigte. Es handelte sich damals darum, an Stelle der roten Flagge eine neue Flagge für die deutsche Republik zu finden. Wie mir der damalige Unterstaatssekretär der Reichskanzlei, Herr Baake, mitteilte, hatten die Volksbeauftragten Herrn Dülberg mit der Aufgabe betraut eine solche Flagge zu entwerfen. Gleichzeitig sollte Herr Dülberg einen Vorschlag über die Reichsfarben machen. (...) [Zu] einem Votum (...) ist es aber nicht gekommen und ich weiß nicht, wie die Angelegenheit geendet hat." In den veröffentlichten Sitzungsprotokollen des Rates der Volksbeauftragten sowie in den übrigen Unterlagen aus der betreffenden Zeit ist von diesem Auftrag nirgends die Rede. Das von dem Künstler geforderte Honorar in Höhe von 1.000 Mark wurde schließlich dennoch bewilligt.
56 H.G.Kessler: Tagebücher, S. 74 (17.12.1918). Ähnlich am folgenden Tag: Die rückkehrenden Soldaten trügen „zahllose schwarzweißrote, preußische und großdeutsche Fahnen, kleine und große in der Marschkolonne wehend, keine einzige rote" (ebd. S. 75). Kessler war Mitte November vom Rat der Volksbeauftragten für rund vier Wochen als deutscher Gesandter nach Polen geschickt worden, deswegen nahm er bei seiner Rückkehr die Veränderung besonders bewusst wahr.
57 F. Stampfer: Jahre, S. 480.

Dezember 1918 antwortete der Volksbeauftragte Hugo Haase auf ein Telegramm des Arbeiterrates in Zeitz, wo es Konflikte mit dem Bahnpersonal wegen der roten Beflaggung des Bahnhofes gab: „Amtliche Gebäude sind mit roter Fahne zu beflaggen; jeder Eingriff in rote Beflaggung ist unzulässig." Als aus Zeitz im April 1919 erneut eine Anfrage kam, ließ Reichsministerpräsident Scheidemann antworten: „Das (...) Telegramm der Reichsregierung vom 17. Dezember v[origen] J[ahre]s ist gegenstandslos geworden. Für die Art der Beflaggung des Bahnhofsgebäudes ist die Anordnung der zuständigen Eisenbahndirektion maßgebend." Damit unterstützte Scheidemann indirekt ein Verbot des Revolutionssymbols, denn die Eisenbahndirektion Erfurt hatte laut dem zweiten Telegramm aus Zeitz verfügt, dass rote Beflaggung unzulässig sei.[58]

1.3. Die Hinwendung zu schwarz-rot-gold: Gründe und Verlauf

Zur Geschichte der deutschen Trikoloren

Während in den deutschen Novembertagen von 1918 die revolutionären roten Fahnen geschwenkt und den Offizieren die schwarz-weiß-roten Kokarden von den Uniformen gerissen wurden, feierte das Symbol der freiheitlichen Nationalbewegung des 19. Jahrhunderts, schwarz-rot-gold, ein einsames Jubiläum. Genau hundert Jahre zuvor war die Allgemeine Deutsche Burschenschaft ins Leben gerufen worden und hatte sich als erste Organisation im Lande die schwarz-rot-goldene Fahne zum Zeichen gemacht, und zwar in der Form, wie sie später zur Reichsflagge der Weimarer Republik wurde und heute die Nationalflagge der Bundesrepublik Deutschland ist.[59] Die drei Farben tauchten erstmals 1813 im Freikorps Lützow auf, dessen schwarze Waffenröcke mit roten Aufschlägen sowie goldenen Knöpfen und Verzierungen versehen waren. Die von zahlreichen ehemaligen Lützowern begründete Jenaer Burschenschaft führte eine rot-schwarz-rote Fahne mit einem eingestickten goldenen Eichenzweig.[60] Rasch entwickelte sich der deutsche *Dreifarb* zur Bekenntnisfahne und zum herausragenden Symbol der deutschen Nationalbewegung mit allumfassender Präsenz sowohl beim Hambacher Fest 1832 als auch in der gewaltigen Massenerhebung

---

58 BArchBln R 43 I/1831, Bl. 2.
59 W. Erman: Schwarzrotgold, S. 18.
60 Die Fahne war von Frauen und Mädchen der Stadt anlässlich der Setzung einer Freiheits- und Friedenseiche Anfang 1816 hergestellt worden. Bei der Übergabe am 31. März 1816, genau zwei Jahre nach dem Ersten Pariser Friedensschluss, erwähnte der Vorsteher der Burschenschaft, Heinrich Netto, in seinem Antwortgedicht „Farben Roth und Schwarz mit Gold umzogen" und stellte einen Zusammenhang mit „Gott und Vaterland" her (Helmut Asmus: Das Wartburgfest. Studentische Reformbewegungen 1770-1819, Magdeburg 1995, S. 10).

des Jahres 1848. In einer Art vorauseilendem Gehorsam erklärte die Zentralgewalt des Deutschen Bundes am 9. März 1848, also noch bevor die Revolution richtig ins Rollen gekommen war: „Ebenso werden die Bundesfarben der deutschen Vorzeit zu entnehmen sein, wo das deutsche Reichspanier schwarz, rot und golden war."[61] Auch der preußische König Friedrich Wilhelm IV. versuchte, die revolutionären Farben auf das 1806 untergegangene Heilige Römische Reich Deutscher Nation zu beziehen, als er bei seinem berühmten Umritt am 21. März 1848 verlautbaren ließ, er habe „die alten deutschen Farben angenommen" und sich „unter das ehrwürdige Banner des Deutschen Reiches" gestellt.[62]

Indes unterlag der König damit einem weitverbreiteten Irrtum, denn ein dichter Legendenkranz führte die schwarz-rot-goldene Trikolore auf das Alte Reich zurück, eine historische Verortung, die nach heutiger Forschungslage falsch ist.[63] Der Kaiseradler, der seit der Krönung Karls des Großen im Jahr 800 neben dem christlichen Kreuz zum herausragenden Machsymbol wurde, war schwarz und erschien seit dem 13. Jahrhundert zunehmend auf einem goldenen Hintergrund. Damit wurden schwarz und gold, eine heraldisch korrekte Kombination, zu den symbolischen Farben von Kaiser und Reich. Tauchte dabei auch die rote Farbe auf, etwa in tingierten Schnäbeln und Klauen des Adlers, so hatte sie eine rein ornamentale Funktion. Eigenständig ist rot in der Fahne des Blutbanns anzutreffen, den der Kaiser den Territorial- oder Stadtherren verleihen konnte, oder in der Fahne des heiligen Georg, die in den Kreuzzügen häufig Verwendung fand. Eine funktionale Verbindung von schwarz, rot und gold ist dagegen nirgends nachweisbar. Die drei Farben waren nicht zusammengehörig die des Alten Reiches. Gleichwohl bildete die deutsche Trikolore nach den Befreiungskriegen eine neue, eigenständige Tradition als Symbol des Strebens nach Einheit und Freiheit aus und wurde damit zum ersten nationalen Symbol in der neueren deutschen Geschichte.[64] Die Paulskirche deutete die Farben nicht

---

61 Zit nach Otto Busch: Schwarz-Rot-Gold. Die Farben der Bundesrepublik Deutschland. Ihre Tradition und Bedeutung, Frankfurt a.M./Offenbach ²1954, S. 38. Zwei Jahre zuvor war die Forderung des bayerischen Königs Ludwig I., schwarz-rot-gold zu den Bundesfarben zu machen, noch abgelehnt worden (W. Erman: Schwarzrotgold, S. 24).
62 Zit nach O. Busch: Schwarz-Rot-Gold, S. 40. Das opportunistische Eintreten des preußischen Königs für die revolutionären, großdeutschen Farben hatte Vorläufer und fand Nachahmer. Während der Französischen Revolution hatte sich Ludwig XVI. am 17. Juli 1789 die blau-weiß-rote Kokarde angesteckt, wohl aus Angst vor den revolutionären Massen (P. Lantz: Krise, S. 75). Und durch das Eintreten deutschnationaler Kreise für schwarz-rot-gold während der Novemberrevolution von 1918 (siehe hierzu unten) fand Friedrich Wilhelm IV. eine kuriose „Nachahmung im Kleinen" (W. Erman: Schwarzrotgold, S. 51 Anm.).
63 Die folgenden Einzelheiten aus W. Erman: Schwarzrotgold; M. Buchner: Schwarz-Rot-Gold; O. Busch: Schwarz-Rot-Gold; Hans Hattenhauer: Geschichte der deutschen Nationalsymbole. Zeichen und Bedeutung (Geschichte und Staat, Bd. 285), München ²1990.
64 Analog zu den drei Farben und drei Schlagworten der Französischen Revolution stellte die Allgemeine Deutsche Burschenschaft der Fahne die Begriffe Freiheit-Ehre-Vaterland zur Sei-

historisch, sondern im Sinne der Dynamik der Revolution: „Durch Nacht und Blut zum goldenen Licht der Freiheit". Berühmt geworden ist die revolutionärpoetische Wendung von Ferdinand Freiligrath aus dem Gedicht *Schwarz-Rot-Gold*: „Pulver ist schwarz, / Blut ist rot, / golden flackert die Flamme!"[65] Gleichwohl bedeutete das Scheitern der Revolution von 1848 auch das vorläufige Ende von schwarz-rot-gold. Die vom Turm der Frankfurter Paulskirche und vom Bundespalais niedergeholte Trikolore blieb zwar formal die Fahne des Deutschen Bundes bis zu dessen Ende 1866, wurde jedoch nur noch zu wenigen nationalen Anlässen wie den Schillerfeiern 1859 aus der Versenkung geholt.

Dem 1871 gegründeten, preußisch dominierten deutschen Nationalstaat schienen die Farben als Staatssymbol inopportun, ja unzumutbar, denn sie versinnbildlichten die Revolution. Für den späteren Kaiser Wilhelm I. waren sie „aus dem Straßenschmutz erstiegen", und sein Kanzler Otto von Bismarck hatte schwarz-rot-gold bereits 1850 als „Farben des Aufruhrs und der Barrikaden" bezeichnet. Beide Staatsgründer waren sich hier in der Negation einig, zumal im deutsch-deutschen Krieg von 1866 Bundestruppen unter schwarz-rot-gold gegen preußische Einheiten gekämpft hatten. Der spätere Reichskanzler brachte seine Haltung bezüglich der künftigen Reichsflagge bei einer Tischgesellschaft im September 1870 in einer berühmt gewordenen Bemerkung zum Ausdruck: „Sonst ist mir das Farbenspiel ganz einerlei. Meinethalben grün und gelb und Tanzvergnügen, oder auch die Fahne von Mecklenburg-Strelitz. Nur will der preußische Troupier nichts von schwarz-rot-gelb wissen".[66] Die Farben kamen als Symbol des kleindeutschen Nationalstaates nicht in Frage, obwohl es gewichtige Stimmen zugunsten von schwarz-rot-gold gab, darunter die des bayerischen Königs Ludwig II. sowie von Kronprinz Friedrich, dem späteren 99-Tage-Kaiser.

---

te. Friedrich Ludwig Jahn deutete bei einer Rede in der Paulskirche 1849 das Kürzel F.E.V. als Freiheit-Einheit-Vaterland (O. Busch: Schwarz-Rot-Gold, S. 44). Jahn hatte selbst eine „Stammfarbentheorie" aufgestellt, nach der schwarz, rot und gold die alten Farben Frankens, Sachsens und Schwabens gewesen seien. Das ist ebenso irrig wie die gelegentlich in der Popularliteratur aufzufindende Bezeichnung Jahns als „Schöpfer der deutschen Farben" (Berndt Guben: Schwarz, Rot und Gold. Biographie einer Fahne, Berlin/Frankfurt a.M. 1991, S. 182).

65 Zitat aus der Paulskirche in O. Busch: Schwarz-Rot-Gold, S. 44. Freiligraths Gedicht, entstanden am 17. März 1848, ist abgedruckt in Helmut Lamprecht: Deutschland Deutschland. Politische Gedichte vom Vormärz bis zur Gegenwart, Bremen 1969, S. 89-92.

66 Zitat Wilhelm I. in Paul Wentzcke: Die deutschen Farben. Ihre Entwicklung und Deutung sowie ihre Stellung in der deutschen Geschichte. Neue, bis zur Gegenwart fortgeführte Fassung (Quellen und Darstellungen zur Geschichte der Burschenschaft und der deutschen Einheitsbewegung, hg. von der Gesellschaft für burschenschaftliche Geschichtsforschung, Bd.9), Heidelberg 1955, S. 133. Zitate Bismarck in W. Erman: Schwarzrotgold, S. 31; Moritz Busch: Tagebuchblätter. Erster Band: Graf Bismarck und seine Leute während des Krieges mit Frankreich 1870-1871 bis zur Beschießung von Paris, Leipzig 1899, S. 227 (22.9.1870).

Plakat zur Wahl der Nationalversammlung im Januar 1919: Schon lange vor der Entscheidung über die künftige Staatsflagge warben die republikanischen Parteien SPD, DDP und Zentrum mit schwarz-rot-gold, das an die demokratische Nationalbewegung des 19. Jahrhunderts erinnerte.

Als Erfinder der Farbenkombination schwarz-weiß-rot, die 1867 vom Norddeutschen Bund angenommen wurde und 1871 als „Flagge der Kriegs- und Handelsmarine" in die Verfassung des Deutschen Kaiserreiches gelangte, gilt Bismarck selbst.[67] In den Farben verband sich das preußische schwarz-weiß mit dem weiß-rot der Hansestädte. Dass die Reichsflagge dreifarbig war, stellte ein formales und wahrscheinlich unbewusstes Zugeständnis an die demokratisch-nationale Bewegung dar. Nach französischem Vorbild war die Dreifarbigkeit einer Fahne in ganz Europa zum Kennzeichen nationaler Unabhängigkeit und Volkssouveränität geworden. Bis zum ausgehenden 18. Jahrhundert hatte die Heraldik Fahnen oder Wappen mit mehr als zwei Farben nicht gekannt, denn Buntheit galt als „Sinnbild der Unbeständigkeit".[68] Dem neuen Kaiser Wilhelm I. wäre es denn auch am liebsten gewesen, wenn man das preußische schwarz-weiß beibehalten hätte. Zunächst hatte die neue schwarz-weiß-rote Flagge in der Staatspraxis keine große Bedeutung, denn die Farben der Einzelstaaten blieben im öffentlichen Leben dominierend. Als aber Kaiser Wilhelm II. schwarz-weiß-rot 1892 endgültig zu den Nationalfarben erklärte, war ihre Popularisierung bereits sehr weit fortgeschritten. Selbst Organisationen, die ihre Ursprünge in der schwarz-rot-goldenen Nationalbewegung hatten, machten die Hinwendung zu dem neuen Symbol mit, etwa die Deutsche Turnerschaft.[69] Eine ganze Reihe von national bis nationalistisch gesinnten Vereinen und Verbänden wählte schwarz-weiß-rot als Farben, darunter auch der 1891 gegründete Alldeutsche Verband. Dessen Wirken war fortan „unzertrennlich verknüpft mit den Farben und dem Begriff Schwarzweißrot".[70] Der Begriff stand für Machtpolitik, Kolonialismus, Flottenausbau und Weltgeltung, kurz: für den Wilhelminismus. Der Sozialdemokratie und ihrer Klientel war ein inneres Bekenntnis zu den Farben nicht möglich, da die Arbeiterbewegung vom kaiserlichen Obrigkeitsstaat mit Sondergesetzen verfolgt und ihre politischen Vertreter von höchster Stelle als *vaterlandslose Gesellen* diffamiert wurden. Die deutschen Sozialisten bezeichneten sich zwar selbst gerne als Reichsfeinde, lehnten aber den Vorwurf, vaterlandslos zu sein, scharf ab.[71] Das zeigte sich

---

67 Zu schwarz-weiß-rot siehe E. Zechlin: Entstehung; M. Buchner: Schwarz-Rot-Gold, S. 42-74.
68 W. Erman: Schwarzrotgold, S. 10.
69 Hans-Georg John: Politik und Turnen. Die Deutsche Turnerschaft als nationale Bewegung im deutschen Kaiserreich von 1871-1914, Ahrensburg 1976, S. 36f. Es gab sogar Bestrebungen, einzelnen Gliederungen die Verwendung der schwarz-rot-goldenen Fahne zu verbieten.
70 Ebd. S. 44. Schwarz-weiß-rot wurde zum Abzeichen u.a. des dezidiert antidemokratischen, antiliberalen und antisemitischen Vereins Deutscher Studenten (gegründet 1881), des völkisch orientierten Vereins für das Deutschtum im Ausland (1881) sowie des Deutschen Flottenvereins (1898).
71 Werner Conze/Dieter Groh: Die Arbeiterbewegung in der nationalen Bewegung. Die deutsche Sozialdemokratie vor, während und nach der Reichsgründung (Industrielle Welt. Schriftenreihe des Arbeitskreises für moderne Sozialgeschichte, hg. von Werner Conze, Bd.

auch in der Verwendung der Farben von 1848 als Protestzeichen gegen den wilhelminischen Staat. Bei den jährlichen Märzkundgebungen wurden neben roten Schleifen wiederholt auch schwarz-rot-goldene Abzeichen von der Polizei konfisziert. Zum Welt-Frauentag am 8. März 1914 erschien ein bekanntes SPD-Plakat mit dem Titel „Heraus mit dem Frauenwahlrecht", auf dem eine schwarzgekleidete Frau eine große rote Fahne schwenkt. Gesicht, Hände und Füße sind gelb gestaltet. Ob die Farben bewusst gewählt worden sind, lässt sich allerdings nicht sagen, ebensowenig, ob das polizeiliche Verbot des Plakates damit zusammenhing.[72]

Pro und contra in der Revolutionszeit

Bereits am Tag der Revolution in Berlin, dem 9. November 1918, war von den Farben der freiheitlichen deutschen Nationalbewegung des 19. Jahrhunderts an einigen prominenten Stellen die Rede. Das zeigt, dass schwarz-rot-gold und die Tradition von 1848 im Moment des Zusammenbruchs der Hohenzollernmonarchie als Anhaltspunkte für einen Neubeginn im öffentlichen Bewusstsein eine hohe Präsenz hatten. Die Spartakisten lehnten diese Anhaltspunkte in weiser Voraussicht rundweg ab, da sie hinter einer Rückbesinnung auf 1848 die demokratisch bemäntelte Fortsetzung der Bourgeoisieherrschaft mit anderen Mitteln witterten. *Die Rote Fahne* schrieb schon am Tag, nachdem die Revolution Berlin erreicht hatte, über den Charakter des Umsturzes: „Diese Revolution muss nicht nur hinwegschwemmen alle Reste und Ruinen des Feudalismus, sie muss nicht nur brechen alle Zwingburgen des Junkertumes, sie muss nicht nur ein Ende machen mit jener unheilvollen Zersplitterung in Vaterländer und Vaterländchen, ihre Losung heißt nicht nur Republik sondern *sozialistische*

---

6), Stuttgart 1966, S. 117. Ein Nachweis über die Verwendung des Begriffs *vaterlandslose Gesellen* durch Wilhelm II. und generell vor der Jahrhundertwende steht im Übrigen noch aus. Es gibt zwar mittlerweile vier entsprechende Buchtitel, aber in keiner der Publikationen finden sich Belegstellen; „Vaterlandslose Gesellen". Kurze Biographien der verstorbenen hervorragenden Sozialisten des 19. Jahrhunderts, Stuttgart 1901; A.Scharrer: Gesellen; Reinhard Höhn: Die vaterlandslosen Gesellen. Der Sozialismus im Licht der Geheimberichte der preußischen Polizei 1878-1914. Bd. 1 (1878-1890), Köln/Opladen 1964; zuletzt D. Groh/P. Brandt: Gesellen. Traugott Krischke hat darauf hingewiesen, dass Ludwig Thoma 1905 im *Simplicissimus* unter dem Pseudonym Peter Schlemihl ein Gedicht mit der Überschrift „Vaterlandslose Gesellen" veröffentlicht hat und dass das Schlagwort auch in Hermann Hesses *Steppenwolf* von 1927 an mehreren Stellen auftaucht; Ödön von Horváth: Ein Kind unserer Zeit (ders.: Gesammelte Werke. Kommentierte Werkausgabe in Einzelbänden. Hg. von Traugott Krischke, Bd. 14), Frankfurt a.M. 1994, S. 227.

72 Abbildung in Friedrich Arnold (Hg.): Anschläge. Politische Plakate in Deutschland 1900-1970. 166 Blätter in den Druck- und Papierfarben der Originale, Ebenhausen bei München 1972, Bl. 6. Das Plakat wurde in Berlin mit der Begründung verboten, es sei beleidigend für die Obrigkeit.

Republik! Ihr Banner ist nicht die schwarzrotgoldene Fahne der bürgerlichen Republik von 1848, sondern die rote Fahne des internationalen sozialistischen Proletariats, die rote Fahne der Kommune von 1871 und der russischen Revolution von 1905 und 1912 [sic]. Die Umwälzung im Deutschen Reiche muss unter diesem Zeichen die Bahn freimachen für den Sozialismus."[73] Waren die radikalen Kräfte also gegen schwarz-rot-gold als Zeichen der Bourgeoisie, so traten liberale Stimmen ebenso früh für die Farben ein. Conrad Haußmann, der seit Mitte Oktober Staatssekretär ohne Portefeuille im Kabinett Max von Baden war, später die DDP mitbegründete und Vorsitzender der Verfassungsausschusses wurde, äußerte am 9. November in Erinnerung an seinen Vater, der einer der führenden 1848er in Württemberg gewesen war: „Zurück zu den Schwaben Julius Haußmann und Ludwig Pfau, zum schwarz-rot-goldenen Deutschland!"[74] Haußmanns Parteifreund Theodor Heuss stellte wenige Tage nach dem Sturz des Kaisers einen Artikel in der Zeitschrift *Deutsche Politik* unter die programmatische Überschrift „Schwarz-Rot-Gold" und forderte darin: „Wir müssen die alten Fahnen und Farben des ersten deutschen romantischen Freiheitstraumes hissen, denn unsere Aufgabe ist, die deutsche Geschichte beim Werk des Jahres 48 wiederanzuknüpfen."[75] Ende November schließlich setzte sich Friedrich Meinecke in seinen Überlegungen für eine neue Verfassung für einen Flaggenwechsel und die Farben schwarz-rot-gold ein.[76]

Bemerkenswert ist angesichts der späteren Entwicklung, dass die Forderung nach schwarz-rot-gold zunächst nicht etwa in Kreisen der gemäßigten Sozialdemokratie Unterstützung fand, sondern in konservativ-nationalistischen Kreisen. Ausgerechnet das Organ des *Alldeutschen Verbandes*, unter dessen maßgeblicher Mitwirkung schwarz-weiß-rot zum Prinzip geworden war, verband am Revolutionstag die Erwartung an die „Geburtsstunde Großdeutschlands" mit der Forderung: „Jauchzt den alten schwarz-rot-goldenen Farben zu!"[77] Selbst der Herausgeber der *Deutschen Zeitung*, der spätere deutschvölkische Reichstagsabgeordnete Reinhold Wulle, äußerte eine Woche nach der Revolution die später gerne zitierte Ansicht: „Helfen kann uns nur die befreiende schwarzrotgoldene Tat zur Einheit, Ordnung und Freiheit. (...) Wenn heute das ganze deutsche Volk zusammengefasst werden soll, unseretwegen auch im

---

73 Die Rote Fahne 10.11.1918.
74 E. Jäckh: Pflug, S. 455 (Tagebuchnotiz 9.11.1918).
75 Theodor Heuss: Schwarz-Rot-Gold, in: Deutsche Politik 3 (1918), H. 17, 22.11.1918, S. 1475-1479, Zitat S. 1475.
76 Meinecke schrieb seine Verfassungsskizze um den 20. November 1918 nieder und veröffentlichte sie in der *Neuen Rundschau* (1. H. 1919); siehe Eberhard Kurtze: Die Nachwirkungen der Paulskirche und ihrer Verfassung in den Beratungen der Weimarer Nationalversammlung und in der Verfassung von 1919 (Historische Studien, hg. von E. Ebering, H. 203), Berlin 1931 [ND Vaduz 1965], S. 32.
77 Alldeutsche Blätter 9.11.1918, zit. nach A. Friedel: Politische Symbolik, S. 32.

Zeichen der Demokratie, dann besinne man sich wieder auf die Farben schwarzrotgold. Sie sind das Kennzeichen des deutschen Idealismus. Sie sind das Sinnbild großer Gedanken, denen damals allerdings die großen Taten fehlten. (...) Die Einheit des deutschen Volkes ist in diesen Farben versinnbildlicht."[78] Dieses nationalistische Eintreten für schwarz-rot-gold war wahrscheinlich von einer Passage aus Julius Langbehns erstmals 1890 erschienenem Kultbuch *Rembrandt als Erzieher* beeinflusst. Langbehn hatte auf der Basis des Rassegedankens für schwarz-rot-gold als Fahne eines zukünftigen deutschen Machtstaates plädiert. In den drei Farben sah er Erde, Blut und Gold und damit „die Farben des einstigen idealen Deutschlands" versinnbildlicht. Gemeint war Großdeutschland unter Einschluss Österreichs. „Wenn man", so Langbehn, „die bloß geistige und Rassengemeinschaft in Betracht zieht, welche das jetzige Deutschland und Österreich verbindet und derselben irgend einen nationalen Farbenausdruck geben wollte, so dürfte sich eine Herübernahme des österreichischen Gelb in die deutsche Flagge am ersten empfehlen. (...) Die deutschen Idealfarben sind noch nicht ganz erloschen."[79] Wenn Wulle hier ebenfalls vom „ganzen deutschen Volk" und dessen „Einheit" sprach, bezog sich dies offenkundig auf den spektakulären Beschluss der Provisorischen Nationalversammlung von Rest-Österreich vom 12. November 1918, den deutschen Teil des zerbrochenen Habsburgerreiches an Deutschland anzuschließen. In Artikel 2 des *Gesetzes über die Staats- und Regierungsform Deutschösterreichs* hieß es: „Deutschösterreich ist ein Bestandteil der deutschen Republik."[80] Dieser Beschluss löste in beiden Ländern eine Euphorie aus, die sich auch in Details niederschlug. So führten die Arbeiter- und Soldatenräte in Deutschland neben den roten teilweise auch schwarz-rot-goldene Armbinden ein.[81]

---

78 Deutsche Zeitung 16.11.1918, zit. nach H. Müller-Franken: Novemberrevolution, S. 122.
79 [Julius Langbehn:] Rembrandt als Erzieher. Von einem Deutschen, Leipzig ^{48}1908, S. 308f. Langbehns Buch erschien zunächst anonym, was dem Autor die Bezeichnung *Rembrandtdeutscher* einbrachte, erfreute sich einer anhaltenden Verbreitung und erlebte in den folgenden Jahrzehnten Dutzende von Auflagen. Die Passage über schwarz-rot-gold findet sich auch im Gedenkbuch der Reichsregierung zum zehnten Verfassungstag 1929 (Deutsche Einheit. Deutsche Freiheit. Gedenkbuch der Reichsregierung zum 10. Verfassungstag 11. August 1929, Berlin 1929, S. 90f.).
80 Zit. nach Susanne Miller: Das Ringen um „die einzige großdeutsche Republik". Die Sozialdemokratie in Österreich und im Deutschen Reich zur Anschlussfrage 1918/19, in: Archiv für Sozialgeschichte 11 (1971), S. 1-67, hier S. 15.
81 A. Friedel: Politische Symbolik, S. 33; E. Zechlin: Entstehung, S. 367. Der akribische und genau beobachtende Tagebuchschreiber Harry Graf Kessler registrierte bereits am 14. November in den Straßen der Hauptstadt „Ordner mit schwarzrotgelben großdeutschen Armbinden" (H.G. Kessler: Tagebücher, S. 31). Siehe auch die Eintragungen vom 17. und 18. Dezember (S. 74f.).

Zurückhaltung der Sozialdemokratie

War schon die Haltung der Regierung der Volksbeauftragten zur roten Fahne als Symbol der Revolution von Ambivalenz geprägt, so haben sich Führung und Presse der beiden sozialdemokratischen Parteien auch an den Diskussionen und Manifestationen um die schwarz-rot-goldene Fahne nicht erkennbar beteiligt. In dem oben erwähnten Auftrag an den Kunstmaler Dülberg war von den Farben nicht die Rede. Auf Initiative der provisorischen Staatsführung tauchten sie erst im Zusammenhang mit der Propaganda für die Wahlen zur Nationalversammlung am 19. Januar 1919 auf. Die Volksbeauftragten hatten bei ihrer Machtübernahme kein neues, zentrales Werbeamt gegründet, sondern auf bestehende Organisationen wie die *Zentrale für Heimatdienst* und den aus der OHL-Auslandsabteilung hervorgegangenen *Werbedienst der deutschen sozialistischen Republik* zurückgegriffen.[82] Der Werbedienst, auf dessen regierungsamtlichen Plakaten ansonsten hauptsächlich zu Ruhe, Ordnung und Arbeit aufgerufen wurde, gab Ende 1918 mit Blick auf die Januarwahl eine Reihe von Plakaten in Auftrag, die den Gedanken der parlamentarischen Nationalversammlung verbreiten sollten. Die bekanntesten darunter wurden von den Expressionisten Max Pechstein und Cesar Klein gestaltet.[83] Das Plakat von Pechstein trägt den Titel „Die Nationalversammlung / der Grundstein der Deutschen Sozialistischen Republik" und ist in den Farben schwarz-rot-gold gehalten, wobei das gold als ocker wiedergegeben ist. Zu sehen ist ein Bauarbeiter, der an christliche Darstellungen des Auferstandenen erinnert, umgeben von mehreren größeren roten und einer kleinen schwarz-rot-goldenen Fahne. Cesar Kleins „Arbeiter Bürger Bauern Soldaten aller Stämme Deutschlands / Vereinigt Euch zur Nationalversammlung" zeigt vor einer aufgehenden Sonne eine Menschengruppe mit zum Schwur erhobenen Händen. Symbolisch werden nicht nur schwarz-rot-gold, sondern mit blau-weiß-rot auch die Farben der französischen Nationalflagge verwendet. Die beiden Plakate sind die frühesten Beispiele einer regierungsamtlichen Hinwendung zu den Farben der deutschen Nationalbewegung nach dem Ende der Monarchie. Allerdings ist nicht klar nachweisbar, ob die Farben von den Künstlern bewusst gewählt worden sind, eventuell auf Ersuchen der Auftraggeber. Verwunderlich ist jedenfalls, dass der bekannte Kunstkritiker und Sprecher des Arbeitsrats für Kunst, Adolf Behne, der die beiden Plakate in einer vom Werbedienst im Frühjahr 1919 initiierten

---

82 Rainer Schorch: Das politische Plakat der Weimarer Republik. Voraussetzungen und Entwicklungstendenzen, in: Politische Plakate der Weimarer Republik 1918-1933. Hg. vom Hessischen Landesmuseum Darmstadt, Darmstadt 1980, S. 6-13, hier S. 7. Zu den Diensten vgl. Klaus W. Wippermann: Politische Propaganda und staatsbürgerliche Bildung. Die Reichszentrale für Heimatdienst in der Weimarer Republik, Bonn 1976, S. 49-91.

83 Die beiden Plakate sind abgebildet und kommentiert in Politische Plakate/HLD, S. 41 Abb. 10, Kommentar S. 46 (Pechstein); S. 45 Abb. 8, Kommentar ebd. (Klein).

Broschüre kommentierte, den symbolischen Gehalt der Farben überhaupt nicht erwähnte.[84] Unklar ist die Herkunft eines weiteren Plakats zur Januarwahl, auf dem die Farben von 1848 Verwendung finden. Vor einer großen schwarz-rotgoldenen Fahne sind darauf drei Männer mit Wappenschilden in den gleichen Farben zu sehen. Unter einem Kant-Zitat („Die bürgerliche Verfassung in jedem Staat soll republikanisch sein") findet sich der Aufruf, SPD, DDP oder Zentrum zu wählen.[85]

Der erste zweifelsfreie Beleg für die Hinwendung der Mehrheitssozialdemokratie zu den Farben findet sich nicht vor Februar 1919. Als zu diesem Zeitpunkt die parlamentarische und öffentliche Diskussion um einen Wechsel der Nationalfarben begann, waren die Positionen der beiden sozialistischen Parteien in dieser Frage schon relativ festgefügt. Die Unabhängigen plädierten für rot als Reichsfarbe und -fahne, weil sie darin die Revolution und die daraus abgeleiteten Postulate versinnbildlicht sahen. Rot waren auch die Fahnen, unter denen die Volksmarinedivision im Dezember in Berlin eingerückt war und die Spartakisten Anfang Januar einen Aufstand gegen die dezimierte Revolutionsregierung versuchten, der mit Hilfe von Freikorps niedergeschlagen wurde. Möglicherweise war diese Erfahrung ein weiterer Grund für die Mehrheitssozialdemokratie, nicht für eine rote Reichsfahne einzutreten, sondern sich die bürgerlichen Stimmen für die Nationalfarben schwarz-rot-gold zu eigen zu machen.

Begründungen für schwarz-rot-gold

Im Folgenden sollen die fünf zentralen Gründe für diese Hinwendung genannt werden. Sie tauchten im Verlauf der Beratungen, insbesondere im Verfassungsausschuss und bei den Debatten in der Nationalversammlung, sowie während des bis 1933 anhaltenden Flaggenstreits immer wieder in verschiedenen Variationen und Nuancen auf.

1. *Die Ablehnung von Parteifahnen.* Der mögliche Zusammenhang zwischen dem roten Spartakusaufstand vom Januar 1919 und der Hinwendung der

---

84 Adolf Behne: Alte und neue Plakate, in: Das politische Plakat. Hg. in amtlichem Auftrage, Charlottenburg 1919, S. 5-23, hier S. 17-19 (die folgenden Zitate ebd.). Zu Pechsteins Werk notierte er: „Der Zusammenklang der Farben Weiß (das Weiß ist hier wirklich eine Farbe!), Braun, Rot und Schwarz ist von einer prächtigen Frische und Hoffnungsfreudigkeit." Auf Kleins Plakat sah Behne andere Farben und maß ihnen auch ganz andere Eigenschaften zu: „Weiß, Gelb, Rot und Schwarz verflechten sich zu einem frohen Himmelsfeuerwerk. (...) Die Farben dienen nicht der Illustrierung oder begrifflichen Erläuterung und Verdeutlichung, sondern sind nach einem Plan durchgehender farbiger Ordnung verteilt".
85 BArchKO Bildarchiv 2/4/28, abgedruckt in: Aufbruch zur Demokratie. Die Anfänge der Weimarer Republik und die Reichsverfassung von 1919. Eine Ausstellung des Bundesarchivs, Koblenz ²1995, S. 38.

MSPD zu schwarz-rot-gold, wobei die Reihenfolge von Ursache und Wirkung keine Rolle spielt, verweist schon auf einen ersten und wichtigen Grund für diesen Schritt. Aus Sicht der Mehrheitssozialdemokratie kam eine *Parteifahne* als nationales Symbol nicht in Frage. Hermann Molkenbuhr erwiderte dem USPD-Vertreter im Verfassungsausschuss Oskar Cohn auf dessen Antrag für rot als Reichsfarbe, es stehe fest, „dass Rot die Farbe der sozialdemokratischen Partei ist. Aber wir haben doch hier eine Farbe für das Land zu bestimmen und nicht für eine Partei, der doch nur ein Teil der Bevölkerung angehört."[86] Die rote Fahne war und blieb, trotz ihrer besonderen Rolle während der Novemberrevolution, das Banner des Sozialismus und des Internationalismus. Aufgabe des neuen demokratischen Staates sei es jedoch, so Eduard David am 2. Juli 1919 in der Nationalversammlung, nach einem Symbol zu suchen, „das über alle Parteiengegensätze und alle Parteifahnen hinaus" als Ausdruck des ganzen Volkes empfunden werde.[87] Hinter dieser Betrachtungsweise verbarg sich der alte Revisionismusstreit in der Sozialdemokratie, ob nämlich der Weg zum Sozialismus durch eine Revolution oder aber durch eine Reformierung des bestehenden Staates erreicht werde. Hier spiegelt sich der grundsätzliche Dissens in der Sozialdemokratie über den Charakter der Revolution, und wenn die rote Fahne nun als Parteifahne angesehen wurde, so lag darin eine deutliche Parteinahme für den Reformismus. Insgesamt war das Argument formal und statisch, bot jedoch den Vorteil, dass für die gemäßigten Sozialisten damit auch die schwarz-weiß-rote Fahne als nationales Symbol ausschied, da sie als aktuelle Fahne der Monarchisten angesehen wurde.

2. Schwarz-weiß-rot als Zeichen des überwundenen Obrigkeitsstaates. Vor allem jedoch galt schwarz-weiß-rot als Banner des überwundenen Obrigkeitsstaates, der den Sozialismus lange Jahre benachteiligt, ausgegrenzt und verfolgt hatte. Die Abkehr von dem Symbol sollte Ausdruck des Systemwechsels sein. Insofern war dieses Argument eher für die sozialistische Seele bestimmt. Eduard David machte in der Nationalversammlung geltend, das frühere System habe „jahrzehntelang einen großen Teil unseres Volkes durch Ausnahmegesetze und Ächtung als Vaterlandsfeinde bezeichnet". Deshalb empfinde die Arbeiterschaft schwarz-weiß-rot als ein „feindliches Symbol"[88]. Davids Parteifreund Hermann Molkenbuhr zog daraus die treffende Schlußfolgerung: „[Weil] wir das alte System beseitigt sehen wollen, wollen wir auch das Symbol des alten Systems beseitigt sehen."[89] Ähnlich hatte bereits im Verfassungsausschuss Simon Katzenstein auf die Empfindungen in der Arbeiterschaft verwiesen, die unter den alten Farben schwere Härten erlitten habe: „Es würde dort als eine

---

86 VNV Bd. 336, S. 405.
87 Ebd. Bd. 327, S. 1225 (2.7.1919).
88 Ebd.
89 Ebd. S. 1234 (2.7.1919).

schwere Kränkung empfunden werden, wenn mit der alten Flagge das alte Deutsche Reich, etwas neu drapiert wieder erscheinen würde. Und der Umstand, dass unter der alten Fahne Millionen Menschen verblutet sind, macht sie uns wirklich nicht wertvoller."[90] Die Gegenüberstellung von monarchischem Obrigkeitsstaat und demokratischem Volksstaat war auch mit vereinzelten antipreußischen Bekundungen verknüpft. Bereits in der ersten Debatte des Verfassungsausschusses der Nationalversammlung über die Flaggenfrage brachte Max Quarck seitens der MSPD vor: „Die Farben schwarz-weiß-rot enthalten die Farben schwarz-weiß des alten preußischen Obrigkeitsstaates, die wir nicht übernehmen können."[91] Allerdings hat das republikanische Preußen schwarz-weiß später beibehalten, und gerade von hier aus hätte man womöglich eine Redefinition der Farben versuchen können, vielleicht im Sinne eines geläuterten schwarz-weißen Preußen in Verbindung mit dem Rot des Sozialismus oder unter Betonung der von Ebert und der Nationalversammlung bewahrten Reichseinheit. Gotthard Jasper vertritt die Ansicht, man hätte die Arbeiterschaft zu einer Bejahung der Fahne bringen können.[92] Jedoch stand für die Sozialdemokratie ein Umschwenken auf schwarz-weiß-rot zu keiner Zeit in der Diskussion.

3. *Schwarz-rot-gold als Zeichen für Freiheit, Demokratie und Neubeginn.* Dagegen weckten die Farben schwarz-rot-gold eine ganze Reihe von Assoziationen, die gemeinsam einen Gegensatz zu schwarz-weiß-rot bildeten. Schwarz-rot-gold war für die republikanischen Staatsgründer von 1919 das Zeichen für Freiheit und Demokratie. Mit Freiheit waren innere Freiheit ebenso gemeint wie freie Selbstbestimmung nach außen, Demokratie meinte eine konsequente Entwicklung zur Volkssouveränität im Sinne der Ideale der Französischen Revolution von 1789 und des daraus abgeleiteten westlichen Parlamentarismus. Die Farbenwahl sollte insofern nicht nur ein Zeichen an die ehemaligen Feinde im Weltkrieg sein, etwa im Sinne eines geläuterten Neuanfangs, sondern spiegelt auch ein durchaus fortlaufendes, an die schwarz-rot-goldene Fahne gebundenes sozialdemokratisches Bewusstsein wider. Heinrich Potthoff umschreibt das so: „Im Zeitpunkt der Verfassungsberatungen hatte das ‚Schwarz-Rot-Gold' als sichtbares Zeichen eines demokratischen Neuaufbaus nicht nur eine gewisse Logik für sich, sondern es charakterisierte auch die starke radikaldemokratische und nationale Tradition der deutschen Sozialdemokratie."[93]

---

90 Ebd. Bd. 336, S. 404.
91 Ebd. S. 28.
92 Gotthard Jasper: Der Schutz der Republik. Studien zur staatlichen Sicherung der Demokratie in der Weimarer Republik 1922-1930 (Tübinger Studien zur Geschichte und Politik, hg. von Hans Rothfels u.a., Bd. 16), Tübingen 1963, S. 242.
93 Heinrich Potthoff: Das Weimarer Verfassungswerk und die deutsche Linke, in: Archiv für Sozialgeschichte 12 (1972), S. 433-483, S. 462f., Zitat S. 463.

4. *Die „Tradition von 1848"*. Mit den Werten Freiheit und Demokratie verband sich aufs engste die Erinnerung an die revolutionäre Tradition von 1848, an das gemeinsame Streben bürgerlicher und sozialistischer Kräfte nach einer Überwindung des „Systems Metternich" mit Kleinstaaterei und fehlenden Grundrechten. Die freiheitliche deutsche Nationalbewegung des 19. Jahrhunderts wurde als Gründungsmythos des Weimarer Staates herangezogen, und damit rückte automatisch die schwarz-rot-goldene Trikolore in das Blickfeld.

5. *Die großdeutsche Option*. Nicht zuletzt verband sich mit der Präferenz für schwarz-rot-gold auch der Wunsch nach einer anderen als der von Bismarck erstrebten und 1871 erreichten kleindeutschen Lösung der deutschen Frage. Nach dem Zusammenbruch der beiden Kaiserreiche der Hohenzollern und der Habsburger wurde die Frage eines gemeinsamen deutsch-österreichischen Staates mit einem Male wieder aktuell. Schwarz-rot-gold als die alten Farben der Sehnsucht nach einem großen deutschen Nationalstaat unter Einschluss Österreichs gaben diesen Bestrebungen, wie oben erwähnt, schon seit November 1918 Ausdruck. Besonders die Arbeiterbewegung in beiden Ländern war traditionell großdeutsch orientiert, weil man sich in einem großen Staat eine um so schnellere Entwicklung zum Sozialismus versprach. Allerdings sind hier exkursorisch einige wichtige Einschränkungen zu machen, womit die Stichhaltigkeit der großdeutschen Argumentation pro schwarz-rot-gold steht und fällt.

Exkurs: Deutschland und Österreich

Zu den Anschlussbemühungen von 1918/19 sind mit Blick auf schwarz-rot-gold zwei Aspekte von Belang.[94] Erstens behandelten sowohl der Rat der Volksbeauftragten als auch die nachfolgende Reichsregierung unter Scheidemann die Anschlussfrage mit Rücksicht auf die laufenden Verhandlungen in Versailles dilatorisch. Wenige Wochen nach der österreichischen Proklamation vom 12. November 1918 musste Georg Bernhard in der *Vossischen Zeitung* resigniert fragen: „Wo ist das Berliner Echo zu dieser Erklärung?"[95] Während in Österreich die traditionell habsburgtreuen Christlichsozialen mit Ignaz Seipel an der Spitze wichtige Gegner des Anschlusses waren, schien die Idee in Deutschland

---

94 Vgl. zu diesem in der österreichischen Geschichtsschreibung breit geschilderten, in der deutschen dagegen nur oberflächlich behandelten Thema v.a. Helmut Konrad: Wurzeln deutschnationalen Denkens in der österreichischen Arbeiterbewegung, in: ders. (Hg.): Sozialdemokratie und „Anschluss". Historische Wurzeln. Anschluss 1918 und 1938. Nachwirkungen. Eine Tagung des Dr.-Karl-Renner-Instituts, Wien, 1. März 1978 (Schriftenreihe des Ludwig Boltzmann Instituts für Geschichte der Arbeiterbewegung, hg. von Karl R. Stadler u.a., Bd. 9), Wien usw. 1978, S. 19-30; Alfred D. Low: Die Anschlussbewegung in Österreich und Deutschland, 1918-1919, und die Pariser Friedenskonferenz, Wien 1975; S. Miller: Ringen.
95 Zit. nach A.D. Low: Anschlussbewegung, S. 61.

für alle politischen Lager gleichermaßen attraktiv zu sein: für das in seinem Selbstbewusstsein stark erschütterte bürgerlich-nationale Lager als psychisches Stimulans, für die Sozialisten in ihrem Kampf für Sozialismus, Demokratie und Republik.[96] Allerdings stand die deutsche Sozialdemokratie der deutsch-österreichischen Frage relativ gleichgültig gegenüber, zudem wollte die Regierung der Volksbeauftragten mit Blick auf die internationale Gesamtlage jeden Anschein vermeiden, als ginge von ihr eine Initiative aus. Alfred Low nennt den zentralen Grund für diese Zögerlichkeit: „Am Ende eines bitteren Krieges war Deutschland weder materiell noch psychologisch bereit, den siegreichen Feind herauszufordern. Diplomatische Zurückhaltung war eine Sache der Selbsterhaltung."[97] Diese Zurückhaltung wurde nicht honoriert, aber dass auch jede andere Haltung zwecklos gewesen wäre, zeigten die Verträge von Versailles und Germain-en-Laye, in denen die Alliierten nicht nur den Zusammenschluss an sich, sondern auch die Bezeichnung „Deutsch-Österreich" verboten.[98]

Zweitens spielte schwarz-rot-gold als Symbol eines gemeinsamen Staates bei den geheimen Anschlussgesprächen zwischen Deutschland und Österreich im Frühjahr 1919 keine Rolle. Bei den Verhandlungen zwischen dem deutschen Außenminister Brockdorff-Rantzau und dem österreichischen Außen-Staatssekretär Otto Bauer vom 27. Februar bis zum 2. März 1919 in Berlin wurden bereits sehr konkrete politische und wirtschaftliche Festlegungen getroffen, darunter die Anerkennung Wiens als zweiter Hauptstadt des Reiches sowie die Bestimmung, dass der Reichspräsident für einen Teil des Jahres seinen Sitz in Wien nehmen solle. Aussagen zu schwarz-rot-gold fehlen dagegen.[99] Darüber hinaus hatte es aus den Reihen der österreichischen Sozialisten mehrere Stimmen gegeben, die für den Zusammenschluss mit einem *roten* Deutschland eintraten.[100]

---

96 Ebd. S. 235.
97 Ebd. S. 51.
98 Ebd. S. 1.
99 Das Protokoll ist abgedruckt in S. Miller: Ringen, S. 54-60.
100 So hieß es etwa in einem Aufruf des SPÖ-Parteivorstandes vom 29. Dezember 1918 (zit. nach F.L. Carsten: Revolution, S. 268): „(...) Wir aber wollen zu dem roten Deutschland! Die deutschösterreichische Republik soll sich als ein besonderer Bundesstaat der großen gesamtdeutschen Republik eingliedern! Der Anschluss an Deutschland ist jetzt Anschluss an den Sozialismus!" Und nach der Wahl zur Nationalversammlung am 19. Januar 1919 bezeichnete die sozialistische österreichische *Arbeiter-Zeitung* den Wahlausgang als einen Sieg des „roten Deutschland" und erwartete die Vereinigung zweier „roter" deutscher Staaten (zit. nach A.D. Low: Anschlussbewegung, S. 78). Später wurden im österreichischen Proletariat sogar Stimmen unter dem Schlagwort „Zu einem Deutschland Noskes wollen wir nicht" laut, wie Otto Bauer berichtete (S. Miller: Ringen, S. 33). Bemerkenswert ist auch, dass das offensichtlich anschlussfreudigere Österreich nicht schwarz-rot-gold, sondern rot-weiß-rot zur Staatsfahne bestimmte.

Schwarz-rot-gold auf dem Weg in die Weimarer Reichsverfassung

Berücksichtigt man diese Eigentümlichkeiten, so muss man die Hinwendung der MSPD zu schwarz-rot-gold in einen etwas pragmatischeren Kontext stellen. Welche Nationalfarben sich in der politischen Situation zwischen Revolution und republikanischer Erneuerung wohl parlamentarisch durchsetzen lassen würden, war eine ebenso wichtige Frage wie die hehren Begründungen für oder gegen eine Fahne. Bei den Wahlen zur Nationalversammlung am 19. Januar 1919 war die erhoffte Mehrheit für die sozialistischen Parteien nicht zu Stande gekommen, und auch die bürgerlichen Rechtsparteien hatten vergleichsweise schwach abgeschnitten. Die drei Parteien der späteren *Weimarer Koalition*, MSPD, DDP und Zentrum, errangen dagegen zusammen mehr als drei Viertel der Mandate. Die Flaggenfrage stellte sich insofern auch als eine Frage nach der Kompromissfähigkeit der demokratischen Parteien im Zuge der Verhandlungen um die Reichsverfassung. Da die sozialistischen Parteien über keine eigene Verfassungskonzeption verfügten, hatte der Rat der Volksbeauftragten im November 1918 den linksliberalen Staatsrechtsprofessor Hugo Preuß mit der Erarbeitung eines Entwurfes beauftragt. In den ersten beiden Entwürfen, im Januar 1919 veröffentlicht, war die Frage der Reichsfarben noch ausgespart.[101] Dass schwarz-rot-gold in den dritten Entwurf gelangte, ging ausgerechnet auf eine österreichische Initiative zurück. Im Sinne der großdeutschen Ambition der künftigen Verfassung waren von vornherein zwei österreichische Vertreter an den Beratungen beteiligt, und zwar der Völkerrechtler Alfred Verdroß sowie der österreichische Gesandte in Berlin, der Historiker Ludo Moritz Hartmann.[102] Letzterer, Sohn des deutschböhmischen Dichters Moritz Hartmann, der 1848 Mitglied der Deutschen Nationalversammlung gewesen war, stammte aus der großdeutschen Tradition der österreichischen Sozialdemokratie und plädierte während der Verhandlungen des Staatenausschusses in Berlin Ende

---

101 Zur Entstehung der Weimarer Reichsverfassung vgl. Ernst Rudolf Huber: Deutsche Verfassungsgeschichte seit 1789. Bd. 5: Weltkrieg, Revolution und Reichserneuerung 1914-1919, Stuttgart usw. 1978, S. 1178-1205; Hans Boldt: Die Weimarer Reichsverfassung, in: Karl Dietrich Bracher u.a. (Hg.): Die Weimarer Republik 1918-1933. Politik-Wirtschaft-Gesellschaft (Studien zur Geschichte und Politik. Schriftenreihe der Bundeszentrale für politische Bildung, Bd. 251), Bonn ²1988, S. 44-62, hier S. 44-50. Preuß wurde zu diesem Zweck in das Amt des Staatssekretärs des Innern berufen. Walter Jellinek bezeichnete ihn 1930 als den „am weitesten links gerichtete[n] Staatsrechtslehrer des damaligen Deutschlands" (zit. nach ebd. S. 47). Die Entwürfe vom 3. und 20. Januar 1919 sind abgedruckt in RdV Bd. 2, S. 249-267. Auch in seiner ausführlichen Denkschrift zur revidierten Fassung, die im Reichsanzeiger vom 20. Januar veröffentlicht wurde, geht Preuß nicht auf die Frage der Reichsfarben ein; wieder abgedruckt in Hugo Preuß: Staat, Recht und Freiheit. Aus 40 Jahren deutscher Politik und Geschichte, Tübingen 1926 [ND Hildesheim 1964], S. 368-394.

102 Die folgenden Informationen zu Hartmann bei A.D. Low: Anschlussbewegung, S. 60; S. Miller: Ringen, S. 23.

Januar 1919 für eine Aufnahme der großdeutschen Farben in den Verfassungsentwurf.[103] Die überarbeitete Fassung vom Februar 1919, die der Nationalversammlung zur Beratung vorgelegt wurde, schloss dann schwarz-rot-gold als Reichsfarben an zentraler Stelle ein: im ersten Verfassungsartikel.[104] Das Eintreten des österreichischen Gesandten, wie Hugo Preuß jüdischer Herkunft, für schwarz-rot-gold sollte später von der antisemitischen und republikfeindlichen Rechten bei ihrer hasserfüllten Propaganda gegen die Nationalfarben ins Feld geführt werden.[105]

Flaggenwechsel als Politikum: Die Sichtbarkeit auf See

Preuß, nunmehr Reichsinnenminister im Kabinett Scheidemann, stellte den Verfassungsentwurf am 24. Februar 1919 in der Nationalversammlung vor. Eine erste Aussprache folgte vier Tage danach. Den anvisierten Flaggenwechsel begründete der „Vater der Weimarer Reichsverfassung", laut Protokoll unter Beifall von links, sowohl historisch als auch aktuell.[106] Er sprach vom „Prinzip schwarz-rot-gold", das im vergangenen Jahrhundert den Gedanken der politischen Freiheit mit dem der nationalen, großdeutschen Einigung verbunden habe. Den staatlichen Wandel in Deutschland bezeichnete er als eine Zeitenwende, die den Wechsel der Nationalfarben rechtfertige. Zudem führte er ein Argument ins Feld, das nicht so leicht von der Hand zu weisen war: „[Ein] großer Teil der Parteien des Hauses hat ja dasselbe bekundet, indem sie selbst gegenüber dem alten Parteinamen eine neue Flagge gehisst haben." Tatsächlich hatten sich die bürgerlichen Rechtsparteien im Zuge der Umwälzung von 1918/19 unter neuen Namen rekonstituiert und am 19. Januar 1919 zur Wahl

---

103 Wilhelm Ziegler: Die Deutsche Nationalversammlung 1919/1920 und ihr Verfassungswerk, Berlin 1932, S. 145.
104 Im ersten Artikel der am 21. Februar im Parlament eingebrachten Fassung (VNV Bd. 335, Nr. 59, S. 48-57) heißt es dann im Satz 2: „Die Reichsfarben sind schwarz-rot-gold." Dass Hugo Preuß ursprünglich für schwarz-weiß-rot plädierte, wie Karl Rohe schreibt, muss angesichts seiner späteren Äußerungen zum Thema als fraglich erscheinen. Vgl. vor allem die mündliche Begründung des Verfassungsentwurfes in der Nationalversammlung am 24. Februar 1919 (VNV Bd. 326, S. 285) sowie einen Artikel von Preuß in der Frankfurter Zeitung 1921 (abgedruckt in H. Preuß: Staat, S. 439-442). Karl Rohe: Das Reichsbanner Schwarz Rot Gold. Ein Beitrag zur Geschichte und Struktur der politischen Kampfverbände zur Zeit der Weimarer Republik. Hg. von der Kommission für Geschichte des Parlamentarismus und der politischen Parteien (Beiträge zur Geschichte des Parlamentarismus und der politischen Parteien, Bd. 34), Düsseldorf 1966, S. 237 Anm. 4.
105 Friedrich Everling: Monarchische Frage und Flaggenfrage, in: Max Weiß (Hg.): Der nationale Wille. Werden und Wirken der Deutschnationalen Volkspartei 1918-1928, Berlin 1928, S. 154-166, hier S. 162. Zur Bezeichnung „Judenflagge" siehe BArchKo ZSg.1-90/59 (SPD-Flugblätter 1924); zur Bezeichnung „Judenfleck" für das schwarz-rot-goldene Obereck in der Handelsflagge P. Bartels: Reichsfarben, S. 15.
106 VNV Bd. 326, S. 285 (24.2.1919).

gestellt: Die *Deutsche Volkspartei* (DVP) entstand aus den konservativen Restbeständen der Nationalliberalen Partei und der Fortschrittlichen, die *Deutschnationale Volkspartei* (DNVP) war von Politikern der ehemaligen Freikonservativen, der Deutsch-konservativen Partei sowie des Alldeutschen Verbandes und der Christlich-Sozialen gegründet worden.[107] Beide Parteien repräsentierten die Eliten des untergegangenen Kaiserreiches, die sich nach vorübergehendem Schweigen nun wortgewaltig aus der Versenkung zurückmeldeten. Die Flaggenfrage war für sie ein erstes geeignetes Agitationsfeld gegen die republikanisch-demokratische Neugründung des Staates, das vorgesehene Herunterholen der kriegsbewährten schwarz-weiß-roten Fahne verstieß in ihren Augen gegen die nationale Ehre. Clemens von Delbrück plädierte namens der DNVP für die Beibehaltung der „Farben, unter denen der Krieg 1870 zu Deutschlands Einheit und zum Ruhm des deutschen Volkes geführt hat." Ebenso sprach sich der DVP-Abgeordnete Heinze gegen einen Flaggenwechsel aus: „Wir haben unsere Einheit unter den schwarz-weiß-roten Farben gewonnen. Wir haben die deutsche Kultur in die fernsten Gegenden des Erdballes unter der schwarz-weiß-roten Fahne getragen, und wir haben vier Jahre gegen eine Welt von Feinden unter dieser Fahne standgehalten."[108] Dieser Art von Geschichtsbetrachtung, getränkt aus mäßigem Wilhelminismus, einem Schuss renitenter Verblendung und viel verletztem Nationalstolz, hatten selbst die Parteien, die für eine demokratische Erneuerung Deutschlands einstanden, außer beredtem Schweigen nichts entgegenzuhalten. Zur Flaggenfrage äußerte sich außer Preuß von den Rednern der *Weimarer Koalition* niemand. Auch die USPD blieb stumm.

Erst im Verfassungsausschuss prallten die Positionen der Parteien in der Flaggenfrage direkt aufeinander und gaben einen ersten Vorgeschmack auf den unversöhnlichen Streit der Weimarer Jahre.[109] Die Diskussion war geprägt von einem merkwürdigen Zwiespalt zwischen grundsätzlichen historischen Erwägungen auf der einen und Überlegungen bezüglich der Zweckmäßigkeit auf der anderen Seite. Für die Mehrheitssozialdemokratie drang Simon Katzenstein

---

107 Die linken Flügel von Nationalliberalen und Forschrittlern hatten sich in der Deutschen Demokratischen Partei (DDP), ebenfalls einer Neugründung mit neuem Namen, zusammengefunden. Dass mit dem katholischen Zentrum und Sozialdemokratie ausgerechnet die Namen jener beiden politischen Kräfte das Kaiserreich überdauerten, die besonders im Zeitalter Bismarcks als Reichsfeinde diskreditiert und verfolgt worden waren, entsprach auf symbolischer Ebene der Hegelschen *List der Geschichte*.
108 VNV Bd. 326, S. 384 (Delbrück), S. 400 (Heinze).
109 Im Verfassungsausschuss berieten 28 Abgeordnete der Nationalversammlung unter Vorsitz von Conrad Haußmann (DDP) vom 4. März bis zum 18. Juni 1919 den Preußschen Entwurf. Die Sitzungsprotokolle befinden sich in VNV Bd. 336; zu den Reichsfarben siehe S. 28, 400-405, 413. Die Frage wurde am 5. und 6. März angeschnitten, dann jedoch vertagt, weil das im Reichsinnenministerium gesammelte einschlägige Material nicht vorlag. Am 3. Juni entspann sich schließlich eine ausführliche Diskussion, aus der die im folgenden zitierten Äußerungen stammen. Die Abstimmung erfolgte einen Tag später.

unter Hinweis auf das nachrevolutionäre Frankreich darauf, „dass der Wechsel der Dinge in Deutschland auch durch einen Wechsel der Farben zum Ausdruck kommt", und sprach sich deswegen für schwarz-rot-gold aus. Die rote Fahne könne erst dann als Nationalflagge in Betracht kommen, wenn das Ziel der „Menschheitsvereinigung im Sozialismus" erreicht sei. DDP und Zentrum hatten dagegen keine einheitliche Position. Der Unabhängige Oskar Cohn setzte sich für die rote „Fahne des Fortschritts und der Freiheit" als Nationalflagge ein und fügte in Anspielung auf die Koalitionspolitik der MSPD hinzu: „Wenn Sie wollen, dass die ganze sozialistische Bewegung jetzt in der wohltemperierten bürgerlichen Republik stecken bleibe, dann haben Sie recht mit den Schwarz-Rot-Goldenen Farben. Ich aber wähle Rot!"[110] Die Vertreter der beiden Rechtsparteien, DVP und DNVP, sprachen sich aus zwei Gründen prinzipiell gegen einen Flaggenwechsel aus. Zum einen bezeichneten sie die geplante Beseitigung von schwarz-weiß-rot als Verstoß gegen die „nationale Würde", da das deutsche Volk unter diesen Farben einen „großartigen Aufschwung" erlebt habe. Zum anderen führten sie ein weiteres Argument in die Diskussion ein, indem sie darauf hinwiesen, dass Schifffahrts- und Handelskreise die schlechte Sichtbarkeit von schwarz-rot-gold auf See moniert und sich für die Beibehaltung der weithin erkennbaren schwarz-weiß-roten Fahne eingesetzt hätten. Außerdem, so die Argumentation, verstoße das Einholen der alten Flagge gegen die wirtschaftlichen Interessen Deutschlands, da sie im Welthandel das Wahrzeichen der politischen Macht des Reiches sei. Dies erläuterte dem Verfassungsausschuss der Hamburgische Senator Friedrich Sthamer namens der drei Hansestädte sowie der Handels- und Schifffahrtskreise: „Wenn wir jetzt dieses Wahrzeichen aufheben würden, dann würde die deutsche Schifffahrt in denjenigen Zustand zurückversetzt werden, in dem sie nach Gründung des Reichs seine Ausdehnung über See zu beginnen hatte. Alles das, was in der Zwischenzeit erworben ist, würde verloren sein, ohne einen Gegenwert dafür zu haben. Das soll in einer Zeit geschehen, wo das Deutsche Reich aller Kraftmittel dringend bedarf, um seinen wirtschaftlichen Wiederaufbau zu beginnen." Dieses teils fadenscheinige, bezüglich der Sichtbarkeit indes rein pragmatische Argument führte dazu, dass die DDP einen Kompromiss dahingehend vorschlug, schwarz-weiß-rot neben der neuen Nationalfahne als *Schifffahrts-, Marine-*

---

110 Ebd. S. 404. Cohns Äußerung ist bezeichnend für die Haltung der USPD. Sein Parteifreund Rudolf Breitscheid war im November 1918 als Innenminister in die preußische Regierung eingetreten, um erklärtermaßen „die Revolution gegen ihre schwarz-rot-goldene Verwässerung zu verteidigen", zit. nach Susanne Miller: Die Bürde der Macht. Die deutsche Sozialdemokratie 1918-1920. Hg. von der Kommission für Geschichte des Parlamentarismus und der politischen Parteien (Beiträge zur Geschichte des Parlamentarismus und der politischen Parteien, Bd. 63), Düsseldorf 1978, S. 91 Anm. 26.

und Kolonialflagge beizubehalten.[111] In weiser Voraussicht des Kommenden bemerkte Hermann Molkenbuhr dazu: „Es würde dann nur heißen: Das deutsche Volk besteht aus zwei Teilen, der schwarz-rot-goldenen Gruppe und der schwarz-weiß-roten."[112] Molkenbuhr und Quarck lehnten den Gedanken jedoch nicht rundweg ab, sondern machten einen Vorschlag, mit dem sich eine Verankerung der Kaiserfarben in der republikanischen Verfassung vorläufig umgehen hätte lassen: „Die Reichsfarben sind schwarz-rot-gold. Die Handelsflagge wird durch Reichsgesetz bestimmt." Diesen Kompromissantrag nahm der Ausschuss schließlich an. Bei den Abstimmungen über die beiden Absätze votierten die elf MSPD-Abgeordneten jeweils geschlossen dafür.[113]

Der Kompromiss: Eine Bewertung

Wie oben ausgeführt, war auch dieser Kompromiss noch nicht weitreichend genug, um ihm in der Nationalversammlung eine Mehrheit zu sichern, und so gelangte neben der schwarz-rot-goldenen auch die schwarz-weiß-rote Fahne, mit einem kleinen Obereck versehen, als Handelsflagge in die republikanische Reichsverfassung. Die Zwei-Flaggen-Lösung der Weimarer Nationalversammlung wird sowohl in der zeitgenössischen als auch in der rückschauenden Betrachtung gern als unglücklicher, fauler Kompromiss angesehen und allein für den Flaggenstreit der folgenden Jahre verantwortlich gemacht. Der preußische Ministerpräsident Otto Braun nannte das verfassungsmäßige Nebeneinander von schwarz-rot-gold und schwarz-weiß-rot eine „Halbheit, die sich wie jede solche später bitter gerächt hat", Hans Boldt erblickt in der Lösung eine Skurrilität.[114] „Es war nicht der Fehler, dass man der Republik neue Farben gab", resümiert Walter Mühlhausen. „Es war der Fehler, dass man den Wandel nicht vollständig und konsequent vollzog, sondern Tradition und Neuerung miteinander zu verbinden suchte. So wurde kein einheitliches, identitätsstiftendes Symbol geschaffen, sondern gleich das Gegensymbol verfassungsmäßig verankert."[115] Selbst Hugo Preuß, meinte später angesichts der permanenten rechten

---

111 VNV Bd. 326, S. 413. Den Vorschlag brachte am 4. Juni 1919 der DDP-Vertreter Bruno Ablaß ein.
112 Ebd.
113 Wortlaut des Entwurfes ebd. S. 2 (Verfassungsentwurf vom 18.6.1919). Die Abstimmungen fanden am 4. Juni 1919 statt (ebd. S. 413). Paradox ist, dass die Frage der Reichsfarben die einzige war, über die namentlich abgestimmt wurde, jedoch das genaue Abstimmungsergebnis im Protokoll gar nicht vermerkt ist. Es ist lediglich durch einen Brief Haußmanns an seine Frau überliefert (C.Haußmann: Schlaglichter, S. 287f.).
114 Otto Braun: Von Weimar zu Hitler, New York ²1940, S. 152; H. Boldt: Reichsverfassung, S. 59.
115 Walter Mühlhausen: Zur nationalen Symbolik in der Weimarer Republik. Referat beim Seminar „Nationale Symbole in der deutschen Geschichte des 19. und 20. Jahrhunderts"

Agitation gegen die Reichsfarben, der Kompromiss von 1919 sei „den Anhängern von Schwarz-Weiß-Rot sehr weit, vielleicht zu weit entgegengekommen".[116] Allerdings wäre der Flaggenstreit auch ohne dieses Entgegenkommen kaum weniger heftig ausgetragen worden, und der in dem Kompromiss angelegte „Keim der Unzufriedenheit"[117] hatte nicht erst durch diese Entscheidung vom 3. Juli 1919 zu wuchern begonnen, sondern durchzog die deutsche Geschichte bereits seit einem Jahrhundert. Insofern ist Wilhelm Erman zuzustimmen, der 1925 den Flaggenkompromiss „wohl die beste denkbare Lösung des schwierigen Problems" nannte. Die beiden Flaggen seien „dem unvoreingenommenen Deutschen gleich ehrwürdig".[118] Es war die Grundproblematik in der Flaggenfrage 1919 und auch danach, dass die Konservativen weniger gegen schwarz-rot-gold waren, sondern gegen den Flaggenwechsel an sich. Wilhelm Kahl (DNVP) betont bereits am 5. März 1919 im Verfassungsausschuss, als er die Beibehaltung der alten Reichsfarben fordert: „Ich kämpfe nicht gegen die Farben schwarz-rot-gold, obgleich schmerzliche historische Erinnerungen mit ihnen verknüpft sind, und verkenne auch nicht, was in der öffentlichen Besprechung zu Gunsten der Farben schwarz-rot-gold angeführt worden ist. Ich sehe aber keine ausreichende Ursache dafür als vorliegend an, von den bisherigen Farben schwarz-weiß-rot abzugehen".[119] Die gemäßigte Sozialdemokratie hingegen war im Grunde weniger für schwarz-rot-gold als vielmehr entschieden gegen schwarz-weiß-rot: Das war wohl das entscheidende Kriterium, an dem sich alles bemaß. Dass man sich in der Frage der Handelsflagge durch ein vorgebliches Sachargument beeindrucken ließ, ist kein Ruhmesblatt für die Sozialdemokratie. Fragt man allerdings nach den Alternativen für die MSPD, so wäre ein ausschließliches Beharren auf schwarz-rot-gold parlamentarisch wohl zu riskant gewesen. Letztlich war der ausgehandelte Kompromiss, mit dem niemand glücklich sein konnte, das Resultat verschleppter Konflikte in der deutschen Geschichte, für die man Weimar nicht verantwortlich machen kann.

---

    des Staatlichen Instituts für Lehrerfortbildung und -weiterbildung Rheinland-Pfalz und der Stiftung Reichspräsident-Friedrich-Ebert-Gedenkstätte, Heidelberg 19./20.11.1998 [unveröffentlicht], S. 9.
116 Artikel „Um die Reichsfarben" in der Frankfurter Zeitung vom 12.6.1921, abgedruckt in H. Preuß: Staat, S. 439-442, Zitat S. 440.
117 A. Friedel: Politische Symbolik, S. 44.
118 Wilhelm Erman: Schwarz-Rot-Gold in der Geschichte (Zeitungsartikel unbekannter Herkunft, wohl um 1925, in: BArchKo NL Arnold Brecht N/1089, Nr. 69).
119 VNV Bd. 336, S. 28.

1.4. Kontroversen in der Sozialdemokratie

Die MSPD war die einzige Partei, die bei den Abstimmungen über die Reichsfarben im Jahr 1919 stets geschlossen für schwarz-rot-gold votiert und damit den Flaggenkompromiss erst ermöglicht hatte. Diese formale Einhelligkeit bedeutete aber keineswegs, dass die Sozialdemokratie in der Flaggenfrage konfliktfrei war. Im Gegenteil: Der „Dreiflaggenstreit" zwischen rot, schwarz-rot-gold und schwarz-weiß-rot wurde in Miniaturform auch in ihren Reihen ausgetragen. Zunächst konnte der Kompromiss im Flaggenartikel der Verfassung auch bei seinen Befürwortern keine besondere Begeisterung wecken. Er galt als notwendiges Übel. „Bei uns zu Hause empfand man es als eine schwere Niederlage der Demokraten, dass es den Gegnern von Weimar gelungen war, die schwarz-weiß-rote Gösch in der Flagge der Reichsmarine durchzusetzen", so eine der prägenden Kindheitserinnerungen von Annemarie Renger, Tochter des Arbeitersportführers Fritz Wildung.[120] Dieses Zugeständnis an die Rechtsparteien sollte angesichts der Eskalation der Flaggenauseinandersetzung im Verlauf der Weimarer Jahre noch oft bedauert werden. Allerdings wäre der Streit wohl auch ohne ein Zugeständnis unvermeidlich gewesen. Ein Ausschluss von schwarz-weiß-rot aus der Verfassung oder gar ein Verbot der Farben hätte mit einiger Sicherheit zu einer weiteren Eskalation geführt. Bei den parlamentarischen Mehrheitsverhältnissen in den Anfangsjahren der Republik wäre daran ohnehin nicht zu denken gewesen.

Die Handelsflagge symbolisiert den Staat

Die Rolle der MSPD beim Zustandekommen der Handelsflagge wurde in der Partei auch nie hinterfragt. Man stellte die Kompromissproblematik eher in einen größeren Zusammenhang und kritisierte die schleppende Demokratisierung in der jungen Republik und das Fehlen von dezidiert sozialistischen Elementen in der Verfassung, wofür die MSPD als Regierungspartei einen Teil der Verantwortung trug.[121] Die kombinierte Handelsflagge gab dabei ein geeignetes Symbol für die unvollendete Demokratie oder die ambivalente Haltung von Staatsrepräsentanten zur Republik ab. Max Cohen schrieb in seiner Verfassungskritik in den *Sozialistischen Monatsheften*, die schwarz-rot-goldene Demokratie existiere nur in der Idee, „das neue Deutschland ist hier wie überall in die obere innere Ecke gestellt", und auf dem Augsburger SPD-Parteitag im

---

120 Annemarie Renger: Ein politisches Leben. Erinnerungen, Stuttgart 1993, S. 25.
121 Innerhalb der MSPD herrschte deswegen „eine tiefgreifende Erregung, eine außerordentliche Unzufriedenheit mit der Partei und der Parteileitung", stellte ihr Vorsitzender Otto Wels Ende 1919 fest (zit. nach Susanne Miller/Heinrich Potthoff: Kleine Geschichte der SPD. Darstellung und Dokumentation 1848-1990, Bonn [7]1991, S. 106).

September 1922 wurde Reichswehrminister Otto Geßler (DDP) mit der Begründung zum Rücktritt aufgefordert, er sei „durchaus eine schwarz-weiß-rote Erscheinung, höchstens mit einer kleinen schwarz-rot-goldenen Gösch in der Ecke".[122] Diese bildhafte Kritik am weitverbreiteten Formal- oder Vernunftrepublikanismus der bürgerlichen Kräfte bedeutete – ins Positive gewendet – immerhin eine Gleichsetzung der Nationalfarben schwarz-rot-gold mit Demokratie und Neubeginn.

„Schwarz-weiß-rote Erscheinungen" in der MSPD

Grundsätzlich ist davon auszugehen, dass eine überwältigende Mehrheit in der MSPD den Flaggenwechsel und die neuen Reichsfarben schwarz-rot-gold begrüßte. Die einheitliche Position bei den Verfassungsberatungen und das geschlossene Abstimmungsverhalten sind zwar relativ zu sehen, spiegeln aber gleichwohl die Meinung der Partei hinreichend wider. Das bedeutet allerdings nicht, dass es nicht auch in der Sozialdemokratie gewisse „schwarz-weiß-roten Erscheinungen" wie Otto Geßler gab. Die Burgfriedenspolitik der SPD 1914 und das Weltkriegserlebnis, an dem auch das Proletariat teilhatte, sind markante Eckpunkte in der Entwicklung der deutschen Sozialdemokratie. Die Übernahme partieller Staatsverantwortung durch die noch immer als *vaterlandslose Gesellen* diffamierten Sozialisten begann nicht erst mit der Revolution von 1918/19, sondern bereits in der schwarz-weiß-roten Monarchie, und so nimmt es nicht wunder, dass es auch in den Reihen der MSPD Stimmen für die alte Kaiserfahne gab. Einige, darunter sehr maßgebliche Sozialdemokraten bevorzugten schwarz-weiß-rot offen oder nahmen zumindest eine zwiespältige Haltung ein. Wenig relevant für die Partei waren dabei noch Fälle wie die von

---

122 Sozialistische Monatshefte 25 (1919), S. 773-776, Zitat S. 775 (25.8.1919); Protokolle über die Verhandlungen der Parteitage der Sozialdemokratischen Partei Deutschlands. Unveränderte NDe der Ausgaben 1919ff., Glashütten i.Ts. usw. 1973f.; hier Augsburg 1922, S. 42. Die Handelsflagge wurde als Symbol für die Beschaffenheit der Republik und die Machtverhältnisse in ihr häufig verwendet, so z.B. von John Heartfield für eine Fotomontage auf dem Titel des berühmten politischen Bilderbuches *Deuschland Deutschland über alles* von Kurt Tucholsky aus dem Jahr 1929; Kurt Tucholsky: Deutschland, Deutschland über alles. Ein Bilderbuch von Kurt Tucholsky und vielen Fotografen. Montiert von John Heartfield, Reinbek 1980 [zuerst Berlin 1929]. Die Montage zeigt Reichspräsident Hindenburg mit Pickelhaube und Zylinder, sein Gesicht ist mit einer schwarz-weiß-roten Fahne überzogen, ein Auge von einer kleinen schwarz-rot-goldenen Flagge verdeckt. Siehe auch das ironische DDP-Wahlplakat „Parteifahne oder Reichsflagge?" aus dem Jahr 1928, abgedruckt in Kai Artinger (Hg.): Die Grundrechte im Spiegel des Plakats. 1919 bis 1999. Mit Beiträgen von Klaus Adomeit u.a., Berlin 2000, S. 31. Die SPD wird dort durch eine rote Fahne mit der Reichsflagge im Obereck dargestellt, die DVP durch die Handelsflagge, verbunden mit dem Vers: „Fürs Geschäft göscht man ins Eckchen / Selbst ein schwarz rot goldnes Fleckchen!"

Ulrich Rauscher oder Paul Müller. Rauscher, der 1919 Pressesprecher der sozialdemokratisch geführten Reichsregierung war und später als deutscher Gesandter nach Warschau ging, hatte sich angeblich für schwarz-weiß-rot ausgesprochen.[123] Der Gewerkschafter Paul Müller, Vorsitzender des Aktionsausschusses seemännischer Berufsverbände, also Chef der freigewerkschaftlichen Seeleute, wurde 1921 im Zusammenhang mit dem Streit um das Obereck auf der Handelsflagge mit wüsten Invektiven gegen schwarz-rot-gold und den Flaggenwechsel zitiert.[124] Eduard David warf ihm daraufhin fehlendes Verständnis für die Demokratie vor und sprach im Reichstag von einer Einzelmeinung in der MSPD, die lediglich den Rechtsparteien als Argument diene.[125] Da bei dem Gewerkschaftsführer der Verdacht nahe lag, dass sein Eintreten gegen den Flaggenwechsel auf einer generellen Ablehnung von Republik und Demokratie beruhe, hatten die Ausfälle Müllers Folgen: Er wurde von seinem Verband aufgefordert, den Vorsitz niederzulegen und trat schließlich aus ihr und auch aus der Partei aus.[126]

Derlei Fälle konnten noch als Einzelmeinungen innerhalb der Sozialdemokratie marginalisiert werden, nicht jedoch die Haltung von Spitzenleuten wie Reichspräsident Friedrich Ebert und Reichswehrminister Gustav Noske. Beider politisches Vorgehen war nach der Maßgabe von Ruhe und Ordnung ausgerichtet, den aus Partei und Gesellschaft seit 1919 aufkommenden Warnungen vor rechts verschlossen sie sich weitgehend.[127] Der Reichswehrminister, der seit der Niederschlagung linksradikaler Unruhen durch von ihm befehligte Frei-

---

123 Vorwärts 7.5.1926 (Beitrag von Wilhelm Sollmann).
124 Über schwarz-weiß-rot sagte Müller bei einer Rede in Hamburg (zit. nach VRT Bd. 350, S. 4177): „Eine Flagge, die uns alles war und ist, kann man nicht mit einer fremden, unbekannten Flagge auswechseln wie einen Schundroman in einer Leihbibliothek [sic]." Das Obereck in schwarz-rot-gold auf der Handelsflagge bezeichnete er als „fremdartige, buntscheckige Gösch" und definierte die Nationalfarben auf folgende Weise (zit. nach Vorwärts 25.6.1921, Artikel von Eduard David): „Schwarz: in diesem Falle die Selbstaufgabe, Rot: Wirrwarr und Chaos, Gelb: Falschheit und Neid!"
125 VRT Bd. 350, S. 4166 (27.6.1921). Schon zwei Jahre zuvor hatte der DNVP-Abgeordnete Laverrenz in der Nationalversammlung über die MSPD geäußert (VNV Bd. 327, S. 1229, 2.7.1919): „Selbst in der Partei, die sich am eifrigsten für schwarz-rot-gold eingesetzt hat, ist die innere Geschlossenheit ebenfalls geschwunden und ihre eigenen Freunde im Lande haben recht kräftig Widerspruch gegen den beabsichtigten Flaggenwechsel erhoben." Beispiele nannte Laverrenz jedoch nicht. Er bezog sich wohl auf einzelne Abweichler in der MSPD, die wie die Unabhängigen rot als Reichsfarbe verlangten. Karlheinz Weißmann schreibt, es habe in der Sozialdemokratie „zahlreiche Widerstände gegen das Zeichen der bürgerlichen Demokratie im Namen des traditionellen sozialistischen Rot" gegeben, aber auch hier werden keinerlei Belege genannt (K. Weißmann: Fahnen, S. 75). Definitiv falsch ist, dass der preußische Ministerpräsident Otto Braun 1919 für schwarz-weiß-rot eingetreten sei, wie von rechts ebenfalls behauptet wurde (F. Everling: Frage, S. 162).
126 PVP-SPD Görlitz 1921, S. 76 (Bericht der Reichstagsfraktion an den Parteitag).
127 S. Miller: Bürde, S. 373.

korpsverbände im Proletariat den Ruf eines *Arbeitermörders* hatte, hatte aus seiner Position in der Flaggenfrage nie einen Hehl gemacht. Schon 1919 sprach er sich im Reichstag zwar gegen die Verwendung von schwarz-weiß-rot bei Demonstrationen der Reichswehr aus, bekundete aber seinen Respekt vor der Verehrung der alten Fahne und kritisierte indirekt die Änderung der Reichsfarben.[128] In Noskes Revolutionsbericht *Von Kiel bis Kapp* hieß es bei der Schilderung der Unruhen im Frühjahr 1919 schon direkter: „Viel böses Blut hat der Wechsel in den Reichsfarben gemacht, gegen den ich mich nachdrücklich ausgesprochen hatte. Im Januar und in den folgenden Monaten war man heilfroh, dass die Soldaten sich als regierungstreue Truppen mit schwarz-weiß-roten Bändern kenntlich machten. Dann sollte ich mit einem Male die alten Farben in den Bann tun!"[129] Nach dem Kapp-Lüttwitz-Putsch vom März 1920, der unter schwarz-weiß-roten Fahnen geführt worden war, geriet der Reichswehrminister wegen seines zögerlichen Verhaltens in die Kritik und wurde schließlich von seiner eigenen Partei kaltgestellt. Die schwarz-weiß-rote Präferenz Noskes blieb jedoch in den Rücktrittsforderungen unerwähnt.[130]

Die Flaggenverordnung von 1921

Eng befreundet mit Noske war Reichspräsident Friedrich Ebert, der nach dem Märzputsch von 1920 sogar sein eigenes politisches Schicksal mit dem des zum Rücktritt aufgeforderten Minister verbinden wollte.[131] Bei Ebert kann man von einer schwarz-weiß-roten Präferenz nicht sprechen, da direkte Äußerungen zum Flaggenproblem fehlen. Jedoch sorgte die von ihm erlassene *Verordnung über die deutschen Flaggen* vom 11. April 1921 für erhebliche Irritationen in der Sozialdemokratie.[132] Diese im Reichsinnministerium erarbeitete Ausführungsbestimmung zum Flaggenartikel der Weimarer Reichsverfassung legte insgesamt zehn Flaggen fest, davon jeweils fünf auf der Grundlage von schwarz-rot-gold und schwarz-weiß-rot. Die neuen Farben als Basis hatten die National-

---

128 VRT Bd. 330, S. 3549 (29.10.1919): „Ich stelle gar keine Betrachtungen darüber an, ob es notwendig oder zweckmäßig war, die Reichsfarben zu ändern. Die Verfassung ist aber zu respektieren." Schwarz-weiß-rot, über das man denken und das man verehren könne, wie man will, dürfe „nicht für Demonstrationen in der Truppe benutzt werden".
129 Gustav Noske: Von Kiel bis Kapp. Zur Geschichte der deutschen Revolution, Berlin 1920, S. 197.
130 Zu den Vorwürfen gegen Noske und den Umständen seines Rücktritts vom Amt des Reichswehrministers nach dem Kapp-Lüttwitz-Putsch 1920 siehe Wolfram Wette: Gustav Noske. Eine politische Biographie. Hg. vom Militärgeschichtlichen Forschungsamt, Düsseldorf 1987, S. 655-702.
131 Ebd. S. 664.
132 Reichsgesetzblatt 1921, S. 483-485. Eine fast komplette Flaggentafel befindet sich in V. Valentin/O. Neubecker: Farben, nach S. 240, Tafel X.

flagge, die Standarte des Reichspräsidenten, die Flagge des Reichswehrministers, die Reichspostflagge sowie die Dienstflagge der Reichsbehörden zu Lande. Auf der Basis der monarchischen Farben waren die Handelsflagge, die Handelsflagge mit dem Eisernen Kreuz, die von früheren oder Reserveoffizieren der Marine geführt werden durfte, die neue Reichskriegsflagge, die Gösch sowie die Dienstflagge der Reichsbehörden zur See gestaltet. Die Verordnung hatte mehrere Besonderheiten. Schon die Tatsache, dass fast zwei Jahre vergingen, ehe zum Flaggenartikel der Verfassung Ausführungsbestimmungen erlassen wurden, war in der Sozialdemokratie auf Kritik gestoßen. Auf dem MSPD-Parteitag in Kassel 1920 wurde eine Beschleunigung des Vorgangs angemahnt.[133] Der Flaggenartikel hatte ja im eigentlichen Sinne gar keine Nationalflagge der Republik festgelegt, sondern lediglich schwarz-rot-gold als *Reichsfarben* benannt, während der Handelsflagge in schwarz-weiß-rot von vornherein die republikanischen Weihen verliehen worden war. Auch bezeichnete die schließlich erlassene Verordnung die dritte Farbe der Nationalflagge nicht als gold, sondern als „goldgelb". Dies zielte natürlich auf die praktische Verwendung der Fahne, muss aber angesichts der späteren Verunglimpfungen der Reichsfarben als „schwarz-rot-gelb" als fataler Fauxpas gewertet werden.

Wesentlich schwerer wog jedoch die strenge Parität der beiden Trikoloren: ein Zugeständnis an die Farben des monarchischen Obrigkeitsstaates, für das es nach dem Flaggenartikel überhaupt keine Notwendigkeit gab und das außerdem rechtlich fragwürdig war. Hier setzte auch die Kritik an Ebert an. Die sozialdemokratisch geführte preußische Staatsregierung hielt die Flaggenverordnung für verfassungswidrig, weil nach ihrer Auffassung Flaggen auf schwarz-weiß-roter Basis mit Ausnahme der Handelsflagge durch die Verfassung nicht gedeckt waren. Ministerpräsident Otto Braun monierte insbesondere die Seedienstflagge, die als einzige der fünf schwarz-weiß-roten Flaggen die Reichsfarben nicht im oberen inneren Eck führte.[134] Dieser freilich nur formaljuristische, nicht inhaltliche Protest führte zu einer schweren Verstimmung

---

133 PVP-SPD Kassel 1920, S. 113f. (Aufforderung seitens der Delegierten an die Reichstagsfraktion).

134 Siehe das Schreiben Brauns an das Reichsinnenministerium vom 3. Juni 1922, auszugsweise abgedruckt in O. Braun: Weimar, S. 153f. Schon 1919 hatten Kreise des Reichswehrministeriums bei der übergangsweisen Bestimmung einer Reichskriegsflagge die Grundfarben schwarz-weiß-rot mit der Begründung durchgesetzt, die Kriegsflagge müsse der Handelsflagge heraldisch entsprechen. Die provisorische Fahne wurde in einem Erlass des Reichspräsidenten vom 27. September 1919, bezeichnenderweise mit den Unterschriften von Ebert und Noske, festgelegt (V. Valentin/O. Neubecker: Farben, S. 66, S. 125). Vgl. zur rechtlichen Fragwürdigkeit der ersten und auch der zweiten Flaggenverordnung Gerhard Anschütz: Die Verfassung des Deutschen Reichs vom 11. August 1919. Ein Kommentar für Wissenschaft und Praxis. Dritte Bearbeitung, Berlin ^{13}1930, S. 52f.; Fritz Poetzsch-Heffter: Handkommentar der Reichsverfassung vom 11. August 1919. Ein Handbuch für Verfassungsrecht und Verfassungspolitik, Berlin ^{3}1928, S. 91f.

zwischen den beiden Duz-Freunden Ebert und Braun, in deren Verlauf es zu erregten Auseinandersetzungen kam.[135] Abgesehen von der verfassungsrechtlichen Fragwürdigkeit der Verordnung war die Sozialdemokratie verärgert über diese „weitere Nachgiebigkeit"[136] gegenüber der politischen Rechten. Eberts Versuch, in der Flaggenfrage einen Ausgleich zwischen Republikanern und Monarchisten zu finden, erhöhte die Legitimation von schwarz-weiß-rot in der Öffentlichkeit und steigerte die Entfremdung zwischen dem Reichspräsidenten und seiner eigenen Partei.[137] Ebert „hätte auch noch weitere Schritte unternommen, wenn es ihm verfassungsmäßig möglich gewesen wäre", so die wohl zutreffende Einschätzung Gotthard Jaspers.[138] Beifall bekam der Reichspräsident für die Flaggenverordnung ausschließlich von konservativer Seite. Allen voran Gustav Stresemann, der trotz seiner republikanischen Verdienste zeitlebens Anhänger von schwarz-weiß-rot blieb, fand lobende Worte für Eberts Auffassung in der Flaggenfrage, „die turmhoch über der Parteimeinung stand und nur dem Deutschtum selbst dienen wollte", wie er in seinem *Vermächtnis* schrieb.[139] Tatsächlich diente die Verordnung von 1921 zunächst weniger dem Deutschtum als vielmehr den Anhängern von schwarz-weiß-rot, die sich zu einem weiterem Vorgehen gegen die verfassungsmäßigen Nationalfarben schwarz-rot-gold geradezu eingeladen fühlen mussten.

Flaggenstreit, zweite Runde

Das ließ nicht lange auf sich warten. In den Reichstag wurde ein Antrag eingebracht, demzufolge die die Handelsflagge betreffenden Ausführungsbestimmungen der Flaggenverordnung vom 11. April vorerst nicht wirksam werden sollten, „weil durch eine Änderung der alten Handelsflagge der Wiederaufbau der deutschen Seeschiffahrt, die Wiederanknüpfung überseeischer Handelsverbindungen und die Gemeinschaft der Auslandsdeutschen mit ihrer alten Heimat gefährdet würden."[140] Antragsteller waren neben den beiden Rechtspartei-

---

135 O. Braun: Weimar, S. 154. An der Flaggenfrage entzündete sich auch ein Streit über das Kommunikationsdefizit innerhalb der SPD sowie zwischen Reichs- und Landesbehörden.
136 So Eduard David später im Reichstag, VRT Bd. 390, S. 7208 (12.5.1926).
137 Der Reichspräsident, der seit der Wahl zum Reichspräsidenten 1919 seine Parteizugehörigkeit ruhen ließ, galt in der Sozialdemokratie als sehr weit rechts stehend. Auf Parteitagen wurde mehrmals sein Ausschluss aus der MSPD gefordert. Bezeichnend ist eine Anekdote vom 1922. Bei eine Phototermin wurde Ebert aufgefordert: „Ein wenig mehr nach rechts, Herr Präsident!" Daraufhin bemerkte ein anwesender Freund Eberts im Flüsterton: „Noch mehr nach rechts kann er ja gar nicht!" Friedrich Ebert: Kämpfe und Ziele. Mit einem Anhang: Erinnerungen von seinen Freunden, Dresden o.J. [1926], S. 374.
138 G. Jasper: Schutz, S. 242.
139 Gustav Stresemann: Vermächtnis. Der Nachlass in drei Bänden. Hg. von Henry Bernhard unter Mitarbeit von Wolfgang Goetz/Paul Wiegler, Berlin 1932f.; Zitat Bd. 2, S. 40.
140 VRT Bd. 368, Nr. 2304 (24.6.1921).

en DNVP und DVP auch Zentrum, BVP und selbst die linksliberale DDP. Wie schon 1919 bei der „Sichtbarkeit auf See" wurde mit den ominösen Schifffahrtskreisen argumentiert, die sich für eine Beibehaltung der „reinen", nicht durch das Obereck in den Reichsfarben verunzierten Handelsflagge eingesetzt hätten. Zudem wurde die Anhänglichkeit der Auslandsdeutschen an schwarz-weiß-rot ins Feld geführt. Der parlamentarische Flaggenstreit ging daraufhin in die zweite Runde: Am 27. Juni 1921 debattierte der Reichstag stundenlang und heftig über den Antrag. Wie bereits zwei Jahre zuvor war der Disput von weit ausholenden historischen Diskursen und Belehrungen geprägt.[141] Für die Sozialdemokraten unterstrich Eduard David die weit über die rein praktisch-symbolische Seite hinausgehende Bedeutung dieses Antrags und bezeichnete ihn als „ersten Vorstoß gegen die Verfassung in dieser Sache". Seien erst einmal die Reichsfarben aus der Handelsflagge entfernt, würde bald ein Angriff gegen die Reichsfarben als solche folgen. David sah diesen Konflikt in einem größeren Zusammenhang mit der Frage der Staatsform: „Das Ganze ist einfach ein *monarchistischer Vorstoß gegen die Farben der Republik.*" Das Ergebnis der Abstimmung war noch weniger vorhersehbar als bei den Verfassungsberatungen, denn die Weimarer Koalition hatte inzwischen ihre komfortable Mehrheit eingebüßt: Seit der Reichstagswahl 1920 konnte der Weimarer Staat deswegen von seinen Gegnern als *Republik ohne Republikaner* verunglimpft werden. Das Flaggenvotum gestaltete sich äußerst knapp. 119 Abgeordnete sprachen sich für die Beibehaltung der „reinen" schwarz-weiß-roten Handelsflagge aus, 122 dagegen, fünf enthielten sich. Das Ergebnis ist in mehrfacher Hinsicht aufschlussreich. Sage und schreibe 222 Parlamentarier waren bei dem Votum nicht anwesend. Mit der knappen Ablehnung war auch die umstrittene Frage des verfassungsändernden Charakters des Antrages erledigt. Die 122 Gegenstimmen stammten von MSPD und USPD, beide Fraktionen geschlossen, sowie einzelner Abgeordneter von DDP (1) und Zentrum (10). Die Mehrheit dieser beiden Fraktionen (DDP 13, Zentrum 27) votierte mit DVP und DNVP für schwarz-weiß-rot. Von einem „schwarz-rot-goldenen" Grundkonsens der Parteien der Weimarer Koalition konnte also bereits im Jahr 1921 nicht mehr die Rede sein, denn DDP und Zentrum waren mehrheitlich bereits aus der republikanischen Farbenfront ausgeschert. Hingegen sprachen sich die Unabhängigen

---

141 Ebd. Bd. 350, S. 4163-4186 (27.6.1921), dort auch die folgenden Zitate. Höhepunkt der Auseinandersetzung war die Bemerkung des Unabhängigen Sozialdemokraten Rudolf Breitscheid auf eine Zwischenfrage von rechts, wo er am 9. November 1918 gewesen sei: „Ich war hier im Deutschen Reichstag von der ersten Stunde an, Herr Dorsch, und wenn Sie hingekommen wären, wäre ich wohl der erste gewesen, der dafür plädiert hätte, Sie aufzuhängen." Die beliebte Frage nach der Rolle einzelner Handelnder in Krieg und Revolution war permanenter Bestandteil der parlamentarischen Rhetorik im Reichstag der Weimarer Republik, nicht erst, als die Nationalsozialisten in den späteren Jahren die Sozialdemokraten als „Partei der Deserteure" zu denunzieren begannen.

Sozialisten hier erstmals, wenn auch indirekt, für die Reichsfarben aus und trugen damit entscheidend zur Abwehr des schwarz-weiß-roten Vorstoßes bei. Dieses erstmalige gemeinsame Vorgehen von MSPD und USPD milderte ein Problem, das die Sozialdemokratie in derlei symbolpolitischen Fragen seit der Verabschiedung der Verfassung mit sich herumtrug. Denn die MSPD musste sich von den Befürwortern von schwarz-weiß-rot immer wieder vorhalten lassen, dass es auch innerhalb der Sozialdemokratie Differenzen gebe, einmal durch die schwarz-weiß-roten Ausfälle, insbesondere jedoch durch die Unabhängigen und deren Eintreten für rot.

Die Unabhängigen zwischen rot und schwarz-rot-gold

Die Unabhängige Sozialdemokratische Partei hatte seit ihrer Abspaltung von der SPD im Jahr 1917 eine stürmische Geschichte hinter sich, in deren Mittelpunkt zwei weitere Spaltungen standen. Ende 1918 löste sich der Spartakusbund um Karl Liebknecht und Rosa Luxemburg von der USPD und gründete die KPD. Die Unabhängigen wuchsen in der Folgezeit zur Massenpartei und erreichten bei der Reichstagswahl 1920 mit einem Stimmenanteil von nahezu 20 Prozent 81 Mandate im Parlament. Im gleichen Jahr führte die Frage des Anschlusses an die III. Internationale, die mit den berühmten 21 Moskauer Bedingungen kulminierte, zu einer erneuten Spaltung. Die linke Mehrheit um Ernst Däumig und Adolf Hoffmann unterwarf sich den Forderungen und schloss sich der KPD an, während eine gemäßigte Minderheit mit Crispien, Dittmann, Kautsky, Ledebour, Hilferding und Breitscheid die USPD eigenständig weiterführte. Nach der auf dem Hallenser Parteitag im Oktober 1920 vollzogenen Spaltung spielte die Frage der Internationale in der Rest-USPD nicht mehr die entscheidende Rolle, die Partei wandte sich verstärkt der deutschen Innenpolitik zu.[142] In der Farbenfrage legten die Unabhängigen bis 1921 nur wenig Vorliebe für schwarz-rot-gold an den Tag. Dabei sind zwei Tendenzen sichtbar. Generell ist gerade bei der USPD die Neigung zu erkennen, Fragen der politischen Symbolik als Nebensächlichkeiten zu erachten. Dementsprechend hat sich die Partei nach ihrem Votum für rot während der Verfassungsberatungen aus den leidenschaftlichen Debatten um die Reichsfarben weitgehend herausgehalten. Wiederholt wurden symbolische Streitfragen im jungen Weimarer Staat als „Äußerlichkeiten" abgetan. Beispielhaft kann für diese in der Partei weitverbreitete Haltung die Stellungnahme von Rudolf Breitscheid zu den 21 Bedingungen herangezogen werden. Moskau hatte darin bekanntlich gefordert, dass die Namen der Parteien der III. Internationale angeglichen werden müss-

---

142 Hartfrid Krause: USPD. Zur Geschichte der Unabhängigen Sozialdemokratischen Partei Deutschlands (Studien zur Gesellschaftstheorie, hg. von Norbert Altmann u.a.), Frankfurt a.M./Köln 1975, S. 230; siehe auch S. 236.

ten. Für die USPD hätte dies eine Umbenennung in *Deutsche Sektion der Kommunistischen Internationale* bedeutet. Breitscheid erklärte dazu auf der Reichskonferenz der USPD im September 1920: „Äußerlichkeiten spielen keine Rolle. Der Name der Partei ist mir absolut gleichgültig. Wir haben kein Patent auf Namen. Ich bin jederzeit bereit, den Namen zu ändern. Ich habe keine Angst vor der Firma: Kommunistische Partei. Ich kenne in diesem Sinn keinen Parteipatriotismus und Partikularismus. Von der Politik der Symbole und Embleme wollen wir uns doch freihalten."[143] Eine „Äußerlichkeit" war aus Sicht der Unabhängigen auch die Frage der Reichsfarben. Breitscheid erklärte bei der Debatte im Parlament am 27. Juni 1921, die Frage der Flagge sei „von untergeordneter Bedeutung gegenüber der anderen Frage, was für eine Politik unter dieser Flagge getrieben wird."[144] Wenn die Haltung der Unabhängigen gegenüber den republikanische Farben schwarz-rot-gold trotz dieser scheinbaren Gleichgültigkeit reserviert blieb, so beruhte dies auf einer generellen Kritik am Weimarer Verfassungswerk. Das USPD-Parteihandbuch von 1920 monierte, Staatssekretär Preuß habe die neue Verfassung mit Reminiszenzen an die Frankfurter Paulskirche vorgestellt, „in der nach der Revolution von 1848 ein gemischtes Völkchen von liberalen Ideologen, demokratischen Professoren und politisierenden Juristen ein Verfassungswerk für das damals erträumte neue Reich schufen. Die Phraseologie haben die Verfassungsentwürfe des Herrn Preuß von jenem Frankfurter Werk treulich übernommen, auch die schwarz-rot-goldenen Reichsfarben. Also Äußerlichkeiten." Einige Absätze weiter unten wird die Symbolkritik bekräftigt: „Schließlich holte man noch das schwarz-rot-goldene Fahnentuch der bürgerlichen Revolutionszeit um 1848 aus verstaubten Winkeln und drapierte damit das Verfassungswerk."[145] Hier ist die Verfassungskritik mit einer grundlegenden Traditionskritik verbunden, die die eigene Distanz zum Weimarer Staat mit dessen historischer Einbettung in die Tradition von 1848 begründet. In der Abqualifizierung der Paulskirche als Professorenparlament und liberaler Schwatzbude unterschied sich die USPD-Polemik kaum von monarchistischen und rechtsoppositionellen Positionen.

Nach der Spaltung im Herbst 1920 war es der verbliebene gemäßigte Flügel der USPD um Breitscheid und Hilferding, der sich bei der erwähnten Abstimmung im Juni 1921 erstmals indirekt für schwarz-rot-gold als Zeichen der Republik einsetzte. Zweieinhalb Jahre nach der Revolution war dies ein Paradig-

---

143 Protokoll der Reichskonferenz vom 1. bis 3. September 1920 zu Berlin, Berlin o.J., abgedruckt in Protokolle der Parteitage der USPD. Fünf Bände. Unveränderte NDe, Glashütten i.Ts. 1975f; hier Bd. 2, Zitat S. 124.
144 VRT Bd. 350, S. 4175 (27.6.1921).
145 Handbuch für die Wähler der USPD. Reichstagswahl 1920. Hg. von der Zentralleitung der USPD. 3 He., o.O. o.J. [Berlin 1920], hier H. 2, S. 71-75 („Die republikanische Verfassung"), Zitate S. 71, 73.

menwechsel der „roten" USPD. Ein weiteres Jahr später wurden noch latent bestehende Vorbehalte gegen die Reichsfarben endgültig ausgeräumt. Ein Ereignis, das nicht nur in der USPD als „Katalysator"[146] wirkte, verknüpfte die schwarz-rot-goldene Trikolore schlagartig mit einem neuen Sinngehalt und schärfte darüber hinaus das Bewusstsein für politische Symbolik.

Der Mord an Rathenau

Die Ermordung von Reichsaußenminister Walther Rathenau am 24. Juni 1922 bedeutete in vielfacher Hinsicht eine Zäsur in der Weimarer Republik. „Jede Generation hat ihre Ereignisse, die sich unauslöschlich in ihrem Gedächtnis eingraben und die kein Zeitgenosse mehr vergisst."[147] Das kaltblütige Attentat, verübt von Mitgliedern der rechtsradikalen *Organisation Consul*, die auch für den Mord an Finanzminister Matthias Erzberger knapp ein Jahr zuvor verantwortlich war, bildete den Höhepunkt des nationalistischen Terrors gegen die republikanische Staatsform.[148] Besonders brisant war das Verbrechen, weil Rathenau in den Wochen vor seinem Tode auf Grund seines außenpolitischen Verständigungskurses zur Zielscheibe massivster Kritik seitens der revanchistischen Rechtsopposition geworden war. Die Regierung von Joseph Wirth war nach den Worten von Waldemar Besson „die erste Weimarer Regierung, die die volle Wucht der nationalistischen Agitation auszuhalten hatte".[149] In Rathenau, der aus jüdisch-großbürgerlichem Hause stammte, erblickte man zudem den klassischen Vertreter des jüdisch-sozialistischen und damit scheinbar zwangsläufig nationalverräterischen Weimarer Staates.

Berüchtigt waren vor allem die gehässigen Attacken des DNVP-Abgeordneten Karl Helfferich. Als nun am 24. Juni 1922 unmittelbar nach Bekanntwerden der Ermordung Rathenaus zwei völkisch-nationalistisch gesinnte Studenten im Reichstag ein Blumenbukett für Helfferich abgaben, dessen schwarz-weißrote Schleife die Aufschrift „Dem Verteidiger der deutschen Ehre" trug, kannte die Erregung der republikanisch gesinnten, eben durch die Mordnachricht geschockten Abgeordneten keine Grenzen mehr.[150] Der deutschnationale Politi-

---

146 Robert F. Wheeler: USPD und Internationale. Sozialistischer Internationalismus in der Zeit der Revolution, Frankfurt a.M. usw. 1975, S. 278.
147 Martin Sabrow: Die verdrängte Verschwörung. Der Rathenau-Mord und die deutsche Gegenrevolution, Frankfurt a.M. 1998, S. 7.
148 Zur symbolischen Bedeutung der Person Rathenaus sowie seiner Ermordung siehe Kapitel 5.5.
149 Waldemar Besson: Friedrich Ebert. Verdienst und Grenze (Persönlichkeit und Geschichte, hg. von Günther Franz, Bd. 30), Göttingen usw. 1963, S. 92.
150 Vgl. zu dem Vorfall Paul Löbe: Der Weg war lang. Lebenserinnerungen, Berlin ³1954, S. 102. Das Blumengeschenk für Helfferich war zwar keine direkte Reaktion auf den Mord, etwa in der makabren Form einer „Entlohnung", aber ein Zusammenhang stellte sich unter

ker, der als geistiger Vater des Attentats, als „intellektueller Mörder" Rathenaus gebrandmarkt wurde, musste erregte Aufforderungen zum Verlassen des Parlaments hinnehmen und entging tätlichen Angriffen nur knapp. Reichskanzler Wirth sprach am Tag nach dem Mord das berühmt gewordene, die innenpolitischen Verhältnisse jener Zeit präzise zusammenfassende Verdikt: „Da steht der Feind, wo Mephisto sein Gift in die Wunde eines Volkes träufelte, da steht der Feind, und darüber ist kein Zweifel, dieser Feind steht rechts."[151] Die schwarz-weiß-rote Trikolore aber hatte in den Augen der republikanischen Kräfte durch das Attentat endgültig ihre Unschuld verloren. Sie konnte von ihren Befürwortern nicht länger als Sinnbild einer Kaisernostalgie oder zurückzugewinnender nationaler Größe propagiert werden, sondern war von nun an mit dem Ruch des politischen Mordes, des antisemitisch gefärbten Rechtsterrors gegen die Republik behaftet. Der SPD-Vorsitzende Otto Wels drückte am 25. Juni im Reichstag die Abscheu der Republikaner aus, indem er die „wüste Rassenhetze der christlichen Gewaltanbeter" verurteilte und dem toten Rathenau bescheinigte: „Dieser Jude war ein wahrer Christ." Wels forderte durchgreifende Maßnahmen zur Verteidigung der Republik auch auf symbolischer Ebene: „Verschwinden müssen die Symbole der alten Monarchie! Wir Sozialdemokraten sahen und sehen in der roten Fahne das Symbol unseres Kampfes für Völkerversöhnung und Völkerverständigung, und wir sehen in der schwarz-rot-goldenen Fahne der Republik das Bekenntnis zur Demokratie und zum friedlichen Aufbau. Millionen, die heute sich zu uns, zu unseren Farben bekennen, folgten einst den schwarz-weiß-roten Fahnen aus innerer Überzeugung, bis die Leiden unseres Volkes und die Verbrechen des alten Regimes sie zur Abkehr zwangen. Heute ist für alle diese die schwarz-weiß-rote Fahne zur Mörderfahne geworden!"[152] In dieser aufgeheizten innenpolitischen Atmosphäre ging Wels

---

dem Schock der Ereignisse von selbst her. Harry Graf Kessler schrieb zur Verantwortung des DNVP-Politikers (H.G. Kessler: Tagebücher, S. 322): „Helfferich ist der Mörder, der wirkliche, der verantwortliche."
151 VRT Bd. 356, S. 8058 (24.6.1922). Urheber der Formel „Der Feind steht rechts" war indes bereits 1919 Philipp Scheidemann (VNV Bd. 330, S. 2888, 7.10.1919, ebenso Vorwärts 15.11.1919).
152 VRT Bd. 356, S. 8042, 8044 (25.6.1922). Zur antisemitischen Motivation der Mörder ist die Geschichte von Rathenaus „Dreihundert" beispielhaft aufschlussreich. An ihrem Beginn steht die angebliche Äußerung Rathenaus, dreihundert jüdische Bankdirektoren leiteten die Geschicke des Kontinents. Die Wahrheit war, dass Rathenau in einem Artikel für die Weihnachtsausgabe der *Wiener Neuen Freien Presse* von 1910 geschrieben hatte: „Dreihundert Männer, von denen jeder Jeden kennt, leiten die wirtschaftlichen Geschicke des Kontinents, und suchen sich Nachfolger aus ihrer Umgebung", anstatt auch begabte Nachwuchskräfte gleichmäßig zur Leistung und Leitung aufzurufen. Der Satz wurde von Antisemiten aus dem Zusammenhang gerissen. Aus den Leitern wurden rasch Juden, bald wurden 300 jüdische Bankdirektoren daraus. Schließlich waren es die „Dreihundert Weisen von Zion", wodurch ein Bezug zu den berüchtigten „Protokollen der Weisen von Zion",

sogar so weit, ein Verbot der schwarz-weiß-roten Fahne zu verlangen. Ernsthaft in Betracht kam dies angesichts der verfassungsrechtlichen Stellung der Handelsflagge freilich nicht.[153]

Wie zur Untermalung der Äußerungen von Wels zur Flaggenfrage zogen am gleichen Tag, einem Sonntag, Hunderttausende von Arbeitern von frühmorgens bis zum späten Nachmittag mit schwarz-rot-goldenen und roten Fahnen schweigend durch die westlichen Berliner Stadtbezirke, um gegen den Mord an Rathenau und für die Republik zu demonstrieren.[154] Am Vormittag nahmen an einer Massenkundgebung im Berliner Lustgarten rund 200.000 Menschen teil. Harry Graf Kessler notierte als Augenzeuge: „Die Redner standen auf der Schlossbalustrade, dem Kaiser-Wilhelm-Denkmal, dem Denkmal Friedrich Wilhelms III. Auf dem Kopf Friedrich Wilhelms saß ein kleiner Junge mit einer schwarzrotgoldenen Fahne. Die Erbitterung gegen die Mörder Rathenaus ist tief und echt, ebenso der feste Wille zur Republik, der viel tiefer sitzt als der vorkriegsmonarchische ‚Patriotismus'."[155] Auch am 27. Juni, dem Begräbnistag, fanden in allen größeren Städten des Landes schwarz-rot-goldene Demonstrationen statt. In Berlin ging etwa eine Million Menschen auf die Straße, in München zählte man rund 150.000 Teilnehmer. Bei der Trauerfeier im Reichstag wurde der Sarg mit dem Leichnam Rathenaus unter einer Trikolore in den Reichsfarben aufgebahrt.[156]

---

einer antisemitischen Geschichtsfälschung Ende des 19. Jahrhunderts, hergestellt war. Die Mörder des 24. Juni 1922 zählten, wie der Leipziger Prozess ergab, Rathenau zu jenen Dreihundert Weisen (siehe die Broschüre „Von Tillesen bis Schmelzer" = Material aus einem Vortrag des Redakteurs Artur Schweriner am 23.3.1928 in Berlin vor Funktionären des Reichsbanners Berlin-Brandenburg, S. 7, in: BArchKo ZSg.1-82/1/11). Arnold Brecht kommentierte diese verhängnisvolle und tödliche Reihung von Unwahrheiten (A. Brecht: Rathenau, S. 6): „Der Beweis war erbracht, dass die Lüge morden kann, wenn sie nicht öffentlich mit genügendem Gewicht zurückgewiesen wird."

153 VRT Bd. 356, S. 8045 (25.6.1922). Die Forderung von Wels wurde vom Augsburger MSPD-Parteitag im September 1922 aufgegriffen. Er nahm einen Antrag an, der besagte, die Reichstagsfraktion solle bewirken, „dass die schwarzweißrote Fahne für das gesamte Reichsgebiet verboten und das Zeigen dieser Fahne unter empfindliche Strafe gestellt wird". Ebenfalls angenommen wurde ein Antrag, die schwarz-rot-goldene Reichsflagge auch zur Handels-, Kriegsschiffs- und Reichswehrflagge zu machen (PP-USPD Bd. 4, Augsburg 1922, S. 101). Allerdings ist nicht ersichtlich, ob die SPD-Reichstagsfraktion diese Beschlüsse in eine parlamentarische Initiative umgesetzt hat.
154 H.G. Kessler: Rathenau, S. 367f.
155 H.G. Kessler: Tagebücher, S. 324 (25.6.1922).
156 Zum Staatsbegräbnis für Rathenau, dem ersten in der Weimarer Republik, siehe auch Kapitel 5.5. Als man den Sarg am Ende der Feier aus dem Reichstag trug, erklang übrigens nicht das „Lied der Deutschen", das wenige Wochen später zur Nationalhymne erhoben wurde, sondern der Trauermarsch für den hinterrücks ermordeten Siegfried aus der *Götterdämmerung* von Richard Wagner (H.G. Kessler: Rathenau, S. 368). Am gleichen Tage wurde in Berlin die allgemeine Erregung noch durch eine Verkehrstragödie gesteigert, die mittelbar mit den Trauerfeierlichkeiten zusammenhing: In einer überfüllten Stadtbahn am

In den Tagen nach dem Attentat kam es dem Anschein nach zu einer schlagartigen Bewusstseinsbildung der staatsbejahenden politischen Kräfte. Ein Ruck ging durch die Republikaner, da die Gefährdung des Weimarer Staates mit einem Male offenkundig war. Selbst die Kommunistin Clara Zetkin bekannte sich im Reichstag nun zur Notwendigkeit des Republikschutzes, „obgleich die Republik die schwarzrotgoldene, die bürgerliche ist und nicht die rote Räterepublik des Proletariats".[157] Ferner ist bemerkenswert, dass den Behörden, Parteien und Verbänden in Deutschland erst nach dem Mord an Rathenau der rein praktische Mangel an schwarz-rot-goldenen Fahnen auffiel. Die Handelsfirmen hatten sie bis zu diesem Zeitpunkt offenbar selten im Angebot. Nun aber wurden die Flaggenfabriken mit Aufträgen geradezu überhäuft, und es kam zu massiven Lieferengpässen.[158] Dass der Rathenaumord eine Zäsur im Umgang mit den alten und neuen staatlichen Symbolen darstellte, lässt sich an Beispielen aus Preußen zeigen. Am 7. Juli 1922 nahm der Landtag einen Antrag der SPD-Fraktion an, in allen Schulen die vom Reichsinnenministerium herausgegebene *Flaggentafel des Deutschen Reiches* auszuhängen. Und ein Erlass vom 19. Juli 1922 wies alle dem preußischen Kultusministerium unterstehenden Behörden an, sich schwarz-rot-goldene und schwarz-weiße Fahnen zu beschaffen und bei feierlichen Gelegenheiten zu hissen. Zudem forderte die preußische Landtagsmehrheit aus SPD, DDP, Zentrum und DVP eine Säuberung der Schulbibliotheken von Publikationen, die mit der republikanischen Staatsform unvereinbar sind, sowie die Anschaffung von Reichsfahnen.[159] Schwarz-rot-gold wurde in den Tagen nach dem Rathenaumord über alle bisherigen Konnotationen hinaus zu einem Symbol des Protestes gegen den antirepublikanischen Rechtsterror, einen Terror, der selbst vor politischem Mord nicht zurückschreckte. Die Reichsfarben wuchsen zum Sinnbild eines sich formierenden republikanischen

---

Nordring wurden 40 Menschen, zumeist Trittbrettfahrer, grausam getötet, 54 wurden verletzt (Vorwärts 24.6.1932).
157 Zit. nach Otto Wels: Die Fronten sind formiert! in: Eiserne Front. Vier Aufrufe, o.O. o.J. [1932], S. 1-4, Zitat S. 2.
158 Vgl. zu dieser Entwicklung BArchBln R 43 I/1832, Bl. 306-324 u.ö. Schon am 25. Juli 1922 schrieb der Reichspostminister an den Reichsinnenminister, es sei zu einer „Überhäufung der Flaggenfabriken mit Aufträgen" gekommen (Bl. 324). Zuvor war der Mangel an schwarz-rot-goldenen Fahnen eine beliebte Ausrede für unkorrektes Flaggen (W. Mühlhausen: Symbolik, S. 12). Noch am Verfassungstag 1922 konterte ein Berliner Bahnhofsvorsteher die Frage, warum er nicht geflaggt habe, mit der Aufforderung: „Da müssen Sie eine Fahne eben mitbringen"; Vorwärts 12.8.1922, hier zit. nach Ralf Poscher (Hg.): Der Verfassungstag. Reden deutscher Gelehrter zur Feier der Weimarer Reichsverfassung, Baden-Baden 1999, S. 14.
159 Wolfgang W. Wittwer: Die sozialdemokratische Schulpolitik in der Weimarer Republik. Ein Beitrag zur politischen Schulgeschichte im Reich und in Preußen. Mit einem Geleitwort von Otto Büsch (Historische und Pädagogische Studien, hg. von Otto Büsch/Gerd Heinrich, Bd. 12), Berlin 1980, S. 301 u. 312.

Bewusstseins, dessen wichtigste Säule die gemäßigte Sozialdemokratie war und dem sich nun auch die Unabhängigen Sozialisten nicht länger verschlossen. Durch diesen Bedeutungswandel von schwarz-rot-gold war der Farbenzwist zwischen MSPD und USPD faktisch beendet. Bei den Verhandlungen über einen Zusammenschluss beider Parteien und während der Vereinigungsparteitage im September 1922 spielte dieser latente Konflikt keine Rolle mehr.

1.5. Popularisierung und Verteidigung der Reichsfarben

In der USPD schärfte nicht zuletzt der gewaltsame Tod Rathenaus das Bewusstsein, dass eine rechtsstaatlich geschützte demokratische Ordnung der einzig sichere Boden für den Kampf der Arbeiterklasse um ihre Ziele sei. Die Auseinandersetzungen zwischen SPD und Unabhängigen hatten „viel von ihrem alten Inhalt eingebüßt", konstatiert Hartfrid Krause.[160] Wenn die verbliebenen Unabhängigen 1922 in den Schoß der Sozialdemokratie zurückkehrten, so gestanden sie dadurch auch ein, dass eine Verwirklichung des Sozialismus am ehesten unter dem Dach einer demokratischen Republik, weniger durch eine Diktatur des Proletariats, zu erreichen war. Dies verweist auf eine Aufgabe, der sich die gemäßigte Sozialdemokratie bereits seit der Gründung der Republik stellen musste: Es galt, die Arbeiterbewegung zur Demokratie und zu deren Prinzipien zu erziehen. Mit dieser Werbung für die Republik war eine Heranführung des Proletariats an die republikanische Symbolik verbunden, besonders an schwarz-rot-gold. Zugleich musste die Trikolore vor Beschimpfungen durch die monarchistisch gesinnten Kreise in Schutz genommen werden. Es sollte sich bald herausstellen, dass die Popularisierung und die Verteidigung der republikanischen Nationalfarben zwei Seiten einer Medaille waren und den unverzichtbaren Beitrag aller republikanisch gesinnten Kräfte zu einer Aufgabe bildeten, die Gotthard Jasper als „konstruktiven Republikschutz" bezeichnet hat.[161] Dies musste auf allen politischen Ebenen vor sich gehen, im Rahmen der Parteien und deren Umfeld ebenso wie staatlicherseits in Legislative und Exekutive sowie durch die Rechtsprechung.

Die Partei ergreift das Symbol

Zunächst war sich die MSPD nach ihrem energischen Eintreten für schwarz-rot-gold bei den Verfassungsberatungen 1919 ihrer Doppelfunktion als sozialistische und republikanische Kraft auch auf der symbolischen Ebene bewusst.

---

160 H. Krause: USPD, S. 248.
161 G. Jasper: Schutz, S. 227-276.

„Wir haben", so formulierte es auf dem Görlitzer Parteitag 1921 einer der beiden Vorsitzenden der MSPD, Otto Wels, „neben der roten Fahne der Internationale das schwarzrotgoldene Banner der Republik, des deutschen Freistaates, erhoben, in dem wir führend voranschreiten wollen."[162] Die Parallelsetzung beider Symbole bedingte, die neue Fahne zu einem Symbol der Integration zu machen und sie in der Bevölkerung so zu verankern, wie die rote Fahne in der Arbeiterschaft verankert war. Erste Anregungen und Schritte zur Verwirklichung dieses Programms gab es bereits bei den frühen MSPD-Parteitagen, offenbar als Reaktion auf eine zunehmende schwarz-weiß-rote Agitation in der Öffentlichkeit. Es müsse symbolisch gezeigt werden, so meinten Delegierte 1920 und 1921, „dass die Republik lebt trotz Reaktion", und „dass es auch noch andere Leute in Deutschland gibt als die Spießgesellen des Hakenkreuzlertums".[163] Paul Löbe, der langjährige sozialdemokratische Präsident des Reichstages, beantragte in Görlitz als Antwort auf die rechte Agitation ein Parteiabzeichen in den Reichsfarben: „Um auch der äußerlichen Propaganda des Monarchismus durch Tragen schwarzweißroter Abzeichen, Hakenkreuze und anderer Dekorationen entgegenzutreten, empfiehlt der Parteitag den Parteigenossen, die Zahl und die Macht der Anhänger der Republik durch das Anlegen eines Abzeichens in den Farben der deutschen Republik sichtbar zu machen. Der Parteitag ersucht den Parteivorstand, die Schaffung eines besonderen Parteiabzeichens in Erwägung zu ziehen."[164] Löbes Vorstoß fand die Unterstützung von Marie Juchacz, einer der führenden Frauen in der Mehrheitssozialdemokratie: „Ich bin früher nicht dafür gewesen, dass wir Sozialisten uns mit Abzeichen schmücken. Aber die gegenwärtige Zeit [, in der es] um die Erhaltung der Republik [geht,] zwingt uns dazu, auch durch unser äußerliches Verhalten immer wieder den Gedanken der Republik zu betonen und öffentlich zu zeigen, wieviel Anhänger der demokratische, republikanische und sozialistische Gedanke in Deutschland gefunden hat."[165] Diese Erklärung bejahte nicht nur ein versinnbildlichtes Bekenntnis zur Republik, sondern zeigt auch die im Gegensatz zu den Unabhängigen grundsätzlich geänderte Haltung führender Mehrheits-Sozialdemokraten zu politischer Symbolik. Löbes Antrag wurde von den Delegierten der Görlitzer Versammlung 1921 angenommen.[166]

Das hier angeregte Parteiabzeichen zeigte auf goldenem Grund, schwarz und rot eingerahmt, die drei ineinander verschlungenen Parteibuchstaben; das s erscheint mittig rot, p und d sind schwarz. Das Abzeichen wurde in verschiedenen Varianten verwendet, etwa als metallener Reversanstecker, als Logo für

---

162 PVP-SPD Görlitz 1921, S. 329.
163 PVP-SPD Kassel 1920, S. 114; PVP-SPD Görlitz 1921, S. 170.
164 PVP-SPD Görlitz 1921, S. 390 (Antrag „Das Tragen republikanischer Abzeichen").
165 Ebd. S. 184f.
166 Ebd. S. 402.

Nachrichten der SPD-Gliederungen in den Parteizeitungen oder auf den Titelblättern von Veröffentlichungen der Parteiverlage.[167] Ab etwa 1930 existierte auch eine Parteistandarte in schwarz-rot-gold.[168] Auf den zweijährlichen SPD-Parteitagen tauchte die republikanische Fahne zumindest bis 1925 als Schmuck auf, meist im Bunde mit der roten Fahne des Sozialismus sowie den Flaggen der örtlichen Arbeitervereine.[169] Auch bei proletarischen Kundgebungen war schwarz-rot-gold erstaunlich früh sichtbar, zum Teil anscheinend einfach deswegen, weil man der Staatsgewalt keinen Grund liefern wollte, gegen das vorgeblich revolutionäre Rot vorzugehen. Ein Polizeibericht über die gemeinsame Maidemonstration von SPD und KPD 1923 in München musste verblüfft feststellen: „Auch die sonst vorherrschenden roten Vereins- und Sektionsfahnen waren nur schwach vertreten, dagegen wurde eine nicht unbeträchtliche Anzahl von schwarz-rot-gelben Fahnen in den Zügen mitgeführt."[170] Aus vielen weiteren Einzelheiten ist der Versuch der Sozialdemokratie ersichtlich, schwarz-rot-gold in der Arbeiterbewegung und in der Gesamtbevölkerung als Sinnbild der demokratischen Republik zu verankern. Als 1924 für Reichsbeamte in Uniform eine schwarz-rot-goldene Ringkokarde eingeführt wurde, forderte die SPD die Staatsdiener auf: „Reichsbeamte, tragt Eure Dienstkokarden in Ehren!"[171] Intensiviert wurden die vielfältigen Popularisierungsbemühungen im gleichen Jahr durch die Gründung eines Verbandes ehemaliger Frontkämpfer, der seine farbliche Präferenz und damit seine prorepublikanische Orientierung schon durch seinen Namen kundtat.

---

167 Metallene Anstecker befinden sich in den Sammlungen des AdsD, Abteilung VI. Beispiel für Parteiveröffentlichungen mit diesem Logo: Die Sozialdemokratie im Reichstage 1925. Bericht über die Tätigkeit der sozialdemokratischen Reichstagsfraktion von Januar bis August 1925. Hg. vom Parteivorstand der SPD, Berlin o.J. [1925]. Einer der Väter der Drei-Pfeil-Kampagne, Sergej Tschachotin, hat sich später abfällig über das Motiv geäußert (Sergej Tschachotin: Dreipfeil gegen Hakenkreuz, Kopenhagen 1933, S. 19f.): „Das Parteiabzeichen der SPD war unmöglich – es schien symbolisch für die Schlappheit und Anpassungswillen [sic], die in der Partei eingerissen waren, zu sein: es war ja wirklich etwas Wurmartiges in diesem Bild, es schlängelte und wand sich und wirkte unmittelbar so abstoßend, dass es sogar im Knopfloch fast von keinem Parteimitglied außer der Funktionäre bei Feierlichkeiten getragen wurde."
168 A. Friedel: Politische Symbolik, S. 130.
169 Siehe hierzu die PVP-SPD 1919 bis 1925. Der Saalschmuck ist aus entsprechenden Bemerkungen eingangs der stenographischen Mitschriften oder aus Wortbeiträgen erschließbar. Zum „Verschwinden" der schwarz-rot-goldenen Fahne nach 1925 siehe Kp. 4.5.
170 Bericht der Polizeidirektion München an das Staatsministerium des Innern vom 28. Mai 1923 über die Vorgänge am Maifeiertag 1923 in München, zit. nach Ernst Deuerlein (Hg.): Der Hitler-Putsch. Bayerische Dokumente zum 8./9. November 1923 (Quellen und Darstellungen zur Zeitgeschichte, Bd. 9), Stuttgart 1962, S. 720-725, Zitat S. 724.
171 Zit. nach A. Friedel: Politische Symbolik, S. 107.

Exkurs: Das „Reichsbanner Schwarz-Rot-Gold"

Im Herbst 1923 waren die extremen politischen Kräfte in Deutschland vom bloßen Wortradikalismus zur Tat geschritten und hatten mit dem kommunistischen *deutschen Oktober* sowie dem Hitlerputsch in München die Republik in ihren Grundfesten erschüttert. Die Gründung des republikanischen Frontkämpferverbandes *Reichsbanner Schwarz-Rot-Gold* im Februar 1924 in Magdeburg erfolgte als Reaktion auf diese politische Radikalisierung und bildete zugleich angesichts einer wachsenden Militarisierung der Gesellschaft eine „Gegenmobilisierung zu den republikfeindlichen Wehrverbänden".[172] Diese gab es in beiden extremistischen Lagern: Der *Stahlhelm* war als Sammelbecken nationalistisch orientierter Frontsoldaten bereits wenige Tage nach dem Sturz der Monarchie im November 1918 aus der Taufe gehoben worden. 1921 formierte sich unter ähnlichen ideologischen Voraussetzungen als Zusammenschluss älterer Gruppierungen der *Deutsche Reichskriegerbund Kyffhäuser*.[173] Auf kommunistischer Seite existierten die Rote Ruhrarmee und die proletarischen Hundertschaften, 1924 vereinigt zum *Roten Frontkämpferbund* (RFB). So unterschiedlich die Verbände in ihrer Zielsetzung waren, so hatten sie eine Gemeinsamkeit: Die Symbolik des gewählten Namens spiegelte mit dem Verweis auf den Nationalmythos, das militärische Utensil oder auf die politische Parteifarbe die Orientierung des jeweiligen Verbandes prägnant wider. Auch der Name des *Reichsbanners Schwarz-Rot-Gold* war Programm. Die Bezeichnung „Reichsbanner" geht auf mittelalterliche Feldzeichen zurück und suggerierte damit einen Traditionalismus, dessen Wurzeln bis in das 1806 untergegangene Heilige Römische Reich Deutscher Nation zurückreichten.[174] Die Weimarer Staatsfar-

---

172 Detlef Lehnert: „Staatspartei der Republik" oder „revolutionäre Reformisten"? Die Sozialdemokraten, in: ders./Klaus Megerle (Hg.): Politische Identität und nationale Gedenktage. Zur politischen Kultur in der Weimarer Republik, Opladen 1989, S. 89-113, Zitat S. 99. Eine fundierte Darstellung gibt K.Rohe: Reichsbanner; inhaltlich schwächer und ideologiebefangen ist Helga Gotschlich: Zwischen Kampf und Kapitulation. Zur Geschichte des Reichsbanners Schwarz-Rot-Gold, Berlin 1987. Vgl. ferner Roger Philip Chickering: The Reichsbanner and the Weimar Republic, 1924-26, in: The Journal of Modern History 40 (1968), S. 524-534; Thomas A. Knapp: The German Center Party and the Reichsbanner. A Case Study in Political and Social Consensus in the Weimar Republic, in: International Review of Social History 14 (1969), S. 159-179. Der Gründungsaufruf des Reichsbanners Schwarz-Rot-Gold ist abgedruckt in: Sozialdemokratische Parteikorrespondenz 1923-1928, S. 354f.
173 Die Fahne des Stahlhelms war schwarz-weiß-rot mit einem zentralen weißen, schwarz umrandeten Stahlhelm, der ins schwarze und rote Feld hineinragt. In seiner Mitte stand die schwarze Aufschrift „Der Stahlhelm", auf dem roten Feld in schwarz „Bund der Frontsoldaten" (BArchKo ZSg.1-88/14/11).
174 Der Name des Verbandes entstand vermutlich im Umfeld von Karl Höltermann, dem Führer der Republikanischen Notwehr, einer der Vorgängerverbände des Reichsbanners. Eventuell war der Schriftsteller Hermann Hieber, ein Freund Höltermanns, der Erfinder

ben schwarz-rot-gold signalisierten ein Bekenntnis zum demokratischen Nationalstaat und zur Republik, symbolisierten jedoch zugleich die intendierte Überparteilichkeit des Verbandes, dessen prorepublikanische Stoßrichtung vor allem die Klientel der drei Parteien der Weimarer Koalition ansprach. Im Reichsbanner, das in kürzester Zeit zur stärksten politischen Kampfverband wuchs, war die Sozialdemokratie zweifellos die quantitativ und organisatorisch führende Kraft.[175] Bundesvorsitzender war stets ein Sozialdemokrat, zunächst 1924 bis 1931 der Oberpräsident der preußischen Provinz Sachsen, Friedrich Otto Hörsing, anschließend Karl Höltermann. Obwohl in dem Verband „einseitige Parteipolitik" bis zuletzt streng verpönt war, wurde er zunehmend als rein sozialdemokratische Organisation wahrgenommen. Für die nachwachsende Jugend war das Reichsbanner denn auch „eine Art sozialdemokratischer Kriegerverein", wie sich Heinz Kühn erinnert.[176]

In den Symbolkämpfen der Weimarer Republik nahm der Verband eine zentrale Stellung ein. Das Reichsbanner wurde zum herausragenden Präsentator der republikanischen Nationalsymbolik. Ob bei der Verbreitung von schwarz-rot-gold und des Deutschlandliedes, bei der Verwendung des Reichsadlers als nationalrepublikanisches Abzeichen oder beim feierlichen Zeremoniell des 11. August als Verfassungstag des Weimarer Staates: Überall taucht der Verband an vorderster Front auf. Damit wurde er selbst zum Symbol für die Entwicklung der Sozialdemokratie von der systemoppositionellen Revolutionspartei des Kaiserreiches zur Weimarer Staatspartei. „Das Reichsbanner", so stellt Karl Rohe fest, „spiegelt (..) den in der Praxis eingeschlagenen Weg der SPD von Rot zu Schwarz Rot Gold und ist der vielleicht sichtbarste Niederschlag ihres republikanischen Koalitionsdenkens".[177] Die neue Nationalflagge wurde in den Mittelpunkt der Symbolpropaganda gerückt. Damit korrigierte das Reichsbanner teilweise die staatlichen Versäumnisse in den ersten Weimarer Jahren, in denen die Präsentation der republikanischen Symbolik von großer Zurückhaltung und mehr Reaktion als Aktion geprägt war. Weite Teile der Bevölkerung wurden erst durch die intensive Werbearbeit des republikanischen Schutzbun-

---

der Bezeichnung (siehe hierzu K. Rohe: Reichsbanner, S. 67 Anm. 4). Welche Assoziationen man genau damit verband, ist nicht zu erhellen.

175 Das Reichsbanner Schwarz-Rot-Gold dürfte im Durchschnitt rund drei Millionen Mitglieder gehabt haben und war damit der quantitativ größte politische Kampfverband in der Weimarer Republik (K. Rohe: Reichsbanner, S. 74; F. Stampfer: Jahre, S. 398). Der Anteil der Sozialdemokraten wird auf 80 bis 90 Prozent geschätzt (K. Rohe: Reichsbanner, S. 266; H. Gotschlich: Kampf, S. 33). Roger Chickering spricht vom Prozess einer Sozialdemokratisierung, der bereits 1926 abgeschlossen gewesen sei (R.P. Chickering: Reichsbanner, S. 533).

176 Zit. nach Rudolf Pörtner (Hg.): Alltag in der Weimarer Republik. Kindheit und Jugend in unruhiger Zeit. Veränderte Ausgabe, München 1993, S. 289.

177 K. Rohe: Reichsbanner, S. 52.

des mit den neuen Reichsfarben vertraut gemacht. Man entfaltete einen „regelrechten Kult" um schwarz-rot-gold.[178] Paul Löbe nannte es die Aufgabe des Reichsbanners, schwarz-rot-gold „in Stadt und Dörfern zu hissen und einen Wald von Fahnen in allen deutschen Gauen sichtbar werden zu lassen", und einer der maßgeblichen Reichsbanner-Aktivisten der späteren Jahre, Hubertus Prinz zu Löwenstein, konstatierte zugespitzt: „Ohne das Reichsbanner hätten Millionen von Menschen wohl überhaupt nie erfahren, dass Schwarz-weiß-rot offiziell nicht mehr anerkannt war."[179] Die Leistung des Reichsbanners bei der Popularisierung der republikanischen Farben lag nach Ansicht von Rohe vor allem darin, „dass es die sozialistische Arbeiterschaft, die bislang nur unter Rot marschiert war, an ein nationales Symbol gewöhnte, dass es die Leidenschaften für die Republik mobilisierte und ihr damit ein gewisses Maß von feierlich-spontanem Gepräge gab, auf das sie bislang hatte verzichten müssen".[180] Diese positive Werbearbeit hatte aber einen unangenehmen Nebeneffekt, da der Fahnenkult nicht nur zu einer Popularisierung von schwarz-rot-gold führte, sondern auch eine gewisse Polarisierung bewirkte. Die republikanischen Farben standen seit 1924 ohnehin schon schwer unter Beschuss, und durch die intensive Propagandaarbeit einer sozialdemokratisch dominierten Organisation wurde schwarz-rot-gold nach Ansicht von Gotthard Jasper „nur noch mehr zum Kampfobjekt und zur Parteifahne".[181] Das war die andere Seite der Medaille. Die Kompromiss- und Einigungsfahne des Weimarer Staates konnte ebensogut als Zeichen einer Partei angesehen werden. Dieses republikanische Dilemma wirkte sich nicht zuletzt auf den Schutz der Reichsfarben schwarz-rot-gold vor den zahllosen Verunglimpfungen durch die nationalistischen Republikfeinde aus.

Staatliche Maßnahmen

Das Bemühen der SPD um die Popularisierung der Reichsfarben musste in ersten Linie dort ansetzen, wo sie in Regierungsverantwortung stand und damit Zugriff auf staatliche Einrichtungen und Mittel hatte. Ein Blick auf das Land Preußen verdeutlicht das, führt aber gleichzeitig die Begrenztheit der Möglichkeiten und die Hermetik vor Augen, mit der der Flaggenstreit zeitweise ausgetragen wurde. Preußen wurde in der Weimarer Zeit fast durchgängig sozialdemokratisch geführt und strebte dementsprechend eine möglichst breite Hervor-

---

178 D. Groh/P. Brandt: Gesellen, S. 191.
179 Das Zitat von Löbe bei A. Friedel: Politische Symbolik, S. 69; P.H. Löwenstein: Tragödie, S. 166f.
180 K. Rohe: Reichsbanner, S. 245.
181 G. Jasper: Schutz, S. 249. Ähnlich aus zeitgenössischer sozialdemokratischer Sicht O. Braun: Weimar, S. 191.

hebung der neuen Reichsfarben in der Öffentlichkeit an. Dazu waren zunächst schwarz-rot-goldene Fahnen nötig, auf deren Anschaffung der preußische Innenminister Carl Severing (SPD) frühzeitig drängte. Bereits zum Verfassungstag 1922 bestand Beflaggungspflicht in schwarz-rot-gold und schwarz-weiß, den preußischen Landesfarben, an allen Reichs- und Landesgebäuden. Diese Anordnung wurde später zum großen Streitfall in Preußen und führte zu enormen Schwierigkeiten bei der Durchsetzung.[182] Die einzelnen Länder ließen sich mit der Ausführung von Reichsgesetzen ohnehin, je nach politischem Standort, unterschiedlich viel Zeit. Das zeigte sich nicht zuletzt bei der Durchsetzung des *Republikschutzgesetzes*, das nach der Ermordung von Außenminister Walther Rathenau im Sommer 1922 erlassen wurde und auch die Beschimpfung der Reichsfarben sanktionierte.[183] Mit ihrer Forderung nach einem Verbot schwarz-weiß-roter Beflaggung als monarchistischer Demonstration war die SPD, die das Gesetz rückhaltlos unterstützte, allerdings gescheitert.[184] Das Gesetz installierte einen Staatsgerichtshof, der die Einhaltung der Bestimmungen letztinstanzlich überwachte, und es richtete den *Republikschutzfonds* ein. Was schützens- und damit unterstützenswert war, entschied der jeweilige Reichsinnenminister. Nur aus der Amtszeit des Sozialdemokraten Carl Severing (1928 bis 1930) ist ein Fall bekannt, in dem Gelder zugunsten der Reichsfarben bewilligt wurden. Anlässlich eines Besuchs von Reichspräsident Hindenburg in Oberschlesien stellte das Ministerium 10.000 Mark aus dem Fonds für die Anschaffung von schwarz-rot-goldenen Fahnen zur Verfügung. Das zeigt die Notwendigkeit des Zugriffs auf Staat und Verwaltung für einen wirksamen Republik- und Symbolschutz. Während dieser Zugriff dank parlamentarischer Mehrheiten immerhin zeitweise auf Reichs- und Länderebene möglich war, misslang der positive Republikschutz oft vor den Schranken der Gerichte, da eine republikanische und besonders sozialdemokratische Durchdringung der Justiz völlig gescheitert war.[185]

---

182 Siehe hierzu Kapitel 1.6.
183 Abgedruckt bei G. Jasper: Schutz, S. 293-300. Darin wird mit Gefängnis bis zu fünf Jahren bestraft, „wer öffentlich oder in einer Versammlung die Reichs- oder Landesfarben beschimpft" (Paragraph 8 Abs. 2, S. 295). Siehe zum Republikschutzgesetz auch Christoph Gusy: Weimar – die wehrlose Republik? Verfassungsschutzrecht und Verfassungsschutz in der Weimarer Republik (Beiträge zur Rechtsgeschichte des 20. Jahrhunderts, hg. von Knut Wolfgang Nörr u.a., Bd. 6), Tübingen 1991, S. 128-171.
184 G. Jasper: Schutz, S. 82.
185 Eklatant das preußische Beispiel: 1929 war dort unter 90 Landgerichtspräsidenten ein einziger Sozialdemokrat, unter den Oberlandesgerichtspräsidenten und den Generalstaatsanwälten keiner (Sozialdemokratische Parteikorrespondenz 4/1929, S. 152).

Schwarz-rot-gold vor den Schranken der Justiz

Für die schwarz-rot-goldene Reichsfahne hatte die unverhohlene Distanz der Weimarer Richter zur neuen Staatsform zur Folge, dass sie trotz Republikschutzgesetz zum „Hauptobjekt der niederreißenden Verunglimpfungen in weiten Kreisen der nationalen Opposition" wurde.[186] Gleichsetzungen, die die republikanischen Nationalfarben in den Ruch der nationalen Unzuverlässigkeit zu bringen versuchten, etwa „Schwarz = Rom, Rot = Moskau und Gold = Jerusalem", waren dabei noch die harmloseren Tatbestände.[187] Die juristisch relevanten Herabwürdigungen, meist auf der Stufe der „Geistesebbe" angesiedelt, wie Willy Hellpach treffend feststellte, entwickelten sich zu Kavaliersdelikten, weil die Rechtsprechung den antidemokratischen Kräften zahlreiche Schlupflöcher ließ. Ein herausragender Fall, in dem ein Beschuldigter den Ausdruck „Schwarzrotscheiße" gebraucht hatte, endete erstinstanzlich mit Freispruch, im Berufungsverfahren mit einer Geldstrafe von 30 Mark.[188] Bei der juristischen Behandlung von Flaggenschmähungen wurde auch ein Problem deutlich, das die intensive Propagandatätigkeit des Reichsbanners aufgeworfen hatte. Vor den Schranken der Justiz konnte aus der Beschimpfung der Reichsfarben rasch die weit weniger strafrelevante Beschimpfung der Farben des Reichsbanners werden.[189] So wurde etwa 1926 ein Nationalsozialist, der die Reichsfarben als „Affensteißcouleur" diffamiert hatte, zunächst zu einer Haftstrafe verurteilt. In der Berufungsverhandlung gab er vor, die Farben der Demokraten und des Reichsbanners gemeint zu haben, und wurde freigesprochen.[190] Diese formaljuristische Billigung von Verstößen gegen das Republikschutzgesetz wurde von sozialdemokratischer Seite immer wieder moniert. Als

---

186 G. Jasper: Schutz, S. 200. Die Angriffe richteten sich gegen die ganze Flagge („Judenfahne", zit. nach SPK 4/1929, S. 150) oder gegen die Farbe gold. Eine Auswahl der Verunglimpfungen bei G. Jasper: Schutz, S. 200-204: gelb, hühnereigelb, Senf, Mostrich, „hennadreckat" (eine Bezeichnung aus dem Miesbacher Anzeiger, der Vorläuferzeitung des Völkischen Beobachters). Zusammenfassend hierzu auch C. Gusy: Weimar, S. 166-168.

187 So die *Korrespondenz der DNVP* am 1. September 1924, zit. nach Klaus Reimus: Das Reich muss uns doch bleiben!" Die nationale Rechte, in: D. Lehnert/K. Megerle: Identität, S. 231-253, Zitat S. 243f. Bereits im Kaiserreich von 1871 hatten die drei hier genannten Gruppen, Katholiken, Sozialisten und Juden, zu den „Reichsfeinden" gezählt: die schwarze, die rote und die goldene Internationale, wie August Bebel seinerzeit einmal spöttisch bemerkte; Lothar Gall: Die Germania als Symbol nationaler Identität im 19. und 20. Jahrhundert (Nachrichten der Akademie der Wissenschaften in Göttingen. I. philologisch-historische Klasse, Jahrgang 1993, Nr. 2), Göttingen 1993, S. 54. Das folgende Hellpach-Zitat in Willy Hellpach: Politische Prognose für Deutschland, Berlin 1928, S. 389.

188 G. Jasper: Schutz, S. 197. Ähnliche Fälle Sozialdemokratische Parteikorrespondenz 4/1929, S. 152, sowie in einem Artikel „Schwarz-Rot-Gold vogelfrei" in der Vossischen Zeitung 1927 (W. Mühlhausen: Symbolik, S. 14).

189 C. Gusy: Weimar, S. 168.

190 Berliner Tageblatt 15.6.1926.

der Strafrechtsausschuss des Reichstages im Januar 1929 über das Strafgesetzbuch beriet, erklärte der SPD-Abgeordnete Rosenfeld, „dass die Rechtsprechung gegen Beschimpfung der Farben schwarz-rot-gold in höchstem Maße bedauerlich sei. Obgleich in keinem Falle außer Zweifel stehe, dass die Farben der Republik beschimpft worden seien, sei die Rechtsprechung den Ausreden der Angeklagten gefolgt, die erklärt hätten, ihr Äußerungen hätten sich nur auf die Farben des Reichsbanners schwarz-rot-gold bezogen."[191] Die SPD-Presse ebenso wie die Reichstagsfraktion brachten die Angriffe gegen die Nationalflagge immer wieder an die Öffentlichkeit und bekundeten ihre scharfe Ablehnung. In Preußen nutzte die sozialdemokratische Landtagsfraktion alljährlich die Beratung des Justizetats zur Kritik an milden Urteilen bei Republik- oder Flaggenschmähungen.[192] Mehr als publizistische, parlamentarische oder persönliche Zeichen gegen die permanenten Herabwürdigungen der Reichsfarben mit Billigung, wenn nicht Wohlwollen der Jurisprudenz konnte die Sozialdemokratie allerdings nicht setzen. Während diese vielen kleinen Signale in der Öffentlichkeit kaum wahrgenommen wurden, bezog die Sozialdemokratie in den großen Flaggenauseinandersetzungen der Weimarer Jahre unmissverständlich Stellung.

1.6. Die großen Auseinandersetzungen um die Flaggen

Neben den zahllosen kleinen Streitigkeiten gab es um die beiden in der Verfassung festgelegten Fahnen schwarz-rot-gold und schwarz-weiß-rot eine ganze Reihe von großen politischen Auseinandersetzungen. Interessanterweise haben sie sich alle in den so genannten *guten* Weimarer Jahren abgespielt, in der Phase der relativen Stabilisierung zwischen 1924 und 1929, als die großen und gefährlichen Putschversuche überstanden waren und die Wirtschaftskrise noch nicht dräuend vor der Tür stand. Hier lassen sich zwei Besonderheiten erkennen. Zum einen hat sich der Ton in den Auseinandersetzungen zunehmend verschärft, ja man kann von einer wachsenden Militarisierung der Sprache reden. Aus der *Flaggenfrage* von 1919 wurde der schwelende *Flaggenstreit*, aus diesem ergab sich zuweilen eine *Flaggenkrise*, die zum *Flaggenkrieg* mit *Flaggenschlacht* eskalieren konnte. Zum anderen lässt sich gerade bei den endlosen Symboldebatten eine gewisse Kontinuität politischer Ersatzhandlungen erkennen, die mit der Nach-Versailles-Ohnmacht begonnen hatten. Es spricht für sich, wenn sich etwa die konservativ-reaktionären Kräfte massiv für eine Restitution der monarchischen Symbole einsetzten, ohne auch nur das Geringste für

---

191 Oldenburgische Landeszeitung 24.1.1929.
192 Sozialdemokratische Parteikorrespondenz 4/1929, S. 152.

eine Wiederherstellung der Monarchie selbst in die Wege zu leiten. Umgekehrt verwendeten die republikanischen Kräfte oftmals mehr Zeit und Kraft auf die Verteidigung ihrer Symbole denn auf realen Republikschutz.

Parallel zu den revolutionären Umbruchjahren nach dem Ersten Weltkrieg hatten sich in der politischen Landschaft der jungen Weimarer Republik verschiedene Teilkulturen herausgebildet, deren konträre Orientierungen nicht zuletzt auf symbolische Weise, durch Fahnen, zum Ausdruck kam. Aus dem politischen Streit *mit* Flaggen, den nach dieser Milieubildung die Wahlkämpfe der Jahre 1924 und 1925 ausgelöst hatten, entwickelte sich ein massiver Streit *um* die Flaggen: Die Symbole selbst rückten zusehends in den Mittelpunkt der Auseinandersetzung. Hierin kam der Sozialdemokratie als wichtigster Verteidigerin der republikanischen Trikolore schwarz-rot-gold eine Schlüsselfunktion zu.

Republik gegen Monarchie: Der Kampf der Trikoloren 1924/25

Bis zum Jahr 1924 hatten sich schwarz-rot-gold und schwarz-weiß-rot zu den Erkennungszeichen zweier politischer Teilkulturen herausgebildet, deren Zusammenhalt aus einem gegenseitigen „negativen Konsens" bestand.[193] Diese Spaltung der Gesellschaft war ein Relikt der politischen und sozialen Entwicklungen im Kaiserreich, hatte den Weltkrieg in bemerkenswerter Kontinuität überdauert und schlug sich nun auch in der klar voneinander abgrenzbaren Symbolik nieder. „Die Farbensymbolik war das auffallendste optische Signal, durch das die demokratischen und die antidemokratischen Parteien ihre Haltung zum neuen Staat bekundeten."[194] Die politische Rechte, der im Krisenjahr 1923 endgültig der Durchbruch zur Massenbewegung gelungen war, lehnte die Republik ab und verwendete als Zeichen ihrer Obstruktion die schwarz-weiß-roten Farben der Hohenzollernmonarchie. Schwarz-weiß-rot hatte zwar Aufnahme in die republikanische Verfassung gefunden, sich aber seitdem von einem Zeichen der Kaisernostalgie in das Symbol für Putsch, Mord und Aufruhr verwandelt. Spätestens, seitdem man dem geistigen Rathenaumörder Karl Helfferich 1922 einen schwarz-weiß-roten Blumenstrauß überbracht hatte, konnte diese Farben niemand mehr unbefangen verwenden, außer vorgeblich „unpolitische" Konservative wie der mit Adolf Hitler persönlich verbundene Siegfried

---

193 Vgl. zum Folgenden Elfi Bendikat/Detlef Lehnert: „Schwarzweißrot gegen Schwarzrotgold". Identifikation und Abgrenzung politischer Teilkulturen im Reichstagswahlkampf des Frühjahrs 1924, in: Detlef Lehnert/Klaus Megerle (Hg.), Politische Teilkulturen zwischen Integration und Polarisierung. Zur politischen Kultur in der Weimarer Republik, Opladen 1990, S. 102-142, Zitat S. 139.
194 K. Artinger: Grundrechte, S. 30.

Wagner, der zur Eröffnung der ersten Bayreuther Nachkriegsfestspiele 1924 die kaiserliche Fahne hissen ließ und sich dann wunderte, dass das völkisch-nationalistisch gesinnte Publikum „Deutschland, Deutschland über alles" sang.[195] Kurz zuvor, im ersten der beiden Reichstagswahlkämpfe des Jahres 1924, hatte die DVP die „alten Farben Schwarz-Weiß-Rot" beschworen, mit denen ein „Wiedererstehen deutscher Macht und Größe unter einem deutschen Volkskaisertum" gelingen sollte.[196] Der schwarz-weiß-rote Konsens brachte die Nationalliberalen, die mit Gustav Stresemann den wichtigsten Außenminister der Weimarer Republik stellten, an die Seite der Nationalsozialisten, deren Erkennungszeichen die von Hitler persönlich entworfene Hakenkreuzfahne war. Deren Farbenwahl war eine unmissverständliche Referenz an die Monarchie.[197] Auf der anderen, der schwarz-rot-goldenen Seite, verband die Abwehrfront gegen die monarchistisch-reaktionären Bestrebungen den Vernunftrepublikanismus der Mitte mit der gemäßigten Sozialdemokratie. Ein Blick auf die Flugblätter aus den Wahlkämpfen von 1924 zeigt eine signifikante Veränderung gegenüber den propagandistischen Auseinandersetzungen der Jahre 1919 und 1920, in denen auf Symbolik noch sehr spärlich zurückgegriffen wurde. Offenbar als Reaktion auf die zunehmende schwarz-weiß-rote Agitation in der Öffentlichkeit warben DDP und verstärkt noch die SPD mit den republikanischen Farben schwarz-rot-gold um die Gunst der Wahlbevölkerung. Erheblichen Anteil hatte hierbei das eben gegründete Reichsbanner Schwarz-Rot-Gold, das die Kampagnen für eine umfangreiche Selbstdarstellung und eine Popularisierung der Reichsfahne nutzte.

Nachdem sich also 1924 die farblich gekennzeichneten Lager deutlich herausgebildet hatten, standen sie sich im Reichspräsidentenwahlkampf 1925 erneut gegenüber, diesmal in zunehmend verfestigter Konstellation. Der Wahlkampf, in dem politische Sachfragen eine untergeordnete Rolle spielten, war im Wesentlichen von der Frage der Staatsform bestimmt. Die beiden Trikoloren

---

195 Frederic Spotts: Bayreuth. Eine Geschichte der Wagner-Festspiele, München 1994, S. 163.
196 Zit. nach E. Bendikat/D. Lehnert: Schwarzweißrot, S. 112. Der Begriff *Volkskaisertum* entstand vermutlich als Gegenbegriff zum *Volksstaat*, der wiederum die republikanische Alternative zum *Obrigkeitsstaat* darstellte.
197 Siehe hierzu die Bemerkungen in *Mein Kampf* (Adolf Hitler: Mein Kampf. Ungekürzte Ausgabe. 1. Band: Eine Abrechnung. 2. Band: Die nationalsozialistische Bewegung, München [73]1933, S. 553-557, das folgende Zitat S. 556): „Ich selbst hatte unterdes nach unzähligen Versuchen eine endgültige Form niedergelegt; eine Fahne aus rotem Grundtuch mit einer weißen Scheibe und in deren Mitte ein schwarzes Hakenkreuz." Das Hakenkreuz hatte seit der Jahrhundertwende als Zeichen völkisch und antisemitisch orientierter Gruppen in Deutschland und Österreich politische Bedeutung erlangt. Beim Kapp-Lüttwitz-Putsch im März 1920 tauchten Hakenkreuz und schwarz-weiß-rot als Erkennungszeichen der Brigade Ehrhardt parallel auf, z.B. auf einem Photo in Diethart Kerbs/Henrick Stahr (Hg.): Berlin 1932. Das letzte Jahr der ersten deutschen Republik. Politik, Symbole, Medien (Reihe deutsche Vergangenheit/Stätten der Geschichte Berlins, Bd. 73), Berlin 1992, S. 120.

waren dabei die Erkennungszeichen von Republikanern und Monarchisten. Die heterogene Gruppe der Republikbefürworter, in deren Zentrum die Sozialdemokratie stand, verbündete sich in der zweiten Runde der Reichspräsidentenwahl 1925 im *Volksblock Schwarz-Rot-Gold* und setzte sich, nachdem der Sozialdemokrat Otto Braun verzichtet hatte, für Wilhelm Marx vom katholischen Zentrum als Nachfolger des verstorbenen Friedrich Ebert ein. Sein Gegenkandidat war der frühere OHL-Führer Generalfeldmarschall Paul von Hindenburg, der die Unterstützung des *Reichsblocks Schwarz-Weiß-Rot* genoss. Dieser konservative Block bestand im Kern aus DVP und DNVP und hatte im ersten Wahlgang noch den im Ruhrkampf weithin populär gewordenen Oberbürgermeister von Duisburg, Karl Jarres (DVP), der von November 1923 bis Januar 1925 das Amt des Reichsinnenministers bekleidet hatte, nominiert. Jarres lehnte in seiner Programmrede in der Berliner Philharmonie am 18. März 1925 zwar die Auffassung ab, dass es bei der Wahl um eine Entscheidung zwischen Republik und Monarchie gehe. Zum schwelenden Flaggenstreit nahm er jedoch deutlich Stellung: „Ich halte es für ein nationales Verhängnis, dass man in Weimar diese Frage vorschnell und kurzsichtig entschieden hat, ohne auf heiligste Gefühle in unserem Volke und die eindringlichen Warnungen aus den Kreisen der Auslandsdeutschen zu achten. Diese Frage muss gelöst werden. Aufgabe des Reichspräsidenten sollte es sein, seine vermittelnde Tätigkeit hierbei versöhnend einzuschalten." Zwar seien schwarz-rot-gold die verfassungsmäßigen Farben, aber auch Achtung für die alten Farben schwarz-weiß-rot sei erforderlich, „in denen sich für uns die Symbole einer wirklichen und ruhmreichen Vergangenheit verkörpern".[198] Die von Jarres hier anvisierte Lösung des Problems, die auf eine Revision des Flaggenartikels hinauslief, heizte die Gemüter weiter an und verstärkte die Polarisierung. Hindenburg, dessen Wahlkampf ganz im Zeichen von schwarz-weiß-rot stand, äußerte sich offenbar ebenfalls zu symbolischen Fragen. Ein Flugblatt des Volksblocks warf ihm vor, er habe als Bedingungen für die Übernahme der Präsidentschaftskandidatur die Ersetzung der schwarz-rot-goldenen Standarte des Reichspräsidenten durch eine schwarz-weiß-rote sowie die Zuweisung eines anderen Palais als des seinerzeit von Ebert bewohnten gefordert. Das Flugblatt interpretierte das als „Hochnäsigkeit und Verachtung des einfachen Volkes".[199] Der Volksblock seinerseits stellte den Wahlkampf für Marx unmissverständlich unter eine schwarz-rot-goldene Prämisse. Bereits in der ersten Wahlrunde hatte Otto Braun in einem Aufruf betont: „Die Republik hat die alten Farben deutscher Freiheit und Einheit Schwarz-Rot-Gold wieder zu Ehren gebracht. Wir wollen diese Farben als die der Nation wert und heilig halten: wer sie beschimpft, beschimpft die Na-

---

198 BArchKo ZSg.1-43/3.
199 Ebd. ZSg.1-188/1.

tion. Die Vergangenheit wollen wir nicht schmähen. Doch sind wir verpflichtet, aus ihren schweren Fehlern zu lernen."[200] Eine ganze Reihe von Flugblättern, sowohl im SPD-Wahlkampf für Braun in der ersten Runde als auch in der Kampagne des Volksblocks für Marx, verwendete die Reichsfarben schwarz-rot-gold, die in Verbindung mit einem Rekurs auf die Tradition von 1848 ins Zentrum der republikanischen Kampagnen rückten.[201] Das bekannteste Plakat aus dem zweiten Wahlgang zeigt einen traditionell gekleideten Burschenschaftler, der ein großes schwarz-rot-goldenes Banner an einen Arbeiter übergibt. Der Text lautet: „Was 48 die Väter gedacht, / die Enkel habens 18 vollbracht! / das Banner, das Grimm und Uhland / entrollt – wollt ihr verraten? / Schwarz-Rot und Gold!! / wählt den Kandidaten des Volksblocks: / Wilhelm Marx".[202]

Angesichts dieser festgelegten Farbenfronten war es kein Wunder, dass nach dem Sieg des schwarz-weiß-roten Kandidaten Hindenburg Bewegung in die Flaggenfrage kam. Ausgerechnet von Zentrumskreisen wurde der neue Reichspräsident aufgefordert, den Flaggenstreit aus der Welt zu schaffen. Erneut wurde dabei die Möglichkeit eines Volksentscheids ins Spiel gebracht, die in den Folgejahren noch öfter auftauchen sollte.[203] Der Stahlhelm, das Organ des gleichnamigen Kriegerverbandes, berichtete am 21. Juni 1925, die SPD beharre auf einer Beibehaltung der schwarz-rot-goldenen Reichsflagge, während DDP und Zentrum zu Konzessionen bereit seien.[204] Kurz darauf ergriff der Historiker Veit Valentin mit einer zweiteiligen Artikelserie im Berliner Tageblatt entschieden Partei für schwarz-rot-gold, indem er die willkürliche Festlegung der ungeschichtlichen Farben schwarz-weiß-rot durch Bismarck in der Verfassung des Norddeutschen Bundes 1866 darlegte.[205] Es war wohl kein Zufall, dass es ein sozialdemokratisch orientiertes Blatt war, das diesen Aufsatz veröffentlichte. Ansonsten hielt sich die SPD-Presse bei diesen Debatten merklich zurück. Sie wurde auch nicht mit Leserbriefen überflutet, wie dies etwa bei der renommierten Vossischen Zeitung der Fall war.[206] Auf parlamentarischer Ebene tat die

---

200 Vorwärts 28.3.1925, Sonderausgabe, S. 1.
201 BArchKo ZSg.1-90/19, Nr.16.
202 Politische Plakate/HLD, S. 55, Abb. 28.
203 Deutsche Tageszeitung 29.5.1925.
204 Der Stahlhelm 21.6.1925. Der dort genannte Kompromiss sah eine schwarz-rot-goldene Reichsfahne mit schwarz-weiß-rot in der oberen inneren Ecke vor, also eine Umkehrung der Handelsflagge.
205 Veit Valentin: Schwarz-Rot-Gold und Schwarz-Weiß-Rot. Auf Grund ungedruckter Akten aus der Zeit der Reichsgründung, in: Berliner Tageblatt 3./5.8.1925. Dagegen E. Zechlin: Entstehung, der Valentin eine verzerrende Darstellung der historischen Fakten vorhält.
206 Die Redaktion der Vossischen Zeitung merkte in der Ausgabe vom 27. September 1925 an: „Die Erörterung der mit dem Farbenzwist zusammenhängenden Probleme in diesen Spalten hat uns Hunderte von Zuschriften eingetragen."

Sozialdemokratie dagegen alles, um den nun anwachsenden symbolpolitischen Aktivitäten der Rechtsparteien entgegenzuwirken. Beflügelt von Hindenburgs Wahlsieg, forderten diese im Reichstag unter anderem die Änderung der Reichsfarben und die Einführung des 18. Januar als Nationalfeiertag. In den Augen der SPD war die Verteidigung von schwarz-rot-gold jedoch weiterhin eng mit der Verteidigung des gesamten Weimarer Verfassungswerkes verknüpft. Nachdem die prorepublikanische Mehrheit diese Anträge abgelehnt hatte, schloss die SPD-Fraktion ihren Rechenschaftsbericht über die Vorgänge mit den mahnenden Worten: „Damit ist der Kampf zur Abwehr der Angriffe auf die republikanische Verfassung aber nicht beendet. *Die Sozialdemokratie weiß, was auf dem Spiel steht*. Es handelt sich [bei den Reichsfarben] um die letzten, bisher noch behaupteten Errungenschaften der Revolution. Es geht zunächst um die Fahnen und Farben, es geht alsdann um die Heraufsetzung des Wahlalters und um die Beseitigung des allgemeinen Gemeindewahlrechts, vielleicht des allgemeinen Wahlrechts überhaupt; es *geht schließlich um die Republik!* Die sozialdemokratische Fraktion wird dem Kampf mit aller Schärfe zu führen wissen."[207]

Vom Flaggenstreit zur Flaggenkrise: Der Rücktritt Luthers

Der jahrelang schwelende Streit um die Reichsfarben fand schließlich mit der zweiten Flaggenverordnung des Reichspräsidenten und der darauffolgenden Lutherkrise 1926 seinen Höhepunkt. Die Sorge der Sozialdemokratie und der anderen prorepublikanischen Kräfte um Charakter und Bestand der Republik, die es „mit aller Schärfe" zu verteidigen galt, führte dabei zu massiven Reaktionen in Presse, Öffentlichkeit und Parlament. Nachdem sich die politischen Teilkulturen zunehmend verfestigt hatten und diese Entwicklung das innenpolitische Klima aufgeheizt hatte, erreichte die Polarisierung im Frühjahr 1926 ihre Spitze durch zwei politische Streitfragen, die auf unterschiedliche Weise mit dem Erbe der Monarchie in Deutschland zu tun hatten und beide massiv von Symbolik geprägt waren. Neben der Frage der Fürstenabfindung[208] war dies die *zweite Verordnung über die deutschen Flaggen* vom 5. Mai 1926. Sie bot an sich wenig Stoff für größeren Streit, was später auch führende Sozialdemokra-

---

207 Die Sozialdemokratie im Reichstage 1925, S. 30f.
208 Die deutschen Fürstenhäuser waren 1918 zwar entthront, aber nicht enteignet worden und bemühten sich in der Folgezeit um hohe Abfindungen für ihre beschlagnahmten Vermögen. Nachdem die bürgerliche Regierung Luther im Februar 1926 einen großzügigen Abfindungsentwurf vorgelegt hatte, strengten KPD, SPD, Gewerkschaften und Reichsbanner ein Volksbegehren zur entschädigungslosen Enteignung der ehemaligen Regenten an. Beim Volksentscheid am 20. Juni 1926 erreichten die Befürworter des Begehrens mit 15,5 Millionen Stimmen einen Achtungserfolg.

ten ohne weiteres einräumten. Julius Leber hielt die Verordnung, die als Ausgangspunkt der Flaggenkrise so hohe Wellen schlagen sollte, für relativ bedeutungslos, und auch Friedrich Stampfer konstatierte im Nachhinein: „Zwei oder drei Jahre zuvor wäre ein solcher Erlass ohne erhebliche Aufregung hingenommen worden."[209] Die Verordnung, unterzeichnet von Reichspräsident Hindenburg und Reichskanzler Luther, war von letzterem initiiert worden.[210] Nach den Worten von Reichsbannerführer Otto Hörsing hatte der Kanzler den Reichspräsidenten „beschwatzt und verleitet". Es ist jedoch zweifelhaft, ob Hindenburg tatsächlich „nur recht gezwungen mitgemacht" hatte, wie aus seiner Umgebung verlautete.[211] Hinsichtlich der Auseinandersetzung zwischen den farblich festgelegten Lagern trug die Verordnung einen durchaus ambivalenten Charakter. Ein Zugeständnis an schwarz-rot-gold bedeutete die Ergänzung der bisher rein schwarz-weiß-roten Seedienstflagge, die 1921 von Otto Braun als verfassungswidrig bezeichnet worden war, durch ein Obereck in den Reichsfarben. Gleichzeitig aber wurden die „gesandtschaftlichen und konsularischen Behörden des Reichs an außereuropäischen Plätzen und an solchen europäischen Plätzen, die von Seehandelsschiffen angelaufen werden", angewiesen, neben der Nationalflagge auch die Handelsflagge zu hissen. Das bedeu-

---

209 Julius Leber: Gedanken zum Verbot der deutschen Sozialdemokratie (Juni 1933), in: ders.: Ein Mann geht seinen Weg. Schriften, Reden und Briefe. Hg. von seinen Freunden, Berlin-Schöneberg/Frankfurt a.M. 1952, S. 185-247, hier S. 218; F. Stampfer: Jahre, S. 480.
210 Die Verordnung ist abgedruckt im Reichsgesetzblatt 1926, S. 217 (5.5.1926). Der Erlass änderte die erste Flaggenverordnung vom 11. April 1921 ab. Zu den Motiven des Reichskanzlers vgl. Hans Luther: Politiker ohne Partei. Erinnerungen, Stuttgart 1960, S. 417f., sowie insbesondere seinen Brief an Stresemann vom 20. April 1926, abgedruckt in den Akten der Reichskanzlei [AdR]. Weimarer Republik. Hg. für die Historische Kommission bei der Bayerischen Akademie der Wissenschaften von Karl Dietrich Erdmann, für das Bundesarchiv von Hans Booms. 23 Bde, Boppard a.Rh. 1973-1990; hier AdR Luther I/II Bd. 2, S. 1293-1295. Die Reichskanzlei war mit der Frage der konsularischen Beflaggung bereits seit mehr als einem Jahr befasst. Dabei hatte es offenbar einen bemerkenswerten Stimmungswandel gegeben. Als im April 1925 der frühere Chef der Marineleitung, Admiral a.D. Behncke, in einer Eingabe aus dem paraguayanischen Asunción den Flaggenzwiespalt kritisierte und für die ausländischen Vertretungen die Erlaubnis zur Führung der Handelsflagge forderte, hatte die Reichskanzlei noch kommentiert, das Schreiben enthalte „keinerlei besondere Gedanken und dürfte den Herrn Reichskanzler nicht interessieren". Nach einem erneuten Schreiben Behnckes im Januar 1926 mit der Forderung, „endlich die Flagge der amtlichen Auslandsvertretung in Übereinstimmung mit der für unser Auftreten im Auslande geschaffenen Handels- und Kriegsflagge zu bringen", veranlassten Reichskanzlei und Außenministerium eine Rundfrage bei den Auslandsvertretungen zwecks Stellungnahme zur Beflaggungsfrage (BArchBln R 43 I/1833, Bl. 81-90, 100-105, 121).
211 Zitat Hörsing in Vorwärts 11.5.1926. Zu Hindenburg AdR Luther I/II Bd. 2, S. 1346 (7.5.1926). Der Reichspräsident selbst war es gewesen, der durch einen Besuch in Hamburg, wo ihm wenige Tage zuvor ein begeisterter schwarz-weiß-roter Empfang bereitet worden war, maßgeblich den Druck auf die Regierung erhöht hatte, in der leidigen Flaggenfrage aktiv zu werden.

tete die formale Gleichstellung von schwarz-rot-gold und schwarz-weiß-rot an den genannten Orten. Dass damit versucht wurde, den alten Farben „weiteres Terrain zurückzuerobern", wurde auch von konservativer Seite eingeräumt, die das Ansinnen für legitim hielt und begrüßte.[212] Reichsaußenminister Gustav Stresemann sagte am 7. Mai gegenüber W.T.B., bereits Friedrich Ebert habe einer Lösung der Flaggenfrage im jetzigen Sinne Verständnis entgegengebracht und ihr prinzipiell zugestimmt. Die sozialdemokratische Presse widersprach dem entschieden: „Reichspräsident Ebert würde dem Ausland niemals jenes Schauspiel geboten haben, wie es der Reichskanzler inzwischen für angebracht gehalten hat", schrieb der *Volkswille* am 9. Mai 1926. „Er hat sich im Gegenteil, soweit es in seiner Macht stand, wiederholt gegen die antirepublikanische Propaganda durch deutsche Vertretungen im Ausland gewandt und bei den zuständigen Stellen darauf hingewiesen, dass es Pflicht der amtlichen Vertretungen jenseits der deutschen Grenzen ist, im Sinne des Geistes von Weimar auf die Auslandsdeutschen einzuwirken."[213]

Nach Bekanntwerden der Verordnung brach im Umfeld der Sozialdemokratie sofort ein Sturm der Entrüstung los. Der *Vorwärts* sprach von einem „Attentat gegen Schwarzrotgold"[214], einer „Herausforderung der republikanisch gesinnten Bevölkerung" und warf der bürgerlichen Regierung im Zusammenhang mit der Fürstenabfindung eine „absichtliche Häufung von Provokationen" vor. Die fatale und unnötig polarisierende Wirkung der zeitlich ungeschickt platzierten Verordnung fasste präzise die *Osnabrücker Volkszeitung* zusammen: „Der Streit um die Reichsflagge ist seit den Verfassungskämpfen in Weimar nicht zur Ruhe gekommen. Erst als der neue Reichspräsident von Hindenburg die schwarz-rot-goldene Flagge gehisst hat und mehrere Besuche des Reichspräsidenten in verschiedenen Städten unter dem Reichsbanner schwarz-rot-gold vor sich gegangen waren, begann der Streit um die Reichsflagge abzuebben. Nun hat die Reichsregierung in einer Zeit politischer Unsicherheit und Hochspannung durch ihre Flaggenverordnung den Kampf um die Reichsflagge *erneut aufleben* lassen. Jedenfalls ist der jetzige Zeitpunkt der *ungeeignetste* für die Regelung dieser Frage."[215] Die SPD-Reichstagsfraktion, in der laut *Vorwärts* vom 5. Mai „helle Empörung" über Luther herrschte, bewertete die Verordnung als gezielte Herabsetzung der Reichsfarben, die vom Reichskanzler „ohne

---

212 Julius Curtius: Sechs Jahre Minister der Deutschen Republik, Heidelberg 1948, S. 38.
213 Volkswille 9.5.1926. Stresemann, der Eberts konziliante Haltung in der Flaggenfrage bekanntlich sehr schätzte, behauptete, der verstorbene Reichspräsident habe sich noch kurz vor seinem Tod ein Gutachten ausarbeiten lassen, das seine Befugnis klären sollte, auf dem Verordnungswege die Handelsflagge als Dienstflagge im Ausland einzuführen. Ebert habe gegen eine solche Lösung keine Bedenken gehabt (Hildesheimer Allgemeine Zeitung 7.5.1926). Ein solches Gutachten ist in den Akten nicht auffindbar.
214 Vorwärts 6.5.1926.
215 Osnabrücker Volkszeitung 7.5.1926.

jeden Sinn und Verstand" veranlasst worden sei. Die Fraktion attestierte Luther die „Abwesenheit jedes politischen Fingerspitzengefühls".[216] Die liberale und die katholische Presse reagierte ähnlich scharf wie die sozialdemokratische.[217] Ludwig Haas äußerte in einem Zeitungsbeitrag, der Gedanke, dass die ausländischen Reichsvertretungen neben schwarz-rot-gold auch die Handelsflagge zeigen sollten, sei „mit der Würde der Republik nicht vereinbar".[218] DDP und Zentrum waren von Luther, obwohl in seiner Regierungskoalition vertreten, nicht vorab über die Angelegenheit informiert worden. Auch die Ländervertretung, die im Falle eines verfassungsändernden Charakters der Verordnung ein Einspruchsrecht gehabt hätte, hatte der Reichskanzler im Ungewissen gelassen. Der preußische Ministerpräsident Otto Braun protestierte energisch „gegen eine solche Verletzung der verfassungsmäßigen Rechte des Reichsrats".[219]

Die allgemeine Empörung im republikanischen Lager zeigte allerdings bemerkenswerte Nuancierungen. In den ersten Krisentagen hatte sich Luther immer mehr als Anhänger der Fahne der Monarchie entpuppt, bis er schließlich in seiner Stellungnahme vor dem Reichstag am 11. Mai schwarz-weiß-rot offen in den höchsten Tönen lobte.[220] Während jedoch die bürgerlichen republikanischen Kräften eher das taktisch ungeschickte Vorgehen Luthers bemängelten, entzündete sich die Kritik am Reichskanzler nur von sozialdemokratischer Seite eindeutig an dessen Symbolpräferenz. SPD und Reichsbanner Schwarz-Rot-Gold, das in diesen Tagen einen enormen Mitgliederzuwachs verzeichnete, brandmarkten Luther von vornherein als „schwarz-weiß-rot" und damit als untragbar für das Amt des Reichskanzlers, setzten sich publizistisch massiv für die bestehenden Reichsfarben ein und organisierten eine Reihe von eindrucksvollen Großdemonstrationen. Am 9. Mai gab es im ganzen Reich Protestkundgebungen. Mitten in diese Welle öffentlicher Proteste und Manifestationen platzte am gleichen Tag die Veröffentlichung eines Briefes von Hindenburg an

---

216 Jahrbuch der Deutschen Sozialdemokratie 1926-1931. Hg. vom Vorstand der SPD. Sechs Bde, Berlin o.J. [1927-1932]; hier Jahrgang 1926, S. 86-88 (Bericht der Reichstagsfraktion), Zitate S. 86f.
217 Vorwärts 5.5.1926. Siehe die umfangreiche Berichterstattung der SPD-Parteizeitung an diesem und den folgenden Tagen; darin auch längere Passagen aus den DDP- und zentrumsnahen Zeitungen.
218 Berliner Tageblatt 6.5.1926.
219 In einem Schreiben an den Reichskanzler vom 10. Mai 1926, abgedruckt in AdR Luther I/II Bd. 2, Nr. 362, S. 1361f. Braun verhielt sich insgesamt jedoch ambivalent. Im Nachgang zur Nürnberger Flaggenrede von Otto Hörsing, bei der der Reichsbanner-Vorsitzende die Verordnung wegen der Nichthinzuziehung des Reichsrates als „glatten Verfassungsbruch" bezeichnet hatte, rügte Braun die Ausdrucksweise Hörsings als Gefährdung des Ansehens von Reichspräsident und Reichskanzler und drohte dem notorisch unbotmäßigen Parteifreund mit „anderen Maßnahmen"; siehe das Schreiben von Braun an Hörsing vom 25. Mai 1926 in AdsD NL Otto Hörsing, Mp. 19.
220 VRT Bd. 390, S. 7163-7167 (11.5.1926).

Luther, der als Beschwichtigung gedacht war, aber statt dessen nur noch mehr Öl ins Farbenfeuer goss.[221] Nun erkannte das gesamte republikanische Spektrum, dass der bisher vorsichtig geäußerte Verdacht, die Flaggenverordnung sei nur ein erster Schritt zur Beseitigung der Reichsfarben schwarz-rot-gold, keineswegs aus der Luft gegriffen war. Der Reichspräsident drückte in dem Schreiben seinen Wunsch aus, „in absehbarer Zeit auf verfassungsmäßigem Wege einen versöhnenden Ausgleich zu schaffen, der dem gegenwärtigen Deutschland und seinen Zielen entspricht und zugleich dem Werdegang und der Geschichte des Reiches gerecht wird". Diese etwas dunkle Bemerkung machte offensichtlich, dass der gesamte Vorgang nicht primär ein praktisches Problem lösen wollte, wie Luther vorgab. Es handelte sich vielmehr, so schrieb Otto Braun, um „eine mit dem Namen des Reichspräsidenten gedeckte Haupt- und Staatsaktion, die die Revision der Flaggenfrage einleitete".[222] Über ein mögliches Ergebnis dieser Revision konnte nur spekuliert werden. Das sattsam bekannte Verständnis des Reichspräsidenten von der „Geschichte des Reiches" beflügelte selbstredend die Anhänger von schwarz-weiß-rot. Die Schlussbemerkung in Hindenburgs Brief an Luther konnte als Aufforderung zur Schaffung einer Einheitsflagge verstanden werden: „Möge der Zeitpunkt nicht fern sein, wo sich das deutsche Volk wieder friedlich um ein und dasselbe Symbol seines staatlichen Daseins schart!" Der Brief schien die republikanischen Zweifel an der Verfassungstreue des Reichspräsidenten zu bestätigen, aus Sicht der Sozialdemokratie bedeutete der konzertierte Vorstoß einen Angriff auf den Flaggenartikel der Verfassung. Die Reichsfarben standen zur Disposition. Die SPD-Reichstagsfraktion hatte schon unmittelbar nach Bekanntwerden der Flaggenverordnung die parlamentarische Initiative ergriffen und einen Misstrauensantrag gegen den Reichskanzler eingebracht.[223] Philipp Scheidemann sprach am 6. Mai in einer Debatte über die Fürstenabfindung die Flaggenverordnung an und forderte Luther zum Rücktritt auf: „Einen Reichskanzler, der sich erlaubt, derart zu spielen mit dem, was der deutschen Republik heilig ist, werden wir nicht dulden können."[224] In der dritten großen Flaggendebatte des Reichstages in der Weimarer Republik am 11. und 12. Mai 1926 waren die sozialdemokrati-

---

221 Ursachen und Folgen. Vom deutschen Zusammenbruch 1918 und 1945 bis zur staatlichen Neuordnung Deutschlands in der Gegenwart. Eine Urkunden- und Dokumentensammlung zur Zeitgeschichte. Hg. und bearb. von Herbert Michaelis/Ernst Schraepler. 26 Bde, Berlin 1958ff.; hier Bd. 7, Dok. 1515, S. 76, die folgenden Zitate ebd.
222 In seinen Memoiren schreibt Luther, es sei darum gegangen, dem „unbegreiflichen Sachverhalt entgegenzutreten, dass die deutschen Schiffe zwar mit der Handelsflagge in den überseeischen Häfen ankamen, dann aber mit der Nationalflagge ohne Handelsflagge begrüßt wurden" (H. Luther: Politiker, S. 417). Vgl. hierzu AdR Luther I/II Bd. 2, S. 1338 Anm. 6 (5.5.1926). Otto Brauns Bemerkung in O. Braun: Weimar, S. 188.
223 VRT Bd. 408, Nr. 2264 u. 2269.
224 Ebd. Bd. 390, S. 7036 (6.5.1926).

schen Stellungnahmen allerdings weniger von der Rücktrittsforderung bestimmt als von einer unmissverständlichen und einhelligen Parteinahme für die Reichsfarben schwarz-rot-gold. Dabei wurde ein neues Argument eingeführt, das die Entwicklung in der Weimarer Zeit widerspiegelt. Rudolf Breitscheid, der vormals mit der USPD für die rote Reichsfahne eingetreten war, betonte, die republikanischen Farben seien zu schützen und zu bewahren, da mit ihrer Hilfe die „Versöhnung breiter Arbeitermassen mit dem Staate" gelungen sei.[225] Der SPD-Flaggenexperte Eduard David ergänzte: „Diese Farben sind jetzt auch den Millionen Arbeitern ans Herz gewachsen". Dagegen habe sich schwarz-weiß-rot zur „Kampffahne der Monarchisten, der Reaktionäre" entwickelt und sei deshalb für die Sozialdemokratie „unannehmbar".[226] Das Argument, dass schwarz-rot-gold nun seine eigene Geschichte habe und von republikanischer Seite nicht so ohne weiteres aufgegeben werden könne, verwendete auch der DDP-Fraktionsvorsitzende Erich Koch-Weser: „Wir haben jetzt sechs Jahre lang unter dieser *schwarzrotgoldenen Fahne* gekämpft und gelitten. Für diese Fahne und unter dieser Fahne ist Rathenau gefallen. (...) Millionen und aber Millionen haben unter dieser Fahne zum erstenmal Staatsgesinnung bekannt und bewiesen."[227]

Die Debatte im Reichstag zeigte gleichwohl, dass die Regierungskoalition aus DDP, Zentrum, BVP und DVP in dieser Frage gespalten war und einer inhaltlichen Auseinandersetzung um die Reichsfarben schwarz-rot-gold ausweichen wollte. Der Zentrumsabgeordnete Giesberts beschränkte seine Kritik auf den ungünstigen Zeitpunkt der Flaggenverordnung, „wo unser ganzes Volk aufgeregt ist durch die Fürstenabfindung, wo sich kaum die Aufregung durch die Duellfrage gelegt hat, wo sich Deutschland in einer besonders schwierigen wirtschaftlichen Notlage befindet, so dass sich jeder fragt: Haben wir denn in Deutschland jetzt nichts Wichtigeres zu tun?"[228] Koch-Weser monierte in seiner Rede am 12. Mai zwar auch die Flaggenverordnung an sich, vor allem aber das einseitige Vorgehen Luthers: „Ich muss mich auch dagegen wehren, dass diese *Verordnung ohne und gegen die Regierungsparteien* gemacht worden ist."[229] Hier ist das Bemühen der Regierungsparteien erkennbar, die Flaggenkrise auf

---

225 Ebd. S. 7159 (11.5.1926).
226 Ebd. S. 7208 (12.5.1926).
227 Ebd. S. 7196 (12.5.1926). In einem Zeitungsbeitrag vom Vortag hatte Koch-Weser geschrieben (Göttinger Zeitung 11.5.1926): „Auch wer von uns zunächst der Einführung der schwarz-rot-goldenen Fahne Bedenken entgegengebracht hat, ist heute durch einen sechsjährigen Kampf mit ihr verbunden. Er hat auch Verpflichtungen gegen alle diejenigen, die für die schwarz-rot-goldene Flagge gekämpft haben, nicht nur im Inlande, sondern auch im Auslande und dazu gehören auch Gesandte. Alle diese kampflos im Stich zu lassen, ist für die Demokraten unerträglich."
228 Ebd. S. 7169 (11.5.1926).
229 Ebd. S. 7194 (12.5.1926).

eine Kanzlerkrise zu reduzieren. Nach einem Misstrauensvotum des Parlaments trat Reichskanzler Hans Luther noch am 12. Mai 1926 von seinem Amt zurück. Am gleichen Tage übrigens, Ironie der Geschichte, überflog unter Leitung des Norwegers Roald Amundsen zum ersten Mal ein Luftschiff den Nordpol. Die Besatzung setzte ein norwegisches, US-amerikanisches und ein italienisches Banner: Ein deutsches fehlte, weil man nicht wusste, welches.[230] Mit Kopfschütteln und Ratlosigkeit ging auch die Flaggenkrise von 1926 zu Ende. Der Amtsverzicht Luthers änderte an der Sachlage nicht das Geringste. Die inkriminierte Flaggenverordnung blieb in Kraft, lediglich ihr Vollzug wurde bis zum 1. August 1926 ausgesetzt, und die doppelte Beflaggung der deutschen Botschaften „demonstrierte nun den inneren Zwiespalt auch nach außen".[231] Das Reichskabinett amtierte unter dem neuen Kanzler Wilhelm Marx ohne personelle Veränderungen weiter. „Kabinett Luther minus Luther" lautete ein ironischer Kommentar zu diesem Hornberger Schießen. Die Sozialdemokratie hatte in dieser schärfsten und zugleich letzten großen parlamentarischen Auseinandersetzung um die Reichsfarben den Sturz des Reichskanzlers erreicht, aber mehr als ein zweifelhafter Sieg war das nicht. Im Ergebnis trug das in sich konsequente Vorgehen der Partei zur Hebung des Ansehens von schwarz-rot-gold so gut wie nichts bei. Das wurde von der Sozialdemokratie offenbar auch gar nicht versucht. Denn während zum Volksentscheid über die Fürstenabfindung Broschüren und Flugblätter gedruckt wurden, deren Zahl in die Millionen ging, findet sich zum gleichzeitig so emotional ausgetragenen Flaggenstreit nichts Vergleichbares.[232] Auch die Parteipublizistik hat sich merklich zurückgehalten. In die Diskussionen um eine Lösung der Flaggenfrage, die nach dem Rücktritt Luthers um verschiedene Aspekte kreiste, schaltete sie sich kaum ein.

Keine Einheitsflagge, kein Volksentscheid

Über eine mögliche Einheitsflagge als Ausweg aus dem permanenten Farbenzwist war bereits seit längerer Zeit, verstärkt nach der Hindenburgwahl 1925, diskutiert worden. Die Flaggenkrise von 1926 hat nicht nur die Publizistik über die beiden deutschen Trikoloren massiv befördert, sondern auch die Phantasie der Öffentlichkeit hinsichtlich der Schaffung einer Kompromissfahne beflügelt. Die Zahl der Vorschläge ging in die Hunderte und umfasste nahezu die gesamte Farbskala.[233] Denkbar schien zum Beispiel die Einfügung eines schwarz-weiß-roten Schildes in die Nationalfahne, oder aber umgekehrt eine Vergrößerung

---

230 AdsD NL Paul Levi, Nr. 164, Mp. 320 (Typoskript „Von Schwarz-Weiß-Rot-Gold", S. 1)
231 W. Ribbe: Flaggenstreit, S. 178.
232 Jahrbuch der Deutschen Sozialdemokratie 1926, S. 22.
233 Vgl. die bei Reichskunstwart Edwin Redslob eingegangenen und archivierten Gestaltungsvorschläge in BArchBln R 32/304-306.

des schwarz-rot-goldenen Oberecks in der Handelsflagge, welche man später zur Nationalflagge hätte machen können.[234] Andere Kompromissmöglichkeiten wurden ebenso diskutiert: etwa die alte weiß-schwarz-gevierte Hohenzollernfahne, ferner die Anregung des Freiherrn vom und zum Stein aus dem Jahre 1808, die preußische und die österreichische Fahne zu schwarz-weiß-gold zu vereinen, sowie die Verbindung der preußischen mit der bayerischen Flagge zu schwarz-weiß-blau.[235]

Einen weiteren Vorschlag unterbreitete Reichskunstwart Edwin Redslob Ende Mai 1926 selbst: Er sah ein schwarzes, silber eingefasstes Eisernes Kreuz auf geviert rotem und goldenem Grund vor, also eine Verbindung der republikanischen Farben mit einem dezidiert historisch-militärischen Symbol.[236] Diese Idee stieß in der Öffentlichkeit auf ein breites und sehr unterschiedliches Echo. „Herr Dr. Redslob hat aus der Symbolfrage eine Tuschkastenangelegenheit gemacht", las man in der *Deister- und Weserzeitung*, und die Wochenschrift *Fridericus* bemerkte süffisant, der Redslob-Entwurf lasse vermuten, „dass der Mixer irgendeiner Bar hilfreiche Hand geleistet" habe. „Immerhin hatte der Entwurf des Herrn Reichskunstwarts den Erfolg, dass wegen der Flagge nicht nur geschimpft, sondern mal unbändig gelacht wurde."[237] Kritik gab es auch von republikanischer Seite. Bereits zuvor hatte der Historiker und Flaggenexperte Veit Valentin in ähnlich drastischen Worten seine Ablehnung einer Einheitsflagge bekundet: „Kein Kulturstaat hat jemals zwei verschiedene Fahnen gleichzeitig als Nationalflagge geführt. Man kann auch nicht zwei geschichtlich bedeutsame und ehrwürdige Symbole zerhacken und ein Kompromissragout daraus kochen."[238] Ganz im Gegensatz zu diesen polemisch-ablehnenden Stimmen widmete der stellvertretende Vorsitzende des Reichsbanners Schwarz-Rot-Gold, Karl Höltermann, dem Kompromissvorschlag von Redslob eine ausführliche Denkschrift, die er dem Reichskunstwart mit der Bitte um Vertraulichkeit

---

234 Zu diesen Vorstellungen AdR Luther I/II Bd. 2, S. 1343-1345 (7.5.1926).
235 Die Hohenzollernfahne brachte u.a. Johannes Victor Bredt in die Diskussion, vgl. Johannes Victor Bredt: Erinnerungen und Dokumente 1914 bis 1933. Bearb. von Martin Schumacher (Quellen zur Geschichte des Parlamentarismus und der politischen Parteien. 3. Reihe: Weimarer Republik. Hg. von Karl Dietrich Bracher u.a., Bd. 1), Düsseldorf 1970, S. 205f., Anm. 44. Der Hinweis auf den Vorschlag des Freiherrn Stein findet sich wiederholt in zeitgenössischen Presseberichten, vgl. die Pressesammlung Lauterbauch (BArchKo ZSg.103/1005); schwarz-weiß-blau wurde dem Reichskunstwart mehrmals vorgeschlagen, vgl. BArchBln R 32/304a, Bl. 53, 69. Wichtige und vielbeachtete Vorschläge aus der Folgezeit bis 1933 waren vor allem Hans Domizlaff: Propagandamittel der Staatsidee, Altona-Othmarschen 1932, S. 43-54, und E.Ritter: Vaterland, S. 5-11.
236 A. Heffen: Reichskunstwart, S. 106f.
237 Deister- und Weserzeitung 29.5.1926; Fridericus 1.6.1926.
238 Berliner Tageblatt 11.5.1926.

zugehen ließ.[239] In dem Papier regte er an, die Flagge, die „ganz deutsch und ganz soldatisch und doch nicht militaristisch empfunden" sei, solle am symbolbehafteten 4. August 1926 durch den Reichspräsidenten zur so genannten *Gefallenen-Gedenkflagge* erklärt werden. Falls sie sich unstreitig einbürgere, könne sie später zur deutschen Nationalflagge werden. Höltermann hielt diesen Vorschlag offenbar für so brisant, dass er vor einer öffentlichen Meinungsäußerung zurückschreckte. Redslob selbst, der generell in allen Flaggenangelegenheiten mehr um heraldische als um politische Korrektheit bemüht war, hat das Ansinnen dem Anschein nach nicht weiterverfolgt. Der Reichskunstwart ging davon aus, dass die Aufgabe der schwarz-rot-goldenen Trikolore als Reichsflagge für die Sozialdemokratie einen zu hohen Prestigeverlust bedeutet hätte.[240] Das alles muss jedoch Spekulation bleiben, ebenso die von Friedel aufgeworfene Frage nach dem verfassungsändernden Charakter der Bestimmung einer Einheitsflagge und einer möglichen Zustimmung der SPD. Als Indiz kann lediglich herangeführt werden, dass bereits das Motto der sozialdemokratisch-republikanischen Kundgebungen gegen Luther wenig Bereitschaft zu einem eventuellen Einlenken signalisierte: „Wir lassen in der Flaggenfrage nicht mit uns reden, es gibt zwischen Schwarzweißrot und Schwarzrotgold kein Kompromiss [sic]."[241]

Einige Wochen nach dem Sturz Luthers nahm auch Berthold von Deimling auf einer vom Reichsbanner Schwarz-Rot-Gold veranstalteten *Kundgebung für die großdeutsche Republik* Anfang September 1926 in Mülheim (Ruhr) Stellung zum Flaggenproblem: „Der Gedanke einer Einigungsflagge ist gewiss gut gemeint, aber er ist ebenso volksfremd, wie es die Flaggenverordnung des ehemaligen Reichskanzlers Luther gewesen ist. Denn es geht dem deutschen Volke nicht um Farben, sondern es geht ihm um Weltanschauungen, deren Symbol die Farben sind. Es ist kein Flaggenstreit, sondern es ist ein Kampf um zwei Weltanschauungen: *Entweder vorwärts* mit Schwarz-Rot-Gold für die Republik, für Großdeutschland und für Völkerversöhnung, *oder rückwärts* mit Schwarz-Weiß-Rot zum Klassen- und Kastenstaat des zusammengebrochenen monarchistischen Systems, und hinein in einen neuen Krieg. (...) Keine Einigungsflagge, und wäre sie heraldisch noch so fein zusammendestilliert, könnte den klaffenden Zwiespalt überkleistern."[242] Auch von den Rechtsparteien wurde die Schaffung einer Einheitsfahne mehrfach abgelehnt. „Wo es sich um das Symbol

---

239 BArchBln R32/304a, Bl. 108-118. Die elfseitige Denkschrift wurde am 8. Juni 1926 an Redslob gesandt. Abschriften erhielten Ludwig Haas (DDP) und der Reichsbanner-Vorsitzende Otto Hörsing. Die unförmige Sprache Höltermanns wie auch seine originellen Gedanken machen aus der Schrift ein aufschlussreiches Zeitdokument.
240 A. Friedel: Politische Symbolik, S. 76. Zur statischen Amtsauffassung Redslobs siehe A. Heffen: Reichskunstwart, S. 105f.
241 Volkswille 9.5.1926.
242 Berthold von Deimling: Die Fahne der Republik, in: Kundgebung für die großdeutsche Republik am 4. und 5. Sept. in Mülheim (Ruhr), o.O. 1926, S. 12.

handelt", schrieb Friedrich Everling 1928 in dem DNVP-Sammelband *Der nationale Wille*, „wäre jedes Kompromiss eine Kapitulation. Wenn wir die Einheitsflagge anerkennen würden, hätten wir keine Flagge mehr. Erfreulicherweise hat sich der von mir stets vertretene Gedanke durchgesetzt, dass auch ein *Volksentscheid* für schwarz-weiß-rot vom Unglück wäre, weil er bei günstigem Ausgang dem Gegner die Erlaubnis gäbe, unter unserer eigenen Flagge gegen uns zu Felde zu ziehen. (...) *Die Treue war das Fundament der Monarchie.* Für die Treue gibt es, richtig gesehen, keine monarchische Frage und ebensowenig eine Flaggenfrage. Die Treue hält, was sie hatte, damit niemand ihr die Krone nehme. Die Treue gibt ihre Flagge nicht preis und gewinnt sich den Sieg zurück. Wie lange sie kämpfen muss, steht in einer höheren Hand. Wir wissen nur, dass wir unsere Pflicht tun werden, bis über dem neuen Kaiserreich die alten Fahnen wieder wehn. Und der Tag, an dem sich so die monarchische Frage und die Flaggenfrage lösen, wird auch der Tag der neuen Freiheit sein."[243] Hier ist zugleich erkennbar, dass auch die Möglichkeit eines Volksentscheides in der Flaggenfrage, die parallel zur Kompromissoption bereits seit 1921 im Raum stand, nicht mehr weiterverfolgt wurde. Eine Abstimmung ähnlich wie in der Frage der Fürstenenteignung hätte die Polarisierung in der Flaggenfrage auf die Spitze getrieben und zu allem anderen als zu einer Lösung des Konflikts geführt. Zudem hätten die Rechtsparteien, da es um eine Verfassungsänderung ging, entsprechende Initiativen ergreifen müssen. Dazu fehlte ihnen jedoch, wie 1926 zu Recht festgestellt wurde, aus guten Gründen der Mut.[244]

Das symbolische Patt zwischen den Weimarer Teilkulturen und die Bewegungslosigkeit in der Flaggenfrage nach der Lutherkrise belegt schon die Tatsache, dass es nicht einmal zur geplanten Einsetzung eines Reichstagsausschusses gekommen ist, der sich mit der Schaffung einer Einheitsflagge und der Möglichkeit eines Volksentscheides befassen sollte.[245] Damit behielt der vorausschauende Reichsaußenminister Gustav Stresemann Recht, der schon in einer

---

243 F. Everling: Frage, S. 165f.
244 Berliner Tageblatt 1.6.1926. Der erste Hinweis auf einen möglichen Volksentscheides findet sich in VRT Bd. 350, S. 4166. Eduard David zitierte am 27. Juni 1921 im Reichstag die Lüderitzbuchter Zeitung, die geschrieben habe, es gebe zu Hause in Deutschland Überlegungen für einen Volksentscheid. Diese Überlegungen gab es seit Beginn des Jahres 1921 offenbar in der DVP (W. Mühlhausen: Symbolik, S. 10f.). Am 18. Januar 1922 wurde bei einer Reichsgründungsfeier der DNVP in Liegnitz der „Reichsbund Schwarz-Weiß-Rot" ins Leben gerufen, dessen Ziel ein Volksentscheid zur Wiedererlangung der alten Reichsfarben war. Der Verband war 1926 noch immer aktiv (BArchBln R 43 I/1832, Bl. 217).
245 Siehe hierzu AdR Marx III/IV Bd. 1, S. 35f., Anm. 6, 39 Anm. 2. Nachdem das Reichskabinett am 7. Juni 1926 die Einsetzung eines parlamentarischen Ausschusses zur Lösung der Flaggenfrage ins Auge gefasst hatte, arbeitete das Reichsinnenministerium einen entsprechenden Antrag aus, der allerdings aus nicht ersichtlichen Gründen nie dem Parlament vorgelegt wurde. Die Reichskanzlei legte den Vorgang nach wiederholten Bemühungen Ende Juli 1926 zu den Akten.

Ministerbesprechung am 10. Mai 1926 die Ansicht vertreten hatte: „Entweder kommt die neue Flagge bald, oder sie kommt nicht."[246] Als er anderthalb Jahre später einige von einem DVP-Mitglied gestaltete Entwürfe an den Reichskunstwart sandte und dies mit der Bitte verband, ihnen Beachtung zu schenken, „falls diese Frage noch einmal praktisch in Erscheinung tritt", stand fest, dass dies nicht der Fall sein würde.[247] Redslob sammelte dennoch weiterhin unverdrossen die Vorschläge aus der Bevölkerung. Zuletzt schlug im August 1932 ein ehemaliger Hauptmann die Kombination rot-weiß-gold vor.[248] Für eine Revision der Flaggenfrage jedoch war die Zeit abgelaufen, und unter den nach 1926 nicht mehr veränderten rechtlichen Gegebenheiten setzte sich der Dualismus von schwarz-rot-gold und schwarz-weiß-rot bis zum Ende der Weimarer Republik fort. Der permanente Kleinkrieg der Trikoloren, der im Reich wie auch in den einzelnen Ländern tobte, je nach politischer Orientierung mit unterschiedlichen Konstellationen, kann mit zwei preußischen Beispielen am besten beschrieben werden.

Preußen gegen Potsdam

Im republikanischen Bollwerk Preußen, wo die drei Weimarer Koalitionsparteien lange Jahre die parlamentarische Mehrheit behielten und unter Führung der Sozialdemokraten die Regierung stellten, war der Mord an Außenminister Walther Rathenau im Juni 1922 Anlass zu besonders weitgehenden Maßnahmen zum Schutze der Republik. Bereits zum Verfassungstag des gleichen Jahres bestand Beflaggungspflicht in schwarz-rot-gold sowie den preußischen Landesfarben schwarz-weiß an allen Reichs- und Landesgebäuden.[249] Als der preußische Innenminister Carl Severing im Sommer 1925 noch einen Schritt über diese Maßnahme hinausging und damit rechtlich unsicheres Terrain betrat, entzündete sich ein jahrelanger Streit zwischen der Landesregierung und einzelnen Gemeinden in Preußen.[250] Severing bezog in die schwarz-rot-goldene Beflaggungspflicht an Gedenktagen und zu anderen nationalen Anlässen auch die

---

246 BArchBln R 43 I/1833, Bl. 253.
247 Ebd. R 32/305, Bl. 131 (Schreiben Stresemanns am Redslob vom 3.11.1927).
248 Ebd. R 32/306, Bl. 94.
249 Die schwarz-weiße Hohenzollernfarben waren vom preußischen Landtag nach vorhergehender Ablehnung im Verfassungsausschuß mit den Stimmen aller bürgerlichen Parteien als Farben des republikanischen Preußen angenommen worden. Die SPD hatte dagegen votiert (Sozialdemokratisches Handbuch für die preußischen Landtagswahlen, Berlin 1921, S. 14). An den preußischen Symbolen wurden lediglich die monarchischen Kennzeichen entfernt. Damit verfuhr man in Preußen wie in allen anderen früheren Monarchien.
250 Zum Folgenden G. Jasper: Schutz, S. 245; F. Schellack: Nationalfeiertage, S. 197. Vgl. auch zeitgenössisch E. Tatarin-Tarnheyden: Grundlegende Betrachtungen zur Flaggenfrage, in: Archiv des öffentlichen Rechts NF 13 (1927), S. 313-336.

Kommunen ein. Prompt weigerte sich der Magistrat der Garnisonsstadt Potsdam, dieser Anordnung Folge zu leisten, und die Stadt zog gegen den Innenminister vor Gericht. Es kam zu mehreren Prozessen vor verschiedenen Instanzen, und in dem zwischenzeitlichen Schwebezustand sahen sich die Landräte sowie die Regierungs- und Oberpräsidenten in Preußen durch eine Verordnung des Staatsministeriums in die missliche Lage versetzt, Veranstaltungen fernbleiben zu müssen, bei denen die Reichsfarben bei der Beflaggung der Festräume demonstrativ ausgeschlossen waren.[251]

Schließlich bekamen die Stadtverordnetenversammlungen Potsdams und des ostpreußischen Hohenstein, das sich der Klage angeschlossen hatte, vor dem preußischen Oberverwaltungsgericht in Berlin Recht. Die Urteilsbegründung ging am 27. Juli 1927 der Staatsregierung zu, die um eine Antwort nicht verlegen war. Drei Tage vor dem Verfassungstag, am 8. August 1927, wurde in Preußen eine Notverordnung erlassen, um die Beflaggung am republikanischen Feiertag zu sichern. Das Ergebnis dieses radikalen Vorgehens war zwiespältig. Zwar wehte am 11. August 1927 schwarz-rot-gold an den kommunalen Gebäuden in Preußen, doch zur erheblichen Freude der Republikgegner wurde die Notverordnung knapp ein Jahr später vom Leipziger Staatsgerichtshof für verfassungswidrig erklärt.[252] Das heißt: Die preußische Regierung hatte ausgerechnet am Verfassungstag die Verfassung gebrochen. Erst zwei Jahre später verschaffte sie sich die rechtliche Grundlage für ihr Vorgehen, indem der Landtag im preußischen Flaggengesetz das Beflaggen sämtlicher öffentlicher Gebäude zur Angelegenheit der allgemeinen Landesverwaltung erklärte.[253]

---

251 Göttinger Zeitung 24.5.1927. Dazu das Jahrbuch der Deutschen Sozialdemokratie 1927 (S. 244): „Durch eine Verordnung des Staatsministeriums ist es auch allen preußischen Beamten zur Pflicht gemacht, sich an Veranstaltungen nur dann zu beteiligen, wenn die Reichsfarben an hervorragender Stelle gezeigt werden."

252 W.T.B.-Meldung aus Leipzig vom 9. Juli 1928. Geklagt hatten der Magistrat der Stadt Potsdam sowie die DNVP-Fraktion im Preußischen Landtag gegen die Notverordnung der Staatsregierung vom 8. August 1927 betreffend das Beflaggen der gemeindlichen Dienst- und Schulgebäuden. Der Staatsgerichtshof stellte fest, dass die Notverordnung mit der preußischen Verfassung unvereinbar gewesen sei, da sachliche Voraussetzungen für eine Anwendung des Paragraphen 55 der Preußischen Landesverfassung (Gefährdung der öffentlichen Sicherheit) nicht gegeben gewesen seien.

253 G. Jasper: Schutz, S. 245. Das Jahrbuch der Deutschen Sozialdemokratie 1929 (S. 275) kommentierte ausführlich: „Die Beflaggung der Dienstgebäude und sonstigen Einrichtungen der Gemeinden sowie der öffentlichen Straßen und Plätze als solche ist nunmehr Angelegenheit der Landeshoheit und gehört zu den örtlichen Geschäften der allgemeinen Landesverwaltung. Die gleichen Bestimmungen gelten für die Schulen. Für die Religionsgesellschaften besteht keine Verpflichtung zum Flaggen; sie dürfen jedoch neben ihren eigenen Flaggen nur solche zeigen, die vom Staatsministerium zugelassen worden sind."

Die Auseinandersetzung mit den Berliner Hotels 1927

Ähnliche Scharmützel lieferte sich die preußische Regierung just zu der Zeit, als die umstrittene Notverordnung erlassen wurde, auch mit einigen großen Berliner Hotels, darunter namhaften Häusern wie dem *Adlon*, dem *Kaiserhof*, *Esplanade* und *Bristol*.[254] Auf unterschiedliche Weise brachten diese ihre Aversion gegen die Reichsfarben schwarz-rot-gold zum Ausdruck, die sie als politische Parteifahne ansahen. Der Zwist begann, als das Adlon zwar am 4. Juli 1927, dem amerikanischen Nationalfeiertag, das US-Sternenbanner setze, am deutschen Verfassungstag jedoch auf die Hissung der Reichsfahne verzichtete. Die anderen Hotels taten dasselbe. Dies nahm der Berliner Magistrat mit Oberbürgermeister Böß (DDP) an der Spitze zum Anlass, zu einem Boykott der betreffenden Hotels aufzurufen. Endgültig zum reichsweit beachteten Politikum wurde der Konflikt, als die Leitung des *Kaiserhofes* am 24. August 1927 zu Ehren des New Yorker Bürgermeisters Walker das Sternenbanner hisste, das gleichzeitige Aufziehen der Reichsfahne aber ausdrücklich ablehnte. Daraufhin schloss sich die Preußische Landesregierung mit Ministerpräsident Otto Braun an der Spitze dem vom Berliner Magistrat eröffneten „Flaggenkrieg"[255] an. Braun schrieb am 25. August an seine Minister: „Ich halte es für dringend erforderlich, dass die republikanische Preußische Regierung diese Stellungnahme gegen den heutigen Staat damit beantwortet, dass die Herren Staatsminister weder selber zu Veranstaltungen in den genannten Hotels einladen noch sich an solchen beteiligen, die in den Hotels stattfinden. (...) Es bedarf einer so durchgreifenden Maßnahme, um der Öffentlichkeit zu zeigen, dass die republikanische Regierung nicht gewillt ist, irgend eine bewusste Missachtung der bestehenden Staatsform zu dulden."[256]

---

254 Zum Folgenden siehe die Materialsammlung in GStA PK NL Otto Braun, E/6.1. Dabei handelt es sich zum Teil um Kopien aus BArchBln R 43 I/1834. Zu vergleichbaren Konflikten um die Hissung von schwarz-rot-gold kam es auch an anderen Orten, in München z.B. anläßlich des Besuchs von US-amerikanischen Journalisten im September 1927, der Grundsteinlegung des Studiengebäudes des Deutschen Museums im September 1928 oder des Besuchs des ägyptischen Königs Fuad im Sommer 1929 (BArchBln R 43 I/1834, Bl. 165, 304f., 313-316, 319f.; R 43 I/1835, Bl. 71f., 138f. u.ö.).

255 A. Friedel: Politische Symbolik, S. 121. Ganz ähnlich versuchte anderthalb Jahre später der sozialdemokratische Reichskanzler Hermann Müller in einem Erlass durch Hervorhebung von schwarz-rot-gold „dem Gedanken der Reichseinheit und der Reichstreue" Nachdruck zu verleihen. Vertreter der Reichsbehörden sollten an Veranstaltungen mit Flaggenschmuck nur teilnehmen, wenn die Reichsfarben „an hervorragender Stelle gezeigt werden und ihnen überhaupt ein angemessener und würdiger Anteil am Flaggenschmuck eingeräumt wird" (zit. nach ebd. S. 78). Der Erlass ist abgedruckt in Volkswille 7.4.1929.

256 GStA PK NL Otto Braun, E./6.1. In einem entsprechenden „Erlass des Preußischen Staatsministeriums betr. Teilnahme von Behördenvertretern an Veranstaltungen", das der Reichsregierung am 30. August 1927 in Kopie übersandt wurde, hieß es (ebd.): „Das Staatsministerium erachtet es als eine nationale Pflicht und staatspolitische Notwendigkeit,

An die Reichsregierung, getragen von einer Koalition aus Zentrum, BVP, DVP und DNVP, richtete Braun mehrmals den Wunsch, sich diesem Schritt anzuschließen. Mit einer Aufsehen erregenden Rede in Altona am 7. September 1927 verlieh der Ministerpräsident Preußens diesem Ansinnen Nachdruck.[257] Darin bezeichnete er den Flaggenstreit als „Symptom für den tiefgehenden Kampf des Geistes, der zwischen den Anhängern des zusammengebrochenen alten monarchischen Obrigkeitsstaats und den Trägern des heutigen republikanischen Volksstaates ausgefochten wird und bis zur endgültigen Entscheidung ausgefochten werden muss". Es sei eine „nationale Würdelosigkeit", wenn man an Verfassungstagen anderer Staaten dessen Fahnen zeige, am deutschen Verfassungstag aber nicht die Reichsflagge. „Die schwarzweißrote Fahne ist ein Attribut der alten zusammengebrochenen Staatsform, das man als solches achten kann. Sie gehört aber, wie alle Zeichen verflossener Geschichtsperioden, ins Museum." Wo sie heute noch ostentativ gezeigt werde, geschehe das als Demonstration gegen den bestehenden Staat. Der Hinweis auf die Bedeutung von schwarz-weiß-rot im Weltkrieg sei irreführend, denn „Millionen deutscher Krieger kämpften für Volk und Vaterland und nicht für die Embleme der Monarchie, deren letzte Träger sie elend im Stich ließen". Deswegen gehöre auch die schwarz-weiß-rote Fahne zu den Toten des Krieges.

Die Reichskanzlei jedoch gab dem Preußischen Staatsministerium auf den Boykottaufruf keine sachliche Anwort, sondern quittierte lediglich den Eingang der Briefe. Durch diese dilatorische Behandlung verhinderte Reichskanzler Wilhelm Marx, dass seine bürgerliche Koalition, in der die Flaggenfrage durchaus latenten Konfliktstoff bot, zum Offenbarungseid gezwungen wurde.[258] Der Hotelstreit in der Hauptstadt zog sich wochenlang hin und hielt nicht nur die Berliner Öffentlichkeit in Atem, sondern fand als symbolische Auseinandersetzung reichsweit Beachtung. Eine Lösung kam schließlich durch eine vom preu-

---

dass bei Veranstaltungen, an denen Vertreter der Staatsregierung oder der ihr nachgeordneten Behörden teilnehmen, dem Gedanken der Reichseinheit und der Reichstreue durch eine würdige Hervorhebung der verfassungsmäßigen Reichsfarben Schwarz-Rot-Gold deutlich Ausdruck verliehen wird. Es ordnet daher an, dass Vertreter preußischer Behörden an Veranstaltungen, bei denen Flaggenschmuck verwendet wird oder nach der Art der Veranstaltung verwendet werden müßte, nur dann teilnehmen dürfen, wenn die Reichsfarben an hervorragender Stelle gezeigt werden und ihnen ein angemessener und würdiger Anteil an dem Flaggenschmuck eingeräumt wird. Die Behördenleiter haben sich vor der Entscheidung über die Teilnahme Gewissheit darüber zu verschaffen, ob diesen Erfordernissen genügt ist. Sofern dies nicht der Fall ist, haben sie ihren Einfluß im Sinne dieses Erlasses geltend zu machen. Die hiernach erforderlichen Feststellungen und Maßnahmen treffen die zuständigen Behörden der allgemeinen Verwaltung, soweit nicht eine andere Verwaltung federführend ist."

257 Ebd. (Kopie des 16-seitigen Redemanuskripts). Die folgenden Zitate ebd. S. 7f., 12f. Die Rede ist auszugsweise abgedruckt in Vorwärts 8.9.1927.
258 AdR Marx III/IV Bd. 2, S. 925f. (17.9.1927).

ßischen Staatsministerium angeregte Besprechung zwischen dem Verein Berliner Hotel- und verwandter Betriebe und einem Staatssekretär im preußischen Staatsministerium am 10. Oktober 1927 zu Stande. Vermittelt hatte offenbar Reichsaußenminister Gustav Stresemann. Preußen beendete den Boykott, im Gegenzug erklärten sich die Hotels bereit, die Reichsflagge zu hissen, wenn eine ausländische Fahne aufgezogen wird. In einem gemeinsamen Kommuniqué hieß es: „Der Verein wird den Wünschen der Reichsregierung und der preußischen Staatsregierung entsprechend sich dafür einsetzen, dass künftig in allen Fällen, in denen aus nationalen Anlässen geflaggt wird, die Reichsflaggen gezeigt werden. Ebenso werden die Reichsflaggen dann gehisst, falls sich die Notwendigkeit ergeben sollte, eine fremde Staatsfahne aufzuziehen."[259] Damit war der Streit beigelegt, ohne dass es einen Sieger gab. Die Hotels waren zwar von nun an verpflichtet, schwarz-rot-gold zu flaggen, durften aber gleichzeitig auch schwarz-weiß-rot hissen. Bereits beim 80. Geburtstag von Reichspräsident Hindenburg am 2. Oktober 1927 war übergangsweise so verfahren worden. Besondere Genugtuung zeigten die Reichskanzlei und die Rechtsparteien über den im Kommuniqué verwendeten Begriff „Reichsflaggen". Diese interessante Nuance wurde als Zugeständnis Preußens gewertet, denn es war zum einen ein Novum, dass auch die Handelsflagge als „Reichsflagge" bezeichnet wurde, und zum anderen legte der Kompromiss gar nicht fest, welche zweite Flagge neben schwarz-rot-gold eigentlich gemeint war: das „reine" schwarz-weiß-rot des Kaiserreiches oder die republikanische Handelsflagge mit dem Obereck in den Reichsfarben.

1.7. Rücknahme und Beseitigung: Schwarz-rot-gold am Ende der Weimarer Republik

In beiden zuletzt geschilderten Fällen hat die preußische Regierung formal die Oberhand behalten und schwarz-rot-goldene Beflaggung durchsetzen können. Dies kann man angesichts der Haltung anderer Länder nicht hoch genug bewerten. „Preußen blieb das einzige Land, das sich in der Zeit der Weimarer Republik aktiv für die Verbreitung der schwarz-rot-goldenen Reichsfarben einsetzte."[260] Diese Feststellung Friedels aus dem Jahr 1955 ließe sich zwar

---

259 Zit. nach Berliner Tageblatt 12.10.1927. Siehe hierzu einen Vermerk aus der Reichskanzlei, verfasst von Staatssekretär Pünder, vom 12. Oktober 1927 (BArchBln R 43 I/1834, Bl. 231f.). Zur Vermittlung Stresemanns ebd. sowie AdR Marx III/IV Bd. 2, S. 926f., Anm. 7 (17.9.1927). Die Reichsregierung versuchte, offenbar aus Prestigegründen, den Eindruck zu widerlegen, alleine die preußische Staatsregierung habe die Lösung des Streits vorangebracht.
260 A. Friedel: Politische Symbolik, S. 121.

durch regionale Studien etwa im Volksstaat Hessen sicherlich modifizieren, im Grundtenor ist sie aber als richtig zu erachten. So hat sich etwa der Freistaat Bayern ebenso nachdrücklich gegen die Reichsfahne in die Bresche geworfen wie Preußen dafür. Insofern nötigen die intensiven Bemühungen der republikanischen Kräfte um Popularisierung und Verteidigung von schwarz-rot-gold Respekt ab, doch gleichwohl war schon den Zeitgenossen bewusst, dass sich von einem Einsatz *zu Gunsten* des Symbol objektiv nur begrenzt sprechen ließ. Die kleinen und großen Streitigkeiten um die Flaggen gewahrten nie eindeutige Sieger, und sie konnten sie nach Lage der Dinge auch gar nicht haben. Deshalb schwelte nach der Flaggenverordnung von 1926, den versandeten Bemühungen um eine Einheitsflagge und den großen Auseinandersetzungen 1927 der Flaggenstreit bis zum Ende der Republik im Zustand des *Status quo* weiter. Es ergab sich eine gewisse Verkrustung, die Konflikte verloren an Schärfe, und zugleich rückten wieder *konkretere* politische Probleme in den Vordergrund. Angesichts der zunehmend bedrohlichen wirtschaftlichen Lage verlor die dem Flaggenstreit zu Grunde liegende Auseinandersetzung zwischen Republik und Monarchie an Bedeutung. Zudem erwuchs den republikanischen Kräften auf der symbolischen Ebene ein neuer, zentraler Hauptgegner: der Nationalsozialismus, der bei der Reichstagswahl im September 1930 bereits 107 Mandate errang und damit zur größten republikfeindlichen Partei aufstieg.

Anhaltende Kritik

Der antirepublikanische Gestus der NSDAP war verbunden mit scharfen Tönen gegen die schwarz-rot-goldene Nationalflagge, die nun zunehmend als „Judenfahne" verunglimpft wurde. Generell ertönte Kritik an den Reichsfarben bis zum Ende der Republik aus allen politischen Lagern, die dem parlamentarisch-demokratischen System ablehnend gegenüberstanden. Von den ehemals *schwarz-rot-goldenen* Parteien der Weimarer Koalition blieb angesichts des Wegbrechens des Liberalismus und des Kooperationskurses des Zentrums gegenüber der NSDAP einzig die Sozialdemokratie als aktive Befürworterin der republikanischen Nationalfarben übrig. Deutliche Ablehnung erfuhr schwarz-rot-gold in ihren Reihen weiterhin lediglich von der radikalen SPD-Linken um Paul Levi. Diese Ablehnung war die Ausnahme, nicht die Regel.[261]

---

261 Vgl. beispielsweise das Typoskript „Von Schwarz-Weiß-Rot-Gold" von Paul Levi, das wahrscheinlich 1926 im Zusammenhang mit der Flaggenkrise und der Diskussion um eine Einheitsflagge entstand und in dem der führende Kopf der SPD-Linken seinen geballten Spott unterschiedslos über die beiden streitenden deutschen Trikoloren ausgoss (AdsD NL Paul Levi, Nr.164/Mp. 320). Einige markante Passagen: „Im Innersten bin ich davon überzeugt, dass es dem ‚Volke' naturnotwendig sei, dass es ein ‚Bannner' habe", denn es sei Zeichen kultivierter Völker, statt eines Totems oder Phallus eine Fahne zu haben: „ein ge-

Hauptsächlich jedoch hatten die Bemühungen um eine Steigerung des Ansehens der Reichsfarben weiterhin gegen schwarz-weiß-rote Windmühlen zu kämpfen. Das versinnbildlicht vielleicht am deutlichsten das Verhalten Paul von Hindenburgs, dessen Haltung in der Flaggenfrage an sein Unverständnis gegenüber den Spielregeln in einer parlamentarischen Demokratie gebunden war. „Wenn man doch nicht immer Kompromisse machen müsste", so eine der anschaulichen Bemerkungen des Reichspräsidenten zum Flaggenproblem. „Es gibt Schwarz, und es gibt Weiß, in der Mitte liegt das Eselsgrau. Das ist der Kompromiss. Ich hasse den Kompromiss. Preußen hat Schwarz und Weiß, kein Grau. Und Deutschland hat zum Schwarz und Weiß das Rot. Das sind ernste und vornehme Farben."[262] Hindenburg ließ trotz seines bis 1933 formal verfassungstreuen Verhaltens so gut wie keine Gelegenheit aus, seine stille Obstruktion gegen die republikanischen Farben unter Beweis zu stellen. Selbst eine private Bootsfahrt auf dem Wannsee nahe Berlin konnte schon einmal zu scheitern drohen, nur weil Hindenburg an seinem kleinen Kahn kein schwarz-rot-gold sehen wollte. Davon, so sagte er, würden ihm die Augen flimmern. Auch sprach selbst der Reichspräsident zumeist von der schwarz-rot-*gelben* Reichsflagge. Nicht einmal der oberste Repräsentant des Staates unterließ also die Verspottung der nationalen Symbole, für die sich andere vor Gericht zu verantworten hatten. Reichsinnenminister Severing schilderte eine Begebenheit bei einer Kriegergedenkfeier im März 1930, vor der es Auseinandersetzungen um den Flaggenschmuck gegeben hatte. Die Veteranen wollten ihrer toten Kameraden eher unter den Farben des Krieges, schwarz-weiß-rot, gedenken, wäh-

---

färbtes Tuch, dreistreifig, stets sieggekrönt, stets ruhmbedeckt, stets ehrwürdig, stets erinnerungsvoll." Der billig Denkende solle nicht verkennen, „dass schwarz-rot-gold wie schwarz-weiß-rot, so tief auch ihr vom deutschen Herzen zu erfühlender Gegensatz ist, doch im Kern dem deutschen Wesen rührend nahe kommen. (...) Unter schwarz-rot-gold hat Deutschland zwei glorreiche Revolutionen auseinandergeredet und unter schwarz-weiß-rot ein ganzes Kaiserreich. Myrten und Lorbeer liegen so um beide: tief ist der Gegensatz des Weiß und Gold, aber die tiefsten Tiefen überbrückt das deutsche Gemüt. Und so hat unsere weise Regierung den Streit zu schlichten dem überlassen, der unsere gemütlichsten Werte, die deutsche Kunst, ressortmässig verwaltet, dem Gouverneur in den Briefmarken. Die Kunst gehört bekanntlich dem Volke: ist es nicht deutschestes Deutsch, diesen Zwist unseres Volkes zu schlichten in jenen Höhen, da der echte Künstler wandelt. Vielfältig wie die Töne der Geige sind die Muster, die er entwerfen kann: schwarz-weiß-rot-gold, schwarz-rot-weiß-gold; mit dem Adler, mit dem Kreuz, mit der Gösch und mit dem Zwickel: o, man möchte sein Leben widmen dem schönen Geschäft zu erproben, welche Variante wohl völlig erschöpfe alles Edle, Erhabene und Schöne was an deutschen Stammtischen in weiter Welt in zottigen Männerbrüsten empfunden. Worauf an besagten Stammtischen ein mächtiger Schoppen wird getrunken werden. Ein kleines Räuschlein, eine Nacht bei der Frau: der germanische Held kann hernach beginnen, einen neuen Lorbeer zu erstreiten."
262 Zit. nach Friedrich J. Lucas: Hindenburg als Reichspräsident (Bonner Historische Forschungen, hg. von Max Braubach, Bd. 14), Bonn 1959, S. 44. Die folgende Wannsee-Anekdote ebd.

rend die Behörden auf den bei staatlichen Feiern üblichen Reichsfarben bestanden. Hindenburg bemerkte beim Betreten des Saales unwirsch: „Nun haben Sie doch wieder Schwarz-Rot-Gelb angebracht!" Severing antwortete ihm, erstens handele es sich um schwarz-rot-gold und zweitens um die verfassungsmäßigen Nationalfarben. Dieser Wortwechsel, so Severing, war das letzte Gespräch zwischen ihm und Hindenburg.[263] Nicht zuletzt diese persönlichen Auseinandersetzungen mussten bei republikanischen Politikern wie Severing, der die angestrebte Einigung der *Volksgemeinschaft* zu beschwören nicht müde wurde, die Erkenntnis reifen lassen, dass die Popularisierung der Reichsfarben über das republikanische Lager hinaus weitgehend gescheitert war. Durch Notverordnungen und andere Sanktionen wurden bürgerliche, monarchistische und nationalistische Kreise nur noch mehr gegen schwarz-rot-gold in Stellung gebracht. Nachdem die Reichsflagge und die mit ihr verbundenen Ideen nicht genug Werbekraft über das republikanische Lager hinaus entfalten konnten, war die Achtung des Symbols allein durch gesetzliche Maßnahmen nicht zu erzwingen. Das wurde den Kämpfern für schwarz-rot-gold dem Anschein nach zunehmend bewusst. Als der Rechtsausschuss des Reichstages 1929 über die Symbolabschnitte des Strafgesetzbuches diskutierte, stellte der SPD-Abgeordnete Kurt Rosenfeld fest, „es sei selbstverständlich, dass die Liebe zu den Reichsfarben nicht durch Strafbestimmungen geweckt werden solle oder könne".[264]

Partielle Rücknahme

Diese Erkenntnis führte offenbar zu einer gewissen Resignation im schwarz-rot-goldenen Lager hinsichtlich der staatsintegrativen Werbekraft der republikanischen Nationalfarben. Zugleich wurde immer deutlicher, dass die Politik der Sozialdemokratie in der Endphase der Weimarer Republik, insbesondere die Tolerierung Brünings seit 1930 und die Unterstützung Hindenburgs bei der Reichspräsidentenwahl 1932, ein symbolisches Dilemma für die Partei mit sich brachte. Besonders im Kampf für Hindenburg gegen Hitler war die schwarz-rot-goldene Reichsfahne als Symbol nicht mehr zu verwenden.[265] Ein zweites

---

263 Carl Severing: Mein Lebensweg. Band I: Vom Schlosser zum Minister. Band II: Im Auf und Ab der Republik, Köln 1950; hier Bd. 2, S. 91. Die Argumentation der politischen Rechten, dass die Soldaten im Weltkrieg ja für schwarz-weiß-rot gefallen seien, war zumindest ungenau. Wenn sich die Soldaten der Truppenteile zu Lande „zu den Fahnen meldete", waren dies die Fahnen der Einzelstaaten des Deutschen Reiches, nicht etwa schwarz-weiß-rot. Diese Farben wurden allenfalls in Form von Kokarden oder von der gesamtstaatlichen Marine verwendet. Darauf verwies der Historiker Veit Valentin während der Flaggenkrise 1926 (Berliner Tageblatt 11.5.1926).
264 Zit. nach Frankfurter Zeitung 24.1.1929.
265 Siehe hierzu Kapitel 3.5.

kam hinzu: Angesichts der zahlreichen Fälle, in denen vor Gericht zwischen der Beschimpfung der Reichsfarben und denen des Reichsbanners Schwarz-Rot-Gold nicht unterschieden werden konnte, wuchs die Erkenntnis, dass die Nationalfarben in gewisser Weise tatsächlich nurmehr das vereinnahmte Erkennungszeichen einer Partei waren. Dieser Entwicklung, von den Zeitgenossen bemerkt und reflektiert, ist offenbar Rechnung getragen worden. Darauf verweisen jedenfalls zwei Indizien. Zum einen scheint die schwarz-rot-goldene Fahne aus den Sälen der SPD-Parteitage verbannt worden zu sein. Während in den ersten Jahren der Republik die Reichsflagge neben der roten Parteifahne und teilweise örtlichen Arbeiterfahnen stets gezeigt wurde, finden sich bei den Parteitagen 1929 und 1931 nur noch rote Fahnen.[266] Es fällt schwer, hier an Zufall zu glauben. Zum anderen stellte sich das Reichsbanner Schwarz-Rot-Gold nach der Gründung der *Eisernen Front* Ende 1931 ganz in den Dienst dieses unbestritten *roten* Kampfverbandes, obwohl dadurch Schatten auf seine nominelle Überparteilichkeit fielen. Die Eiserne Front wählte auf Druck der SPD als Hintergrund ihrer Drei-Pfeil-Flagge nicht schwarz-rot-gold, sondern rot.[267] In der umfangreichen Symbolik der Eisernen Front wurden die republikanischen Farben zwar weiterhin verwendet, standen jedoch nicht mehr im Mittelpunkt der Propaganda, deren Hauptgegner nicht mehr das diffuse schwarz-weiß-rote Lager, sondern der Nationalsozialismus war.[268] Dass schwarz-rot-gold somit aus dem Zentrum der republikanischen Symbolpropaganda rückte, bedeutet jedoch nicht, dass die Nationalfarben im staatsbejahenden Lager an Ansehen verloren hätten. Sie blieben geschätzt und präsent, und dass sie als wichtig erachtet wurden, zeigen nicht zuletzt Tempo und Vorgehensweise bei der Beseitigung von schwarz-rot-gold nach der Machtübernahme Hitlers im Januar 1933.

Die Beseitigung von schwarz-rot-gold

Nach der Ernennung von Adolf Hitler zum Reichskanzler und der Bildung eines konservativ-faschistischen Kabinetts gerieten die Nationalfarben der Weimarer Republik sofort in die Defensive. Das monarchische schwarz-weiß-rot und die nationalsozialistische Hakenkreuzflagge bestimmten das Straßenbild. Schon am Tag der Reichstagswahl, am 5. März 1933, konnte der Gauführer des Reichsbanners Schwarz-Rot-Gold von Berlin-Brandenburg, Hubertus

---

266 Vgl. hierzu alle PVP-SPD von 1919 bis 1931. Die Gegebenheiten im Saal sind aus entsprechenden Bemerkungen eingangs der stenographischen Mitschriften oder aus Wortbeiträgen erschließbar. Schwarz-rot-goldene Fahnen wurden bis 1925 gezeigt, 1927 fehlen Angaben, 1929 und 1931 sind nur noch rote Fahnen verzeichnet.
267 P.H. Löwenstein: Tragödie, S. 167.
268 Siehe hierzu Kapitel 4.5.

Prinz von Löwenstein, bei sich zu Hause in Berlin die schwarz-rot-goldene Adlerfahne seiner Organisation nur unter großen Schwierigkeiten hissen, da seine vom Zeitgeist erfüllten Nachbarn energisch gegen diesen republikanischen Akt protestierten. In Frankfurt entfernte die SA rote und schwarz-rotgoldene Fahnen.[269]

Die konservativen Koalitionäre der NSDAP im *Kabinett der nationalen Erhebung*, an ihrer Spitze Hugenberg, Papen und Stahlhelm-Führer Seldte, traten zur Wahl unter der symbolbewussten Bezeichnung *Kampffront Schwarz-Weiß-Rot* an.[270] Die Gründung dieser „nationalbürgerlichen" Sammlungsbewegung in der zweiten Februarhälfte 1933 war ein formales Zugeständnis an Papen, allerdings trat die DNVP als allein bestimmende Kraft auf. Die Märzwahl von 1933 bestritt die Kampffront „unter der Devise des Kampfes für die alten Reichsfarben Schwarz-Weiß-Rot" mit Plakaten in den alten Kaiserfarben und den Köpfen von Hugenberg, Papen und Seldte und erreichte einen Stimmenanteil von acht Prozent. Nach dem Urnengang gab man sich stolz: „Die Nation hat über den Marxismus gesiegt. (...) Der Parlamentarismus kann endlich ausgeschaltet werden." Auch in der Flaggenfrage wähnte man sich auf der Höhe der Zeit: „Die Nachrichten aus dem Lande ergeben übereinstimmend, dass im Volke weitüberwiegend und auch in nationalsozialistischen Wählerkreisen allein die alten Farben Schwarz-Weiß-Rot als Reichsfarben gewünscht werden. In diesen Tagen, höchstens Wochen bis zur offiziellen Entscheidung über die Flaggenfrage wird es daher zweckmäßig sein, sobald überhaupt ein Anlass zum Flaggen besteht, auch das äußere Straßenbild dem inneren Volksempfinden für die Farben Schwarz-Weiß-Rot anzupassen." Als der Hauptgeschäftsführer der Kampffront dies am 18. März 1933 „allen befreundeten Organisationen und Mithelfern" schrieb, war in die Flaggenfrage bereits erhebliche Bewegung gekommen. Am 7. März hatte das Reichskabinett beschlossen, dass auf den Regierungsgebäuden neben schwarz-rot-gold auch schwarz-weiß-rot zu flaggen sei.[271] Jedoch war rasch klar, dass es nun nicht mehr um die Frage schwarz-rot-gold oder schwarz-weiß-rot gehen würde, sondern um ein Ringen der alten

---

269 Berlin: H.P. Löwenstein: Botschafter, S. 87. Frankfurt: „Am 5. März 1933 holten bewaffnete braune SA-Horden die roten und schwarzrotgoldenen Fahnen von Wohnungsfenstern herunter", so der Augenzeugenbericht von Karl Öttinger in: Arbeiterjugendbewegung in Frankfurt 1904-1945. Material zu einer verschütteten Kulturgeschichte, in: 100 Jahre Historisches Museum Frankfurt am Main 1878 bis 1978. Drei Ausstellungen zum Jubiläum (Kleine Schriften des Historischen Museums, Bd. 12), Frankfurt a.M. 1978, S. 133.
270 Vgl. zu dieser Organisation Erich Matthias/Rudolf Morsey (Hg.): Das Ende der Parteien 1933. Mit 46 Abbildungen (Veröffentlichung der Kommission für Geschiche des Parlamentarismus und der politischen Parteien), Düsseldorf 1960, S. 581-595 passim (Abb. 37 nach S. 592 zeigt ein Plakat zur Märzwahl), sowie die Materialien in BArchKo ZSg.1-E/11.
271 Arnold Brecht: Mit der Kraft des Geistes. Lebenserinnerungen. Zweite Hälfte 1927-1967, Stuttgart 1967, S. 299.

Kaiserfahne gegen das NS-Hakenkreuz.[272] Ganz ähnlich wie 1919 wurde diese Frage zunächst salomonisch gelöst. Am Volkstrauertag, genau eine Woche nach der Reichstagswahl, verkündete Hitler im Rundfunk einen *Erlass des Reichspräsidenten über die vorläufige Regelung der Flaggenhissung*: „Am heutigen Tage, an dem in ganz Deutschland die alten schwarz-weiß-roten Fahnen zu Ehren unserer Gefallenen auf Halbmast wehen, bestimme ich, dass vom morgigen Tage bis zur endgültigen Regelung der Reichsfarben die schwarz-weiß-rote Fahne und die Hakenkreuzflagge gemeinsam zu hissen sind. Diese Flaggen verbinden die ruhmreiche Vergangenheit des Deutschen Reichs und die kraftvolle Wiedergeburt der Deutschen Nation. Vereint sollen sie die Macht des Staates und die innere Verbundenheit aller nationalen Kreise des deutschen Volkes verkörpern! (...)"[273] Dieser Erlass kam zwar auf Druck der NSDAP-geführten Reichsregierung zu Stande, aber Hindenburg musste dazu wohl nicht allzu nachdrücklich gebeten werden. Dem Reichspräsidenten war vermutlich nicht klar, dass dies einen offenen Verstoß gegen den Flaggenartikel der Reichsverfassung bedeutete, denn dem Staatsoberhaupt war zu diesem Zeitpunkt nicht einmal auf Grund des Notstandsartikels 48 eine Änderung der Reichsfarben gestattet. Die Niederholung von schwarz-rot-gold bedeutete somit den ersten Verfassungsbruch unter dem legal an die Macht gelangten Reichskanzler Adolf Hitler. Die rechtliche Grundlage für die Beseitigung der schwarz-rot-goldene Nationalfahne der Weimarer Republik wurde erst wenige Tage später durch das mit den Stimmen von Deutscher Staatspartei, BVP, Zentrum, DNVP und NSDAP verabschiedete Ermächtigungsgesetz geschaffen.[274] In der antirepublikanischen Presse ernteten die heruntergeholten Nationalfarben

---

272 Die Zitate aus BArchKo ZSg.1-E/11. Heinrich Brüning berichtet in seinen Memoiren von nächtlichen Geheimgesprächen mit Vertretern der DNVP, die zwischen der Reichstagswahl und der Verabschiedung des Ermächtigungsgesetzes stattfanden und bei denen ein Katalog gemeinsamer Forderungen an den Reichspräsidenten aufgestellt wurde. Darunter befand sich auch schwarz-weiß-rot als „alleinige Flagge" des Reiches (Heinrich Brüning: Memoiren 1918-1934, Stuttgart 1970, S. 653), ein unrealistisches Verlangen. Die gleichberechtigte Nationalbeflaggung mit schwarz-weiß-rot und der Hakenkreuzfahne wurde bis 1935, wie es scheint, konsequent in die Tat umgesetzt (siehe etwa die Abbildungen vom „Tag von Potsdam" in W. Freitag: Mythen, S. 427), ehe das erste der drei Nürnberger Gesetze die Hakenkreuzfahne zur alleinigen Nationalflagge bestimmte.
273 Reichsgesetzblatt 1933, S. 103.
274 A. Brecht: Kraft, S. 299. Die Legalität der Machtübernahme Hitlers wurde rasch durch den offenen Bruch von Eiden und Gesetzen konterkariert. So verstieß nach Ansicht von Arnold Brecht etwa das Gesetz gegen die Neubildung von Parteien vom 14. Juli 1933 gegen das Ermächtigungsgesetz. Eine dortige Klausel habe Abweichungen von der Weimarer Reichsverfassung als unzulässig bezeichnet, wenn sie „die Einrichtung des Reichstags als solche" beträfen. Ein Reichstag mit Abgeordneten nur einer einzigen Partei, so Brecht, könne jedoch nicht mehr als ein Reichstag im Sinne des Ermächtigungsgesetzes angesehen werden (Arnold Brecht: Vorspiel zum Schweigen. Das Ende der deutschen Republik, Wien 1948, S. 156).

nunmehr Hohn und Spott: „Schwarz-rot-gelb ade!" wurde ihnen schadenfroh hinterhergerufen.[275]

In der Folgezeit kam es zu zahlreichen Symbolhandlungen und -zwischenfällen, die das Ende der Weimarer Republik und den Beginn der nationalsozialistischen Herrschaft öffentlich veranschaulichten. Die bis 1935 gültige Parallelität von schwarz-weiß-roter und Hakenkreuzfahne ist vielerorts zu beobachten, so etwa in Heidelberg, wo am 10. März 1933 SS und SA auf dem Dach des Kaiser-Wilhelm-Instituts für Chemie eine große schwarz-weiß-rote und eine kleine Hakenkreuzfahne hissten.[276] Der Dresdener Oberbürgermeister Wilhelm Külz wurde vom NS-Reichskommissar im März 1933 amtsenthoben, weil er sich geweigert hatte, die Hakenkreuzflagge hissen zu lassen.[277] Parallel dazu sahen sich die republikanischen Reichsfarben nicht nur gesetzlicher Beseitigung und publizistischem Spott ausgesetzt, sondern waren bei der Beseitigung der pluralen Strukturen in Deutschland durch den Nationalsozialismus immer wieder auch Opfer konkreter Vernichtungsaktionen. Neben den Büchern regimekritischer und „undeutscher" Autoren wurden auch republikanische Fahnen dem Feuer übergeben. So zeigt etwa ein während der Zerschlagung der Gewerkschaften Anfang Mai 1933 in Hamburg aufgenommenes Photo acht uniformierte SA-Leute, die eine große schwarz-rot-goldene Fahne verbrennen.[278] Schon am *Tag von Potsdam* hatte Reichstagspräsident Hermann Göring die Farben als Symbol „der Unterwerfung, der Unterdrückung, der Schande und der Ehrlosigkeit" geschmäht.[279]

Erstaunlich ist, dass sich die schwarz-rot-goldene Fahne im Widerstand gegen den Nationalsozialismus nur an sehr wenigen Stellen nachweisen lässt. Außer in einigen religiös verbrämten Passagen in Prinz Löwensteins Exilpublikation *Die Tragödie eines Volkes* von 1934 gibt es bis in die Zeit des Zweiten Weltkrieges hinein keine Belege.[280] Erst in einem Flaggenentwurf von Josef

---

275 Vgl. etwa den Artikel „Schwarz-rot-gelb ade!" von Adolf Stein im Göttinger Tageblatt 14.3.1933.
276 R. Albrecht: Symbolkampf, S. 519.
277 Wolfgang Benz/Hermann Graml (Hg.): Biographisches Lexikon zur Weimarer Republik, München 1988, S. 197.
278 Abbildung in H[einz] Lauber/Birgit Rothstein: Der 1. Mai unter dem Hakenkreuz. Hitlers „Machtergreifung" in Arbeiterschaft und in Betrieben. Augen- und Zeitzeugen, Daten, Fakten, Dokumente, Quellentexte, Thesen und Bewertungen, Gerlingen 1983, S. 73.
279 Zit. nach A. Thimme: Flucht, S. 63.
280 Löwenstein schrieb 1934 (P.H. Löwenstein: Tragödie, S. 173): „Wir sprechen daher die Worte unseres Gebetes, dass diese Zeit der Bedrängnis abgekürzt werde, und weihen aufs neue jene Farben, die Gottes Zeichen in der kommenden Schlacht tragen sollen: das Schwarz seines Kreuzes, seiner Erde und seiner Trauer um unsere Schuld, und die Erlösung im Gold und im Rot seines Kelches, seines Königtums und seines Blutes. So möge denn die Verbindung mit jenen Kräften, gegen die sich das Hakenkreuz erhoben hat, ein so starkes

Wirmer, der am Aufstandsversuch des 20. Juli 1944 beteiligt war und danach hingerichtet wurde, tauchen die Weimarer Farben wieder auf. Wirmer schlug in Anlehnung an die Symbole der skandinavischen Länder ein schwarzes, golden umrandetes Kreuz auf rotem Grunde als Flagge eines neuen Deutschland vor. Dieser Entwurf wurde in den Verfassungsberatungen des Parlamentarischen Rates 1948/49 von der CDU unterstützt.[281] Allerdings konnte sich die Sozialdemokratie mit ihrer Präferenz für die schwarz-rot-goldene Trikolore durchsetzen, die auch bei einer Gedenkfeier in New York anlässlich des 20. Todestages von Friedrich Ebert Anfang März 1945 als Saalschmuck verwendet worden war.[282]

Symbol in das Deutsche Volk hereinstellen, dass es dem heraufziehenden roten Morgen erneut das Schwarz und das Gold hinzuzufügen vermag."

281 K. Weißmann: Zeichen, S. 137-141. Auch das Signet des Kreisauer Kreises griff auf die republikanischen Nationalfarben zurück; Jürgen Arndt: Ein Signet des Kreisauer Kreises, in: Moltke Almanach 1 (1984), S. 188-191, hier S. 190.

282 Ludwig Richter (Hg.): Rückbesinnung und Neubeginn. Eine Gedenkfeier zu Ehren Friedrich Eberts am 2. März 1945 in New York. Eine Dokumentation (Kleine Schriften/Stiftung Reichspräsident-Friedrich-Ebert-Gedenkstätte, Nr. 19), Heidelberg 1995, S. 17.

2. Die Indienstnahme des freiheitlichen 19. Jahrhunderts: Lied der Deutschen und „Tradition von 1848"

2.1. Das Deutschlandlied wird Nationalhymne (11. August 1922)

Der Rathenaumord als Initialzündung

Am Verfassungstag 1922 stand die Republik von Weimar noch immer unter dem Schock der Ermordung von Reichsaußenminister Walther Rathenau am 24. Juni des Jahres. Die staatstragenden Kräfte waren sich nach dem Attentat schlagartig ihrer sowohl republikanischen als auch nationalen Verantwortung bewusst geworden. Vielleicht der beste Ausdruck dieses geschärften Bewusstsein war die Erhebung des 1841 entstandenen *Liedes der Deutschen* von August Heinrich Hoffmann von Fallersleben zur deutschen Nationalhymne. Der Rathenaumord beschleunigte den Entscheidungsprozess hinsichtlich der seit 1919 in der jungen Republik offenen Hymnenfrage maßgeblich. Im Reichsinnenministerium, das damals von dem Sozialdemokraten Adolf Köster geführt wurde, gelangte man im Juli 1922 zur Auffassung, dass der Moment günstig sei, den Hoffmann-Haydnschen Gesang zur Nationalhymne zu erklären, ohne dass im In- und Ausland Anlass zu Missdeutungen gegeben wäre.[1] Hinzu kam eine günstige politische Personalkonstellation. Darauf hat Arnold Brecht, damals Ministerialdirektor in Kösters Behörde, in seinen Erinnerungen hingewiesen: „Wenn *dieser* Reichspräsident (Friedrich Ebert), *diese* Reichsregierung (Wirth, Köster), nach *diesen* Ereignissen (Ermordung von Erzberger und Rathenau) das Deutschlandlied unter Hervorhebung seiner dritten Strophe zur Nationalhymne erklärten und zugleich richtig interpretierten, so war der Missdeutung im Ausland und im Inland, die einer politisch rechts stehenden Regierung bei einem solchen Akt reichlich beschert worden wäre und seine integrierende Wir-

---

1 Arnold Brecht: Aus nächster Nähe. Lebenserinnerungen 1884-1927, Stuttgart 1966, S. 395. Zum Folgenden ebd. S. 394-397; Gustav Radbruch: Der innere Weg. Aufriss meines Lebens, Göttingen ²1961, S. 160f.; Kurt Doß: Reichsminister Adolf Köster 1883-1930. Ein Leben für die Weimarer Republik, Düsseldorf 1978, S. 74f. Bereits am 5. Juli hatte Köster dem Reichspräsidenten angesichts der Erfahrungen beim Rathenau-Begräbnis eine Verlegung der diesjährigen Verfassungsfeier in den Plenarsaal des Reichstages vorgeschlagen und Anregungen zur Gestaltung der Feier gegeben. Vom Deutschlandlied war zu diesem Zeitpunkt noch nicht die Rede, auch nicht in der Antwort Eberts zwei Tage später (BArchBln R 15.01/16864, Bl. 5, 9).

kung vernichtet hätte, im Voraus die Grundlage entzogen."[2] So unterbreitete der Reichsinnnenminister dem Kabinett am 11. Juli 1922 den Vorschlag, anlässlich der bevorstehenden Verfassungsfeier das Deutschlandlied zur Nationalhymne zu erklären.[3] Er wollte sich zunächst mit seiner eigenen Partei, der Sozialdemokratie, ins Benehmen setzen. Dort gab es offenbar „einiges Missvergnügen" über die Angelegenheit, jedoch keine gravierenden Einwände. Man war sich darüber im Klaren, dass eine ähnlich verhängnisvolle Situation wie bei den Farben unbedingt vermieden werden musste. Der Proklamation des Deutschlandliedes zur Nationalhymne stand somit nichts mehr im Wege.[4]

Eberts Kundgebung

Anfang August 1922 verfasste Köster zusammen mit Ministerialdirektor Brecht und Pressechef Heilbron den *Aufruf des Reichspräsidenten zum Verfassungstag 1922*, in dem das Deutschlandlied zur Nationalhymne der Republik erklärt wurde. Laut Brecht fand Friedrich Ebert in dem vorgeschlagenen Text „seine Gedanken so genau ausgesprochen, dass er (...) kein Wort änderte."[5] Der Aufruf wurde vor dem 11. August der Presse zugeleitet und erschien am Verfassungstag in den wichtigsten deutschen Tageszeitungen. Die Kernpassagen lauten:

„(...) Wir wollen keinen Bürgerkrieg, keine Trennung der Stämme. Wir wollen Recht. Die Verfassung hat uns nach schweren Kämpfen Recht gegeben. Wir wollen Frieden. Recht soll vor Gewalt gehen. Wir wollen Freiheit. Recht soll uns Freiheit bringen. Wir wollen Einigkeit. So soll die Verfassung uns Einigkeit, Recht und Freiheit gewährleisten.

Einigkeit und Recht und Freiheit! Dieser Dreiklang aus dem Liede des Dichters gab in Zeiten innerer Zersplitterung und Unterdrückung der Sehnsucht aller Deutschen Ausdruck; er soll auch jetzt unseren harten Weg zu einer besseren Zukunft begleiten. Sein Lied, gesungen gegen Zwietracht und Will-

---

2 A. Brecht: Nähe, S. 395.
3 AdR Wirth I/II Bd. 2, S. 950 (11.7.1922).
4 Den Hinweis auf „einiges Missvergnügen" gibt ohne nähere Belege G. Jasper: Schutz, S. 229. Eine explizite Reaktion ist nicht auffindbar, doch wäre die SPD-Spitze massiv gegen die Proklamation zur Nationalhymne gewesen, hätte sie mit Sicherheit internen und öffentlichen Druck auf Köster und Ebert ausgeübt. Unklar ist, ob ein Briefwechsel zwischen dem sozialdemokratischen Reichstagspräsidenten Paul Löbe und Reichskunstwart Edwin Redslob aus der betreffenden Zeit einen direkten Bezug zu den Überlegungen im Reichsinnenministerium hatte. Löbe übersandte dem Reichskunstwart am 19. Juli 1922 drei Hymnen-Vorschläge aus der Bevölkerung; wenige Tage später antwortete Redslob, es werde gerade geprüft, ob das Lied der Deutschen als Nationalhymne anzusehen sei (BARchBln R 32/224, Bl. 9f.). Eine Meinungsäußerung Löbes kann daraus jedenfalls nicht abgeleitet werden. In seinen Erinnerungen (P. Löbe: Weg) erwähnt der Reichstagspräsident die Hymnenfrage nicht.
5 A. Brecht: Nähe, S. 395.

kür, soll nicht Missbrauch finden im Parteikampf, es soll nicht der Kampfgesang derer werden, gegen die es gerichtet war; es soll auch nicht dienen als Ausdruck nationalistischer Überhebung. Aber so, wie einst der Dichter, so lieben wir heute ‚Deutschland über alles'. In Erfüllung seiner Sehnsucht soll unter den schwarz-rot-goldenen Fahnen der Sang von Einigkeit und Recht und Freiheit der festliche Ausdruck unserer vaterländischen Gefühle sein. (...)
Schwere Stürme sind über die junge deutsche Republik in den letzten Wochen dahingegangen. Unsere Einigkeit, unser Recht, unsere Freiheit wurden bedroht. Sie werden noch weiter bedroht sein. Wir wollen nicht verzagen. In der Not des Tages wollen wir uns freudig der Ideale erinnern, für die wir leben und wirken. Der feste Glaube an Deutschlands Rettung und die Rettung der Welt soll uns nicht verlassen."[6]

Diese rhetorisch brillante und programmatisch aufschlussreiche Erklärung des Reichspräsidenten stellt eine grundlegende Uminterpretationen des Deutschlandliedes dar. Ebert deutete einerseits die Parole „Deutschland über alles" als Ausdruck der Zuneigung für das Land, legte zugleich aber den Schwerpunkt entschieden auf die dritte Strophe, deren Begriffe er sowohl mit den schwarz-rot-goldenen Idealen von 1848 als auch mit der Verfassung von Weimar in Verbindung brachte. Gleichzeitig wandte sich Ebert gegen die Vereinnahmung des Liedes durch eine der politischen Richtungen. Was fehlt, ist der Hinweis auf den deutsch-österreichischen Zusammenhang, der im Gegensatz zur Flaggenfrage bei den Diskussionen um die Nationalhymne nirgends auftauchte. Dass das Lied mit seinem *deutschen* Text und seiner *österreichischen* Melodie in gewisser Weise auch das großdeutsche Postulat der Sozialdemokratie unterstrich, mag indirekt eine Rolle gespielt haben. Ein expliziter Beleg dafür findet sich jedoch erst in der Rückschau des liberalen Politikers Willy Hellpach, der diesen Zusammenhang „wirkliche geschichtliche Symbolik großen Stils" nannte.[7]

Nicht ganz verständlich ist die Verklausulierung der Proklamation, die ja lediglich erklärte, das Deutschlandlied solle „der festliche Ausdruck unserer vaterländischen Gefühle sein". Womöglich war man sich nicht sicher, ob der Reichspräsident überhaupt für eine solche Bestimmung befugt war. Artikel 47

---

6 Aufruf des Reichspräsidenten zum Verfassungstag, abgedruckt in Friedrich Ebert: Schriften, Aufzeichnungen, Reden. Mit unveröffentlichten Erinnerungen aus dem Nachlass, 16 Bildern und einem Lebensbild von Paul Kampffmeyer. Hg. von Friedrich Ebert jun. 2 Bde, Dresden 1926; hier Bd. 2, S. 248-250. Die Kundgebung erschien am Morgen des 11. August 1922 in den wichtigsten Tageszeitungen. Der *Vorwärts* brachte den Aufruf beispielsweise ungekürzt in seiner Morgenausgabe auf der ersten Seite. Dort endete er mit den damals üblichen Hochs: „Es lebe die deutsche Republik! Es lebe das deutsche Vaterland! Es lebe das deutsche Volk!"
7 W. Hellpach: Prognose, S. 386. Eine Unterscheidung zwischen deutschem Text (Hoffmann von Fallersleben) und österreichischer Melodie (Haydn) ist im Grunde unhistorisch, da sie nicht auf den staatsrechtlichen Tatsachen zur Entstehungszeit (1797 und 1841) basiert.

der Weimarer Reichsverfassung verlieh ihm den Oberbefehl über die Armee, und da die Nationalhymne hauptsächlich bei militärischen Anlässen gespielt wurde, fiel sie formal in den Zuständigkeitsbereich des Oberbefehlshabers. Für die Setzung des Symbols war kein Gesetz notwendig, es genügte eine einfache Verordnung. Diese erfolgte mit Ausführungsbestimmungen kurz nach dem Verfassungstag: „Entsprechend meiner Kundgebung zum 11. August 1922 bestimme ich: Die Reichswehr hat das ‚Deutschland-Lied' als Nationalhymne zu führen." Die dritte Strophe des Gesanges ist hier nicht mehr eigens hervorgehoben, hatte also keine staatsrechtliche Relevanz.[8] Ebenso nicht ganz plausibel ist, warum Ebert bei der Verfassungsfeier der Reichsregierung am Mittag des 11. August im Reichstag nicht selbst das Wort ergriff. Er war zwar anwesend und hatte deswegen eigens eine Reise zu den Gerhart-Hauptmann-Festspielen in Breslau verschoben, überließ aber die Rede beim Festakt dem badischen Staatspräsidenten Hermann Hummel. Dieser Verzicht beruhte wohl auf die selbstverordnete Zurückhaltung des sozialdemokratischen Reichspräsidenten in allen repräsentativen Dingen, die von den Zeitgenossen sehr gelobt worden ist, an dieser Stelle jedoch als unangebracht erscheinen musste. Immerhin erwähnte Hummel in seiner Rede das Deutschlandlied, „mit dem heute die Reichswehr den Herrn Reichspräsidenten begrüßt hat und das durch den Entschluss des Herrn Reichspräsidenten wieder erneut zum Symbol des Deutschtums geworden ist: ‚Einigkeit und Recht und Freiheit sind des Glückes Unterpfand.'"[9]

Die Betonung der dritten Strophe fand am Verfassungstag auch in weiteren Einzelheiten ihren Niederschlag. Bei der Feier im Reichstag war an der Stirnseite des Raumes ein großes Transparent mit dem Schriftzug „Einigkeit und Recht und Freiheit" angebracht worden. Dieses Motto stand auch auf einer Sondermünze im Nennwert von drei Mark, die am gleichen Tage erstmals ausgegeben wurde. Ferner berichtet Arnold Brecht: „Am Schluss der Feier wurde die dritte

---

[8] BArchBln R 15.01/16880, Bl. 77 (Abschrift der Verfügung des Reichspräsidenten vom 17.8.1922). Die Verfügung, leicht fehlerhaft abgedruckt in U. Mader: Deutschlandlied, S. 1100, erschien im Heeres-Verordnungsblatt vom 23.9.1922 unter Nr. 590. Da hier keine bestimmte Strophe genannt war, kam es prompt zu Missverständnissen. Als im November 1922 eine Anfrage aus Spanien bezüglich des Textes der Nationalhymne einging, schrieb der neue Reichsinnenminister Oeser (DDP) an den parteilosen Reichsaußenminister Rosenberg, da die Bestimmung einer Hymne dem Reichspräsidenten nur durch die Funktion des Liedes als beim Heer zu spielende Weise zustehe, trete die Frage des Textes in den Hintergrund, da es sich um Militärmusik ohne Gesang handele. Oeser empfahl dem Auswärtigen Amt am 28. November 1922 (BArchBln R15.01/16880, Bl. 95) als Antwort einen Auszug aus der Ebert-Proklamation vom 11. August, verbunden mit dem zusätzlichen Hinweis: „Der Herr Reichspräsident hat dadurch den Sinn der im Ausland vielfach falsch verstandenen Worte ‚Deutschland über alles' authentisch klargestellt. Er hat ferner die dritte Strophe des Deutschlandliedes als Gesangstext der Nationalhymne besonders hervorgehoben."
[9] 10 Jahre Weimarer Verfassung. Die Verfassungsreden bei den Verfassungsfeiern der Reichsregierung. Hg. von der Reichszentrale für Heimatdienst, Berlin 1929, S. 20-27, Zitat S. 22.

Strophe des Deutschlandliedes gesungen; da standen nun auch die Sozialdemokraten und sangen mit, an ihrer Spitze der frühere Unabhängige und spätere Vorsitzende der Reichstagsfraktion der SPD, Dr. Rudolf Breitscheid, der mir gegenüberstand, als wir das Lied intonierten."[10] Dass selbst linke Sozialdemokraten wie Breitscheid den ehemals antisozialistischen Gesang intonierten, ist eine bemerkenswerte Tatsache, die von den Zeitgenossen mit ebenso großem Erstaunen aufgenommen wurde wie die Besitznahme des Liedes durch die republikanisch gesinnten Teilnehmer der Berliner Abendfeiern am Verfassungstag 1922. Parallel zu einer offiziellen republikanischen Feier im Schauspielhaus, an der unter anderem Ebert und Wirth teilnahmen, fand im Lustgarten ein *republikanisches Abendmeeting* mit Reden, Platzkonzert und Rezitationen statt. Anschließend begaben sich die Teilnehmer in einem Fackelzug zum Schauspielhaus, wobei der Gesang der *Internationalen* ertönte.[11] Von der Freitreppe des Theaters aus trug zunächst der Schauspieler Heinrich George einen von Fritz Unruh verfassten Prolog vor, in dem von dem erklärten Tagesmotto „Einigkeit und Recht und Freiheit" die Rede war. Anschließend sprachen Ebert und Wirth. Als der Reichskanzler den republikanischen Märtyrertod von Walther Rathenau erwähnte, stimmte die auf dem Gendarmenmarkt versammelte Menge offenbar spontan die dritte Strophe des Deutschlandliedes an. Laut *Vorwärts* stieg der Gesang „wie ein trotziger Schwur in den Nachthimmel". Dann ertönte erneut die *Internationale*. Hier stellte sich zum ersten Mal in der Geschichte des Weimarer Staates die genuin sozialistische Symbolik neben die neue nationalrepublikanische Symbolik. Die sozialdemokratische *Berliner Volkszeitung* nannte die „Wiedereroberung des von reaktionären Mörderorganisationen gestohlenen und geschändeten Deutschland-Liedes" das „*besondere Ereignis* dieses Abends" und fuhr fort: „Es war noch eine gewisse Schüchternheit dabei, als die mit roten Fahnen gekommenen Massen den Vers sangen, der ‚Einigkeit und Recht und Freiheit für das deutsche Vaterland' ersehnt. Zu sehr ist der schöne Name ‚deutsches Vaterland' noch behaftet mit dem Fluch der vergangenen Machthaber und ihrer verbrecherischen Nachfahren, die aus dem ‚Vaterland' ihrer Sorte einen Gegensatz zum Volk machen wollten. *Aber gestern hat das Volk sich daran gewöhnt, dass Vaterland und Volk ein Begriff ist.* Wenn dann brausend die Klänge der Internationale erschollen, so war das ein guter Zusammenklang: Liebe zum Vaterland, aus der die Liebe zur Menschheit erwächst."[12]

---

10 A. Brecht: Nähe, S. 396. Ein Photo von der Verfassungsfeier, auf dem das Transparent mit der Aufschrift „Einigkeit und Recht und Freiheit" zu sehen ist, befindet sich in Guido Knopp/Ekkehard Kuhn: Das Lied der Deutschen. Schicksal einer Hymne, Berlin/Frankfurt a.M. 1988, Bildteil nach S. 104.
11 Vorwärts 11. u. 12.8.1922.
12 Berliner Volkszeitung 12.8.1922.

Bei der Verfassungsfeier im Reichstag am 11. August 1922 proklamierte Reichspräsident Ebert das Deutschlandlied zur Nationalhymne der Weimarer Republik. Er betonte dabei die dritte Strophe, deren erste Zeile „Einigkeit und Recht und Freiheit" die Stirnseite des Saales (rechts) schmückte.

Reaktionen

Das verwundert-positive Echo auf den Gesang des Deutschlandliedes in einer wohl überwiegend proletarischen Veranstaltung am Abend des Verfassungstages 1922 entspricht den Reaktionen auf die Proklamation des Reichspräsidenten, die die allgemeine Anerkennung der Öffentlichkeit quer durch das politische Spektrum fand. Aus republikanischer Sicht wurde besonders positiv vermerkt, dass es Ebert und den politischen Verantwortlichen im Innenministerium gelungen zu sein schien, das Lied durch die Erhebung zur Hymne der Republik einem weitergehenden Missbrauch durch antirepublikanische Kräfte zu entziehen und eine ähnliche Entwicklung wie beim Flaggenstreit zu verhindern.[13] Reichsjustizminister Gustav Radbruch nannte die Entscheidung Eberts

---

13 G. Jasper: Schutz, S. 229f.

in einer biographischen Würdigung des Reichspräsidenten einen „Akt der Herzensweisheit" und wagte die Prognose: „Die Worte, in denen es geschah, sind so schön, dass sie als ein Vermächtnis des ersten Reichspräsidenten einstmals in den Lesebüchern aller deutschen Schulen stehen werden".[14]

Die parteioffizielle Presse der Sozialdemokratie begrüßte die Entscheidung Friedrich Eberts nachhaltig. Der *Vorwärts* betonte am Verfassungstag unter der Überschrift „Das Deutschlandlied" die Rückholung des Gesanges aus der wilhelminischen Selbstüberhebung in die nationaldemokratisch-republikanische Tradition: „Die Annexion des Hoffmannschen Liedes durch des toten Dichters ärgste Feinde, die ihn zum Flüchtling machten und von Land zu Land, von Stadt zu Stadt jagten, ist *ein frecher und unverfrorener Diebstahl*, ist eine Schändung am Andenken eines guten und ehrlichen Republikaners. Und wenn die Verderber von Einigkeit und Recht und Freiheit, die endlich durch den Novembersturm ein wenig aus ihrer Sonderstellung entfernt sind, das Deutschlandlied singen, Zug um Zug mit dem Sang, den wir ihnen gern überlassen, mit dem ‚Heil Dir im Siegerkranz', – dann spotten sie ihrer selbst und wissen nicht wie! Wir wollen hoffen, dass die Kundgebung des Reichspräsidenten dazu beiträgt, der deutschen Reaktion ein schmählich gestohlenes Gut zu entreißen und das Freiheitslied des Vorkämpfers von 1848 aus dem Sumpf alldeutschen Kommersgegröhls in die reine Luft einer *republikanischen* Volkshymne zu erheben."[15] Die hier durchklingende wohlwollende Zustimmung für den Schritt Eberts, verbunden mit einer gewissen Genugtuung, war ein Spiegelbild der Haltung der Sozialdemokratie. Es gab weder lauten Jubel noch energischen Protest, auch nicht seitens der damals noch existierenden USPD. Alois Friedels Feststellung von 1956, Ebert sei „von der Einstellung eines großen Teiles der eigenen Partei" abgewichen, lässt sich nicht verifizieren.[16] Die Sozialdemokratie erkannte vielmehr an, dass es aus Sicht des Reichspräsidenten notwendig war, vereinzelte parteihistorische Bedenken hinter das gesamtstaatliche Interesse zurückzustellen.[17] Die bürgerlich-liberale *Vossische Zeitung* ergänzte abwägend: „Man darf doch nicht vergessen, dass in letzter Zeit gerade die rechtsradikalen Kreise sich des Liedes bemächtigt hatten, als ob es sich um eine Art von Parteigesang handelte." Trotz dieser nationalistischen Vereinnahmung bestehe „kein Grund, um solcher tendenziösen Entstellungen willen ein natio-

---

14 Gustav Radbruch: Friedrich Ebert / Deutschlands erster Reichspräsident, in: Der Leuchtturm 7 (1931), Nr. 59/60, 11.8.1931, Beilage (wieder abgedruckt in G. Radbruch: Biographische Schriften, S. 102-108, Zitat S. 106).
15 Vorwärts 11.8.1922. Der Verfasser des Artikels ist nicht bekannt.
16 A. Friedel: Politische Symbolik, S. 80. Belege bietet Friedel nicht.
17 Hans-Andreas Kroiß: 22 Reden und Aufsätze zum Verfassungstag (11. August) der Weimarer Republik. Ein Beitrag zur Erforschung der politischen Kultur der Zeit, phil. Diss. Augsburg 1985. S. 105.

nales Symbol aufzugeben". Vielmehr werde sich durch die Kundgebung Eberts eine ähnliche Entwicklung wie bei den Fahnen der Republik vollziehen: „Es war noch vor kurzer Zeit ganz unmöglich, Arbeitermassen unter einer anderen Flagge zusammenzubringen als unter der roten. Heute wehen schon Zehntausende von schwarz-rot-goldenen Fahnen über Arbeiterhäusern und Arbeiterversammlungen, draußen in den Lauben der Vorstädte und auf dem Marsch. Das ist ein Erfolg nationaler Erziehungsarbeit, den jeder anerkennen müsste, dem die nationale Sache nicht Parteiangelegenheit ist."[18]

Ebenso überrascht wie angetan von der Entscheidung des Reichspräsidenten waren die konservativen Kräfte. Der Entschluss, „das Deutschlandlied aus der parteipolitischen Fehde herauszuheben und es wieder zum Liede der Deutschen zu machen", habe die Zurückhaltung vieler in den Rechtsparteien gegen den sozialdemokratischen Reichspräsidenten dahinschmelzen lassen, schrieb Gustav Stresemann und ergänzte nach dem Tode Eberts in einer Würdigung: „Schätzen wir diese Symbolik nicht gering! Wir flaggen vielfach gegeneinander. Wie traurig, wenn wir noch gegeneinander sängen! So haben wir wenigstens ein Nationallied, das alle Deutschen eint und das Symbol unseres Sechzig-Millionen-Volkes ist."[19]

2.2. Der Kontext des Gesangs: 1848, Langemarck, Versailles

Das Lied der Deutschen war zu dem Zeitpunkt, als Ebert es zur Nationalhymne der Republik erklärte, Ausdruck einer von den Folgen des Krieges verstörten und den Bedingungen des Versailler Vertrages nachhaltig empörten *Germania irredenta*.[20] Republikanische Bemühungen um das Lied mussten deshalb bei dem Versuch ansetzen, dem aktuellen Kontext eine Rückbindung an die geistigen und politischen Voraussetzung zur Entstehungszeit von „Deutschland, Deutschland über alles" hinzuzufügen und dadurch den trotzig-chauvinistischen Beigeschmack zumindest zu mildern.

---

18 Vossische Zeitung 15.8.1922. Mit „Marsch" dürfte das flache Land, die Provinz gemeint sein.
19 G. Stresemann: Vermächtnis, Bd. 2, S. 40; ders.: Reden und Schriften. Politik-Geschichte-Literatur. 1897-1926. 2 Bde., Dresden 1926; hier Bd. 2, S. 225-233 (Nachruf in der *Zeit* vom 1. März 1925), Zitat S. 230.
20 So der Titel einer zeitgenössischen Publikation, deren Verfasser Mitglied im Minderheitenausschuss des Reichstages war (K. Doß: Köster, S. 122).

Zur Entstehung von „Deutschland, Deutschland über alles"

Ebenso wie die Farben schwarz-rot-gold weist das Lied in die freiheitlich-demokratische und nationale Tradition der ersten Hälfte des 19. Jahrhunderts zurück.[21] Der Germanist und Schriftsteller August Heinrich Hoffmann von Fallersleben (1798 bis 1874) schrieb das dreistrophige Lied im August 1841 auf der damals noch britischen Insel Helgoland. Hoffmann, ein nationalliberal und großdeutsch gesinnter Breslauer Literaturdozent, blieb von den Demagogenverfolgungen seiner Zeit nicht unbehelligt. Die Veröffentlichung der *Unpolitischen Lieder* 1840/41, deren Titel die Zensur irreführen sollte, begründete seinen Ruf als politischer Dichter, führte zur Entlassung aus dem Universitätsdienst und machte aus dem Professor einen politischen Flüchtling. Gleichwohl blieb der Dichter des Deutschlandliedes im politischen Vormärz und in der Bewegung von 1848 eher ein Außenseiter. Person und Werdegang Hoffmanns haben ebenso wie Text, historisches Umfeld und Wirkungsgeschichte der späteren Nationalhymne einen höchst ambivalenten Charakter, was für die Bedeutung des Liedes in der Weimarer Zeit nicht unwesentlich ist.

Pikant hinsichtlich der späteren Entwicklungen war die Tatsache, dass Hoffmann von Fallersleben seinem „Deutschland, Deutschland über alles" eine bereits 1797 entstandene Melodie beigab. Der österreichischen Komponist Joseph Haydn (1732 bis 1809) hatte mit ihr die Hymne „Gott erhalte Franz den Kaiser" aus der Feder von Lorenz Leopold Haschka vertont, die von 1806 bis

---

21 Die interdisziplinäre Forschung zum „Lied der Deutschen" ist deutlich polarisiert und tendiert zudem zu einer Vernachlässigung der Zeit vor 1933. Zwar von freudiger Genugtuung über Hitlers Machtergreifung erfüllt, doch sehr detailliert und deshalb nach wie vor unverzichtbar ist Heinrich Gerstenberg: Deutschland über alles! Vom Sinn und Werden der deutschen Volkshymne. Mit drei Kunstdrucktafeln und einem Anhang „Das Deutsche Nationallied" von Johann Friedrich Böhmer (1818) (Schriften der Deutschen Akademie, Nr. 16), München 1933. Die bisher einzige neuere Gesamtdarstellung (G. Knopp/E. Kuhn: Lied) ist zwar relativ ausgewogen, dafür jedoch auf Grund ihres journalistisch-populärwissenschaftlichen Charakters mit zahlreichen Schwächen behaftet. Einen guten Überblick bietet H. Hattenhauer: Nationalsymbole, S. 49-94, der sich trotz einiger Fragwürdigkeiten noch wohltuend von nationalkonservativer Apologetik abhebt, wie sie in der Gerstenberg-Nachfolge auftritt (Hans Tümmler: „Deutschland, Deutschland über alles". Zur Geschichte und Problematik unserer Nationalhymne, Köln/Wien 1979; besonders massiv bei Uwe Greve: Einigkeit und Recht und Freiheit. Kleine Geschichte des Deutschlandliedes, Hamburg 1982). Auf polemischen Widerspruch stößt der Nationalgesang demgegenüber u.a. bei Klaus Dede: Die missbrauchte Hymne. Ein Plädoyer, Oldenburg 1989, und Benjamin Ortmeyer: Argumente gegen das Deutschlandlied. Geschichte und Gegenwart eines Lobliedes auf die deutsche Nation, Köln 1991. Kritisch instruktiv sind die germanistischen Beiträge von Jost Hermand: Zersungenes Erbe. Zur Geschichte des „Deutschlandliedes", in: ders.: Sieben Arten an Deutschland zu leiden, Königstein i.T. 1979, S. 62-74, sowie zuletzt Birgit Lermen: „Dass ein gutes Deutschland blühe". Hoffmann von Fallerslebens „Lied der Deutschen" und Bertolt Brechts „Kinderhymne", in: Gerd Langguth (Hg.): Autor, Macht, Staat. Literatur und Politik in Deutschland. Ein notwendiger Dialog, Düsseldorf 1994, S. 86-109.

1918 die Kaiser- und Nationalhymne der österreichischen Habsburgermonarchie war. Das Lied war anlässlich des Geburtstages von Franz II. am 12. Februar 1797 im Wiener Burgtheater erstmals gespielt worden. Im Gegensatz zu dem stets umstrittenen Hoffmannschen Text fand Haydns Musik beständige allgemeine Wertschätzung.[22] Sprache und Musik gehen im Deutschlandlied eine eigentümliche Verbindung ein. Nach der Hymnentheorie von Ulrich Ragozat ist hier eine sakral-weihevollen Melodie mit einem volkstümlichen Text verknüpft.[23] Das birgt eine Spannung, die auch in der Rezeptionsgeschichte immer wieder zum Vorschein kam. Der Text des Liedes hat folgenden Wortlaut:[24]

(1) Deutschland, Deutschland über alles, / Über alles in der Welt, /
Wenn es stets zu Schutz und Trutze / Brüderlich zusammenhält, /
Von der Maas bis an die Memel, / Von der Etsch bis an den Belt – /
Deutschland, Deutschland über alles, / Über alles in der Welt!

(2) Deutsche Frauen, deutsche Treue, / Deutscher Wein und deutscher Sang /
Sollen in der Welt behalten / Ihren alten schönen Klang, /
Uns zu edler Tat begeistern / Unser ganzes Leben lang, /
Deutsche Frauen, deutsche Treue, / Deutscher Wein und deutscher Sang!

---

22 Willy Hellpach nannte die Melodie „von klassischem Ursprung und klassischem Zauber" (W. Hellpach: Prognose, S. 386), Theodor Heuss bescheinigte ihr „Genialität und Großartigkeit" (zit. nach Kurt Koszyk: Die verhinderte Hymne. Eine kulturpolitische Episode aus den 50er Jahren, in: ders./Volker Schulze (Hg.): Die Zeitung als Persönlichkeit. Festschrift für Karl Bringmann (Journalismus. Schriftenreihe der Stiftervereinigung der Presse, hg. von Franz Ronneberger/Karl Bringmann, NF Bd. 17), Düsseldorf 1982, S. 257-269, Zitat S. 258). Haydn hatte während eines seiner Aufenthalte in London beim Hören der britischen Königshymne „God save the King" den Plan gefasst, eine Hymne für Österreich zu komponieren. Vom Ergebnis war er selbst so angetan, dass er die Melodie auch für das Kaiserquartett op. 76 Nr. 3 verwendete und nach eigener Aussage bis zu seinem Tod jeden Morgen auf dem Klavier spielte (Joseph Haydn: Chronik seines Lebens in Selbstzeugnissen. Zusammengestellt und hg. von Willi Reich, Zürich ²1984, S. 319; zu Entstehung und Wesen des Kaiserquartetts siehe ebd. S. 234-238; Pierre Barbaud: Joseph Haydn in Selbstzeugnissen und Bilddokumenten, Reinbek 1960, S. 96-98; Walter Lessing: Die Streichquartette von Joseph Haydn. Eine Sendereihe im Südwestfunk, o.O. 1982, vervielfältiges Manuskript, S. 222f.).
23 Ulrich Ragozat: Die Nationalhymnen der Welt. Ein kulturgeschichtliches Lexikon, Freiburg i.Br. usw. 1982, S. 17. Hier werden drei Hymnentypen unterschieden: die Königshymne, einem Kirchenlied ähnelnd, Religiosität und Unterwürfigkeit betonend; die Volkshymne, impulsiv-aggressiv und mit patriotischer Begeisterung; die Landeshymne, Naturverbundenheit und Heimatliebe hervorhebend. Das Deutschlandlied ist also musikalisch eine Königshymne, vom Text her aber eine Mischform von Volks- und Landeshymne. Vgl. zur „Soziologie des Nationalliedes" Robert Michels: Der Patriotismus. Prolegomena zu seiner soziologischen Analyse, München/Leipzig 1929, S. 181-257.
24 Hoffmanns Autograph vom 26. August 1841 ist abgedruckt bei U. Greve: Einigkeit, S. 9. In der Literatur wird die Orthographie behutsam angeglichen, die Zeichensetzung variiert.

(3) Einigkeit und Recht und Freiheit / Für das deutsche Vaterland, /
Danach lasst uns alle streben / Brüderlich mit Herz und Hand, /
Einigkeit und Recht und Freiheit / Sind des Glückes Unterpfand. /
Blüh' im Glanze dieses Glückes, / Blühe, deutsches Vaterland!

Vom literarischen Standpunkt aus sind die Zeilen immens heterogen. Die erste Strophe war bereits im 19. Jahrhundert ein Streitpunkt im In- und Ausland. Nach der Erfahrung des Nationalsozialismus, dessen Kriegspolitik wie der Versuch einer Verwirklichung des Hoffmannschen Postulats erscheinen musste, sind die Zeilen endgültig diskreditiert. Zwar war die elliptische Formel „Deutschland über alles" vom Dichter wohl im Sinne der nationalen Idee gegen die einzelstaatlichen Gewalten des Deutschen Bundes gemeint, denn der Begriff *Deutschland* war zur Entstehungszeit des Liedes ein politisches Postulat, keine staatsrechtliche Gegebenheit. Später jedoch konnte die Formel beliebig interpretiert werden, bis hin zum NS-Herrenmenschentum. Kurt Tucholsky nannte die Passage polemisch-treffend den „törichten Vers eines großmäuligen Gedichts".[25] Das Begriffspaar „Schutz und Trutz" erzeugt in der historischen Betrachtung sofort einen Zusammenhang mit den Schutz- und Trutzbündnissen von 1866/70, die zur kleindeutschen Einigung mittels militärischer Gewalt führten. Irritationen mussten auch die über die Grenzen des Deutschen Bundes hinausgehenden geographischen Angaben hervorrufen, da sie offen ließen, ob ein Kulturkreis beschrieben oder einem Expansionsdrang Ausdruck verliehen werden sollte.[26]

---

25 K. Tucholsky: Deutschland, S. 230.
26 Die geographischen Angaben bei Hoffmann von Fallersleben entsprechen nicht, wie zuweilen apologetisch behauptet, den Grenzen des von 1815 bis 1866 bestehenden *Deutschen Bundes* (siehe hierzu die Karten in Lothar Wolf u.a.: Materialien zur Geschichte der deutschen Nationalhymne. Arbeitsheft zum Schulfernsehen. Hg. von der Landesbildstelle Berlin, Zentrum für audio-visuelle Medien, Berlin 1990, S. 9, 15). Zur Geographie im Deutschlandlied gibt es im Übrigen eine Reihe von Parallelstellen, die Erwähnung verdienen. Weniger als zwei Wochen nach der Entstehung des Liedes, am 8. September 1841, benannte Moritz Leopold Petri als Festredner bei der Grundsteinlegung des Hermannsdenkmals im Teutoburger Wald die Grenzen der durch Hermann gestifteten deutschen Nation: „Von der Weichsel bis an den Rhein, vom Deutschen Meer bis zu den Küsten der Adria" (zit. nach C. Tacke: Denkmal, S. 35). Diese Angaben waren immerhin konform mit der geographischen Ausdehnung des Deutschen Bundes. In dieser Hinsicht problematisch waren dagegen Äußerungen des Sozialdemokraten Wilhelm Sollmann im Zusammenhang mit dem Flaggenstreit und dem großdeutschen Postulat seiner Partei aus dem Jahre 1924, siehe Wilhelm Sollmann: Rhein und Republik, in: Fünf Jahre Deutsche Reichsverfassung. 1919-Weimar-1924. Hg. i.A. des Reichsbanners Schwarz-Rot-Gold von R. Mund/Wilhelm Kindermann, Jena o.J. [1924], o.P.: „Die Farben schwarz-weiß-rot irren zurück in eine versunkene Zeit, die uns nichts mehr zu bieten hat. Unser Reichsbanner ist das Zeichen einer großen Zukunft. Wir wollen sie erarbeiten und erleben als *eine Nation von den Ardennen bis zum Wienerwald* und mit einem großen Ziele für in Staat und Wirtschaft freie Menschen: *Deutschland!*" Diese Bemer-

Die zweite, sicherlich schwächste Strophe nimmt sich eher wie ein harmloses, mittelmäßiges Trinklied aus. Die Banalität der Zeilen und besonders das implizite Unterfangen, den weiblichen Bevölkerungsteil Deutschlands quasi zum nationalen Inventar neben Wein und Sang zu degradieren, wurden schon in der Hoch-Zeit des Wilhelminismus als pädagogisch bedenklich empfunden.[27] Dagegen operiert die dritte Strophe mit ebenso unverbindlichen wie einprägsamen Schlagworten, die in den verschiedenen historischen Situationen im 19. und 20. Jahrhundert eine immense Bedeutung in der deutschen Geschichte hatten: Einigkeit, Recht, Freiheit, Vaterland. Die Begriffe erinnern an die Parolen der Burschenschaften, in deren Umfeld auch die Farben schwarz-rot-gold entstanden.

Die Rezeption bis zum Ersten Weltkrieg

Gemeinsam ist allen drei Strophen stilistisch und inhaltlich der Bezug zu den Ideen der Vormärzzeit und der Revolution von 1848. Folgerichtig war es einer der großen 1848er, der badische Jurist Theodor Welcker, zu dessen Ehren das Lied zum ersten Male öffentlich gesungen wurde.[28] Als Revolutionsgesang der national-freiheitlichen Bewegung von 1848 trat das Lied indes nicht in Erscheinung, und nach dem Scheitern der Revolution ließ die Restauration nicht lange auf sich warten, ehe 1871 eine „Revolution von oben" die erste deutsche Eini-

---

kung ist angesichts der Lage der Ardennen mitten in Belgien, das im Ersten Weltkrieg vom Deutschen Reich völkerrechtswidrig überfallen worden war, zumindest irritierend. Vergleichsweise vorsichtig war Paul Löbe, der im gleichen Jahr als Ziel des Reichsbanners Schwarz-Rot-Gold die Vorbereitung des Tages bezeichnete, „wo die Grenzpfähle fallen und die Fahnen der geeinten Republik wehen vom Donaustrand und Alpenhang bis zu den Halligen im deutschen Meer"; zit. nach Paul Löbe: Das Banner für die Republik, in: Das Reichsbanner Schwarz Rot Gold. Beiträge von Paul Löbe u.a., Berlin o.J. [1924], S. 5-7, Zitat S. 7). Der völkisch orientierte Berliner Germanist Gustav Roethe stellte 1926 in einem Vortrag die deutsche Geographie in den Dienst des Revanchismus (zit. nach H. Münkler: Siegfrieden, S. 97f.): Wenn „das Land an Maas und Rhein, Weichsel und Memel", also die abgetretenen Gebiete, Deutschland die Treue halten würden, so würde es wie im Nibelungenlied einmal Rache geben: „Dann naht auch die Stunde der rächenden Rettung, und die Toten des Weltkrieges, die Helden unserer Vergangenheit, erstehen zu neuem Leben." Eine direkte Antwort auf die Hoffmannsche Geographie gab Bertolt Brecht in seiner *Kinderhymne* von 1950 mit den Zeilen „Von der See bis zu den Alpen, / Von der Oder bis zum Rhein", die seit der Vereinigung von 1990 exakt die Grenzen Deutschlands bilden (B. Lermen: Deutschland, S. 103).

27 G. Knopp/E. Kuhn: Lied, S. 55f.
28 Am 5. Oktober 1841 brachten Hamburger Sänger und Turner dem Heidelberger Juristen Karl Theodor Welcker, einem der Führer des süddeutschen Liberalismus und späteren Abgeordneten in der Frankfurter Nationalversammlung, ein Ständchen dar, bei dem auch das Lied der Deutschen gesungen wurde; siehe Fritz Sandmann: Das Deutschlandlied und der Nationalismus, in: Geschichte in Wissenschaft und Unterricht 13 (1962), S. 636-656, hier S. 648.

gung brachte. Deshalb fand das „Lied der Deutschen" lange Jahre keinen bedeutenden Platz im öffentlichen Bewusstsein in Deutschland. Die Diskrepanz zwischen den nationalen, großdeutschen Hoffnungen von 1848 und der Realität des 1871 gegründeten kleindeutschen Kaiserreiches spiegelte sich sinnfällig im offiziellen Liedgut der frühen Hohenzollernmonarchie. Das Deutschlandlied fand wegen seiner Herkunft aus dem Dunstkreis von 1848, für Bismarck und Wilhelm I. Geburtsjahr allen demokratischen Aufruhrs, offiziell wenig Anklang.[29] Zur Kaiserhymne des neuen Reiches wurde die Preußenhymne *Heil dir im Siegerkranz* erhoben und besonders bei festlichen Veranstaltungen in Anwesenheit des Kaisers gesungen. Ihr stellte sich als inoffizieller Nationalgesang die berühmte *Wacht am Rhein* zur Seite. Im Jahr 1840 im Zuge der massenwirksamen Rheinlied-Bewegung enstanden, verdankte das Lied seine große Beliebtheit dem deutsch-französischen Krieg von 1870/71 und wurde in der Folgezeit zum unverzichtbaren Bestandteil aller Erinnerungsfeiern an den Gründungsmythos des neuen Reiches, den Sieg über Napoleon III.[30] Beide Lieder unterstrichen den monarchischen und militärischen Charakter des Hohenzollernreiches. Hinzu trat eine Reihe von beliebten Landeshymnen wie „Schleswig-Holstein meerumschlungen" oder „Gott mit dir, du Land der Bayern", die ganz überwiegend Produkte des 19. Jahrhunderts waren und angesichts des traditionell starken Föderalismus in Deutschland ihre große Bedeutung auch nach der Gründung des Nationalstaates behielten. Erst im Zuge des forcierten Kaiser- und Reichskultes nach der Amtsübernahme von Wilhelm II. im Jahr 1888 wur-

---

29 Hoffmann von Fallersleben begrüßte die Reichseinigung von 1871 zwar euphorisch, musste jedoch drei Jahre später kurz vor seinem Tode resigniert dichten: „(...) Und ich sang von Deutschland wieder, / Sang in Freud' und Hoffnung nur, / Doch mein ‚Deutschland über alles!' / Kam und ward – Maculatur" (zit. nach ebd. S. 651). Die Parole „Deutschland über alles" war übrigens bereits 1867 in Frankreich auf Kritik gestoßen. Derlei Irritationen wären auch umgekehrt kaum ausgeblieben, käme etwa in der französischen Nationalhymne eine Textpassage wie „(...) bis zum Rhein" vor.

30 Der Text von *Heil dir im Siegerkranz* stammt von Heinrich Harries. Das Lied, 1793 zur preußischen Königshymne erhoben, wurde nach der Melodie der britischen Nationalhymne gesungen, ein interessanter Aspekt, da auf der anderen Seite der sozialdemokratischen *Arbeiter-Marseillaise* immer die französische Melodie zum Vorwurf gemacht wurde. Der Text der „Wacht am Rhein" aus der Feder von Max Schneckenburger ist abgedruckt in H. Lamprecht: Deutschland, S. 35f. Zur Rheinlied-Bewegung um 1840 siehe Hagen Schulze: Der Weg zum Nationalstaat. Die deutsche Nationalbewegung vom 18. Jahrhundert bis zur Reichsgründung (Deutsche Geschichte der neuesten Zeit vom 19. Jahrhundert bis zur Gegenwart, hg. von Martin Broszat u.a.), München ^{5}1997, S. 80-82. Schulze sieht zu Recht auch die Entstehung des Deutschlandliedes in diesem Zusammenhang. Von Hoffmanns Verleger Julius Campe, der das Lied bereits wenige Tage nach der Entstehung der Strophen samt Arrangement veröffentlichte, ist die Bemerkung überliefert: „Wenn es einschlägt, so kann es ein Rheinlied werden" (zit. nach H. Gerstenberg: Deutschland, S. 99).

den der regionale Herrscherkult und mit ihm dessen Gesangsgut aus dem Zentrum der politischen Symbolik verdrängt.[31]

Im Zuge dieses Prozesses errang das Lied der Deutschen fünfzig Jahre nach seiner Entstehung ein erstes bescheidenes Maß an Bedeutung. Das Kaiserreich existierte bereits fast zwei Jahrzehnte, als der Hoffmann-Haydnsche Gesang im August 1890 erstmals bei einer amtlichen Zeremonie intoniert wurde. Dabei handelte es sich bezeichnenderweise um die feierliche Übernahme der gegen Sansibar eingetauschten Insel Helgoland, wo Hoffmanns drei Strophen weiland entstanden waren.[32] Weitere elf Jahre vergingen, ehe das Lied erstmals in Anwesenheit des Kaisers intoniert wurde. Bei diesem Anlass, der Enthüllung des Bismarckdenkmals auf dem Berliner Königsplatz 1901, scheint das Deutschlandlied zum ersten Male die offizielle Kaiserhymne verdrängt zu haben. Hier trat auch erstmals zu Tage, dass es gerade der aufkommende Bismarck-Mythos war, der sich im Zuge der Schaffung von Hunderten von Denkmälern für den *Schmied des Reiches* zunehmend der Hoffmannschen Strophen bemächtigte, obwohl der Reichskanzler von dem Lied nie etwas hatte wissen wollen.[33] Hinter diesem Kult standen politische Kreise, für deren Begriffe die wilhelminische Weltpolitik nicht weit genug ging. Die kaiserkritische, völkisch und imperialistisch gesinnte Rechtsopposition hatte maßgeblichen Anteil daran, dass sich um die Jahrhundertwende die allgemeine Auffassung über die Bedeutung von „Deutschland über alles" bereits erheblich gewandelt hatte. Die missverstandene Formel wurde nun gezielt in völkisch-imperialistischem Sinne eingeengt. „Nachdem die nationale Einheit erreicht war und der Sinn des Liedes aus der demokratisch geprägten Vormärzzeit nicht mehr verstanden wurde, geriet es mehr und mehr zum Ausdruck völkischer Selbstüberschätzung, eines überstei-

---

31 Anhand des bayerischen Beispiels veranschaulicht diesen Ablösungsprozess Werner K. Blessing: Der monarchische Kult, politische Loyalität und die Arbeiterbewegung im deutschen Kaiserreich, in: Gerhard A. Ritter (Hg.): Arbeiterkultur. Überarbeitete dt. Ausgabe des Heftes „Workers' Culture" des Journal of Contemporary History Bd. 13/2, April 1978, hg. von Walter Laqueur/George L. Mosse (Neue Wissenschaftliche Bibliothek, Bd. 104, Geschichte), Königstein i.Ts. 1979, S. 185-208.
32 H. Gerstenberg: Deutschland, S. 75.
33 „Deutschland, Deutschland über alles" wurde bereits bei einer der ersten Bismarckhuldigungen in seinem Alterssitz Friedrichsruh im Sommer 1890 von den Teilnehmern „in Augenblickswallung angestimmt, wobei Bismarck gerührt und ergriffen mit der Hand den Takt zu der Melodie schlägt" (ebd. S. 76). Sollte dieser Augenzeugenbericht keine Legende sein, so ist dies ein Zeichen für die zunehmende Verklärung beim alten Bismarck, dem der 1848er Hoffmann von Fallersleben samt seinem Deutschlandlied ein Gräuel gewesen sein muss. Ferner wurde das Lied unter anderem bei der Einweihung des Bismarck-Denkmals in Hamburg 1906 und bei der Grundsteinlegung des Wuppertaler Bismarckturmes 1907 gesungen; siehe Reinhard Alings: Monument und Nation. Das Bild vom Nationalstaat im Medium Denkmal – zum Verhältnis von Nation und Staat im deutschen Kaiserreich 1871-1918 (Beiträge zur Kommunikationsgeschichte, hg. von Bernd Sösemann, Bd. 4), Berlin/New York 1996, S. 246f., 385).

gerten Nationalismus und eines inhaltsleeren Hurra-Patriotismus."[34] Die Kritik von außen setzte früh ein. Bereits 1867 wurde während einer Militärdebatte in der französischen Abgeordnetenkammer geäußert, eine Nation, die ein solches Lied singen könne, verrate einen Mangel an Bescheidenheit.[35] Das Lied der Deutschen wurde aber nicht nur für eine Machtdemonstration nach außen verwendet, sondern auch und vor allem im Kampf gegen die vorgeblichen inneren Reichsfeinde instrumentalisiert. 1899 sah Max Schneidewin in dem Gesang „ein ganz spezifisches Erkennungszeichen des Antisemitismus"[36], und mit dem Lied auf den Lippen haben Gegner der Sozialdemokratie offenbar wiederholt Arbeiterversammlungen gesprengt.[37]

So entsprach es der politischen Logik, dass die sozialdemokratische Arbeiterbewegung, die im Kaiserreich bedrängt und verfolgt wurde, sowohl die offiziellen Hymnen als auch das Deutschlandlied als feindlich empfand und deshalb ablehnte. Die als *vaterlandslose Gesellen* diffamierten Proletarier verbanden damit Begriffe, zu deren Inhalten sie in fundamentaler Opposition standen: Monarchie, Militarismus, Nationalismus. Die Lieder fanden aus diesem Grund keine Aufnahme in das 1890 in Zürich erschienene *Sozialdemokratische Liederbuch*.[38] Beliebt war allenfalls, die Melodie des Deutschlandliedes für Parodien zu verwenden. In den sozialdemokratischen Sängerkreisen des Kaiserreiches waren mindestens fünf Textparodien auf „Deutschland, Deutschland über alles" im Umlauf.[39] Ansonsten hatte das Proletariat einen festen Liederkanon. Allen voran wurden die *Arbeiter-Marseillaise*, eine deutsche Fassung der französischen Nationalhymne, sowie der Marsch „Auf, Sozialisten, schließt die Reihen" und später die *Internationale* gesungen.[40] Als jedoch mit dem Beginn des Ersten

---

34 G. Knopp/E. Kuhn: Lied, S. 56.
35 [Karl Vetter:] Weshalb: Deutschland Deutschland über Alles? Von einem Deutschen, Berlin 1923, S. 12.
36 Max Schneidewin: Ein neues Nationallied für „Deutschland, Deutschland über alles", in: Die Kritik 14 (1898/99), S. 90-96, Zitat S. 92.
37 Siehe das Memorandum aus dem Reichsinnenministerium vom 30. Juli 1920 (BArchBln R 15.01/16880, Bl. 34-36, abgedruckt in U. Mader: Deutschlandlied, S. 1096-1099.
38 Ulrich Günther: ... über alles in der Welt? Studien zur Geschichte und Didaktik der deutschen Nationalhymne, Berlin/Neuwied 1966, S. 87.
39 Vernon L. Lidtke: Lieder der deutschen Arbeiterbewegung, 1864-1914, in: Geschichte und Gesellschaft 5 (1979), S. 54-82, hier S. 71. Zum beliebten Parodieverfahren siehe ebd. S. 70-75. Beispiele in: Singe mit! Eine Sammlung politischer und gewerkschaftlicher Kampfeslieder. Nach der Beschlagnahme geänderte und ergänzte Auflage, Leipzig 1909, S. 14f. („Lied von der Freiheit!"), 23f. („Mailied"). Letzteres ist auch abgedruckt bei Udo Achten: Wenn ihr nur einig seid. Texte, Bilder und Lieder zum 1. Mai, Köln 1990, S. 75.
40 Die *Internationale* wurde unmittelbar nach dem blutigen Ende der Pariser Commune 1871 von Eugène Pottier verfaßt und einem der Communarden zugeeignet. Die Melodie schrieb 1888 Pierre Degeyter. Das Lied wurde nach der Jahrhundertwende auch in Deutschland populär. Unter den verschiedenen Übertragungen setzte sich in den 20er Jahren die von Emil Luckhardt durch (abgedruckt in Walter Moßmann/Peter Schleuning: Alte und neue politi-

Weltkriegs die nationenübergreifende Klassensolidarität ihren Zusammenbruch erlebte, war die Internationale vorerst obsolet, und es begann auch gesangsgeschichtlich eine neue Epoche. Denn nun wurde das Lied der Deutschen, das im Kaiserreich immer eine marginale Rolle gespielt hatte, auch in nicht nationalistischen Kreisen schlagartig populär. Zwar ist noch vom Tage des Kriegsausbruches, dem 1. August 1914, ein Fall bekannt, bei dem Bergleute das auf der Straße einsetzende „Deutschland, Deutschland über alles" mit dem Refrain eines Arbeiterliedes übertönten.[41] Aber nur wenige Wochen später, mit dem Ursprungsereignis des *Langemarck-Mythos*, schien ein Bann gebrochen. Der Hoffmann-Haydnsche Gesang wurde rasch zum Volkslied, und die Erhebung zur Nationalhymne durch den Sozialdemokraten Ebert 1922 erfolgte insofern quasi „in der Anerkennung des Tatbestandes".[42]

Langemarck: Mythos und Wahrheit

Der kleine Ort Langemarck in der belgischen Provinz Westflandern, rund hundert Kilometer westlich von Brüssel gelegen, wurde der deutschen Öffentlichkeit durch einen Gefechtsbericht der Obersten Heeresleitung über die Ypernschlacht im Herbst des ersten Weltkriegsjahres schlagartig berühmt: „Westlich Langemarck brachen junge Regimenter unter dem Gesange ‚Deutschland, Deutschland über alles' gegen die erste Linie der feindlichen Stellungen vor und nahmen sie."[43] Dieser lapidare Satz aus einem OHL-Gefechtsbericht, veröffent-

---

sche Lieder. Entstehung und Gebrauch, Texte und Noten, Reinbek 1978, S. 174f.). Die *Arbeiter-Marseillaise* von Jakob Audorf („Wohlan, wer Recht und Wahrheit achtet") entstand 1864 anlässlich einer Gedächtnisfeier für Ferdinand Lassalle (Text in: Von unten auf. Ein neues Buch der Freiheit. Gesammelt und gestaltet von Franz Diederich. 2 Bde, Berlin 1911, hier Bd. 2, S. 73f.). Der *Sozialisten-Marsch* („Auf, Sozialisten, schließt die Reihen") wurde von dem sozialdemokratischen Journalisten Max Kegel getextet und von Carl Gramm vertont (Text ebd. S. 94).

41 Karl Adamek: Politisches Lied heute. Zur Soziologie des Singens von Arbeiterliedern. Empirischer Beitrag mit Bildern und Noten (Schriften des Fritz-Hüser-Instituts für deutsche und ausländische Arbeiterliteratur der Stadt Dortmund, hg. von Rainer Noltenius, Reihe 2/Bd. 4), Essen 1987, S. 36.

42 Die Formulierung gebrauchte Bundespräsident Theodor Heuss, als er das Deutschlandlied 1952 als Staatshymne der Bundesrepublik anerkannte (zit. nach K. Koszyk: Hymne, S. 265).

43 OHL-Tagesbericht vom 10. November 1914 zit. nach Reinhard Dithmar (Hg.): Der Langemarck-Mythos in Dichtung und Unterricht, Neuwied usw. 1992, S. 5. Vgl. zu Langemarck und den folgenden Einzelheiten Karl Unruh: Langemarck. Legende und Wirklichkeit, Koblenz 1986; G. Knopp/E. Kuhn: Lied, S. 57-71; Bernd Hüppauf: Schlachtenmythen und die Konstruktion des „Neuen Menschen", in: Gerhard Hirschfeld u.a. (Hg.): Keiner fühlt sich hier mehr als Mensch ... Erlebnis und Wirkung des Ersten Weltkriegs (Schriften der Bibliothek für Zeitgeschichte. NF, hg. von Gerhard Hirschfeld, Bd. 1), Essen 1993, S. 43-84. Die Ypernschlacht vom 21. Oktober bis zum 11. November 1914 war die erste Schlacht in Flandern zwischen der 4. deutschen Armee und englisch-französisch-belgischen Truppen.

licht am 11. November 1914 in der deutschen Tagespresse, hat „über Jahrzehnte eine eigentümliche Gewalt ausgeübt und einen Strom von falschen, irrigen, verzerrten und übertriebenen Darstellungen entstehen lassen", so Karl Unruh.[44] Das heroische Bild von den „singenden Helden", von den jugendlichen Kriegsfreiwilligen, die mit dem Deutschlandlied auf den Lippen opferbereit in den Kampf ums Vaterland ziehen, machte aus dem flandrischen Flecken eines der großen, beschwörenden Schlagworte der deutschen Propaganda im Ersten Weltkrieg. Langemarck wurde rasch zum Mythos.

Der Reiz des Mythos ist sein geheimnisvoller und dunkler Ursprung, der eine gewisse, mehr oder weniger stark ausgeprägte Kernwahrheit enthält. In diesem Falle allerdings ist an dem mythengebärenden Satz so gut wie alles falsch. Die wissenschaftliche Forschung hat das erst vor wenigen Jahren mit einigem Erstaunen zur Kenntnis genommen. Der betreffende Vorstoß hatte in einem Kampfabschnitt stattgefunden, der dem Ort Bixschote wesentlich näher lag als das fünf Kilometer entfernte Langemarck, das zudem mit Hilfe einer verfälschend eindeutschenden ck-Endung einen besseren Klang erhielt. Eine glatte Lüge war die Behauptung, die Truppen hätten aus „jungen Regimentern" bestanden: Der Anteil der Jugendlichen und Freiwilligen – später wurde das Bild noch in Richtung „junge Freiwillige" geschärft – in dem betreffenden Regiment betrug weniger als ein Fünftel. Die gravierendste Verfälschung jedoch war, dass hier ein Angriff verklärt wurde, der in Wahrheit mit einem Inferno für die deutschen Truppen endete. Langemarck war ein Pyrrhussieg.

Bleibt die Frage nach dem Deutschlandlied, das dem Mythos von Langemarck erst zu seiner durchschlagenden Wirkung verhalf – und umgekehrt. Mehrere deutsche Regimentsberichte aus dem Ersten Weltkrieg bestätigen, dass von den Soldaten des öfteren Lieder als Erkennungszeichen gesungen wurden, allerdings viel häufiger die *Wacht am Rhein* als die spätere Nationalhymne. Deshalb spricht einiges dafür, dass die Liedangabe des OHL-Gefechtsberichts ebenso falsch ist wie alle anderen Informationen. Nachdem dann der Mythos geboren war, wurde das Deutschlandlied wiederholt in Berichte und Erinnerungen hineinprojiziert. Dieser Vorgang lässt sich anhand des bekanntesten Teilnehmers an der Ypernschlacht, dem im Verlauf der Kämpfe zum Gefreiten beförderten Adolf Hitler, belegen. Hitler war Mitglied des 16. bayerischen Reserve-Infanterie-Regiments „List", das unter anderem bei Gheluvelt, rund zehn Kilometer südöstlich von Langemarck, zum Einsatz kam. In *Mein Kampf* erwähnte Hitler den Gesang des Deutschlandliedes, wurde jedoch in diesem Punkt von der offiziellen Regimentsgeschichte korrigiert, die vom Absingen der

---

44 K. Unruh: Langemarck, S. 196. Die folgende „singenden Helden" ebd. S. 163.

Wacht am Rhein als Erkennungszeichen berichtet.[45] Aber an dem Mythos, der das Deutschlandlied mit der Erinnerung an das vorgebliche Heldentum von Langemarck verknüpfte, war nicht mehr zu rütteln. Selbst bis zum Kaiser war die Kunde durchgedrungen. Bei einem Truppenbesuch nahe Belgrad Anfang 1916 betonte Wilhelm II.: „Es hat selten etwas einen so tiefen Eindruck gemacht, wie, als in Deutschland bekannt wurde, dass ein Regiment dieses Korps sich mit dem Gesang ‚Deutschland, Deutschland über alles' mit gefälltem Bajonett dem Feinde entgegengeworfen hat. Das weiß in Deutschland jedermann."[46]

Burgfriede mit dem Deutschlandlied

Das Deutschlandlied errang im Windschatten des Mythos bereits während des Weltkrieges einen ersten Popularitätshöhepunkt. Aus dieser Zeit stammen auch die ersten Stimmen, die eine Erhebung zur offiziellen Nationalhymne forderten.[47] Wenn der Sozialdemokrat Friedrich Ebert dies später in die Tat umsetzte, so war er sich darüber im Klaren, dass seine Partei zwar eine völkisch-nationalistische Deutung des „Deutschland über alles" abgelehnt, jedoch durch ihre Eingliederung in den nationalen Konsens ab 1914 auch mit dem Deutschlandlied eine Art Burgfrieden geschlossen hatte. Das Singen der Hymne war für sie „ein ebenso revolutionärer Akt wie die Bewilligung der Kriegskredite", so Ekkehard Kuhn.[48] Der Sozialdemokrat Konrad Haenisch hat diese symbolische Hinwendung in pathetischen Worten beschrieben: „Diese Angst: wirst du auch nicht zum Halunken an dir selbst und deiner Sache – *darfst* du auch so fühlen, wie es dir ums Herz ist? Bis dann – ich vergesse den Tag und die Stunde nicht – plötzlich die furchtbare Spannung sich löste, bis man *wagte*, das zu sein was man doch war, bis man – allen erstarrten Prinzipien und hölzernen Theorien zum Trotz – zum ersten Male (zum ersten Male seit fast einem Vierteljahrhundert wieder!) aus vollem Herzen, mit gutem Gewissen und ohne jede Angst, dadurch zum Verräter zu werden, einstimmen durfte in den brausenden Sturmgesang: *Deutschland, Deutschland über alles*, unbekümmert um den schnöden Missbrauch, der so lange mit diesem schönen Liede des wackeren alten Demokraten Hoffmann von Fallersleben getrieben worden war!"[49]

---

45 Helmut Kopetzky: In den Tod – Hurra! Deutsche Jugend-Regimenter im Ersten Weltkrieg. Ein historischer Tatsachenbericht über Langemarck (Kleine Bibliothek, Politik-Wissenschaft-Zukunft, Bd. 228), Köln 1981, S. 137.
46 Zit. nach K. Unruh: Langemarck, S. 170f.
47 H. Gerstenberg: Deutschland, S. 91f.
48 G. Knopp/E. Kuhn, Lied, S. 59.
49 Konrad Haenisch: Die deutsche Sozialdemokratie in und nach dem Weltkriege, Berlin ⁴1919, S. 110f.

Diese Bemerkung umschreibt in Grundzügen bereits die geänderte Haltung der gemäßigten Weimarer Sozialdemokratie zum Deutschlandlied. Unmittelbar nach Kriegsende füllte der Gesang von „Deutschland, Deutschland über alles" mit einem Male und, im Gegensatz zu der etwas herbemühten schwarz-rot-goldenen Trikolore, auf natürliche Weise eine Lücke, die sich mit dem Verschwinden der Monarchie samt ihrer Symbole und Rituale aufgetan hatte. Das Lied, in dem sich der Heldenkult von Langemarck ebenso verkörperte wie die einhellige Ablehnung des Versailler Vertragswerkes, wurde in den ersten Weimarer Jahren zum nationalen Protestgesang gegen die deutsche Alleinschuld am Kriegsausbruch und die alliierten Friedensbestimmungen. Dieser Protest war parteiübergreifend und setzte den Burgfrieden von 1914 für einen letzten Moment fort. Berühmt ist die Szene bei der Sitzung der Nationalversammlung nach Bekanntgabe der Friedensbedingungen am 12. Mai 1919 in der Aula der Berliner Universität. Nachdem Scheidemann das Bild der *verdorrenden Hand* gebraucht hatte, fügte der Präsident der Versammlung, der Zentrumspolitiker Konstantin Fehrenbach, in seiner großen Widerrede gegen Versailles hinzu: „Meine Damen und Herren, wie in glücklichen Tagen, so jetzt in dieser ernsten Stunde bekennen wir uns zu unserem *vaterländischen Hymnus*. Er ist missdeutet worden. Man hat gesagt, es sei eine Überhebung gegenüber den anderen Völkern. Nein, das ist er nicht. Er ist nur der Ausdruck unserer innigen, gemütstiefen Liebe zu unserer Heimat. Er war der Ausdruck der Verehrung für das Land unserer Väter. Er war der Ausdruck der Freude über seine Kraft und Stärke. Er war der Ausdruck des Heimwehs für alle die, die in fernen Landen deutsche Laute entbehren mussten." Als Fehrenbach dann mit dem gebetshaften Bekenntnis „Wie in glücklichen Tagen so auch heute und für immer in schwerer Not und bedrängter Stunde rufen wir hinaus: ‚Deutschland, Deutschland über alles!'" seine Rede beschloss, erntete er stürmischen Applaus von allen Seiten der Versammlung.[50] Grund für diese ungewöhnliche Eintracht von rechts bis weit nach links war wohl nicht nur die allgemeine Empörung über die Friedensbedingungen, sondern auch die Tatsache, dass der Präsident der Nationalversammlung das Lied der Deutschen mit dem Begriff der Heimatliebe in Verbindung brachte und damit in einem Sinne deutete, der den Gesang auch für Linke und Liberale akzeptabel machte.

---

50 VNV Bd. 327, S. 1111 (12.5.1919). Der Vorwärts berichtete am 13. Mai über „Zischen, Unruhe und Zurufe" seitens der USPD-Fraktion. In den stenographischen Berichten der Nationalversammlung ist lediglich allgemeines Bravo und Händeklatschen vermerkt. Aus ihnen geht auch nicht hervor, dass das Deutschlandlied zum Schluss der Sitzung von den Abgeordneten gesungen worden ist, wie in der Literatur ebenso unzutreffen wie nachhaltig behauptet wird (siehe etwa H. Tümmler: Deutschland, S. 10f.; U. Greve: Einigkeit, S. 11; G. Knopp/E. Kuhn: Lied, S. 72f.).

In der Folgezeit aber, als die Parteien und Koalitionen vor die Wahl gestellt wurden, dem Vertragswerk von Versailles durch pragmatische Politik oder aber durch obstruktiven Nationalchauvinismus und Revanchismus zu begegnen, fand das Deutschlandlied bei denjenigen Kräften wesentlich stärkere Verbreitung, die der zweiten Option zuneigten. Auch die zahlreichen Aktualisierungen des Textes, die in der ersten Nachkriegszeit auftauchten, sind eher vom Geist der *Germania irredenta* geprägt. Eine dieser Umdichtungen entstand im Sommer 1919 aus der Feder des Münchener Schriftstellers Albert Matthäi und wurde als *Trutz-Strophe* weithin bekannt: „Deutschland, Deutschland über alles / Und im Unglück nun erst recht. / Nur im Unglück kann die Liebe / Zeigen, ob sie stark und echt. / Und so soll es weiter klingen / Von Geschlechte zu Geschlecht: / Deutschland, Deutschland über alles / Und im Unglück nun erst recht."[51] Neben dem berüchtigten „Hakenkreuz am Stahlhelm" zählte das Deutschlandlied zum Gesangsgut, mit dem die rechtsradikalen Kapp-Putschisten im März 1920 unter der schwarz-weiß-roten Fahne in Berlin einzogen.[52] Es hatte den Anschein, als liefe das Lied Gefahr, zum zweiten Male nach dem wilhelminischen Zeitalter zu einer Parteihymne zu werden, diesmal der Partei der nationalistischen Antirepublikaner. Einer der prominentesten Freunde des Liedes der Deutschen in den Reihen der Sozialdemokratie, Philipp Scheidemann, fasste die Situation prägnant zusammen: „Es gab keine neue republikanische Nationalhymne, und nicht alle getrauten sich, das treffliche Deutschlandlied zu übernehmen, weil es die Rechtsparteien sangen."[53] Hieraus entwickelte sich republikanischer Handlungsbedarf.

2.3. „Sanges-Schmerzen und Lieder-Bedenken": Die Zeit bis 1922

Für das offizielle republikanische Deutschland gestaltete sich die Frage einer Hymne für den neuen Staat ähnlich schwierig wie die Flaggenfrage. Da sich jedoch die Verwendung des musikalischen Staatssymbols auf wenige Anlässe beschränkte, stellte sich das Problem nicht so akut wie das der Reichsfarben, mit denen man, im Wortsinne, permanent Flagge zeigen musste. Dennoch trug sich die junge Republik in den ersten Nachkriegsjahren in „Sanges-Schmerzen und Lieder-Bedenken", wie Philipp Scheidemann treffend schrieb.[54] Nachdem bereits während des Krieges Bestrebungen gescheitert waren, das populär ge-

---

51 Zit. nach G. Knopp/E. Kuhn: Lied, S. 74.
52 U. Greve: Einigkeit, S. 11.
53 Philipp Scheidemann: Memoiren eines Sozialdemokraten. Ungekürzte Volksausgabe, Dresden 1930, S. 421.
54 Ebd.

wordene Lied der Deutschen von Hoffmann von Fallersleben zur Nationalhymne zu machen, ging man das Problem auch nach dem Umsturz eher zögerlich an. Die republikanische Verfassung sah kein Nationallied vor. Überlegungen in dieser Richtung wurden erstmals im Mai 1920 angestellt, als der neue Reichswehrminister Otto Geßler (DDP) in einem Schreiben an den Reichsinnenminister, seinen Parteifreund Erich Koch-Weser, eine Erhebung des Gesanges „Deutschland, Deutschland über alles" zur Nationalhymne vorschlug.[55] Etwa zur gleichen Zeit trafen die ersten Anfragen aus dem Ausland in Berlin ein, die sich nach einer bei offiziellen Anlässen zu spielenden Hymne der deutschen Republik erkundigten.[56] Im Reichsinnenministerium entstand daraufhin eine Denkschrift, die sich mit den rechtlichen und politischen Voraussetzungen für die Benennung einer Nationalhymne sowie mit dem in Frage kommenden Deutschlandlied beschäftigte.[57] Das Memorandum brachte massive Bedenken gegen den Text vor. Daraufhin schoben die zuständigen Behörden und die Parteien die Angelegenheit zunächst wieder zur Seite. An diesem dilatorischen Vorgehen, das als das Charakteristikum der gesamten offiziellen Symbolpolitik in der jungen Republik wahrgenommen wurde, kam berechtigte Kritik auf. Scheidemann bezeichnete das Vorgehen als „zimperlich".[58] Bei den ohnehin spärliche republikanischen Feiern und Veranstaltungen in der ersten Nachkriegsphase wurde entweder gar nicht gesungen, oder man intonierte als Ersatz für die obsoleten Hymnen der Kaiserzeit Lieder wie „Brüder reicht die Hand zum Bunde" aus Mozarts Freimaurerkantate.[59] Als sich der Reichstag im Oktober 1920 erstmals flüchtig dem Thema Nationalhymne zuwandte, blieb dem parteilosen Außenminister Walter Simons nichts anderes übrig, als ohne Umschweife die Schwierigkeiten bei der Suche nach einer Hymne zu benennen: „Augenblicklich hat das deutsche Volk keinen nationalen Gesang. Jedes Lied, das wir vorschlagen würden, wenn es noch so sehr von der einen Seite bejubelt würde, würde von der anderen Seite ausgepfiffen."[60]

---

55 BArchBln R 15.01/16880, Bl. 2 (Schreiben vom 4.5.1920). Der Brief, veröffentlicht bei U.Mader: Deutschlandlied, S. 1095f., enthielt eine vorauseilende Verneigung vor dem deutschen Föderalismus: „Die Beibehaltung der eigenen Nationalhymne der deutschen Bundesstaaten soll hierdurch nicht berührt werden."
56 BArchBln R 15.01/16880, Bl. 5.
57 Siehe das Memorandum aus dem Reichsinnenministerium vom 30. Juli 1920 (BArchBln R 15.01/16880, Bll. 34-36, bei Mader S. 1096-1099. Die so genannte Reichsministerialsache, die zur Vorlage im Reichskabinett entstand, ist die zentrale behördliche Stellungnahme aus den Anfangsjahren der Weimarer Republik zur Frage der Nationalhymne. Der Verfasser ist nicht bekannt, das Kabinett hat sich mit dieser Angelegenheit zunächst nicht protokollrelevant beschäftigt.
58 P. Scheidemann: Memoiren, S. 421.
59 A. Friedel: Politische Symbolik, S. 80.
60 VRT Bd. 345, S. 870 (29.10.1920).

Behördliche Überlegungen

Die Frage der Nationalhymne wurde zwar vertagt, stand aber weiterhin im Raum. Was waren die Schwierigkeiten bei der Suche nach einer Nationalhymne? Zu berücksichtigen hatten die dafür zuständige republikanische Bürokratie im Reichspräsidialamt und im Reichsinnenministerium drei Faktoren.[61] Erstens war mit dem Untergang der Monarchie auch deren Liedgut moralisch desavouiert und für die Praxis wertlos. „Die kaiserhymnischen Texte hatte dieser Krieg, hatte diese Niederlage völlig entwertet", umschrieb Willy Hellpach rückblickend die Situation.[62] Dem entthronten Kaiser, dessen Mitverantwortung an der Weltkriegskatastrophe kaum bestritten wurde, ins niederländische Exil ein *Heil dir im Siegerkranz* nachzusingen, erschien ebenso sinnlos, wie angesichts der alliierten Besatzung im deutschen Westen die *Wacht am Rhein* zu beschwören. Zudem kehrte sich der neue republikanische Staat ja bewusst von der monarchischen Staatsform und von der Vorherrschaft des Militarismus ab, was bei der Wahl seiner Symbole entsprechend zu berücksichtigen war. Zweitens konnte man, da sich die Hymnenfrage nicht so dringend stellte wie das Problem der Flaggen, die ersten Erfahrungen aus dem Kampf zwischen schwarz-rot-gold und schwarz-weiß-rot in den Entscheidungsprozess einbeziehen. Einigkeit herrschte darüber, dass ein ähnlicher Konflikt mit allen Mitteln vermieden werden musste. Schließlich erschien drittens die künstliche Schaffung eines neuen Liedes nicht sinnvoll, weswegen man auf den vorhandenen Bestand an vaterländischen Hymnen zurückgreifen musste, die zugleich mit der republikanischen Idee konform gehen mussten. Ernstlich in Betracht als parteiübergreifendes Staatssymbol kam einzig das Deutschlandlied. In der Denkschrift des Reichsinnenministeriums wurde über die Möglichkeit einer Neukreation zutreffend festgestellt: „Die Zeit nach der Revolution hat kein Lied mit natürlicher Kraft emporgetragen. Ein neues Lied künstlich zu schaffen, begegnet, auch wenn in künstlerischer Hinsicht ein Wettbewerb oder die Beauftragung erster Künstler zu einer vollbefriedigenden Lösung führte, politisch großen Schwierigkeiten. Ein Text, der auf allen Seiten des Volkes Billigung finden würde, ist in diesem Augenblick, wo fast alle Worte von der einen oder anderen Seite als Schlagworte missbraucht oder missdeutet sind, in großer Form nicht zu erwarten. (...) Entscheidend ins Gewicht fällt die Gefahr, dass jede andere Lösung als die Wahl des Deutschlandliedes dazu führen würde, dieses Lied als Protestlied gegen die Neuordnung erst recht zu stärken. Der Konflikt, der sich bei der Schaffung der schwarz-rot-goldenen Fahne ergeben hat, würde sich in verschärfter Form wiederholen."

---

61 Vgl. zum Folgenden U. Mader: Deutschlandlied, sowie die dort abgedruckten Dokumente.
62 W. Hellpach: Prognose, S. 385.

Ein wichtiger Unterschied zur Flaggenproblematik bestand jedoch darin, dass dort zwei klar voneinander abzugrenzende und farblich identifizierbare Traditionslinien gegeneinander standen, während der Hoffmann-Haydnsche Gesang mehrere Ideenkreise in sich vereinigte. Er wurzelte in der großdeutschen, freiheitlichen Tradition von 1848, musste zugleich als Ausdruck des reichsdeutschen Nationalismus der Kaiserzeit gelten und fungierte darüber hinaus als Medium des Langemarck-Mythos aus dem Ersten Weltkrieg. Wenn man sich aus republikanischer Sicht klar wurde, dass man bei der Suche nach einer geeigneten Nationalhymne am Deutschlandlied nicht vorbeikam, schien es wichtig, bei der Interpretation des Liedes entsprechende Akzente zu setzen und damit vor allem der Gefahr einer Vereinnahmung durch die politische Rechte zu begegnen.

Sozialdemokratische Uminterpretationen

Aus der Sicht der Mehrheitssozialdemokratie kam zunächst eine wie auch immer geartete Parteihymne als Nationallied nicht in Frage. Hier war die Argumentation die gleiche wie in der Flaggenfrage. Deswegen schieden die populären Arbeiterlieder von vornherein aus. Gegen das Deutschlandlied, das im Weltkrieg wenn nicht akzeptiert, so doch toleriert worden war, bestanden nach wie vor Vorbehalte wegen seiner Rolle als Kampflied gegen die Arbeiterbewegung im Kaiserreich. Die MSPD-Spitze verhielt sich anfangs zögerlich und gab 1920 den zuständigen Stellen zu erkennen, sie werde eine mögliche Bestimmung des Gesanges zur Nationalhymne weder ausdrücklich unterstützen noch ablehnen. Mit Reichspräsident Ebert nahm die Partei, soweit ersichtlich, keine Fühlung auf. Nachdem die Frage 1920 zurückgestellt worden war, blieb der gemäßigten Sozialdemokratie genug Zeit, in den Reihen der Arbeiterschaft für das Deutschlandlied zu werben und die bestehenden Vorbehalte zu mildern. Hierfür gab man dem Hoffmann-Haydnschen Gesang in zwei zentralen Punkten eine neue Interpretation zur Hand. Zum einen wurde die problematische Parole „Deutschland über alles" von der gängigen Macht-Interpretation wegdefiniert und statt dessen als Ausdruck der Heimatliebe ausgelegt. Die elliptische Anfangszeile wurde also nicht mit „Deutschland (herrsche) über alles", sondern mit „Deutschland (lieben wir) über alles" ergänzt.[63] Dieser Gedanke findet sich im Zusammenhang mit der Sozialdemokratie interessanterweise in einem Brief, der *an* Friedrich Ebert geschrieben wurde. Vielleicht erhielt Ebert erst hier einen Hinweis auf die mögliche Uminterpretation. Es war niemand anderer als Hindenburg, der ein Schreiben an den Vorsitzenden des Rates der Volksbeauf-

---

63 Das ist ein noch heute beliebter Gedankengang bei Befürwortern des „ganzen" Deutschlandliedes, der allerdings schon rein sprachlich aufgrund der folgenden Zeile „Wenn es stets zu Schutz und Trutze" nicht ganz stimmig ist, da die Liebe an Bedingungen geknüpft wird.

tragten vom 8. Dezember 1918 mit den Worten begann: „Wenn ich mich in nachstehenden Zeilen an Sie wende, so tue ich dies, weil mir berichtet wird, dass auch Sie als treuer deutscher Mann Ihr Vaterland *über alles lieben* unter Hintanstellung persönlicher Meinungen und Wünsche, wie auch ich es habe tun müssen, um der Not des Vaterlandes gerecht zu werden."[64] Eine ähnliche Interpretation des Deutschlandliedes gab der Zentrumspolitiker Konstantin Fehrenbach als Präsident der Nationalversammlung am 12. Mai 1919.[65] Die Interpretation wirkte überzeugend und erreichte weite Verbreitung, zumal sie auch der Intention Hoffmanns von Fallersleben wieder näher zu kommen schien und damit der von den Weimarer Staatsgründern beabsichtigten Traditionsbindung an 1848 entsprach.

Seitens der Sozialdemokratie hat die Auffassung, das „Deutschland über alles" sei eine Liebeserklärung an das Land, vor der Erhebung zur Nationalhymne insbesondere Philipp Scheidemann vertreten. In einem Artikel, der im Juli 1922 in mehreren sozialdemokratischen Parteizeitungen erschien, schrieb der frühere Reichsministerpräsident: „Niemand kann ein besseres Recht auf das Lied der Deutschen geltend machen als die schaffenden, demokratisch und republikanisch gesinnten Volksmassen. Wenn deshalb die Arbeiter (...) singen: Deutschland, Deutschland über alles, über alles in der Welt ..., so weiß jeder, was das heißt: so lieb uns alle übrigen Länder, mit denen wir in Frieden und Freundschaft leben wollen, sind (...), *mehr* als alles andere lieben wir die Heimat."[66] In seinen Memoiren stellte Scheidemann diese Neudefinition des Deutschlandliedes in einen Zusammenhang mit der spezifischen patriotischen Gesinnung der Weimarer Sozialdemokratie, die den internationalistischen Klassenanspruch der Partei mit nationaler Loyalität zu verbinden wisse: „Ach, die ewig Blinden von gestern und vorgestern werden es niemals verstehen und begreifen können, dass die von dem letzten Hohenzollernkaiser als vaterlandslose Gesellen beschimpften und von den kaiserlich gesinnten Richtern auch noch in der Republik als Landesverräter ‚gebrandmarkten' Sozialdemokraten ihr Vaterland lieben können aus tiefstem Herzen heraus – über alles in der Welt." Die Liebe zum eigenen Vaterland stehe in keiner Weise im Widerspruch zur Internationalität der Sozialdemokratie. „Unsere nationale Gesinnung ist himmelweit entfernt von der nationalistischen Gesinnung vieler unserer Gegner. Bei diesen ist national gleichbedeutend mit der Gier nach der Macht im Reich und der Vormachtstellung des Reiches in der Welt. So haben sie auch das schöne Lied Hoffmanns tendenziös geschändet und aller Welt die Überzeugung beigebracht, dass Deutschland über alle und über alles zu herrschen bestrebt

---

64 Abgedruckt in G.A. Ritter/S. Miller: Revolution, S. 133-136, Zitat S. 133f. (Hervorhebung von B.B.).
65 Vgl. Kapitel 2.2.
66 Zit. nach P. Scheidemann: Memoiren, S. 421f.

sei. ‚An deutschem Wesen soll die Welt genesen.' Was haben derartig törichte Worte dazu beigetragen, alle Welt gegen Deutschland aufzuhetzen. Nationalistische Gesinnung ist Intoleranz, Überheblichkeit, ist Bedrohung, ist Krieg oder mindestens dauernde Rüstung zum Krieg. Nationale Gesinnung ist innige Liebe zum Vaterlande, ist die Selbstverständlichkeit, alle Nationen, alle Menschen als gleichberechtigt anzuerkennen".[67] Eine ganz ähnliche Auffassung vertrat Wilhelm Sollmann, der Vorsitzende der Kölner SPD und spätere Reichsinnenminister unter Gustav Stresemann. Beim Reichsjugendtag der sozialistischen Arbeiterjugend, der anlässlich des Goethegeburtstages Ende August 1920 in Weimar veranstaltet wurde, erklärte Sollmann zum Abschluss seiner programmatischen Rede im Nationaltheater: „Uns schwebt als doppeltes Ziel ein wirklich neues Deutschland vor: ein Reich und ein Volk, in dessen Politik und Wirtschaft der Geist seiner Größten und Edelsten gilt. Diesem lasst uns zustreben, dem Deutschland der Kant und Fichte, Marx und Engels, Hegel und Heine, Goethe und Hebbel, Beethoven und Mozart, Schiller, Lassalle und Freiligrath usw. Dieses Deutschland dürfen und werden wir in Zukunft fordern, und *dieses Deutschland geht uns dann ‚über alles in der Welt'*."[68] Hier ist das kulturelle Deutschland, das Land der Dichter und Denker, und nicht zuletzt, durch Lassalle und Freiligrath, das nationale und freiheitliche Deutschland von 1848 angesprochen. Sollmann erntete von den sozialistischen Jugendlichen für diese Bemerkung stürmischen Beifall.

Einheit und Freiheit

Der zweite Aspekt der sozialdemokratischen Neudefinition des Deutschlandliedes bestand in der besonderen Hervorhebung der dritten Strophe. Ihre Schlagworte Einigkeit, Recht und Freiheit schienen den republikanischen Neubeginn sehr zutreffend zu charakterisieren. „Einheit und Freiheit" ist das zentrale Begriffspaar der deutschen Geschichte im 19. und 20. Jahrhundert. Es wurzelt im Sprachgebrauch der bürgerlichen Emanzipation des 19. Jahrhunderts, verkörperte die nationale und demokratische Tradition der Vormärzzeit sowie der Bewegung von 1848 und ist bis in die jüngste deutsche Gegenwart

---

67 Ebd. S. 423f.
68 Vgl. die Broschüre zum Reichsjugendtag der Arbeiterjugend Ende August 1920 in Weimar (BArchBln R 43 I/2662). Die am 29. August gehaltene Rede ist abgedruckt S. 43-46, Zitat S. 46. Als Reaktion der Versammlung wird „Stürmisches Heil!" vermerkt. Zuvor war es bei dem Treffen zu einem Zwischenfall gekommen, da ein am Goethe-Schiller-Denkmal niedergelegter Kranz in den Reichsfarben von Unbekannten gestohlen worden war. Daraufhin zogen die Arbeiterjugendlichen ein schwarz-weiß-rot bemaltes Hakenkreuz, das „Zeichen der Gewalt [und] des Mordens", an einem Strick durch die Straßen Weimars und verbrannten es symbolisch auf einem kleinen Scheiterhaufen (ebd. S. 34, 38-40).

hinein als Wortsymbol aktuell geblieben.[69] Konkret war in den Anfangsjahren der Weimarer Republik, die an die Tradition von 1848 anzuknüpfen gedacht, der Ruf nach *Einheit* vor dem Hintergrund der Gebietsabtretungen sowie durch separatistische Tendenzen an allen Enden des Reiches aktuell. Die Forderung nach innerer und äußerer *Freiheit* stellte ein Gemeingut nationaler und republikanischer Staatsraison dar. Besonders durch seine wiederholten Appelle wurde Reichspräsident Friedrich Ebert zur Symbolfigur für den Wunsch nach der Einheit der Nation. Dazu hatte er bereits unmittelbar nach seiner Wahl durch die Nationalversammlung am 11. Februar, gleichsam als begriffliche Ergänzung betont: „Freiheit und Recht sind Zwillingsschwestern."[70] Die dritte Strophe Hoffmanns paraphrasierte auch Friedrich Naumann, als er während der Weimarer Verfassungsberatungen einen „Versuch volksverständlicher Grundrechte" formulierte und dabei den Abschnitt über die Freiheitsrechte mit den Worten: „Einigkeit und Recht und Freiheit sind des Deutschen Vaterland" einleitete.[71] Der Text der dritten Strophe bot sich als nationaler Gesang förmlich an, und offenbar sang man in sozialdemokratischen Kreisen, wenn das Deutschlandlied intoniert wurde, schon vor 1922 „Einigkeit und Recht und Freiheit". Das geht aus einem Wortwechsel im Reichstag bei einer Flaggendebatte im Juni 1921 hervor, der exemplarisch für die Auseinandersetzungen um die Symbolik in der Weimarer Republik ist. Der SPD-Abgeordnete Eduard David übte unter Hinweis auf den engen Zusammenhang zwischen dem Deutschlandlied, seinem Verfasser Hoffmann von Fallersleben und der schwarz-rot-goldenen Tradition scharfe Kritik an den Rechtsparteien: „Sie, meine Herren, die Sie dieses Lied glauben als Kampflied singen zu können gegen die schwarz-rot-goldene Sache, Sie sollten sich vor allen Dingen an diese Tatsachen erinnern". Von rechts kam daraufhin die Frage an David: „Singen Sie denn überhaupt das Lied?" Daraufhin der SPD-Politiker: „Ja, das singen wir auch! Wir singen ‚Einigkeit und Recht und Freiheit'! Das ist unser Panier. Wenn wir das Lied mitsingen, dann singen wir es im Sinne des Dichters Hoff-

---

69 Drei der zahllosen Beispiele: Otto Bauer schrieb im Jahr 1907 in der Broschüre *Deutschtum und Sozialdemokratie*: „Erst der Sozialismus verwirklicht das nationale Ideal, die volle Freiheit und Einheit der Nation", zit. nach S. Miller: Ringen, S. 7. Im Prager Manifest der Exil-SPD (1934) heißt es: „Die Einheit und Freiheit der deutschen Nation kann nur gerettet werden durch die Überwindung des deutschen Faschismus", zit. nach S. Miller/H. Potthoff: Geschichte, S. 371-373, Zitat S. 372. Bundeskanzler Kohl erklärte zum Tag der deutschen Einheit (17. Juni) 1997, die Geschichte habe jenen Recht gegeben, die gegen Willkür und Unterdrückung auf die Straße gegangen seien und sich für Freiheit und Einheit eingesetzt hätten (siehe die Berichterstattung der Tagespresse).
70 F. Ebert: Schriften, Bd. 2, S. 157.
71 Zit. nach E.R. Huber: Verfassungsgeschichte, S. 1198.

mann von Fallersleben. Die Art, wie Sie es missbrauchen, ist leider geeignet, auch dieses schöne deutsche Lied dem deutschen Volke zu verekeln."[72]

Wurde der Gedanke der durch „Deutschland über alles" ausgedrückten Heimatliebe von dem Zentrumsmann Fehrenbach geboren und von der MSPD adaptiert, so beruhte die besondere Betonung der dritten Strophe eindeutig auf sozialdemokratischer Patenschaft unter Anlehnung an die „Einheit-Freiheit"-Tradition von 1848. Mit diesen Modifizierungen wurde ein endgültiger Friedensschluss der Sozialdemokratie mit dem Hoffmann-Haydnschen Gesang ermöglicht, wenn auch sicherlich nicht alle parteiinternen Bedenken ausgeräumt werden konnten. Nachdem das Lied während des Ersten Weltkrieges zum Volkslied aufgestiegen und von der Sozialdemokratie im Rahmen des Burgfriedens toleriert worden war, wurde es nun vollständig akzeptiert und konnte dadurch zur Nationalhymne aufsteigen. Einer Erhebung des Deutschlandliedes zur Hymne der Republik stand seitens der SPD jedenfalls nichts mehr im Wege.

2.4. Die Nationalhymne und die Sozialdemokratie

Die Tatsache, dass es Reichspräsident Friedrich Ebert war, der 1922 das Lied der Deutschen zur Nationalhymne der Weimarer Republik erklärte, hatte hinsichtlich der Rolle Eberts in der sozialdemokratischen Arbeiterbewegung und für deren Haltung zu dem Lied einen ambivalenten Charakter. Ebert galt in der SPD als sehr weit rechts stehend. Symbolpolitisch hatte er ein gewissen Misstrauen seiner Partei schon durch seine Konzilianz gegenüber schwarz-weiß-rot in der Flaggenverordnung von 1921 geweckt. Die Proklamation vom Verfassungstag 1922 bestärkte diesen Eindruck eher noch. Gleichzeitig aber liegt es auf der Hand, dass die Sozialdemokratie der Erhebung des Liedes zur Nationalhymne wohl nicht so lautlos zugestimmt hätte, wären die an der Proklamation maßgeblich Beteiligten nicht Sozialdemokraten gewesen. Stellt man nun allgemein die Frage, welches Verhältnis die SPD in der Weimarer Republik zum Deutschlandlied als Staatshymne entwickelte, so ist zunächst festzuhalten, dass die Hymne, ganz im Gegensatz um die permanent zur Disposition stehenden Reichsfarben schwarz-rot-gold, rein ereignisgeschichtlich nicht mehr wesentlich in Erscheinung trat. Am Deutschlandlied hat sich kein nachhaltiger und das politische Klima weiter verschärfender Streit entzündet. Cum grano salis kann man Theodor Eschenburg zustimmen, der 1962 resümierte: „Das Deutschlandlied war in der Weimarer Zeit das einzige unumstrittene Reichssymbol. Gewiss wurde das Lied auf der Rechten durch nationalistische und

---

72 VRT Bd. 350, S. 4168 (27.6.1921).

antidemokratische Gesänge zurückgedrängt und in radikalen Bereichen der Linken nicht gesungen. Doch wurde es respektiert, zumindest nicht beschimpft oder verhöhnt."[73]

Grundsätzlich sind bei der folgenden Betrachtung zwei eng miteinander verwobene Faktoren zu berücksichtigen. Zum einen stellt sich die Frage nach der geistig-theoretische Haltung der Sozialdemokratie zu dem Gesang, also um die Ansichten in der Partei und ihrem Umfeld. Zum anderen ist ein Blick auf die praktische Verwendung zu richten und der Grad der Einbeziehung des Liedes in die Gesangskultur der Partei und der ihr nahestehenden Organisationen zu bestimmen.

Kritik

In der Sozialdemokratie, diese Aussage lässt sich auf Anhieb treffen, stieß die Nationalhymne auf weniger Zustimmung als die neuen Reichsfarben. Offene Kritik an der Hymne wurde aber nur selten geübt. Sie bezog sich auf die Kompromittierung des Gesangs im Kaiserreich sowie aktuell durch Nationalisten und Deutschvölkische. Durch diese Okkupation sei „Deutschland, Deutschland über alles", schrieb der Redakteur einer sozialdemokratischen Parteizeitung 1922 in einem Brief an Scheidemann, „in unseren Reihen umso verpönter geworden. Genau wie schwarz-weiß-rot, ein Zeichen für die Feinde der Republik, gilt diesen auch das Lied der ‚Deutschen' als eine Trutzgesang gegen die Republik."[74] Franz Lepinski lobte das Lied im *Vorwärts* Ende 1922 zwar aus rein historischer Sicht, bezeichnete es aber als „unheilbar kompromittiert": „Es klebt daran noch ein Geruch wie von Kasernen und Paraden, ein Geräusch wie von Leutnantsgeplärr und Kaisergeburtstagsrummel. Spuren bitterster Erlebnisse haben dieses Lied verschandelt und verhunzt. (...) Wir Jungen können es nicht mehr gebrauchen. Wir ertragen den Größenwahn des deutschen Kleinbürgers nicht. Wir verschmähen die Aufgeblasenheit großmäuliger Patrioten. (...) [In] unseren Mund gehört das Deutschland-Lied nicht. Lasst es begraben sein! Schafft Raum! Die neue Zeit will neue Gesänge erblühen lassen."[75] Solch deutliche Worte gegen die Nationalhymne fand in den folgenden Weimarer Jahren nur noch der führende SPD-Linke Paul Levi. Gemäß seiner Einschätzung, die Weimarer Republik sei mit der fortwirkenden Herrschaft der Bourgeoisie noch weit entfernt von der Herrschaft selbst eines demokratischen Sozialismus, übte er wiederholt scharfe Kritik an der republikanischen Nationalsymbolik des Staates. Das Grundübel erblickte Levi, den die Parteispitze ob seiner mit drastischer Formulierungskunst gepaarten Radikalität fürchtete, in

---

73 Theodor Eschenburg: Deutsche Staatssymbole, in: Die Zeit 27.7./3.8.1962.
74 Zit nach P. Scheidemann: Memoiren, S. 422.
75 Vorwärts 23.12.1922.

der Halbherzigkeit der Novemberrevolution von 1918: „Da war kein großer Tag, da war kein großer Schlag, da war kein großes Gefühl. Da war kein großes Wort, da waren nur große Worte. Da war kein *Rouget de l'Isle* [sic], der in neuen Rhythmen die Seelen fing und die Herzen schlagen ließ. Statt auf einen neuen Sang verfiel man auf die alte Leier von ‚Einigkeit und Recht und Freiheit' und tat sich noch besonders eins darauf zugute, dass man den deutschen Nationalisten gewissermaßen einen Hasen aus der Küche gejagt habe, indem man jetzt deren Lieder auf demokratisch heruntersang."[76]

Diese kritischen Stimmen verweisen nicht nur auf die grundsätzliche politische Problematik der Sozialdemokratie in der Weimarer Republik, die sich im Spagat zwischen Klassenkampf und Kompromisspolitik, nicht zuletzt zwischen bürgerlicher Republik und sozialistischer Demokratie befand, sondern auch auf die verschiedenen Strömungen in der Partei. Die SPD-Linke stand dem Staat und seinen Symbolen generell wesentlich kritischer gegenüber als die eher konservativen Sozialdemokraten. Die Spektren zwischen Arbeiter- und Volkspartei lassen sich dabei schwer quantifizieren, und Entsprechendes gilt folglich erst recht für Einzelfragen wie die Haltung zur republikanischen Nationalhymne. Indes hat Philipp Scheidemann ein Meinungsbild angegeben, das der Realität nahe kommen dürfte. Als er sich in einem Presseartikel kurz vor Eberts Kundgebung 1922 als dezidierter Befürworter des Hoffmannschen Liedes zu erkennen gegeben hatte, fasste er die Reaktionen der Parteimitglieder in die Worte: „Viele stimmten mir zu, manche schimpften."[77]

Ansätze zur Popularisierung

Ebenso schwierig wie die Frage nach dem realen Meinungsbild in der Sozialdemokratie ist die noch abstraktere Frage nach der Popularität des Deutschlandliedes in den Reihen der „Staatspartei der Republik". Immerhin hat es intensive Versuche zur Popularisierung des Gesangs gegeben. In einem Berliner SPD-Parteiverlag erschien 1923 die anonyme Schrift „Weshalb: Deutschland Deutschland über Alles? Von einem Deutschen". Autor war Karl Vetter, ein Redakteur der sozialdemokratischen *Berliner Volkszeitung*.[78] In der Broschüre wurde Hoffmann von Fallersleben mit seinem Lied vollständig in die nationale, demokratische, freiheitliche und fortschrittliche Tradition des 19. Jahrhunderts eingebettet. Die aktuelle Abneigung der Arbeiterschaft begründete Vetter mit

---

76 Sozialistische Politik und Wirtschaft 6 (1928), Nr. 28/13.7.1928. Rouget de Lisle schrieb 1792 den Text der Marseillaise, die als Hymne der Französischen Revolution rasch weite Verbreitung fand und heute die Nationalhymne Frankreichs ist.
77 P. Scheidemann: Memoiren, S. 422.
78 K. Vetter: Weshalb; die folgenden Zitate S. 4, 10f., 13f. Zur Autorschaft Vetters U. Mader: Deutschlandlied, S. 1090, Anm. 21.

dem Missbrauch des Deutschlandliedes durch „des Dichters ärgste, erbittertste Feinde" im Kaiserreich. Das Lied „wurde gedeutet als eine militaristische Anmaßung, die darauf ausging, durch Schlachtensiege in sittenlosem Annexionismus die Welt zu erobern". Allerdings sei die wahre Intention Hoffmanns weder alldeutsche Anmaßung noch Welteroberungssucht gewesen, „sondern der aus reinem Herzen kommende Gedanke, dass über die Grenzen der Kleinstaaten hinaus Alldeutschland sich einen müsse." In eben dieser Tradition stehe die demokratisch gesinnte Weimarer Arbeiterschaft, so Vetter abschließend mit nicht geringer Emphase: „Wir sind die Nachfahren von Hoffmann von Fallersleben, wir sind die Erben der Traditionen von 1848. (...) Denn die deutsche Republik, die wir uns errichtet haben und die wir schützen mit Leib und Leben, um sie auszubauen zu *unserm* Staat, ist die Rechtsnachfolgerin der Kämpfer von 1848, ist die Erbin jener Männer, die in Berlin im Friedrichshain und überall im Reich auf den Revolutionsfriedhöfen begraben liegen."

Die Nähe der Arbeiterbewegung zu den tatsächlichen Idealen des Deutschlandliedes wurde nicht nur publizistisch postuliert und suggeriert, sondern wurde zum festen Bestandteil der Rhetorik führender SPD-Politiker. Neben Ebert und Scheidemann haben insbesondere Gustav Radbruch und Carl Severing intensiv und nachhaltig für den Nationalgesang geworben. Die beiden Politiker gehörten zu jener neuen Generation staatsverantwortlich tätiger Sozialdemokraten, deren Werdegang und Wirken nicht mehr primär von klassenkämpferischem Denken geleitet war. Die Repliken auf das Deutschlandlied, die der preußische und Reichsinnenminister Carl Severing in der unmittelbaren Nachkriegszeit und auch später immer wieder in seine Reden und Erklärungen eingeflochten hat, standen vielmehr im Kontext eines spezifisch sozialdemokratischen Nationalbewusstseins sowie der Idee einer republikanischen *Volksgemeinschaft* und stießen zum Teil an die Grenzen des Chauvinismus. Bereits vor der Revolution hatte Severing als Stadtverordneter von Bielefeld bei einer „vaterländischen Kundgebung" erklärt, das Interesse der Entente-Staaten könne es nicht sein, Deutschland durch harte Friedensbedingungen nachhaltig zu schädigen. „Sollten sie uns aber wirklich einschnüren wollen, dann wird – das sage ich als Sozialdemokrat und Deutscher – die Welt das wiederum erleben, was in den Julitagen 1914 anhub und es wird noch einmal ein Volkskrieg auflodern. Dann wäre der angestrebte Völkerbund ein Phantom. Für die Erwerbung des Selbstvertrauens in unserer Zukunft ist eine Voraussetzung erforderlich, die in dem Lied ‚Deutschland, Deutschland, über alles' angedeutet ist, wo es heißt: ‚Wenn es stets zu Schutz und Trutze brüderlich zusammen hält'. Dieser brüderliche Zusammenhalt ist nur in einem Deutschland gleichberechtigter Staatsbürger, nicht in einem Heim von Knechten möglich. Wir suchen einen Weg, auf dem unbeschadet aller politischer Meinungsverschiedenheiten sich alle Volksglieder betätigen können. Wir wollen es in diesen Tagen beweisen, dass wir brüderlich zusammenhalten wollen." In diesem betont nationalen Aufruf mischte sich die Drohung nach außen mit der Forderung nach innen. Die *Schutz-und-Trutz*-Passage mit dem Motiv des brüderlichen Zusammenhalts findet sich in zahlreichen weiteren Reden Severings aus den Weimarer Jahren und scheint eine Art roter Faden seiner öffentlichen Stellungnahmen gewesen zu sein.[79]

Ähnlich nachhaltig hat auch Gustav Radbruch vom Text des Deutschlandliedes öffentlich Gebrauch gemacht. Allerdings setzte der berühmte Rechtsphilosoph und zeitweilige SPD-Reichsjustizminister seinen Schwerpunkt eindeutig auf die in Eberts Proklamation favorisierte dritte Strophe. Ein wichtiger Aufsatz Radbruchs aus dem Jahr 1929 über das demokratische Nationalbewusstsein im Weimarer Staat und die Notwendigkeit seiner symbolischen Darstellung trägt die paradigmatische Überschrift „Einigkeit und Recht und Freiheit".[80] Darin stellte Radbruch unter anderem präzise Forderungen bezüglich des Umgangs mit den nationalen Symbolen in Deutschland: „Die Reichsfarben müssen für uns der Gegenstand eines ebenso freudigen Kultes sein, wie das Sternenbanner für den Amerikaner und zumal die amerikanische Jugend. ‚Einigkeit und Recht und Freiheit' – das sollte in Deutschland eine kanonische Formel werden, wie man in Frankreich ‚Freiheit, Gleichheit und Brüderlichkeit'

---

79 Zwei Beispiele: Zum Abschluss der Vortragsfolge „Wege zu deutscher Zukunft" der Lessing-Hochschule am 16. Februar 1924 (Lokalanzeiger 17.2.1924, Artikel „Severing über Wege zu deutscher Zukunft", ein Exemplar in AdsD NL Severing, Mp. 7/94) sprach sich Severing gegen die Abtrennung des Rheinlandes, aber auch gegen deutsch-nationalistisches Säbelrasseln aus, da sonst der Eindruck entstehen könne, die Deutschen seien immer noch das Volk der Hunnen. „Er schloss mit folgender Bemerkung: Wenn wir uns eine erfolgreiche Zukunft vorstellen wollten, dann dürfe es nur die Volksgemeinschaft sein; ein Auseinanderfallen in mehrere Klassen hebe nicht die Kraft des deutschen Volkes. Ein neues, freies, glückliches Deutschland werde nur erstehen, wenn es nach dem Deutschlandliede ‚brüderlich zusammenhält'." Bei der preußischen Verfassungsfeier 1925 (Typoskript als Vorlage für einen Zeitungsbericht: „Die preußische Verfassungsfeier. Die Ansprache des Ministers Severing", datiert vom 12.8.1925, AdsD NL Severing, Mp. 8/62) monierte Severing, dass die Einheit der Stämme in der Präambel der Verfassung noch zu wenig Wirklichkeit geworden sei. „Wir sind heute Stammessplitter, wir sind heute noch viel zu sehr in erster Linie Preußen, Bayern, Württemberger, Lipper. *Wir haben es noch nicht gelernt, eine Nation zu sein. (...)* Noch müssen wir gewisse Volkskreise anspornen, die es vergessen haben, dass die Mahnung, das stolze Bekenntnis von Hoffmann von Fallersleben: ‚Deutschland, Deutschland über alles!' an eine Voraussetzung geknüpft ist, nämlich an die, dass *es zu Schutz und Trutze brüderlich zusammenhält!"* Nach der Rede sangen die Festteilnehmer die erste Strophe des Deutschlandliedes.
80 Der Leuchtturm 5 (1929), wieder abgedruckt in Gustav Radbruch: Politische Schriften aus der Weimarer Zeit. Band I: Demokratie, Sozialdemokratie, Justiz. Band II: Justiz, Bildungs- und Religionspolitik. Bearb. von Alessandro Baratta (Gustav Radbruch: Gesamtausgabe. Hg. von Arthur Kaufmann, Bde 12/13), Heidelberg 1992f.; hier Bd. 1, S. 104-113. Dort die folgenden Zitate. Weitere Belegstellen für die Verwendung von „Einigkeit und Recht und Freiheit" ebd. S. 37, 58.

an allen öffentlichen Gebäuden liest. Und wir müssen unsere Verfassungsfeier so volkstümlich und lebensvoll feiern lernen, wie der Schweizer seine politischen Feste zu feiern weiß". Am Schluss des Aufsatzes wird nochmals das Lied hervorgehoben, *„das der unvergessliche erste Reichspräsident zum Liede aller Deutschen in der Deutschen Republik gemacht hat: ‚Einigkeit und Recht und Freiheit!'"*

Das Lied als Bestandteil der Partei- und Arbeiterkultur

Ist es auch schwierig, den Widerhall auf diese Popularisierungsversuche festzustellen und damit den genauen Zustimmungsgrad in der Sozialdemokratie zur Nationalhymne zu bestimmen, so gibt es doch eine Reihe von aussagefähigen Indizien. Zunächst tauchte das Lied der Deutschen im Gegensatz zu den republikanischen Farben bei den SPD-Parteitagen in den zwanziger Jahren nicht auf. Dort wurden weiterhin die alten, populären Arbeiterlieder gesungen: wechselweise der Sozialistenmarsch „Auf, Sozialisten, schließt die Reihen", die Arbeiter-Marseillaise und die Internationale.[81] Wurden die Reichsfarben schwarz-rot-gold konsequent auch zum Bestandteil der Parteikultur gemacht, so trifft dies für das Deutschlandlied nicht zu. Das wurde schon am Tage der Ebertschen Proklamation deutlich: Nach der republikanischen Feier im Berliner Schauspielhaus am Abend des 11. August 1922 stimmte man sowohl die Internationale als auch das Lied der Deutschen an, jedoch war bei der vorhergehenden *Parteifeier* der Sozialdemokraten die neue Nationalhymne zwar von Radbruch erwähnt worden, abschließend gesungen wurde jedoch lediglich die Internationale.[82] In der Folgezeit fand bei vielen sozialdemokratischen Feiern ein neues Lied Verwendung, das den scheinbaren gesanglichen Spagat zwischen internationalem Klassenanspruch und nationaler Loyalität umging: die bekannte *Republikanische Hymne* des Arbeiterdichters Karl Bröger. Nach Ansicht von Dietmar Klenke und Franz Walter war dieses Lied Ausdruck der Fähigkeit der Republikaner, „die Belange der Nation offensiv zu vertreten. Ein republikanischer Nationalismus wollte hier das Nationalempfinden mit den spezifischen Anliegen der sozialistischen Gedankenwelt versöhnen."[83] Klar war jedenfalls, dass durch die Kundgebung Eberts aus dem Lied der Deutschen nicht über Nacht ein Arbeiterlied werden konnte. Es wurde es auch à la longue nicht. In den sozialdemokratischen Arbeiterkulturorganisationen fand die National-

---

[81] Siehe die jeweiligen Schlussabschnitte der stenographischen Mitschriften in den SPD-Parteitagsprotokollen.
[82] Vorwärts 12.8.1922.
[83] Dietmar Klenke u.a.: Arbeitersänger und Volksbühnen in der Weimarer Republik (Solidargemeinschaft und Milieu: Sozialistische Kultur- und Freizeitorganisationen in der Weimarer Republik, hg. von Peter Lösche/Dieter Dowe), Bonn 1992, S. 82.

hymne allem Anschein nach kaum Verbreitung. Aus der Sozialistischen Arbeiterjugend sind Fälle bekannt, bei denen das weiterhin als deutschtümelndüberheblich verstandene Lied auf offenen Widerstand stieß.

Ganz anders dagegen war die Haltung des Reichsbanners Schwarz-Rot-Gold. Der sozialdemokratisch dominierte Frontkämpferverband wehrte sich vehement gegen die chauvinistische Interpretation des Liedes und die daraus resultierende reaktionäre Vereinnahmung. Die Nationalhymne fand Eingang in die Liederbücher des sangesfreudigen Verbandes.[84] In den theoretischen Stellungnahmen des Reichsbanners wurde gerade die sozialdemokratische Lesart unterstrichen, wonach das an sich freiheitliche Lied in der Kaiserzeit missbraucht worden sei: „Es ist ein bleibendes Verdienst des Reichspräsidenten, diesen schwarz-rot-goldenen Sang Hoffmanns von Fallersleben den reaktionären Nationalisten entrissen und zum Nationallied der Deutschen Republik erhoben zu haben. Welche Verkennung Hoffmann'schen Geistes ist es, in dem Deutschlandliede imperialistische oder gar monarchistische Einstellung zu erblicken! Deutsche *Einheit* und Freiheit, allerdings die großdeutsche Einheit unter Einbeziehung der deutschösterreichischen Brüder, war Hoffmanns Wunschziel. Darum bleibt sein Lied der Sang der deutschen Einheit, so wie die Farben Schwarz-Rot-Gold immer das Sinnbild großdeutscher Einheit sein werden."[85]

Dass auch hier das Begriffspaar Einheit und Freiheit Verwendung findet, ist kein Zufall. In der programmatischen dritten Strophe erblickte das Reichsbanner eben das, was man aus republikanischer Sicht als national im Sinne von Heimatverbundenheit und Friedensliebe auffasste. „Für den Verband war, laut offizieller Interpretation, die dritte Strophe das Deutschlandlied: gemessen an der sozialdemokratischen Tradition bedeutete dies Bekenntnis sehr viel", stellt Karl Rohe fest.[86] Das schlug sich auch im praktischen Gebrauch nieder, denn wenn das Reichsbanner Schwarz-Rot-Gold die Nationalhymne sang, wurde überwiegend die dritte Strophe des Deutschlandliedes intoniert, ohne dass es dabei Vorgaben der Verbandsspitze gegeben hat. So sang man beispielsweise 1924 bei den Verfassungsfeiern, die in allen Reichsbanner-Gauen abgehalten wurden, nur in einem Gau die erste, dagegen in sechs weiteren Gauen sowie bei der zentralen Veranstaltung in Weimar die dritte Strophe. Vier weitere Feiern endeten mit der Bundeshymne des Reichsbanners, dem Lied *Schwarz-Rot-Gold*

---

84 Das Lied der Deutschen wurde sowohl im *Republikanischen Liederbuch (Schwarz-Rot-Gold)* als auch im *Liederbuch des Reichsbanners Schwarz-Rot-Gold* abgedruckt (H. Gerstenberg: Deutschland, S. 96).
85 Wisanowski [Vorname nicht angegeben]: Das Deutschlandlied und seine Dichter, in: Das Reichsbanner und Potsdam, S. 20-24, Zitat S. 20.
86 K. Rohe: Reichsbanner, S. 247, Anm. 3.

von Ferdinand Freiligrath, aus neun Gauen liegen keine Angaben vor.[87] Die offensichtliche Bevorzugung der dritten Strophe, dem Geiste der Ebertschen Kundgebung von 1922 Rechnung tragend, hat aber scheinbar nicht zu einer Art Sängerstreit zwischen rechts und links geführt. Die zuweilen gehegte Furcht vor einem gesanglichen Gegensatz zwischen einem nationalistisch verstandenen „Deutschland, Deutschland über alles" und dem republikanischen „Einigkeit und Recht und Freiheit", also vor einem Zwiespalt zwischen erster und dritter Strophe, erwies sich als unbegründet.[88] Bei staatlichen Anlässen wie den reichsoffiziellen Verfassungsfeiern bürgerte es sich ein, eben diese beiden Strophen des Deutschlandliedes zu singen. Auf die als banal empfundene zweite Strophe verzichtete man.[89]

Stiefkind der Partei

Das Lied der Deutschen als Nationalhymne konnte also nur in einem Teil der sozialdemokratisch gebundenen Arbeiterbewegung populär gemacht werden, und zwar in jenem Teil, der die im Sinne der Verteidigung der Republik notwendige Koalitionspolitik der SPD unterstützte und dem klassenkämpferischen Impetus der Partei nicht mehr die oberste Priorität zumaß. Während die Reichsfarben schwarz-rot-gold von der Sozialdemokratie vorbehaltlos als republikanisches Symbol angesehen und konsequent propagiert wurden, blieb die

---

87 Der fünfte Jahrestag, S. 17, 28-47. Vgl. auch K. Rohe: Reichsbanner, S. 247.
88 Der einzige bekannte Fall eines solchen Gegensatzes stammt aus der Erinnerung des späteren SPD-Ministerpräsidenten von Nordrhein-Westfalen, Heinz Kühn. Er handelte sich als Gymnasiast mit einem Akt republikanischer Zivilcourage Ärger mit dem deutschnationalen Schuldirektor ein, weil er seine herausragende Stimme beim Absingen der Nationalhymne nur für „Einigkeit und Recht und Freiheit" einsetzte (R. Pörtner: Alltag, S. 288): „In den letzten Jahren des Reformrealgymnasiums in Köln-Mülheim wurden wir von einem streng konservativen Direktor verwaltet, der in der Presse als ‚borussischer Lyzeumslöwe' bezeichnet wurde. Er pflegte alle Schulfeiern mit dem Absingen aller drei Strophen des Deutschlandliedes ausklingen zu lassen. Als Schülersprecher verfügte ich über eine weittragende Stimme, deren Einsatz ich auf die dritte Strophe des Deutschlandliedes konzentrierte. Einmal, als bei einer Feierstunde die Reden in besonders unerträglicher patriotischer Sauce geschwommen waren, kam es zu einem Dialog, bei dem er mich anschnaubte, ob ich keine nationale Würde besäße und mein Vaterland nicht liebe. Ich antwortete auf die Philippika, dass die erste Strophe, wie man sie sänge, einen übersteigerten Nationalismus widerspiegelte, von dem ich nichts hielte und der zudem von vorgestern sei und uns ins heutige Elend geführt hätte. Die Treue der deutschen Frauen zu loben, dafür sei ich noch nicht alt genug. Mir mangele die Erfahrung! Und den deutschen Wein übermäßig zu loben, dafür fehle mir als Antialkoholiker schon gar die Erfahrung. Doch wisse der Herr Direktor gewiss, dass Reichskanzler Bismarck seinen Gästen besonders französischen Rotwein empfohlen habe. ‚Aber die dritte Strophe des Deutschlandliedes mit gewohnt lauter Stimme zu singen, verspreche ich.' Worauf ich ohne Antwort blieb!"
89 Die Programmzettel der Verfassungsfeiern sind gesammelt in BArchBln R 32/527.

neue Nationalhymne eher ein Außenseiter, ein ungeliebtes, ein adoptiertes, ein Stiefkind der Partei. Mehr als diese halbherzige Zuwendung war von der Sozialdemokratie, die in der Weimarer Zeit von den zwei Seelen in ihrer Brust leidlich geplagt wurde, wohl nicht zu verlangen. In der Praxis gelang es nach 1922 nicht, der Nationalhymne ausreichend republikanischen Geist einzuhauchen. Als Symbol des parlamentarisch-demokratischen Weimarer Staates blieb sie eine stumpfe Waffe, weil eine Herauslösung aus dem Dunstkreis der antidemokratischen Kräfte nicht gelang und vielleicht gar nicht gelingen konnte. Denn ehe ein demokratischer Gebrauch des Liedes zur Entfaltung kommen konnte, setzte ihr Missbrauch ein. Dementsprechend gestaltete sich die Rolle, die der Gesang im nationalsozialistischen Deutschland gespielt hat, wo „Deutschland, Deutschland über alles" zur Parole einer imperialistischen Gewaltherrschaft wurde. In Verbindung mit der ersten Strophe des Hoffmann-Haydnschen Gesanges wurde, obwohl nie gesetzlich verankert, von 1933 bis 1945 das Horst-Wessel-Lied als deutsche Hymne gesungen.[90] Damit war auch die Prämisse der Ebertschen Kundgebung von 1922, nämlich die Betonung der dritten Strophe, obsolet. Deren zentrale Schlagworte finden sich noch in einer Erklärung der Bundes-Generalversammlung des Reichsbanners Schwarz-Rot-Gold vom 18. Februar 1933: „Einheit, Recht und Freiheit – die kostbarsten Güter der Nation, auf den Schlachtfeldern des Weltkriegs verteidigt und erstritten und durch die Nationalversammlung in Weimar verbrieft, sind in äußerster Gefahr."[91] Zum letzten Male beteiligten sich Sozialdemokraten am Gesang des Deutschlandliedes, auf Grund der Umstände mit höchst zwiespältigen Emotionen, bei der denkwürdigen Sitzung des Reichstages in der Berliner Kroll-Oper am 17. Mai 1933, in der Hitler sein vorgeblich maßvolles außenpolitisches Programm verkündete. „Dann fingen die Abgeordneten der Rechten das Deutschlandlied zu singen an", berichtet Wilhelm Hoegner. „Viele in unseren Reihen sangen mit. Einigen liefen die Tränen über die Wangen."[92]

---

90 H. Hattenhauer: Nationalsymbole, S. 73-76.
91 Das Reichsbanner 25.2.1933.
92 Wilhelm Hoegner: Der schwierige Außenseiter. Erinnerungen eines Abgeordneten, Emigranten und Ministerpräsidenten, München 1959, S. 110; ähnlich ders.: Flucht vor Hitler. Erinnerungen an die Kapitulation der ersten deutschen Republik 1933, München 1977, S. 153f. Wie emotional die Sitzung für die sozialdemokratischen Abgeordneten ablief, berichtet auch Friedrich Stampfer: Erfahrungen und Erkenntnisse. Aufzeichnungen aus meinem Leben, Köln 1957, S. 270-272. Josef Felder, einer der SPD-Parlamentarier, gibt eine etwas andere Darstellung über den Gesang des Deutschlandliedes (zit. nach P. Merseburger: Schumacher, S. 150): „Wir waren ja ganz an der Seite, wir konnten gleich raus. Einige Frauen von uns, die so erschüttert waren, dass sie schluchzten, haben vielleicht ein bisschen mitgesungen, das ist möglich. Aber die Fraktion als solche versuchte, so rasch wie möglich rauszukommen, weil wir wussten, dass anschließend das Horst-Wessel-Lied kam."

2.5. Zwischen Volkserhebung und Reformgeist: Die Weimarer Sozialdemokratie und die „Tradition von 1848"

Wenn nun allgemein von der Indienstnahme der nationalen Tradition des 19. Jahrhunderts durch die in der Weimarer Republik staatsverantwortlich tätige Sozialdemokratie die Rede sein soll, so ist zunächst darauf zu verweisen, dass die beiden zuvor ausführlich besprochenen Symbole, die schwarz-rot-goldene Fahne und das Lied der Deutschen, in einem umfangreichen Begründungszusammenhang standen. Ihnen gemeinsam war der Grundbezug zur Tradition von 1848, die eine Art historischen Leitfaden für die sozialdemokratische Politik nach dem Ersten Weltkrieg bildete und in der Symbolwahl der Republik dementsprechend stark zur Geltung kam.

Die Revolution von 1848 im Geschichtsbild der Vorkriegssozialdemokratie

Die frühe deutsche Arbeiterbewegung war eng mit der nationaldemokratischen Bewegung von 1848 verbunden, deren radikal-republikanischen Flügel sie vertrat. Ferdinand Lassalle etwa, die spätere Kultfigur des deutschen Sozialismus, erlebte in der Revolution seine politische Orientierung und Sozialisierung. Der 18. März wurde schnell zum verbreiteten Gedenktag der Berliner Märzrevolution von 1848, als bei den Barrikadenkämpfen etwa 200 Revolutionäre von preußischen Truppen erschossen worden waren.[93] Bei den Trauerfeierlichkeiten für die *Märzgefallenen* wurde König Friedrich Wilhelm IV. zu einer Referenzgeste gezwungen, die Opfer fanden ihre letzte Ruhe im Park Friedrichshain. Die Ereignisse erregten großes Aufsehen und entfalteten eine unmittelbare Massenwirkung. Das Begräbnis der Opfer am 22. März 1848 war laut Manfred Hettling „mehr als nur ein humanitäres oder religiöses Ereignis, es war ein groß begangenes politisches Fest, ein Staatsbegräbnis, gewissermaßen ein *Staatsakt von unten.*"[94] Der Friedrichshain war fortan die Pilgerstätte der freiheitlich-demokratischen Bewegung und zentraler Anlaufpunkt auch sozialistischer Demonstrationen. Der 18. März wurde zum rituellen Gedenktag. Bei den regelmäßigen Feiern für die Märzgefallenen, die seit 1848 von Demokraten und Sozialisten ausgerichtet wurden und traditionsbildend wirkten, kam es immer

---

93 Zu den Berliner Märzereignissen 1848 und dem Begräbnis der Opfer siehe insbesondere Manfred Hettling: Das Begräbnis der Märzgefallenen 1848 in Berlin, in: ders./Paul Nolte (Hg.): Bürgerliche Feste. Symbolische Formen politischen Handelns im 19. Jahrhundert, Göttingen 1993, S. 95-123, sowie ders.: Totenkult statt Revolution. 1848 und seine Opfer, Frankfurt a.M. 1998.
94 M. Hettling: Begräbnis, S. 97.

wieder zu Auseinandersetzungen mit der Polizei, etwa wegen schwarz-rotgoldener Schleifen an den Kränzen, die die Staatsmacht gewaltsam entfernte. Die Farben von 1848 wurden dabei aber nicht als Banner der Sozialisten, sondern eher als Zeichen des Protestes und der Opposition gegen die schwarzweiß-rote Hohenzollernmonarchie verstanden, ein System, dem man „keinen Mann und keinen Groschen" zu geben bereit war, wie August Bebel programmatisch verkündete. Bebel und Liebknecht, die großen Gestalten der deutschen Sozialisten im Kaiserreich, waren ebenso wie Lassalle durch die Revolution von 1848/49 politisiert worden. „Als Wilhelm Liebknecht 1870 die Kriegskredite ablehnte und später das Bismarcksche Reich bekämpfte", schrieb Carl von Ossietzky 1931 in einem Artikel zum 60. Jahrestag der Reichsgründung, „da war diese Haltung weniger aus sozialistischer Doktrin zu erklären denn aus großdeutscher und schwarzrotgoldener Erinnerung, aus der Tradition eines kombattanten Achtundvierzigers."[95] Im Rahmen der Funktion des Sozialismus als Ersatzreligion wurde der 18. März zum Fest des „Völkerfrühlings" stilisiert und als profanisiertes Osterfest begangen. Dies zeigt übrigens auch, dass die proletarische Symbolik im kaiserlichen Deutschland auffallend reichsbezogen war und den offiziellen Kult zu karikieren versuchte. Das herausragende Beispiel hierfür war die Zentenarfeier für Wilhelm I. am 22. März 1897, in deren Rahmen in Berlin das pompöse Kaiser-Wilhelm-Nationaldenkmal, ein Reiterstandbild von Wilhelm Begas, aufgestellt wurde. Die sozialistische Arbeiterbewegung indes nutzte den arbeitsfreien Tag, zugleich Jahrestag des Begräbnisses der Märzopfer von 1848, für eine Demonstration an der Gedenkstätte im Friedrichshain.[96]

Die größte Märzdemonstration der Arbeiterbewegung hatte schon im Jahr 1873 stattgefunden, als 30.000 Sozialdemokraten zum Friedrichshain zogen und der konservativen Staatsmacht einen ersten Beleg für die Massenmobilisierung des deutschen Sozialismus lieferten. Es kam zu Straßenschlachten zwischen der mit brutaler Gewalt vorgehenden berittenen Polizei und den Demonstranten, gegen 18 Teilnehmer wurden später Freiheitsstrafen verhängt.[97] Die mächtige Kundgebung stand bereits im Zusammenhang mit der Erinnerung an die Pariser Commune, die am 18. März 1871 ihren Ausgang genommen hatte und rasch zu einem proletarischen Mythos wurde.[98] Durch diesen historischen Zufall ergab sich ein „Doppelgedenktag", der gleichzeitig als nationaler Erinnerungs-

---

95 Carl von Ossietzky: Zur Reichsgründungsfeier, in: Die Weltbühne 20.1.1931, hier zit. nach ders.: Rechenschaft. Publizistik aus den Jahren 1913-1933. Hg. von Bruno Frei, Berlin/Weimar ³1985, S. 170-173, Zitat S. 172.
96 R. Alings: Monument, S. 583.
97 Richard Schneider (Hg.): Historische Stätten in Berlin, Frankfurt a.M./Berlin 1987, S. 145.
98 Zur Bedeutung des Commune-Mythos für die deutsche Arbeiterbewegung siehe W. Conze/D. Groh: Arbeiterbewegung, S. 105-109.

tag für Freiheit und Demokratie und als internationaler proletarischer Fest- und Gedenktag begangen werden konnte.[99] Auf diese Weise wuchs der 18. März in der sozialdemokratischen Arbeiterbewegung in Deutschland noch vor dem 1890 eingeführten Ersten Mai zum herausragenden Feiertag, zumal später in Verbindung mit dem Datum ein weiterer Grund für proletarische Euphorie hinzukam: Ausgerechnet am 18. März 1890 endete mit dem Rücktritt des *Eisernen Kanzlers* die Ära Bismarck und mittelbar auch die zwölfjährige Phase der Sozialistenverfolgung in Deutschland.[100] Seitdem gab es einen dreifachen Anlass für die sozialdemokratischen Märzfeiern, die bis zum Ersten Weltkrieg in den „Märzzeitungen" regelmäßigen publizistischen Widerhall fanden. Begriffe wie „Märzgeist" oder „Märzwind" gehörten zum festen Bestand der sozialdemokratischen Rhetorik und flossen auch in die Dichtung der proletarischen Bewegung ein.[101]

Die Identität der Sozialdemokratie im Kaiserreich gründete maßgeblich auf die Ablehnung der konservativ-bürgerlichen Welt im Allgemeinen und des kleindeutschen Hohenzollernstaates im Besonderen und speiste sich in diesem Sinne maßgeblich aus der Erinnerung an die Ziele der Revolution. Die deutsche Arbeiterbewegung bildete ein spezifisches Geschichtsbild heraus. „Partei wie Gewerkschaftsbewegung fühlten sich dazu berufen, den demokratischen und

---

99 Beatrix W. Bouvier: Die Märzfeiern der sozialdemokratischen Arbeiter: Gedenktage des Proletariats – Gedenktage der Revolution. Zur Geschichte des 18. März, in: Dieter Düding u.a. (Hg.): Öffentliche Festkultur. Politische Feste in Deutschland von der Aufklärung bis zum Ersten Weltkrieg, Reinbek 1988, S. 334-351, hier S. 335. Vgl. auch Walter Schmidt: Die Revolution von 1848/49 in der Traditionspflege der revolutionären deutschen Arbeiterbewegung, in: 125 Jahre Kommunistisches Manifest und bürgerlich-demokratische Revolution 1848/49. Referate und Diskussionsbeiträge. Wissenschaftliche Redaktion: Gunther Hildebrandt/Walter Wittwer, Glashütten i.Ts. 1975, S. 67-89, bes. S. 71f; Thomas Mergel: Sozialmoralische Milieus und Revolutionsgeschichtsschreibung. Zum Bild der Revolution von 1848/49 in den Subgesellschaften des deutschen Kaiserreichs, in: Christian Jansen/Thomas Mergel (Hg.): Die Revolutionen von 1848/49. Erfahrung-Verarbeitung-Deutung, Göttingen 1998, S. 247, 267, hier S. 253.
100 Zu Bismarcks Rücktritt am 18. März 1890 siehe Bismarcks Sturz. Zur Rolle der Klassen in der Endphase des preußisch-deutschen Bonapartismus 1884/85 bis 1890. Von einem Kollektiv unter Leitung von Gustav Seeber (Akademie der Wissenschaften der DDR/Schriften des Zentralinstituts für Geschichte, Bd. 52), Berlin 1977, S. 386; Volker Ullrich: Als der Thron ins Wanken kam. Das Ende des Hohenzollernreiches 1890-1918, Bremen 1993, S. 32f. Es ist nicht ganz auszuschließen, dass der Reichskanzler, der sich mit seinem von Wilhelm II. unter demütigenden Umständen erzwungenen Rücktritt einige Tage Zeit ließ, bewusst dieses Datum wählte.
101 B.W. Bouvier: Märzfeiern, S. 340f. Zur dichterischen Verarbeitung siehe etwa die Gedichte „18. März" (um 1908) und „Über die Dächer der Märzwind pfeift" (um 1910) von Ernst Preczang, abgedruckt in Bruno Kaiser (Hg.): Die Pariser Kommune im deutschen Gedicht, Berlin 1958, S. 132-138. In dem Gedicht „18. März" werden die Ereignisse von 1848 und 1871 miteinander verknüpft.

sozialen Auftrag von 1848 auszuführen und zu vollenden."[102] Dem autoritären Obrigkeitsstaat bismarckischer, später wilhelminischer Prägung und seinen konservativ-militärischen Eliten wurden permanent die Einheits- und Freiheitsforderungen von 1848 entgegengehalten. Auch gegen die einstigen Mitstreiter aus dem liberal-bürgerlichen Lager konnte man sich auf diese Weise abgrenzen, denn man bezichtigte sie des Verrats an den alten Idealen. Das galt besonders in der Frage des Wahlrechts, nachdem Bismarck in Preußen das Dreiklassenwahlrecht durchgesetzt hatte, das weite Teile der Bevölkerung von der demokratischen Mitbestimmung ausschloss. Otto Hörsing stellte 1911 diese Frage in den Mittelpunkt eines Vortrages über die Bedeutung der Märzkämpfe von 1848.[103] Dieses zentrale sozialdemokratische Anliegen stellte eine Bruchlinie zu den Liberalen dar. Wilhelm Blos, der nach dem Weltkrieg sozialdemokratischer Staatspräsident von Württemberg wurde, stellte bereits im 1914 erschienenen ersten Band seiner *Denkwürdigkeiten* kämpferisch-selbstbewusst fest: „Dass Fortschrittspartei und bürgerliche Demokratie uns nicht liebten, war selbstverständlich. Sie betrachteten sich als die Erben der Ideen von 1848; aber sie verwalteten diese Erbschaft so schlecht, dass wir sie übernehmen mussten. Als bürgerliche Parteien, die auf dem Boden der kapitalistischen Produktionsform standen, verloren sie den Anhang, den sie unter den Arbeitern gehabt, sobald diese zum Klassenbewusstsein erwacht waren."[104]

Die Sozialdemokratie wähnte sich insofern als Sieger im „Erinnerungswettlauf" gegen den ins kaiserliche Lager abgefallenen Liberalismus und fühlte sich in ihrer Gesamtheit, trotz Flügelbildung und Spaltung, weiterhin als die wahre Sachwalterin der Tradition von 1848 und orientierte daran auch ihr spezifisches Nationalbewusstsein, das für den demokratischen Sozialismus der Weimarer Epoche prägend werden sollte. Selbst während des Weltkrieges wurde trotz widriger Umstände nicht auf die regelmäßige Feier des 18. März verzichtet. Nach der russischen Februarrevolution von 1917 demonstrierten am Märzgefallenentag erneut Tausende von Sozialisten im Friedrichshain, die Polizei musste sie gewaltsam vertreiben.[105] Mitten im Krieg, als sich die Spaltung der Sozialdemokratie bereits deutlich abzeichnete, notierte Rosa Luxemburg mit aller Hochachtung auch vor den bürgerlichen Revolutionären des vergangenen Jahrhunderts: „Was die Selbstbestimmung des deutschen Volkes bedeutet, was sie will, das haben die Demokraten von 1848, das haben die Vorkämpfer des deutschen Proletariats, Marx, Engels und Lassalle, Bebel und Liebknecht ver-

---

102 H. Potthoff: Verfassungswerk, S. 462f.
103 AdsD NL Otto Hörsing, Mp. 4 (Vortragsmanuskript „Märztage und Wahlrechtskampf" zum 18. März 1911 auf zehn Karteikarten mit handschriftlichen Redestichpunkten).
104 Wilhelm Blos: Denkwürdigkeiten eines Sozialdemokraten. 2 Bde, München 1914/19; Zitat Bd. 1, S. 213.
105 R. Schneider: Stätten, S. 146.

kündet und verfochten: *Es ist die einzige großdeutsche Republik.* Um dieses Ideal haben die Märzkämpfer in Wien und Berlin auf den Barrikaden ihr Herzblut verspritzt, zur Verwirklichung dieses Programms wollten Marx und Engels 1848 Preußen zu einem Krieg mit dem russischen Zarismus zwingen."[106] Hier ist die Sehnsucht nach einer einigen proletarischen Partei ebenso spürbar wie das Mittel, das die über die Kriegskredite zerspaltenen Sozialisten wieder zusammenführen könnte: die Erinnerung an den revolutionären Kampf um Einheit und Freiheit von 1848.

Die Aktualität von 1848 am Ende des Weltkrieges

Diese Erinnerung war auch während der revolutionären Umwälzung nach dem Ende des Weltkrieges in Deutschland präsent und greifbar. Zwar gab es keine persönlichen Erinnerungen mehr, jedoch stammten etliche der 1918/19 in verantwortliche Positionen aufgestiegenen Politiker aus Familien, in denen der freiheitlich-demokratische Geist von 1848 lebendig geblieben war.[107] Während der Novemberrevolution erschienen in einer Reihe von Zeitungen Aufrufe zur Besonnenheit, die direkt an entsprechende Appelle von 1848 anknüpften. Die national-freiheitliche Bewegung „war plötzlich aus historischer Vergangenheit zu starker Gegenwartsbedeutung erhoben".[108] Die Weimarer Verfassung, die im Kompromiss zwischen gemäßigter Sozialdemokratie, Liberalen und Katholiken ausgearbeitet wurde, stellte sich mit ihrem Wertekanon bewusst in die Tradition der Paulskirche und zog auch Konsequenzen aus deren Schwächen: So verzichtete man beispielsweise vor dem Hintergrund der Erfahrungen von 1848 auf eine ausführliche Beratung des Grundrechtsteils. Friedrich Ebert hatte bereits in seiner Rede zur Eröffnung der Nationalversammlung im Februar 1919 in Weimar auf den historischen Bezugspunkt des Verfassungswerkes hingewiesen: „Wie der 9. November 1918 angeknüpft hat an den 18. März 1848, so müssen wir hier in Weimar die Wandlung vollziehen vom Imperialismus zum Idealismus, von der Weltmacht zur geistigen Größe."[109] Dass die Vorgänge von 1848/49 keineswegs in Vergessenheit geraten, sondern im historischen Bewusstsein höchst lebendig waren, zeigt nicht zuletzt eine bemerkenswerte Einzelheit. Als man im Winter 1918/19 auch Frankfurt als möglichen Ort der Nationalver-

---

106 Junius [=Rosa Luxemburg]: Die Krise der Sozialdemokratie (1916), zit. nach S. Miller: Ringen, S. 8.
107 An der Revolution von 1848 waren der Großvater von Friedrich Ebert (W. Malanowski: November-Revolution, S. 58) sowie die Väter von Conrad Haußmann, dem deutschdemokratischen Vorsitzenden des Verfassungsausschusses der Nationalversammlung, und von Ludo Moritz Hartmann, dem österreichischen Gesandten in Berlin, beteiligt.
108 E. Kurtze: Paulskirche, S. 27.
109 Rede Eberts zur Eröffnung der Verfassungsgebenden Deutschen Nationalversammlung in Weimar am 6. Februar 1919, in: F. Ebert: Schriften, Bd. 2, S. 148-156, Zitat S. 155.

sammlung in Erwägung zog, wurde hinsichtlich der Sicherheitslage nicht etwa die Nähe zum alliierten Besatzungsgebiet ins Feld geführt, sondern ein Ereignis der immerhin 70 Jahre zurückliegenden Revolutionszeit: der Mord an den beiden Abgeordneten der Frankfurter Nationalversammlung Lichnowsky und Auerswald im September 1848 in der Nähe der Goethestadt.[110]

Märzgedenken in der Weimarer Republik

Die Erinnerung an die gescheiterte Revolution von 1848 und die damals zentralen Forderungen nach Freiheit und Demokratie waren am Beginn der Weimarer Republik Allgemeingut der deutschen Sozialisten aller Couleur, wobei die Instrumentalisierung des Feiertages für aktuelle Ziele teilweise deutlich erkennbar war. Das zeigte sich bereits am 18. März 1919, als es mitten in der revolutionären Unruhezeit zahlreiche Gedenkfeiern gab. Auf einer radikalsozialistischen Versammlung im Zirkus Busch zu Berlin, wo vordem die Arbeiter- und Soldatenräte zusammengekommen waren, sprach Heinrich Laufenberg über „Arbeiterklasse und Staatsgewalt".[111] Die Feier des 18. März, erklärte Laufenberg, sei sozialistische Tradition, auch wenn der Tag mehr an die bürgerliche als an die proletarische Revolution erinnere. „Aber die Kämpfer der Revolution, die Kämpfer des menschlichen Fortschritts, diejenigen, die mit Herz und Hirn der großen Sache der Menschlichkeit gedient haben, sie haben allerwege bei der sozialistischen Arbeiterschaft Deutschlands und der Welt ein lebhaftes und dankbares Gedenken gefunden. Es war das Bekenntnis zur Revolution, zu den gewaltigen tragenden Gedanken der Menschheit, das von jeher die Arbeiterschaft Deutschlands geleitet hat, wenn sie ihre Märzfeier beging." Gleichwohl stellte der Redner eines der zentralen Ziele von 1848, die Herstellung der Demokratie als Staatsform, rundheraus in Abrede, da der Staat auch dort Zwangsgewalt sei, wo er die Form der Demokratie habe. Laufenberg forderte statt dessen die Diktatur des Proletariats und ein Rätesystem in Deutschland. In diesem radikalen Programm verschwand der eigentliche Anlass fast vollständig hinter der aktuellen politischen Aussage.

Glaubwürdiger erschien die Erinnerung an die Märzrevolution und die Berufung auf die Tradition von 1848 aus dem Munde der gemäßigten, reformerisch und parlamentarisch-demokratisch orientierten Sozialisten. Auf verschiedene Weise wurde der Konnex immer wieder öffentlich gemacht. Erster Ansatzpunkt war dabei die traditionelle Feier des 18. März, die auch in der Weimarer Republik ein wichtiger Bestandteil der sozialdemokratisch und gewerkschaftlich organisierten Arbeiterschaft blieb. So tagte etwa die Vorständekonferenz des

---

110 RdV Bd. 2, S. 229.
111 Heinrich Laufenberg: Arbeiterklasse und Staatsgewalt. Festrede, gehalten anlässlich der Märzfeier am 18. März 1919 im Zirkus Busch, Hamburg 1919. Die folgenden Zitate ebd.

Allgemeinen Deutschen Gewerkschaftsbundes (ADGB) nach Möglichkeit am Jahrestag des Beginns der Revolution von 1848, um dabei auch der Märzopfer gedenken zu können.[112] Der Begriff *Märzgefallene* wurde in der Weimarer Republik wohl in bewusster semantischer Analogie auch für die Opfer des Kapp-Lüttwitz-Putsches von 1920 verwendet.[113] An den Verfassungstagen der Republik gab es wiederholt Reminiszenzen an die Einheits- und Freiheitsforderungen des 19. Jahrhunderts: Bei der republikanischen Abendfeier am Verfassungstag 1922 im Berliner Lustgarten rezitierten Schauspieler „1848er Freiheitsgedichte mit der machtvollen Sprache der Dichter, die seinerzeit für denselben Gedanken, der heute das ganze Land bewegt, den Gedanken der Freiheit kämpfen und leiden mussten", wie der *Vorwärts* seinen proletarischen Lesern berichtete.[114]

Dass die so aufgenommene und fortgeführte Tradition seitens der Sozialdemokratie als Aufgabe aller Demokraten und Republikaner verstanden wurde, zeigte sich vielleicht am nachdrücklichsten im Jahr 1925, als sich die SPD in der zweiten Runde des Reichspräsidentenwahlkampfes im Volksblock Schwarz-Rot-Gold für den Zentrumskandidaten Wilhelm Marx einsetzte. Das bekannteste Plakat dieser Kampagne zeigt einen traditionell gekleideten Burschenschaftler, der ein großes schwarz-rot-goldenes Banner an einen Arbeiter übergibt. Der Beitext lautet: „Was 48 die Väter gedacht, / die Enkel habens 18 vollbracht! / das Banner, das Grimm und Uhland / entrollt – wollt ihr verraten? / :Schwarz-Rot und Gold!! / wählt den Kandidaten des Volksblocks: / Wilhelm Marx".[115] Die Darstellung eines Burschenschaftlers Seit' an Seit' mit einem Proletarier mochte bei radikalen Sozialisten höchst anstößig wirken, jedoch veranschaulichte sie nachdrücklich die im Kampf gegen den monarchischen Kandidaten Hindenburg durch das historische Band von 1848 verknüpfte Allianz zwischen Sozialisten und demokratisch-republikanisch orientierten Bürgerlichen. Dieses Band war indes weit weniger fest, als es jenes Plakat zu suggerieren versuchte. Bereits zum fünften Verfassungstag der Republik 1924 hatte Julius Leber im *Lübecker Volksboten* in einem Appell an das deutsche Bürgertum zu Recht kritisch angemerkt, von den Erben von 1848 seien die Sozialdemokraten für die Republik, die Liberalen aber kaisertreu gewesen. „Mochten sie sich Demokraten nennen oder wie immer sonst, Republikaner waren sie nie. Republikaner wurden sie erst, als das Kaiserreich zusammengebrochen war. (...) Sie haben sich auf den Boden der Tatsachen gestellt. Und vor der Ausrede neuer Tatsachen wird auch ihr weiches republikanisches Gemüt sehr leicht

---

112 H. Potthoff: Verfassungswerk, S. 463, Anm. 135.
113 Vgl. zum Weimarer Märzgefallenendenkmal von Walter Gropius Kapitel 5.5.
114 Vorwärts 12.8.1922.
115 Abgebildet in Politische Plakate/HLD, S. 55, Abb. 28.

wieder zerschmelzen."[116] Fünf Jahre später musste Leber bereits deutlich resigniert nach denjenigen bürgerlichen Kräften fragen, die bereit seien, sich im Bunde mit der Sozialdemokratie dem anwachsenden Nationalismus entgegenzustemmen: „Wo bleiben in Deutschland die Nachfolger der Barrikadenkämpfer von 1848? Wo bleiben die weiten intellektuellen Bürgerkreise, die wissend genug sind, aber einstweilen den Mut nicht aufbringen zum Bekenntnis?"[117]

Diese Frage eines sozialdemokratischen Mitglieds des Reichsbanners Schwarz-Rot-Gold richtete sich vor allem auch an die schwindenden liberalen und katholischen Kräfte in der militant-republikanischen Organisation, die sich in starkem Maße als Nachfolgerin der Barrikadenkämpfer für Freiheit und Demokratie begriff. Das Reichsbanner war der zentrale Ort republikanisch-demokratischer und insbesondere sozialdemokratischer Erinnerung an die Revolution von 1848. Der Bezug zu dieser Bewegung, „deren demokratisch-freiheitliche wie nationale Traditionen von der neuen schwarzrotgoldenen Bewegung als Erbe beansprucht wurden", war unübersehbar und kam auch in der Symbolik des Reichsbanners selbst zum Ausdruck. Sein Bundeslied war Ferdinand Freiligraths Revolutionsgedicht *Schwarz-Rot-Gold* aus dem Jahre 1848, die Fahne der Organisation zeigte einen schwarzen, gold umrandeten Adler auf rotem Grund.[118] Besonders die jährliche Erinnerung an die Märzgefallenen hat das Reichsbanner zu einer ureigenen Angelegenheit gemacht. Die Gestaltung solcher Feiern, wie sie zum Beispiel 1929 im Rahmen der Verfassungsfeiern in Berlin an den Gräbern der Märzgefallenen im Friedrichshain abgehalten wurden, überließ man nicht dem Zufall: Im gleichen Jahr gab die Reichsbanner-Führung eine Broschüre heraus, die genaue Anweisungen für Bundesgründungsfeste sowie ausdrücklich auch für „1848er Feiern" gab.[119] Für die Erinnerungsfeiern an die Revolution von 1848 sah die Schrift Gedichtrezitationen mit Werken von Freiligrath, Glasbrenner, Heine, Sallet, Herwegh und anderen vor, dazu zeitgenössische revolutionäre Lieder, Redevorschläge zum „Geist von 1848" und über „Das Reichsbanner und die 1848er Revolution" sowie Zitate aus den Reden der Paulskirche, wobei hier offenbar kein Unterschied zwischen den verschiedenen Flügeln des Parlaments gemacht wurde: Befürworter Kleindeutschlands und einer preußisch dominierten Monarchie

---

116 Julius Leber: Fünf Jahre deutsche Republik. Zum 11. August, in: ders.: Schriften, Reden, Briefe. Hg. von Dorothea Beck/Wilfried F. Schoeller. Mit einem Vorwort von Willy Brandt und einer Gedenkrede von Golo Mann, München 1976, S. 51f, Zitat S. 51.
117 Aufzeichnung vom 1. Juni 1929, in: J. Leber: Mann, S. 59.
118 Zur Bedeutung der Tradition von 1848 im Reichsbanner Schwarz-Rot-Gold siehe K. Rohe: Reichsbanner, S. 227-233; das Zitat S. 229. Zur Symbolik siehe A. Friedel: Politische Symbolik, S. 140f.
119 Vortragsdisposition, Winke und Beispiele für die Gestaltung von Bundesgründungs- und 1848er Gedenkfeiern. Hg. vom Bundesvorstand des Reichsbanners Schwarz-Rot-Gold, Magdeburg o.J. [1929].

wie Gagern kamen ebenso zu Wort wie Großdeutsche und Republikaner. Auch vom *Jungbanner*, der Nachwuchsorganisation des Reichsbanners Schwarz-Rot-Gold, ist eine Veröffentlichung bekannt, in der Anregungen zu Gedenkfeiern „für die Märzgefallenen von 1848/49, für die Kriegsgefallenen, für Walter Rathenau, Matthias Erzberger, Friedrich Ebert und die im Dienste der Republik ums Leben gekommenen Reichsbannerkameraden" gegeben werden.[120] Dieses hier skizzierte Pantheon offenbart Ansätze einer spezifischen Erinnerungskultur der militanten Weimarer Demokraten.[121]

Dass sich die Träger der Revolution von 1918/19 und der aus ihr hervorgegangenen Republik in besonderer Weise dem demokratischen Geist von 1848 verpflichtet fühlten, wurde bereits dadurch symbolisch herausgestellt, dass die Märtyrer beider Bewegungen am gleichen Ort ihre letzte Ruhestätte fanden, wodurch eine gemeinsame und zentrale Pilger- und Gedenkstätte geschaffen wurde: der Märzgefallenenfriedhof im Berliner Friedrichshain, der im Kaiserreich das Ziel sozialistischer Protestkundgebungen gewesen war und später durch Nationalsozialisten geschändet werden sollte.[122] Hier wurden im November und Dezember 1918 neben den Opfern der Barrikadenkämpfe von 1848 rund 30 Tote der aktuellen revolutionären Unruhen begraben. Der Friedhof erhielt daraufhin in den Weimarer Jahren den ungeteilten Zulauf aller Richtungen der Arbeiterbewegung. Ein besonderer Höhepunkt war dabei das 75-jährige Jubiläum der Revolution von 1848 im Jahr 1923, das Anlass zu umfangreichen Feierlichkeiten bot. Der Friedrichshain erlebte am 18. März 1923 bei strahlendem Vorfrühlingswetter „einen Massenbesuch, wie er vordem noch nie erlebt wurde".[123] Die beiden Flügel der Arbeiterbewegung marschierten getrennt: Am Vormittag erwiesen die Kommunisten den Märzkämpfern mit roten Fahnen und Sowjetstern die Ehre, am frühen Nachmittag rückten die Sozialdemokraten mit schwarz-rot-goldenen und roten Fahnen an. Derweil fand im Plenum des Reichstags eine imposante republikanische Kundgebung statt: An der parteiunabhängigen *Gedächtnisfeier des jungen Deutschland* nahmen neben den Jugendorganisationen von SPD und DDP sowie zahlreichen weiteren republikanischen Jugendverbänden auch Reichstagspräsident Paul Löbe und der deutschdemokratische Reichsinnenminister Rudolf Oeser teil.[124] Mehrere Dut-

---

120 Das Jungbanner. Jugendpflege im Reichsbanner Schwarz-Rot-Gold, Magdeburg o.J. [ca. 1926].
121 Siehe Kapitel 5.5.
122 Zum Märzgefallenenfriedhof siehe R. Schneider: Stätten, S. 145f.; Gedenkstätten. Arbeiterbewegung-Antifaschistischer Widerstand-Aufbau des Sozialismus. Hg. vom Institut für Denkmalpflege in der DDR, Leipzig usw. ^{2}1974, S. 42.
123 Frankfurter Zeitung 19.3.1923. Zu den Festlichkeiten siehe ebd. sowie Berliner Volkszeitung 19.3.1923.
124 Ebd. Ein Programmzettel der Veranstaltung befindet sich in BArchBln R 15.01/16869, Bl. 64; eine Photoaufnahme des geschmückten Rednerpults ebd. 16861, Bl. 368.

zend schwarz-rot-goldene und rote Fahnen schmückten den Saal. Die Motti der Veranstaltung lauteten „Erinnerung und Gelöbnis" sowie „Einheit, Freiheit, Vaterland", letzteres entnommen der berühmten Ansprache von Turnvater Jahn vor der Frankfurter Nationalversammlung 1848. Die Redebeiträge waren in ihrem Tenor alles andere als eine kritiklos-lobhudelnde Referenz an den viel beschworenen historischen „Märzgeist". Einer der Redner übte scharfe Kritik am gegenwärtigen Parteibetrieb, forderte eine „Märzpartei der deutschen Republik" und verkündete geradeheraus: „Die gegenwärtige Republik ist noch keine würdige Antwort der Lebenden an die Toten, sie soll es aber werden." Der sozialdemokratische Reichstagspräsident Löbe mahnte in seiner Ansprache mit Blick auf die französische Besetzung des Ruhrgebietes seit Januar 1923 als zentrale Ziele der Republik „Einheit der deutschen Stämme, Unabhängigkeit und Frieden nach außen, Freiheit im Innern" an. „Es soll das Gelöbnis unserer heutigen Feier sein, des Volkes Wille gegen jeden Tyrannen, des Volkes Wille erst recht gegen Degoutte und Poincaré!"

Die SPD hielt am gleichen Tag eine Feierstunde im Großen Schauspielhaus in Berlin ab, wobei sie die Erinnerung an die Märzereignisse mit dem Gedenken an Karl Marx verknüpfte, dessen 40. Todestag ebenfalls in den März 1923 fiel. Die Ansprache hielt Eduard Bernstein, der große revisionistische Marx-Kritiker. Auf dieser Veranstaltung wurde ebenso Freiligrathsche Lyrik zitiert wie bei der parallelen Kundgebung der DDP, beim Schlussgesang gaben sich die Sozialdemokraten mit der Internationalen jedoch klassenbewusst, während die Linksliberalen das Deutschlandlied anstimmten.[125] Die Rechtspresse zuckte angesichts des festtäglichen (sozial)demokratischen Traditionalismus etwas ratlos die Achseln: „(...) was in aller Welt haben unsere Novemberleute mit den Märzkämpfern zu tun?" fragte der *Berliner Lokal-Anzeiger* und tat die Feierlichkeiten als unehrlich und heuchlerisch ab.[126]

Die Paulskirchenfeier von 1923

Dem Revolutionsgedenken konnte man jedoch eine ernste Überzeugung ebenso wenig absprechen wie den Feierlichkeiten zum Paulskirchenjubiläum, das im Mai 1923 in den Mittelpunkt des republikanischen Festkalenders rückte. „Obwohl man sonst aus 75-jährigen Jubiläen dieser Art nichts Besonderes zu machen pflegt, wollten wir das diesmal tun, weil sich hier eine ungewöhnliche Gelegenheit bot, geschichtlichen Unterricht mit einer Glorifizierung der schwarz-rot-goldenen Farben zu verbinden."[127] So schilderte Arnold Brecht, damals als Ministerialdirektor im Reichsinnenministerium einer der maßgebli-

---

125 Berliner Volkszeitung 19.3.1923.
126 Berliner Lokal-Anzeiger 19.3.1923.
127 A. Brecht: Nähe, S. 399.

chen Personen bei Planung und Durchführung staatlicher Feiern, in seinen Erinnerungen die Beweggründe seiner Behörde, in Zusammenarbeit mit der Stadt Frankfurt eine Feier zur Erinnerung an die Paulskirche von 1848 ins Werk zu setzen. Ein Jahr nach dem Rathenaumord bot das Jubiläum aus der Sicht von Reichsinnenminister Oeser (DDP) eine gute Gelegenheit zur historischen Anknüpfung an die demokratischen und nationalen Ideale des 19. Jahrhunderts, aber auch zur Selbstdarstellung der Republik und ihrer Symbole. So wurde unter maßgeblicher Beteiligung von Reichskunstwart Edwin Redslob mit der Planung einer Gedenkfeier begonnen und dabei eine umfangreiche Akte angelegt, die heutzutage eine zentrale Quelle bei der Rekonstruktion der Feier darstellt.[128] Das Ministerium hatte sich zunächst mit der obstruktiven Haltung des rechtskonservativen Reichskanzlers Wilhelm Cuno auseinanderzusetzen, der dem Plan aus verschiedenen Gründen reserviert gegenüberstand. In einer von Cuno abgesegneten Vorlage der Reichskanzlei wurde neben der Kostenfrage vorgebracht, dass angesichts der französischen Besetzung des Ruhrgebiets die Zeit nicht zum Feiern angetan und zudem Frankfurt militärisch bedroht sei. Außerdem wurde ein handfestes historisch-politisches Argument ins Felde geführt: „Schlussfolgerungen, dass gerade das Frankfurter Parlament sich für die Wiederherstellung des Kaiserreichs ausgesprochen hat, werden nicht ausbleiben."[129] Paradoxerweise war es genau diese Überlegung, mit der der von Redslob und Brecht für den Plan gewonnene Gustav Stresemann dafür sorgte, dass die DVP-Minister in der Reichsregierung keinen Widerstand gegen die Feier leisteten.[130] Somit konnte das Reichsinnenministerium unbeirrt mit der Planung fortfahren und den Weg für eine entsprechende republikanische Werbewirksamkeit bereiten. In einem Schreiben an die deutschen Staats- und Landesregierungen vom 26. April 1923 wurden Einzelheiten zu Charakter und Ablauf der Frankfurter Festlichkeiten mitgeteilt: „Die Feier soll mit Rücksicht auf den Ernst der Lage nicht den Charakter einer glänzenden Festlichkeit, sondern einer ernsten, innerlichen Gedenkfeier tragen."[131] Der „Ernst der Lage"

---

128 „Feier des 75. Jahrestages der Eröffnung des Frankfurter Parlaments" (BArchBln R 15.01/16869). Siehe zum Folgenden ebd. sowie Edwin Redslob: Von Weimar nach Europa. Erlebtes und Durchdachtes, Berlin 1972; A. Brecht: Nähe, S. 399-401; Otto Hörth: Gedenkfeiern 1873 / 1898 / 1923 (Die Paulskirche. Eine Schriftenfolge), Frankfurt a.M. 1925, S. 57-92; Willi Emrich: Reichspräsident Friedrich Ebert und die Stadt Frankfurt am Main, o.O. o.J. [1954], S. 30-41; Dieter Rebentisch: Friedrich Ebert und die Paulskirche. Die Weimarer Demokratie und die 75-Jahrfeier der 1848er Revolution (Kleine Schriften/Stiftung Reichspräsident-Friedrich-Ebert-Gedenkstätte, Nr. 25), Heidelberg 1998.
129 BArchBln R 43 I/566, Bl. 264 (Vorlage an den Reichskanzler, verfasst von Ministerialrat Wever Ende März 1923). Cuno stimmte am 5. April 1923 Wevers Auffassung zu, dass von einer größeren Feier abgesehen werden solle (ebd. Bl. 267).
130 A. Brecht: Nähe, S. 400.
131 BArchBln R 15.01/16869, Bl. 35.

war abgesehen von der französischen Ruhrbesetzung auch daran zu erkennen, dass die vom Reichsinnenministerium für die Feier in Auftrag gegebene 16-seitige Gedenkschrift mit Artikeln, zeitgenössischen Bildern und Karikaturen zur Paulskirche zum Preis von 750 Mark angeboten wurde: Die Inflation war im Mai 1923 bereits in vollem Gange.[132]

Mit dem Nachzug reisten die Gäste aus der Hauptstadt, darunter Reichspräsident Ebert, Reichstagspräsident Löbe und der preußische Ministerpräsident Braun, nach Frankfurt.[133] Die Reichsregierung war mit einer Reihe von Ministern vertreten, ebenso die Landesregierungen und Parlamente. Reichskanzler Cuno hielten nach eigenem Bekunden „dringende politische Geschäfte" von der Reise ab, auch die bayerische Regierung fiel durch Abwesenheit auf.[134] Dagegen nahmen zahlreiche Nachkommen der Paulskirchenabgeordneten an dem Gedenktag teil, darunter Friedrich Freiherr von Gagern, Heinrich von Gagerns Enkel. In der Stadt gab es den ganzen Tag über eine Fülle von Veranstaltungen. Der Verlauf der offiziellen Feierlichkeiten war im Vorfeld genau festgelegt worden. Am Vormittag fand im Kaisersaal des Römers eine festliche Veranstaltung statt, in deren Rahmen das Paul-Hindemith-Quartett jenes Musikstück von Joseph Haydn spielte, das das Thema der Nationalhymne paraphrasierte. Reden hielten der Frankfurter Oberbürgermeister Georg Voigt und Reichsinnenminister Rudolf Oeser. Der heutige Tag, so Oeser, bezeuge eindringlich, dass die junge Republik ihre Tradition besitze.[135] Ferner sprach der stellvertretende österreichische Nationalratspräsident Karl Seitz. In den Römerhallen wurde im Anschluss die umfangreiche Ausstellung „Das erste deutsche Parlament" eröffnet. Es folgte „zur historischen Stunde", wie es im ministeriellen Ablaufplan hieß, ein Festzug vom Römer zur Paulskirche. Dort sprachen

---

132 Ein Exemplar in BArchBln R 15.01/16869, Bl. 50.
133 E. Redslob: Weimar, S. 175.
134 Cuno ließ in Frankfurt durch Reichsinnenminister Oeser ein Grußwort verlesen, abgedruckt bei O. Hörth: Gedenkfeiern, S. 66f., Zitat S. 66. Zum Fehlen Bayerns siehe die Vossische Zeitung vom 26.5.1923. Das Fernbleiben wurde als Affront angesehen, insbesondere weil Ministerpräsident Knilling (BVP) den 18. Mai zu einer Gesinnungsdemonstration besonderer Art nutzte, indem er statt an der Frankfurter Paulskirchenfeier an einem Gottesdienst in der Münchner Theatinerkirche anlässlich des Geburtstages des bayerischen Kronprinzen Rupprecht teilnahm. Die demokratische Presse kritisierte dieses Verhalten, worauf in der offiziösen Bayerische Staatszeitung von „tendenziöse[r] Hetze gewissenloser Berichterstatter" die Rede war. Der Fall Knilling hat in der bundesrepublikanischen Gegenwart eine verblüffende Parallele: Die bayerische Staatsregierung boykottierte am 3. Oktober 1998 die offizielle Feier zum Tag der Deutschen Einheit in Hannover, weil dort im Rahmen eines Musik-Potpourris einige Takte aus der alten DDR-Hymne gespielt wurden. Der bayerische Ministerpräsident Edmund Stoiber und der CSU-Vorsitzende Theo Waigel nahmen stattdessen an einer Gedenkveranstaltung zum zehnten Todestag von Franz Josef Strauß in München teil.
135 O. Hörth: Gedenkfeiern, S. 65.

Reichspräsident Friedrich Ebert sowie der Heidelberger Nationalökonom Alfred Weber. „Den Männern von 1848", führte Weber aus, „war ihr nationales Gefühl, in dessen Namen sie die Einheit und Freiheit Deutschlands zu begründen suchten, unmittelbarer Ausfluss ihres europäischen Menschheitsfühlens; sie sahen Humanität und Nation in einem."[136]

Am Nachmittag fand auf dem Römerberg eine republikanische Volksfeier statt, an der nahezu 30.000 Menschen teilnahmen.[137] Nach einer musikalischen Einleitung durch Posaunenbläser und Sänger gab Reichstagspräsident Paul Löbe unter Fanfaren das Zeichen zum Aufziehen von zwei großen schwarz-rot-goldenen Reichsfahnen und begann daraufhin seine Rede an die republikanische Menge. Er unterbrach die Ansprache für den Gesang der ersten Strophe des Deutschlandliedes, die dritte Strophe folgte nach dem Ende der Rede. Abschließend wurde gemeinsam ein Chorlied intoniert. Robert Breuer kommentierte diese Inszenierung später in der *Glocke* mit euphorischen Worten: „Das Liturgische dieser Volksversammlung hat restlos etwas Vorbildliches: die Abwechslung von Einzelstimme, symbolischer Handlung und Gemeindegesang enthält keimhaft jene wahrhaft volkstümlichen Elemente, die das Unwiderstehliche aller großen Religionen und seelischen Entladungen bestimmen."[138] Am Abend folgten eine Festvorstellung von Beethovens „Fidelio" im Opernhaus sowie ein Fackelzug.

Insgesamt stieß die Frankfurter Erinnerungsfeier auf ein sehr positives Echo. Paul Kampffmeyer fasste in einem Nachruf auf Friedrich Ebert die Wirkung prägnant zusammen: „Es war ein tief symbolischer Akt, als der Reichspräsident Ebert in den Maitagen 1923 in Frankfurt a.M. der nationaldemokratischen Bewegung des Jahres 1848 huldigte. Das neue soziale Deutschland reichte damit dem demokratisch-nationalen Deutschland des Jahres 1848 die Hand."[139] Allen voran die Veranstalter zeigten sich zufrieden. „Wir konnten den festlichen Tag mit dem Gefühl beschließen, ein Stück lebendige Tradition geschaffen zu haben", resümierte Reichskunstwart Edwin Redslob. Arnold Brecht schrieb: „Es war gelungen, durch die Feier den Anschluss an die alten Ideale dem allgemeinen Volksbewusstsein näherzubringen."[140] Die Zweiwochenschrift *Die Glocke* befasste sich in zwei Beiträgen mit dem Frankfurter Ereignis.[141] Dass die Meinungen darin auseinandergehen, lässt sich als Zeichen für die

---

136 Zit. nach ebd. S. 81.
137 Auch diese Massenkundgebung war akkurat vorbereitet worden, vgl. BArchBln R 15.01/16869, Bl. 153f. („Tageseinteilung 18. Mai").
138 Robert Breuer: Das Fest der Tradition, in: Die Glocke 9 (1923), S. 235-237, Zitat S. 237.
139 Paul Kampffmeyer: Friedrich Ebert. Ein Lebensbild, in: F. Ebert: Schriften, Bd. 1, S. 11-130, Zitat S. 12.
140 E. Redslob: Weimar, S. 176; A. Brecht: Nähe, S. 401.
141 Die Glocke 9 (1923). Darin die Beiträge von Max Quarck (Drei Aktenstücke, S. 215-218) und Robert Breuer (Das Fest der Tradition, S. 235-237).

ambivalente Haltung in der Sozialdemokratie und der ihr nahe stehenden Publizistik zu den hier wegweisend zelebrierten „Imponderabilien der Politik" werten, die später im Kampf gegen den Nationalsozialismus eine besondere Rolle spielen sollten. Kritisch äußerte sich Max Quarck zu der Frankfurter Inszenierung und monierte besonders das Pathos der Veranstaltung: „Die Feier in Frankfurt fehlte darin, dass sie die natürlichen Mängel der Bewegung von 1848 nicht zugab. Sie sah alles heldenhaft, wo es soviel menschelte. Infolgedessen kam auch die Größe der Bewegung nicht heraus: ein erstes, gewaltiges Aufbäumen, das Achtung einflößen musste, auch wenn es keinerlei praktischen Erfolg hatte." Der bereits oben zitierte Robert Breuer dagegen beurteilte die mit der Feier verbundene Werbearbeit für die Republik und ihre Symbole positiv: „Schwarz-Rot-Gold beherrschte das ehrwürdige Oval der Paulskirche. Die Räumlichkeit der ersten Nationalversammlung war wiederhergestellt worden. Keine historische Schrulle. Ein Teil dessen, war unter der Versinnlichung der Republik zu verstehen ist. Wir wollen gewiss keine knechtische Anbetung der republikanischen Hoheitszeichen, aber wir wollen, dass diese Hoheitszeichen als die geschichtlich gegebene Selbstverständlichkeit verstanden und respektiert werden. Zu solch politischem Erfordernis wird sich dann von selbst die menschlich schönere Liebe gesellen." Ähnlich wie Breuer urteilte auch Ludwig Bergsträßer in einem Beitrag für die Wochenschrift *Bohemia*. Der demokratische Publizist und spätere SPD-Reichstagsabgeordnete stellte nicht nur die gelungene historische Reminiszenz heraus, sondern vor allem auch die durch den Gesamteindruck der Feier sichtbar gewordene neue Einstellung der Arbeiterbewegung zum Staat: „Die demokratische Republik hat in Deutschland sehr wohl begeisterte Massen hinter sich, wenn sie diese nur zu vereinigen versteht. (...) Niemals noch und nirgends hat ein Volk sich begnügt mit der Blässe des Gedankens allein, es verlangt für seinen Staat nach derartigem Ausdruck, und die Feier in Frankfurt hat gezeigt, wie wirkungsvoll die Republik durch ihre führenden Persönlichkeiten Feste des Staatsgedankens veranstalten kann." Die deutsche Republik stehe vor einem Problem und vor einer Aufgabe: „Sie muss sich dem deutschen Volke mehr darstellen, um mehr werbende Kraft zu entfalten. Dabei kann die Art der Frankfurter Feier in ihrer Schlichtheit und schließlich auch mit ihrem bedeutenden geistigen Gehalt durchaus Modell stehen. Wenn wir in dieser Hinsicht ein Fazit zu ziehen versuchen, so wird man feststellen können: Was der geschichtlich geschulte Beschauer längst weiß, dass Demokratie und nationaler Gedanke wechselseitig durcheinander und ineinander bedingt sind, das erlebt man in Deutschland jetzt praktisch: nicht in dem nationalistischen Gebrüll, sondern darin, dass sich die deutsche Arbeiterpartei ganz hineingefunden hat in den nationalen Staat, den Staat des deutschen Volkes in innerlicher Hingabe und Anteilnahme. Auch die Arbeitervereine beim Fackelzug trugen die schwarz-rot-goldene Fahne; auch für sie ist das Deutschlandlied Ausdruck innerster Überzeugung. Monarchismus ist für Deutschland schon deswegen eine nationale Gefahr, weil er diese Einheit sofort zerstören würde."[142]

Der Monarchismus stand dieser geschickt zelebrierten historischen Reminiszenz eher hilflos gegenüber. Schon bei den Vorbereitungen hatte die rechts stehende Presse versucht, den Festgedanken herabzusetzen.[143] Man erachtete die Feier als unzulässige Vereinnahmung der Paulskirche durch die republikanischen Kräfte, doch es blieben lediglich symbolische Gesten. Der deutschnationale Staatsrechtslehrer und spätere Reichsjustizminister Johannes Victor Bredt, an dessen Marburger Haus „niemals eine andere Fahne als die schwarz-weiß-rote" wehte, sah sich während der Paulskirchenfeier gezwungen, abseits zu gehen, als die schwarz-rot-goldene Fahne auf dem Römerberg gehisst wurde, „um nicht mit grüßen zu müssen".[144] Allerdings konnten weder die politische Rechte noch die Kommunisten, die die Erinnerungsfeier als „Frankfurter Hanswurstiade"[145] abtaten, verhindern, dass die staatstragenden Kräfte der Weimarer Republik das Paulskirchenjubiläum zu einer umfangreichen Werbearbeit für Republik und Demokratie nutzten. Es gelang, nachdrücklich daran zu erinnern, „dass auch bei uns zu Lande die Demokratie ihre große machtvolle Tradition besitzt und nicht etwa in der Luft hängt, wie ihre Gegner gelegentlich behaupten". So zu lesen im Vorwort einer zum Jubiläum erschienenen Sammlung von Redeauszügen der Nationalversammlung von 1848.[146] Doch die Darstellung der traditionsbewussten Republik beschränkte sich nicht auf gedrucktes Papier. Erstmals in der Geschichte der deutschen Politik wurde ein noch junges Propagandamedium herangezogen. Nach dem 18. Mai 1923 ließ das Reichsinnenministerium einen Film mit dem Titel „Der Tag des ersten Parlaments" produzieren, der den Zuschauern aller Ufa-Filmtheater im Rahmen der Wochenschauen im Kino-Vorprogramm Bilder von den Feierlichkeiten sowie historisches Material zur Revolution von 1848 präsentierte.[147]

Die revolutionär-reformerische Ambivalenz als Spiegelbild der SPD

Zieht man die starke Bedeutung von 1848 für Identität und Geschichtsbewusstsein der Arbeiterbewegung im Kaiserreich in Betracht, so nimmt es nicht Wunder, dass die historische Revolution im Moment der aktuellen Revolution von

---

142 Bohemia 26.5.1923 („Die Frankfurter Parlamentsfeier").
143 O. Hörth: Gedenkfeiern, S. 58.
144 J.V. Bredt: Erinnerungen, S. 288f.
145 Die Rote Fahne 20.5.1923, hier zit. nach D. Rebentisch: Ebert, S. 13.
146 Wolfgang Petzet/Otto Ernst Sutter (Hg.): Der Geist der Paulskirche. Aus den Reden der Nationalversammlung 1848-1849, Frankfurt a.M. 1923, S. 7.
147 BArchBln R 15.01/16869, Bl. 141, 146.

1918 stark präsent war. In der Folgezeit konnte die SPD gerade durch die propagandistische Anknüpfung an 1848 ihr Selbstverständnis als staatsverantwortliche republikanische Partei und zugleich ihr spezifisches Nationalbewusstsein demonstrieren. Dabei kam der Sozialdemokratie die revolutionär-reformistische Ambivalenz der Bewegung von 1848 zupass, sie war eher ein Spiegelbild der eigenen Parteigeschichte und ließ sich spannungsfrei mit den beiden Daten 18. März und 18. Mai, die für Volkserhebung und Reformgeist standen, verknüpfen. Einen Kulminationspunkt bei der Erinnerung an die national-freiheitliche Einheitsbewegung des 19. Jahrhunderts stellten dabei sicherlich die Feiern zum 75-jährigen Revolutionsjubiläum 1923 dar.

Insgesamt lässt sich sagen, dass die Tradition von 1848 im kulturellen Sozialismus der Weimarer Republik auf vielfältige Weise präsent und in diesem Sinne höchst lebendig war.[148] Zwei Beispiele mögen dies abschließend nochmals unterstreichen. Im Festbuch der ersten Arbeiter-Olympiade, die 1925 in Frankfurt ausgetragen wurde, konnten die proletarischen Sportler einen umfangreichen stadtgeschichtlichen Überblick lesen, der den in Goethe verkörperten demokratischen Geist Frankfurts und die Rolle der Paulskirche von 1848 besonders hervorhob: „In den steilen Bänken dieses steigenden Rundgestühles saßen 1848 Deutschlands beste Männer, auf der Linken die Volksmänner *Robert Blum* und Karl Vogt, aber auch Uhland, der es mit seiner Manneswürde unvereinbar hielt, einen Orden zu tragen, der greise Ernst Moritz Arndt, der Turnvater Ludwig Jahn, die Dichter Wilhelm Jordan, Theodor Vischer und Anastasius Grün. Gelehrte von Weltruf wie Jakob Grimm, Gervinus, Dahlmann, Fallmerayer, Döllinger und viele, viele andere von einem geistigen Ausmaß, wie es heute in den Parlamenten selten geworden ist. Das Parlament der Paulskirche ist zweifellos das geistig höchststehende unter allen der Welt geblieben. Lange glaubte man, dass die Arbeit dieser wahrhaft nationalen und freiheitsliebenden Männer vergeblich getan sei! Heute wehen die Farben dieser Versammlung: schwarzrotgold: – als Symbol ihres wiedererstandenen Geistes über Deutschland. Ihre Worte über echte nationale Kraft, die neben der eigenen Würde auch die des Nachbarn achtet, über Völkerverständigung und Völkerzusammenschluss beginnen langsam in vielen Herzen zu keimen."[149]

---

148 In einer der publizistischen Betrachtungen zum 150-jährigen Jubiläum der Revolution fand sich die irrige Bemerkung: „Die Erinnerung an 1848 war in der Weimarer Republik tot" (Michael Winter: Wir sind das Volksfest. Kaum Grund zum Feiern: Das deutsche Revolutionsjahr 1848, in: Süddeutsche Zeitung 19.11.1997).
149 Fried Lübbecke: Frankfurt, die gastliche Stadt, in: Erste Internationale Arbeiter-Olympiade zu Frankfurt-M. 24. bis 28. Juli 1925. Hg. i.A. des Büros des Internationalen Arbeiter-Verbandes für Sport und Körperkultur, Sitz Belgien und der Zentralkommission für Arbeitersport und Körperpflege, Sitz Berlin, vom Hauptausschuss der 1. Internationalen Arbeiter-Olympiade, Sitz Frankfurt-M [Festbuch], Frankfurt a.M. 1925, S. 27-31, Zitat S. 30f.

Und selbst der linkskritische Paul Levi äußerte sich trotz aller Scharfzüngigkeit zwischenzeilig mit Respekt über den freiheitlichen und nationalen Aufbruch von 1848: „Nun liegen sie seit achtzig Jahren, die Toten im Friedrichshain in Berlin, sie, die ein Friedrich Wilhelm erschießen ließ, um dann die Leichen zu salutieren. Achtzig Jahre sind es und wird doch schwer, sich ein Bild der Zeit zu machen von jenem Berlin, an heutigem Maß gemessen, eine Landstadt nur, erfüllt von jenem muffigen Parfüm eines stockigen Hoflebens, das heute noch kleine Residenzen erfüllt, in denen die ‚Republik' ist eingezogen." Die Revolution von 1848 sei ein „eigen Ding", ein „Aufschwung von fünf Tagen" und schnell wieder beendet gewesen. Auch die alljährliche Wallfahrt zum Friedrichshain sei ein „seltsames Gemisch" gewesen aus Arbeitern und versprengten Freisinnigen. Diejenigen, die die 48er Revolution im Keim erstickten, hätten im Weltkrieg eine späte Niederlage erlitten. Die Bourgeoisie sei für ihren damaligen faulen Frieden doch noch bestraft worden, die Toten im Friedrichshain hätten ihre Rache bekommen, denn 1918 seien durch die Arbeiterschaft Monarchismus und Feudalismus beseitigt worden. „Damals war in Deutschland für die Arbeiterschaft alles zu erreichen. Da sie zauderte, fand die Bourgeoisie rasch das, was ihr so lange gefehlt: das Selbstbewusstsein als Klasse, der Wille zur Macht, die Kraft zum Gebrauch der Macht. So ist 1918 vollendet worden, was 1848 hätte geschehen sollen. Das Problem, das Deutschland 1848 hätte lösen sollen, ward 70 Jahre später gelöst. Das Problem aber, das 1918 zu lösen war, das der Machtergreifung der Arbeiter, ward damals nicht gelöst: wieviel Jahre später soll es gelöst werden? Der Tag, an dem dieses Problem gelöst werden wird, wird erst derjenige sein, der den Toten im Friedrichshain volle Genugtuung geben wird. Bis dahin kann man ihnen nur Kränze widmen. Kränze aber verwelken schnell, auch wenn kein Schutzmann mehr mit der Schere steht und über Berliner Revolutionsfeiern mit Pickelhaube und Säbel wacht."[150]

---

150 Paul Levi: Zum 18. März, in: Sozialistische Politik und Wirtschaft 6 (1928), Nr. 11/16.3.1928.

3. Die Geburt der Republik aus dem „Geist von 1914": Monarchie und Weltkrieg im Weimarer Staat

3.1. Hindenburgs Einzug in Berlin (11. Mai 1925)

Am Morgen des 6. Mai 1925, einem lauen Berliner Frühlingsmittwoch, erhielten die Leser des sozialdemokratischen *Vorwärts* als Einstimmung auf ein unmittelbar bevorstehendes, mit großer und banger Spannung erwartetes Ereignis eine Geschichtslektion besonderer Art serviert. Ein Karikatur-Triptychon führte drei wichtige Stationen der jüngsten deutschen Vergangenheit vor Augen. Unterlegt war dieser satirische Tour d'horizon mit Zitaten aus dem zweiten Teil von Goethes *Faust*, gesprochen vom chorus mysticus ganz zum Schluss des Dramas.[1] Auf dem ersten Bild („Alles Vergängliche / Ist nur ein Gleichnis") konnte man unschwer den im November 1918 Hals über Kopf nach Holland entschwindenden Kaiser Wilhelm II. ausmachen. Im mittleren Bild („Das Unzulängliche, / Hier wird's Ereignis") ist der kaiserliche Generalfeldmarschall von Hindenburg in Militäruniform auf einem Wahlplakat des Reichsblocks Schwarz-Weiß-Rot zu erkennen. Rechts außen schließlich („Das Unbeschreibliche, / Hier ist's getan!") war ein Ereignis ins Bild gesetzt, das eine knappe Woche nach dem 6. Mai über die Bühne gehen sollte. Freilich war die politische Öffentlichkeit in Deutschland noch keineswegs überzeugt, dass es tatsächlich geschehen würde: Der Monarchist und Kriegsheld Hindenburg, zum republikanischen Reichspräsidenten gewählt, schwört den Eid auf die Weimarer Verfassung und damit auch auf die schwarz-rot-goldenen Reichsfarben.

Hindenburg als Mythos: Die Rückkehr des Weltkriegs als Reichspräsident

Paul von Hindenburg und Beneckendorff, der 1847 geborene Veteran des deutsch-französischen Krieges, der sich bereits 1911 von der militärischen Karriere verabschiedet und ins Privatleben zurückgezogen hatte, wurde zu Beginn des Ersten Weltkrieges reaktiviert und gelangte schon nach wenigen Wochen als *Sieger von Tannenberg* zu höchstem Kriegsruhm in Deutschland. Mit der Abwehr des russischen Angriffs in Ostpreußen Ende August 1914, einer zwei-

---

1 Vorwärts 6.5.1925 (erneut veröffentlicht auf der Titelseite einer Sonderausgabe am 12. Mai).

fellos glänzenden militärstrategischen Leistung, war ein unmittelbar geschichtswirksamer Mythos geboren. Das ostpreußische Tannenberg wurde zu einem der drei symbolischen Orte der deutschen Durchhaltepropaganda, die sich später bruchlos in die antidemokratische Agitation der Rechtsparteien verwandeln sollte: Langemarck stand für jugendlichen Heldenmut und Opfergeist, Verdun für Härte und Zähigkeit des Frontsoldaten, Tannenberg für deutsche Führergröße. Doch wie allen Mythen fehlte auch dem Hindenburg-Tannenberg-Komplex der durchdringende, der historisch-authentische Kern. Schon die Bezeichnung *Tannenberg* war, auf Vorschlag von Hindenburg und ganz ähnlich wie *Langemarck*, mit Bedacht gewählt: In der Nähe dieses Ortes hatte der Deutsche Orden im Jahr 1410 eine vernichtende Niederlage gegen das polnische Königreich erlitten. Im 19. Jahrhundert wurde diese Schlacht zu einer Auseinandersetzung zwischen germanischer Zivilisation und slawischer Barbarei stilisiert, und so kam es nicht sehr überraschend, dass die deutsche Propaganda Tannenberg rasch als eine Revanche für 1410 zu deuten begann.[2] Es schadete wenig, dass die erfolgreiche Schlacht von 1914 in Wirklichkeit nahe Allenstein, rund 40 Kilometer nordöstlich von Tannenberg stattgefunden hatte. Im kaiserlichen Glückwunschtelegramm an Hindenburg und Ludendorff war noch vom „Sieg bei Allenstein" die Rede, die zeitgenössische Presse sprach von der „Schlacht an den Masurischen Seen".[3] Rasch wurde daraus Tannenberg.

Auch der Anteil des aus dem Ruhestand geholten Generalfeldmarschalls Hindenburg an dem militärischen Erfolg Ende August 1914 wurde bewusst propagandistisch überzeichnet. „In jenen Tagen", so der Historiker Heinrich August Winkler in einem Zeitungsbeitrag zu Hindenburgs 150. Geburtstag, „begann das, was schon Zeitgenossen den ‚Hindenburg-Mythos' nannten. Die beiden jüngeren Generäle Hoffmann und Ludendorff hatten zum Sieg über die Russen zwar mehr beigetragen als Hindenburg, doch als Mythenträger kamen sie nicht in Frage. Hindenburg, ein Mann von würdiger Gestalt, mit einer tiefen Bassstimme ausgestattet und rundum Vertrauen einflößend, eignete sich dafür besser."[4] Tatsächlich hatte Hindenburg während der betreffenden Schlacht im Bett gelegen und geschlafen. Nachdem der Generalfeldmarschall jedoch einmal zur Symbolfigur für deutsche Führergröße im Weltkrieg geworden war, nutzte

---

2 Wolfgang Wippermann: Die Geschichte des „Reichsehrenmals Tannenberg". Ein historisches Lehrstück, in: Niemandsland 1 (1987), H. 2, S. 58-69, hier S. 61.
3 Ebd. S. 59; vgl. Jürgen Tietz: Ostpreußisches Stonehenge. Verstreut in alle Winde: Der kurze Ruhm des Tannenberg-Denkmals, in: Frankfurter Allgemeine Zeitung 22.9.1997.
4 Heinrich August Winkler: Hindenburg, ein deutsches Verhängnis, in: Berliner Zeitung 2.10.1997; dort auch das folgende Zitat. Den Hinweis auf Hindenburgs Schlaf gibt Volker Ackermann: Staatsbegräbnisse in Deutschland von Wilhelm I. bis Willy Brandt, in: Etienne Francois u.a. (Hg.): Nation und Emotion. Deutschland und Frankreich im Vergleich. 19. und 20. Jahrhundert (Kritische Studien zur Geschichtswissenschaft, hg. von Helmut Berding u.a., Bd. 110), Göttingen 1995, S. 252-273, hier S. 259f.

man seine Popularität auf vielerlei Weise aus. Winkler notiert zur Rollenverteilung in der OHL: „Ludendorff war der wirkliche Chef, ja eine Art Kriegsdiktator. Er war auch der Autor jenes Planes zur totalen Erfassung aller wirtschaftlichen Kräfte für den Kriegseinsatz, der dann als ‚Hindenburg-Programm' in die Geschichte einging." Der 70. Geburtstag des OHL-Chefs im Oktober 1917 wurde auf eine Weise begangen, die den Feierlichkeiten zu Bismarcks Zentenarfeier zwei Jahre zuvor in nichts nachstand. Es gab kaum eine Stadt in Deutschland, die nicht zumindest eine Straße nach Hindenburg benannte.

Angesichts der immensen mentalen Folgen des Weltkrieges nimmt es nicht wunder, dass allen voran Generalfeldmarschall Hindenburg, ungeachtet oder vielleicht gerade wegen der Diskrepanz zwischen der siegreichen Anfangsschlacht von Tannenberg und dem letztlich verlorenen Gesamtkrieg, mit der Aura seiner Person und dem sie umgebenden Mythos später durch die Republik geisterte wie die *Weiße Frau* durch die Hohenzollernschlösser. Der neuen Staatsform blieb der pensionierte Kriegsheld, der seinen Alterssitz nahe Hannover genommen hatte, demonstrativ fern. Nur einmal fuhr er in den Jahren vor seiner Wahl zum Reichspräsidenten nach Berlin, anlässlich seiner Vernehmung durch den Reichstags-Untersuchungsausschuss im November 1919. Offenbar war es gerade diese stilisierte Zurückgezogenheit, die die monarchienostalgische Öffentlichkeit an Bismarck erinnerte und damit den Hindenburg-Mythos erst zur vollen Entfaltung brachte.[5] Diskutierte man in den Jahren zwischen 1919 und 1925 über die Nachfolge von Friedrich Ebert in der Reichspräsidentschaft, wurde der Name des Generalfeldmarschalls stets genannt. Schon zu Beginn der 20er Jahre wähnte etwa Karl Helfferich „Hindenburg ante portas". So weit war es jedoch noch lange nicht, und selbst nach dem Tode Eberts Ende Februar 1925 war eine Kandidatur des Kriegshelden zunächst nicht aktuell. In der ersten Runde der Reichspräsidentenwahl 1925 stellten sich als Vertreter des schwarz-weiß-roten Lagers vielmehr Hindenburgs OHL-Kompagnon Ludendorff sowie der Duisburger Oberbürgermeister Karl Jarres zur Wahl. Während Ludendorff nur rund ein Prozent der Stimmen erhielt, kam

---

5 Der DNVP-Vorsitzende Oscar Hergt stellte bereits im Juli 1919 eine Analogie zwischen Bismarck und Hindenburg her (zit. nach A. Thimme: Flucht, S. 39): „Ein Bismarck fehlt uns, nicht einer, sondern mehrere Bismarcks, viele Bismarcks. (...) Aber einen wollen wir nicht vergessen, der wie einst der Alte oben im Sachsenwalde, jetzt drüben im Westen sich zur Ruhe gesetzt hat, den alten Hindenburg. Meine Damen und Herren, man hört, dass man auch Hindenburgs Auslieferung verlangen wolle. Sie sollen ihn nicht haben, den treuen Hindenburg." Im letzten Satz klingt die Passage „Sie sollen ihn nicht haben, den freien deutschen Rhein" aus dem berühmten Lied „Der deutsche Rhein" von Nikolaus Becker aus dem Jahr 1840 an. Im Mai 1922 misslang der Versuch des preußischen Ministerpräsidenten Otto Braun, eine Reise Hindenburgs nach Ostpreußen zu verhindern, die – wie befürchtet – zu einer nationalistischen Propagandatour geriet (H. Schulze: Braun, S. 488).

Jarres auf einen Anteil von knapp 40 Prozent.⁶ Trotz dieses respektablen Ergebnisses zog der DVP-Politiker seine Kandidatur zu Gunsten von Hindenburg zurück, der sich nach einigem Zögern hierfür bereit erklärt hatte. Im Wahlkampf gebärdete sich der Generalfeldmarschall wie ein versöhnlicher Ersatzmonarch. Seine einzige Äußerung war die *Osterbotschaft*, eine bewusste Anlehnung an die kaiserliche Osterbotschaft von 1917, die seinerzeit als spektakuläres innenpolitisches Friedensangebot rezipiert worden war.⁷ Angesichts der Kandidatur des 77-jährigen Hindenburg einigten sich die Parteien der ehemaligen Weimarer Koalition, deren Bewerber im ersten Wahlgang zusammen auf rund die Hälfte der Stimmen gekommen waren, vor der zweiten Runde auf die gemeinsame Unterstützung des ehemaligen Reichskanzlers Wilhelm Marx von der katholischen Zentrumspartei. Dieser verlor bei einer um fast zehn Prozent höheren Wahlbeteiligung mit 45 gegen 48 Prozent knapp gegen Hindenburg.

Die Gründe für diese Niederlage waren klar: Die bayerische Schwesterpartei des Zentrums, die BVP, hatte dem Katholiken Marx die Gefolgschaft verweigert und ihre Anhänger zur Wahl des protestantischen Preußen Hindenburg aufgerufen, und die KPD hatte an der sinnlosen Zählkandidatur von Ernst Thälmann festgehalten. Thälmann zog fast zwei Millionen Stimmen von der Front gegen Hindenburg ab. Für die Sozialdemokratie, die ihren aussichtsreichen Kandidaten Otto Braun zu Gunsten von Marx aus dem Rennen genommen hatte, war die Wahl des Siegers von Tannenberg zum Nachfolger von Friedrich Ebert im Amt des Reichspräsidenten ein Schock, verbunden mit großen Befürchtungen um den Bestand der Weimarer Verfassung und damit um die politische Zukunft der Republik. Hindenburg war in den Worten von Horst Möller „die personifizierte Kriegserklärung an die demokratische Republik"⁸, und bestenfalls war eine Art Fortsetzung des Weltkriegs mit anderen Mitteln von ihm zu erwarten, womit die bescheidenen außenpolitischen Erfolge der Weimarer Republik gefährdet waren. Wilhelm Hoegner, der bayerische SPD-Landtagsabgeordnete und spätere Ministerpräsident, kommentierte die politische Bedeutung der Wahl: „Zum ersten Mal seit der Revolution von 1918 hatten die vereinigten Gegner der Volksherrschaft einen entscheidenden Sieg er-

---

6 Die folgenden Wahlergebnisse bei Eberhard Kolb: Die Weimarer Republik (Oldenbourg Grundriss der Geschichte, hg. von Jochen Bleicken u.a., Bd. 16), München ³1993, S. 285.
7 Zur kaiserlichen Osterbotschaft von 1917 und ihrer innenpolitischen Wirkung siehe Fritz Fischer: Griff nach der Weltmacht. Die Kriegszielpolitik des kaiserlichen Deutschland 1914/18, Düsseldorf ³1964, S. 435-442; das folgende Zitat S. 439. In der von Reichskanzler Bethmann Hollweg verfassten und am 8. April 1917 veröffentlichten Erklärung wurde die Beseitigung des preußischen Dreiklassenwahlrechtes in Aussicht gestellt. „Die Osterbotschaft wird in der deutschen Geschichtsschreibung im Allgemeinen als ein erster Durchbruch zur Demokratie je nach Einstellung gefeiert oder getadelt."
8 H. Möller: Weimar, S. 73.

rungen. Er erfüllte die schwarzweißroten Gegenrevolutionäre mit den größten Hoffnungen und Erwartungen. Nun würde alles gut werden, meinten die Harmloseren, da Hindenburg, der Retter, wie man ihn im Wahlkampf angepriesen hatte, an die Spitze des Staates gekommen sei."[9] In dieser Bemerkung klingt schon an, dass es in der zeitgenössischen Wahrnehmung trotz der handfesten aktuellen politischen Gründe vor allem auch der mythologische Aspekt war, der zur Wahl Hindenburgs geführt hatte. Der Hindenburg-Biograph Friedrich Lucas vertritt zu Recht die Ansicht, 1925 sei mehr der Mythos als der Mann zum Reichspräsidenten gewählt worden. Bezeichnenderweise handelt Lucas den Generalfeldmarschall denn auch zunächst als politischen Mythos ab, erst an zweiter Stelle als tätigen Menschen.[10] Dieser Eindruck wird auch von der politischen Symbolforschung gestützt. Harry Pross stellte mit Blick auf die preußisch-deutsche Tradition fest, mit Hindenburg sei „die gewohnte militärische Symbolik an die Spitze der Republik" gerückt. Die Zäsur von 1925 wird besonders angesichts des Vorgängers von Hindenburg evident. Politische und gesellschaftliche Konsequenzen waren unausweichlich. Pross fährt fort: „In der durch die deutsche Klassik und die Verfassung von Weimar symbolisierten Republik musste die militärische Symbolfigur an der Spitze notwendigerweise zur Aufwertung der Reichswehr führen".[11] Hindenburg schien durch seinen Weltkriegsruhm und durch die eher unpolitische Aura, die ihn umgab, wie geschaffen für die von Hoegner erwähnte Rolle des *Retters*, den die republikfeindlichen und autoritätsgläubigen Kräfte in Deutschland ersehnten. Die Anhänger Hindenburgs wollten die glorreiche deutsche Vergangenheit herbeiwählen. Auf die Möglichkeit, dass einmal ein ausgewiesener Gegner der Republik auf demokratischem Wege an ihre Spitze gewählt werden konnte, hatten politisch Weitsichtige bereits in der unmittelbaren Nachkriegszeit verwiesen. „Wir leben in keiner Republik", schrieb Kurt Tucholsky 1919. „Wir leben in einem verhinderten Kaiserreich, in einem Kaisertum, dessen Oberhaupt grade einmal hinausgegangen ist."[12] Nun kehrte das Kaisertum in anderer Gestalt wieder, in einer Gestalt, die ebenfalls bereits in der Staatsgründungsphase vorausgesehen worden war. Der „Trabant der Hohenzollern", vor dem der USPD-Abgeordnete Oskar Cohn während der Verfassungsberatungen um den verhängnisvollen Artikel 48 im Jahr 1919 gewarnt hatte, stand einmarschbereit vor den Toren Berlins, und wenn sie nicht wahr ist, so ist die Legende zumindest gut erfunden, nach der Hindenburg in Betreff seiner Kandidatur für das Reichspräsidentenamt beim exilierten Kaiser Wilhelm II. in Holland um Erlaubnis

---

9 W. Hoegner: Republik, S. 201.
10 F.J. Lucas: Hindenburg, S. 14-20.
11 H. Pross: Symbolik, S. 114.
12 Kurt Tucholsky: Schnipsel. Hg. von Wolfgang Hering/Hartmut Urban, ND Reinbek 1995, S. 272.

nachgefragt haben soll.[13] Für Anekdoten wie diese gilt, was Karl Kraus über das Wesen eines treffenden Sinnspruches festhielt: „Ein Aphorismus braucht nicht wahr zu sein, aber er soll die Wahrheit überflügeln. Er muss mit einem Satz über sie hinauskommen."[14]

Die Ankunft in der Reichshauptstadt

Der Einzug Hindenburgs in Berlin zwei Wochen nach der Reichspräsidentenwahl wurde mit großer Spannung erwartet, da von vornherein klar war, dass ein symbolisches Ereignis ersten Ranges bevorstünde und eventuell erste Aufschlüsse über Hindenburgs Verständnis von seiner neuen Rolle als republikanischer Reichspräsident zu erwarten sein würden.[15] Am 11. Mai 1925 wurde Hindenburg in Hannover durch den Oberpräsidenten der preußischen Provinz Hannover und ehemaligen Reichswehrminister Gustav Noske verabschiedet und traf am Nachmittag per Zug am Berliner Bahnhof Heerstraße ein. Die Fahrt zu seinem provisorischen Domizil im Reichskanzlerpalais, wo einst Bismarck residierte, führte auch durch das Brandenburger Tor: Bereits zweimal, 1866 und 1871, hatte Hindenburg das denkwürdige Monument als militärischer Sieger durchschritten. Diesmal sorgten die Behörden für eine gewisse Präsenz der republikanischen Nationalsymbolik. Eigens zu diesem Anlass hatte der

---

13 Die Bemerkung von Cohn in VNV Bd. 327, S. 1330 (5.7.1919): „Wie, wenn ein (...) Trabant der Hohenzollern, vielleicht ein General, an die Spitze des Reichs oder des Reichswehrministeriums [rückt]? Was erwarten Sie denn von einem solchen Herrn (...)?" Das von Otto Brandt begründete *Handbuch der Deutschen Geschichte* berichtet von einer „Anfrage" Hindenburgs „bei seinem kaiserlichen Herrn in Doorn" vor der Annahme der Kandidatur; siehe Werner Frauendienst u.a.: Deutsche Geschichte der neuesten Zeit von Bismarcks Entlassung bis zur Gegenwart. 1. Teil: Von 1890 bis 1933 (Handbuch der Deutschen Geschichte, neu hg. von Leo Just, Bd. IV/1), Frankfurt a.M. 1973, hier Abschnitt III, S. 117. Hans-Otto Meissner vermerkt, der ehemalige Regent habe dem Generalfeldmarschall zugeraten (Hans-Otto Meissner: Junge Jahre im Reichspräsidentenpalais. Erinnerungen an Ebert und Hindenburg 1919-1934, Esslingen/München 1988, S. 180). Ein direkter Quellenbeleg fehlt. Allerdings lässt ein Brief Hindenburgs an Wilhelm II. vom Februar 1927, in dem der Reichspräsident betont, „er habe sein jetziges dornenvolles Amt nur übernommen, nachdem man ihn an der Ehre gefasst und er sich der Einwilligung Seiner Majestät versichert habe" (Walter Görlitz: Hindenburg. Ein Lebensbild, Bonn 1953, S. 252), zweifelsfreie Rückschlüsse zu.

14 Karl Kraus: Aphorismen. Sprüche und Widersprüche. Pro domo et mundo. Nachts (ders.: Schriften. Hg. von Christian Wagenknecht, Bd. 8), Frankfurt a.M. 1986, S. 117.

15 Zu den folgenden Einzelheiten über den Einzug in Berlin am 11. Mai 1925 sowie die Amtseinführung am folgenden Tage siehe Rudolf Olden: Hindenburg oder der Geist der preußischen Armee (Exilliteratur. Hg. von Hans-Albert Walter/Werner Berthold, Bd. 16), Hildesheim 1982 [zuerst Paris 1935], S. 216f.; F.J. Lucas: Hindenburg, S. 29; Walter Hubatsch: Hindenburg und der Staat. Aus den Papieren des Generalfeldmarschalls und Reichspräsidenten von 1878 bis 1934, Göttingen usw. 1966, S. 76-78; Andreas Dorpalen: Hindenburg in der Geschichte der Weimarer Republik, Berlin/Frankfurt a.M. 1966, S. 88-91; Wolfgang Ruge: Hindenburg. Portrait eines Militaristen, Berlin 1974, S. 257f.

Staatssekretär im Reichspräsidialamt, Otto Meissner, die Anschaffung von schwarz-rot-goldenen Fahnen veranlasst, und Reichskunstwart Edwin Redslob ließ an dem Kraftwagen, in dem Hindenburg vom Bahnhof in die Innenstadt gelangte, eine Standarte in den Reichsfarben anbringen.[16] Allerdings versäumten es die republikanischen Parteien und Verbände an diesem Tag, durch entsprechende Präsenz zu zeigen, dass es sich, trotz der umstrittenen Person Hindenburgs, bei der Amtseinführung des Reichspräsidenten um ein originär republikanisches Ereignis handelte. Das Reichsbanner Schwarz-Rot-Gold blieb dem Einzug demonstrativ fern, nachdem Verhandlungen mit dem Reichspräsidialamt, das Ausschreitungen durch Gegendemonstrationen fürchtete, wegen einer Teilnahme gescheitert waren. Damit wurde den republikfeindlichen Wehrbünden mehr oder weniger kampflos das Feld überlassen, und die Dominanz gegenrepublikanischer Symbolik wurde nur unwesentlich durchbrochen. Stahlhelm, Wiking, Wehrwolf, Jungdo und andere Organisationen nutzten die Gelegenheit, um dem Sieger von Tannenberg unter schwarz-weißen und schwarz-weiß-roten Fahnen einen begeisterten Empfang zu bereiten. Wilhelm Hoegner kommentierte das Ereignis: „Der Einzug des Generalfeldmarschalls in Berlin glich einem Triumphzug eines römischen Feldherrn. Ein Heer von Mitgliedern der Kriegervereine, des Stahlhelms und aller ‚vaterländischen' Verbände hatte sich in alten Uniformen unter einem Wald von schwarzweißroten Fahnen zur Begrüßung aufgestellt. Das Schaugepränge und der Glanz der alten kaiserlichen Zeit schien für einen Tag aus dem Grab der Geschichte auferstanden zu sein. In der Einbildungskraft der begeisterten Patrioten leuchtete die versunkene Kaiserkrone wieder auf."[17]

Dass die Republik und die sie tragenden Kräfte hier eine gute Gelegenheit zu entschiedener Selbstdarstellung verpassten, wird besonders im Verhalten des sozialdemokratischen Gewerkschafters und Politikers Albert Grzesinski deutlich, der unmittelbar vor dem 11. Mai zum Polizeipräsidenten von Berlin ernannt worden war: „Mein Amtsantritt hätte normalerweise erfolgen müssen, ehe Hindenburg sein Reichspräsidentenamt antritt. Seinen Einzug in Berlin hätte dann ich polizeilich leiten müssen. Dazu hatte ich nach allem Vorhergegangenen keine Lust. So trat ich mein Amt an, nachdem Hindenburg bereits in Berlin eingezogen war."[18] Dass ein Mann wie Grzesinski, der der Republik wiederholt mangelnde Kampfbereitschaft gerade bei der Durchsetzung und Popularisierung seiner Symbole vorhielt, „keine Lust" hatte, einer brisanten Veranstaltung an verantwortlicher Stelle einen republikanischen Stempel aufzudrücken und damit zum positiven Republikschutz beizutragen, spricht Bän-

---

16 E. Redslob: Weimar, S. 202. Der neue Reichspräsident hatte dagegen keine Einwände (A. Brecht: Nähe, S. 455).
17 W. Hoegner: Republik, S. 201.
18 A. Grzesinski: Kampf, fol. 268.

de. Im Reichsbanner Schwarz-Rot-Gold gelangte man immerhin im Nachhinein zu der Einsicht, dass die republikanische Nichtpräsenz bei der Ankunft Hindenburgs ein Fehler gewesen war. In den Folgejahren wurde der Reichspräsident bei seinen Besuchsreisen durch Deutschland stets auch durch eine Formation des schwarz-rot-goldenen Wehrbundes empfangen.[19]

Die Vereidigung

Erst am folgenden Tag, dem 12. Mai 1925, gelang der Republik ohne viel eigenes Zutun ein Kontrast im schwarz-rot-goldenen Sinne. Im Plenarsaal des Reichstags stand die Vereidigung des neu gewählten Präsidenten an. Nach seinem denkwürdigen Auftritt vor dem Untersuchungsausschuss im November 1919 war es das zweite Mal in der Weimarer Epoche, dass Hindenburg dem Berliner Parlamentsgebäude die Ehre erwies: republikanische Ironie, dass er es diesmal ausgerechnet durch das in der Friedrich-Ebert-Straße gelegene Portal 4 betrat. Die Benennung der früheren Budapester und Sommerstraße nach dem verstorbenen Reichspräsidenten hatte am 2. April 1925 die Berliner Stadtverordnetenversammlung beschlossen.[20] Der Saalschmuck bei der Vereidigung war, wie Harry Graf Kessler notierte, recht spärlich gehalten: „Hinter dem Präsidentenstuhl, auf einer Wandbespannung befestigt, die schwarzrotgoldene Reichspräsidentenstandarte und auf dem Präsidententisch ein schwarzrotgoldenes Fahnentuch, flankiert von blauen Hortensien; das war alles."[21] Die Eidesformel nahm der sozialdemokratische Reichstagspräsident Paul Löbe ab. Er sprach Hindenburg mit „Herr Generalfeldmarschall" an, dieser antwortete versehentlich mit „Herr Reichspräsident".[22] Löbe beschrieb in seinen Memoiren das Verhalten Hindenburgs mit großer Anerkennung.[23] Der Eid auf die Verfassung und damit auch auf die Reichsfarben, verbunden mit der Präsenz von schwarz-rot-gold bei der Zeremonie im Plenarsaal, wirkte als positives Signal auf die republikanischen Kräfte. Hoegner meint, viele hätten in Hindenburg „nur den Vorläufer und Wiederhersteller der Monarchie" gesehen. „Man erwartete von ihm, dass er demnächst alle deutschen Stammesbrüder wieder einreihen werde in die alten sieggewohnten Regimenter und Divisionen, um dem Reich die verlorenen Gebiete zurückzugewinnen. Aber auch die nüchtern

---

19 Siehe stellvertretend Das Reichsbanner 7.10.1928 („Hindenburg in Schlesien"). An jedem Ort der Reise, so der Bericht, wurde der Reichspräsident von einer großen Reichsbanner-Abordnung begrüßt.
20 Maoz Azaryahu: What is to be remembered: The struggle over street names in Berlin, 1921-1930, in: Tel Aviver Jahrbuch für deutsche Geschichte 17 (1988), S. 241-258, hier S. 251-253.
21 H.G. Kessler: Tagebücher, S. 441 (12.5.1925).
22 A. Brecht: Nähe, S. 455.
23 P. Löbe: Weg, S. 111-115.

gebliebenen Republikfeinde erwarteten von ihm die große Wende, die Liquidierung der Revolution und ihres Kindes, der verhassten Demokratie." Indes: „Ein Reif auf die Begeisterung fiel bereits, als der Generalfeldmarschall des kaiserlichen Heeres in die Hand des sozialdemokratischen Reichstagspräsidenten Löbe den Eid auf die Weimarer Verfassung und die schwarzrotgoldene Fahne schwor."[24] Gerade diese symbolische Referenz des Monarchisten und Kriegsherrn war es, die auf eine zumindest teilweise Versöhnung der traditionalen Kräfte mit der neuen Staatsform Hoffnung machte. Harry Graf Kessler schrieb noch am Tag der Vereidigung in diesem Sinne über die Chancen der Republik: „In der Tat wird sie mit Hindenburg hoffähig, einschließlich Schwarz-Rot-Gold, das jetzt überall mit Hindenburg zusammen als seine persönliche Standartenfarbe erscheinen wird. Etwas von der Verehrung für ihn wird unvermeidlich darauf abfärben. Es wird den Hakenkreuzlern schwer werden, es wieder durch den Straßenkot zu schleifen. Schon heute ist es in der Beflaggung der Straßen im Zentrum viel sichtbarer als bisher. Die Wilhelmstraße, die sonst nur sehr bescheiden und notdürftig einige schwarzrotgoldenen Fähnchen zu zeigen wagte, schwimmt heute in Schwarz-Rot-Gold. Wenn die Republikaner ihre Wachsamkeit und ihre Einigkeit nicht aufgeben, kann die Wahl Hindenburgs für die Republik und den Frieden sogar noch ganz nützlich werden."[25]

3.2. Der Mythos in der Republik: Hermann, Siegfried, Dolchstoß

Die Wahl Hindenburgs war der Republik nicht nur nicht nützlich, sie kostete sie am Ende sogar das Leben, und auf diese Weise wurde durch die Person des Weltkriegsgenerals der Mythos zu einem „deutschen Verhängnis".[26] Doch es war bei weitem nicht allein Hindenburg, durch den sich die Präsenz des Krieges in der Republik ausdrückte. Der physische Kampf gegen den äußeren Feind verwandelte sich bruchlos in eine kaum weniger gewaltsame psychische Auseinandersetzung mit dem inneren Gegner. Das Erdbeben des Weltkriegs mit seinen fulminanten politischen, sozialen und insbesondere mentalen Einschnitten machte sich durch unzählige Nachbeben bemerkbar, die die Republik erschütterten und schließlich zu ihrem Einsturz maßgeblich beitrugen. Die politische Öffentlichkeit erfuhr eine massive Militarisierung, und das politische Klima unter den Bedingungen und Möglichkeiten der pluralen Demokratie wurde nicht unwesentlich durch eine Reihe von Mythen vergiftet, die als un-

---

24 W. Hoegner: Republik, S. 202.
25 H.G. Kessler: Tagebücher, S. 442 (12.5.1925).
26 H.A. Winkler: Hindenburg.

verzichtbarer Teil der Propaganda im Weltkrieg in Deutschland zu einer völlig irrationalisierten Sichtweise der politischen und militärischen Gegebenheiten geführt hatte. Ziel war es, den deutschen Kampfeswillen und die Siegeszuversicht trotz bald aussichtsloser Lage aufrecht erhalten zu können.

Das für diese Zwecke bestellte mythologische Feld bestand aus zwei Teilen, die ineinander griffen und sich wechselseitig beflügelten. Zum einen brachte das Kriegsgeschehen neue Mythen hervor, im Wesentlichen in Gestalt der drei Orte Tannenberg, Langemarck und Verdun. Zum anderen griff die Propaganda auf den umfangreichen Germanen-Mythos zurück, den das Hohenzollernreich von 1871 als Gründungsmythos in Anspruch genommen und gehegt hatte. Mit ihm ließ sich auch das Kriegserlebnis pseudohistorisch und symbolisch aufladen. Die Weimarer Republik hatte als Nachfolgestaat unter einer „Hochkonjunktur der großen Symbolerzählungen" zu leiden, wie Andreas Dörner erläutert.[27] Der Rekurs auf die Germanen diente bereits vor 1914 offenkundig dazu, politische Schwächen und Fehler zu übertünchen: „Die Verantwortung des Kaisers und seiner Regierungen für die Isolation des Reichs", so Herfried Münkler in seiner Analyse des Germanen-Mythos, „verschwand in der stilisierten Verlassenheit als existentieller Situation des Helden, und so manch dröhnende Rede von deutschem Heldentum hatte nichts anderes zur Grundlage als das zwanghafte Bemühen, aus einer politisch-militärisch aussichtslosen Lage noch ästhetischen Gewinn zu schlagen."[28] Markantes Beispiel für eine solche ästhetische Ummäntelung eines strategischen Dilemmas ist das berühmte Bild von der *Nibelungentreue*, mit dem die politisch Verantwortlichen in Deutschland noch vor Ausbruch des Weltkrieges mit Hilfe des Germanen-Mythos das Verhältnis zwischen dem Reich und der österreichisch-ungarischen Doppelmonarchie im Rahmen der europäischen Machtkonstellation mythologisch zu verklären versuchten.

Siegfrieden und Siegfried: Der Nibelungenmythos

Die Redewendung von der Nibelungentreue war von Reichskanzler Bernhard von Bülow am 19. März 1909 im Parlament in Umlauf gebracht worden: „Meine Herren, ich habe irgendwo ein höhnisches Wort gelesen über unsere Vasallenschaft gegenüber Österreich-Ungarn. Das Wort ist einfältig. Es gibt hier keinen Streit um den Vortritt, wie zwischen den beiden Königinnen im Nibelungenlied. Aber die Nibelungentreue wollen wir aus unserem Verhältnis zu Österreich-Ungarn nicht ausschalten, die wollen wir gegenseitig wahren."[29] Diese Nibelungentreue existierte jedoch nur auf dem mythologischen Papier,

---

27 A. Dörner: Mythos, S. 229.
28 H. Münkler: Siegfrieden, S. 81.
29 Zit. nach ebd. S. 70.

denn schon im Moment des Kriegsausbruchs hatte sich der Mythos rein militärstrategisch erledigt. Es gab kein gemeinsames Oberkommando, nur selten gegenseitige Absprachen, und spätestens 1916, als sich mit dem Streit um die Kriegsprioritäten die militärisch-politische Konfliktsituation zwischen den verbündeten Monarchien offenbarte, erwies sich die geschichtsmythologische Projektion endgültig als Farce. Österreich bevorzugte die Niederwerfung Italiens, während der deutsche Generalstab auf der Materialschlacht in Frankreich beharrte. Das Bild von der Nibelungentreue wurde nur noch zu Propagandazwecken aufrecht erhalten. Bei der Bezeichnung von Frontabschnitten oder Kriegsoperationen bezog man sich mit fortschreitendem Kriegsverlauf sogar zunehmend auf den Mythos.[30] Die deutsche Verteidigungslinie 1917 von Arras über Saint Quentin nach Reims hieß *Siegfriedlinie*, den letzten deutschen Durchbruchversuch im Sommer 1918 nannte man *Hagenangriff*. Insbesondere der strahlende Held des Nibelungenliedes entfaltete mit seinem sprechenden Namen *Siegfried* eine natürliche propagandistische Wirkung, weil darin der anvisierte Siegfriede mitklang, wodurch der Appell an die Kampfbereitschaft mit einem Rekurs an den Germanenmythos verknüpft werden konnte. Wer wie die Reichstagsmehrheit unter Einschluss der SPD einen Verständigungsfrieden ohne Annexionen und Kontributionen forderte, musste auf eine derartige mythologische Untermauerung verzichten. Dass dieser Mangel reflektiert wurde, ist allerdings nicht erkennbar.[31]

Insofern verwundert es, dass es aus der unmittelbaren Zeit um das Kriegsende 1918 zwei höchst bemerkenswerte Stellungnahmen gibt, die die aktuelle Bezugnahme des Nibelungenmythos aus sozialdemokratischer Sicht beleuchten. Der *Vorwärts* kommentierte Ende Oktober 1918 die österreichische Kapitulation folgendermaßen: „Nibelungentreue – Nibelungennot! Wie in grauer Vorzeit der Recken hochgemute Schar an der Theiß vor dem Schwert und Dolch der Hunnen gefällt wurde, so verblutete sich des neuen Deutschlands blühende Jugend und beste Mannschaft zur Rettung des Donaureiches".[32] Dieser pathetische Kommentar ist einer der äußerst seltenen Mythen-Rekurse aus sozialdemokratischer Feder, in denen das Bild positiv verwendet wurde. Wenige Wochen später dagegen hat Friedrich Ebert die Mythisierung der deutsch-österreichischen Frage entschieden abgelehnt. Am 15. Februar 1919 erklärte der kurz zuvor zum Reichspräsidenten bestimmte Sozialdemokrat dem österreichischen Staatskanzler Renner: „Ich hoffe auf unsere gemeinsame Zukunft: Nicht Ni-

---

30 Ebd. S. 84f.
31 Neben der polemischen Unterscheidung zwischen „Siegfriede" und „Verständigungsfriede", der neben der Reichstagsmehrheit auch von Österreich anvisiert wurde, waren auch die an die maßgeblichen handelnden Personen gebundenen Bezeichnungen „Hindenburgfriede" und „Scheidemannfriede" geläufig.
32 Zit. nach W. Malanowski: November-Revolution, S. 13.

belungentreue nach außen, sondern Brudertreue nach innen."[33] So einfach wurde indes die junge deutsche Republik die Nibelungen nicht los.

Zwischen Legende und Lüge: Der Dolchstoß

Die Präsenz des Mythos im öffentlichen Bewusstsein blieb auch nach dem Ende des Weltkrieges erhalten. War es bis 1918 die mythologisch unterfütterte Vorstellung eines Siegfriedens gewesen, so versuchte man nun mit Hilfe der Nibelungen, dem verbreiteten Erklärungsbedarf für die deutsche Niederlage zu entsprechen, die unerwartet gekommen und besonders angesichts der vorausgegangenen Propaganda psychologisch nur schwer begreiflich war. Zudem standen die Feinde nicht im eigenen Lande, sondern deutsche Truppen befanden sich im Feindesland. Rasch verbreitete sich die Vorstellung, die Heimatfront hättte durch die revolutionäre Wühlarbeit der Sozialisten dem siegreichen deutschen Heer den Dolch in den Rücken gestoßen und damit Deutschland wehrlos seinen Feinden ausgeliefert: Das war, in wenigen Worten, die Anklage gegen die Staatsgründer der Weimarer Republik, die unter der Bezeichnung *Dolchstoßlegende* in die Geschichtsbücher eingegangen ist. Sie wurde zur „Kampfparole rechtskonservativer und restaurativer politischer Gruppen gegen die neue Republik und besonders die Sozialdemokratie".[34]

Im engeren Sinne beruhte die Lüge vom Dolchstoß auf der Ansicht, die Kriegsniederlage und die Katastrophe des 9. November seien auf die Friedenspolitik der Reichstagsmehrheit von 1917 und die Unterwanderung des Hohenzollernstaates durch die Parlamentarisierung im Oktober 1918 zurückzuführen. Hauptschuldige waren nach dieser Vorstellung die Mehrheitsparteien sowie namentlich Erzberger und Max von Baden. Im weiteren Sinne führten die Dolchstoßjünger den verlorenen Weltkrieg auf den vorgeblichen langwährenden Defätismus und Pessimismus derer zurück, die in Opposition zum Hohenzollernstaat und damit der preußischen Lösung der deutschen Frage gestanden

---

33 Friedrich Ebert zum Gedächtnis, Berlin o.J. [1925], o.P.
34 H. Möller: Weimar, S. 67. Zur Dolchstoßlüge siehe John W. Wheeler-Bennett: Der hölzerne Titan. Paul von Hindenburg, Tübingen 1969, S. 244-250; R. Olden: Hindenburg, S. 173-177; Joachim Petzold: Die Dolchstoßlegende. Eine Geschichtsfälschung im Dienst des deutschen Imperialismus und Militarismus (Schriften des Instituts für Geschichte der Deutschen Akademie der Wissenschaften zu Berlin. Reihe I/Bd. 18), Berlin 1963; Friedrich Freiherr Hiller von Gaertringen: „Dolchstoß"-Diskussion und „Dolchstoßlegende" im Wandel von vier Jahrzehnten, in: Waldemar Besson/Friedrich Frhr. Hiller v. Gaertringen (Hg.): Geschichte und Gegenwartsbewusstsein. Historische Betrachtungen und Untersuchungen. Festschrift für Hans Rothfels zum 70. Geburtstag, dargebracht von Kollegen, Freunden und Schülern, Göttingen 1963, S. 122-160. „Die Dolchstoßlegende in der Weimarer Zeit" ist der Titel einer Dissertation, die derzeit von Rainer Sammet an der Universität Freiburg (Lehrstuhl von Hans Fenske) vorbereitet wird.

hätten: Liberalismus, Sozialismus, Demokratismus, das heißt alle dem preußisch-deutschen Geist angeblich wesensfremde Strömungen.[35] Dass schon unmittelbar nach dem Sturz der Monarchie bei der Ursachenforschung eine Fokussierung auf das Verhältnis zwischen Niederlage und Revolution stattfand, war erstaunlich, denn der 9. November hatte im Grunde nur noch symbolischen Charakter, da die eigentliche Revolution, die Parlamentarisierung, bereits zuvor erfolgt war – und das keineswegs unter besonderem Zutun der dezidiert revolutionären Kräfte. Die Lüge vom Dolchstoß, die zugleich den offenkundigen institutionellen und auch moralischen Verfall der deutschen Truppen im Jahr 1918 leugnete, sollte zum ständigen Instrumentarium im politischen Kampf der antidemokratischen Rechten in der Weimarer Republik werden.[36] Insofern war das gängige, verhängnisvoll griffige und geschichtswirksame Bild „eine Geschichtsfälschung um so schlimmerer Art, als sie gleichzeitig eine Volksvergiftung darstellt", wie der Historiker Hans Delbrück im berühmten Münchner Prozess von 1925 ausführte.[37] In ihren Grundzügen war diese durch die deutschen Militärs wesentlich mitgestaltete „Rechtfertigungstheorie"[38] bereits geboren, noch ehe im November 1918 die Revolution ausbrach. Dass eine solche Legende, die geschichtswissenschaftlich in allen Einzelheiten als widerlegt betrachtet werden kann, so unmittelbar entstehen und sich weithin ausbreiten konnte, zeigt auch, dass es allen voran die simple Tatsache der militärischen Niederlage war, die in Deutschland emotional nicht verkraftet wurde, nicht spätere Entwicklungen wie der Ehrverlust durch Versailles und die angebliche Versklavung des deutschen Volkes.[39]

Der Vorwurf erwies sich zudem als sehr elastisch. Er war zunächst allgemein gegen die Heimat als Pendant zur tapferen Front gerichtet und schloß auch die politische Führung in Form der Reichsregierung mit ein. Erst im Frühjahr 1919 spitzte sich die Polemik im Verlauf der Waffenstillstands- und Friedensverhandlungen massiv zu. Annelise Thimme schildert in diesem Zusammenhang ein interessantes Phänomen: Die Sitzungen der Nationalversammlung, die sich Anfang Februar in Weimar konstituiert hatte, verliefen zunächst ruhig und gemäßigt. Dies änderte sich schlagartig, nachdem Reichsminister Matthias Erzberger am 16. Februar ein neues Waffenstillstandsabkommen geschlossen hatte, das am folgenden Tag ohne Aussprache im Parlament verkündet wurde.

---

35 Die beiden Versionen sind prägnant zusammengefasst bei John A. Moses: Die Wirkung der Dolchstoßlegende im deutschen Geschichtsbewusstsein, in: Bernd Hüppauf (Hg.): Ansichten vom Krieg. Vergleichende Studien zum Ersten Weltkrieg in Literatur und Gesellschaft (Hochschulschriften Literaturwissenschaft, Bd. 61), Königstein i.Ts. 1984, S. 240-256, hier S. 251-254.
36 Vgl. hierzu R. Bessel: Heimkehr, S. 224-229.
37 Zit. nach J. Petzold: Dolchstoßlegende, S. 108.
38 J.W. Wheeler-Bennett: Titan, S. 245.
39 A. Thimme: Flucht, S. 93.

Am 18. Februar „setzte das große Kesseltreiben gegen die neue Regierung, gegen die ‚Revolutionäre' und vor allem gegen Erzberger ein, der erst jetzt zum personifizierten Symbol der Niederlage und des Versailler Vertrages gemacht wurde. Da der Kampf gegen die unabwendbare Niederlage nicht praktisch geführt werden konnte, begnügte man sich damit, dies wenigsten symbolisch zu tun, indem man alle Aggressionen einschließlich eigener Schuldgefühle auf den Mann ablud, konzentrierte und projizierte, der durch seine Unterschrift und seine Politik mit Niederlage und Unglück bequem und vordergründig identifiziert werden konnte."[40] Nachdem man also zunächst mit dem Zentrumsmann Erzberger, der zwei Jahre später einem rechtsradikalen Mordanschlag zum Opfer fallen sollte, einen geeigneten Sündenbock gefunden hatte, wendeten Vertreter von DVP und DNVP im Verlauf des Jahres 1919 die Legende vom Dolchstoß massiv gegen die Mehrheitssozialdemokratie.[41] Die antisozialistische Stoßrichtung war schon im Begriff *Dolchstoß* angelegt. Darin wird ein falsches Bild vermittelt, denn im Nibelungenlied tötet Hagen Siegfried nicht mit dem Dolch, sondern mit einem Speer. Dieser Waffentausch erfolgte keineswegs zufällig. Der Dolch hatte seine metaphorische Bedeutung, die ihn zum Pendant des aristokratischen Säbels machte, im Zusammenhang mit der europäischen Revolutionsbewegung von 1848/49 erhalten.[42] 1849 unterschied der Spanier Donoso Cortés in seiner Rede über die Diktatur zwischen der Herrschaft des Dolches (von unten) und des Säbels (von oben). „Seit Donoso ist – in konservativen Kreisen zumindest – der Dolch das Symbol für die Diktatur der Auflehnung, die Herrschaft des Pöbels", so Herfried Münkler. „In der Legende vom Dolchstoß der Novemberrevolutionäre in den Rücken des tapfer kämpfenden, ahnungslosen Heeres ist dieses Symbol geschichtsmächtig geworden."

Bei der Popularisierung der Dochstoßlegende spielte der Weltkriegsheld Hindenburg eine wichtige Rolle. Da half es nichts, dass wohlwollende Kritiker dem Generalfeldmarschall im Zusammenhang mit der Entstehung der Legende zubilligten, „nicht mehr die geistigen Kräfte" zur richtigen Beurteilung der Lage besessen zu haben.[43] Am 18. November 1919 erläuterten Hindenburg und Ludendorff vor dem Untersuchungsausschuss der Nationalversammlung im Berliner Reichstag ihre Sicht der Dinge. Dieser Auftritt geriet zu einer prägnanten monarchischen und antidemokratischen Demonstration, wie sie typisch für die politische Kultur der Weimarer Jahre war. Bereits vor der Sitzung bereiteten Schüler und Studenten dem Generalfeldmarschall, der bei Helfferich Quartier genommen hatte, einen Empfang mit schwarz-weiß-roten Fahnen, beschimpf-

---

40 Ebd. S. 84f., Zitat S. 85.
41 J. Petzold: Dolchstoßlegende, S. 41, 44.
42 Vgl. hierzu H. Münkler: Siegfrieden, S. 89; das folgende Zitat ebd.
43 R. Olden: Hindenburg, S. 211.

ten den Ausschuss und ließen den Kaiser hochleben.[44] Auch der Zeugenstand im Reichstag war mit Blumen und schwarz-weiß-roten Bändern geschmückt. In der Sitzung erklärte Hindenburg den Parlamentariern kurz und knapp „Ein englischer General sagt mit Recht: Die deutsche Armee ist von hinten erdolcht worden."[45] In seinen *Erinnerungen*, die im gleichen Jahr erschienen waren, hatte Hindenburg einen direkten Bezug zum Nibelungenmythos hergestellt: „Wie Siegfried unter dem hinterlistigen Speerwurf des grimmigen Hagen, so stürzte unsere ermattete Front."[46] Die durch Hindenburg verkörperte Autorität strahlte auf die Legende vom Dolchstoß ab. „Eine rege und geschickte Propaganda", so Joachim Petzold über diesen Zusammenhang, „hatte um Hindenburg und Ludendorff einen Glorienschein gewoben, der sich nur mit den Legenden um Friedrich II. vergleichen lässt. Im Gegensatz aber zu Ludendorff, der bereits in der Schlussphase des ersten Weltkrieges viel von seinem Ansehen verlor und dessen Auftreten in der Nachkriegszeit immer rätselhafter wurde, blieb die Autorität Hindenburgs bei großen Teilen des deutschen Volkes nahezu uneingeschränkt erhalten. Diese künstlich gezüchtete Popularität und die völlige geistige Abhängigkeit von seiner Umgebung machten Hindenburg zu einem besonders geeigneten Repräsentanten der Reaktion im politischen Leben und verhalfen seinen an und für sich spärlichen Äußerungen über politische Probleme zu einer großen propagandistischen Wirkungskraft. So verknüpft sich auch die Dolchstoßlegende untrennbar mit Hindenburgs Erklärung vor dem parlamentarischen Untersuchungsausschuss am 18. November 1919."[47] Dass sich Hindenburg ausgerechnet auf englische Quellen stützte, auf die beiden Generäle Maurice und Malcolm, tat dem keinen Abbruch. Die Publikation *The last four months* von Generalmajor Sir Frederic Maurice aus dem Jahre 1919 galt in der deutschen Presse fälschlich als Beweis für den sozialistischen Dolchstoß, an dem auch noch festgehalten wurde, als der vermeintliche Kronzeuge die deutsche Interpretation entschieden dementiert hatte.[48]

Der Untersuchungsausschuss, vor dem Hindenburg und Ludendorff zur Kriegsniederlage Stellung nahmen, war Teil der parlamentarischen Aufarbeitung des Weltkriegs in der Weimarer Republik. Schon 1919 hatte man einen Ausschuss gegründet, der sich mit den Ursachen des Kriegsausbruchs und der

---

44 Gustav Noske: Erlebtes aus Aufstieg und Niedergang einer Demokratie, Offenbach/Zürich 1947, S. 149.
45 Zit nach J.W. Wheeler-Bennett: Titan, S. 248.
46 Zit. nach R. Olden: Hindenburg, S. 176. Hier ist immerhin die richtige Waffe genannt.
47 Der Widerspruch von General Maurice aus dem Juli 1922 gegen die Dolchstoß-Interpretation der deutschen Rechten ließ an Deutlichkeit nichts zu wünschen übrig (abgedruckt in Erich Kuttner: Der Sieg war zum Greifen nahe! Unwiderlegliche Zeugnisse gegen die Lüge vom Dolchstoß, Berlin [8]1924, S. 5f.; vgl. J. Petzold: Dolchstoßlegende, S. 56).
48 R. Olden: Hindenburg, S. 175.

Katastrophe von 1918 befassen sollte.⁴⁹ Vier Unterausschüsse versuchten die Frage der Schuld am Kriegsausbruch, die Möglichkeiten eines Friedens aus günstigerer Position, die gegnerischen Vorwürfe wegen Verletzung des Völkerrechts sowie die Ursachen für den Zusammenbruch von 1918 zu klären. Hier bot sich den republikanischen Kräften die Möglichkeit, den mythologisch bemäntelten Schuldzuweisungen argumentativ zu begegnen. Von den in den Anfangsjahren der Weimarer Republik staatsverantwortlich tätigen Parteien haben sich DDP und SPD am schärfsten gegen den Mythos zur Wehr gesetzt.⁵⁰ Die Sozialdemokratie als Hauptbeschuldigte tat dies auf verschiedene Weise. Julius Leber etwa nannte in einer Rede am 12. Mai 1924 vor der Lübecker Bürgerschaft den implizierten Vorwurf des Landesverrats eine „niederträchtige Verleumdung" und eine „Unverschämtheit ohnegleichen".⁵¹ Auch versuchte man schon früh, die Angriffe von rechts in ihr Gegenteil umzumünzen. Auf einem SPD-Flugblatt zur Reichstagswahl 1920 war zum Beispiel unter dem Titel „Des deutschen Volkes Schicksalsstunde. Reichstagswähler und -wählerinnen!" zu lesen: *„Das Heer wurde von hinten erdolcht*, sagen die Kriegshetzer und Kriegsgewinnler. Sie haben nicht unrecht damit. Aber es wurde nicht erdolcht von dem Volke im Lande, das bei *Steckrüben, Kriegsbrot und Marmelade* schuften und das Maul halten musste, sondern von den *Etappenhengsten*, von denjenigen Offizieren, die es sich hinter der Front wohl sein ließen, Verwundeten und Soldaten tausendfach das Beste wegfraßen und Kisten und Kasen [sic], ja ganze Waggons voll gestohlenen Gutes nach Hause schickten."⁵² Aber diese Art von Entgegnung verweist zugleich auf ein entscheidendes sozialdemokratisches Manko in dieser Frage: Die SPD war bei der gesamten Debatte um die Schuld an Krieg und Niederlage von vornherein in der Defensive. Aus diesem Grund ließ sie sich auf die vom Gegner bestimmten Schuldkategorien ein und verteidigte sich insofern gegen den Dolchstoßvorwurf stets argumentationsimmanent. Die „Schuld" an der Kriegsniederlage wurde von deutscher Seite stets nur in Deutschland selbst gesucht, niemals etwa bei der misslichen internationalen Mächtekonstellation und der daraus resultierenden materiellen Überlegenheit der Kriegsgegner. Deshalb *musste* es einen Dolchstoß geben, ob von

---

49 J. Petzold: Dolchstoßlegende, S. 45. Zum Untersuchungsausschuss vgl. Eugen Fischer-Baling: Der Untersuchungsausschuss für die Schuldfragen des ersten Weltkrieges, in: Alfred Herrmann (Hg.): Aus Geschichte und Politik. Festschrift zum 70. Geburtstag von Ludwig Bergstraesser, Düsseldorf o.J. [1954], S. 117-137.
50 Für die DDP vgl. Jürgen C. Heß: „Das ganze Deutschland soll es sein". Demokratischer Nationalismus in der Weimarer Republik am Beispiel der Deutschen Demokratischen Partei (Kieler Historische Studien, hg. von Hartmut Boockmann u.a., Bd. 24), Stuttgart 1978, S. 129.
51 Zit. nach J. Leber: Mann, S. 141.
52 BArchKo ZSg.1-90/58. Die „Etappe" bezeichnete das Gebiet hinter der Front, auf dem sich Versorgungs- und Verwaltungseinrichtungen befanden.

links gegen rechts oder umgekehrt. Es verwundert deswegen nicht, dass dieses Bild bei verschiedenen Gelegenheiten auch in den Sprachgebrauch der Linken eingeflossen ist. Paul Levi erklärte zur Zerschlagung der sächsischen Arbeiterregierung im Herbst 1923: „Der Dolchstoß gegen die sächsische Arbeiterfront ist aus den eigenen Reihen gekommen."[53] Und noch zwanzig Jahre nach Erfindung der Lüge war das Bild präsent: Im Herbst 1939 bezeichnete Willi Münzenberg die Deutschlandpolitik Stalins als „russischen Dolchstoß".[54] Bezüglich der ursprünglichen Legende kommt Joachim Petzold aus leninistischer Sicht zu dem Schluss, es liege „auf der Hand, dass durch die Dolchstoßlegende die nationalen Interessen des deutschen Volkes verfälscht und die revolutionäre Arbeiterbewegung diffamiert wurden; denn die Vorbereitung und Durchführung eines reaktionären, eines ungerechten Krieges ist ein nationales Verbrechen, der Kampf gegen einen solchen Krieg und seine Urheber aber verkörpert ein nationales Verdienst. Infolgedessen war – um mit dem Vokabular der Dolchstoßlegende zu sprechen – nicht die revolutionäre Tätigkeit der Linken in der deutschen Arbeiterbewegung, sondern die Kriegspolitik der deutschen Imperialisten und ihre Unterstützung durch die Sozialchauvinisten ein Dolchstoß in den Rücken des deutschen Volkes."[55]

Der Hermannmythos

Dass es ein wie auch immer gearteter Dolchstoß gewesen sein musste, der zum Zusammenbruch der deutschen Streitmacht geführt hatte: Zu dieser Ansicht trug auch die Sozialdemokratie selbst bei, indem sie die irrige Annahme der Unbesiegtheit des deutschen Heeres am Ende des Krieges noch unterstützte. Das erfolgte in Bezugnahme auf eine weitere Figur aus dem Germanen-Mythos: Hermann den Cherusker. Folgt man den Privataufzeichnungen von Friedrich Ebert aus den Revolutionstagen, so beschloss der Rat der Volksbeauftragten am 20. November 1918 auf seinen Vorschlag hin, „ein warmherziges Wort den vom Felde heimkehrenden Soldaten zu sagen".[56] Der OHL konzedierte Ebert den Einzug von zehn bewaffneten Frontdivisionen in Berlin. Den Anfang machte die Garde-Kavallerie-Schützen-Division, die am 10. Dezember 1918 unter

---

53 So in Nr. 72 der seit Ende August 1923 erschienenen Levi-Korrespondenz, zit. nach: Opposition oder Quertreibereien? Materialien über Parteischädigungen, Berlin o.J. [1923], S. 7.
54 Willi Münzenberg: Der russische Dolchstoß, in: Die Zukunft, Organ der deutschfranzösischen Union, Paris, 22.9.1939 (wieder abgedruckt in ders: Propaganda als Waffe. Ausgewählte Schriften 1919-1940. Hg. von Til Schulz, Jossa 1977, S. 330-332).
55 J. Petzold: Dolchstoßlegende, S. 15.
56 F. Ebert: Schriften, Bd. 2, S. 107. Zum Folgenden siehe W.Malanowski: November-Revolution, S. 79f.; H. Kranz: Schwarz, S. 203. Diverse Ebert-Ansprachen vor heimkehrenden Soldaten sind abgedruckt in F. Ebert: Schriften, Bd. 2, S. 126-130 (das Zitat vom 10. Dezember 1918 S. 127).

voller Bewaffnung, geschmückt mit schwarz-weiß-roten Fähnchen und unter der Musik von *Heil dir im Siegerkranz* durch das Brandenburger Tor zog. Ebert begrüßte die Truppen gemeinsam mit General Lequis und dem Berliner Oberbürgermeister Wermuth. In der angeblich von Groener verfassten Ansprache Eberts vor den Frontsoldaten fiel der berühmte Satz: „Kein Feind hat Euch überwunden."

Bewusst oder unbewusst, wurde die Verwendung der Formel „Im Felde unbesiegt" für die deutschen Truppen im Ersten Weltkrieg durch Ebert maßgeblich beeinflusst. Die Formulierung geht auf Tacitus zurück, der den cheruskischen Söldner Arminius im Schlusskapitel des zweiten Buches der *Annalen* als „liberator Germaniae" sowie als „bello non victus" bezeichnete, also als Befreier Germaniens und als im Kriege nicht besiegt.[57] „Mit diesen Worten", stellt Joachim Petzold fest, „übernahm Friedrich Ebert einen wesentlichen Teil der Dolchstoßlegende. Es ist charakteristisch für die Haltung der sozialdemokratischen Parteiführung gegenüber dem deutschen Militarismus und dabei auch nicht ohne Ironie, dass gerade Friedrich Ebert, den später die Dolchstoßlegende bis ins Grab verfolgen sollte, dass ausgerechnet der Vorsitzende einer Partei, zu deren Bekämpfung die Dolchstoßlegende wesentlich beigetragen hat, diese für die weiteren politischen Auseinandersetzungen hochbedeutsamen Worte von dem ‚im Felde unbesiegten' Heer gesprochen hat."[58] Der Satz ließ sich im Sinne der Dolchstoßlegende bequem ergänzen: Im Felde unbesiegt, von der Heimat erdolcht. Dabei wurde der Zusammenhang, in dem Ebert den Satz gesprochen hatte, zumeist unterschlagen. Die gesamte Redepassage lautet: „Eure Opfer und Taten sind ohne Beispiel. Kein Feind hat Euch überwunden. Erst als die Übermacht der Gegner an Menschen und Material immer drückender wurde, haben wir den Kampf aufgegeben." Herbert Kranz kommentiert die Unterschlagung so: „Diese so richtigen Worte bekamen durch eine Fälschung eine verhängnisvolle Wirkung. Sie wurden zitiert, die beiden letzten Sätze aber weggelassen, und der Satz ‚Kein Feind hat Euch überwunden' in die Formel ‚Vom Feinde unbesiegt' umgedreht, wodurch sich die Folgerung ergab: ‚Die Heimat hat Euch verraten.'"[59]

Der Hermannmythos war im 19. Jahrhundert zur Entfaltung gekommen und dabei eng mit dem Nibelungenkomplex verknüpft worden, offenbar im Anschluss an eine Bemerkung des Kotzebue-Mörders Karl Ludwig Sand kurz vor

---

57 Arno Forchert: Arminius auf der Opernbühne, in: Günther Engelbert (Hg.): Ein Jahrhundert Hermannsdenkmal 1875-1975. Hg. anlässlich der 100jährigen Wiederkehr der Einweihung des Hermannsdenkmals in Zusammenarbeit mit der Hermannsdenkmal-Stiftung in Detmold (Sonderveröffentlichungen des Naturwissenschaftlichen und Historischen Vereins für das Land Lippe, Bd. 23), Detmold 1975, S. 43-57, hier S. 43.
58 J. Petzold: Dolchstoßlegende, S. 42.
59 H. Kranz: Schwarz, S. 203.

seiner Hinrichtung 1820: „Will uns die deutsche Kunst einen erhabenen Begriff von Freiheit bildlich geben, so soll sie unsern Hermann, der Erretter des Vaterlands, darstellen, stark und groß, wie ihn das Nibelungenlied unter dem Namen Siegfried nennt, der kein anderer als unser Hermann ist."[60] Die Völkerschlacht von 1813 und die mythische Varusschlacht im Teutoburger Wald wurden als *Freiheitskämpfe* parallelisiert: eine Idee, die viele begeisterte Zeitgenossen fand, darunter auch Linke wie Karl Follen oder Ferdinand Freiligrath. Selbst der Spott des kritisch-scharfzüngigen Heinrich Heine über den germanischen Recken fiel im *Wintermärchen* sehr gemäßigt aus: „Gottlob! Der Hermann gewann die Schlacht, / Die Römer wurden vertrieben, / Varus mit seinen Legionen erlag, / Und wir sind Deutsche geblieben!"[61] Der legendäre Cherusker genoss als Denkmalfigur den Vorzug, Person und Held zu sein, im Gegensatz zu nur abstrakt darstellbaren Objekten wie der Völkerschlacht, der Walhalla bei Regensburg oder den vielen Denkmalkirchen.[62] Gerade das Hermannsdenkmal bei Detmold, dessen lange Entstehungsgeschichte die Entwicklung zum deutschen Nationalstaat im 19. Jahrhundert prägnant widerspiegelt, zeigt schließlich die Verschiebung des deutschen Nationsbegriffs von der Sprach- und Kulturnation zur Staatsnation, zur Reichsgründungsnation. Die gewandelte Nationsvorstellung basierte in lediglich scheinbarer Übereinstimmung mit dem demokratisch-freiheitlichen Nationalismus von 1848 auf dem Begriffspaar Einheit und Freiheit. „Man redete, schrieb und dichtete von Freiheit und Einheit, für die Hermann erfolgreich gekämpft habe, füllte diese Begriffe jedoch (...) mit unterschiedlichem Inhalt."[63] Gerade im Zusammenhang mit dem entstehenden Kult um Hermann fand eine Uminterpretation in Richtung Einheit – Macht – Stärke statt, die sich dann sichtbar manifestierte bei der Fertigstellung des Hermannsdenkmals. Das Schwert des germanischen Recken zierte die Inschrift: „Deutsche Einigkeit meine Stärke – meine Stärke Deutschlands Macht".[64]

Nach Jahrzehnte langer Arbeit wurde das Hermannsdenkmal im August 1875 eingeweiht und damit „an das deutsche Volk übergeben", wie die offizielle

---

60 Zit. nach: Der Schatz des Drachentödters. Materialien zur Wirkungsgeschichte des Nibelungenliedes. Zusammengestellt und kommentiert von Werner Wunderlich (Literaturwissenschaft-Gesellschaftswissenschaft, hg. von Theo Buck/Dietrich Steinbach, Bd. 30), Stuttgart 1977, S. 31.
61 Heinrich Heine: Deutschland. Ein Wintermärchen. Nach dem Erstdruck hg. von Werner Bellmann, Stuttgart 1979, S. 33 (Caput XI).
62 Thomas Nipperdey: Zum Jubiläum des Hermannsdenkmals, in: G. Engelbert: Hermannsdenkmal, S. 11-31, hier S. 14.
63 Vgl. hierzu C. Tacke: Denkmal, S. 36-38; Zitat S. 37.
64 Zit. nach Hinrich C. Seeba: „Hermanns Kampf für Deutschlands Not". Zur Topographie der nationalen Identität, in: Deutsche Nationaldenkmale 1790-1990. Hg. vom Sekretariat für kulturelle Zusammenarbeit nichttheatertragender Städte und Gemeinden in Nordrhein-Westfalen, Gütersloh, Bielefeld 1993, S. 61-75, Zitat S. 64.

Bezeichnung lautete.[65] Der bei der Zeremonie anwesende Kaiser Wilhelm I. ließ sich dabei als der neue Hermann feiern. „Arminius-Siegfried-Wilhelm", so fasst Herfried Münkler diese Transformation zusammen, „in dieser mythischen Trinität, zu der sich gelegentlich noch der Stauferkaiser Friedrich I., der legendäre Barbarossa, hinzugesellte, glaubte man endlich jenen politischen Gründungsmythos gefunden zu haben, den man so lange entbehrt hatte."[66] Findige Geschäftsleute machten sich den Mythos sofort zu Nutze. Ein *Deutscher Hermanns-Bitter* und eine *Hermannsdenkmal-Zigarre* wurden kreiert und feilgeboten. Der Festpredigt des lippischen Generalsuperintendenten Koppen lagen die Bibelworte „Mit uns aber ist der Herr, unser Gott, und der Herr helfe uns und führe unseren Streit" aus dem zweiten Buch der Chronik 32,8 zu Grunde. Der Geistliche ließ die Gelegenheit zu einem Frontalangriff gegen die *Reichsfeinde* nicht aus: „Gott sei es geklagt, dass es noch Deutsche gibt, denen die Herrlichkeit des Deutschen Reiches ein Dorn im Auge ist und die mit aller Macht dem deutschen Geiste entgegenarbeiten." Hier wird deutlich, dass der Mythos vom heroischen germanischen Kampf gegen Rom nicht nur für die Selbstvergewisserung des neukaiserlichen Deutschland nach außen konstitutiv war, sondern auch in der innenpolitischen Auseinandersetzung instrumentalisiert wurde. Der Hermannmythos war nach 1871 beim Ausschluss einzelner Bevölkerungsteile aus der Nation behilflich und diente nicht nur der antikatholischen, sondern auch der antisozialistischen und antisemitischen Propaganda. Die so inkriminierten gesellschaftlichen Gruppen reagierten nur schwach auf diese mythologisch bemäntelten Ausgrenzungsversuche: „Weder Katholiken noch Sozialdemokraten lieferten eine ihren politischen Interessen entsprechende Auslegung des Hermannmythos."[67] Die sozialdemokratische Presse, die ihren Lesern von der Teilnahme an den Einweihungsfeierlichkeiten 1875 abgeraten hatte, mokierte sich anschließend über die dort feilgebotenen *Hermanns-Schnäpse*, die bewiesen, dass sich nationale Stimmung nur im Alkoholrausch erzeugen lasse. „Wir aber freuen uns," spottete der *Neue Social-Democrat* am 18. August 1875, „dass es in dem glücklich geeinten Deutschland schon so weit gekommen ist, dass, wenn Nationalfeste gefeiert werden sollen, Schnäpse und Liköre fabriziert werden müssen, um erst die nötige ‚Stimmung' zu erzeugen und somit der Feier die richtige Weihe zu geben".[68] Über den Spott hinaus lehnten die Sozialisten die sich in der Figur Hermanns manifestierende „nationale Bajonettglorifizierung" ab und ignorierten ansonsten den Mythos weitgehend. Allenfalls ver-

---

65 Siehe zu den folgenden Einzelheiten der Feierlichkeiten Peter Veddeler: Nationale Feiern am Hermannsdenkmal in früherer Zeit, in: G. Engelbert (Hg.): Hermannsdenkmal, S. 167-182, hier S. 167-173; C. Tacke: Denkmal, S. 216-229; A. Dörner: Mythos, S. 180-196.
66 H. Münkler: Siegfrieden, S. 65.
67 C. Tacke: Denkmal, S. 39.
68 Zit. nach A. Dörner: Mythos, S. 192.

suchten sie, Hermanns Kampf „im Sinne der proletarischen Weltrevolution" umzudeuten.[69]

In der sozialistischen Betrachtung des Hermannmythos fallen neben dem unverkennbaren Spott zwei Besonderheiten auf: Erstens wurde der Name Arminius verwendet, nicht Hermann.[70] Zweitens hob man eher das Scheitern des historischen Cheruskers hervor als seinen legendären Sieg. Der *Neue Social-Democrat* schrieb am 15. August 1875: „Am grellsten endlich leuchtet das Ende des Arminius in der Geschichte als Warnungsmal. Er wollte nach dem Muster der römischen Kaiser die republikanische Verfassung der Deutschen umstürzen und sich selbst zum Könige aufwerfen. Die deutschen Bauern aber ließen nicht mit sich spaßen; sie, die das Römerjoch abgeschüttelt hatten, wollten sich keinen Staatsstreich gefallen lassen; sie griffen zu ihren Keulen, und ohne viel Federlesen schlugen sie den Arminius tot."[71]

Gleichwohl verwendete auch die sozialdemokratische Bildpublizistik problemlos Motive aus der germanischen Götter- und Heldensage für die allegorische Darstellung ihrer Ziele. Es gab keine erkennbaren Berührungsängste gegenüber Nibelungen- und Hermannmythos. So steht zum Beispiel im Zentrum eines 1890 in Hamburg erschienenen Schmuckblattes mit Szenen aus der sozialistischen Emigration ein bewaffneter Krieger, dessen Habitus auf die Begriffe Einheit und Freiheit verweist, die im 19. Jahrhundert traditionell mit Arminius verbunden wurden.[72] Auch der strahlende Nibelungenheld Siegfried taucht gelegentlich auf. In der satirischen Zeitschrift *Der Wahre Jacob* erschien 1903 eine Zeichnung von Hans Gabriel Jentzsch, die Jung-Siegfried beim Schmieden des Schwertes Nothung zeigt. Daneben ist das Gedicht *Lied der Schmiede* von Heinrich Berg abgedruckt: „Jung-Siegfried steht am Feuerherd / Und hämmert

---

69 Ebd. S. 193.
70 Zum Namensproblem des quellenmäßig ohnehin schwer fassbaren Arminius/Hermann siehe Horst Callies: Arminius – Held der Deutschen, in: G.Engelbert: Hermannsdenkmal, S. 33-42, hier S. 34f. Der Name Hermann anstatt des älteren und authentischeren Arminius findet sich erstmals in einer Psalmenerklärung Luthers von 1530 (ebd. S. 40). Noch weit bis ins 19. Jahrhundert hinein war die lateinische Form wesentlich gebräuchlicher. Zu dieser sprachlichen Verwirrung kam lange Zeit eine topographische Unsicherheit, da der genaue Ort der Schlacht im Teutoburger Wald 9 n. Chr. unbekannt war. Im 19. Jahrhundert vermutete man ihn bei Detmold und errichtete dort das Hermannsdenkmal. Erst vor einigen Jahren konnte archäologisch ermittelt werden, dass Arminius die sechs römischen Legionen des Varus am Kalkrieser Berg nahe Bramsche besiegte (siehe Dirk Schümer: Ein Kampf um Lehm. Deutsche Szene: Die Wahrheit über die Hermannsschlacht, in: Frankfurter Allgemeine Zeitung 6.9.1996, sowie Der Spiegel 44/1996, 28.10.1996, S. 202).
71 Zit. nach A. Dörner: Mythos, S. 193.
72 Gerd Unverfehrt: Arminius als nationale Leitfigur. Anmerkungen zu Entstehung und Wandel eines Reichssymbols, in: Ekkehard Mai/Stephan Waetzoldt (Hg.): Kunstverwaltung, Bau- und Denkmal-Politik im Kaiserreich (Kunst, Kultur und Politik im Deutschen Kaiserreich. Schriften eines Projekt-Kreises der Fritz-Thyssen-Stiftung, Bd. 1), Berlin 1981, S. 315-340, hier S. 333f.

neu der Menschen Recht".[73] Nach dem großen SPD-Sieg bei der letzten Reichstagswahl vor dem Weltkrieg entstand ein Plakat mit dem Titel „Der rote Siegfried nach der Wahlschlacht 1912". Darauf wischt der sozialistisch gewandete Held mit einem roten Tuch sein blutiges Schwert ab, mit dem er den am Boden liegenden Drachen getötet hat.[74] In der Weimarer Republik griffen die Arbeitersänger in ihren Erinnerungsliedern an die Kriegsgefallenen auf den germanischen Heldenmythos zurück. „In chorgesanglicher Lobpreisung verliehen sie dem Gefallenen die Unsterblichkeit eines Helden, der im Gegensatz zum Feigling nach seiner Bewährung auf dem Schlachtfeld zu Walhalla aufstieg, um dort an der Heldentafel des Kriegsgottes Odin Platz zu nehmen."[75]

Auch Hermann der Cherusker war in der Republik in hohem Maße präsent.[76] Nach dem unbeabsichtigten Rekurs Eberts waren es besonders zwei Ereignisse, die den Mythos ins Zentrum der politischen Öffentlichkeit rückten: die 50-Jahr-Feier des Hermannsdenkmals 1925 und zwei Jahre später der 150. Geburtstag des Dichters der *Hermannsschlacht*, Heinrich von Kleist. Als im August 1925 das 50-jährige Jubiläum der Einweihung des Hermannsdenkmals bei Detmold anstand, hatte die politische Rechte durch die Wahl Hindenburgs zum Reichspräsidenten soeben einen bedeutsamen Sieg errungen. Insofern verwunderte es wenig, dass die Feierlichkeiten zu Demonstrationen gegen den Weimarer Staat genutzt wurden und die gegenrepublikanische Symbolik breite Verwendung fand.[77] Die Verherrlichung des „stolzen schwarz-weiß-rot" verband sich mit einer ausgeprägten antifranzösischen „Erbfeind"-Rhetorik. Der deutschnationale Reichstagsabgeordnete Gottfried Treviranus ersehnte sich bei der Feier des Stahlhelms am Denkmal die „Weihetage 1875" zurück: „Die alten, lieben schwarz-weiß-roten Fahnen flattern im gleichen Sonnenlicht, jedoch unter ihnen Straßburgs Banner umflort. Wir neigen uns in Trauer. Altdeutsche Lande bleiben deutsch auch in Feindeshand. Aber zerrissen ist das stolze Bismarckreich (...)".[78] Deutlich gemäßigter klang dagegen der Einheitsappell des lippischen Generalsuperintendent Wetzel bei einem evangelischen Feldgottesdienst am 9. August 1925: „Wir wollen von neuem mit Herz und mit Hand uns diesem unserem Vaterlande ergeben. Unsere Hoffnung ist, dass aus der Schandennacht ein neuer lichter Tag voller Ehren anbrechen wird, ein Tag, an dem unsere Ketten zerbrechen werden, an dem die Lüge unter den Fuß getreten wird

---

73 Knut Hickethier: Karikatur, Allegorie und Bilderfolge. Zur Bildpublizistik im Dienste der Arbeiterbewegung, in: Peter von Rüden u.a. (Hg.): Beiträge zur Kulturgeschichte der deutschen Arbeiterbewegung. 1848-1918, Frankfurt a.M. usw. 1981, S. 79-165, hier S. 162; die Zeichnung ebd. S. 164, Abb. 79.
74 S. Miller/H. Potthoff: Geschichte, S. 70.
75 D. Klenke u.a.: Arbeitersänger, S. 86.
76 Vgl. zum Folgenden insbesondere A. Dörner: Mythos, S. 226-252.
77 Zum Denkmalsjubiläum 1925 siehe ebd. S. 249-252; P. Veddeler: Feiern, S. 176-180.
78 Dieses und das folgende Zitat in P. Veddeler: Feiern, S. 178.

Heldensage im Dienst des Sozialismus: Mit dem Plakat „Der rote Siegfried" warb die SPD im Jahr 1912 um Wählerstimmen. Auch die linke Bildpublizistik verwendete nicht selten Motive aus der germanischen Götter- und Heldenwelt.

und die Wahrheit siegt. Ein Tag, an dem Einigkeit und Recht und Freiheit als des Glückes Unterpfand einem von welschem Übermut bedrückten Volke von neuem geschenkt wird [sic]". Dies sind Formulierungen, die durchaus auf der Linie sozialdemokratischer Rhetorik der Weimarer Jahre liegen.

Heinrich von Kleist, dessen 150. Geburtstag am 18. Oktober 1927 begangen wurde, stand als betont nationaler Dichter der napoleonischen Ära und insbesondere als Verfasser des 1808 entstandenen Dramas *Die Hermannsschlacht* in engem Kontext mit dem Mythos und wurde deshalb während des Ersten Weltkrieges weidlich vereinnahmt. So begann etwa die Berliner Theatersaison 1914/15 unmittelbar nach Kriegsausbruch mit der *Hermannsschlacht*, zwischen deren Akten Siegesmeldungen von der Westfront verlesen wurden.[79] Den Soldaten legte man die „patriotischen Rasereien" Kleists als Lektüre in die Schützengräben. „Als volkstümlich gewordener Franzosenfeind, der den Soldaten den Marsch bläst, kam Kleist, der Dichter des von Kaiser Wilhelm II. besonders geschätzten Preußendramas *Prinz Friedrich von Homburg*, den Propagandisten des Krieges gerade recht", so das Fazit von Hinrich C. Seeba.[80] Diese Politisierung setzte sich in der Weimarer Republik fort. Indem jedoch die sozialdemokratische Presse den Dichter zu seinem 150. Geburtstag 1927 zunächst ohne politische Wertung würdigte, überließ sie das Deutungsmonopol der politischen Rechten, die die *Hermannsschlacht* anlässlich des Geburtstages zum Hauptwerk des Dichters erhoben und zu einem Manifest vorgeblich nationaler Gesinnung stilisierten.[81] Alfred Rosenberg sah in Kleists Hermann sogar die Personalisierung eines germanomanen Antisemitismus. Im *Völkischen Beobachter* schrieb der NS-Chefideologe anlässlich einer Festaufführung des Dramas im Münchner Prinzregententheater am 18. Oktober 1927: „(...) Wir wissen, dass heute Juden, Polen und Franzosen die ganze Brut ist, die in den Leib Germaniens sich eingefilzt [haben] wie ein Insektenschwarm. Wir *wissen*, dass ein Ende sein muss mit der Liebespredigt für unsere Feinde, dass heute noch viel mehr als vor 1000 Jahren Hass unser Amt ist und unsere Tugend Rache. Wir wissen auch, was wir zu sagen haben, wenn Angstmänner ihre Feigheit mit der Bemerkung bemänteln wollen, es gäbe doch auch gute Juden: dasselbe, was Kleist den Hermann sagen ließ, als seine Gattin ihn um das Leben der besten Römer bat: Die Besten, das sind die Schlechtesten. Denn diese machen uns mürbe im Kampfe gegen die andern. So ist Kleist *unser*."[82] Konsequenterweise

---

79 H.C. Seeba: Kampf, S. 64.
80 Ebd. S. 66.
81 Die folgenden Einzelheiten und Zitate, wenn nicht eigens vermerkt, bei A. Dörner: Mythos, S. 240-249.
82 Zit. nach H.C. Seeba: Kampf, S. 71.

wurde Hitler später gerne als Hermann der Cherusker stilisiert oder mit anderem altgermanischen Beiwerk versehen.[83]

Widerspruch gegen derlei Vereinnahmungsversuche erhob sich zunächst lediglich im bürgerlich-republikanischen Lager. Anlässlich der Kleist-Feierlichkeiten in des Dichters Geburtsstadt Frankfurt/Oder stellte der Schriftsteller Wilhelm von Scholz, Präsident der Sektion für Dichtkunst an der Preußischen Akademie der Künste, in einem Festvortrag den europäisch denkenden, über den nationalen Horizont weit hinaus blickenden Kleist in den Vordergrund. Die politische Rechte, die sich völlig auf den Dichter der *Hermannsschlacht* kapriziert hatte, antwortete darauf scharf und polemisch. Auch bot das Jubiläum an mehreren Stellen ein Podium für den schwelenden Flaggenstreit. Ein Nachfahre von Kleist legte am Denkmal in Frankfurt/Oder einen Kranz mit schwarz-weiß-roter Schleife nieder. Der Dichter sei eben nicht „in die rote oder schwarzrotgelbe Stammrolle" zu pressen, kommentierte *Der Tag* am 20. Oktober 1927. Gleichzeitig polemisierte der DNVP-Reichstagsabgeordnete Friedrich Everling im Zusammenhang mit dem Aristokraten Kleist gegen den preußischen Ministerpräsidenten Otto Braun und dessen Präferenz für die neuen Reichsfarben schwarz-rot-gold. Dies sei die „Flagge des neuen Systems, das mit seiner Gleichmacherei aristokratisches Denken durch Wegleugnen auslöschen möchte. Unter solchen Farben, aus der Gesinnung, die sie andeuten freilich, kann Kleist nicht verstanden, darf er nicht gefeiert werden. Wenn man das doch versuchte, beleidigte man ihn, den Preußen, den Royalisten, den aristokratisch Denkenden".[84] Erst im Zusammenhang mit der Auseinandersetzung um Scholz griff der *Vorwärts* wieder in die Debatte ein. Damit gab man zu erkennen, so Andreas Dörner, „dass die Linken in der Weimarer Republik der ‚nationalen' Deutungskultur keineswegs kampflos das Feld überlassen und auch eher sperrige Autoren wie Kleist symbolisch zu requirieren versuchen."[85]

---

83 Otto Landsberg meinte bei einer Rede zum 60. Reichsgründungstag im Januar 1931 (Otto Landsberg: Die politische Krise der Gegenwart. Nach einem Vortrag, gehalten in der Freien Sozialistischen Hochschule in Berlin am 17. Januar 1931, Berlin 1931, S. 18): „Ich sehe den Diktator nicht. (...) Aber welches soll denn nun die eine Aufgabe sein, die der nationalsozialistische Heiland zu lösen hat? Soll er etwa, wie die Herren in Versammlungen so gern versichern, der neue Armin der Cherusker sein, der das deutsche Volk in den Befreiungskrieg führt?" Später verglich die Hitlerpropaganda die Hunde des *Führers* mit den Raben des germanischen Gottes Wotan (W. Münzenberg: Propaganda, S. 212).
84 Neue Preußische Zeitung („Kreuz-Zeitung") 18.10.1927, zit. nach A. Dörner: Mythos, S. 246.
85 A. Dörner: Mythos, S. 249.

3.3. Der Weltkrieg in der symbolischen Deutung der Republikaner

Symbolische Kämpfe wie die um die Verortung des Dichters Heinrich von Kleist und seines dramatischen Werkes, das die faschistische Diktatur den deutschen Bühnen nur wenige Jahre später als „Eck- und Grundpfeiler eines Spielplans der stählernen Romantik"[86] verordnen sollte, hatte die Weimarer Republik sozusagen im Wochentakt auszufechten. Gerade der Herbst 1927, aktuellpolitisch eher unspektakulär, ist ein gutes Beispiel dafür, dass nicht zuletzt die Erinnerung an den Weltkrieg und das Gedächtnis der Toten immer wieder ins Zentrum solcherlei politischer Symbolkämpfe rückte. Die Kleist-Debatte stand in einem engen inhaltlichen und zeitlichen Zusammenhang zum 80. Geburtstag von Reichspräsident Paul von Hindenburg am 2. Oktober 1927 sowie zur Einweihung des Tannenberg-Denkmals wenige Tage zuvor. An Tannenberg knüpfte sich eine zentrale symbolische Auseinandersetzung um die Deutung des Weltkrieges, die eng an den Frontlinien des Kampfes zwischen Monarchie und Republik orientiert war. In der Erinnerung an den Krieg waren die republikanisch gesinnten Kräfte von vornherein in der Defensive. Sie taten sich schwer mit ihrer eigenen Symbolik und standen den symbolischen Zeichensetzungen der antirepublikanischen, vom Revanchegedanken erfüllten Rechten relativ ratlos gegenüber. Bemerkenswert ist dennoch, dass es den Republikanern gelang, überhaupt Symbole zu finden und damit zu einer eigenen, stringenten Deutung des Weltkrieges zu gelangen.

Nachkriegsgefechte um den Krieg: Tannenberg gegen Ludwig Frank

Bereits zum zehnten Jahrestag der Schlacht von Tannenberg, das seitdem den symbolischen Begriff für vorgebliche deutsche Führergröße bildete, obwohl der „Führer" während der Schlacht geschlafen hatte, war in der Nähe des ostpreußischen Ortes Hohenstein der Grundstein für ein monumentales Denkmal zur Erinnerung an Schlacht und Ruhm Hindenburgs gelegt worden.[87] Als Ergebnis eines Architekturwettbewerbs gelangte das Modell einer achteckigen, zinnenbewehrten Trutzburg der Gebrüder Krüger zur Ausführung. Im Vorfeld der Einweihungsfeierlichkeiten kam es zu massiven politischen Misstönen, die belegen, welches Dilemma die Erinnerung an den Weltkrieg für das republikanische Deutschland bildete. Die SPD-geführte preußische Staatsregierung hatte

---

86 So der NS-Reichsdramaturg Rainer Schlösser 1934, zit. nach H.C. Seeba: Kampf, S. 69.
87 Zur Schlacht von Tannenberg sowie zur Einweihung des Tannenberg-Denkmals siehe Karl-Heinz Janßen: Tannenberg – ein deutsches Verhängnis, in: Die Zeit 16.9.1977; J. Tietz: Stonehenge; F.J. Lucas: Hindenburg, S. 47-49; J.W. Wheeler-Bennett: Titan, S. 325f.

das Projekt mit republikanischen Argusaugen verfolgt und sich an den Baukosten finanziell nicht beteiligt, da man zuerst die sozialen und kulturellen Folgen des Krieges beseitigt sehen wollte. Auch Reichstagspräsident Paul Löbe verweigerte dem Denkmalsverein mit dem Argument, er sei gegen jegliches Schlachtendenkmal, eine finanzielle Unterstützung. Braun und Severing lehnten eine Teilnahme an den Einweihungsfeierlichkeiten ostentativ mit der Begründung ab, es sei eine symbolische Vorherrschaft von schwarz-weiß-rot zu befürchten.[88] Ebenso fehlten das Reichsbanner Schwarz-Rot-Gold und der *Reichsbund Jüdischer Frontsoldaten*, „nachdem sie bei den Festvorbereitungen von seiten des übernationalistischen Festausschusses durch Zurücksetzungen gekränkt worden waren".[89] Das Reichsbanner störte sich darüber hinaus an der angekündigten Teilnahme von General Ludendorff, der 1923 am Hitlerputsch teilgenommen und 1925 den völkisch-antidemokratisch orientierten *Tannenbergbund* gegründet hatte. Die Folge dieser Misslichkeiten war, dass lediglich die republikfeindlichen Wehrbünde mit dem Stahlhelm vorneweg an der Einweihungsfeier teilnahmen, bei der Hindenburg vor 80.000 Menschen eine Brandrede gegen die *Kriegsschuldlüge* hielt. Er bezeichnete den Krieg euphemistisch als „das äußerste, mit den schwersten Opfern des ganzen Volkes verbundene Mittel der Selbstbehauptung einer Welt von Feinden gegenüber. Reinen Herzens sind wir zur Verteidigung des Vaterlandes ausgezogen und mit reinen Händen hat das deutsche Heer das Schwert geführt."[90] Als Motto des Denkmals griff der Reichspräsident die von August Böckh geprägte Formel für die Opfer der Befreiungskriege auf: „Den Gefallenen zum ehrenden Gedächtnis, den Lebenden zur ernsten Mahnung, den kommenden Geschlechtern zur Nacheiferung".[91]

Was mit der Nacheiferung gemeint war, war nicht schwer zu erraten, jedenfalls konterkarierten die Umstände der Einweihung massiv die auf Verständigung ausgerichtete, von der Sozialdemokratie mitgetragen Außenpolitik von Gustav Stresemann. Insofern war das freiwillige oder erzwungene Fernbleiben der Republikaner kein gutes Zeichen, denn man begab sich dadurch grundsätzlich der Möglichkeit, der Erinnerung an Tannenberg eine eigene Deutung zu geben, ihre Tendenz zur Säbelrasselei abzumildern und sie sozusagen republikanisch einzubetten. Auch bei Hindenburgs 80. Geburtstag wenige Tage nach der Denkmalseinweihung hielten sich die staatstragenden Kräfte teilweise fern, was eine militaristische und antidemokratische Färbung der Feierlichkeiten zur

---

88 J.W. Wheeler-Bennett: Titan, S. 325f.; W. Wippermann: Geschichte, S. 64.
89 F.J. Lucas: Hindenburg, S. 48.
90 Zit. nach W. Hubatsch: Hindenburg, S. 105.
91 Zit. nach Peter Schuster: Die Nation und ihre Toten. Denkmale des 20. Jahrhunderts, in: Deutsche Nationaldenkmale, S. 115-127, Zitat S. 118.

Folge hatte.[92] Gerade das Reichsbanner Schwarz-Rot-Gold hätte dem Anlass durch seine Präsenz eine entschieden republikanische Prägung geben und dadurch demonstrieren können, dass es sich hier nicht um eine Referenz an die Monarchie handelt, sondern um die Ehrung des demokratisch gewählten republikanischen Staatsoberhaupts. Stattdessen beschränkte sich der Frontkämpferverband auf eine förmliche Glückwunschadresse an den Reichspräsidenten.[93]

Hier wurde offenkundig versäumt, die gängigen und gesellschaftlich akzeptierten Symbole des Weltkriegs in republikanischem Sinne mit- und umzudeuten und dadurch selbst das Weltkriegserlebnis für den neuen Staat nutzbar zu machen. Das gelang nur eingeschränkt. Bestes Beispiel ist die sozialdemokratische Erinnerung an Ludwig Frank. Der aus Baden stammende Frank, jüdischen Glaubens und dem revisionistischen Flügel der SPD zugehörig, hatte sich 1914 als 40-Jähriger noch freiwillig zu den Waffen gemeldet, in der für viele deutsche Sozialdemokraten typischen Überzeugung, für die Abschaffung des preußischen Dreiklassenwahlrechts zu kämpfen, wie er noch wenige Tage vor seinem Tod an der Westfront in Lothringen schrieb.[94] Frank war einer von zwei Abgeordneten des 1912 gewählten Reichstags, die als Soldaten im Weltkrieg fielen. Dies prädestinierte ihn geradezu für die Rolle als Weltkriegssymbol des demokratischen Patriotismus in der Weimarer Republik gegen die antisemitische und antisozialistische Rechtsopposition. In einer 1924 erschienenen Biographie ist Franks stellvertretendes Märtyrertum herausgehoben: „In dieser Zeit des allgemeinen Sterbens wurde der Tod Ludwig Franks zu einem *Symbol* für den Verlust von Tausenden anderer Volksgenossen. Das Weinen um Ludwig Frank wurde zur Trauerkundgebung für die zahllosen Blutopfer unzähliger Familien, die Tränen um die so rasch ins Grab sinkende Jugend fanden ihren Sammelpunkt im Schmerz ob des Dahinscheidens dieser überragenden Persönlichkeit."[95] Nach den Worten von Gustav Radbruch war Frank „Blutzeuge sozial-

---

92 Ein „Verzeichnus über die Aufstellung der spalierbildenden Vereine" am 2. Oktober 1927 nennt zwar DVP, DNVP und Stahlhelm als Teilnehmer, nicht jedoch Zentrum, SPD und Reichsbanner. Von den republikanisch orientierten Gruppierungen war lediglich die DDP präsent (BArchBln R 54/56). Sowohl beim „Großen Zapfenstreich" am Vorabend des 2. Oktober als auch bei der Feier im Deutschen Stadion in Berlin wurde unter Missachtung der Ebertschen Betonung von „Einigkeit und Recht und Freiheit" ausschließlich die erste Strophe des Deutschlandliedes gesungen (vgl. ebd.).

93 Das Büro des Reichspräsidenten bat die Presseabteilung der Reichsregierung am 2. Oktober 1927, folgende Notiz zu veröffentlichen (BArchBln R 54/56): „Der Vorstand des Reichsbanners ‚Schwarz-Rot-Gold' hat dem Herrn Reichspräsidenten eine Adresse übersandt, in der er namens des Reichsbanners ‚Schwarz-Rot-Gold' die herzlichsten Glückwünsche zum Ausdruck bringt."

94 D. Groh/P. Brandt: Gesellen, S. 160.

95 S. Grünebaum: Ludwig Frank. Ein Beitrag zur Entwicklung der deutschen Sozialdemokratie, Heidelberg 1924, S. 41.

demokratischer Vaterlandsliebe".[96] Auch in der Wahlagitation der späteren Weimarer Jahre, als die Sozialdemokraten von den Nationalsozialisten als vaterlandslose Gesellen oder Deserteure verunglimpft wurden, wurde Ludwig Frank „als leuchtendes Beispiel nationaler Gesinnung" verwendet.[97] Zugleich galt der badische Politiker als ein Wegbereiter des Parlamentarismus Weimarer Prägung. „Seine Arbeit hat das Wirken der Sozialdemokratie nach der Revolution vorbereitet", schrieb Hedwig Wachenheim einleitend in einer Sammlung von Reden und Aufsätzen Franks, „denn nicht die theoretischen Auseinandersetzungen mit dem Revisionismus, sondern erst die Politik der Süddeutschen hat das Staatsbewusstsein der Arbeiter und ihren Sinn für die realen Tagesaufgaben und die zu ihrer Durchführung erforderliche Taktik geweckt. (...) Frank sah nach den Ideen von 1848, in denen er aufgewachsen, den lebendigen westlichen Vorbildern und den badischen Erfahrungen, die er gemacht, im Parlament die Stätte, wo sich die aufgefangenen Strahlen von Kraft und Wille des Volkes umzusetzen hatten in Formung der politischen und wirtschaftlichen Verhältnisse."[98]

Die „Ideen von 1789" und der „Geist von 1914"

Der Kriegsfreiwillige Ludwig Frank war Teil eines kollektiven mentalen Phänomens, das im Sommer 1914 auch vor der deutschen Sozialdemokratie nicht Halt gemacht hatte. Auf der rationalen Ebene sah die SPD-Parteirechte durch die Bewilligung der Kredite für einen einmal begonnenen Krieg, dessen Ausbruch nicht zu verhindern gewesen war, die Möglichkeit, den Ruch der nationalen Unzuverlässigkeit abzustreifen. Diese taktischen Überlegungen, die zur sozialdemokratischen Burgfriedenspolitik des 4. August geführt haben, sind jedoch nicht von der Tatsache zu trennen, dass sich große Teile der Arbeiterbewegung und ihrer Führer auch emotional von der Kriegsbegeisterung in Deutschland bestricken ließen. Allerdings ist die Vorstellung einer kriegslüsternen Massenleidenschaft, wie sie der *Geist von 1914* bis weit über das Zeitalter des Nationalsozialismus hinaus suggerierte, maßlos übertrieben, und Jeffrey Verhey hat jüngst eindrücklich dargelegt, dass Begeisterung nicht die einzige, ja

---

96 In einer Rede am 27. Juni 1924 anlässlich der Gründung der Kieler Ortsgruppe des Reichsbanners (Gustav Radbruch: Reichsbanner Schwarz-Rot-Gold, in: Schleswig-Holsteinische Volkszeitung 28.6.1924, wieder abgedruckt in G. Radbruch: Politische Schriften I, S. 57f., Zitat S. 58).
97 Hermann-Josef Rupieper: „Der Kampf gegen die nationalsozialistische Seuche": Die Werbeabteilung der SPD und die Auseinandersetzung mit der NSDAP 1929-1932, in: Internationale Wissenschaftliche Korrespondenz zur Geschichte der deutschen Arbeiterbewegung 19 (1983), S. 1-22, Zitat S. 19.
98 Ludwig Frank: Aufsätze, Reden und Briefe. Ausgewählt und eingel. von Hedwig Wachenheim, Berlin o.J. [1924], S. 6, 11.

nicht einmal die vorherrschende Reaktion auf den Ausbruch des Weltkrieges war. Es überwogen vielmehr Angst und Unsicherheit.[99] Zudem stellte sich bereits nach den ersten militärischen Rückschlägen eine Welle der Ernüchterung ein, was jedoch nicht verhinderte, dass die Anfangseuphorie des deutschen *Augustwunders* unter Zuhilfenahme aller publizistischen Mittel „in eine regelrechte Ideologie umgeschmiedet" wurde, wie Wolfgang J. Mommsen schreibt.[100] Der Geist von 1914 schlug sich in Millionen von Kriegsgedichten nieder, darunter nicht wenige aus den Reihen der Arbeiterbewegung.[101] Allerdings konnte die Burgfriedensideologie ihre eigentliche Stoßrichtung nicht eben lange verhüllen. Der Begriff *Geist von 1914*, zuerst von dem Münsteraner Nationalökonomen Johann Plenge aufgebracht, erlangte große Popularität durch den schwedischen Staatsrechtler Rudolf Kjellén, der mit den 1914 angeblich begründeten deutschen Kriegsidealen „Zusammengehörigkeit, Selbstzucht, Disziplin" bewusst die berühmten Schlagworte von 1789: Freiheit, Gleichheit, Brüderlichkeit umzudeuten versuchte. In dieser Deutung richtete sich der deutsche Burgfriede also gegen die Ideen der Französischen Revolution und damit zugleich gegen das westeuropäische Demokratiemodell. Die berühmt-berüchtigte Formel von Werner Sombart verglich folgerichtig den Krieg der westlichen Demokratien gegen das autokratische Hohenzollernreich mit einer Auseinandersetzung von „Krämergeist versus Heldengesinnung". Diese künstliche Gegenüberstellung der beiden Symboljahre 1789 und 1914 gebar darüber hinaus auch die Idee der *Volksgemeinschaft* als Gegenbild zu einer sozialistischen Ordnung. Auf der Basis dieser beiden inhaltlichen Ausweitungen war eine Fortsetzung der nationalen Einheitsfront nicht denkbar. Der Geist von 1914 verlor rasch seine bindende Kraft, wenn er sie denn je besessen hat. Immer deutlicher traten die Differenzen über die deutschen Kriegsziele zu Tage, wie sie sich etwa durch die Begriffe „Hindenburgfriede" und „Scheidemannfriede" manifestierten.

Die deutsche Sozialdemokratie, traditionell an die Ideen der Französischen Revolution gebunden und bei allen Nuancierungen einig im Kampf für einen sozialistischen Staat, lehnte die Vorstellung eines Kampfes zwischen den *Ideen*

---

99 Jeffrey Verhey: Der „Geist von 1914" und die Erfindung der Volksgemeinschaft, Hamburg 2000. Zur Vorstellung einer „bellikosen Massenleidenschaft" Hans-Ulrich Wehler: „Moderne" Politikgeschichte? Oder: Willkommen im Kreis der Neorankeaner vor 1914, in: ders.: Politik in der Geschichte. Essays, München 1998, S. 160-172, hier Anm. 5 (S. 259).
100 Ebd. S. 417.
101 Hierzu und zum Folgenden vgl. insbesondere Klaus von See: Die Ideen von 1789 und die Ideen von 1914. Völkisches Denken in Deutschland zwischen Französischer Revolution und Erstem Weltkrieg, Frankfurt a.M. 1975, S. 111-114; Wolfgang J. Mommsen: Der Geist von 1914: Das Programm eines politischen „Sonderwegs" der Deutschen, in: ders.: Der autoritäre Nationalstaat. Verfassung, Gesellschaft und Kultur des deutschen Kaiserreiches, Frankfurt a.M. 1990, S. 407-421.

von 1789 und dem *Geist von 1914* ab und versuchte statt dessen, verstärkt in der Weimarer Zeit, eine Art Brückenschlag zwischen diesen beiden scheinbar unvereinbaren ideologischen Feldern.[102] Die traditionelle Orientierung der deutschen Sozialdemokratie an der Bildsprache der Französischen Revolution wurde in der Weimarer Republik keineswegs aufgegeben. Auch über das Kriegsende hinaus blieben die großen Schlagworte und die Ikonographie von 1789 Bestandteile der politischen Sprache der SPD. Als Philipp Scheidemann im Dezember 1918 am Brandenburger Tor heimkehrende Soldaten begrüßte, nannte er als Ziel der künftigen Nationalversammlung „ein wahres Vaterland für alle Volksgenossen, eine Werkstätte für jeden Fleiß, eine dankbare Mutter für jeden in Krieg oder Frieden verdienten Sohn, die Verwirklichung des großen Ideals von der Freiheit und der Gleichheit und der Brüderlichkeit!"[103] Noch in den späteren Jahren der Republik, in der Zeit der Abwehrkämpfe gegen den Nationalsozialismus, tauchten die Parolen der Französischen Revolution auf, nun zur Interpretation der antifaschistischen Drei Pfeile.[104] Aus den Wahlkämpfen der Weimarer Republik gibt es eine Reihe von SPD-Plakaten mit der phry-

---

102 Der einzige Sozialdemokrat, der den Gedanken eines Gegensatzes zwischen 1789 und 1914 positiv aufgriff, war der ursprünglich auf dem linken Parteiflügel stehende Konrad Haenisch. Im Vorwort seines 1919 in vierter Auflage erschienenen Buches „Die deutsche Sozialdemokratie in und nach dem Weltkriege" schrieb er unter dem Eindruck der Versailler Friedensbedingungen (K. Haenisch: Sozialdemokratie, S. 6f.): „Schließlich werden doch die in Deutschland verkörperten ‚Gedanken von 1914' – wie Joh. Plenge sie genannt hat – den Sieg davontragen über die mit dem militärischen und politischen Erfolge der Westmächte heute scheinbar triumphierenden Gedanken von 1789. Weder der in ihrem Wesen und in ihren Formen überlebten westlichen Demokratie gehört die Zukunft noch dem düsteren Irrwahn des östlichen Bolschewismus, *sondern dem organisatorischen Sozialismus Deutschlands*. (...) Wie Ferdinand Freiligrath einst mit seherischem Dichterblick die Pariser Junikämpfer von 1848 als die ‚siegenden Geschlagenen' feierte, so gilt unser Gruß heute dem in diesem Juni 1919 totwund geschlagenen und *dennoch* am letzten Ende siegreichen *Deutschland!*"
103 BArchKo ZSg.1-90/38 (SPD-Flugblatt mit einer Rede des Volksbeauftragten Scheidemann beim Einzug der Truppen am Brandenburger Tor am 12. Dezember 1918 unter dem Motto: „Frieden und Freiheit"). Ebenfalls unter dem Motto „Freiheit, Gleichheit, Brüderlichkeit" hat der Sozialdemokrat Erwin Barth im Dezember 1918 in einer Zeitschrift der Reichszentrale für Heimatdienst das Regierungsprogramm der Volksbeauftragten interpretiert (K.W. Wippermann: Propaganda, S. 53f.).
104 Der russische Propagandaexperte Sergej Tschachotin schrieb in seinem 1933 in Kopenhagen erschienenen Buch „Dreipfeil gegen Hakenkreuz": „[In den drei Pfeilen] lag eine Erkenntnis des Dynamischen, der Angriffsidee und ihrer Gebundenheit an drei Forderungen an sich selbst für jeden Kämpfer, nämlich: Aktivität, Disziplin und Einigkeit. Zugleich war drin auch die Dreiheit unserer höchsten Ideale verkörpert: Freiheit, Gleichheit, Brüderlichkeit!" Zit. nach Daniela Janusch: Die plakative Propaganda der Sozialdemokratischen Partei Deutschlands zu den Reichstagswahlen 1928 bis 1932 (Bochumer Historische Studien, Neuere Geschichte Nr. 7), Bochum 1989, S. 132f. Zur Drei-Pfeil-Kampagne siehe Kapitel 4.5.

gischen Mütze der Jakobiner, die in der Französischen Revolution das Symbol bürgerlichen Freiheitsstrebens war und von der deutschen Sozialdemokratie des 19. Jahrhunderts in Anlehnung an die französische *Marianne* für die allegorische weibliche Darstellung der *Sozialdemokratie* verwendet wurde. Für die Wahl zur Nationalversammlung im Januar 1919 warb die Sozialdemokratie sogar mit einem schwarzen deutschen Adler, der eine rote Jakobinermütze trägt.[105]

Bereits im ersten Wahlkampf der Weimarer Republik zeigte sich also der paradigmatische Versuch einer Verknüpfung der Ideen von 1789 mit dem vielbeschworenen Geist von 1914, eine Verknüpfung, wie sie später insbesondere durch das Wirken des Reichsbanners Schwarz-Rot-Gold verfestigt werden sollte. Eine zu entwickelnde neue Staatsgesinnung in der Republik sollte sich also sowohl auf betont nationale wie auch entschieden freiheitlich-demokratische Elemente stützen. In seiner Rede zum Verfassungstag 1928 appellierte Gustav Radbruch ausdrücklich an die republikanische Weltkriegstradition: „Nicht nur die Nationalversammlung von 1919 steht bestimmend hinter unserer Verfassung – auch das Erlebnis von 1914 klingt in ihr wider." Der Weltkrieg sei „nicht bloß ein Unglücksfall gigantischen Ausmaßes", sondern auch „das Heldengedicht und die Passionsgeschichte eines ganzen Volkes".[106] Bereits 1924 hatte Radbruch auf bemerkenswerte Weise die nationale und die freiheitlich-demokratische Komponente der Weimarer Staatsgesinnung verknüpft und zugleich einen Zusammenhang mit der Flaggenfrage hergestellt. „Wir wollen den Frontkämpfergeist wieder auferstehen lassen", appellierte er am 27. Juni 1924 anlässlich der Gründung der Kieler Reichsbanner-Ortsgruppe, um dann fortzufahren: „Einmal wird der Tag kommen, den unsere Großväter unter der schwarz-rot-goldenen Fahne ersehnten: der Tag des großdeutschen Einheitsstaates. Unsere Fahne ist die Fahne der Freiheit, der Demokratie und der Republik. Sie und die blau-weiß-rote Fahne sind Geschwister, sind Kinder der Welt-

---

105 Das Plakat „Wählt sozialdemokratisch" – abgedruckt in: Der deutsche Adler. Funktionen eines politischen Symbols [Ausstellung und Katalog: Reiner Diederich u.a.], Frankfurt a.M. 1973, o.P., Nr. 15 – zeigt einen schwarzen Adler mit roter Jakobinermütze, der mit seinem Schnabel einen roten Wahlschein in eine schwarze Urne befördert. Zwei weitere Beispiele: Das Flugblatt „Wählt Sozialdemokraten!" zu den Dezemberwahlen 1924, gestaltet in den Farben schwarz, rot und gelb, zeigt eine Frau in rotem Gewand mit phrygischer Mütze und rotem Füllfederhalter, mit dem sie die Köpfe des Bürgerblocks durchgestrichen hat. Das Flugblatt „Die Reaktion ist auf dem Sprung" von Ende 1927/Anfang 1928 zeigt eine androgyne Figur mit roter phrygischer Mütze, einen Hammer in der Rechten, eine schwarz-rotgoldene Fahne in der Linken; von rechts springt ein Bulle ins Bild, an dessen Schwanz eine kleine schwarz-weiß-rote Flagge befestigt ist (BArchKo ZSg.1-90/59, 90/18).
106 Verfassungsrede. Gehalten von Prof. Dr. Gustav Radbruch bei der Feier der Reichsregierung am 11. August 1928, Berlin 1928, S. 4.

demokratie. Wir bekennen uns mit ihnen zum Vaterland, aber auch zur Menschheit."[107]

Hier wird deutlich, dass der Weltkrieg auch den Republikanern als positiver symbolischer Fixpunkt dienen und das Kampferlebnis der Frontsoldaten für die Auseinandersetzung mit dem inneren Gegner instrumentalisiert werden konnte. Ein Gegensatz zwischen der schwarz-weiß-roten Fahne des Krieges und den neuen republikanischen Farben schwarz-rot-gold wurde dabei ausdrücklich verneint.[108] In einem Reichsbanner-Flugblatt zur Dezemberwahl 1924 hieß es zur Flaggenfrage, die durch die Agitation der Rechtsparteien DVP und DNVP eine zentrale Rolle im Wahlkampf spielte: „Wir republikanischen Kriegsteilnehmer empfinden es als eine unerhörte Beleidigung unserer toten Kameraden, dass ausgerechnet von den sogenannten nationalen Parteien die einstige Reichsflagge in ihren Parteisumpf herabgezogen, zum Symbol des Hochverrats und des Eidbruches gemacht wird. Mehr konnte niemand als sie die schwarz-weiß-rote Fahne schänden, unter der wir gekämpft und geblutet haben, und die anzugreifen und zu besudeln noch keiner von uns sich erniedrigt hat. Unser schwarz-rot-goldenes Banner (...) werden wir gegen jeden Angriff mit allen uns zu Gebote stehenden Mitteln schützen. (...) Wir kämpfen unter diesem Panier gegen schwarz-weiß-rote Reaktion, gegen Hakenkreuz und Sowjetstern, für Ruhe und Ordnung im Lande, für den wirtschaftlichen Wiederaufstieg, die Festigung und den Ausbau der Deutschen Republik."[109]

Immerhin ist in diesen Stellungnahmen noch von der Republik die Rede, ein Begriff, der zum Beispiel in der Rede von Reichspräsident Friedrich Ebert zum zehnten Jahrestag des Kriegsbeginns Anfang August 1924 gar nicht auftaucht.[110] Die eigentliche Frage, die Kernfrage, die sich angesichts des Kriegserlebnisses stellte, die drängende Frage nach dem Sinn des Krieges, wurde hier jedoch nur unzureichend beantwortet. Wenn sie von den republikanischen Kräften überhaupt gestellt wurde, dann stehen mehrere Faktoren im Vordergrund: zum einen der demokratisierende Charakter des Fronterlebnisses, der hier geschärfte Gedanke der nationalen Einheit, wie sie auch in der Erinnerung an Ludwig

---

107 Gustav Radbruch: Reichsbanner Schwarz-Rot-Gold, in: G. Radbruch: Politische Schriften, Bd. 1, S. 57f. (zuerst in Schleswig-Holsteinische Volkszeitung 28.6.1924).
108 Des Öfteren findet sich der Hinweis, dass die schwarz-weiß-rote Fahne im Weltkrieg lediglich von der Marine als Symbol verwendet wurde, bei den Truppen zu Lande dagegen hinter den Fahnen der Einzelstaaten zurücktrat und allenfalls als Kokarde auftauchte (z.B. von dem Historiker Veit Valentin im Berliner Tageblatt vom 11.5.1926).
109 BArchKo ZSg.1-82/1, Nr. 19 (Reichsbanner-Flugblatt „Republikaner heraus!" zur Dezemberwahl 1924).
110 Friedrich Ebert: Die deutschen Opfer des Weltkrieges, abgedruckt in F. Ebert: Schriften, Bd. 2, S. 332f. Die Rede wurde bei einer Gedenkfeier in Berlin gehalten.

Frank enthalten ist.¹¹¹ Zum anderen verwiesen Sozialdemokratie und Reichsbanner wiederholt auf die Barbarei des Krieges, seine Sinnlosigkeit, und folgerten daraus den Anspruch eines „Pazifismus aus Erfahrung".

Pazifismus aus Erfahrung?
Die Frage nach Sinn und Sinnlosigkeit des Krieges

Die Sozialdemokratie der Weimarer Jahre lässt sich zwar schwerlich als pazifistische Partei ansprechen, jedoch gibt es einige Anhaltspunkte, dass die SPD aus der Kriegserfahrung in pazifistischem Sinne gelernt hatte. Seit 1921 rief die Partei ihre Mitglieder zur Teilnahme an der jährlichen Berliner Kundgebung des Friedensbundes der Kriegsteilnehmer und anderer Organisationen unter dem Motto „Nie wieder Krieg" auf.¹¹² Auch an anderen Stellen wird das Bemühen deutlich, die richtigen Konsequenzen aus dem Kriegserlebnis zu ziehen. Bei einer Totenfeier am Weimarer Märzgefallenendenkmal, die das Reichsbanner Schwarz-Rot-Gold anlässlich ihrer Bundesgründungsfeier im August 1924 abhielt, benannte der Magdeburger Regierungspräsident Pohlmann, Mitglied des Reichsbanner-Bundesvorstandes, die republikanisch-sozialdemokratische Sicht des Krieges prägnant: „(...) die Streiter des Weltkrieges waren in ihrer großen Mehrzahl nicht für die alten Gewalten, sondern für Vaterland und Freiheit, für Demokratie und sich selbst ins Feld gezogen, hatten dafür gekämpft und waren dafür gestorben. Sie ließen sich diese Errungenschaften des Krieges nicht nehmen, sie ließen sich nicht nehmen, was sie sich aus dem Schrecken eines furchtbaren entsetzlichen sinnlosen Krieges, der Millionen Menschen das Leben gekostet und Millionen Herzen zerbrochen hat, gerettet haben. Zum Andenken an diese Wochen des Wahnwitzes auf der einen, der Treue auf der anderen Seite ist dieses Denkmal aus Spenden der werktätigen Arbeiterschaft entstanden. (...)"¹¹³ Auch beim Festakt zum fünften Verfassungstag in Weimar richteten sich die Redner wiederholt entschieden gegen die Barbarei des Krieges.¹¹⁴ Fünf Jahre später notierte Julius Leber zum Jahrestag des Kriegsausbruchs: „Wenn Gedächtnistage den Anstoß geben, wie die 15. Wiederkehr des 1. August 1914, dann stehen diese Bilder wie Alpdrücken in unserem Gedächtnis auf.

---

111 Die grundsätzlich positive, weil demokratische Erfahrung des Fronterlebnisses geht auch aus persönlichen Einzelheiten hervor. Carl Severing schrieb am 14. Oktober 1926 an Otto Hörsing, es habe zwischen den beiden eine Spannung bestanden, deren Entstehen rätselhaft sei, „denn ich habe trotz aller Verdrießlichkeiten, dir mir Dein Temperament oft bereitete, nie einen Augenblick den Freund [und] Kameraden vergessen, der in der Tat in Deutschlands schwersten Tagen mir ein guter Waffengefährte war" (AdsD NL Otto Hörsing, Mp. 19).
112 B. Ulrich/B. Ziemann: Krieg, S. 107f.
113 Der fünfte Jahrestag/Reichsbanner, S. 5.
114 Ebd. S. 7-15.

Lüge und Leichtsinn, Leidenschaft und Furcht von 30 Diplomaten, Fürsten und Generälen hatten friedliche Millionen vier Jahre lang in Mörder, Räuber und Brandstifter aus Staatsraison verwandelt, um am Ende den Erdteil verroht, verseucht, verarmt zurückzulassen. Kein Volk erwarb sich dauernden Gewinn. Alle verloren, was nicht Jahrzehnte wiederbringen. Das Volk Europas hat die Rechnung mit neun Millionen Leichen bezahlt."[115] Interessant ist hier die Betonung des internationalen Zusammenhangs, die gemeinsame europäische Kriegserfahrung. Leber spricht vom „Volk Europas" und nennt die Gesamtzahl der Opfer, nicht nur die der deutschen.

Die Aussage des Sozialdemokraten fiel indes in eine Zeit, in der sich das Bild des Weltkrieges in der deutschen Gesellschaft bereits grundlegend gewandelt hatte. Eine gewisse Verklärung des Weltkriegserlebnisses setzte nicht vor Mitte der 20er Jahre ein, und parallel dazu erlebte auch die epische Darstellung des Kriegsgeschehens und seiner gesellschaftlichen und politischen Folgen erst gegen Ende des Jahrzehnts ihre Blüte, wie Michael Gollbach festgestellt hat, der das Phänomen der „Wiederkehr des Weltkrieges in der Literatur" auf die Jahreswende 1928/29 datiert.[116] Gerade die anwachsende NS-Propaganda hat von der Verklärung des Weltkriegserlebnisses enorm profitiert. Die Stärke dieser Botschaft, so konstatiert Richard Bessel, „lag nicht so sehr darin, dass sie den Glauben der Leute reflektierte, sondern darin, dass sie behauptete, was die Leute zunehmend glauben wollten. Daher verrät diese Propaganda mehr über die späteren Weimarer Jahre, in denen sie derart durchschlagend war, und über die politische Kultur der Weimarer Republik im Allgemeinen, als über die tatsächlichen Bedingungen während der Demobilmachung nach dem Ende des Krieges."[117] Mit Pazifismus war dieser Botschaft kaum beizukommen, diese bittere Erfahrung mussten die zunehmend als Landesverräter verunglimpften Sozialdemokraten in der Endphase der Republik machen. Carlo Mierendorff hat das im Reichstag mit einer berühmten symbolischen Geste veranschaulicht. Als ihn die NS-Abgeordneten am 6. Februar 1931 als vaterlandslosen Gesellen zu beschimpfen begannen, zog er sein Eisernes Kreuz aus der Tasche, mit dem er 1918 als Unteroffizier wegen Tapferkeit vor dem Feind von Kaiser Wilhelm II. persönlich dekoriert worden war. An Goebbels richtete Mierendorff die Frage nach dessen Auszeichnung.[118]

---

115 J. Leber: Mann, S. 60.
116 Michael Gollbach: Die Wiederkehr des Weltkrieges in der Literatur. Zu den Frontromanen der späten Zwanziger Jahre (Theorie-Kritik-Geschichte, Bd. 19), Kronberg i.Ts. 1978, S. 1; vgl. R. Bessel: Heimkehr, S. 230. Der Begriff „Wiederkehr des Weltkrieges in der Literatur" stammt aus einer Publikation von 1931 (B. Ulrich/B. Ziemann: Krieg, S. 97, Anm.14).
117 R. Bessel: Heimkehr, S. 230.
118 VRT Bd. 444, S. 743 (6.2.1931). Siehe hierzu Richard Albrecht: Der militante Sozialdemokrat. Carlo Mierendorff 1897 bis 1943. Eine Biografie (Internationale Bibliothek, Bd. 128), Berlin/Bonn 1987, S. 148-152. Die persönliche Dekorierung durch den Kaiser, erwähnt von

3.4. Totengedenken und Reichsehrenmal

Die Erinnerung an den Weltkrieg war im Deutschland der 20er Jahre geprägt von denen, die ihn nicht überlebt hatten: von den Gefallenen, den Opfern, die das mehr als vierjährige Morden in Europa gekostet hatte. Schon ein flüchtiger Blick auf die Zahlen verdeutlicht, dass der Kriegstod nach 1918 ein sehr viel umfassenderes Phänomen als jemals zuvor in der deutschen Geschichte, und nicht nur in ihr, gewesen sein muss. Hatte der Krieg von 1870/71 noch rund 130.000 Männer aus Preußen und den verbündeten deutschen Staaten das Leben gekostet, so starben zwischen 1914 und 1918 knapp zwei Millionen Soldaten den vermeintlichen Heldentod für Kaiser und Reich. So gut wie jede Familie war betroffen. Neben der Wiedereingliederung der Kriegsheimkehrer in das zivile Leben der Republik bildete das Gedenken an die Opfer einen wesentlichen Bestandteil der Erinnerungsarbeit an den Weltkrieg, es war quasi eine gesellschaftspsychologische Notwendigkeit.[119] In der allgemeinen denkmalerischen Erinnerung an die Gefallenen ebenso wie beim zentralen Reichsehrenmal-Projekt haben die Sozialdemokratie und die ihr nahestehenden Organisationen eine eigentümliche und ambivalente Rolle gespielt.

Die Kriegerdenkmale in der Weimarer Republik

Bei fast zwei Millionen toten Soldaten kann es nicht verwundern, dass Kriegerdenkmale in der Weimarer Republik in enorm hoher Zahl entstanden, und die Tendenz der sich ausbreitenden Denkmalkultur war relativ eindeutig.[120] Exem-

---

C. Zuckmayer: Mierendorff, S. 46, wird indes von Peter Steinbach bezweifelt (P. Steinbach: Widerstand, S. 11).

119 Zum Umgang mit den Kriegsheimkehrern siehe R. Bessel: Heimkehr, der zu interessanten Ergebnissen kommt. Das pauschale Bild der geschmähten Kriegsheimkehrer sei trotz der häufigen Demütigungen der Offiziere in den ersten Wochen nach dem Waffenstillstand nicht zutreffend (S. 222): „Statt weitgehend Gleichgültigkeit oder gar Respektlosigkeit zu demonstrieren, überbot sich die deutsche Gesellschaft in Dankbarkeitsbezeugungen." Die oft wiederholte gegenteilige Behauptung habe sich dann nahtlos in die Dolchstoßlegende eingefügt. Bessel legt ferner mit schlüssigen Einzelbeispielen dar, dass auch das Bild des kriegsversehrten, arbeitslosen und bettelnden Veteranen nicht der Wirklichkeit entsprochen habe (S. 230-232). Vgl. zum Empfang der Soldaten auch B. Ulrich/B. Ziemann: Krieg, S. 48.

120 Grundsätzlich zu den Kriegerdenkmalen in der Weimarer Republik siehe Meinhold Lurz: Kriegerdenkmäler in Deutschland. Bd. 4: Weimarer Republik, Heidelberg 1985; Reinhart Koselleck: Kriegerdenkmale als Identitätsstiftungen der Überlebenden, in: Identität. Hg. von Odo Marquard/Karlheinz Stierle (Poetik und Hermeneutik. Arbeitsergebnisse einer Forschungsgruppe VIII), München 1979, S. 255-276; Sabine Behrenbeck: Heldenkult oder Friedensmahnung? Kriegerdenkmale nach beiden Weltkriegen, in: Gottfried Niedhart/Dieter Riesenberger (Hg.): Lernen aus dem Krieg? Deutsche Nachkriegszeiten 1918 und 1945. Beiträge zur historischen Friedensforschung, München 1992, S. 344-364.

plarisch lassen sich diese beiden Feststellungen etwa an dem großzügig gestalteten Buch „Deutscher Ehrenhain für die Helden von 1914/18" betrachten, das 1931 von Friedrich Hermann Ilgen publiziert wurde.[121] Darin sind annähernd 900 Denkmale für die Gefallenen des Weltkrieges abgebildet. Das Geleitwort des Leipziger Professors Ernst Bergmann, typisch für derlei Publikationen, ist ein niederschmetterndes Dokument des antidemokratischen Denkens in der Weimarer Republik, ein herrenvölkisches Pamphlet des Nationalismus und Revanchismus, in dem alle Facetten der zeitgenössischen konservativen Legendenbildung einschließlich der Dolchstoßlüge enthalten sind. „Wir haben den Weltkrieg verloren", heißt es da zu Beginn. „Gewiss: vier Jahre lang haben wir tapfer und heldenmütig gekämpft und Ruhmestaten vollbracht wie kaum ein anderes Volk jemals in der Geschichte. Schließlich aber haben wir die Waffen weggeworfen, als zu unseren vielen Feinden noch der Erbfeind der Deutschen seit Armins Tagen hinzutrat, die innere Zwietracht, der Bruderzwist. Da ward gebrochen unsere Kraft, da warfen sie uns nieder und nahmen uns Freiheit und Land, Macht und Größe des Reichs." Jedoch: „Das letzte Wort, ob das germanische Reich leben oder untergehen soll, ist noch nicht gefallen. Deutschland ist noch nicht untergegangen, bis auf den heutigen Tag noch nicht. Es steht noch und kann wieder auferstehen, wenn wir es wollen." Bergmann beschwört abschließend ein erneutes „deutsches Wunder", wie es schon häufiger in der Geschichte vorgekommen, dessen Voraussetzung diesmal jedoch die Tötung des Erbfeindes sei.[122]

Die Sinngebung der Opfer, hier verbunden mit einem Aufruf zu neuem Kampf, das war der überwiegende Tenor, der den Denkmalprojekten innewohnte. In der Flut von Erinnerungsstätten befanden sich verschwindend wenige, die demokratische und pazifistische Folgerungen aus dem Geschehen zwischen 1914 und 1918 zogen. Die deutsche Sozialdemokratie tendierte weg vom Heroismus der Denkmalkultur, hat sich jedoch kaum um alternative Erinnerungen an die Gefallenen bemüht. Eher setzte sich die deutsche Linke für eine stärkere praktische Kriegsopferversorgung ein. Das Urteil von Meinhold Lurz, die links orientierten Kräfte in Weimar hätten der praktischen Kriegsopferversorgung generell den Vorzug vor der Errichtung von Denkmalen gegeben, ist zwar etwas zu pauschal, aber in der Tendenz sicherlich richtig.[123] Ansätze zur Kritik waren dabei zum einen die Kosten des Denkmalbaus und damit die Frage der Prioritäten, zum anderen auch die mit den Erinnerungsstätten verbunde-

---

121 [Ilgen, Friedrich Hermann:] Deutscher Ehrenhain für die Helden von 1914/18, Leipzig 1931.
122 Ebd. S. 7f.
123 „Politisch links orientierte Kreise lehnten die Errichtung von Denkmälern ab, um statt dessen Heimstätten zu bauen und Aufklärungsarbeit über die Kriegsursachen zu leisten" (M. Lurz: Kriegerdenkmäler, S. 15).

ne politische Tendenz. Ein gutes Beispiel bietet hierfür der Konflikt um ein Denkmal in Berlin-Kreuzberg aus dem Jahr 1928.[124] Der sozialdemokratische *Reichsbund der Kriegsbeschädigten, Kriegsteilnehmer und Kriegshinterbliebenen* wandte sich am 22. Juni 1928 in einem Brief an den Kreuzberger Bürgermeister Dr. Herz gegen ein geplantes Kriegerdenkmal auf dem Kaiser-Friedrich-Platz: „Millionen werden alljährlich für die Errichtung von Denkmälern in Deutschland verausgabt und wären besser angewendet, wenn man hierfür Kinder- und Altersheime schaffen würde. Die Witwen und Schwerbeschädigten empfinden es als Hohn, dass man die Gefallenen ehren und verherrlichen will und diejenigen, die den Ernährer verloren haben, hungern lässt. Alte Wunden, die am Vernarben sind, werden durch solche Denkmäler immer wieder aufgerissen." Der Bürgermeister beschaffte sich zunächst ein Votum der Bezirksversammlung, die sich mit den Stimmen von KPD, SPD und DDP gegen das von einer preußischen Offiziersvereinigung getragene Projekt aussprach, und wandte sich dann an Reichswehrminister Groener mit der Bitte um Einflussnahme zur Stornierung der bereits erteilten Baugenehmigung. In dem Schreiben vom 4. Juli 1928 spitzte Herz die Argumentation zu: Das Denkmal enthalte eine politische Tendenz, da es „einen kriegsmäßig ausgerüsteten, in breiter Beinstellung aufgestellten Pionier" zeige. Damit werde „der militärische Machtgedanke symbolisiert, (...) der von rechtsstehenden Parteikreisen und Verbänden propagiert wird und einen ausgesprochen parteipolitischen Charakter trägt." Groener antwortete postwendend, er sehe in dem Denkmal keine politische Tendenz und deswegen auch keine Veranlassung, die Genehmigung zu widerrufen.[125] Solche Auseinandersetzungen und insbesondere ihr Ausgang sind paradigmatisch für die Zustände in der Weimarer Republik. Der immanente Militarismus des Gedenkens an den Weltkrieg stellte die republikanischen Kräfte, so sie diesen ablehnten, vor immense Probleme.

Das Reichsehrenmal: Kriegsgedenken in demokratischer Diskussion

Da die Soldaten des Ersten Weltkrieges für die Monarchie in die Schlacht gezogen waren und nicht für die Republik, musste eine Sinngebung des Sterbens neu konstruiert werden. „Das höhere, über politische Diskussionen stehende Ziel,

---

124 GStA PK I.HA Rep. 77, Tit. 1215 Nr. 3d Beiheft (ohne Numerierung).
125 Das SPD-geführte preußische Innenministerium, an das sich Herz offenbar ebenfalls gewandt hatte, lehnte am 28. Juli 1928 eine Intervention bei Groener ab, da es ebenso wie dieser der Ansicht war, dass an der Gestaltung des Denkmals kein Anstoß zu nehmen sei. Die Behörde verwies in diesem Zusammenhang auch auf die in der Weimarer Verfassung verankerte Freiheit der Meinungsäußerung.

die Einheit des Vaterlandes, konnte die Republik für sich beanspruchen."[126] Mit dieser Deutung konnte das *Reichsehrenmal*, die Erinnerungsstätte für die Weltkriegsgefallenen, zum zentralen deutschen Denkmalprojekt der Weimarer Republik avancieren.[127] Die Idee eines Reichsehrenmales war nicht neu. Sie wurzelte im 19. Jahrhundert und wurde unmittelbar nach Ausbruch des Krieges in ersten konkreten Überlegungen wieder aufgegriffen. Bereits im ersten Kriegsjahr gab es viele Bemühungen um Kriegerdenkmale. Auf Initiative des Königlich Preußischen Gartenbaudirektors Willy Lange wurde eine *Arbeitsgemeinschaft für Deutschlands Heldenhaine* gegründet.[128] Mit seiner Anregung, als Alternative zu teuren Denkmalen Gedächtnisstätten in Form von Ehrenhainen zu errichten, fand er die Zustimmung der OHL und dessen Führer Hindenburg, der im Februar 1917 aus dem Großen Hauptquartier wissen ließ, „dass es ihm ein verdienstliches Werk der Dankbarkeit und des treuen Gedenkens erscheine, den Gedanken des Heldenhaines in der Heimat als Denkmal für die Gefallenen zu verwirklichen."[129] Ziel der Arbeitsgemeinschaft war nach den Worten von Lange, „in jeder deutschen Gemeinde als lebendiges Denkmal für den Geist von 1914" einen Heldenhain zu errichten. Für jeden gefallenen Soldaten sollte eine

---

126 A. Heffen: Reichskunstwart, S. 237.
127 Zum Reichsehrenmalprojekt P. Bucher: Errichtung; M. Lurz: Kriegerdenkmäler, S. 47-85; A. Heffen: Reichskunstwart, S. 231-268. Der Gang der Diskussion von 1924 bis 1933 ist mittels der Materialien im BArchKo (ZSg.103 = Sammlung Konrich-Lauterbach, Nr. 1752) sowie im GStA PK (I.HA Rep. 77 Tit. 1215 Nr. 3c Beiheft = Pressestimmen Denkmäler/Reichsehrenmal Juni 1925 bis Januar 1927; Tit. 1215 Nr. 3c Bd. 2 = Zeitungsausschnitte und Schriftsätze zum Reichsehrenmal Januar 1931 bis Januar 1933) zu verfolgen. Aus der zeitgenössischen Literatur siehe darüber hinaus insbesondere: Der Reichsehrenhain. Hg. von der Stiftung Reichsehrenmal, Berlin 1931; außerdem F.Hilpert: Reichsehrenmal. Für den Standort auf der Rheininsel bei Lorch votierte Richard Klapheck: Das Reichsehrenmal für unsere Gefallenen. Die Toteninsel im Rhein. Erweiterter ND, Düsseldorf 1926; die Präferenz des Stahlhelms zugunsten von Bad Berka begründete [Theodor] Duesterberg: Das Reichsehrenmal im Walde südlich Bad Berka. Gedanken und Anregungen für die Ausgestaltung, Halle/Saale o.J. [³1931]. Schon aus einer anderen Zeit August Diehl: Das Reichsehrenmal. Ein Prüfstein und Wahrzeichen deutscher Kultur im Dritten Reich, Halle/Saale 1933, mit unverkennbar geschichtsapologetischem Anspruch (S. 5): „Ein Reichsehrenmal musste ein Wunschbild bleiben und konnte nicht Ereignis werden, solange das deutsche Volk durchseucht war von vaterlandsfeindlichen und volksauflösenden Strebungen. (...) Die Erfüllung musste scheitern, solange nicht *der Geist Adolf Hitlers* germanischer Art, Sitte und Gesinnung im deutschen Volke freie Bahn geschaffen hatte."
128 Siehe hierzu die Akten in GStA PK I.HA Rep. 77 Tit. 1215 Nr. 3d Bd. 1 (Ehrung der Weltkriegsgefallenen Januar 1915 bis September 1916) sowie Tit. 1215 Nr. 3d Bd. 2 (Ehrung der Weltkriegsgefallenen Oktober 1916 bis Mai 1925). Grundlegend für den Heldenhaingedanken siehe Willy Lange: Die leitenden Gestaltungsgedanken für die Heldenhaine, in: ders. (Hg.): Deutsche Heldenhaine, Leipzig 1915, S. 5-12.
129 Zit. nach F. Hilpert: Reichsehrenmal, S. 5.

Eiche, seit 1813 „Einheits-Sinnbild der deutschen Stämme" und heiliger Baum, gepflanzt werden.[130]

Auch nach dem politischen Bruch von 1918/19 hat sich Willy Lange mit seinen vorgeblich unpolitischen Ideen immer wieder publizistisch hervorgetan und legte dabei eine antirepublikanische, ja völkische Grundeinstellung an den Tag. Der seit der Kriegsniederlage vorherrschende „Großstadtgeist" sei gegen den Heldenhaingedanken gerichtet, schrieb er 1919 in der *Täglichen Rundschau*. Zwei Jahre später las man im gleichen Blatt: „1913 war das Volk noch so blutsgesund, dass es Gerhart Hauptmanns napoleonfreundliches Jahrhundertspiel in Breslau ablehnte. (...) Fehlt uns körperlich die Mannheit des toten Heeres, so müssen wir sie für die Zukunft bewusst heranziehen, züchten. Auf den Instinkt, die Sprache des Blutes, dürfen wir uns nicht dabei verlassen; wir müssen den im Blutchaos entstandenen Instinktmangel durch Wissen, Erkennen, Wollen unschädlich machen."[131] Dass ein Mann wie der ganz im völkisch-nationalistischen Geist von 1914 verhaftete ehemalige Gartenbaudirektor Lange von Reichskunstwart Edwin Redslob 1926 in ein republikanisches Gremium wie den Werkrat zur Gestaltung des Reichsehrenhaines berufen wurde, zeigt nicht nur die offensichtliche politische Naivität des Reichskunstwarts, sondern auch die grundlegenden Schwierigkeiten des republikanischen Staates mit der Erinnerung an den Weltkrieg.[132]

Der Gedanke eines zentralen Reichsehrenmales wurde Mitte August 1924 von den republikanischen Behörden aufgegriffen. Anlässlich des zehnten Jahrestages des Kriegsausbruchs riefen Reichspräsident und Reichsregierung zur Schaffung einer Gedächtnisstätte für die Opfer des Weltkrieges auf.[133] Friedrich Ebert schloss seine Rede am 3. August 1924 vor dem Berliner Reichstagsgebäude mit den Worten ab: „Es ist heute der Ruf hinausgegangen an das deutsche Volk, unseren Toten ein würdiges Denkmal zu errichten. Aber darüber hinaus wollen wir – das lassen Sie, deutsche Männer und Frauen, uns in dieser Stunde geloben – dem Gedächtnis unserer Toten und unserer Opfer ein Denk-

---

130 Zitate aus Tägliche Rundschau 10.6.1916, Unterhaltungsbeilage; Willy Lange: Die leitenden Gestaltungsgedanken für die Heldenhaine, in : W. Lange: Heldenhaine, S. 5-12, Zitat S. 6.
131 Tägliche Rundschau 24.11.1919 u. 14.9.1921. Abfällige Äußerungen über die „so genannte Revolution" auch in dem Artikel „Ehrenmal" in Der Türmer H. 8/Mai 1925, S. 149-152.
132 GStA PK I.HA Rep. 77 Tit. 1215 Nr. 3d Bd. 2, Bl. 234 (Schreiben Langes an die Mitglieder der Arbeitsgemeinschaft für Deutschlands Heldenhaine vom März 1926). Der Reichskunstwart spielte beim Reichsehrenmal eine Nebenrolle. Die wichtigsten Akten stammen aus der Reichskanzlei, an den Entscheidungen der späteren Stiftung wurde Redslob nicht beteiligt. Annegret Heffen sieht in der Rolle des Reichskunstwarts in der Reichsehrenmal-Debatte deswegen zu Recht ein Indiz für die „faktische Einflusslosigkeit des Amtes" (A. Heffen: Reichskunstwart, S. 266).
133 Abgedruckt in B. Ulrich/B. Ziemann: Krieg, S. 134.

mal bauen, dauernder denn Erz: Das freie Deutschland!"[134] Der Vorschlag fand sofort großen Anklang. Das Denkmal sollte an die Gefallenen erinnern sowie den Gedanken der Einheit der Nation darstellen, also Totengedenkstätte und Nationaldenkmal miteinander verknüpfen.[135] Zugleich trug die Initiative der Besonderheit Rechnung, dass die deutschen Gefallenen ihre letzte Ruhestätte ausschließlich außerhalb der Reichsgrenzen gefunden hatten. Ähnlich wie bei vielen anderen Kriegerdenkmalen gab es jedoch auch hier Widerspruch. Angesichts der aktuellen wirtschaftlichen Not im Lande sprachen sich viele Stimmen statt eines Denkmals für praktische Kriegsopferversorgung in Form von Invalidenhäusern für die Versehrten oder Kindergärten für die Waisen aus.[136] Dass die Initiative auf lebhaftes Interesse stieß, zeigt aber, dass innerhalb von zwei Jahren bereits mehr als 300 verschiedene Projekte vorgeschlagen wurden. „Schließlich gab es kaum noch eine landschaftlich hervorragende Gegend Deutschlands, die sich nicht um das Reichsehrenmal beworben hätte."[137] Drei Favoriten für den Standort eines Reichsehrenmales respektive Reichsehrenhaines kristallisierten sich mit der Zeit heraus: Projekte am Rhein und im thüringischen Bad Berka sowie die *Neue Wache* in Berlin. Im Jahr 1925 schlug der Stahlhelm ein Waldgelände im Tannrodaer Forst südlich von Bad Berka in der Nähe von Weimar für die Errichtung eines *Heiligen Haines* vor. Fritz Hilpert kommentierte den Haingedanken: „(...) Denn der herrliche Wald selbst ist ja der wesentliche und unentbehrliche Kern des Haingedankens, und er erinnert an Goethes Worte, dass ihm die Natur stets immer noch genialer erschienen sei als der genialste Mensch. Deutschlands Herz schlägt in seinen Wäldern, so sei auch die Erinnerung an die Toten des großen Krieges diesem Herzen anvertraut."[138] Die anderen großen Frontkämpferverbände, Reichsbanner, Kyffhäuserbund und Bund jüdischer Frontkämpfer, stimmten diesem Vorschlag zu.[139] Dass in der Frage des Reichsehrenmales Eintracht unter den ideologisch so unterschiedlich orientierten Vereinigungen herrschte, war höchst ungewöhnlich und wurde als gewichtiger politischer Faktor angesehen. Eine vom Reichsrat

---

134 Friedrich Ebert: Die deutschen Opfer des Weltkrieges, abgedruckt in F. Ebert: Schriften, Bd. 2, S. 332f.
135 A. Heffen: Reichskunstwart, S. 231.
136 P. Bucher: Errichtung, S. 361. Auch vom pazifistischen Standpunkt wurde des Öfteren Kritik an dem Vorhaben laut, vgl. etwa den Artikel „Reichs-Protzenmal" in Die Welt am Montag 28.4.1930. Darin wird die „Denkmalsseuche" der Gegenwart kritisiert und ein spöttischer Aphorismus der früheren Kaiserin Augusta zitiert, die sich seinerzeit vor der Einweihung des Niederwalddenkmales erfolgreich gedrückt habe: „Wenn jedes Volk nach einem siegreichen Kriege ein Denkmal auf einen Berg setzen wolle, so werde es bald mehr Denkmäler als Berge geben."
137 Der Reichsehrenhain, S. 8.
138 F. Hilpert: Reichsehrenmal, S. 8.
139 BArchKo ZSg.103/1752.

gebildete Kommission sprach sich am 10. Juli 1926 für Bad Berka aus, „wobei (...) sich der Ausschuss vor allem von der häufig betonten Einmütigkeit der vier Frontkämpferverbände hatte beeinflussen lassen".[140] Bereits Ende März des Jahres hatten die Vertreter der vier Bünde zusammen mit Reichskunstwart Edwin Redslob das Gelände besichtigt und wenig später gemeinsam beim Reichspräsidenten in der Angelegenheit vorgesprochen.[141] Die Vorsitzenden von Stahlhelm und Reichsbanner, Seldte und Hörsing, mussten sich wegen der Zusammenarbeit sogar gegen Kritik aus den jeweils eigenen Reihen zur Wehr setzen.[142] Allerdings war es mit der Einigkeit unter den Frontkämpfer schon bald wieder vorbei, wenn auch nicht auf Grund eines Dissenses in der Sache selbst. Am 20. Juli 1926 schrieb der preußische Ministerpräsident Otto Braun an Reichskanzler Marx, dass der Stahlhelm eine Besichtigung des Projekts auf den Rheininseln bei Lorch zusammen mit dem Reichsbanner ablehne, da man sich nach den Vorgängen bei der Fürstenabfindung nicht mehr mit dem Reichsbanner an einen Tisch setzen könne.[143] Die *Frankfurter Zeitung* nannte diese Begründung jämmerlich und beschämend.[144]

Schließlich fand die Rhein-Besichtigung am 26. Juli auf Einladung der rheinischen Provinzialverwaltung dennoch statt, allerdings waren seitens der großen Organisationen lediglich untergeordnete Landesverbände ohne Entscheidungsbefugnis vertreten.[145] Zudem kam es bei dem Ortstermin zu einem scharfen Disput, als der Stahlhelm-Vertreter, Generalmajor Kreuter, seine Kritik am Standort Bad Berka mit Angriffen gegen die republikanische Staatsform ver-

---

140 P. Bucher: Errichtung, S. 366. Dass die weitgehende Einmütigkeit der Frontkämpferverbände in der Reichsehrenmalfrage als gewichtiger politischer Faktor gewertet wurde, ist an vielen Stellen belegt. Fritz Hilpert schrieb 1926 (F. Hilpert: Reichsehrenmal, S. 5): „Trotz der Verschiedenheit der Anschauungen und des Glaubens hatten sich (...) in dieser Sache die Verbände über den Gräbern ihrer gefallenen Kameraden die Hand zur gemeinsamen Ehrung ihrer Toten gereicht." Im Reichstag wurde die Zusammenarbeit selbst von deutschnationaler Seite gelobt (VRT Bd. 392, S. 9682, 18.3.1927). Das Grußwort von Reichspräsident Hindenburg in der Publikation der Stiftung Reichsehrenmal von 1931 beginnt und endet mit dem Begriff „Einigkeit" (Der Reichsehrenhain, S. 3). Hindenburg schreibt weiter: „Ich begrüße es, dass die Verbände ehemaliger Frontsoldaten den Weg gefunden haben, sich ohne Ansehung politischer und religiöser Unterschiede die Hände zu reichen über die Gräber der Gefallenen zu deren bleibender Ehrung im Geiste der Kameradschaft. Durch brüderliches Zusammenhalten und treue Liebe zum Vaterlande ehren wir am besten den Geist unserer Toten, die alle, ohne Unterschied des Standes und der Weltanschauung, ihr Leben hingaben für das große Ziel der Rettung Deutschlands." Ähnlich Staatssekretär Erich Zweigert, Vorstandsvorsitzender der Stiftung, siehe ebd. S. 5.
141 P. Bucher: Errichtung, S. 364.
142 K. Rohe: Reichsbanner, S. 348f.
143 GStA PK I.HA Rep. 77 Tit. 1215 Nr. 3c Bd. 1, Bl. 151-153.
144 Frankfurter Zeitung 19.7.1926.
145 Zum Folgenden siehe die Presseberichte im GStA PK I.HA Rep. 77 Tit. 1215 Nr. 3c Beiheft, sowie P. Bucher: Errichtung, S. 375.

band: „Weimar gibt keine Bürgschaft dafür, dass das Reichsehrenmal wirklich die nationale Idee zum Ausdruck bringen wird. Weimar mit seinem Ästhetentum und seiner Nationalversammlung, die nur eine vorübergehende Erscheinung gewesen sei, ist nicht der geeignete Platz für ein solches Reichsehrenmal."[146] Wie sehr Örtlichkeiten und Mythen selbst bei der Frage des Reichsehrenmales, also einer Frage, die sich erst seit dem Weltkrieg stellte, involviert waren, zeigen zwei weitere Beispiele aus dem gleichen Jahr 1926. Am Geburtstag Goethes berichtete die rechtskonservative *Deutsche Tageszeitung* unter der Überschrift „Der ‚Geist von Weimar' und das Reichsehrenmal bei Berka" über einen Streit um den richtigen „Geist von Weimar", den von Goethe und Schiller oder den der Nationalversammlung und des 11. August. Gegen den Standort Bad Berka wurden zwei Argumente angeführt: zum einen, ausführlich erläutert, die ungünstige Verkehrslage, zum anderen, ohne weitere Erklärung, die „Nähe von Weimar".[147] War die Klassikerstadt hier sozusagen ein negativer Mythos, so wurden umgekehrt für das Lorcher Projekt die Nibelungen positiv ins Feld geführt. Das Herz des Reiches, heißt es in einer Publikation zweier Professoren der Staatlichen Kunstakademie Düsseldorf, seien „die Lande am Rhein, die Sehnsucht des Reichsgedankens in Tagen politischer Ohnmacht. Immer, bis auf die Gegenwart, war die Geschichte deutscher Reichsherrlichkeit der ‚Kampf um den Rhein'. Rheinlands Schicksal war stets Deutschlands Schicksal! Im Rheine liegt der Schatz der Nibelungen, unsere Verheißung. Xanten und Worms waren der Schauplatz ‚Der Nibelunge Nôt'."[148]

Aus dem Reichsehrenmal wurde ein „Zankapfel"[149], jedoch nicht wegen der Sache an sich, sondern weil eine Entscheidung zwischen Rhein und Berka schwierig erschien und deshalb immer wieder hinausgezögert wurde. Die Presse debattierte die Frage heftig. Dabei sticht aber das offenkundige Schweigen der sozialdemokratisch orientierten Blätter ins Auge. In der rund 80 Artikel aus zahlreichen überregionalen und regionalen Zeitungen umfassenden Pressesammlung des preußischen Innenministeriums aus der Zeit zwischen Juni 1925 und Januar 1927 findet sich ein einziger aus dem zentralen SPD-Organ *Vorwärts*, und selbst dabei handelte es sich nicht um einen redaktionellen Beitrag,

---

146 Zit nach Berliner Tageblatt 27.7.1926. Über den Urheber des Streits gibt es widersprüchliche Angaben. Im Berliner Tageblatt werden die zitierten Äußerungen Major a.D. Reuter vom Kyffhäuserbund zugeschrieben. Laut Frankfurter Zeitung vom 27.7.1926 war aber der Kyffhäuserbund bei der Besichtigung gar nicht vertreten. Die Äußerungen stammen aller Wahrscheinlichkeit nach von Generalmajor Kreuter, der den Landesverband Westfalen und Hessen des Stahlhelms repräsentierte. Landesrat Gerlach vom Reichsbanner widersprach den antidemokratischen Ausführungen entschieden. Er plädiere für den Rheinstandort, weil hier der demokratische Gedanke besonders lebendig sei.
147 Deutsche Tageszeitung 28.8.1926.
148 R. Klapheck: Reichsehrenmal, S. 2.
149 A. Heffen: Reichskunstwart, S. 256.

sondern um die Zuschrift eines Lesers.[150] Dieses Schweigen verwundert, und es lässt sich allenfalls mit der Unsicherheit der Sozialdemokraten im Umgang mit dem Weltkriegserbe erklären. Andererseits war es ausgerechnet der SPD-Reichsinnenminister Carl Severing, der die Reichsehrenmalfrage im August 1928 erneut in Gang brachte, nachdem die bürgerlichen Regierungen die Angelegenheit zunächst nicht weiterverfolgten und eine anvisierte Fühlungnahme mit den politischen Parteien in der Standortfrage nicht stattgefunden hatte.[151] Im Dezember 1928 ersuchte der Reichstag die Regierung allerdings, die Frage des Reichsehrenmals bis zur Räumung des Rheinlandes ruhen zu lassen. „Mit Rücksicht hierauf", schrieb Severing am 3. April 1929 dem preußischen Innenminister, „ist die weitere Verfolgung des Planes des Reichsehrenmals auf unbestimmte Zeit zurückgestellt worden."[152] Weitere zwei Jahre später, das Rheinland war inzwischen geräumt, einigte sich das Reichskabinett, inzwischen ohne sozialdemokratischen Innenminister, auf eine salomonische Lösung. Auf Ersuchen des Reichspräsidenten wurde die Errichtung des Reichsehrenmales in Form eines Ehrenhaines bei Bad Berka sowie gleichzeitig eines *Ehrenmales für Einheit und Freiheit* am Rhein beschlossen.[153] Bei letzterem war offenbar nicht mehr an die Lorcher Inseln gedacht, sondern an den Ehrenbreitstein bei Koblenz.[154] Die Frontkämpferverbände, so hatte Hindenburg mitteilen lassen, hielten nach wie vor gemeinsam am Berkaer Projekt fest und wollten die finanziellen Mittel für die Errichtung des Ehrenhains durch Sammlungen aufbringen. Der Reichspräsident stellte 100.000 Mark aus seinem Dispositionsfonds zur Verfügung.

Im April 1931 gründeten Reichsregierung und Frontkämpferverbände gemeinsam die *Stiftung Reichsehrenmal*, deren Vorstand einige Wochen später die Arbeit aufnahm und sogleich enorme Aktivitäten entfaltete.[155] Noch im gleichen Jahr ging die Stiftung mit einer Publikation an die Öffentlichkeit, die

---

150 Vorwärts 20.8.1926. Die Pressesammlung in GStA PK I.HA Rep. 77 Tit. 1215 Nr. 3c Beiheft.
151 Zum Verhalten der bürgerlichen Regierungen 1926 bis 1928 siehe P. Bucher: Errichtung, S. 377f. Zu Severings Initiative für Bad Berka ebd. S. 378 sowie A. Heffen: Reichskunstwart, S. 259-261. Schon am 8. Februar 1928 war das Reichsehrenmal nach langer Unterbrechung wieder Thema einer Ministerbesprechung in Berlin (BArchBln R 43 I/1428, Bl. 205-207). Dabei teilte Reichsinnenminister von Keudell (DNVP) jedoch lediglich mit, dass er bei westdeutschen Politikern, darunter Adenauer und Jarres, auf lebhaften Protest gegen den Standort Bad Berka gestoßen sei. Daraufhin stellte das Reichskabinett lakonisch fest, dass es in der Angelegenheit noch keinen endgültigen Beschluss gefasst habe.
152 GStA PK I.HA Rep. 77 Tit. 1215 Nr. 3c Bd. 1, Bl. 234.
153 BArchBln R 43 I/1449, Bl. 140f. (27.3.1931). Hier auch zum Folgenden.
154 P. Bucher: Errichtung, S. 383.
155 A. Heffen: Reichskunstwart, S. 263. Ferner existierte ein *Reichsausschuss für das Reichsehrenmal*, an dessen Spitze der frühere Reichskanzler Cuno stand. Die folgenden Informationen stammen aus GStA PK I.HA Rep. 77 Tit. 1215 Nr. 3c Bd. 2.

sich allerdings fast ausschließlich mit der Topographie des geplanten Standortes Bad Berka auseinandersetzte und zu den politischen und gesellschaftlichen Dimensionen des Projekts so gut wie keine Stellung nahm.[156] Am 20. August 1931 wurde ein Ideenwettbewerb für die Ausgestaltung des Ehrenhaines ausgeschrieben. Das Ergebnis war offenbar nicht eben befriedigend, denn im Mai 1932 entschieden sich die Preisrichter unter den 1828 eingegangenen Entwürfen in überraschend basisdemokratischer Attitüde für 20 gleichberechtigte Preisträger, die nun in einem zweiten Wettbewerb ihre Entwürfe ausarbeiten sollten. Diese wurden vom 4. bis 26. Juni 1932 im Berliner Landesausstellungsgebäude, dem so genannten Moabiter Glaspalast am Lehrter Stadtbahnhof, der Öffentlichkeit präsentiert. Einem Zeitungsbericht zufolge wehten vor der Ausstellungshalle schwarz-rot-gold sowie die alte Reichskriegsflagge, die sonst offiziell nur am Skagerrak-Tag von der Reichsmarine gehisst wurde.[157] Ende 1932 lief die Frist des zweiten Wettbewerbs ab, worauf die Preisrichterkommission im Januar 1933 mit der Prüfung der Entwürfe begann. Gekrönt wurden mit je 3000 Mark die Entwürfe der Professoren Oswald Bieber und Josef Wackerle aus München, der Professoren Janssen und Wetzel aus Stuttgart sowie des Architekturprofessors Wilhelm Kreis aus Dresden. Die Münchener wurden zur Ausführung empfohlen.[158] Allerdings kamen die Reichsehrenmal-Initiativen durch die nationalsozialistische Machtergreifung zum Erliegen. Hitler selbst hatte offenbar kein Interesse an der Errichtung eines solchen Denkmals. Als am 2. Oktober 1935 der Sarg Hindenburgs nach Tannenberg überführt wurde, erklärte Hitler das Tannenberg-Denkmal zum Reichsehrenmal. Noch im gleichen Monat wurde die Stiftung Reichsehrenmal aufgelöst.[159]

Preußische Alternative: Die „Neue Wache" in Berlin

Als das Reichskabinett 1931 die Entscheidung fällte, dass sowohl bei Bad Berka als auch am Rhein Erinnerungsmale für die Toten des Weltkrieges errichtet werden sollten, wurde zugleich darauf hingewiesen, „dass der Osten ein Kriegserinnerungsdenkmal in Gestalt des Tannenberg-Denkmals besitze und in Berlin die Schinkelwache zu einer Gedenkstätte für die Gefallenen ausgebaut wird".[160] Die Gestaltung der Neuen Wache Unter den Linden, die in der Reichsehrenmaldiskussion von Anfang an immer wieder genannt worden war, stand

---

156 Der Reichsehrenhain.
157 Hamburger Nachrichten 9.6.1932.
158 Ihr Entwurf ist abgebildet in Berliner Morgenpost 25.1.1933.
159 P. Bucher: Errichtung, S. 385f.
160 BArchBln R 43 I/1449, Bl. 141 (27.3.1931).

zu diesem Zeitpunkt bereits kurz vor dem Abschluss.[161] Die Initiative war vom preußischen Ministerpräsidenten Otto Braun ausgegangen, dessen Sohn im Weltkrieg als Freiwilliger gefallen war. Im Juli 1929 schlug Braun in einem Schreiben an die preußischen Minister vor, die Neue Wache „unter möglichst geringen Kosten zu einem würdigen, den weitesten Kreisen des deutschen Volkes wie den ausländischen Besuchern der Reichshauptstadt bequem zugänglichen Ehrenmal für die Gefallenen des Weltkrieges" auszubauen.[162] Wie aus etlichen Schriftsätzen aus preußischen Ministerien hervorgeht, war die Schinkelwache 1929/30 noch als Reichsehrenmal im Gespräch.[163] Allerdings kritisierte Reichsinnenminister Severing in einem Schreiben an Braun vom 23. Dezember 1929 die preußische Absicht, in dieser Frage ohne Konsultation des Reiches vorzugehen. Die Gefallenen hätten „nicht nach Ländern getrennt, sondern in *einer* Front für das Deutsche Volk und Vaterland den Heldentod erlitten". Auch der preußische Kultusminister Carl Heinrich Becker warnte Braun dringend vor einer Verbindung der Ausgestaltung der Neuen Wache mit der Reichsehrenmalfrage, da dies den Streit um das Projekt wieder verschärfen würde und Widerstand insbesondere im Rheinland zu erwarten sei.

Im Juli 1930 beschlossen Reichs- und preußische Regierung unter Vermeidung des Begriffs „Reichsehrenmal" die Errichtung einer *Gedächtnisstätte für die Gefallenen des Weltkriegs* und zu diesem Zwecke die Umgestaltung der Berliner Schinkelwache.[164] Aus einem Architektenwettbewerb, an dem namhafte Künstler wie Peter Behrens, Hans Poelzig und Ludwig Mies van der Rohe teilnahmen, ging Heinrich Tessenow als Sieger hervor, nach dessen Entwurf der Innenraum der Neuen Wache zu einer betont einfachen Gedächtnishalle mit Oberlicht umgewandelt wurde. In der Mitte des Raumes wurde ein schwarzer Granitquader aufgestellt, versehen mit der Inschrift „1914-1918" und flankiert von zwei Leuchtern.[165] Die Gedächtnisstätte wurde am 2. Juni 1931 in einer *Weihestunde* ihrer Bestimmung übergeben.[166] Bei der von militärischem Zeremoniell eingerahmten Feier legten Reichspräsident Hindenburg, Reichswehr-

---

161 P. Bucher: Errichtung, S. 361. Zur Neuen Wache siehe H. Schulze: Braun, S. 656f.; M. Lurz: Kriegerdenkmäler, S. 85-100; Stefanie Endlich: Die Neue Wache 1818-1993. Stationen eines Bauwerks, in: Deutsche Nationaldenkmale, S. 101-113; Christoph Stölzl (Hg.): Die Neue Wache Unter den Linden. Ein deutsches Denkmal im Wandel der Geschichte, München/Berlin 1993; Robert Halbach (Hg.): Nationaler Totenkult. Die Neue Wache. Eine Streitschrift zur zentralen deutschen Gedenkstätte, Berlin 1995.
162 Zit. nach H. Schulze: Braun, S. 656 (Schreiben vom 26.7.1929).
163 GStA PK I.HA Rep. 77 Tit. 1215 Nr. 3c Bd. 2. Darin auch die folgenden Zitate. Braun selbst hielt nach seinem Vorstoß zugunsten Berlins die Projekte Berka und Rhein für erledigt (O. Braun: Weimar, S. 334).
164 Hannoverscher Kurier 17.7.1930 („Reichsehrenmal in der Schinkelwache").
165 S. Endlich: Wache, S. 102.
166 Siehe z.B. Osnabrücker Volkszeitung 3.6.1931 („Die Neue Wache als Ehrenmal").

minister Groener und der preußische Ministerpräsident Kränze nieder. Dass die Feier als reichspolitisches Ereignis angesehen wurde, zeigt ihre Übertragung in allen deutschen Rundfunksendern.[167] Die Einweihung wurde für Braun dennoch eine Enttäuschung, denn zum einen hatte die gesamte alte preußische Generalität die Teilnahme an der Feier abgelehnt, weil sie von einem „antinationalen, vaterlandslosen Mann" durchgeführt werde, und zum anderen war der preußische Ministerpräsident irritiert, dass der *Vorwärts* seine Einweihungsrede nicht abdruckte.[168] Auch das zeigt schlussendlich die Ambivalenz, die die Haltung der Weimarer Sozialdemokratie in der Frage des Totengedenkens durchzog.

3.5. „Schlagt Hitler! Wählt Hindenburg!" Die Sozialdemokratie in der Reichspräsidentenwahl von 1932

In der symbolischen Erinnerung an den Weltkrieg wie auch in der Auseinandersetzung zwischen Republik und Monarchie bildete die Wahl des Reichspräsidenten im Jahr 1932 einen besonderen Vorgang, einen Vorgang, wie er für Charakter und Schicksal der Weimarer Republik typisch gewesen ist. Hier lässt sich eine zweifache Aussage über die Sozialdemokratie treffen, zum einen über ihr Verhältnis zum Krieg und seinen Symbolen, zum anderen über die Fähigkeit zum Pragmatismus, zu einer realistischen Sicht der Möglichkeiten unter den Bedingungen der Weimarer Republik zu Beginn der 30er Jahre. In diesem knappen Kapitel wird es deshalb um das sich wandelnde Verhältnis der Weimarer Sozialdemokratie zu Reichspräsident Paul von Hindenburg gehen, und da die Person Hindenburgs von seinem Mythos nicht zu trennen ist, geht es auch und vor allem um das Verhältnis der SPD zum Weltkrieg. Nichts spiegelt diese Wandlung sinnfälliger wider als eine Gegenüberstellung der beiden Reichspräsidentenwahlen von 1925 und 1932. Im Jahr 1925 ging es um Republik und Monarchie. Im Jahr 1932 ging es um den Kampf gegen den Nationalsozialismus. In beiden Jahren ging es auch und vor allem um die Bewältigung des Weltkrieges.

Der Präsident und die Verfassung

Was im In- und Ausland nach der Hindenburgwahl von 1925 befürchtet worden war, nämlich eine konservative Restauration, blieb zunächst überraschend aus. Der Nachfolger von Friedrich Ebert hatte pflichtgemäß den Eid auf das

---

167 P. Bucher: Errichtung, S. 382.
168 H. Schulze: Braun, S. 657. Das Zitat über Braun aus H. Brüning: Memoiren, S. 247. Zur Frage des Abdrucks siehe O. Braun: Weimar, S. 335.

ihm zuvor unbekannte Weimarer Verfassungswerk abgelegt. Im Wahlkampf war Hindenburg mit der Bemerkung zitiert worden, „er habe erst jetzt die Verfassung gelesen und finde sie ganz gut".[169] Bei allem Ernst der Angelegenheit gereicht die Art und Weise, wie sich der Generalfeldmarschall seinen eigenen Angaben zufolge mit dem republikanischen Gesetzeswerk vertraut machte, bester politischer Satire zur Ehre. Vor seinem denkwürdigen Einzug in Berlin hatte er die Verfassung auf streng militärische Weise studiert: „Als ich zum Reichspräsidenten gewählt war, hatte ich noch zwei Wochen Zeit bis zum Amtsantritt. Ich benutzte diese Zeit, um mich für mein Amt vorzubereiten. Ich kaufte mir in Hannover, wo ich damals wohnte, eine Textausgabe der Weimarer Verfassung und arbeitete sie durch. Aus alter Gewohnheit verwandte ich dabei die beim Militär üblichen Farbstifte, den Blaustift für die eigene Partei und den Rotstift für die Gegenpartei. Alle Stellen der Verfassung, in denen der Reichspräsident vorkommt, strich ich blau an und die Stellen, in denen von seinen Gegenspielern (Reichstag und Reichsregierung) die Rede ist, merkte ich rot an."[170] Der fast naive Eifer Hindenburgs in der Aneignung der parlamentarisch-demokratischen Institutionen und Gepflogenheiten korreliert mit seiner in der Folgezeit deutlich erkennbaren, sicherlich auch durch das militärische Treueverständnis beeinflussten Loyalität gegenüber dem Grundgesetz der Republik, eine Loyalität, die von den republikbejahenden Kräften erkannt und auch honoriert wurde. Als etwa während der Flaggenkrise von 1926 die Frage der Verfassungswidrigkeit der inkriminierten Flaggenverordnung auftauchte, waren SPD und Reichsbanner erkennbar bemüht, Hindenburg zu schonen. Reichskanzler Hans Luther sei es gewesen, so wurde der Reichsbanner-Vorsitzende Friedrich Otto Hörsing nicht müde zu betonen, der den Reichspräsidenten in dieser Frage „beschwatzt und verleitet" habe. Gerade Hörsing war einer der ausgewiesenen Verehrer des Generalfeldmarschalls, dessen Hinterglasportrait stets über seinem Schreibtisch hing.[171]

Hindenburg, das kann keinem Zweifel unterliegen, hatte seine Anhänger bis weit ins sozialdemokratische Lager hinein, wenn nicht als Kandidat bei der Reichspräsidentenwahl 1925, so doch als Generalfeldmarschall und gefeierter Held des Weltkrieges. „Hindenburg gehört dem deutschen Volke und dem deutschen Heere", hieß es zum Beispiel im November 1918 in einem Aufruf,

---

169 A. Brecht: Nähe, S. 455.
170 Eugen Mayer: Skizzen aus dem Leben der Weimarer Republik. Berliner Erinnerungen, Berlin 1962, S. 76. Mayer gibt hier Äußerungen Hindenburgs gegenüber Reichskanzler Marx paraphrasiert wieder. Die hier zutage tretenden militärisch-traditionellen Farbpräferenzen waren sicherlich kein Zufall, sie korrelieren deutlich mit der innenpolitischen Freund-Feind-Bestimmung in der Zeit des Kaiserreiches. Blau war die Farbe der staatstragenden Konservativen, rot die der systemoppositionellen Sozialisten.
171 K. Rohe: Reichsbanner, S. 59, Anm. 4.

den der spätere preußische SPD-Innenminister Albert Grzesinski für den Arbeiter- und Soldatenrat Kassel mitunterzeichnet hatte. „Er hat sein Heer zu glänzenden Siegen geführt und sein Volk in schwerer Stunde nicht verlassen. Nie hat Hindenburg in der Größe seiner Pflichterfüllung uns näher gestanden als heute."[172] Diese Erklärung diente im Wahlkampf 1925 dem Reichsblock Schwarz-Weiß-Rot zum Beweis, dass auch Sozialdemokraten die Leistungen Hindenburgs anerkennen. Gerade Grzesinski hat später seinen persönlichen Eindruck von Hindenburg revidieren müssen: Er empfand ihn als „niederschmetternd". „Jedes Mal hatte ich das Gefühl der Beschämung, dass das deutsche Volk zum Reichspräsidenten keine andere Wahl getroffen hatte."[173] Indes, Hindenburg stand eisern zu seinem Eid von 1925, und bei der republikanischen Linken erwarb er sich dadurch immerhin Respekt. Zum zehnten Jahrestag der Weimarer Verfassung im August 1929 gab das sozialdemokratisch geführte Reichsinnenministerium die Prägung einer Silbermünze in Auftrag, die auf der Vorderseite Hindenburgs Bildnis, auf der Rückseite eine zum Schwur erhobene Hand nebst den Worten „Treu der Verfassung" zeigte.[174] Reichsinnenminister Carl Severing ließ dem Reichspräsidenten die ersten Exemplare überreichen, und der kommentierte die Prägung trefflich: „Ich weiß wohl, das mit den Schwurfingern soll ein Wink mit dem Zaunpfahl sein. Aber eine solche Erinnerung ist ganz unnötig – ich halte meinen Eid!"

Abgesehen von derlei Anekdoten lässt sich, was insgesamt in den Jahren zwischen 1925 und 1932 bezüglich der Haltung der Sozialdemokratie zum Reichspräsidenten vor sich ging, nur sehr rudimentär beschreiben. Natürlich war die Haltung von Ambivalenz geprägt. Die SPD modifizierte unter dem Eindruck der Verlässlichkeit Hindenburgs bezüglich der Verfassung stillschweigend ihre Einstellung gegenüber dem Monarchisten auf dem republikanischen Thron, und der wiederum verzichtete während seiner ersten Amtszeit weitgehend auf antisozialistische Invektiven, wiederholte die Dolchstoß-Attacken von 1919 nicht und rief statt dessen immer wieder zu Einigkeit und Volksgemeinschaft auf, wie es führende SPD-Politiker wie Severing oder Radbruch nicht anders taten. Es waren jedoch gerade Symbolfälle, in denen sich die Sozialdemokratie wiederholt zu scharfer Kritik an Hindenburg veranlasst

---

172 A. Grzesinski: Kampf (BArchKo Kl.Erw.144), fol. 267. In dem Aufruf gaben Grzesinski für den Arbeiter- und Soldatenrat Kassel sowie der spätere Reichsminister Erich Koch (DDP) für den Magistrat Kassel bekannt, dass die OHL ihren Sitz in Kassel-Wilhelmshöhe nehmen werde.
173 Ebd. fol. 269.
174 Zu dem Vorgang siehe C. Severing: Lebensweg, Bd. 2, S. 58f.; das folgende Zitat S. 59. Die Silbermünze ist abgebildet in Paul Arnold u.a.: Großer deutscher Münzkatalog. Von 1800 bis heute, Augsburg [11]1991, S. 403.

sah.[175] Als erste Landeshauptstadt besuchte der neue Reichspräsident am 12. August 1925, einen Tag nach dem Verfassungstag, München. Der dortige Vertreter der Reichsregierung berichtete, weiß-blau und schwarz-weiß-rot hätten in den Straßen dominiert, was zu enormen Verstimmungen geführt habe. Wenig später, nach dem Abzug der Briten aus Köln, stattete Hindenburg im März 1926 der westdeutschen Metropole einen Besuch ab. Die Linkspresse berichtete kritisch, bei den Feiern seien die republikanischen Farben im schwarz-weiß-roten Flaggenmeer versunken. Wie oben erwähnt, kam es 1930 bei einer Kriegergedenkfeier zu einer weiteren Konfrontation zwischen Severing und Hindenburg, der sich über den „schwarz-rot-gelben" Saalschmuck mokierte.[176]

Die Hindenburgwahl 1932

Im Vorfeld der Reichspräsidentenwahl 1932, bei der sich ein Duell zwischen dem amtierenden Hindenburg und dem NSDAP-Vorsitzenden Adolf Hitler abzeichnete, entschied sich die Parteiführung der SPD für die Unterstützung des Amtsinhabers.[177] Dieser Entschluss weist mehrere Aspekte auch aus symbolischer Sicht auf. Auf der rationalen Ebene erwies sich die SPD, wie schon 1925, als sie ihren Kandidaten Otto Braun (29 Prozent) nach dem ersten Wahlgang zugunsten von Wilhelm Marx (14,5 Prozent) aus dem Rennen nahm, als sehr flexibel. War es damals der Kampf um die republikanische Sache gewesen, der im Zentrum der Auseinandersetzung stand, so war es 1932 der Kampf gegen den Faschismus und den drohenden Reichspräsidenten Hitler. So war die Entscheidung für das scheinbar geringere Übel vom Zwang der Gegebenheiten diktiert. Den schrittweisen Aufbau eines sozialdemokratischen, zumindest entschieden republikanisch gesinnten Präsidentschaftskandidaten hatte die Partei versäumt, und angesichts der Popularität des Amtsinhabers Hindenburg und seines Herausforderers Hitler hätte eine solche Kandidatur einen ähnlich fatalen Effekt haben können wie die sinnlose Zählkandidatur des Kommunisten Ernst Thälmann bei der Wahl von 1925. Das Problem bei dieser also rein rational bestimmten Entscheidung zu Gunsten von Hindenburg war jedoch, dass sie primär dem dringenden Wunsch Rechnung trug, Hitler als Präsidenten zu verhindern, also ex negativo erfolgte. Dies gestaltete den Wahlkampf entsprechend schwierig. Mit welchen *positiven* Argumenten sollte die SPD ihre

---

175 Zu den folgenden Einzelheiten über die Besuche des Reichspräsidenten in München und Köln W. Hubatsch: Hindenburg, S. 92-95.
176 Siehe Kapitel 1.7.
177 Zur Entscheidung der SPD für Hindenburgs sowie zum Verlauf der Wahlkampagnen H.A. Winkler: Weg, S. 511-532. Die Parteilinke protestierte vergeblich gegen das Votum für den Generalfeldmarschall. Aus der Memoirenliteratur siehe O. Braun: Weimar, S. 370-373; F. Stampfer: Jahre, S. 610-615.

Anhängerschaft für die Wahl von Hindenburg mobilisieren? Der preußische Ministerpräsident Otto Braun, dem die aus der Not geborene Hinwendung zum Amtsinhaber zu wenig war, zeichnete in einem persönlichen Wahlaufruf mit pathetischen Worten ein mehr als freundliches Bild des Generalfeldmarschalls. Hindenburg sei die „Verkörperung von Ruhe und Stetigkeit, von Mannestreue und hingebender Pflichterfüllung für das Volksganze". Der greise Reichspräsident sei „erfüllt von kantischem Pflichtgefühl, das ihn auch veranlasst hat, trotz seines hohen Alters und seiner begreiflichen Sehnsucht nach Ruhe erneut sich dem deutschen Volke sich zur Verfügung zu stellen".[178] In diesen Worten klang nicht nur Respekt vor der republikanischen Pflichterfüllung an, wie sie sich 1925 und in den Folgejahren erwiesen hatte, sondern auch, zumindest indirekt, Hochachtung vor den militärischen Meriten des Siegers von Tannenberg. Das „Pflichtgefühl" war aus Brauns Sicht offenbar nicht teilbar, er unterschied nicht zwischen Monarchie und Republik.

Hier sind die beiden Stoßrichtungen vorgezeichnet, mit denen die Sozialdemokratie ihren Wahlkampf für den Amtsinhaber zu legitimieren versuchten. Hindenburg wurde sowohl als nationales Weltkriegssymbol wie auch als republikanisches Symbol angesehen. Die SPD trug nun endgültig der Tatsache Rechnung, dass die Republik aus dem Geist von 1914 geboren worden war, und versuchte durch die Anlehnung an den Mythos des Weltkrieges auch dem Vorwurf der nationalen Unzuverlässigkeit zu begegnen, den die Nationalsozialisten in diesen Jahren verstärkt erhoben. Im gleichen Atemzug konnte der verfassungstreue Hindenburg als republikanisches Symbol dienen. Er war sieben Jahre lang Präsident der Republik gewesen und konnte nun quasi für diese Staatsform reklamiert werden. Die Republik, so die sozialdemokratische Argumentation, hatte aus eigener Stärke heraus den Reichspräsidenten zu einer loyalen Haltung gegenüber den parlamentarisch-demokratischen Regularien gebracht, ohne dass dieser seinen grundsätzlich monarchischen Standpunkt aufgeben musste. Hindenburg war nicht einmal Vernunftrepublikaner, sondern allenfalls *Verfassungsrealist*, und diese Haltung musste der Sozialdemokratie genügen. „Dass Hindenburg weder Republikaner noch Demokrat aus Überzeugung war", so Heinrich August Winkler resümierend zur schwierigen Lage der SPD im Reichspräsidentenwahlkampf, „wussten die Sozialdemokraten so gut wie irgendjemand sonst. Aber sie kannten den bisherigen Reichspräsidenten doch als einen Mann, der Recht und Gesetz und daher auch die ungeliebte Verfassung achtete. Mehr war von Weimar bei den Präsidentenwahlen von 1932 nicht zu retten gewesen."[179] Angesichts dieser verwickelten Ausgangslage und darüber hinaus in der explosiven politischen Situation des Frühjahres 1932

---

178 Vorwärts 10.3.1932, zit. nach H.A. Winkler: Weg, S. 513.
179 H.A. Winkler: Weg, S. 532.

gestaltete sich die sozialdemokratische Werbung für Hindenburg entsprechend schwierig. Die schwarz-rot-goldene Reichsflagge, wie sie bei der Wahl von 1925 vom Volksblock verwendet worden war, schied als Wahlkampfsymbol naturgemäß aus. So blieb der Sozialdemokratie nichts anderes übrig, als den Kampf für Hindenburg durch den antifaschistischen Dreipfeil zu verbildlichen. Fast die gesamte Kampagne von SPD und Eiserner Front war darauf abgestellt. Dezidiert sozialistische Symbolik tauchte nur vereinzelt auf: Auf Hindenburg-Wahlplakaten wurde das Motiv der verschlungenen Hände verwendet, offenbar als Symbolisierung des Handschlags zwischen demokratischen Sozialisten und Bürgerlichen.[180]

Das einzige Symbol indes, das sich erkennbar und positiv auf Hindenburg selbst bezog, war die Darstellung des Generalfeldmarschalls als *Roland*, einem im Mittelalter und in der frühen Neuzeit weitverbreiteten Rechtssymbol, durch die Eiserne Front.[181] Diese Darstellung war wohl der kleinste gemeinsame Nenner, der im Jahr 1932 die monarchischen Hindenburganhänger mit den antifaschistischen Pragmatikern verband. Eine eigentliche Werbung für die Republik bedeutete dies nicht. Immerhin wurde Hindenburg als Hüter von Recht und Verfassung gegen den Umstürzler Hitler gepriesen. Rolande waren in der politischen Propaganda während der Weimarer Republik im übrigen höchst selten anzutreffen. Die einzige Parallele zur oben genannten Hindenburg-Wahlwerbung der Eisernen Front stammt aus dem Jahr 1924, als die DNVP auf dem Plakat „Frei von Versailles! Los von jüdisch-sozialistischer Fron! Für Freiheit u[nd] Vaterland! Deine Losung Deutschnational!" eine große schwarz-weiß-rote Fahne sowie kaiserliche Insignien und ein Bismarckdenkmal mit dem Eisernen Kanzler als Roland zeigte.[182] Diese Darstellung Bismarcks als Roland, der schwertgestützt die Reichshoheit repräsentiert, findet sich bei etlichen

---

180 Siehe die Photos in Gerhard Paul: Krieg der Symbole. Formen und Inhalte des symbolpublizistischen Bürgerkrieges 1932, in: Diethart Kerbs/Henrick Stahr (Hg.): Berlin 1932. Das letzte Jahr der ersten deutschen Republik. Politik, Symbole, Medien (Reihe deutsche Vergangenheit/Stätten der Geschichte Berlins, Bd. 73), Berlin 1992, S. 27-55, hier S. 31f.
181 Die Eiserne Front verwendete im Reichspräsidentenwahlkampf 1932 ein koloriertes Flugblatt mit einem Bilderbogen, der Hindenburg als Roland zeigt (BArchKo Kl.Erw.Nr. 320 = Akten des Reichsbanners Schwarz-Rot-Gold, Ortsgruppe Hannover, bzw. der Eisernen Front, Kampfleitung Hannover 1924-1932, fol. 134). Zu den Rolandsdarstellungen als Rechtssymbole siehe grundsätzlich Antonius David Gathen: Rolande als Rechtssymbole. Der archäologische Bestand und seine rechtshistorische Deutung (Neue Kölner Rechtswissenschaftliche Abhandlungen, hg. von der Rechtswissenschaftlichen Fakultät der Universität zu Köln, H. 14), Berlin 1960. Insgesamt klebte die SPD rund 40 Millionen Plakate für Hindenburg, die Eiserne Front knapp 25 Millionen (Zahlen bei H. Gotschlich: Kampf, S. 117).
182 F. Arnold: Anschläge, Bl. 43.

Denkmalen für den Reichsgründer und war sozusagen traditionell.[183] Bei Hindenburg war sie dagegen neu. In welchem Ausmaß sich die politische Koordinaten im Verlauf der Weimarer Jahre verschoben, zeigt nicht zuletzt die Art und Weise, wie der von links als Roland präsentierte Hindenburg durch die Nationalsozialisten bekämpft wurde. Auf dem gezeichneten Titelbild einer NSDAP-Kampfschrift zur Reichspräsidentenwahl 1932 ist unten Hindenburg beim Unterzeichnen des Young-Planes zu sehen, oben eine brennende Stadt, über der ein Sowjetstern mit Hammer und Sichel leuchtet.[184] Aus rechtsradikaler Sicht war der Generalfeldmarschall zum Erfüllungsgehilfen bei der „Versklavung des deutschen Volkes" und zum Bolschewiken mutiert.

Dass die SPD diesmal „ihren" Kandidaten durchsetzen konnte, auch wenn hierfür ein Spagat zwischen Weltkrieg und Republik vonnöten war, verdeutlichen die Ergebnisse der beiden Wahlgänge bei der Reichspräsidentenwahl von 1932. Hindenburg verfehlte in der ersten Runde die absolute Mehrheit nur knapp und erreichte im zweiten Wahlgang einen Stimmenanteil von 53 Prozent.[185] Die Statisik zeigt für beide Wahlgänge, dass der Aufruf der SPD zur Wiederwahl des Amtsinhabers von entscheidender Bedeutung für den Sieg Hindenburgs war: Die sozialdemokratische Basis kam dem Aufruf der Parteispitze in hohem Maße nach.[186]

3.6. Der Schatten der deutschen Geschichte: Friedrich der Große und Bismarck aus sozialdemokratischer Sicht

Der als *Roland* der Republik gepriesene Hindenburg beteiligte sich weniger als ein Jahr nach seiner Wiederwahl aktiv an der realen und symbolischen Demontage des Weimarer Staates. Am 12. März 1933 erklärte der Reichspräsident unter Bruch der Verfassung schwarz-weiß-rot und die Hakenkreuzflagge zu gleichberechtigten Zeichen des neuen Systems. Und am berüchtigten *Tag von Potsdam* ehrte er beim Betreten der Garnisonskirche mit seinem Marschallstab den verwaisten Sitzplatz von Kaiser Wilhelm II., um wenig später am Sarg von

---

183 Konrad Breitenborn: Bismarck. Kult und Kitsch um den Reichsgründer. Aus den Beständen des früheren Bismarck-Museums in Schönhausen (Elbe) und dem Archiv der ehemaligen Stendaler Bismarck-Gesellschaft, Frankfurt a.M. 1990, S. 152f.
184 Titelbild von Heinz Franke: Warum Hindenburg? (Kampfschrift. Broschürenreihe der Reichspropaganda-Leitung der NSDAP, H. 7) München o.J. [1932].
185 Im ersten Wahlgang am 13. März 1932 war Hindenburg mit 49,6 Prozent der Stimmen nur knapp an der absoluten Mehrheit gescheitert. Hitler kam auf 30,1, Thälmann auf 13,2 Prozent. Im zweiten Wahlgang votierten 53 Prozent der Wahlberechtigten für Hindenburg, 36,8 für Hitler und 10,2 für Thälmann (E. Kolb: Republik, S. 285).
186 H.A. Winkler: Weg, S. 519.

Wilhelm I. im Charlottenburger Mausoleum einen Lorbeerkranz niederzulegen, den eine schwarz-weiß-rote Schleife zierte.[187] Indes setzte er hier noch eigene Akzente, denn die beiden Hohenzollernmonarchen standen weder in der Zeit der Weimarer Republik noch im nun anbrechenden „Dritten Reich" im Zentrum der öffentlichen Geschichtsbetrachtung. Schon für die Zeit des Weltkriegs hat Meinhold Lurz festgestellt, dass Wilhelm II. als Kaiser und König auf den Inschriften nur selten Erwähnung fand und diese Tatsache als Indiz für die fortschreitende gesellschaftliche Abkehr von der Monarchie gewertet.[188] In den 20er Jahren haben der entthronte und im niederländischen Exil befindliche *Wilhelm der Letzte*, so die Spottbezeichnung der Linken, wie auch seine Söhne und potenziellen Thronprätendenten trotz der massiven monarchischen Propaganda der republikfeindlichen Rechten nicht viel mehr als ein Schattendasein geführt. Im Moment der Machtergreifung Hitlers 1933 glaubten dann wohl nicht einmal mehr die letzten Häuflein der Hohenzollernnostalgiker an eine Rückkehr zum Kaisertum. Zwecks Legitimation der neuen Herrscher standen vielmehr zwei historische Persönlichkeiten im Vordergrund, die bereits in den Weimarer Jahren die Ikonen der politischen Rechten gewesen waren und, säuberlich voneinander abgegrenzt, die monarchisch und autoritär geprägte deutsche Geschichte der vergangenen beiden Jahrhunderte repräsentierten: Friedrich der Große und Bismarck. Sie standen, darauf hat Kurt Sontheimer hingewiesen, für zwei Staatsformen, die genauso deutsch oder „undeutsch" waren wie die parlamentarische Demokratie von Weimar, für den aufgeklärten Absolutismus und für die konstitutionelle Monarchie.[189] Beide Figuren waren schon während des Weltkrieges in den Dienst des Geistes von 1914 gestellt worden, und die Nationalsozialisten waren schließlich die „lachenden Erben" dieser Ideologie. Am Tag von Potsdam, um den es zunächst gehen soll, konnte der Pfarrer der Potsdamer Garnisonskirche in seiner Festpredigt die „Wiedergeburt des ‚Geistes von 1914'" proklamieren.[190]

Die Paten der „Potsdamer Rührkomödie"

Am 21. März 1933 standen bei der feierlichen Eröffnung des neu gewählten Reichstages sowohl Friedrich der Große als auch Bismarck Pate für die symbolische Gründung des „Dritten Reiches". Die nationalsozialistische Propaganda wies ihnen bei der „Potsdamer Rührkomödie", so die spöttische Bezeichnung

---

187 W. Freitag: Mythen, S. 397; W. Hubatsch: Hindenburg, S. 139.
188 M. Lurz: Kriegerdenkmäler, S. 45.
189 Kurt Sontheimer: Antidemokratisches Denken in der Weimarer Republik. Die politischen Ideen des deutschen Nationalismus zwischen 1918 und 1933, München 1978 [zuerst 1962], S. 150, Anm. 17. Siehe auch Kapitel 5.5.
190 Zit. nach W.J. Mommsen: Geist, S. 420; die „lachenden Erben" ebd.

des liberalen Historikers Friedrich Meinecke, die wichtige Rolle der toten Vorfahren im Hintergrund des Handschlags von Hindenburg und Hitler zu.[191] Die Inszenierung, eine Art Gesellenstück des frisch ernannten Reichspropagandaministers Joseph Goebbels, stellte eine historische Analogie zum Reichsgründungsjahr 1871 her.[192] Die Symbolsprache auf dem Titelblatt der offiziösen, von Hans Hupfeld gestalteten Festschrift lässt an Deutlichkeit nichts zu wünschen übrig: Der Rahmen ist schwarz-weiß-rot, oben zentral Hindenburg, links die schwarz-weiß-rote, rechts die Hakenkreuzfahne. Ferner sind Friedrich der Große, Hitler, Papen, die Potsdamer Garnisonskirche sowie die alte Reichskriegsflagge zu sehen.[193] Bismarck fehlte auf dieser Darstellung zwar, jedoch kann es an seiner Allgegenwärtigkeit keinen Zweifel geben. Die Nationalsozialisten verstanden sich als Vollender seines Werkes. Die NS-Propaganda zielte unmittelbar nach der Übernahme der Kanzlerschaft Hitlers gerade auf die Herleitung der Legitimation von der Bismarck-Tradition. Der Tag von Potsdam war „Höhepunkt und demagogisches Glanzstück dieser Bestrebungen".[194] Die angestrebte „Vermählung der alten Symbole mit der jungen Kraft", so ein zeitgenössisches Zitat, sollte auch der Aufwand untermauern, den die Nationalsozialisten wenige Tage später an Bismarcks Geburtstag betrieben. Er stand den Festlichkeiten der Hundertjahrfeier 1915 nur wenig nach. Goebbels erklärte am 1. April 1933 im Rundfunk das NS-Selbstverständnis kurz und bündig: „Bismarck war der große staatspolitische Revolutionär des 19. Jahrhunderts, Hitler ist der große staatspolitische Revolutionär des 20. Jahrhunderts."[195] Zu diesem Zeitpunkt hatte die wahrlich revolutionäre Beseitigung der parlamentarischen Demokratie von Weimar bereits eine wichtige Hürde genommen: Das *Ermächtigungsgesetz*, das zentrale Bestimmungen der Weimarer Verfassung außer Kraft setzte, war nur zwei Tage nach der Potsdamer Inszenierung im Reichstag gegen die Stimmen der Sozialdemokraten verabschiedet worden. Der SPD-Vorsitzende Otto Wels hielt bei dieser Gelegenheit ein letztes, mutiges parlamentarisches Plädoyer: „Freiheit und Leben kann man uns nehmen, die Ehre nicht."[196] Von den 94 sozialdemokratischen Reichstagsabgeordneten konnten nur noch 80 an der Sitzung vom 23. März teilnehmen, die übrigen befanden sich in Schutzhaft, in Konzentrationslagern oder auf der Flucht. Dem Tag von Potsdam hatten sich die SPD-Parlamentarier dagegen geschlossen

---

191 Zit. nach W. Wippermann: Geschichte, S. 65.
192 Am 21. Januar 1871 war der nach der Gründung des Kaiserreiches gewählte Reichstag in Potsdam feierlich zusammengetreten. Zur Inszenierung des Tags von Potsdam siehe W. Freitag: Mythen, bes. S. 389-404.
193 Das Titelblatt der Festschrift ist abgebildet ebd. S. 401.
194 L. Machtan: Bismarck, S. 48.
195 Ebd. S. 48f., Zitat S. 49.
196 Zit. nach S. Miller/H. Potthoff: Geschichte, S. 368.

verweigert. Damit brachten sie primär ihre Ablehnung gegenüber dem inszenatorischen Pathos der neuen Staatsführung zum Ausdruck. Sie unterstrichen damit aber auch, zum letzten Mal, die ambivalente Haltung der Weimarer Sozialdemokratie zu den beiden herbemühten Ahnherren des neuen Zeitgeistes, zu Bismarck und zu Friedrich dem Großen.

Der „Alte Fritz" als Film- und Briefmarkenheld in der Republik

Um den Preußenkönig Friedrich den Großen gab es in der Weimarer Republik in regelmäßigen Abständen Auseinandersetzungen. Ob es die tendenziell monarchie- und kriegsverherrlichenden *Fridericus*-Filme der Ufa waren, die 1922/23 für kontroverse Diskussionen sorgten, oder der Kopf des *Philosophen von Sanssouci* auf republikanischen Briefmarken: Die Streitigkeiten zeigten, dass die Bewertung vergangener und doch nicht vergehender Epochen gerade in Deutschland mit seiner verspäteten Nationalgeschichte große Probleme aufwarf.[197] Im Besonderen galt dies für die republikanischen Kräfte. Wie sollten sie einer historischen Figur begegnen, deren Persönlichkeit und Politik so facettenreich gewesen war wie im Falle des *Alten Fritz*? Einer der prononcierten konservativen Vertreter der deutschen Sozialdemokratie in der Weimarer Epoche, Wolfgang Heine, der nach der Novemberrevolution für kurze Zeit preußischer Kultusminister war und als ausgewiesener Bewunderer Friedrichs des Großen galt, hat in seinen während der nationalsozialistischen Herrschaft verfassten Erinnerungen den Preußenkönig als mögliches geschichtliches Vorbild für den an mangelnder historischer Legitimität leidenden Weimarer Staat dargestellt. Richtig sei, so Heine, „dass die nüchterne aus Kompromissen hervorgehende Republik, die eine Vergangenheit überhaupt nicht hatte, sondern neu und vor aller Augen wie auf dem Zeichentisch konstruiert wurde und ihre Mängel nackt zeigte, nichts eigentlich Begeisterndes, die Phantasie bewegendes besaß, und nicht [zu] tadeln gewesen wäre, wenn sie nach einem geschichtlichen Symbol gesucht hätte wie [seinerzeit] die französische Revolution in einer romantischen Vorstellung antiken Republikanertums." Keine Gestalt der deutschen Geschichte wäre damals dafür geeigneter gewesen als Friedrich der Große, dessen Verdienste, wie die Abschaffung der Tortur oder die Anerkennung der Rechtsgleichheit der Konfessionen, seine Auffassung vom Staat als Institution zum Wohl seiner Angehörigen und vom Monarchen als erstem Diener von Volk und Staat unterstrichen hätten. „Mochten in der Praxis auch Rückfälle in

---

197 Zur Erinnerung an Friedrich den Großen während der Weimarer Jahre grundsätzlich Hans Dollinger: Friedrich II. von Preußen. Sein Bild im Wandel von zwei Jahrhunderten, Bindlach 1995 [zuerst München 1986], S. 161-176.

absolutistische Willkür vorkommen, der Grundsatz bestand und wirkte über ein Jahrhundert lang in deutschen Landen vorbildlich. Und wenn die geistige Umkehr im [19.] Jahrhundert besonders unter Bismarck und Wilhelm II. davon auch manches preisgegeben hatte, so war doch [gerade] für die Republik dieser Geist unentbehrlich, als es galt, nach dem Verschwinden der Dynastien den Staat selber am Leben zu halten."[198]

Unklar ist, ob Wolfgang Heine diese Gedanken auch zur Sprache brachte, als er noch politische Ämter und damit Einfluss auf Partei und Öffentlichkeit hatte. Die Weimarer Republik wollte sich jedenfalls erklärtermaßen nicht nur die Tradition von 1848, sondern auch den klassischen *Geist von Weimar* dienstbar machen, der eine gedankliche Alternative zum preußischen Kommissgeist von Potsdam bot, mit dem Friedrich der Große eher verbunden wurde. Da dieser Gegensatz in der politischen Öffentlichkeit der 20er Jahre sehr lebendig war und auf republikanischer Seite wenig Neigung bestand, Friedrich den Großen vor einen anderen als den Potsdamer Hintergrund zu stellen, musste die politisch motivierte Erinnerung an ihn schon rasch zu Konflikten führen. Am 31. Januar 1922 wurden in Berlin die beiden ersten Teile des *Fridericus*-Großfilms uraufgeführt, im März 1923 folgten die abschließenden Teile.[199] Regisseur war der in Ungarn geborene Arzen von Cserépy, die Titelrolle spielte Otto Gebühr, ein herausragender Berliner Schauspieler, dem die Rolle Friedrichs auf den Leib geschrieben schien.[200] Die Haltung des sozialdemokratischen Milieus gegenüber dem Film war sehr ambivalent. Den ersten Teil des Filmes, der die sadistische Grausamkeit des Soldatenkönigs beleuchtete, könne man „als einen republikanischen Aufklärungsfilm ansprechen", lobte der *Vorwärts* am 2. Februar 1922.[201] Später jedoch rief das SPD-Parteiorgan zum Boykott des Films und selbst zu direkten Maßnahmen gegen die Lichtspieltheater auf. Der Filmkritiker Hans Feld berichtet von einer intelligent-witzigen Form des Protes-

---

198 W. Heine: Aufzeichnungen (BArchKo Kl.Erw.371-9), Bd. 5, S. 17f.
199 Siehe hierzu Helmut Regel: Die Fridericus-Filme der Weimarer Republik, in: Axel Marquardt/Heinz Rathsack (Hg.): Preußen im Film. Eine Retrospektive der Stiftung Deutsche Kinemathek (Preußen. Versuch einer Bilanz. Eine Ausstellung der Berliner Festspiele, Bd. 5), Reinbek 1981, S. 124-134; Hans Feld: Potsdam gegen Weimar oder Wie Otto Gebühr den Siebenjährigen Krieg gewann, in: A. Marquardt/H. Rathsack: Preußen, S. 68-73; Klaus Kreimeier: Die Ufa-Story. Geschichte eines Filmkonzerns, München/Wien 1992, S. 110-114.
200 Hans Feld bezeichnet Gebühr, der Mitglied im Volksbühnenensemble von Max Reinhardt war, als „Fridericus redivivus" (H. Feld: Potsdam, S. 71). Der Berliner Volkswitz kolportierte die Legende, Gebühr schreibe seine Memoiren unter dem Titel „Wie ich den Siebenjährigen Krieg gewann" (ebd. S. 72).
201 Vorwärts 2.2.1922. Nach Ansicht von Klaus Kreimeier spiegelt der Vater-Sohn-Konflikt der ersten beiden Teile den Kampf des einen Deutschland gegen das andere, ein Konflikt, der später durch die Auseinandersetzung zwischen „Volksblock" und „Reichsblock" im Reichspräsidentenwahlkampf von 1925 offen ausgetragen worden sei (K. Kreimeier: Ufa-Story, S. 111f.).

tes der Filmgegner, etwa indem man während der Vorführung den feindlichen Truppen zujubelte. Bis das Publikum den Irrtum bemerkte, hatte es schon in den Jubel eingestimmt.[202] Es kam jedoch auch wiederholt zu Handgreiflichkeiten vor und in den Kinosälen. Im Zusammenhang mit der *Fridericus*-Reihe wurde deutlich, dass Teile der Weimarer Linken die Darstellung Friedrichs des Großen per se als monarchistische Demonstration auffassten, wohingegen die sozialdemokratische und republikanische Publizistik sehr wohl zu differenzieren verstand und das vorgeblich monarchie- und kriegsverherrlichende Filmwerk rational zu beurteilen in der Lage war.[203] Roland Schacht konstatierte am 29. März 1923 in der *Weltbühne* prägnant: „Bilderbücher müssen sein. Politiker mögen sich beruhigen. Gehetzt wird nicht (...)." Und Robert Breuer kommentierte am 2. April 1923 in der *Glocke*: „Das Ufa-Haus fasst an zweitausend Menschen, ist jeden Tag zwei- oder dreimal gefüllt, und das während eines ganzen Monats oder für länger. Sind das alles Narren, Gegner der Republik, Monarchisten?"

Durch die Auseinandersetzungen um den Otto-Gebühr-Film gelangte die nationalistische Rechte in einen strategischen Vorteil, indem sie die Tendenz des Films durch die Autorität des glanzvollen preußischen Staatsmannes verhüllen konnte. Eine konkrete Beschäftigung mit dem Alten Fritz selbst hat es tatsächlich nur sehr vereinzelt gegeben. Fritz Lochner monierte 1926 in der republikanischen Zeitschrift *Das Panier*, Friedrich II. sei „große Mode der Republik" und werde von parteiischer Seite zum idealen Staatsmann stilisiert. Er sei jedoch ein großer Despot und Kämpfer gegen die deutsche Einheit gewesen. Lochner kommt nach der Analyse verschiedener Äußerungen des Königs zu der entschiedenen republikanischen Erkenntnis, „dass noch in der schlechtesten Republik die Geschicke einer Nation besser bewahrt sind als in den Händen des wohlmeinendsten und intelligentesten absoluten Herrschers oder Diktators".[204] Diese Intelligenz sprach Carl von Ossietzky dem fritzischen Geschlecht mit gewohnt beißendem Spott rundweg ab. „Die Hohenzollern", schrieb er Ende 1930 in der *Weltbühne*, „haben im Zug der Jahrhunderte ein paar Erznarren und sehr viel gleichgültigen Durchschnitt produziert, aber nur ein wirkliches Original, das mit ein paar Spritzern Höllenfeuer getauft ist." Ossietzkys Artikel ging von der Betrachtung der umfangreichen zeitgenössischen Romanliteratur über Friedrich den Großen aus, und der spätere Friedensnobelpreisträger kam dabei zu einer bemerkenswerten Erkenntnis: „O nein, es geht nicht auf

---

202 H. Feld: Potsdam, S. 72.
203 Alle zitiert nach K. Kreimeier: Ufa-Story, S. 114.
204 Fritz Lochner: Vom echten Fridericus ... Nach eigenen Briefen, Äußerungen und Randbemerkungen Friedrich II., in: Das Panier 8/1926, 2. Folge Mai 1926, S. 15f.

Fridericus, sondern auf Adolf Hitler."²⁰⁵ Letzterer und seine Partei waren just zu dieser Zeit im Bunde mit deutschtümelnden Nationalkonservativen im Begriff, die Fundamente der Weimarer Demokratie zu erschüttern und instrumentalisierten dabei massiv die Preußenkönige, insbesondere Friedrich den Großen. Beim Volksbegehren für die Auflösung des Preußischen Landtages 1931 wurden Plakate geklebt, auf denen der Staatsmann des 18. Jahrhunderts mit einem Stock das Landtagsgebäude zertrümmert.²⁰⁶ Der „Anmarsch der Mannen Friedrichs zu neuem Verderben für das Reich", so hat es im gleichen Jahr Ricarda Huch in einem Vortrag formuliert, war in vollem Gange.²⁰⁷ „Sie haben deinen Krückstock, / Deinen Kopf haben sie nicht", hatte Kurt Tucholsky zwar schon Jahre zuvor gespottet. Dass Friedrich dennoch zu einem glaubwürdigen Fürsprecher der staatsfeindlichen Rechten werden konnte, lag auch daran, dass es in der Erinnerungskultur der Weimarer Demokraten keinen rechten Platz für Friedrich den Großen gab. In dieser Hinsicht wurde versäumt, die kosmopolitische Grundhaltung des Potsdamer Regenten, seine religiöse Freizügigkeit und nicht zuletzt sein Faible für alles Französische herauszustellen.²⁰⁸

Stattdessen verzettelte sich gerade die deutsche Sozialdemokratie in den Weimarer Jahren in unerquickliche Auseinandersetzungen um Fragen wie die, ob es zulässig sei, Friedrichs Kopf auf Briefmarken eines republikanischen Staates zu setzen. Man erkennt in solchen Fällen die Unfähigkeit der Sozialdemokratie, mit prekären Symbolen umzugehen und ihnen gegebenenfalls eine eigenständige Deutung zu verleihen. Fridericus war durch die Filmdebatten von 1922/23 im politisch rechten Lager verortet worden, und es wurde nichts unternommen, um ihn von dort wieder herauszulösen. So ließ man es zu immensen Friktionen kommen, als der Preußenkönig auf einer Briefmarke der Reichspost erschien. Im SPD-Jahrbuch von 1926 ist eine der Auseinandersetzungen um die Fridericus-Marke präzise nachgezeichnet.²⁰⁹ Bei der Herausgabe neuer Postwertzeichen im Herbst 1926 hatte Reichspostminister Stingl (BVP) für die am meisten benutzte Zehnpfennigmarke den Kopf Friedrichs des Großen ausge-

---

205 Carl von Ossietzky: Der junge Fridericus, in: Die Weltbühne 23.12.1930 (wieder abgedruckt in ders.: Rechenschaft, S. 166-169, Zitate S. 166, 168). Hitler selbst hatte einen Vergleich zwischen dem Alten Fritz und dessen zur Entstehungszeit von *Mein Kampf* regierenden Namensvetter gewagt. So lange die geschichtliche Erinnerung an Friedrich den Großen nicht erstorben sei, „vermag Friedrich Ebert nur bedingtes Erstaunen hervorzurufen" (A. Hitler: Kampf, S. 286).
206 Siehe eine Abbildung bei H. Mommsen: Freiheit, vor S. 377.
207 Zit. nach H. Dollinger: Friedrich, S. 176. Das folgende Zitat aus: Die Weltbühne 8/1922, hier zit. nach H. Dollinger: Friedrich, S. 166.
208 Dies letztere stieß bei der antidemokratischen Rechten auf erhebliche Kritik. „Alles Unheil, das von Friedrich dem Großen ausgegangen ist, ist nur auf den Einfluss von dem Franzosen Voltaire zurückzuführen", ließ sich etwa Erich Ludendorff vernehmen (zit. nach ebd.).
209 Die folgenden Einzelheiten und Zitate im Jahrbuch der deutschen Sozialdemokratie 1926, S. 110, 426.

wählt. Der Bericht vermutete dabei monarchistischen Druck und folgerte rasch: „Da Fridericus Rex nach dem Zusammenbruch geradezu das Symbol aller derjenigen geworden ist, die eine monarchische und militaristische Erneuerung Preußen-Deutschlands erstreben, muss diese Briefmarke im Inland wie ein Propagandazeichen und im Ausland wie eine Drohung wirken." Es handele sich um eine „politische Briefmarke". Selbst im Kaiserreich habe es keinen Monarchen gegeben, der durch eine Briefmarke geehrt wurden sei. Kritik an der Fridericus-Marke käme zumal auch von Nichtrepublikanern, da Friedrich preußische Dynasten- aber keine deutsche Reichspolitik getrieben habe. „Schließlich ist dann der Reichspostminister Stingl in eigenartiger Weise über seine Fridericus-Marke zu Fall gekommen." Stingl verzichtete Anfang 1927 wegen des Kabinettseintritts des Zentrumspolitikers Köhler, der ihn wegen der Marke öffentlich kritisiert hatte, auf sein Ministeramt. Köhler hatte am 20. Januar 1927 noch als badischer Finanzminister im dortigen Landtag erklärt: „Die deutsche Republik war *schlecht beraten*, als sie den Preußenkönig Friedrich dem deutschen Volke als Repräsentanten des Zeitalters der Klassik vorstellte. Die badische Regierung hält das *Vorgehen des Reichspostministeriums für verfehlt und mit der Würde der Republik nicht zu vereinbaren*. Deshalb hat sie das Markenbild abgelehnt." Die SPD-Fraktion betonte in der gleichen Debatte, „dass sich eine Republik, die auf ihren Hoheitszeichen Bilder früherer Monarchen bringe, lächerlich mache". Vollends zur öffentlichen Farce geriet die Ablehnung der Briefmarken, als Fälle bekannt wurden, in denen einzelne SPD-Gliederungen die Parteimitglieder zum Boykott der Marken mit dem Bild Friedrichs des Großen aufforderten und die Annahme von Post mit den Fridericusmarken verweigerten. Selbst in Kreisen des Reichsbanners Schwarz-Rot-Gold scheint die Angelegenheit zu einer Grundsatzfrage zwischen Republik und Monarchie hochgespielt worden zu sein. Der Gauvorstand Schleswig-Holstein verbot seinen nachgeordneten Stellen, die Marke zu verwenden und drohte an, die an ihn gerichtete Post, die mit dieser Marke versehen ist, zurückzusenden.[210]

Wolfgang Heine hat dieses Verhalten, hier bezogen auf eine weitere Fridericus-Marke im Wert von 20 Pfennig, später scharf kritisiert und zugleich dessen Folgen zur Sprache gebracht: „Ins geradezu Alberne verfiel dann der sozialdemokratische Feldzug gegen die Briefmarke von 20 Pfennig, die den Kopf des Philosophen von Sanssouci trug, während auf anderen Kant, Fichte und sonstige geistige Führer der Nation abgebildet waren. Die Anweisungen der sozialdem[okratischen] Parteipresse, diese Marke durch Benutzung von zwei Zehnpfennigbriefmarken zu boykott[ier]en, waren, wie der Reichspostminister mit Recht sagte, ‚kindisch' und gaben die republikanische Idee dem Gespött preis. Aber eine weit schlimmere Folge dieser politischen Blindheit war es, dass man

---

210 K. Rohe: Reichsbanner, S. 243.

mit der Figur des großen Königs den Gegnern der Republik ein Symbol von höchster agitatorischer Wirkung in die Hände spielte. Sie säumten auch nicht, dies auszunutzen, namentlich in allgemein verbreiteten Filmwerken, die Friedrichs Kriegstaten verherrlichten, aber selbstverständlich seine Widerlegung der machiavellistischen Verachtung von Recht und Vernunft verschwiegen. Die Republik hatte dieser durch die Überlieferung geprägten, allgemein verständlichen und anschaulichen Gestalt kein gleichwertiges Werbemittel entgegenzusetzen; sie hatte ja selber überhaupt noch nichts erlebt. Ihre Gegner hatten zwar auch nichts Großes für das Vaterland getan, sondern es durch ihre falsche Politik vor und im Kriege und ihre Unbelehrbarkeit zu Grunde gerichtet, um so weniger aber hätte man ihnen gestatten dürfen, sich aufzublähen mit dem Bilde einer Vergangenheit, an der sie keinen Anteil hatten und deren Ideen ihnen am allerletzten Recht gegeben hätten."[211] Das Urteil von Heine ist scharf und überspitzt, da es außer Acht lässt, dass es für die antidemokratische Rechte nicht erst der Indifferenz von Republikanern und Sozialdemokraten gegenüber dem Preußenkönig bedurfte, um ihn symbolisch den Parlamentarismus zerschlagen zu lassen, und dass darüber hinaus der Weimarer Staat eben nicht nur ein erweitertes Preußen, sondern ein echter Nationalstaat war, in dem Figuren wie der Alte Fritz selbst bei völliger Identifizierung nur bedingt integrative Kraft hätten entfalten können. Im Kern jedoch trifft Heines Kritik zu, denn wer sich in Windmühlenkämpfe um Briefmarken verstrickte, offenbarte zum einen eine defensive republikanische Ratlosigkeit gegenüber der deutschen Geschichte und vergeudete zum anderen seine Energie, die in anderen, wichtigeren, konkreteren Auseinandersetzungen wahrlich besser angebracht gewesen wäre.

Bismarck: Burgfriede mit dem „Schmied des Reiches"

Führt man sich die „Verkrampftheit" der Weimarer Sozialdemokratie im Umgang mit Friedrich dem Großen vor Augen, an den die Arbeiterbewegung ja keine direkten kollektiven Erinnerungen haben konnte, so ist es erstaunlich, dass es der Sozialdemokratie immerhin gelang, ihr Verhältnis zu ihrem großen Feind im Kaiserreich, Otto Fürst von Bismarck, neu zu bestimmen.[212] Dafür kann man paradigmatisch das Titelblatt des *Simplicissimus* vom 25. August

---

211 W. Heine: Aufzeichnungen (BArchKo Kl.Erw.371-9), Bd. 5, S. 18f.
212 Zum Verhältnis der Weimarer Sozialdemokratie zu Bismarck siehe Jens Müller-Koppe: Die deutsche Sozialdemokratie und der Bismarck-Mythos, in: L. Machtan: Bismarck, S. 181-207. Bei dem wissenschaftlichen Kolloquium „Bismarck und die politische Kultur in Deutschland" vom 27.-29. Juli 1998 in Bad Kissingen hat der Bochumer Historiker Bernd Faulenbach ein Referat zum gleichen Thema gehalten („Die deutschen Sozialdemokratie und ihr Bismarck-Bild"). Der Beitrag erscheint voraussichtlich im Tagungsband, hg. von Lothar Machtan/Peter Weidisch.

1914 heranziehen. Es zeigt Bismarck und Bebel, der eine Flinte auf der Schulter hat, beim himmlischen Händedruck als Zeichen des eben geschlossenen Burgfriedens. Die Bildunterschrift, die der Karikaturist Bismarck in den Mund legt, lautet: „Na, Bebel, jetzt lernen wir uns doch noch richtig kennen!"[213] Die beiden großen Antipoden des Kaiserreiches wurden hier satirisch in den Geist von 1914 eingebunden. Der *Schmied des Reiches* von 1871, der hier dem alten, erst im Vorjahr verstorbenen Arbeiterführer die Hand reichte, war bereits vor seinem Tod 1898 zur „Schlüsselgestalt des deutschen Nationalmythos"[214] geworden. Der Mythos speiste sich aus der Erinnerung an die Reichseinigung von 1871 und die angepeilte deutsche Großmachtstellung und Weltgeltung. Der Ruhm Bismarcks, schon zu Lebzeiten von ihm selbst geschickt stilisiert, schlug sich nach seinem Tode in einer einzigartigen Welle von Denkmalprojekten nieder. Lothar Machtan nennt die Zahl 500, von denen mindestens die Hälfte verwirklicht worden sei. Die Art der Verewigung, in der Bismarck als Roland, Siegfried, getreuer Eckart oder als heiliger Georg dargestellt und dadurch von der historisch-politischen Figur abgelöst wurde, „erhob den Reichsgründer zum mythischen Symbol, zur klassenübergreifenden Vater-Figur und zum Mahner, die von ihm errungene Einheit Deutschlands auch nach außen zu verteidigen".[215] Das wohl bekannteste Bismarckdenkmal entstand an zentraler Stelle: Auf dem Königsplatz vor dem Berliner Reichstagsgebäude wurde am 16. Juni 1901 das monumentale Bismarck-Denkmal enthüllt.[216]

Eben dort fand nach Ausbruch des Ersten Weltkrieges die erste große öffentliche Kundgebung in Berlin statt: in Form eines Gottesdienstes am 2. August 1914. Bismarck war der „Promotor"[217] der Kriegsbegeisterung und wurde, im Gegensatz etwa zu Friedrich dem Großen, eine ideologischen Leitfigur der deutschen Propaganda nach 1914.[218] „Bismarcks Erwachen" wurde in Analogie zum Kyffhäuser-Mythos des schlafenden Kaisers inszeniert, in dessen Zentrum der Glaube die Wiederauferstehung des Helden bei nationaler Not steht, und

---

213 Abgebildet in S. Speicher: Ort, S. 63.
214 L. Machtan: Bismarck, S. 7.
215 K. Breitenborn: Bismarck, S. 152. Zu den Bismarck-Denkmälern siehe ebd. S. 151-164 sowie L. Machtan: Bismarck, S. 22-27; zum Projekt am Rhein Michael Dorrmann: Das Bismarck-Nationaldenkmal am Rhein. Ein Beitrag zur Geschichtskultur des Deutschen Reiches, in: Zeitschrift für Geschichtswissenschaft 44 (1996), S. 1061-1087. Zur religioiden Verehrung des Reichsgründers siehe vor allem Hans-Walter Hedinger: Der Bismarck-Kult. Ein Umriss, in: Gunther Stephenson (Hg.): Der Religionswandel unserer Zeit im Spiegel der Religionswissenschaft, Darmstadt 1976, S. 201-215.
216 Siehe die zeitgenössische Darstellung der Enthüllung in K. Breitenborn: Bismarck, S. 156f. Das Denkmal wurde 1938 zusammen mit der Siegessäule und dem Moltkedenkmal zum Großen Stern an der Berliner Ost-West-Achse (heute Straße des 17. Juni) versetzt.
217 L. Machtan: Bismarck, S. 30.
218 Zur Instrumentalisierung Bismarcks im Weltkrieg siehe K. Breitenborn: Bismarck, S. 165-171; L. Machtan: Bismarck, S. 30-32 (dort auch die folgenden Einzelheiten).

der hundertste Geburtstag des Reichsgründers im Frühjahr 1915 wurde wie ein Nationalfeiertag begangen.[219] Bismarcks berühmter Spruch „Wir Deutsche fürchten Gott, aber sonst nichts auf der Welt" vom 6. Februar 1888 fand als Kriegsparole Verwendung und stand gleichwertig neben Luthers „Ein feste Burg ist unser Gott". Beide Figuren tauchten zusammen auf Feldpostkarten auf.[220] Dass sich der Bismarck-Kult in streng nationalistischem Fahrwasser bewegte, zeigt die Tatsache, dass die 1917 von Generallandschaftsdirektor Wolfgang Kapp gegründete *Deutsche Vaterlandspartei* ursprünglich „Bismarck-Partei" heißen und symbolträchtig in Friedrichsruh gegründet werden sollte.[221] Die Mitglieder dieser Vereinigung verband die Gegnerschaft zur Friedensresolution der Reichstagsmehrheit, und die geistige Hinterlassenschaft nach der Auflösung 1918 floss ungebrochen in das Gründungskapital der DNVP ein. Sie bestritt bereits den ersten Wahlkampf in der Weimarer Republik mit Bismarck-Plakaten, und die gleichgesinnte *Deutsche Zeitung* verwendete als „demonstrative politische Symbolsetzung" eine Werbepostkarte mit einem mächtigen Bismarck-Schatten hinter der in rot gehaltenen Nationalversammlung.[222]

Lothar Machtan hat in einer glänzenden Analyse die Wirkung des Bismarck-Kultes in der Weimarer Republik in zwei zentralen Punkten zusammengefasst. Erstens habe der Mythos der ungeliebten Realität insofern einen neuen Sinn verliehen, „als er die demokratische Republik nicht einfach nur negierte, sondern als glaubhafte Alternative zugleich ein beispielhaftes Vorbild staatlichen Seins und Handelns aus einer heroischen Vergangenheit beschwor". Zweitens sei der Bismarck-Mythos der 20er Jahre Ausdruck der Sehnsucht nach einer neuen Lichtgestalt, nach dem Führer von morgen gewesen, der einen wehrhaften, völkischen und autoritären Staat führen sollte.[223] In welchen Parteien sich

---

219 Hierzu siehe L. Machtan: Bismarck, S. 30-32. Die Feierlichkeiten gerieten zum „absoluten Höhepunkt nationalistischer Profilierungskunst" (ebd. S. 30).
220 Siehe z.B. die Abbildung einer Postkarte in K. Breitenborn: Bismarck, S. 170, Abb. 244.
221 Zu den unmittelbaren Umständen der DVLP-Gründung im Sommer 1917 sowie zum Bismarck-Bezug siehe Heinz Hagenlücke: Deutsche Vaterlandspartei. Die nationale Rechte am Ende des Kaiserreiches (Beiträge zur Geschichte des Parlamentarismus und der politischen Parteien, Bd. 108), Düsseldorf 1997, S. 143-159. Der endgültige Parteiname wurde, nachdem auch „Hindenburg-Partei" und „Bismarck-Partei" in Erwägung gezogen worden waren, erst unmittelbar vor der konstituierenden Sitzung am 2. September 1917 in Königsberg festgelegt.
222 Abbildung in L. Machtan: Bismarck, S. 35.
223 Ebd. S. 38, 43. Der um den Reichsgründer betriebene Byzantinismus und die in Bismarck projizierte Führersehnsucht der nationalistischen Rechten der Weimarer Republik äußerte sich beispielsweise in einer Rede bei einer Bismarckfeier der Nürnberger Sektion des Vereins *Reichsflagge*, in der die weitverbreitete Sehnsucht nach der bismarckischen Zeit beschworen wurde: „Der Ruf nach Bismarck geht durch unsere Zeit und gipfelt in dem Sehnen: Herr Gott, gib unserem deutschen Volke in Bälde wieder den Mann, der ähnlich wie

diese Sehnsucht verkörperte, stand dabei außer Zweifel. Am Schluss seines 1924 erschienenen Buches *Der Geist der Deutschen Reichsverfassung* sang Johannes Victor Bredt, einer der Mitbegründer der rechtskonservativen Reichspartei des deutschen Mittelstandes (Wirtschaftspartei), ein Hohelied auf Bismarck, der den politischen Begriff des „Deutschen" geschaffen und damit Arndts Frage von 1813: „Was ist des Deutschen Vaterland?" beantwortet habe. „Mit Bismarcks Erbe steht und fällt das Deutsche Reich!" – so endet dieses Pamphlet gegen das Weimarer Verfassungswerk.[224] Seit 1924 trat der Bismarck-Enkel Otto aktiv für die DNVP ein, und gleichzeitig erlebte der Bismarck-Tourismus nach Friedrichsruh einen erheblichen Aufschwung. Im dortigen Mausoleum legte ein Vertreter der DVP am Geburtstag Bismarcks im April 1927 einen Lorbeerkranz mit schwarz-weiß-roter Schleife nieder.[225] „Die Parteien und Organisationen der nationalen Rechten", so Lothar Machtan, „haben am wirksamsten verstanden, aus dieser nationalen Befindlichkeit politisches Kapital zu schlagen, wobei ihnen das Unvermögen der sozialistischen und demokratischen Kräfte, den Bismarck-Mythos als Gefahr für die politische Kultur der Republik von Weimar ernst zu nehmen, sehr zugute kam."[226] Es dauerte bis 1927, ehe die Kommunisten begannen, die geistigen Väter des Bismarck-Kultes als *Bismarckfaschisten* zu brandmarken und auch körperlich gegen sie vorzugehen.[227] Einen Dienst an der Republik stellte dies jedoch nicht dar. Relevanter ist die Einstellung der deutschen Sozialdemokratie zum Reichsgründer von 1871. Führende Sozialdemokraten wie Otto Landsberg und Albert Grzesinski fanden durchaus Lob für die staatspolitische Leistung Bismarcks.[228] Eine echte demokratisch-republikanische Konterkarierung des von den Republikfeinden ins Werk gesetzten Bismarck-Kultes konnte der SPD indes nicht gelingen.[229] Auf den religiös verbrämten Byzantinismus, der eigentlich erst in der Weimarer Republik seine volle Entfaltung erlebte, gab es keine Antwort. Die „gespielte

---

    Bismarck von Staatsweisheit erfüllt ist und unser schönes deutsches Vaterland wieder frei macht!" (Reichsflagge 8/16.4.1925, S. 5, zit. nach dem Exemplar im BArchKo ZSg.1-88/53).
224 Johannes Victor Bredt: Der Geist der Deutschen Reichsverfassung, Berlin 1924, S. 458-462, Zitat S. 462.
225 L. Machtan: Bismarck, S. 45f.
226 Ebd. S. 39.
227 Ebd. S. 47.
228 Otto Landsberg erkannte in einem Vortrag zum 60. Jahrestag der Reichsgründung die staatspolitische Leistung Bismarcks mit Einschränkungen an. Seine Vorwürfe lauteten, 1871 sei keine politische Freiheit geschaffen und der Einheitstraum des deutschen Volkes nur beschränkt verwirklicht worden (O. Landsberg: Krise, S. 3-5). Albert Grzesinski lobte die Bismarcksche Reichsgründung als „eine große staatspolitische und nationale Tat". Bismarck habe jedoch keinen Einheitsstaat, sondern einen preußischen Hegemonialstaat aus der Taufe gehoben, zit. nach A. Grzesinski: Kampf (BArchKo Kl.Erw.144), fol. 195.
229 Vgl. Jens Müller-Koppe: Die deutsche Sozialdemokratie und der Bismarck-Mythos, in: L. Machtan: Bismarck, S. 181-207.

Ignoranz der deutschen Sozialdemokratie gegenüber der Faszinationskraft des Bismarck-Mythos", so Lothar Machtan, sei „nur Ausdruck der im Grunde gleichen Hilf-und Ratlosigkeit" wie bei der KPD gewesen.[230]

Immerhin gelangte die deutsche Sozialdemokratie in der Weimarer Republik offenbar zu dem Bewusstsein, durch den Sturz der Monarchie und die Herstellung demokratischer Verhältnisse 1918/19 einen historischen Sieg über den Eisernen Kanzler errungen zu haben. Das zeigte sich in der Kampagne zum Volksentscheid über die Fürstenabfindung 1926, als die SPD es fertiggebracht, unter dem Flugblatt-Motto „So enteignete Bismarck die Fürsten" einen Zusammenhang zwischen der aktuellen Auseinandersetzung und dem Bismarckschen Gesetz von 1869, das das Vermögen des ehemaligen Kurfürsten von Hessen beschlagnahmte, herzustellen. Das betreffende Flugblatt war zu allem Überfluss schwarz-weiß-rot umrandet.[231]

Ein zentraler Anlass zur Erinnerung an Otto von Bismarck bot sich der Weimarer SPD 1928, als sich zum 50. Male der Beginn der berüchtigten Sozialistengesetze jährte, mit denen die deutsche Sozialdemokratie zwischen 1878 und 1890 wegen angeblicher „gemeingefährlicher Bestrebungen" an ihrer politischen Arbeit durch Versammlungs- und Publikationsverbote massiv behindert worden war. Die Ausnahmegesetze hatten, anstatt den deutschen Sozialismus zu zerschlagen, den Aufstieg der SPD zur Massenpartei gefördert. An dieses eigentümliche *Jubiläum* wurde 1928 mit zahlreichen Veranstaltungen erinnert. Am 21. Oktober, einem Sonntag, veranstaltete die SPD im Berliner Lustgarten eine große Kundgebung mit rund 100.000 Teilnehmern Diese Zahl nannte zumindest die Parteipresse, während die Polizei von 40.000 sprach: immerhin noch deutlich mehr als bei der Kundgebung der KPD, für die sich die Schätzung auf 12.000 Teilnehmer belief.[232] An vielen weiteren Orten im Reich fanden Kundgebungen und Gedenkfeiern statt. „Ob wohl je eine Partei eine so eigenartige Feier gefeiert hat", fragte Gustav Radbruch bei einer Veranstaltung der Heidelberger SPD, „wie wir sie heute feiern? Denn was feiern wir? Wir feiern den Erlass eines Gesetzes, das uns zu vernichten bestimmt war. Warum feiern wir ihn? Wir feiern ihn, weil gerade dieses Gesetz uns groß und stark gemacht hat, wie noch immer das Martyrium die fester zusammenschloss, die es zerstreuen sollte, und für die warb, die es auszurotten bemüht war."[233] Über den Urheber des Sozialistengesetzes, Otto von Bismarck, der in der deutschen Sozialdemokratie „eine Abart der französischen Commune" gesehen habe, fand

---

230 L. Machtan: Bismarck, S. 48.
231 BArchKo ZSg.1-90/21/9 (Plakate und Flugblätter der SPD zum Volksentscheid 1926).
232 Vorwärts 22.10.1928.
233 Gustav Radbruch: 50 Jahre Kampf und Sieg der Sozialdemokratischen Partei, in: Heidelberger Volkszeitung 22.10.1928 (wieder abgedruckt in G. Radbruch: Politische Schriften, Bd. 1, S. 147-153, Zitat S. 147; die folgenden Zitate S. 149-151).

Radbruch erstaunlich ausgewogene Worte: „Wir sind weit davon entfernt, die gewaltige Leistung des Reichsgründers zu schmälern oder seine große Gestalt zu schmähen. Die geschichtliche Gerechtigkeit aber gebietet festzustellen, dass er auch die Fehler seiner Größe hatte." Der symbolisch überhöhten Figur des Reichsgründers stellte der SPD-Politiker den allegorischen Riesen Proletariat gegenüber. „Über dem Hamburger Hafen steht hoch ragend, von Hugo Lederers Hand gemeißelt, die Riesengestalt Bismarcks. Aber hinter ihr erhebt sich eine noch größere Riesengestalt, nicht aus Stein gemeißelt, sondern geformt aus dem Rauch der Schlote, aus dem Dunst der arbeitsdröhnenden Stadt: das Proletariat, die Masse, die sozialistische Idee. Der Riese wurde durch den größeren Riesen gefällt."

Die erbitterten politischen Kämpfe, die die deutsche Sozialdemokratie im 19. Jahrhundert mit Bismarck ausgefochten hat, wurden hier durch Radbruch auf souveräne Weise poetisch-allegorisch überhöht. In seinen Worten lag keinerlei Hohn, allenfalls eine Spur Genugtuung. Dies ist auch die Tendenz in den Publikationen, die sozialdemokratische Verlage anlässlich des Jubiläums herausgaben.[234] In ihnen wird Bismarck zwar noch gelegentlich als Diktator, als wütender Hasser und fanatischer Verfolger der Sozialisten bezeichnet, insgesamt jedoch pflegte man den lange Zeit verketzerten *Eisernen Kanzler* nicht mehr als pauschales Feindbild, sondern unterzog seine Politik einer weitgehend sachlichen Kritik. Im Redevorschlag des SPD-Parteivorstands erscheint das Sozialistengesetz mehr als ein Werk des Kapitals, das einen scharfen Klassenkampf von oben geführt habe, weniger als eine persönliche Obsession Bismarcks. Betont wird das Heroentum der Sozialdemokratie, der Klassenkampf wird hochgehalten, Bebel nach wie vor als großer Heiliger verehrt. Auch Paul Kampffmeyer und Bruno Altmann personalisieren in ihrem Buch die Geschichte der Sozialistengesetze nicht in Richtung Bismarck, sondern verweisen auf die Politisierung von Justiz und Verwaltung gegen die „Reichsfeinde" sowie auf den Charakter der angeblich sozialen Monarchie als Klassenstaat. Da der 50. Jahrestag des Beginns der Sozialistengesetze in zeitlicher Nähe zum zehnten Jahrestag der Novemberrevolution stand, bot sich darüber hinaus die Möglichkeit zu einer grundsätzlichen Betrachtung der deutschen Geschichte in den vergangenen Jahrzehnten. Der von Kampffmeyer/Altmann zitierte Bismarck-Spruch von 1866 („Soll Revolution sein, so wollen wir sie lieber machen als erleiden") könnte als subtile Kritik an den reformistischen Revolutionären von 1918/19 gemeint gewesen sein. In der geschichtlichen Einordnung erscheint die

---

234 Siehe die offizielle Partei-Festschrift: Das Sozialistengesetz. 1878-21. Oktober-1928. Jubiläums-Festschrift, o.O. o.J. [1928]; Redevorschlag für Gedenkfeiern: 50 Jahre. Durch Kampf zum Sieg. Eine Festansprache für die Erinnerungsfeier am 21. Oktober 1928. Hg. vom Vorstand der SPD, Berlin o.J. [1928]; Paul Kampffmeyer/Bruno Altmann: Vor dem Sozialistengesetz. Krisenjahre des Obrigkeitsstaates, Berlin 1928.

Novemberrevolution als logische Konsequenz der Politik Bismarcks: „Der ‚Eiserne Kanzler'", so ein anonymer Autor in der Jubiläums-Festschrift, „hat durch das Sozialistengesetz die Novemberrevolution des Jahres 1918 vorbereitet. Er verschärfte den obrigkeitlichen Charakter des Staates durch die Ausstattung der Polizei mit großen Machtbefugnissen und schlug die Selbstverwaltung in eiserne Fesseln. Er bildete planmäßig die Vorherrschaft Preußens durch, und diese führte zu einer verhängnisvollen Versteinerung der Institutionen des Reichs. (...) Der Widerspruch zwischen dem starren monarchisch-autoritativen Staatswesen Preußen-Deutschlands und der jungen anstürmenden Arbeiterdemokratie hat Bismarck auf eine gefahrdrohende Spitze getrieben. Darin lag ein schwerer, Riesendimensionen annehmender Konflikt, der nur gewaltsam gelöst werden konnte. Und diese Lösung brachte die Revolution des Jahres 1918, die im gewaltsamen Ausbruch Königskronen und Fürstenmäntel durch die Luft wirbelte und Bismarcks ‚ewigen Bund' der deutschen Fürsten jäh auseinander sprengte."[235]

Passend zum eher klassenkämpferischen Charakter dieses seltsamen, rückwärts gewandten Jubiläums war auch die verwendete Symbolik. Abschlussgesänge bei den Kundgebungen waren die Internationale oder „Auf, Sozialisten, schließt die Reihen". In Heidelberg schlug man das Rednerpult mit rotem Tuch aus, und im Redevorschlag des SPD-Parteivorstands für Gedenkfeiern hieß es: „Rote Banner im Winde, Marschmusik und Kampfgesang, Bataillone der werktätigen Massen in den Straßen, lodernde Fackeln und glühende Herzen: das ist das Bild, das heute ganz Deutschland zeigt."[236]

---

[235] Anonym: Bismarck und die Revolution von 1918, in: Das Sozialistengesetz, S. 13f., Zitat S. 14.
[236] 50 Jahre/SPD, S. 3.

4. Der Krieg der gespaltenen Arbeiterklasse: Proletarische Symbole im Widerstreit von SPD und KPD

4.1. Sozialdemokraten gegen Kommunisten (1. Mai 1929)

Die Spaltung der Arbeiterklasse, die Dichotomie von demokratischem und bolschewistischem Sozialismusmodell, das war zugleich Voraussetzung für die Gründung wie auch Mitursache für das Scheitern der Weimarer Republik. Sucht man nach einem greifbaren Ausdruck dieser Spaltung, so rückt der Berliner *Blutmai* von 1929 sofort ins Zentrum der Betrachtung.[1] Gewalttätige, blutige, ja tödliche Auseinandersetzungen zwischen kommunistischen Demonstranten und einer Polizei, an deren Spitze ein Sozialdemokrat stand: Dieser traurige Höhepunkt des proletarischen Bruderkampfes steht in der Geschichte der Republik ohne Beispiel da und ist auch nur aus der Zeit heraus erklärbar.[2] 1929 waren die *goldenen Jahre* einer gewissen politischen, wirtschaftlichen und

---

1 Über den Blutmai gibt es bislang zwei einschlägige Monographien von unterschiedlicher Qualität. Thomas Kurz („Blutmai". Sozialdemokraten und Kommunisten im Brennpunkt der Berliner Ereignisse von 1929, Berlin/Bonn 1988) informiert sachlich und zuverlässig über die Ereignisse, während Léon Schirmann (Blutmai Berlin 1929. Dichtungen und Wahrheit, Berlin 1991) eine überbordende Fülle von Einzelheiten bietet, angesichts derer der Gesamtzusammenhang untergeht, zumal ein starkes Bemühen erkennbar ist, vorgebliche „Legenden" und „Dichtungen" zu widerlegen. Neben diesen beiden Studien wurden herangezogen die Passagen in D. Fricke: Geschichte, S. 204-213, und in H.A. Winkler: Schein, S. 671-679, sowie die Aufsätze Chris Bowlby: Blutmai 1929: Police, Parties and Proletarians in a Berlin Confrontation, in: The Historical Journal 29 (1986), S. 137-158 (mit treffenden soziologischen Analysen) und Werner Boldt: Pazifisten und Arbeiterbewegung. Der Berliner Blutmai, in: Gerhard Kraiker/Dirk Grathoff (Hg.): Carl von Ossietzky und die politische Kultur der Weimarer Republik. Symposion zum 100. Geburtstag (Schriftenreihe des Fritz Küster-Archivs, hg. von Stefan Appelius/Gerhard Kraiker), Oldenburg 1991, S. 177-223. Boldt konzentriert sich auf die Rolle des Weltbühne-Herausgebers Carl von Ossietzky bei der publizistischen Aufarbeitung des Ereignisses.

2 Fünf Jahre zuvor hatte sich in Halle/Saale ein Vorfall ereignet, der vielleicht die einzige Vergleichsmöglichkeit bietet, ohne indes auch nur annähernd die öffentliche Wirkung des Blutmai erreicht zu haben. Am 11. Mai 1924 kam es anlässlich eines so genannten Deutschen Tages vaterländischer Verbände, bei dem ein wiedererrichtetes Moltkedenkmal einweiht wurde, zu kommunistischen Gegendemonstrationen. Bei schweren Straßenkämpfen mit der Polizei, die unter dem Kommando des Hallenser SPD-Polizeipräsidenten Runge stand, wurden acht Menschen getötet; siehe Hartmann Wunderer: Arbeitervereine und Arbeiterparteien. Kultur- und Massenorganisationen in der Arbeiterbewegung (1890-1933), Frankfurt a.M./New York 1980, S. 86.

gesellschaftlichen Stabilisierung vorbei, und die Gewitterwolken der Weltwirtschaftskrise mit all ihren verheerenden Konsequenzen zogen unübersehbar herauf. Zur gleichen Zeit schritt die Spaltung der Arbeiterkulturvereine voran. Was in dieser Situation zur Eskalation führte, nämlich ein Demonstrationsverbot unter freiem Himmel, hatte noch fünf Jahre zuvor weder zu nennenswerten Zwischenfällen noch auch nur zu lauten Protesten geführt.[3]

Vorgeschichte

Die Hintergründe des Blutmai könnte man mit dem Satz einleiten: *Am Anfang war Hitler*. Am 28. September 1928 hob Innenminister Albert Grzesinski das in Preußen verhängte Redeverbot für den NSDAP-Vorsitzenden auf.[4] „Ein wahrer Festtag ist das heute", jubelte Goebbels in seinem Tagebuch.[5] Am 16. November 1928 hielt Hitler im Berliner Sportpalast seine erste Rede nach dem Ende des Banns, und in der Folgezeit kam es in der Reichshauptstadt prompt zu einer Reihe von schweren Zusammenstößen mit vielen Toten. Der Berliner Polizeipräsident Karl Zörgiebel zog daraus die Konsequenzen und verbot am 13. Dezember 1928 bis auf weiteres alle politischen Demonstrationen unter freiem Himmel. Was danach bis zum blutigen Mai des Folgejahres vor sich ging, nahm immer mehr den Charakter einer sich selbst erfüllenden Prophezeiung an. Zörgiebel entschloss sich im April 1929, das Demonstrationsverbot auch am Maifeiertag aufrechtzuerhalten. „Eine kluge Entscheidung war das schwerlich", kommentiert Heinrich August Winkler, denn das Verbot „war geeignet, die Unruhe nicht zu dämpfen, sondern zu schüren."[6] Dabei handelte der Berliner Polizeipräsident offenbar in Abhängigkeit von der SPD-Führung. Carl von Ossietzky wird Zörgiebel später als „Sachwalter des sozialdemokratischen Parteivorstandes" titulieren, der das Verbot ohne sachliche Motive beibehalten habe, einzig aus der Angst von SPD und Gewerkschaften heraus, dass die Kommunisten glanzvoller als die Sozialdemokraten aufmarschieren könnten.[7] Dass dies nicht aus der Luft gegriffen war, zeigten später die Umstände der Aufhebung des Demonstrationsverbotes: Auf dem Magdeburger SPD-Parteitag Ende Mai 1929 kam es zu einer Besprechung führender Sozialdemokraten, bei der Zörgiebel offenbar die Weisung erhielt, das Demonstrationsverbot aufzu-

---

3 1924 verbot der damalige konservative Reichsinnenminister Jarres am Maifeiertag Demonstrationen unter freiem Himmel (J. Leber: Schriften, S. 48).
4 L. Schirmann: Blutmai, S. 44f.
5 Joseph Goebbels: Tagebücher 1924-1945. Hg. von Ralf Georg Reuth. 5 Bde, München/Zürich 1992; hier Bd. 1, S. 321 (29.9.1928).
6 H.A. Winkler: Schein, 672.
7 Die Weltbühne 7.5.1929, hier zit. nach C.v. Ossietzky: Rechenschaft, S. 124-128, Zitat S. 125.

heben, was noch am gleichen Tage erfolgte.[8] Jedenfalls waren die deutschen Kommunisten empört über die Beibehaltung des Verbotes auch am klassischen proletarischen Feiertag, der zudem just in diesem Jahr zum 40. Male begangen werden sollte. So zeichnete sich schon Wochen vor dem Maifeiertag 1929 auf Grund der Sturheit Zörgiebels und der gleichzeitigen Renitenz der KPD ab, dass an diesem Tag Krawalle zu befürchten waren. Die SPD warf den Kommunisten vor, aus Gründen der politischen Taktik gezielt auf eine massive Provokation hinzusteuern. „KPD braucht Leichen" und „200 Tote am 1. Mai", so lauteten einige der *Vorwärts*-Schlagzeilen Ende April.[9] In diesen Tagen waren alle Augen der Republik auf Berlin gerichtet, und die Reichshauptstadt ging dem Maitag mit banger Erwartung entgegen.

Der Verlauf des Berliner Blutmai

Am 30. April bekam die Stadt bereits einen Vorgeschmack des zu Erwartenden. Eine erste Provokation ging von der KPD aus, die Flugblätter mit der unwahren Behauptung verteilte, das Demonstrationsverbot sei aufgehoben. Gleichzeitig wurden an vielen Straßenkreuzungen in der Stadt Verkehrspolizisten von Jungspartakisten und RFB-Mitgliedern attackiert.[10] Am frühen Morgen des 1. Mai 1929, einem Mittwoch, gab es die angekündigten kommunistische Demonstrationen, allerdings mit unerwartet schwacher Beteiligung. Die Polizei, die die Kundgebungen auflöste, schätzte am Vormittag rund 8.000 Demonstranten, die sich in Gruppen zu 50 bis 500 Personen für einen Marsch in die Innenstadt gesammelt hätten.[11] Dieser Misserfolg wurde später von der KPD eingeräumt, auch den Streikaufruf der Partei vom 2. Mai befolgten nur etwa 25.000 Arbeiter statt der erhofften 250.000. Die von Dieter Fricke noch 1980 genannte Zahl von 200.000 Demonstranten ist vollkommen utopisch.[12] Aus jenem KPD-Aufruf stammt übrigens der Begriff *Blutmai*, der sich seitdem für die Bezeichnung der Maiereignisse einbürgerte und bis heute verwendet wird.[13]

---

8 T. Kurz: Blutmai, S. 94f.
9 Ebd. S. 24-26. Die letztere Schlagzeile bezog sich auf Äußerungen des Berliner SPD-Vorsitzenden Franz Künstler, der der KPD-Führung vorgeworfen hatte, gezielt auf eine Eskalation zuzusteuern und dabei schon im Vorfeld mit rund 200 Opfern zu rechnen.
10 H.A. Winkler: Schein, S. 674.
11 W. Boldt: Pazifisten, S. 180.
12 D. Fricke: Geschichte, S. 209.
13 In dem Aufruf des ZK der KPD vom 2. Mai 1929 zum Massenstreik gegen den Polizeieinsatz hieß es (zit. nach T.Kurz: Blutmai, S. 44): „Zörgiebels Blutmai – das ist ein Stück Vorbereitung des imperialistischen Krieges! Das Gemetzel unter der Berliner Arbeiterschaft – das ist ein Vorspiel für die imperialistische Massenschlächterei!" Zum Gebrauch der Bezeichnung *Blutmai* vgl. W. Boldt: Pazifisten, S. 177, Anm. 1.

Diese bescheidene Vorrichtung war vermutlich die einzige „Barrikade" während der Berliner Maiunruhen 1929. Sie hatte so gut wie keine praktische Bedeutung, allerdings eine hohe symbolische Wirkung. Der „Blutmai" wurde Teil des kommunistischen Mythos.

Nachdem sich diese Konfrontationen zwischen kommunistischen Demonstranten und der Polizei noch im erwarteten Rahmen gehalten hatten, sind die Härte und Nervosität nicht ohne weiteres erklärbar, mit welcher die Ordnungskräfte anschließend in der Innenstadt gegen die Zivilbevölkerung vorgingen. Vielfach wurde aus nichtigen Gründen von den Schlagstöcken Gebrauch gemacht, eine ziellose Jagd auf unbescholtene und im Zentrum der Großstadt ihrer alltäglichen Beschäftigung nachgehende Bürger eröffnet. Dieses rüde Verhalten der Polizei war während des ganzen Tages zu beobachten und führte zu scharfen Protesten aus der Bevölkerung. Derweil hatten sich Sozialdemokraten und Gewerkschaften an das Demonstrationsverbot gehalten und ihre Maifeiern in geschlossenen Räumen ausgerichtet. Die SPD veranstaltete eine Massenkundgebung im Berliner Sportpalast. Von eben dieser Veranstaltung kehrte am frühen Nachmittag der Klempner Max Gmeinhardt, Sozialdemokrat und Reichsbannermitglied, in seine Wohnung in der Kösliner Straße im Bezirk Wedding zurück. Der Wedding war in der Folgezeit neben Neukölln eines der Zentren der tagelangen Straßenschlachten. Als Gmeinhardt der Aufforderung der dort aufgezogenen Polizei, das Fenster seiner Wohnung zu schließen, nicht sofort nachkam, wurde er von einem Beamten erschossen.[14] Dieser erste tödliche Zwischenfall wirft ein bezeichnendes Licht auf die Geschehnisse im Berliner Blutmai. Gmeinhardt, kein Kommunist, sondern Sozialdemokrat, wurde nicht in „regulären" Straßenschlachten getötet, sondern war ein Opfer polizeilicher Nervosität und Überreaktion. Erst nach seinem Tod gerieten die Ereignisse am Wedding außer Kontrolle, und es kam zu Ausschreitungen, die man als Straßenschlachten bezeichnen kann. Doch es bedurfte erst eines weiteren denkwürdigen Zwischenfalls, um die Situation endgültig eskalieren zu lassen.

Am frühen Abend errichteten Demonstranten am südlichen Ende der Kösliner Straße eine Barrikade aus Steinen sowie Brettern und Röhren, die dort für den laufenden Straßenbahnbau gelagert waren. Diese Barrikade hatte ein eher bescheidenes Ausmaß, sie dürfte kaum höher als einen halben bis einen Meter hoch gewesen sein. Die Vorrichtung hatte auch nicht den Zweck, für den Barrikaden gemeinhin errichtet werden: als Feuerschutz. Sie sollte lediglich Polizeifahrzeuge an der Durchfahrt hindern. Thomas Kurz vermutet, dass dies überhaupt die einzige „Barrikade" gewesen sei, die während des Berliner Blutmai errichtet worden ist.[15] Aber allein der Begriff scheint den Auseinandersetzungen eine neue psychologische Dimension gegeben zu haben. Die *Rote Fahne* titelte am 2. Mai: „Barrikadenkämpfe im Wedding und Neukölln".[16] Das Schlüsselwort „Barrikade" konnte die Beteiligten an 1848 denken lassen, an die Pariser Commune von 1871, und nicht zuletzt an die Unruhen, die die unmittelbare Nachkriegszeit erschüttert hatten und nun genau zehn Jahre zurücklagen. Im *Spartakus*-Aufstand vom Januar 1919 hatte die kommunistische Bewegung mit Karl Liebknecht und Rosa Luxemburg ihre ersten Märtyrer gefunden. Thomas Kurz berichtet über den Verlauf der Ereignisse am Maifeiertag 1929: „Die Nachricht verbreitete sich wie ein Lauffeuer: ‚Barrikadenkämpfe' waren im Gange. Man muss wohl versuchen, sich in die Zeit zurückzuversetzen, um sich vorzustellen, was diese Vokabel, weniger als ein Jahrzehnt nach den bürgerkriegsähnlichen Kämpfen zu Beginn der Republik in den Köpfen der Polizisten und ihrer Führung auslöste: der ‚Aufruhr' war da, und dem musste entsprechend begegnet werden."[17] Der Barrikadenbau war sowohl für die Demonstranten als auch für die Ordnungskräfte von hoher symbolischer Bedeutung. Unmittelbar nach den ersten Berichten forderte die Polizei personelle Verstärkung

---

14 T. Kurz: Blutmai, S. 35; C. Bowlby: Blutmai, S. 146.
15 Siehe die Abbildungen in T. Kurz: Blutmai, S. 54. Die Bildunterschrift lautet: „Die wahrscheinlich einzige, wirklich gebaute Barrikade der Maitage, die von der Presse immer wieder und aus jeweils verschiedener Perspektive abgebildet wurde." Das wäre ein frühes Beispiel für die Gefahr der medialen Verzerrung eines Ereignisses. Es hat aber zumindest eine zweite Barrikade gegeben, wie ein weiteres Photo ebd. S. 49 beweist. Umgestürzte Fahrzeuge, wie sie in der Literatur gelegentlich erwähnt werden, sind auf keinem der Photos zu sehen.
16 Die Rote Fahne 2.5.1929.
17 T. Kurz: Blutmai, S. 36.

sowie Panzerwagen mit Maschinengewehren an.[18] Legt man die von Werner Boldt genannten damaligen Arten des Polizeieinsatzes zu Grunde, so stellte dies eine absolute Überreaktion dar. Die erste der drei Einsatzmöglichkeiten, der blitzartige Überfall mit Gummiknüppeln zum Auseinandertreiben von Menschenansammlungen, hatte, wie zuvor erwähnt, bereits seit dem Vormittag in der Innenstadt Anwendung gefunden und Kritik nach sich gezogen. Der an zweiter Stelle genannte Einsatz von Panzerwagen in Verbindung mit der Durchkämmung verdächtiger Straßen unter Gebrauch der Schusswaffe war erst nach Meldung von Schießereien vorgesehen. Solche waren aber aus der Kösliner Straße nicht gemeldet. Die Demonstranten gingen zumeist mit Flaschen oder Steinen zu Werke, nur ganz selten mit Feuerwaffen. Bei den tagelangen Durchsuchungen wurde so gut wie nichts gefunden. Aber selbst der gemeldete Bau von Barrikaden hatte in irgendeiner relevanten Weise gar nicht stattgefunden.[19] Vielleicht hat Rudolf Breitscheid diesem Faktum Rechnung getragen, als er beim Magdeburger SPD-Parteitag Ende Mai 1929 die ironische Bemerkung über die drei Behauptungen der Kommunisten machte: „Erstens, wir haben auf den Barrikaden gesiegt, zweitens, wir sind nie auf den Barrikaden gewesen, und drittens, wir haben überhaupt nie eine Barrikade gebaut."[20]

In der Nacht und am folgenden Tag setzten sich die Auseinandersetzungen zwischen der Polizei und den Protestierenden an den beiden Brennpunkten Hermannplatz (Neukölln) und Kösliner Straße (Wedding) fort. Die Einsatzkräfte der Staatsmacht waren inzwischen dazu übergegangen, unter Feuerschutz in Häuser einzudringen, um sie nach Verdächtigen und Waffen zu durchsuchen. Während die Straßenkämpfe weiter tobten, deren Ende nicht absehbar war, herrschten Streit und Aktionismus auch auf der politischen Bühne Berlins. Am 2. Mai beschloss die sozialdemokratischen Phalanx in der preußischen Staatsregierung – Ministerpräsident Otto Braun sowie Carl Severing und Albert Grzesinski – ein sofortiges Verbot der Roten Fahne für Preußen. Über ein mögliches Verbot der KPD bestand keine Einigkeit. Im Reichstag kam es am Nachmittag zu Tumulten, wie sie zuletzt nach dem Rathenaumord zu verzeichnen gewesen waren. Der KPD-Abgeordnete Wilhelm Pieck, der spätere DDR-Präsident, bezeichnete den Polizeichef Zörgiebel als „Mordkerl", prangerte die „Blutschuld" der Sozialdemokratie an und forderte die Aufhebung des Demonstrationsverbotes.[21] Später erhoben sich die kommunistischen Parlamen-

---

18 C. Bowlby: Blutmai, S. 145. Zum Folgenden siehe W. Boldt: Pazifisten, S. 207.
19 Die Literatur übersieht durchgängig, dass die Barrikaden im Jahr 1929 keinerlei praktische Bedeutung in den Straßenkämpfen mehr hatten, sondern nurmehr eine symbolisch-psychologische Funktion; siehe etwa Heinrich August Winkler, der noch von „Barrikadenkämpfe(n)" spricht (H.A. Winkler: Schein, S. 675, Bildunterschrift).
20 PVP-SPD Magdeburg 1929, S. 170.
21 VRT Bd. 424, S. 1802 (2.5.1929).

tarier und stimmten die *Internationale* an. Am folgenden Tag flauten die Unruhen langsam ab, obwohl ambivalente Anordnungen von Zörgiebel nichts Gutes verheißen hatten. Zunächst hatte er die Einsatzkräfte, denen angesichts des unverhältnismäßigen Vorgehens bereits von allen Seiten lautstarke Kritik entgegenschallte, zur Mäßigung aufgerufen, um dann jedoch durch ein „Verkehrs- und Lichtverbot" die Fronten weiter zu verhärten. In Neukölln, wo ein Sperrgürtel um das Unruhegebiet gezogen worden war, drohte sofortiger polizeilicher Beschuss, wenn Licht in einem straßenwärts gelegenen Fenster brannte. Dass solche und andere Nichtigkeiten lebensbedrohend sein konnten, verdeutlicht der letzte tödliche Zwischenfall der Berliner Maiunruhen. Kurz vor Mitternacht am 3. Mai wurde der neuseeländische Journalist Charles Mackay im Neuköllner Sperrgebiet von einem Polizisten gezielt erschossen, nachdem er Anordnungen zum Verlassen des Gebietes offenbar nicht verstanden hatte.[22]

Opferbilanz und erste Bewertung

Über die Zahl der im Berliner Blutmai Getöteten gab es auf Grund der schleppenden Informationspolitik von Polizei und Behörden lange Zeit Unklarheit. Noch in den 50er Jahren schwankten die Angaben zwischen sieben und 100 Opfern.[23] Die Bilanz bei Thomas Kurz nennt seitens der Demonstranten 33 Tote, 198 Verletzte und 1.228 Festnahmen. Es gab 47 verletzte Polizisten, von denen zehn im Krankenhaus behandelt werden mussten. Nur ein einziger wies eine Schussverletzung auf, die er sich jedoch selbst beigebracht hatte.[24] Dies ist ungewöhnlich angesichts des Bildes, das in der Öffentlichkeit von den Kämpfen entstand. Ungewöhnlich ist auch, dass in keiner Weise klar ist, wie sich die Todesopfer auf die Unruhebezirke verteilten, ob es mehr Opfer in Neukölln oder am Wedding gegeben hat.[25] Dagegen ist unbestritten, indes ebenso ungewöhnlich, dass von den über 1.200 in Polizeigewahrsam genommenen Personen nur etwa jeder zehnte einer kommunistischen Organisation angehörte. Die Polizei zählte 89 Mitglieder des RFB. Gegen 13 von ihnen, alle zwischen 18 und

---

22 T. Kurz: Blutmai, S. 67.
23 C. Bowlby: Blutmai, S. 137.
24 T. Kurz: Blutmai, S. 67f. Léon Schirmann nennt nur 32 Tote (L. Schirmann: Blutmai, S. 13) und verweist an anderer Stelle die „33 Toten der gängigen Geschichtsdarstellung (...) in den Bereich der Legende"; ders.: Neues zur Geschichte des Berliner Blutmai 1929, in: 100 Jahre Erster Mai. Beiträge und Projekte zur Geschichte der Maifeiern in Deutschland. Ein Tagungsbericht [Verein zum Studium sozialer Bewegungen], Berlin 1989, S. 43-55, Zitat S. 43. Die Weltbühne hatte am 24. Dezember 1929 berichtet, insgesamt seien 38 Personen an den Folgen der während der Unruhen erlittenen Verletzungen gestorben.
25 Bowlby geht von 33 Opfern aus, darunter acht Frauen, 19 Opfer habe es am Wedding gegeben (C. Bowlby: Blutmai, S. 149). Schirmann verteilt die Opfer wie folgt: Neukölln 17, Wedding elf, andere Orte vier (L. Schirmann: Neues, S. 45 Schaubild 1).

24 Jahren alt, wurde Haftbefehl erlassen.[26] Werner Boldt taxiert die Zahl der Verfahrenseröffnungen auf 78, bei denen 43 Verurteilungen zu insgesamt knapp zehn Jahren Gefängnis und rund 300 Mark Geldstrafe ausgesprochen wurden. Die höchste Einzelstrafe belief sich auf neun Monate. „Wenn man berücksichtigt", folgert Boldt, „dass Aufruhr und Landfriedensbruch mit einer Zuchthausstrafe bis zu 10 Jahren belegt wurden, das Gesamtstrafmaß aller Verurteilten also darunter blieb, erkennt man, wie gering die geahndeten Vergehen gewesen sein müssen, zumal man annehmen muss, dass die Richter den Beschuldigten nicht gerade wohlgesonnen waren."[27]

Dieser Vorgriff auf die juristische Aufarbeitung des Blutmai mag schon verdeutlichen, dass es im aufgeheizten politischen Klima der Maiunruhen zu Missdeutungen und Fehlinterpretationen bei der Bewertung der Vorgänge gekommen war. Es hatte keine massive Auseinandersetzung zwischen Kommunisten und der Polizei stattgefunden, schon gar nicht auf Grund eines politischen Gegensatzes zwischen KPD und SPD. Die *Frankfurter Zeitung* schrieb bereits am 3. Mai 1929 völlig zutreffend: „Der politische Charakter der Unruhen tritt also offenbar zurück gegenüber einer Auseinandersetzung zwischen Polizei und Großstadtmob."[28] Die Krawalle waren eher sozialer als politischer Natur, und sie waren nach Lage der Dinge nicht von einer Partei gesteuert. „Die große Offensive, mit der die Kommunisten vor dem 1. Mai soviel bramarbasiert hatten, hatte überhaupt nicht stattgefunden", stellt Thomas Kurz zutreffend fest und beschreibt schlüssig, wie es dennoch zu der Eskalation der Gewalt kommen konnte: „Der ‚Aufstand' war sowieso nie geplant worden, und wenn doch, hätte die Polizei dies wissen müssen. Auf fast allen kommunistischen Veranstaltungen, die die Politische Polizei hatte observieren lassen, war aber, bei aller verantwortungsloser Hetze, immer auch zu Vorsicht und Zurückhaltung aufgerufen worden. Dass die Berliner Polizei sich trotzdem auf alle Eventualitäten vorbereitete, war unumgänglich. Zur Katastrophe führte dann aber, dass die Polizeiführung tagelang stur und in unglaublicher Verblendung an der einmal eingeschlagenen Taktik festhielt."[29] Die Hintergründe umschreibt Kurz so: „Bedenkt man (...), dass Schutzpolizei und Bereitschaften vor dem 1. Mai tagelang unter Alarmzustand einkaserniert, dass sie in dieser Zeit auf Straßenkämpfe hin trainiert worden waren und ihnen schließlich von ihren Vorgesetzten wohl die Anweisung mit auf den Weg gegeben worden war, diesmal ein Exempel zu statuieren, dann überrascht die völlige Fehlleistung der Polizei weit weniger. Sie hatte an einen kommunistischen Aufstand geglaubt,

---

26 T. Kurz: Blutmai, S. 72.
27 W. Boldt: Pazifisten, S. 186.
28 Zit. nach T. Kurz: Blutmai, S. 53.
29 Ebd. S. 77

259

sie hatte ihn vorbereitet, und also fand er auch statt."[30] So einfach ist das zuweilen mit den sich selbst erfüllenden Prophezeiungen.

Folgen

Der Blutmai hatte tief greifende Auswirkungen auf die politischen Verhältnisse in der Weimarer Republik, viele Entwicklungen wurden durch die Berliner Ereignisse 1929 beschleunigt. Unmittelbare Folge war zunächst ein rapider Aufschwung der Nationalsozialisten in der Wählergunst. Bei den Landtagswahlen in Sachsen am 12. Mai und in Mecklenburg-Schwerin am 23. Juni 1929 errang die NSDAP ihre ersten großen Erfolge. In Sachsen stieg ihre Stimmenzahl binnen eines Jahres von 77.000 auf 133.000.[31] Bei den lokalen Wahlen in Berlin im November 1929 konnte die NSDAP am Wedding, bislang eine linke und zumal kommunistische Hochburg, einen ersten Erfolg verbuchen. Im Weddinger Reichstagswahlkreis stieg der Stimmenanteil der Nationalsozialisten überdurchschnittlich stark an, von unter einem Prozent 1928 auf neun Prozent 1930.[32]

Im Zentrum der öffentlichen Erörterungen stand von Anfang an die „Polizeikatastrophe", so der ehemalige Polizeioberst Hans Lange, der von pazifistischen Kreisen als Experte herangezogen wurde.[33] Die *Deutsche Liga für Menschenrechte* setzte einen prominent besetzten Ausschuss zur Untersuchung der Maiunruhen ein, der seinen Abschlussbericht im Oktober 1929 veröffentlichte.[34] Darin wurde insbesondere auf die soziale Einstellung der Polizisten verwiesen. Die Ordnungskräfte seien von einer „Bürgerkriegspsychose" geprägt gewesen – dies zeigt die soziale und gesellschaftliche Präsenz des Weltkriegserlebnisses noch mehr als zehn Jahre nach dem Waffenstillstand. Das *Berliner Tageblatt* hatte schon unmittelbar nach den Unruhen geschrieben, es habe „in den Polizeiberichten nicht an Ausdrücken gefehlt, die an die Großkampftage von der Somme oder Verdun erinnerten".[35] Von der „Mobilmachungspsychose" von 1914 über die verbreitete „Kriegspsychose" der Nachkriegszeit war es nur noch ein kleiner Schritt zu diesem neuen und doch so bekannten Phänomen.[36]

---

30 Ebd. S. 86f. Ob es eine Anweisung des Polizeipräsidenten an die Ensatzkräfte gegeben hat, ein Exempel zu statuieren, ist laut Winkler unklar (H.A. Winkler: Schein, S. 674).
31 L. Schirmann: Blutmai, S. 322f.
32 C. Bowlby: Blutmai, S. 154. Vergleichswerte für das gesamte Reich: 1928 2,6 Prozent, 1930 18,3 Prozent.
33 Frankfurter Zeitung 15.6.1929, hier zit. nach W. Boldt: Pazifisten, S. 184.
34 Siehe zur Arbeit des Ausschusses T. Kurz: Blutmai, S. 81-83. Der Begriff „Bürgerkriegspsychose" ebd. S. 83.
35 Berliner Tageblatt 7.5.1929, hier zit. nach W. Boldt: Pazifisten, S. 183.
36 Der Arzt Walter Fuchs prägte 1914 den Begriff „Mobilmachungspsychose". Dieses Phänomen hatte sich zu Beginn des Ersten Weltkrieges etwa in der verbreiteten hysterischen Angst

Die scharfe Kritik am Vorgehen der Polizei, die sofort nach den Maitagen laut wurde, rückte jedoch rasch ab von soziologischen Befunden und gewann einen politischen Charakter. Carl von Ossietzky schrieb am 14. Mai 1929 in der *Weltbühne*: „Die Berliner Polizei ist einseitig gegen links gedrillt. Sie ist eine verhetzte, wildgemachte Bürgerkriegstruppe, von der man nicht jeden einzelnen Wachtmeister oder Leutnant zur Rechenschaft ziehen darf. Sie exekutiert nur, was sie gelernt hat und was sie für ihre Pflicht hält. Weil sie nur gegen Rot eingesetzt wird, kennt sie nur diese eine feindliche Farbe." Bereits eine Woche zuvor hatte Ossietzky in der gleichen Zeitschrift mit einem Beitrag Aufsehen erregt, dessen Überschrift die Verurteilung des Polizeieinsatzes durch weite Kreise der Öffentlichkeit prägnant formulierte: „Zörgiebel ist schuld!"[37] Der pazifistische, linksbürgerliche Publizist setzte hier ein Fanal, das als eine Art deutsches *J'accuse* gewirkt haben muss. Die Fokussierung auf den sozialdemokratischen Berliner Polizeipräsidenten war wohl begründet. „Schuldig", schrieb Ossietzky, „ist nicht der einzelne erregte und überanstrengte Polizeiwachtmeister, sondern der Herr Polizeipräsident, der in eine friedliche Stadt die Apparatur des Bürgerkriegs getragen hat." Diese Feststellung ist zugleich richtig und falsch, denn wenn man berücksichtigt, dass die Berliner Unruhen in starkem Maße sozial und von ihrer Genese her weniger politisch bedingt waren, dann ist Zörgiebels Haltung sicherlich zu kritisieren, jedoch war eine solche Eskalation beim besten Willen nicht vorauszusehen. Zudem ist zu berücksichtigen, dass beide Arbeiterparteien diese Eskalation zu einer Art Stellvertreterkrieg nutzten, in der SPD und KPD die bestehenden Abneigungen und negativen Klischees in die jeweilige Gegenseite hineinprojizierten: Die Sozialdemokraten sahen in den Kommunisten staatsfeindliche Lumpenproletarier. Die Partei, die sich nach den Unruhen mit wenigen Ausnahmen geschlossen hinter Zörgiebel stellte – Ausnahmen waren der Jurist Hugo Sinzheimer sowie Kurt Rosenfeld, Mitglied der „Klassenkampf-Gruppe"[38] – griff dabei auf alle verfügbaren Machtmittel zurück. Wegen bewaffneten Vorgehens und der Errichtung von Barrikaden gegen die Polizei, so die Begründung Severings bei der Landesinnenministerkonferenz am 10. Mai 1929, wurde der RFB zunächst in Preußen, dann im ganzen Reich verboten.[39] Indes schlug die politische Gegnerschaft zwischen Sozialdemokraten und Kommunisten nach den Maiunruhen in einen

---

geäußert, ausländische Spione hätten Wasserleitungen vergiftet und dergleichen; siehe Bernd Ulrich/Benjamin Ziemann (Hg.): Frontalltag im Ersten Weltkrieg. Wahn und Wirklichkeit. Quellen und Dokumente, Frankfurt a.M. 1994, S. 31. Vgl. einen entsprechenden Bericht der BZ am Mittag vom 9.8.1914, ebd. S. 29.
37 Die Weltbühne 7.5.1929, hier zit. nach C.v. Ossietzky: Rechenschaft, S. 124-128. Das folgende Zitat S. 128.
38 T. Kurz: Blutmai, S. 92.
39 Ein Bericht des hessischen Gesandten beim Reichsrat über die Sitzung ist abgedruckt in G. Jasper: Schutz, S. 305-310, hier S. 310.

ideologischen Krieg um, der durch die Ereignisse selbst nicht legitimiert war. Die *Gewerkschaftszeitung* schrieb am 11. Mai 1929, es sei „zweifellos bewiesen, dass die Moskauer Gewalthaber ihre Puppen in Deutschland tanzen ließen". Die Aktion sei eine „Entlastungsoffensive ihrer Berliner Lakaien" gewesen, um von eigenen Schwierigkeiten abzulenken. Otto Wels wies beim Magdeburger SPD-Parteitag Ende Mai jede Mitverantwortung seiner Partei für die „blutigen Begleiterscheinungen" der Unruhen zurück: „Wir bedauern aus tiefster Seele jedes dieser Opfer. Wir lehnen aber auch gleichzeitig vor der ganzen Welt die in frivoler Weise uns zugeschobene Schuld an den Blutopfern des 1. Mai ab. Unser Gewissen ist rein."[40] Im Gegenzug mokierte sich die KPD über die sozialdemokratisch dominierte, repressive Polizei und den „Sozialfaschismus" der Klassenbrüder. Die *Rote Fahne* nannte die SPD am 22. März 1931 „Polizeisozialisten".[41] Zentral aber war die Legitimation des „Sozialfaschismus"-Vorwurfes durch den Blutmai. Heinz Neumann behauptete auf dem 10. EKKI-Plenum im Juli 1929, wenn Italien das klassische Land des Faschismus sei, sei Deutschland das klassische Land des Sozialfaschismus.[42] Diese kommunistische Haltung wurde visualisiert in Form von Puppen, die Zörgiebel im Kostüm von Mussolini präsentieren.[43]

Der Wedding-Mythos

Die Kommunisten nutzten den Blutmai nicht nur zur praktischen Untermauerung der bereits vorgeprägten Sozialfaschismus-These, sondern auch zur Entwicklung eines proletarischen Mythos, der in der Hauptsache gegen die Sozialdemokratie gerichtet war. Wenn man die Opfer der Maiunruhen verklären wollte, so war es nötig, dies an Ort und Stelle zu tun. Kurzerhand wurde der für Dresden geplante KPD-Parteitag nach Berlin verlegt: Er fand vom 9. bis 16. Juni 1929 in den Pharussälen in der Weddinger Müllerstraße statt, „im roten Wedding, der Hochburg des Kommunismus, dem Schauplatz der heldenhaften Barrikadenkämpfe vom 1. und 2. Mai", wie es im Parteitagsmanifest pathetisch heißt.[44] Auf dem Kongress erklärte Walter Häbich, der Vorsitzende des Kommunistischen Jugendverbandes, beim Blutmai hätten Jugendliche an vorderster Front und am tapfersten gekämpft. Der Wedding-Mythos, das wird hier deutlich, sollte jugendlich geprägt sein, und immerhin war dies von den Tatsachen nicht ganz so weit entfernt wie manch anderes in der Nachbetrachtung des

---

40 PVP-SPD Magdeburg 1929, S. 15.
41 Beide Invektiven zit. nach T. Kurz: Blutmai, S. 104, 150.
42 Ebd. S. 147.
43 C. Bowlby: Blutmai, S. 151.
44 Zit. nach L. Schirmann: Blutmai, S. 295.

Blutmai.[45] Unter dem Eindruck der Berliner Maiereignisse formierte sich die Agitpropgruppe *Der Rote Wedding*, die im November 1929 ihr erstes Programm zeigte und rasch zur bekanntesten Gruppe der kommunistischen Kulturbewegung wurde.[46] Das gleichnamige Auftrittslied aus der Feder von Erich Weinert mit der Musik von Hanns Eisler, in dem der Opfer des Blutmai gedacht wird, wurde zu einem der verbreitetsten antifaschistischen Kampflieder: „Links, links, links, links! Trotz Zörgiebels Polizei! / Links, links, links, links! Wir gedenken des Ersten Mai! / Der herrschenden Klasse blut'ges Gesicht, / der rote Wedding vergisst es nicht / und die Schande der SPD! / Sie wollen uns das Fell über die Ohren ziehn, / doch wir verteidigen das rote Berlin, / die Vorhut der Roten Armee."[47]

4.2. Der Maifeiertag und seine Wandlungen in der Republik

Wenn der verhängnisvolle 1. Mai 1929 den Krieg der gespaltenen Arbeiterklasse symbolisch auf die Spitze trieb, so war dies der traurige Höhepunkt einer bis dahin imposanten Festgeschichte des Maifeiertages. Seit 1890 von der organisierten Arbeiterbewegung begangen, wurde der Tag rasch zum zentralen Bestandteil der proletarischen Feierkultur und errang insbesondere in der Weimarer Republik große Bedeutung.[48] Nach einem Blick auf Entstehung und Entwicklung des Festtages geht es in diesem Abschnitt sodann um die besondere Bedeutung des Jahres 1919, als der 1. Mai in Deutschland Nationalfeiertag war. Gestreift werden daran anschließend die allgemeine Festtagsfrage der Arbeiter-

---

45 H.A. Winkler: Schein, S. 673.
46 Ludwig Hoffmann/Daniel Hoffmann-Ostwald: Deutsches Arbeitertheater 1918-1933. 2 Bde, München ²1973; hier Bd. 2, S. 12-18.
47 Text und Musik ebd. S. 15f.
48 Aus der Literatur sind vor allem die fundierten Studien des Tübinger Kulturwissenschaftlers Gottfried Korff zu nennen: G. Korff: Volkskultur; ders.: „Heraus zum 1. Mai". Maibrauch zwischen Volkskultur, bürgerlicher Folklore und Arbeiterbewegung, in: Richard van Dülmen/Norbert Schindler (Hg.): Volkskultur. Zur Wiederentdeckung des vergessenen Alltags (16.-20. Jahrhundert), Frankfurt a.M. 1984, S. 246-281; ders.: Rote Fahnen und geballte Faust. Zur Symbolik der Arbeiterbewegung in der Weimarer Republik, in: Dietmar Petzina (Hg.): Fahnen, Fäuste, Körper. Symbolik und Kultur der Arbeiterbewegung, Essen 1986, S. 27-60; ders.: Bemerkungen zur Symbolgeschichte des 1. Mai, in: 100 Jahre Erster Mai. Beiträge und Projekte zur Geschichte der Maifeiern in Deutschland. Ein Tagungsbericht [Verein zum Studium sozialer Bewegungen], Berlin 1989, S. 85-103. Ferner wurden herangezogen Manfred Jenke: Zur Geschichte des 1. Mai. Ereignisse der geschichtlichen Entwicklung des 1. Mai. Hg. vom Deutschen Gewerkschaftsbund, Köln o.J. [ca.1960]; Udo Achten: Illustrierte Geschichte des 1. Mai, Oberhausen 1979; D. Fricke: Geschichte; der Sammelband Inge Marßolek (Hg.): 100 Jahre Zukunft. Zur Geschichte des 1. Mai, Frankfurt a.M./Wien 1990. Zur sozialdemokratien Festkultur siehe Udo Achten (Hg.): Zum Lichte empor. Mai-Festzeitungen der Sozialdemokratie 1891-1914, Berlin/Bonn 1980.

bewegung und, als exkursorischer Spezialfall, die Bedeutung des 9. November als Revolutionstag. Breiten Raum nimmt danach die Entwicklung des Maifeiertages in der Weimarer Republik ein, nach deren Untergang er vom nationalsozialistischen Staat ideologisch und massenwirksam okkupiert wurde. Dass dies so ohne weiteres und relativ bruchlos geschehen konnte, liegt unter anderem an der Tatsache, dass der Erste Mai bereits lange vor der Erhebung zum proletarischen Feiertag Bestandteil der Volkskultur war.

Der Erste Mai in der Kulturgeschichte: Frühlingsbrauchtum und Achtstundentag

Die Maifeier war nicht traditions- und wurzellos, keine sozialistische Erfindung. Schon im antiken Frühlingsbrauchtum finden sich Spuren des Feiertages, der germanische Mythos kennt die Hexenritte der Walpurgisnacht, und für den Übergang vom agrarischen zum industriellen Zeitalter hat Gottfried Korff die parallele Verankerung des Ersten Mai in das dörflich-bäuerliche, das städtisch-bürgerliche und das städtisch-proletarische Milieu eindrucksvoll nachgewiesen.[49] Im letzteren Bereich gab es schon Mitte des 19. Jahrhunderts Adaptionen, und nicht zuletzt die Haymarket-Tragödie in Chicago 1886 hat dem Tag in der internationalen Arbeiterbewegung große Popularität verschafft. Nach einer Protestkundgebung gegen das gewalttätige Polizeivorgehen bei einem Arbeiterstreik am Maifeiertag war es auf dem Haymarket zu neuen blutigen Zusammenstößen gekommen. Acht vormeintlichen Rädelsführern wurde der Prozess gemacht, vier von ihnen endeten auf dem Schafott.[50] Der Erste Mai entwickelte

---

49 G. Korff: Heraus, S. 252-276, weist dies mit Beispielen aus dem rheinisch-westfälischen Raum nach. Allen drei Bereichen gemeinsam, so Korff zusammenfassend, sei die intendierte Schaffung von Gruppenidentitäten. Dass die zeitgenössische Maifeier-Forschung der 20er Jahre – zum Beispiel Friedrich Giovanoli: Die Maifeierbewegung. Ihre wirtschaftlichen und soziologischen Ursprünge und Wirkungen (Sozialwissenschaftliche Abhandlungen, Bd. 1), Karlsruhe 1925 – die Verwurzelung in ältere Traditionen verneint, erklärt Korff schlüssig mit dem dort verwendeten Material, zum großen Teil politische Selbstaussagen der frühen Sozialdemokratie. Bei der notwendigen politischen Gewichtung des Maifeiertages und dem vorwärtsweisenden Charakter der Bewegung müsse die Traditionsbindung zwangsläufig in den Hintergrund rücken.

50 Siehe hierzu Christiane Harzig: Die Haymarket-Tragödie in Chicago 1886. „Der erste Mai: der Geburtstag der Arbeiterbewegung", in: I. Marßolek: Zukunft, S. 55-76. Die Vorfälle 1886 haben den deutschen Schriftsteller Alfons Paquet zu dem Drama *Fahnen* inspiriert, das 1924 an der Berliner Volksbühne uraufgeführt wurde. Die Inszenierung von Erwin Piscator gilt als grundlegender Beitrag zur Herausbildung des später von Bertolt Brecht auf den Höhepunkt geführten epischen und politischen Theaters in der Weimarer Republik (siehe die Rezensionen in Günther Rühle: Theater für die Republik im Spiegel der Kritik. 1. Band: 1917-1925. 2. Band: 1926-1933. Überarbeitete Neuauflage, Frankfurt a.M. 1988; hier Bd. 1, S. 540-546).

sich als internationaler Feiertag des Proletariats und steht zugleich in einem eigentümlichen zeitlichen und inhaltlichen Zusammenhang mit der Geschichte der deutschen Sozialdemokratie, nicht nur weil sechs der acht in Chicago Angeklagten deutsche Auswanderer gewesen waren. Als sich der vierte Internationale Sozialistische Kongress anlässlich der Zentenarfeier der Französischen Revolution im Juli 1889 in Paris versammelte und die Erhebung des Ersten Mai zum Feiertag der Arbeiterklasse beschloss, war das Bismarcksche Sozialistengesetz noch in Kraft, eine legale Betätigung der organisierten deutschen Arbeiterbewegung praktisch unmöglich.

Ein knappes Jahr später, als in ganz Europa die ersten proletarischen Maifeiern stattfanden, war Bismarck gestürzt, wenige Monate später fiel auch das Sozialistengesetz. So war der Feiertag, mit dem sich international zentrale Forderungen wie Arbeiterschutz, Achtstundentag sowie Arbeitsruhe verbanden, für das deutsche Proletariat von vornherein auch ein Tag des Sieges über Bismarck und des neu erwachten Selbstbewusstseins. In der proletarischen Festkultur rückte der Erste Mai rasch in den Mittelpunkt und verdrängte die herkömmlichen Feiern. „Die Massenwirksamkeit des ‚roten' Mai übertraf alle anderen sozialistischen Feier- und Gedenktage, die es bis 1890 im Kaiserreich gegeben hatte", schreibt Gottfried Korff. „Der Maitag wurde das Zentrum der proletarischen Kultur – die anderen Feiertage traten zugunsten der sozialistischen Maitradition zurück. So etwa der Todestag Lassalles, der lange Zeit in Opposition zur patriotisch-militaristischen Hurra-Kultur der Sedansfeiern aufgezogen worden war, oder auch der 18. März, der die Erinnerung an die Märzrevolution 1848 wachgehalten hatte. Im Gegensatz zu diesen ‚Gedenktagen' hatte die Maifeier von Anfang an nicht nur eine retrospektive, sondern eine politisch vorwärtsweisende Dimension, die sich plausibel in die politischen Denk- und Handlungszusammenhänge der klassenbewussten Arbeiterschaft einfügen ließ."[51] Die sich herausbildende Maitradition erfüllte in gewissem Umfang auch die Funktion eines Religionsersatzes. Auf Transparenten waren Parolen wie „Sozialismus, dein Reich komme" und „Wir wollen hier auf Erden schon das Himmelreich errichten" zu lesen. Dieser religiöse Impetus war aber in der Arbeiterbewegung umstritten. August Bebel warnte schon 1892 in der *Neuen Zeit* vor einer Zelebrierung als „Erlösungsfeier".[52] Die Feierkombination 18. März und 1. Mai stellte einen Gegenentwurf zur bürgerlich-christlichen Festkultur um Ostern und Pfingsten dar. In Frankreich war für den Maifeiertag der Begriff „Arbeiterostern" gebräuchlich.[53] Überhaupt fühlte sich das Bürgertum durch die Maikundgebungen der Sozialisten beunruhigt und herausgefor-

---

51 G. Korff: Volkskultur, S. 98.
52 Ebd. S. 99. Nichtsdestotrotz konnte Wilhelm Sollmann den Maifeiertag noch 1928 als „Glaubensfest der sozialistischen Internationale" titulieren; VRT Bd. 423, S. 128 (10.7.1928).
53 G.L. Mosse: Nationalisierung, S. 269, Anm. 22.

dert. Stefan Zweig hat am Wiener Beispiel eindrücklich die vorurteilsbehafteten Ängste der herrschenden Schichten vor Krawallen beschrieben, als das Proletariat einen Maifestzug zum Prater veranstalten wollte: „Sozialisten, das Wort hatte damals in Deutschland und Österreich etwas vom blutigen und terroristischen Beigeschmack wie vordem das Wort Jacobiner und später das Wort Bolschewisten; man konnte es im ersten Augenblick gar nicht für möglich halten, dass diese rote Rotte aus der Vorstadt ihren Marsch durchführen werde, ohne Häuser anzuzünden, Läden zu plündern und alle denkbaren Gewalttaten zu begehen." Die Ängste basierten auf tiefen Ressentiments und waren zudem vollends unbegründet, denn die Sozialisten marschierten vorbildlich diszipliniert zum Prater, es kam zu keinerlei Zwischenfällen.[54]

Nachdem zunächst der Achtstundentag die bestimmende Forderung des Maitages gewesen war, diente der *Weltfeiertag der Arbeit* in den Jahren vor Ausbruch des Ersten Weltkrieges in erster Linie als Demonstrationstag für die Idee des Weltfriedens, der Abrüstung und des Völkerbundes. Nach dem Auseinanderbrechen der Zweiten Internationale und dem Beginn des Krieges fanden 1915 keine Maikundgebungen statt. Doch schon bald erlebte der Feiertag eine Renaissance. Am 1. Mai 1916 erregte in Deutschland die Verhaftung von Karl Liebknecht während einer Antikriegsdemonstrationen am Potsdamer Platz in Berlin großes Aufsehen, und ein Jahr später war das noch nicht bolschewistische Russland der erste Staat der Welt, in dem der Erste Mai zum Feiertag erklärt wurde.

Die Feiertagsfrage in Weimar aus proletarischer Sicht

Nach der deutschen Niederlage im Weltkrieg und dem Untergang der Monarchie musste sich die Frage nach einem offiziellen Staatsfeiertag völlig neu stellen. Die politischen Entscheidungsträger standen vor der Aufgabe, einen Tag zu finden, der sowohl der republikanischen Staatsform Rechnung trug als auch breitestmögliche Zustimmung im Volk auf sich zu ziehen versprach. So lange keine neue Verfassung und damit auch kein Verfassungstag existierte, gab es aus Sicht der Sozialdemokratie drei Optionen für einen möglichen republikanischen Feiertag. Zwei davon, der 18. März und der 1. Mai, stammten aus der sozialistischen Tradition, dazu trat der 9. November als Revolutionstag. Aus diesem Fundus schied der 18. März, der Erinnerungstag an die revolutionären Barrikadenkämpfe von 1848, von vornherein aus. Er wurde zwar in der Arbeiterbewegung weiterhin begangen, war aber zu keinem Zeitpunkt als offizieller Feiertag im Gespräch, weder auf Reichsebene noch in einzelnen Ländern. An-

---

54 Stefan Zweig: Die Welt von Gestern. Erinnerungen eines Europäers, Frankfurt a.M. 1970 [zuerst Stockholm 1944], S. 79f.

ders war dies im Falle des 9. November, der in der Weimarer Republik eine merkwürdige Rolle spielte.

Exkurs: Der 9. November

Der Revolutionstag war insofern ein problematischer Fall, als die Erinnerung an die Staatsumwälzung vom November 1918 keinerlei Aussicht auf ungeteilte Zustimmung in der Bevölkerung hatte. Eine nationale Einigung, wie sie nationale Symbole anstreben sollen, war hier in weiter Ferne. Je nach politischem Standpunkt galt der 9. November als Tag der Verheißung und des Neubeginns oder als Tag des Unglücks. Eine Revolutionsfeier, wie sie Kurt Eisner im Münchner Nationaltheater am 17. November 1918 mit unverkennbarem Instinkt für politischen Liturgik ausrichtete, blieb die große Ausnahme in Deutschland.[55] Die bürgerlichen Kreise, deren Festkultur hier mittels dunklen Anzügen, Symphonieorchester und staatstragender Ansprache adaptiert worden war, bevorzugten in der Regel die Interpretation als Unglückstag, und man musste noch nicht einmal die zeitliche und kausale Reihung von Kriegsniederlage und Revolution ins Gegenteil verkehren, wie es in dem innenpolitisch vergiftenden Dolchstoß-Vorwurf geschah, um wie der bürgerliche Historiker Friedrich Meinecke zehn Jahre nach der Revolution zu dem Ergebnis zu kommen: „Der 9. November 1918 kann, darf und wird nie ein nationaler Feiertag werden."[56] Als solcher ließ er sich lediglich in denjenigen Kreisen propagieren, die in der Revolution einen ersten Schritt zur konsequenten Verwirklichung sozialistischer Ziele, zur revolutionären Veränderung der Wirtschafts- und Gesellschaftsordnung erblickten. Insofern war es bezeichnend, dass die USPD schon 1919 für den 9. November als Nationalfeiertag eintrat.[57]

Hier lag sie im Dissens mit den Mehrheitssozialdemokraten. Reichsinnenminister Eduard David bezeichnete diese Forderung im Reichstag ausweichend als „verfrüht".[58] Die MSPD-Fraktion hatte bereits zuvor das Ansinnen der Unabhängigen zurückgewiesen und ihre Haltung bei der bevorstehenden Abstim-

---

55 Siehe G.L. Mosse: Nationalisierung, S. 198. Die Rede Eisners ist abgedruckt in Kurt Eisner: Zwischen Kapitalismus und Kommunismus. Hg. und mit einer biographischen Einführung versehen von Freya Eisner, Frankfurt a.M. 1996, S. 249-251. Wilfried van der Will/Rob Burns (Arbeiterkulturbewegung in der Weimarer Republik. Eine historisch-theoretische Analyse der kulturellen Bestrebungen der sozialdemokratisch organisierten Arbeiterschaft. 2 Bde., Frankfurt a.M. usw. 1982, S. 147f.) erwähnen zwar den 9. November als politischen Festtag der Sozialdemokratie, erbringen aber keine Belege für tatsächliche Feiern. Zudem verwenden sie den irreführenden Begriff „Verfassungsfeier".
56 Zit. nach W. Malanowski: November-Revolution, S. 120.
57 Der USPD-Antrag vom 12. April 1919 forderte die Einführung der „Nationalfesttage" 1. Mai und 9. November (VNV Bd. 335, S. 169).
58 VNV Bd. 327, S. 1055 (15.4.1919).

mung deutlich gemacht: „Gegen die von den Unabhängigen beantragte Freigabe auch des 9. November wird die Fraktion stimmen, nicht weil sie gegen die Feier ist, sondern es in dieser Frage erst einer Verständigung mit den Einzelstaaten bedarf."[59] Das war natürlich eine Ausflucht. In Wirklichkeit gab es in der MSPD, deren Spitzen die Revolution nicht gerade herbeigesehnt hatten, weder ernsthafte Bemühungen um die Erhebung des 9. November zum reichsweiten Feiertag noch die hier angedeutete „Verständigung mit den Einzelstaaten". Einzig im traditionell *roten* Sachsen wurde der Revolutionstag bereits sehr früh auf Initiative beider sozialistischer Parteien zum arbeitsfreien Feiertag gemacht.[60] Die sächsischen Sozialdemokraten, in der Gesamtpartei weit links stehend und mit der *Leipziger Volkszeitung* über ein reichsweit beachtetes Presseorgan verfügend, zogen den 9. November später selbst dem Verfassungstag vor.[61] Erst als die SPD 1929 die Regierungsmacht in Sachsen verlor, erfolgte durch die neue bürgerliche Landtagsmehrheit prompt die Abschaffung des arbeitsfreien Tages.[62] Auf Reichsebene dagegen gab es keinerlei Initiativen. Auf dem MSPD-Parteitag in Kassel 1920 scheiterte ein Delegierter mit dem Vorschlag, sowohl den Ersten Mai wie auch den Revolutionstag zu Feiertagen zu machen.[63] Das ist kongruent mit der ambivalenten Haltung der Mehrheitssozialdemokratie zur Revolution, wie sie etwa durch Friedrich Ebert zum Ausdruck kam, dem man zu Recht bescheinigt hat, dass er sich im November 1918 wohl mit einer parlamentarisch-demokratischen Monarchie abgefunden hätte. Exemplarisch für diese Haltung, wie sie typisch für die SPD-Führung war, ist ein Aufsatz von Carl Severing zum zehnten Jahrestag der Novemberrevolution 1928.[64] Darin bezeichnete der damalige Reichsinnenminister den 9. November als „Gedenktag", als „Sturmtag des neuen Deutschland". Allerdings sei die Geburt der Republik in keine glückliche Zeit gefallen, deshalb könne richtige Festfreude an den Jahrestagen nicht aufkommen. „Der 9. November 1918 war in seinem letzten Grunde der Tag der Selbsthilfe eines gequälten Volkes, das zu

---

59 Die SPD-Fraktion, S. 77 (14.4.1919).
60 Schon im April 1919 waren der 1. Mai und der 9. November in Sachsen Feiertage, wie aus einer entsprechenden Bemerkung des USPD-Abgeordneten Hugo Haase in der Nationalversammlung hervorgeht (VNV Bd. 327, S. 1054).
61 Peter Steinbach: „Aus dem Reichsfeind von früher ist der Verteidiger der Republik geworden". Sozialdemokratisches Verfassungsverständnis im Spiegel der Weimarer Verfassungsfeiern, in: Richard Saage (Hg.): Solidargemeinschaft und Klassenkampf. Politische Konzeptionen der Sozialdemokratie zwischen den Weltkriegen, Frankfurt a.M. 1986, S. 193-207, hier S. 199. Auf dem MSPD-Parteitag in Kassel 1920 schlug ein Delegierter beide Tage als Feiertage vor (PVP-SPD Kassel 1920, S. 113).
62 Sozialdemokratische Parteikorrespondenz 1929, S. 688. Der sächsische Landtag nahm am 26. November 1929 eine „Regierungsvorlage zur Abschaffung des Novemberfeiertages" mit 47 gegen 44 Stimmen an.
63 PVP-SPD Kassel 1920, S. 113.
64 AdsD NL Carl Severing, Mp. 14/14 (Zitate S. 2).

seiner Führung kein Vertrauen mehr besaß und sich anschickte, sein Schicksal selbst zu schmieden." Der Revolutionstag war also selbst für Sozialdemokraten kein herausragender Grund zu Feierlichkeiten, weder auf Reichsebene noch in den Ländern.

Für einen „gerechten Frieden": Der Erste Mai als nationaler Feiertag 1919

Dem Maifeiertag wurde seitens der Sozialdemokratie von Anfang an größeres Gewicht als dem Revolutionstag beigemessen. Eine Besonderheit in der Geschichte des deutschen Maifeiertages stellte die Situation im Jahr 1919 dar. Das Land war von innenpolitischen Unruhen erschüttert, eine vorläufige republikanische Ordnung harrte der Präzisierung durch die entstehende Verfassung, und nicht zuletzt blickte man mit banger Erwartung auf die Versailler Friedensverhandlungen mit den Siegermächten des Weltkrieges. Gerade vor dem Hintergrund dieser aktuellen Relevanz bot es sich an, dem bevorstehenden Maifeiertag eine breitere Bedeutung zu verleihen. In der Sozialdemokratie fasste die Überlegung Fuß, den Feiertag über die bisherige rein proletarische Konnotation hinaus auch im Sinne des nationalen Interesses an gemäßigten Friedensbedingungen zu interpretieren. Das ließ den 1. Mai, bisher unbestritten eine Parteiangelegenheit, als allgemeinen Feiertag in Frage kommen. Der MSPD-Parteivorstand nannte als Komponenten des 1. Mai die Kundgebung sozialistischer Hoffnungen und Forderungen, den „Protest gegen Krieg und Militarismus" und auch die Demonstration „für einen gerechten Frieden".[65] In diesem Sinne beschloss die MSPD-Fraktion in der Nationalversammlung Anfang April einstimmig, „an die Regierung das Ersuchen zu stellen, den 1. Mai 1919 zum gesetzlichen Feiertag zu erheben und als besondere Demonstrationsforderung dieses Tages das Verlangen zu stellen nach der schleunigen Zurücksendung aller russischen Kriegsgefangenen aus Deutschland und umgekehrt der Freilassung aller deutschen Kriegsgefangenen aus den Ententeländern".[66] In einem Brief an den Staatenausschuss vom 10. April 1919 ergänzte Reichsinnenminister Preuß diese aktuellen Implikationen durch den Hinweis auf die symbolische Bedeutung des Tages in der Natur: „Die Hindernisse, die sich der Gewährung eines Feiertags der Arbeit früher entgegenstellten, sind beseitigt, das Mitbestimmungsrecht des Volkes in politischer und wirtschaftlicher Beziehung ist festgelegt. In einer solchen Zeit wird sich der lange gehegte Wunsch des Volkes nach einem allgemeinen Feiertag am 1. Mai, als an einem Tage, der mit dem

---

65 PVP-SPD Weimar 1919 (Bericht des Parteivorstandes an den Parteitag), Zitat S. 40.
66 Die SPD-Fraktion, S. 71 (8.4.1919). Vgl. dazu AdR Scheidemann S. 141f.; VNV Bd. 335 Anlage 244.

Wiedererwachen der Natur symbolisch die Auferstehung der Menschheit aus den Banden langer Qual und Sorge andeutet, mit elementarer Kraft geltend machen. (...) Von jetzt an wird die Maifeier vor allen Dingen gelten als eine machtvolle Demonstration aller Kreise der Bevölkerung für die Ideen des Weltfriedens, der Abrüstung und des Bundes gleichberechtigter Völker. Geboren aus den Nöten und aus den stürmischen Wünschen dieser schweren Zeit soll der von der Republik Deutsches Reich jetzt einzuführende Weltfeiertag der Arbeit ein Signal sein für alle Völker, ihre Aufwärtsbewegung lediglich zu suchen auf den Bahnen fortschreitender Kultur und Gesittung."[67] Teils wortgleich war der am gleichen Tage von der Reichsregierung eingebrachte Gesetzentwurf zur Erhebung des Maifeiertages zum dauerhaften „Nationalfesttag" formuliert.[68]

Dieser von Scheidemann und Preuß unterzeichnete Entwurf stand allerdings, als sich die Nationalversammlung mit der Feiertagsfrage beschäftigte, schon gar nicht mehr im Zentrum der Debatte. Die Vorlage hatte große Unstimmigkeiten innerhalb der Weimarer Koalition hervorgerufen. Am 12. April konstatierte die MSPD-Fraktion, dass sich die bürgerlichen Parteien einschließlich der beiden Koalitionspartner DDP und Zentrum offenbar scharf gegen den weltanschaulichen Charakter des Maifeiertages wandten. Deshalb wollten die Mehrheitssozialdemokraten eine Abstimmung im Parlament vorläufig vertagen und fehlenden Kollegen telegraphieren.[69] Eine Mehrheit für den Nationalfeiertag war trotz dieser außergewöhnlichen Rückrufaktion nicht in Sicht, und deshalb musste wie später bei den Reichsfarben ein Kompromiss gefunden werden. MSPD und DDP brachten einen Antrag ein, der zunächst den 1. Mai 1919 als Feiertag vorsah, eine endgültige Festlegung aber der Zeit nach dem Friedensschluss und der Verabschiedung der Verfassung vorbehielt.[70] Im Bericht der MSPD-Fraktion zum Weimarer Parteitag wenige Wochen später hieß es, der Maifeiertag sollte den Gedanken des Weltfriedens und des Völkerbundes betonen und gleichzeitig eine „Kundgebung für die Freilassung der Gefangenen und für einen gerechten Frieden sowie für politischen und sozialen Fortschritt" sein.[71] Das klang nach einer der typischen Kompromissformeln, wie sie unter den Bedingungen der Weimarer Koalition so oft gefunden werden mussten. Am 15. April entschied die Nationalversammlung. Die Rechtsparteien DNVP und DVP lehnten den 1. Mai ab und forderten statt dessen einen nationalen Trauer-

---

67 BArchBln R 43 I/566, Bl. 6f.
68 VNV Bd. 335, Nr. 244 (10.4.1919).
69 Die SPD-Fraktion, S. 76.
70 VNV Bd. 335, S. 176 (14.4.1919). Den Antrag stellten die Abgeordneten v. Payer (DDP) und Müller-Breslau (MSPD). Die MSPD-Fraktion, die am 14. April wegen des Maifeier-Streits zu einer Sondersitzung zusammentrat, nahm den Komromissvorschlag nach Diskussion mehrheitlich an (Die SPD-Fraktion, S. 77).
71 PVP-SPD Weimar 1919, S. 66 (Bericht der MSPD-Fraktion an den Parteitag).

tag. Die USPD konnte sich mit einem eigenen Antrag auf Festsetzung des 1. Mai wie auch des 9. November als Feiertage nicht durchsetzen. Der Kompromissantrag der Weimarer Koalition, der den Maifeiertag 1919 zum vorläufigen Nationalfeiertag bestimmte, wurde mit 159 gegen 85 Stimmen angenommen. Wie später bei den Farben war die MSPD die einzige geschlossen zustimmende Fraktion.[72] Durch diese Entscheidung der Nationalversammlung war der 1. Mai 1919 reichsweit arbeitsfrei und wurde von den sozialistischen Parteien in großem Umfang begangen. Es gab auch bürgerliche Feiern.[73] Die massenhaft besuchten Kundgebungen wurden überschattet von den Ereignissen in München, wo in den ersten Maitagen die kommunistische Räterepublik durch Regierungstruppen brutal beseitigt wurde.

Die mit dem Maifeiertag 1919 verbundene Forderung nach einem „gerechten Frieden" war zeitgebunden gewesen, und mit den harten Bedingungen des Versailler Vertrages musste klar werden, dass der Erste Mai seinen über die sozialistischen Forderungen hinausgehenden Zweck nicht erfüllen konnte und damit als national einigendes Symbol nicht geeignet war. Dennoch versuchten die sozialistischen Parteien, diese Errungenschaft von 1919 zu verteidigen. Im April 1920 stellten MSPD und USPD getrennte Anträge auf Erhebung des Ersten Mai zum gesetzlichen Feiertag. Interessant ist dabei die Vermeidung des Begriffes „Nationalfeiertag".[74] Nach der Ablehnung durch die Nationalversammlung wurde der Maifeiertag wieder zur ausschließlichen „Angelegenheit der organisierten Arbeiterschaft".[75] Die SPD fand sich damit ab. Ein weiterer Antrag Anfang 1922 hatte wohl nur noch symbolischen Charakter und verendete in den Mühlen des Reichstags-Rechtsausschusses, der auch bei den vergeblichen Versuchen, den Verfassungstag zum Nationalfeiertag zu erheben, eine unrühmliche Rolle spielte.[76] Eine Erhebung zum arbeitsfreien Feiertag gelang

---

72 Ergebnis der namentlichen Abstimmung in VNV Bd. 327, S. 1078-1080. Von 423 Abgeordneten nahmen nur 254 an dem Votum teil. Die MSPD stimmte geschlossen dafür, die USPD geschlossen dagegen.
73 F. Giovanoli: Maifeierbewegung, S. 132, verweist auf Berichte in der Frankfurter Zeitung und im Berliner Tageblatt.
74 USPD-Antrag vom 15.4.1920 (VNV Bd. 342, S. 2869): „Der 1. Mai gilt als Feiertag, an dem allgemeine Arbeitsruhe zu herrschen hat." Der MSPD-Antrag vom gleichen Tage (ebd. Nr. 2614, S. 2873) lautet: „Der 1. Mai ist gesetzlicher Feiertag der Arbeit." Im Reichskabinett, das am gleichen Tage – gegen die Haltung der größten Koalitionspartei MSPD! – den 1. Mai ablehnte, wurde dagegen noch nicht zwischen einem Nationalfeiertag und einem gesetzlichen Feiertag unterschieden (AdR Müller I, S. 106f., 15.4.1920).
75 F. Schellack: Nationalfeiertage, S. 147. Zur Entscheidung der Nationalversammlung siehe VNV Bd. 333, S. 5536 (27.4.1920). Da die Anträge dem Sinn nach identisch waren, fand nur eine Abstimmung statt. Die Weimarer Koalition hatte keine gemeinsame Linie, ein Indiz für seine fortschreitenden Zerfallserscheinungen.
76 VRT Bd. 370, S. 3287 (19.1.1922). Beantragt wurden der 1. Mai und der 9. November als gesetzliche Feiertage. Der Reichstag verwies die Angelegenheit am 3. Mai 1922 in den

lediglich in einigen Ländern, so in Sachsen, Hamburg, Braunschweig, Anhalt, Lübeck und Schaumburg-Lippe.[77] Im sozialdemokratisch regierten Preußen gab es keine entsprechenden Initiativen.

Der Maifeiertag als Bestandteil der proletarischen Festkultur

Wenn die Sozialdemokratie den Ersten Mai in den späteren Weimarer Jahren selbstbewusst als „Weltfeiertag des Proletariats" bezeichnen konnte, der „seines eigentlichen Charakters entkleidet [würde], wenn man ihn zum Nationalfeiertag der deutschen Republik erklären wollte", war dies eine elegante Art, einen nur zeitweise und halbherzig vorangetriebenen Sachverhalt zu euphemisieren.[78] Tatsache ist, dass die SPD den Feiertag nach 1919 wieder vollständig in die proletarische Maikultur zurück verankerte, jedoch nicht ohne unter den gewandelten politischen Verhältnissen der Weimarer Republik neue inhaltliche Aspekte hervorzuheben. Nach Erfüllung zentraler Forderungen wie des Achtstundentags standen der Ausbau der Sozialpolitik, die Abrüstungsfrage sowie der Kampf gegen Militarismus, Kapitalismus und Reaktion im Mittelpunkt der Maikundgebungen. Die Sozialdemokratie behielt die Maifestkultur aus der Vorkriegszeit im Wesentlichen bei, während die KPD andere, mehr kämpferische Schwerpunkte setzte. In einem kommunistischen Aufruf von 1920 heißt es: „Arbeiter! Genossen! Vordem habt ihr am 1. Mai die internationale Verbrüderung der Arbeiter in Festen und Reden gefeiert. Diese Internationalität der Feste und Reden ist in Schmach und Schande untergegangen (...). Heute zählt nur noch die Internationale der Tat".[79] Trotz dieser unterschiedlichen Sichtweisen sind Sozialdemokraten und Kommunisten an den Maifeiertagen der Weimarer Republik nicht immer getrennt marschiert. Die Entscheidung über gemeinsame oder separate Demonstrationen scheint vom jeweiligen Verhältnis der örtlichen Parteigliederungen von SPD und KPD sowie von der aktuellen politischen Situation abhängig gewesen zu sein.[80] Auffallend viele gemeinsame Kundgebungen gab es in den Jahren 1925 und 1926 nach der Hindenburgwahl respektive im Zuge des gemeinsamen Volksbegehrens zur Fürstenenteignung.

Rechtsausschuss (VRT Bd. 359, S. 10798). Danach verlieren sich die Spuren des Antrags. Zur Rolle des Rechtsausschusses in der Frage des Verfassungstages siehe Kapitel 5.3.
77 BArchBln R 15.01/16863, Bl. 4 (Vorlage an den Reichsinnenminister über die Regelung des Dienstes am Maifeiertag vom 20.4.1925).
78 Jahrbuch der Deutschen Sozialdemokratie 1928, S. 31.
79 Zit. nach D. Fricke: Geschichte, S. 188. Ähnlich ein Leitartikel in der Roten Fahne vom 1.5.1925 (zit. nach ebd. S. 197): „Die Parolen der II. Internationale zum 1. Mai sind Feiertagsparolen, die wie Kleinodien aus dem Schrank hervorgeholt werden, damit sich das Volk daran ergötze."
80 Siehe hierzu D. Fricke: Geschichte, S. 184-203; U. Achten: Geschichte, S. 202.

Aber der Maifeiertag war in den Weimarer Jahren nicht nur, wie dann extrem 1929, ein Tag, an dem die Arbeiterbewegung nolens volens ihre Gespaltenheit demonstrierte, sondern auch wiederholt Anlass zu Auseinandersetzungen mit antisozialistischen und republikfeindlichen Kräften, als herausragendes Beispiel etwa am „berühmt-berüchtigten 1. Mai des Jahres 1923", wie ihn Karl Rohe genannt hat, als sich in München „die Heerlager der Linken und Rechten" gegenüberstanden.[81] Schon im Vorfeld hatte es einiges Aufsehen gegeben, nachdem der von den freien Gewerkschaften beantragte Maifestzug zur Theresienwiese auf Grund eines Protestes nationaler Rechtskreise von den Behörden verboten und lediglich die eigentliche Feier erlaubt worden war. Die *Vaterländischen Verbände*, die den 1. Mai als Tag der Befreiung Münchens von der Rätediktatur für sich reklamierten, sammelten ein Heerlager von rund 10.000 Mann auf dem Exerzierplatz Oberwiesenfeld zur Abwehr eines vorgeblichen Linksputsches.[82] Nachdem die gewerkschaftliche Maifeier auf der Theresienwiese mit rund 25.000 Teilnehmern ohne Zwischenfälle stattgefunden hatte, kam es in der Innenstadt zu einzelnen Zusammenstößen. Am Abend veranstaltet die NSDAP im Zirkus Krone eine *Deutsche Maifeier* mit Adolf Hitler als Hauptredner.

Die Okkupation durch die Nationalsozialisten

Zehn Jahre später sprach Hitler, nunmehr Reichskanzler, am Maifeiertag 1933 vor einer riesigen Menschenmenge auf dem Tempelhofer Feld in Berlin und nannte als den Zweck der Feierlichkeiten, „die *Millionen unserer deutschen Arbeiter einzugliedern* in die deutsche Volksgemeinschaft und damit wirklich innerlich einzubauen in unser Heiliges Deutsches Reich".[83] Dreimal das Wort *deutsch* in einer so kurzen Sequenz: Das Maibrauchtum blieb trotz seines

---

81 K. Rohe: Reichsbanner, S. 32. Vgl. zum Folgenden Sozialdemokratische Parteikorrespondenz 1923-1928, S. 65-67; E. Deuerlein: Hitler-Putsch, S. 56-62, 720-725 (Bericht der Polizeidirektion München an das Staatsministerium des Innern vom 28.5.1923).

82 Nach Ansicht des bayerischen Innenministers verstieß dies gegen § 127 StGB, der die Bildung bewaffneter Haufen mit Gefängnis bis zu zwei Jahren sanktionierte. Die Polizei leitete die Angelegenheit nach dem 1. Mai 1923 an die Münchner Staatsanwaltschaft weiter, dort jedoch unterblieb aus nicht geklärten Gründen eine strafrechtliche Verfolgung (Sozialdemokratische Parteikorrespondenz 1923-1928, S. 66). Die teilnehmenden Verbände waren, laut Bericht der Polizeidirektion München, die Nationalsozialisten, die Reichsflagge, Bund Blücher, Bund Oberland sowie die Zellergruppe (E. Deuerlein: Hitler-Putsch, S. 722).

83 Zit. nach Hans Wendt: Der Tag der Nationalen Arbeit. Die Feier des 1. Mai 1933. Mit neun Abbildungen, Berlin 1933, S. 25. Zum Maifeiertag 1933 siehe H. Lauber/B. Rothstein: Mai; Wieland Elfferding: Der soldatische Mann und die „weiße Frau der Revolution". Faszination und Gewalt am Beispiel des 1. Mai der Nazis, in: 100 Jahre Erster Mai. Beiträge und Projekte zur Geschichte der Maifeiern in Deutschland. Ein Tagungsbericht [Verein zum Studium sozialer Bewegungen], Berlin 1989, S. 43-55.

überwiegend international-proletarischen Charakters „elastisch und variabel" und konnte somit ohne größere Schwierigkeiten neuen Gegebenheiten angepasst werden, konstatiert Gottfried Korff.[84] Die Nationalsozialisten gewannen durch die Kanzlerschaft Hitlers nicht nur die Macht in Deutschland und damit die Möglichkeit, den Staat diktatorisch umzugestalten, sie gewannen auch den Deutungswettlauf um den Ersten Mai, wie er in der Weimarer Republik ausgetragen wurde. „Die nationalsozialistische Bewegung", schrieb Alfred Rosenberg 1937 über den Maifeiertag, „hat bei allem Einspruch gegen die marxistische Verfälschung des deutschen Frühlingsmonats von vornherein einen anderen Standpunkt eingenommen als die bürgerliche Welt; sie erklärte bestimmt, genauso wie sie den Begriff des Sozialismus von allen marxistischen Vergiftungskeimen zu säubern gedenke, werde sie auch daran gehen, sich den ersten deutschen Feiertag wieder zu erobern und aus der Demonstration des Hasses und des Klassenkampfes eine Kundgebung des politischen und sozialen Friedens der Nation zu machen. Das ist gleich im ersten Regierungsjahr des NSDAP Wirklichkeit geworden."[85]

Auf welche Weise, davon konnten sich Zeitzeugen wie der Frankfurter Enno Kaufhold ein präzises Bild machen. Wenige Wochen nach der Machtergreifung „wurde dieser Tag von der Propaganda der Nationalsozialisten in durchschaubarer, aber überaus wirkungsvoller Weise besetzt und zum nationalen Feiertag, zum ‚Tag der nationalen Arbeit', erhoben. Die tradierten Formen der Mai-Aufmärsche okkupierend, machte man daraus eine alle politischen Interessen vertretende Massenveranstaltung, bei der sich aber die Formationen der Nationalsozialisten unübersehbar in den Vordergrund drängten."[86] Reichspropagandaminister Joseph Goebbels verkündete in einem Aufruf zu dem Festtag die Parole: „Kein Kind ohne schwarzweißroten oder Hakenkreuzwimpel!"[87] Auch das NS-Schrifttum, beispielhaft die 1933 erschienene Publikation *Der Tag der Nationalen Arbeit* von Hans Wendt, hat den symbolischen Sieg über den roten Mai ideologisch gedeutet und pathetisch ausgekostet: „Vom roten 1. Mai der Vorkriegszeit, der bitteren vierzehn Jahre nach Umsturz und Versailles zu diesem schwarzweißroten 1. Mai 1933 – welch eine Entwicklung! (...) Einst blutrote Fahnen und die ‚Internationale' – am 1. Mai 1933 das Hakenkreuz im weißen

---

84 G. Korff: Heraus, S. 251.
85 Zit. nach H. Lauber/B. Rothstein: Mai, S. 94.
86 Enno Kaufhold: Gisèle Freunds Frankfurter Jahre. Notizen zu ihren frühen Fotografien, in: Gisèle Freund: Fotografien zum 1. Mai 1932. Hg. vom Museum für Moderne Kunst, Frankfurt a.M. 1995, S. 15-22, Zitat S. 20f. 1933 wurde der 1. Mai als „Feiertag der nationalen Arbeit" begangen, ab 1934 verwendete man unter Weglassung der „Arbeit" den Begriff „Nationaler Feiertag des deutschen Volkes". Allerdings war der Maitag durch die Erhebung etlicher weiterer Tage zu Feiertagen in seiner Bedeutung erheblich relativiert (siehe hierzu H. Lauber/B. Rothstein: Mai, S. 187-190).
87 Der Goebbels-Aufruf zum Maifeiertag in H. Wendt: Tag, S. 9-11, Zitat S. 11.

Feld auf rotem Grund, das Schwarzweißrot der staatlichen Hoheitszeichen, Deutschlandlied und die Märsche der nationalen Revolution. Kann sich eine große Wandlung symbolischer und eindrucksstärker verkünden?"[88] Der Maifeiertag sei nach dem 30. Januar und dem 21. März das dritte große Fest im ersten Vierteljahr nach der Machtergreifung. „Es war ein kühner Griff der neuen Gewalten, ausgerechnet den Trotz- und Kampftag ihrer überwundenen Gegner zum ersten großen Fest des gesamten Volkes zu bestimmen. Der 30. Januar, der 21. März waren ja nur eine sich steigernde Vorbereitung zu diesem riesenhaften Thing, das der vollendeten Machtergreifung, dem Bau der nationalen Diktatur die Bekanntgabe des Planes für das erste Jahr der nationalsozialistischen Regierung folgen ließ."

Der hier angesprochene „Bau der nationalen Diktatur" ließ von den seit 1918/19 errichteten Fundamenten der parlamentarisch-demokratischen Republik so gut wie nichts übrig. Die deutschen Gewerkschaften mussten dies ausgerechnet an ihrem traditionellen Feiertag, dem 1. Mai 1933, schmerzhaft erfahren, als ihre vollständige Zerschlagung und Beseitigung eingeleitet wurde.[89] In den Jahren der nationalsozialistischen Diktatur bot der Maifeiertag dann wiederholt Gelegenheit zu proletarischen Widerstandsaktionen.[90] Die illegale kommunistische Zeitschrift *Die junge Garde* berichtete Ende Mai 1935 aus Berlin: „In zahlreichen Straßen des Weddings und Neuköllns wurden am 1. Mai von 6 bis 8 Uhr morgens in den weit offenen Fenstern ungewöhnlich viel rote Federbetten u[nd] Kissen aufgelegt." Auch seien einzelne Zusammenkünfte mit Reden veranstaltet worden. „In Charlottenburg fanden Blitzdemonstrationen statt. Kleine Gruppen spazierten auf der Straße und strömten plötzlich zusammen, um nach einigen Sekunden wieder auseinanderzugehen. Sie trugen rote Blumen oder kleine rote Tücher. Wiederholt ertönte der Sprecher: ‚Hier ist der rote Mai!'"[91] Genau zehn Jahre nach diesen spontanen Zeichen von Protest und Widerstand nahm in Stockholm ein Mann mit dem Decknamen Willy Brandt zusammen mit schwedischen Freunden an einer Maifeier internationaler Sozialisten teil. Noch während der Versammlung traf die Nachricht vom Ableben Hitlers ein.[92] Fast zur gleichen Zeit versuchte Joseph Goebbels, die Sowjets unter Berufung auf das „gemeinsame Fest des 1. Mai" zu Sonderverhandlungen zu bewegen.[93] Mit diesem letzten, verzweifelten und pervers anmutenden

---

88 Dieses und das folgende Zitat ebd. S. 1f. u. 7.
89 Zu den Vorgängen am 1. und 2. Mai 1933 siehe H. Lauber/B. Rothstein: Mai, S. 16-30, mit umfangreicher Quellensammlung.
90 Ebd. S. 270f., 288.
91 BArchKo ZSg.1-65/78 (Exemplar der illegalen Zeitschrift *Die junge Garde* von Ende Mai 1935).
92 Willy Brandt: Links und frei. Mein Weg 1930-1950, Hamburg 1982, S. 375.
93 Zit. nach Joachim C. Fest: Hitler. Eine Biographie, Frankfurt a.M. usw. 1973, S. 1023.

Schritt räumte der NS-Chefpropagandist kurz vor seinem eigenen Freitod wenigstens noch indirekt ein, dass der proletarische Charakter des Maifeiertages nicht wegzuideologisieren war.

4.3. „... außen rot und innen weiß"? Riten, Mythen und Symbole der Weimarer Arbeiterbewegung

Die Betrachtung des Maifeiertages hat gezeigt, dass die beiden Stränge der Arbeiterbewegung in der Weimarer Republik auch in ihrer Festkultur unterschiedliche Wege gegangen sind. Der Erste Mai blieb gemeinsamer Feiertag, jedoch mit unterschiedlichen Schwerpunktsetzungen. Wenn im *Welten-Mai*, der kommunistischen Maizeitung von 1920, der Vorwurf erhoben wurde, die Sozialdemokratie habe schon vor dem Weltkrieg den Ersten Mai auf Morgenfeiern und abendliche Kundgebungen reduziert und damit zu einer gemütlichen, letztlich unpolitischen Feier der „Parteifamilie" umfunktioniert, so deutet dies sowohl die gemeinsame Tradition als auch die streitige Betrachtung von Symbolik in der Weimarer Zeit an.[94] Der breite tradierte Symbolkanon aus der Sozialdemokratie des Kaiserreichs galt für SPD wie für KPD weiterhin als Basis. Indes zeigt schon ein flüchtiger Blick auf die Situation in der Weimarer Republik, dass sich die unterschiedlichen politischen Standpunkte und Konzeptionen zwischen parlamentarischer Republik und Bolschewismus auch symbolisch manifestierten. Im Folgenden sollen einzelne Erscheinungsformen der Arbeitersymbolik in der Weimarer Republik behandelt werden, ohne dass ein Anspruch auf Vollständigkeit erhoben wird. Zum ersten soll es um gemeinsame Symbole der beiden Richtungen der Arbeiterbewegung gehen, die seit der politischen und gewerkschaftlichen Organisierung des Sozialismus im 19. Jahrhundert verwendet wurden, Tradition erlangten und deswegen weiterhin große Integrationskraft besaßen. Zum zweiten geht es um teilgemeinsame Symbole, wobei es sich um neue Erscheinungen handelt, die von beiden Teilen der Weimarer Arbeiterbewegung ungleichmäßig verwendet wurden. Drittens sind streitige Symbole zu behandeln, die von einem Flügel der Arbeiterbewegung verwendet, vom anderen dagegen strikt abgelehnt und bekämpft wurden und somit ihrerseits die Spaltung des Proletariats manifestierten.

---

94 G.L. Mosse: Nationalisierung, S. 199.

Gemeinsame Symbole, Konkurrenzsymbole: Rote Fahne und Riese Proletariat

Die rote Fahne ist das klassische Symbol der Arbeiterbewegung. Rot war als Farbe der Revolution seit dem 18. Jahrhundert geläufig und tauchte in Deutschland in den 30er und 40er Jahren des 19. Jahrhunderts erstmals auf.[95] Lurkers *Wörterbuch der Symbolik* schreibt der sozialistischen Farbe eine dreifache Bedeutung zu: erstens Blut als Zeichen für Kampf, zweitens Feuer für den intendierten Untergang der bürgerlichen Welt sowie drittens die Sonne für die heraufziehende neue Zeit.[96] Es nimmt deshalb nicht Wunder, dass schon während der Revolution von 1848 die rote Farbe europaweit als „politische Schreckfarbe" des Bürgertums angesehen wurde.[97] Karl Marx machte sich zur gleichen Zeit über die bourgeoise Furcht vor einer „roten Republik" lustig. In der Folgezeit wurde die rote Fahne zum klassischen internationalen Symbol des sozialistisch organisierten Proletariats und zählte zu den „Sanktuarien der Bewegung", wie sich Robert Michels ausdrückte.[98] Im Kaiserreich gab es massive polizeiliche Repressionsmaßnahmen gegen die rote Fahne und allgemein gegen die Farbe, zumal in der Zeit der Sozialistengesetze.[99] So wiesen die Berliner Behörden am 12. September 1878 den Tischler Slesack aus der Stadt aus, weil er beim Einzug des Kaisers eine rote Fahne gehisst hatte. Da dieses Symbol gebietsweise polizeilich verboten war, wich die Arbeiterbewegung auf andere Symbolträger aus, doch selbst rote Nelken oder Schnupftücher galten zuweilen als staatsgefährdende Embleme. Bei proletarischen Begräbnissen kam es auch nach 1890 immer wieder zu Zwischenfällen, weil die Staatsmacht meinte, gegen rote Schleifen an den Kränzen vorgehen zu müssen. Dass man einer Farbe so

---

[95] Ein erster Beleg für Deutschland, der zugleich die oft anzutreffende Spontaneität und Improvisationskunst in der Verwendung von Symbolen verdeutlicht, stammt aus den Unruhen der Aachener Textilarbeiter im August 1830 (zit. nach L. Uhen: Gruppenbewusstsein, S. 104): „Der Tuchscherer Johann Waden stand in dem Wagen und hielt einen Feuerhaken, an dem er eine rothe Tischdecke befestigt hatte, als Fahne in der Hand." Belegt ist das Zeichen auch beim schlesischen Weberaufstand von 1844: Hans Hübner: Aus der Geschichte der roten Fahne (Kämpfe der deutschen Arbeiterklasse, Bd. 6), Berlin 1962, S. 15f.

[96] Manfred Lurker (Hg.): Wörterbuch der Symbolik, Stuttgart ⁵1991, S. 387. Zur Bedeutung der Farbe rot als blut- und feuerrot siehe ferner Frank Kämpfer: „Der rote Keil". Das politische Plakat. Theorie und Geschichte, Berlin 1985, S. 127f. Kämpfer nennt für die Attraktivität der roten Farbe auch ein interessantes optisches Phänomen (S. 127): „Die Linse des menschlichen Auges ist bekanntlich chromatisch nicht korrigiert, d.h. wie bei einem Fotoapparat, der nicht für Farbfilme eingerichtet ist, sieht das Auge die Farben eigentlich falsch: Ein roter Gegenstand scheint sich näher am Auge zu befinden als ein gleich weit entfernter blauer."

[97] G. Korff: Tableaux, S. 114.

[98] Zit. nach ebd. S. 123.

[99] Siehe H. Hübner: Geschichte, S. 24-33. Die folgenden Einzelheiten ebd. S. 26f. sowie aus dem Erlebnisbericht von Paul Löbe: Meine erste Maifeier, abgedruckt in U. Achten: Wenn, S. 104f., hier S. 104.

große Bedeutung zumaß, hing damit zusammen, dass sich in der zweiten Hälfte des 19. Jahrhunderts in Deutschland – und nicht nur dort – eine politische Farbenskala herausgebildet hatte, mit deren Hilfe sich die Haltung einer politischen Gruppierung zum System schematisch bestimmen ließ. Die konservativen Kräfte reklamierten blau für sich, die Liberalen gelb, die Katholiken schwarz, die Sozialisten rot.

In dieser Skala taucht interessanterweise die Farbe weiß nicht auf, die in den Jahren der Weimarer Republik als Konterpart zum sozialistischen Rot eine gewisse Bedeutung erlangen sollte.[100] Der Rot-Weiß-Gegensatz stammt ursprünglich aus der Zeit der Französischen Revolution, die in Anlehnung an das weiße Lilienbanner des bourbonischen Ancien Régime zwei Phasen der konterrevolutionär-royalistischen *Terreur blanche*, 1795 und 1815, kennt. Analog dazu standen sich im russischen Bürgerkrieg von 1918/20 „Rote" und „Weiße" gegenüber, wobei letztere ein politisches Spektrum von den Sozialrevolutionären und Menschewiki über bürgerlich-liberale Gruppen bis hin zu konservativ-zaristischen Kräften abdeckten. In Deutschland tauchte der Gegensatz im Zusammenhang mit der blutigen Niederschlagung der Münchner Räterepublik im Frühjahr 1919 in Form des aus dem Französischen übersetzten Schlagwortes vom *weißen Terror* auf. Weiß galt in den Weimarer Jahren als Signum konservativer, autoritärer Politik, die insbesondere während der Präsidialkabinette seit 1930 zur Durchsetzung gelangte und von den Linkskräften scharf kritisiert wurde. „In den Adern des politischen Deutschlands ist die Zahl der weißen Blutkörper zu groß geworden", stellte der Reichsbanner-Führer Karl Höltermann bei einer Rede in Kiel Mitte 1932 fest. Es sei Aufgabe der Arbeiter, „dafür zu sorgen, dass die Zahl der roten Blutkörper sich vermehre, damit Deutschland lebensfähig werde".[101] Derlei programmatische Metaphern waren Bestandteil des sozialdemokratischen Ringens um die Farbe rot, mit der sie von Teilen der Linken gar nicht mehr identifiziert wurde. Der scharfzüngige, beißende Spott in der Manier von Kurt Tucholsky, wie etwa durch das berühmte Bild des Radieschens in dem Gedicht *Feldfrüchte* von 1926, verweist darauf, dass auch das linke Bürgertum die Sozialdemokratie nicht mehr so ohne weiteres mit der revolutionären Farbe rot zu identifizieren gewillt war: „(...) Hermann Müller, Hilferlieschen / blühn so harmlos, doof und leis / wie bescheidene Radieschen: / außen rot und innen weiß."[102] Bei aller Hinwendung zu den natio-

---

100 In Italien war weiß (nicht schwarz) die Farbe des im *Partito Populare* organisierten politischen Katholizismus, was den italienischen Faschisten später die Besetzung von schwarz (anstatt braun wie in Deutschland) ermöglichte.
101 Das Reichsbanner 2.7.1932.
102 Kurt Tucholsky: Gedichte. Hg. von Mary Gerold-Tucholsky, Reinbek 1983, S. 509f., Zitat S. 510 (zuerst veröffentlicht unter dem Pseudonym Theobald Tiger in der Weltbühne vom 21.9.1926).

nalrepublikanischen Symbolen hat sich die Weimarer Sozialdemokratie jedoch entschieden dagegen verwahrt, sich die rote Farbe des Sozialismus abspenstig machen zu lassen. Sie gab vielmehr den Vorwurf des Abrückens vom „Roten" an seine maßgeblichen Urheber zurück. Reichsinnenminister Carl Severing richtete 1929 in einer Maifestrede scharfe politische und symbolische Angriffe gegen die deutschen Kommunisten: „Diejenigen, die heute am unverständigsten der Entwicklung gegenüberstehen, sind diejenigen, die mit dem Entwerfen von Parolen die Emanzipation der Arbeiterklassen durchführen wollen; mit Parolen, die nicht aus eigener Erfahrung stammen, sondern (...) von Landfremden diktiert werden. Wenn wir früher die ‚Gelben' als ‚Schwarze' ansahen, ich kann es nicht anders ausdrücken, so ist das heute nicht mehr richtig. Die Gelben von ehemals, die Indifferenten und Unbelehrbaren sind heute rot angestrichen, aber auch nur angestrichen mit Farbe, die nicht waschecht ist. Daran wollen wir uns erinnern und einen Feind mehr registrieren, aber einen Feind in anderer Verkleidung."[103] Von diesem gegenseitigen Absprechen des wahren „Rot" war es nur noch ein kurzer Weg zum späteren Wort Kurt Schumachers von den „rotlackierten Nazis", die zuweilen zu der simplifizierend-falschen, jedoch bis in die Gegenwart hinein politikmächtigen Gleichsetzung „rot gleich braun" geführt hat.[104]

Tatsache für die Zeit der Weimarer Republik ist indes, dass sich die deutschen Kommunisten in sehr viel stärkerem Maße der revolutionären Farbe rot bemächtigt haben als die Sozialdemokraten. Schon 1920 wurden in der Begriffsbildung *Rote Ruhrarmee* sowjetische Vorbilder aufgegriffen, und die KPD hat bei keiner ihrer im Lauf der folgenden Jahre gegründeten kulturellen Nebenorganisationen auf das Präfix „Rot" verzichtet.[105] Die SPD dagegen hat, und das lässt sich besonders deutlich an den Wahlkämpfen ablesen, die Verwendung der Farbe von der jeweiligen aktuellen Situation und damit vom politischen Kalkül abhängig gemacht. Grundsätzlich wurden die Wahlkämpfe in den 20er Jahren zunehmend von bildlichen Darstellungen und dem Einsatz von Farben bestimmt. Die Sozialdemokraten verwendeten in den Kampagnen 1924/25 in starkem Maße die Nationalfarben schwarz-rot-gold, da zu diesem Zeitpunkt noch die Orientierung an der Weimarer Koalition bestand. 1928 dagegen war der SPD-Wahlkampf aus handfesten politischen Gründen so gut wie ausschließlich rot geprägt, da der *Bürgerblock* mit der amtierenden Reichsregierung aus Zentrum, BVP, DVP und DNVP bekämpft wurde. „Vorwärts, rotes Berlin!" – so die Schlagzeile einer Sonderausgabe des *Vorwärts* einen Tag

---

103 Carl Severing: Festrede zur Maifeier des SPD-Kreises Berlin-Mitte (1929), in: AdsD NL Carl Severing, Mp. 15/85.
104 P. Merseburger: Schumacher, S. 287.
105 Beispiele: Roter Frontkämpfer-Bund, Rote Hilfe, Roter Frauen- und Mädchenbund. Die Rote Sportinternationale (RSI) pflegte den Ruf „Rot Sport!"

vor dem Urnengang. Zeugnis von der roten Vorherrschaft geben die im Koblenzer Bundesarchiv gesammelten SPD-Veröffentlichungen von 1928.[106] Die Partei hat einen Wahlkampf geführt, der in viel stärkerem Maße als zuvor von Klassenkampfrhetorik bestimmt war. Die im April 1928 herausgegebene Wählerzeitung „Sozialdemokratie voran" nannte als wichtigstes Ziel der Sozialdemokratie „die Einigkeit des schaffenden Volkes im Ringen um die politische Macht (...). Erst wenn dieses Ziel erreicht ist, wird unser Sehnen greifbare Gestalt erhalten; erst dann können wir damit beginnen, auf dem Fundament des demokratisch-bürgerlichen Staates von heute den Bau der sozialen Republik von morgen zu errichten. Über den Zinnen soll das *rote* Banner des Sozialismus und der geeinten Menschheit wehen." „Hoch die roten Fahnen!" ist der Tenor zahlreicher Werbeschriften und Flugblätter, auf denen Fragen gestellt werden wie: „Warum gibt es ein rotes Wien? (...) Warum gibt es kein rotes Hamburg?" Allein im Bezirk Berlin brachte die SPD 200.000 rote Kinderfähnchen mit verschiedenen Aufschriften unter das Wahlvolk.[107] Von schwarz-rot-goldenen Fähnchen ist nichts bekannt, wie sich unter den zahllosen Werbematerialien überhaupt nur eine einzige Darstellung der Nationalfarben findet: Ein Handzettel zeigt auf einer Zeichnung zwei junge Proletarier mit roter und schwarz-rot-goldener Fahne, denen als Antisymbole ein Ungeheuer mit Geldsack sowie die schwarz-weiß-rote Fahne und die alte Reichskriegsflagge gegenübergestellt sind.[108] Mit einem dermaßen „geröteten" Wahlkampf hat die SPD einen großen Erfolg erringen können: Sie steigerte ihren Stimmenanteil auf fast 30 Prozent und eroberte das Reichskanzleramt zurück. Hier wurde jener Prozess eingeläutet, der zuvor als partielle Rücknahme von schwarz-rot-gold umschrieben worden ist.[109] Auch gibt es etliche Beispiele für die rote Fahne als Symbol des Widerstands gegen den Nationalsozialismus, wohingegen sich für schwarz-rot-gold keine entsprechenden Hinweise finden.[110]

Neben der roten Fahne ist der *Riese Proletariat* ein weiteres traditionelles Symbol der Arbeiterbewegung, das von SPD und KPD parallel verwendet wurde. Im 19. Jahrhundert stellte diese Figur die sozialistische Version des berühmten *deutschen Michel* dar, der satirischen Leitfigur der nationalfreiheitlichen

---

106 BArchKo ZSg.1-90/23. Die im Folgenden zitierten Materialien befinden sich ebd. in Nr. 15 – Die Sozialdemokratie im Wahlkampf 1928. Eine Zusammenstellung der Wahlarbeit. Hg. vom Parteivorstand der SPD, o.O. o.J. [Berlin 1928] – und Nr. 17.
107 Die Sozialdemokratie in Wahlkampf 1928, S. 6.
108 BArchKo ZSg.1-90/23/17.
109 Siehe Kapitel 1.7.
110 H. Hübner: Geschichte, S. 47f. Eine spektakuläre Aktion fand bereits am 30. Januar 1933 statt, als Jungkommunisten am Schornstein der Brauerei Berlin-Friedrichshagen eine rote Fahne anbrachten, die von der Feuerwehr nur mit großer Mühe entfernt werden konnte (ebd. S. 47).

Bewegung von 1848.[111] Der Katalog einer Darmstädter Ausstellung von 1980 umschreibt Genese und Charakter der Figur des Riesen: „Unter diese ikonographische Bestimmung kann man im weitesten Sinne all jene Arbeitergestalten subsumieren, die mit souveränem, machtvollem Auftreten, kämpferisch-entschlossener Haltung und oft überragender Größe den politischen Anspruch des Proletariats vertreten. Das Vorbild für diese Personifikation des proletarischen Klassenbewusstseins hat Honoré Daumier mit seiner Lithographie ‚Pressefreiheit – Rührt nicht daran' von 1834 geschaffen. In seiner Nachfolge wurden die ikonographischen Topoi für den ‚Riesen Proletariat' ausgebildet und weitergetragen. Er tritt stets in Arbeitskleidung, oft mit nacktem Oberkörper, auf; mitunter trägt er ein Werkzeug mit Attribut bei sich, wie z.B. den Hammer, das Symbol für den formenden Schaffensprozeß, mit dem sich der ‚Riese' als Gestalter der Geschichte vorstellt."[112] Somit war diese Figur auch maßgeblich für spätere symbolische Weiterentwicklungen in Form der unten zu behandelnden geballten Faust sowie der Kombination Hammer und Sichel. Die KPD verwendete den Riesen als kraftvolles „Leitbild des Revolutionärs", bei der Sozialdemokratie war die kämpferische Haltung der Figur stark eingeschränkt.[113] Hier ergibt sich eine Parallele zum Charakter des Maifeiertages. Jedoch hat später auch die Eiserne Front den Riesen bevorzugt dargestellt, und hier offenbar auch wieder mehr als kämpferisches Symbol gegen den Nationalsozialismus. So zeigt etwa das rot dominierte Titelblatt der *Maifeier-Kampfschrift* von 1932 die Silhouette des Riesen Proletariat mit Arbeitermütze, die mit einem in rot gehaltenen Photo einer Arbeiterversammlung mit großer roter Fahne im Zentrum gefüllt ist.[114]

---

111 Zur Allegorie des deutschen Michel siehe Adolf Hauffen: Geschichte des deutschen Michel. Hg. vom Deutschen Verein zur Verbreitung gemeinnütziger Kenntnisse in Prag, Prag 1918; Bernd Grote: Der deutsche Michel. Ein Beitrag zur publizistischen Bedeutung der Nationalfiguren (Dortmunder Beiträge zur Zeitungsforschung, hg. von Kurt Koszyk, Bd. 11), Dortmund 1967; Karl Riha: Der deutsche Michel. Zur Ausprägung einer nationalen Allegorie im 19. Jahrhundert, in: Klaus Herding/Gunter Otto (Hg.): Karikaturen. „Nervöse Auffangsorgane des inneren und äußeren Lebens" (Kunstwissenschaftliche Untersuchungen des Ulmer Vereins, Verband für Kunst- und Kulturwissenschaften, hg. von Michael Brix u.a., Bd. 10), Gießen 1980, S. 186-205.
112 Politische Plakate/HLD, S.126f. Siehe zum Riesen Proletariat ferner Richard Hiepe: Riese Proletariat und Große Maschinerie. Revolutionäre Bildvorstellungen in der Kunst des 19. Jahrhunderts, in: Kunst + Unterricht. Zeitschrift für alle Bereiche der ästhetischen Erziehung, H. 19, März 1973, S. 22-26.
113 Politische Plakate/HLD, S. 127.
114 Maifeier-Kampfschrift der Eisernen Front, o.O. 1932.

Teil-Gemeinsamkeiten: Totenehrung und geballte Faust

Eine der herausragenden Neuschöpfungen in der politischen Symbolik der Weimarer Republik war die geballte Faust, die als symbolische Fortführung des Motivs der verschlungenen Hände zum zentralen Kampfsymbol der Kommunisten wurde.[115] Die Metapher von den „Arbeiterfäusten" war laut Gottfried Korff schon in der Sozialdemokratie des Kaiserreiches geläufig, „allerdings immer auf der sprachlich-metaphorischen Ebene und nie als real tradierte und als symbolisch fixierte Gruß- und Drohgebärde. Bevor sie Körpergeste wurde, war die Faust nur Redensart und Bildmotiv".[116] Als Bildmotiv fand die Geste weiterhin starke Verbreitung, nicht zuletzt durch die berühmten Fotomontagen von John Heartfield. Auch publizistisch wurde in der gesamten Arbeiterbewegung gerne darauf zurückgegriffen. „Welche Organisation", fragte Ernst Heilmann im November 1930 im *Freien Wort*, „soll die proletarische Faust verkörpern? Nach meiner Überzeugung das Reichsbanner. Jetzt neue Organisationen zu schaffen, die später keine größeren Wirkungsmöglichkeiten hätten als das Reichsbanner, erschiene mir völlig verfehlt."[117] Indes war es nicht das Reichsbanner Schwarz-Rot-Gold, sondern der ebenfalls 1924 gegründete Rote Frontkämpfer-Bund, der die zum proletarischen Gruß emporgereckte Faust als Ausdruck der Kampfbereitschaft als Grußform wählte, verbunden mit dem Ruf „Rot Front!" Zudem trug der RFB zu seinen Uniformen Armbinden mit einer roten Faust, mit der sich auch der KPD-Vorsitzende Ernst Thälmann wiederholt in der Öffentlichkeit präsentierte. Beim Reichspräsidentenwahlkampf 1925 wurde Thälmann selbst als „eiserne rote Faust" der klassenbewussten Arbeiter tituliert.[118] Die geballte Faust diente als Kommunikationsmittel nach innen und zur Abgrenzung nach außen, und zwar sowohl gegen das bürgerliche Lager wie auch in Richtung Sozialdemokratie.[119] Diese Deutung konnte sich aber nur schwach durchsetzen, und so war es der Eisernen Front möglich, den Kampfgruß der geballten Faust zu übernehmen, allerdings in Verbindung mit dem Ruf „Freiheit!" anstatt „Rot Front".[120] In dieser Übernahme liegt eine gewisse Ambivalenz. Zum einen vermeinte Sergej Tschachotin, neben Carlo Mierendorff einer der Urheber der EF-Propaganda, später die Erfindung der geballten Faust

---

115 Vgl. zum Folgenden G. Korff: Faust, S. 34-44. Der Begriff „geballte Faust" ist eigentlich tautologisch, wird aber allgemein verwendet und hat sich sozusagen ein Gewohnheitsrecht erworben.
116 Ebd. S. 38.
117 H. Gotschlich: Kampf, S. 81.
118 Zit. nach G. Korff: Faust, S. 40.
119 Ebd.
120 Ebd. S. 42.

sogar ganz für sich reklamieren zu können.[121] Auf der anderen Seite wurde im Dienste der Totalitarismustheorie die geballte Faust der Kommunisten dem faschistischen Hitlergruß propagandistisch zur Seite gestellt.[122]

Ähnliche Parallelen zwischen den beiden Richtungen der Weimarer Arbeiterbewegung lassen sich in der Frage des Personenkults feststellen. Für die Zeit des Kaiserreichs ist zunächst überraschenderweise festzustellen, dass der Kult um die großen internationalen Gründer- und Symbolfiguren des Sozialismus, Karl Marx und Friedrich Engels, so schwach ausgeprägt war, dass es fraglich erscheint, ob man hier überhaupt den Begriff „Kult" verwenden kann. Die deutschen Sozialisten hielten sich hier auffallend zurück. Eine über die gelegentliche Aufstellung von Büsten hinausgehende Verehrung lässt sich nicht feststellen. Dass der Devotionalienkult der Gegenwart Figuren wie Marx nicht selten in einem völlig verqueren Kontext präsentiert, scheint diesen Befund zu stützen.[123] Als Leitfiguren und sozialistische Heilige waren in Deutschland Ferdinand Lassalle und August Bebel wesentlich wichtiger. Der Lassalle-Kult nahm nach dem Tod des ADAV-Gründers 1864 religioide Züge an.[124] Besonders während des Sozialistengesetzes wurde der 11. April als Lassalles Geburtstag zum Protesttag, ebenso sein Todestag, der 31. August, letzterer zugleich eine Art Gegenfeiertag zum offiziösen, antifranzösischen Sedantag am 2. September. Noch intensiver war der Bebel-Kult. Der Sozialistenführer wurde zu einer Art Ersatzkaiser und zum Bismarck-Antipoden stilisiert. Noch in der Weimarer Republik war dieser Kult höchst lebendig: Der sprichwörtliche Bebel-Schlapphut blieb in Mode, ebenso der Bebel-Spitzbart, der weiland die Alternative zum kaiserlichen Backenbart war. „Bei einigen Demonstrationszügen der Eisernen Front schwebte ein riesiges Bebel-Bild hoch über den Köpfen der Marschierenden."[125] Auch die Kommunisten haben das Andenken an Lassalle und

---

121 In seiner Schrift „Dreipfeil gegen Hakenkreuz", die 1933 im dänischen Exil erschien, gab Tschachotin das Motiv der geballten Faust, gegen den Hitlergruß gerichtet, als seine Erfindung aus (S. Tschachotin: Dreipfeil, S. 35f.). Ähnlich heißt es in einer biographischen Notiz von 1939, wahrscheinlich von Tschachotin selbst verfasst: „Chef de la propaganda antihitlérienne du Front d'airain en Allemagne en 1932 et créateur des symboles socialistes des Trois Flèches et du poing tendue" (Chef der antifaschistischen Propaganda der Eisernen Front in Deutschland 1932 und Erfinder der sozialistischen Symbole Dreipfeil und geballte Faust, französisch zit. nach R. Albrecht: Symbolkampf, S. 500, Übersetzung von B.B.).
122 Siehe ein Plakat der Esslinger SPD zur Reichspräsidentenwahl 1932, abgedruckt in Gottfried Korff: Hand, in: 13 Dinge. Form-Funktion-Bedeutung. Katalog zur gleichnamigen Ausstellung im Museum für Volkskultur in Württemberg, Stuttgart 1992, S. 51-69, hier S. 61.
123 Gottfried Korff nennt als Beispiel eine Spieluhr mit einem Plastik-Marx, der die geballte Faust zeigt und zum Klang der *Internationale* tanzt. Geste und Gesang entstanden erst Jahre nach Marx' Tod (G. Korff: Faust, S. 27f.).
124 Zum Lassalle-Kult siehe G. Korff: Tableaux, S. 118-123.
125 K. Rohe: Reichsbanner, S. 402, Anm. 5.

Bebel hochgehalten, so dass man auf dem Gebiet der sozialistischen Heiligenverehrung von einer Spaltung nicht sprechen kann. Selbst den originär kommunistischen Märtyrern Karl Liebknecht und Rosa Luxemburg gedachten beide Arbeiterparteien: Gedenkfeiern für die Anfang 1919 Ermordeten Karl Liebknecht und Rosa Luxemburg wurden von KPD *und* Teilen der SPD veranstaltet, und an den jährlichen Demonstrationszügen zu den Gräbern der beiden in der Gedenkstätte Berlin-Friedrichsfelde haben Sozialdemokraten in gewissem Umfang teilgenommen. Auch einzelne Reichsbannermitglieder wurden dort bestattet.[126] Freilich machten die demokratischen Sozialisten die Erweiterung der so genannten LL-Feiern nach dem Tode Lenins 1924 zu LLL-Feiern nicht mit.

Getrennte Symbolwege: Hammer, Sichel, Sowjetstern

Mit dem Hinweis auf Lenin ist bereits der symbolische Scheidepunkt zwischen Sozialdemokraten und Kommunisten in der Weimarer Republik benannt. Die SPD hat all jene proletarischen Riten und Symbole abgelehnt, die aus dem bolschewistischen Vorreiterland Sowjetunion stammten: Lenin-Verehrung, Hammer und Sichel, Sowjetfahne, Sowjetstern. Seit 1924 waren Hammer und Sichel als „Embleme der friedlichen Arbeit", so die amtliche Interpretation, Bestandteile des sowjetischen Staatswappens.[127] Wenn dadurch das Zusammengehen von Arbeitern und Bauern versinnbildlicht werden sollte, so legt dies ein Gesellschaftsbild nahe, das außerhalb der Sowjetunion soziologisch so nicht gegeben war. Deutschland und generell der westeuropäische Raum waren in der ersten Hälfte des 20. Jahrhunderts schon viel stärker industriell geprägt als Russland. Neben diesem rationalen Argument nahm die deutsche Sozialdemokratie Hammer und Sichel als feindliche Symbole wahr, weil sie das auch in der Fahne der Sowjetunion verwendete Symbol mit der Moskau-Hörigkeit der deutschen Kommunisten identifizierte.[128] Aus den gleichen Gründen wandte

---

126 W.v.d. Will/R. Burns: Arbeiterkulturbewegung, Bd. 1, S. 146; Heinz Voßke: Geschichte der Gedenkstätte der Sozialisten in Berlin-Friedrichsfelde, Berlin 1982, S. 42f. Am 10. Februar 1933 wurden in Friedrichsfelde ein Kommunist und zwei Reichsbannerleute gemeinsam bestattet (ebd. S. 49).
127 Zit. nach Karl-Heinz Hesmer: Flaggen-Wappen-Daten. Die Staaten der Erde von A-Z, Gütersloh usw. 1975, S. 193.
128 Bei den proletarischen Demonstrationen am 1. Mai 1923 in München hat die SPD sogar aktiv das Mitführen der behördlich verbotenen sowjetischen Symbole verhindert. Siehe hierzu den Bericht der Polizeidirektion München an das Staatsministerium des Innern vom 28. Mai 1923 (zit. nach E. Deuerlein: Hitler-Putsch, S. 720-725, Zitat S. 723f.): „Die polizeilich gemachten Auflagen wurden im wesentlichen eingehalten. Wirkliche Sowjetfahnen und Tafeln mit politischen Inschriften traten fast gar nicht in die Erscheinung. Es steht fest, dass mit Sowjetfahnen erschienene Kommunisten von den verantwortlichen Führern der einzelnen Züge von der Teilnahme am Zuge ausgeschlossen wurden." Sergej Tschachotin

sich die SPD gegen den fünfzackigen Sowjetstern, der die internationale proletarische Solidarität auf den fünf Kontinenten darstellte. In einem SPD-Flugblatt zur Reichstagswahl 1928 unter dem Motto „Hoch die roten Fahnen!" heißt es: „Unter dem roten Banner – ohne Sowjetstern – unter dem reinen Rot der brüderlichen und sozialistischen Fahne, sammelt die Sozialdemokratie alle Elemente des schaffenden Volkes".[129] In der Hoch-Zeit der politischen Konfrontation zwischen SPD und KPD Ende der 20er Jahre stellte die Sozialdemokratie Hammer und Sichel im Zuge der Totalitarismustheorie auf eine Stufe mit dem nationalsozialistischen Hakenkreuz. Insofern war es eine bittere Ironie der Geschichte, dass die deutschen Faschisten später selbst auf das Motiv von Hammer und Sichel zurückgriffen.[130]

4.4. Die Verbindung von nationalrepublikanischer und proletarischer Symbolik als SPD-Spezifikum

Der Symbolstreit in der Arbeiterbewegung verweist auf ein Charakteristikum der deutschen Sozialdemokratie. Ganz im Gegensatz zu den Kommunisten ist die SPD als Staatspartei der Weimarer Republik auf dem Felde der Symbolik einen Weg gegangen, der ausdrücklich proletarische mit nationalrepublikanischen Motiven zu verbinden suchte. Beispielhaft ist dieses Bemühen etwa an Details eines Vorgangs erkennbar, der sich weder in Deutschland abgespielt hat noch in die Weimarer Zeit fällt. Philipp Scheidemann, einer der herausragenden Vertreter der Weimarer Sozialdemokratie, starb Ende November 1939 im Kopenhagener Exil. Dem Sarg des ehemaligen Reichsministerpräsidenten folgten sechs rote Fahnen, und die Beisetzungsfeierlichkeiten wurden musikalisch von jenem Andante aus Haydns Kaiserquartett eingerahmt, das das Herkunftsthema der deutschen Nationalhymne ist.[131] Niemand wäre auf die Idee gekom-

---

(Dreipfeil, S. 19) nannte Hammer und Sichel „kein Kampf-, sondern ein Aufbausymbol, zugleich war es bereits so stark parteipolitisch gefärbt, die enormen Massen der deutschen Arbeiter, die in der sozialdemokratischen Partei organisiert waren, lehnten es ab, an sein Durchdringen war nicht zu denken, zudem war es graphisch zu schwer, zu unbeholfen, es konnte nicht leicht von Jedem gezeichnet werden."
129 BArchKo ZSg.1-90/23/17.
130 Willi Münzenberg bezeichnete es als „soziale Demagogie", dass die DAF am 1. Mai 1934 auf den Gedanken verfiel, „Hammer und Sichel auf den Plaketten zum ‚Tag der Arbeit' anzubringen, Sinnbilder der schaffenden Arbeit, man stahl den Einfall dem Wappen der Sowjetunion, aber Hitlers Worte in ‚Mein Kampf' wurden nicht gestrichen, dass ‚der Hammer den freimaurerischen Einschlag, die Sichel den grausamen Terror' bezeichnen" (W. Münzenberg: Propaganda, S. 224).
131 Christian Gellinek: Philipp Scheidemann. Eine biographische Skizze, Köln usw. 1994, S. 9, 73.

men, diese Symbolik als widersprüchlich aufzufassen, denn zwischen 1918 und 1933 hatten sich im Symbolkanon der beiden Flügel der deutschen Arbeiterbewegung eindeutige Tendenzen herausgebildet. Beide Flügel führten die „rote" sozialistische Tradition aus dem Kaiserreich fort, setzten allerdings unterschiedliche Schwerpunkte: Seitens der KPD ist eine symbolische Sowjetisierung erkennbar, bei den demokratisch-republikanisch orientierten Sozialisten eine Nationalisierung. Im Reichsbanner Schwarz-Rot-Gold konnten Arbeiterlieder, republikanische Hymnen und die Nationalhymne problemlos nebeneinander gesungen werden, und in der Feierkultur der SPD ergänzten sich Maifeiertag und Verfassungstag. Verfassungstag und schwarz-rot-gold seien das Pendant zum Maifeiertag und der roten Fahne, so Gustav Radbruch in einer Ansprache zum 11. August 1923. Der Verfassungstag sei „der Tag des Vaterlandes, wie der 1. Mai der Tag der Menschheit."[132] Im besonderen Maße zeigt sich die Verknüpfung proletarischer und nationalrepublikanischer Symbolik indes in der Parallelität der Reichsfarben schwarz-rot-gold und dem sozialistischen rot. Das Bekenntnis zu diesen beiden Fahnen war mehr als symbolisches Beiwerk, es war politisches Programm.

Kein Gegensatz zwischen rot und schwarz-rot-gold

Die Parallelität der roten und der schwarz-rot-goldenen Fahne ist ein Kontinuum in der Geschichte der deutschen Arbeiterbewegung. Sie erstreckt sich von 1848, als die beiden Flaggen während der Berliner Märzunruhen auf vielen Barrikaden gemeinsam gezeigt wurden, bis zum Ende der 80er Jahre im 20. Jahrhundert: Noch das 40jährige Jubiläum der untergehenden DDR war visuell von der vorgeblichen Eintracht beider Symbole bestimmt.[133] In gewisser Hinsicht stellt dies ein historisches Paradoxon dar, denn den Gleichklang von rot und schwarz-rot-gold übernahm der Arbeiter- und Bauernstaat nicht etwa als Erbe der KPD, sondern in der Tradition des republikanisch orientierten Sozialismus in den Weimarer Jahren.

Der Gleichklang der roten Fahne des internationalen Sozialismus und der schwarz-rot-goldenen Fahne der nationalrepublikanischen Bewegung in Deutschland und des Weimarer Staates sollte verdeutlichen, dass internationale Klassensolidarität und nationale Gesinnung keineswegs als Widerspruch, sondern vielmehr als die beiden Seiten der gleichen Medaille angesehen wurden. Dieses Empfinden floss in programmatische Stellungnahmen, insbesondere der SPD-Parteirechten, ebenso ein wie in Randbemerkungen, und es wurde literarisch sowie insbesondere auch praktisch-visuell umgesetzt. Die Sozialdemokra-

---

132 G. Radbruch: Politische Schriften, Bd. 1, S. 36f., Zitat S. 36 (zuerst in: Arbeiter-Bildung 6/1923, S. 3f.).
133 Zur Parallelität von 1848 siehe H. Hübner: Geschichte, S. 18.

ten sahen ihre sozialistisch-republikanische Orientierung in den beiden Fahnen prägnant dargestellt. Über den Rang einer bloßen „Integrationsformel", wie Helga Gotschlich meint, ging diese Position deutlich hinaus.[134] So war es zum Beispiel eine Selbstverständlichkeit, dass zu den Begräbnisfeierlichkeiten von Reichspräsident Friedrich Ebert im März 1925 die Heidelberger Pfarrgasse, wo sein Geburtshaus steht, rot und schwarz-rot-gold beflaggt waren.[135] „Unser politisches Bekenntnis", so heißt es in einer politischen Grundsatzerklärung des Hofgeismarkreises aus dem gleichen Jahr, „ist beschlossen in dem Bekenntnis zu den Farben Rot und Schwarz-Rot-Gold. Rot und Schwarz-Rot-Gold schließen einander nicht aus und widersprechen einander nicht. Rot ist die Farbe der sozialistischen Idee, Schwarz-Rot-Gold die Fahne der politischen Praxis der deutschen Sozialdemokratie auf deutschem Boden mit deutschen Menschen. Die sozialistische Tagespolitik muss, frei von Gesichtspunkten reiner Opportunität, die stete Bindung an die sozialistische Idee deutlich und zwingend bekunden."[136] Der spätere Reichsjustizminister Gustav Radbruch, den Hofgeismarern nahe stehend, hatte bereits zwei Jahre zuvor anlässlich des Verfassungstages erklärt: „Die rote Fahne der Menschheit und die schwarzrotgoldene Fahne des Vaterlandes – für uns sind sie unzertrennlich. Über dem heutigen Tage aber weht die schwarzrotgoldene Fahne der Vaterlandsliebe. (...) Das schwarzrotgoldene Deutschland, das Deutschland im schlichten Arbeitsgewande, das Deutschland mit der Dornenkrone des Leidens und der Demütigung: das erst hat uns das Herz geöffnet und uns Worte gegeben, die sich bisher uns versagten."[137]

Ein solches Parallelbekenntnis zu den beiden Fahnen konnte in ganz unterschiedlichen Ausprägungen erfolgen. Carl Severing etwa wollte das Rote im Dreiklang der Nationalfarben betont wissen. Bei einer sozialdemokratischen Massenkundgebung in der Danziger Messehalle wenige Tage vor den dortigen Wahlen am 13. November 1927 antwortete der SPD-Politiker auf deutschna-

---

134 Helga Gotschlich stellt im Zusammenhang mit der Gründung des Reichsbanners Schwarz-Rot-Gold 1924 fest (H. Gotschlich: Kampf, S. 23): „Bislang waren sozialdemokratisch organisierte Arbeiter in alter Tradition unter der roten Fahne marschiert. Im Reichsbanner sollten sie nun – entsprechend der SPD-Integrationsformel – unter dem schwarzrotgoldenen Banner der Weimarer Republik antreten."
135 Siehe das Photo in F. Ebert: Schriften, Bd. 1, vor S. 17.
136 Politische Grundsatzerklärung des Hofgeismarkreises. Erarbeitet auf der Dritten Arbeitswoche des Hofgeismarkreises der Jungsozialisten Pfingsten 1925 in Hamburg über „Der Staat und seine Funktion" unter maßgeblicher Beteiligung von Theo Haubach und Heinrich Deist, abgedruckt in Michael Rudloff (Hg.): Sozialdemokratie und Nation. Der Hofgeismarkreis in der Weimarer Republik und seine Nachwirkungen. Protokollband zum Symposium der Friedrich-Ebert-Stiftung in Zusammenarbeit mit der Kurt-Schumacher-Gesellschaft vom 22. bis 24. April 1994 in Leipzig, Leipzig 1995, S. 269f., Zitat S. 269.
137 G. Radbruch: Politische Schriften, Bd. 1, S. 36f., Zitat S. 37 (zuerst in: Arbeiter-Bildung 6/1923, S. 3f.).

tionale Bemerkungen im Wahlkampf, „nach Osten reiten" zu wollen: „Auch wir wollen nach Osten reiten. Aber unter der schwarzrotgoldenen Fahne und mit starker Unterstreichung des Roten. Wir tragen die Farben der Republik, der Völkerverständigung und des Friedens mit uns. Und wir werden den Deutschnationalen mit dem Stimmzettel die kräftigste und sicherste Antwort geben."[138] Aus dem gleichen Jahr stammt ein Gedicht von Josef Maria Frank zum Maifeiertag mit dem Gedanken, schwarz-rot-gold durch die rote Fahne zu schützen: „Brüder! Entrollt / Schwarzrotgold, / das Banner unserer Ahnen! / Horcht, wie es grollt! / Schwarzrotgold! / Schützt es mit roten Fahnen!"[139] Wovor die Nationalfarben geschützt werden mussten, das wurde in so gut wie allen Wahlkämpfen der 20er Jahre von der SPD visuell dargestellt. Aus dem Reichstagswahlkampf von 1928 stammt ein Handzettel der Sozialdemokraten, auf dem ein junger Proletarier mit einem Hammer sowie ein weiterer Arbeiter mit roter und schwarz-rot-goldener Fahne zu sehen sind, denen ein Ungeheuer neben einem Geldsack gegenübergestellt ist, drapiert mit einer schwarz-weiß-roten Fahne und der alten Reichskriegsflagge.[140]

4.5. Dreipfeil gegen Hakenkreuz: Die „Eiserne Front" im symbolischen Kampf gegen den Nationalsozialismus

In den Jahren 1930 und 1931, in der Krisenzeit der Weimarer Republik, gerieten die deutsche Sozialdemokratie und das ihr eng verbundene Reichsbanner Schwarz-Rot-Gold als „der lauteste Rufer und letzte Hort Weimarer Koalitionsgesinnung"[141] zunehmend in die politische Defensive. Der Vorrat an politischen Gemeinsamkeiten unter den drei Gründungsparteien der Republik schien zur Neige zu gehen. Nach dem Ende der SPD-geführten Großen Koalition im März 1930 wurde ein Präsidialkabinett unter dem Zentrumspolitiker Heinrich Brüning berufen, das keine parlamentarische Mehrheit hinter sich vereinigte. Diese dem Demokratieverständnis der republikanischen Sozialdemokraten widersprechende Tatsache musste sich nachhaltig auf das stets gespannte Verhältnis zwischen Reichsbanner und Zentrum auswirken, das nun besonders prekär wurde.[142] Neben dem Zentrum, das als einzige republikanische Kraft

---

138 Danziger Volksstimme 12.11.1927, 1. Beiblatt (AdsD NL Carl Severing, Mp. 10/17).
139 Josef Maria Frank: Zum 1. Mai! (1927), abgedruckt in der sozialdemokratischen Zeitschrift *Lachen links*, hier zit. nach U. Achten: Wenn, S. 162.
140 BArchKo ZSg.1-90/23/17 (Handzettel und Plakate der SPD zur Reichstagswahl 1928).
141 K. Rohe: Reichsbanner, S. 332.
142 Zum Verhältnis zwischen Reichsbanner und Zentrum siehe K. Rohe: Reichsbanner, S. 279-303. Das Zentrum war in seiner Haltung zum Weimarer Staat gespalten. Eine Gruppe um den früheren Reichskanzler Wilhelm Marx begnügte sich mit der Kompromissformel „verfassungstreu", während Joseph Wirth und andere progressive Kräfte für eine entschieden

neben der Sozialdemokratie noch über so etwas wie eine Massenbasis verfügte, rückte zu Beginn der 30er Jahre auch die DDP immer mehr von dem Reichsbanner-Ziel ab, die Republik schlagkräftig zu verteidigen zu wollen. Die organisatorische Neuformierung der Liberalen in der *Deutschen Staatspartei* in enger Verbindung mit dem völkischen *Jungdeutschen Orden* bedeutete einen weiteren Rückschlag. Das Reichsbanner sah sich gezwungen, von Erich Koch-Weser eine Klarstellung zu einzelnen grundlegenden Verfassungsfragen, darunter zum Antisemitismus und zu den Reichsfarben schwarz-rot-gold, zu verlangen. Koch-Weser antwortete zwar positiv, jedoch blieb für das Reichsbanner insbesondere die Agitation des Jungdeutschen Ordens für schwarz-weiß-rot problematisch.[143]

Weder Katholiken noch Liberale standen also für eine aktive und wirksame Verteidigung der Republik zur Verfügung. Als die NSDAP bei den vorgezogenen Reichstagswahlen im September 1930 mit einen erdrutschartigen Sieg die Zahl ihrer Mandate von zwölf auf 107 gesteigert hatte, griffen SPD und Reichsbanner in Zusammenarbeit mit den Gewerkschaften zu ersten Abwehrmaßnahmen. In den nach den Septemberwahlen gebildeten Schutzformationen, deren Stärke rasch auf einige 100.000 Mitglieder wuchs, zeigten sich bereits erste Konturen der *Eisernen Front*. „Mit der Schufo", so Karl Rohe, „war das Reichsbanner auch äußerlich auf eine betonter militärische Linie eingeschwenkt." Frauen, Kinder und Körperbeschädigte wurden aus den Demonstrationszügen verbannt, und die Kleidung der Schufos wurde, was im Reichsbanner nie durchgängig gelungen war, vereinheitlicht.[144]

---

republikanische Haltung eintraten. Ein fortwährendes Problem stellten die intensiven Reichsbanner-Kontakte zum sozialistischen *Republikanischen Schutzbund* in Österreich dar, die den dort regierenden Christsozialen ein Dorn im Auge waren. Bereits im Juli 1927 war es zu einer schweren Krise im Reichsbanner gekommen, nachdem Otto Hörsing im Anschluss an politische Unruhen in Wien schwere Vorwürfe gegen die österreichische Schwesterpartei des Zentrums erhoben hatte. Reichskanzler Marx trat auf Grund der diplomatischen Verstimmungen zwischen dem Reich und Österreich aus dem Reichsbanner aus, Hörsing musste seinen Rücktritt als Oberpräsident der preußischen Provinz Sachsen einreichen. Die Krise wurde beigelegt, ohne dass das Zentrum mit dem Reichsbanner brach, allerdings wurde in der Folgezeit das Prinzip der Überparteilichkeit stärker angemahnt.

143 Zum Verhältnis zwischen Reichsbanner und DDP ebd. S. 303-314; die genannten Einzelheiten S. 309f.
144 Zu den Schutzformationen ebd. S. 365-379; das Zitat S.374. Die Einheitskleidung bestand aus grünem Hemd, Schulterriemen, blauer Mütze sowie schwarzen Breeches-Hosen mit Ledergamaschen.

Die Gründung der Eisernen Front

In den ersten Oktobertagen des Jahres 1931 kam es auf der politischen Bühne in Deutschland zu zwei Ereignissen, die für alle republikanisch orientierten Kräfte alarmierend wirken mussten. Reichsinnenminister Joseph Wirth schied aus Brünings Präsidialkabinett aus: der letzte Politiker, der sich noch halbwegs für die Republik und die Verfassung hatte reklamieren lassen. Wenige Tage später, am 11. Oktober 1931, formierte sich die *Harzburger Front* als konservativ-völkisch-faschistisches Bündnis, das sich die rücksichtslose Beseitigung der Republik auf seine schwarz-weiß-roten und Reichskriegsfahnen schrieb. Diese selbsternannte „Nationale Opposition" setzte sich aus NSDAP, DNVP, Stahlhelm, Alldeutschem Verband sowie den Vaterländischen Verbänden zusammen. Beide Entwicklungen, die Entrepublikanisierung der Reichsregierung und die Formierung der Todfeinde der Demokratie, veranlassten die Republikaner zu einem Gegenbündnis. Am 16. Dezember 1931 schlossen sich in Berlin SPD, Reichsbanner Schwarz-Rot-Gold, ADGB und Arbeitersportbewegung zur Eisernen Front zusammen.[145] Die Führung dieses Bündnisses hatte die SPD inne, in deren Berliner Parteizentrale die Reichskampfleitung ihren Sitz nahm. Otto Wels vom SPD-Parteivorstand wurde als „Oberster Befehlshaber" tituliert. Der formal „rote" Charakter der Eisernen Front lieferte zahlreichen bürgerlichen Gruppierungen einen Vorwand, ihre Mitarbeit in dem Bündnis zu verweigern.[146] Zentrum, Staatspartei, christliche und liberale Gewerkschaften sowie der Deutsche Beamtenbund hielten sich abseits, so dass der Eisernen Front eine Zusammenfassung breiter republikanischer Kräfte auch jenseits der Sozialdemokratie nicht gelingen konnte. Bürgerliche Gruppen schlossen sich zwar vereinzelt an, aber das Gesamtergebnis war „niederschmetternd".[147] Auch die Reichsregierung verhielt sich obstruktiv, obwohl die Gründung der Harzburger Front vor allem gegen Brüning gerichtet war.[148] Indes verstand sich die Eiserne Front dennoch als Interessenvertreter von Republik und Nation und machte dies ungeachtet ihres roten Anstrichs immer wieder deutlich. *Das Reichsbanner* titelte in der ersten Nummer des Jahres 1932 mit der rot gedruckten Schlagzeile

---

145 Zur Eisernen Front ebd. S. 392-425; H. Gotschlich: Kampf, S. 104-117; E. Matthias/R. Morsey: Ende, S. 99-202 passim; H.A. Winkler: Weg, passim. Reichsbanner Schwarz-Rot-Gold und Arbeitersportbewegung waren sich lange Zeit misstrauisch gegenübergestanden und rückten erst im Zeichen der Eisernen Front enger zusammen. Dagegen bekämpften sich Reichsbanner und die Sozialistische Arbeiterjugend noch vehement, als Papen bereits Preußen genommen hatte und Hitler vor den Toren stand (K. Rohe: Reichsbanner, S. 316f.).
146 Siehe hierzu K. Rohe: Reichsbanner, S. 393-400; H. Gotschlich: Kampf, S. 110f.
147 H. Gotschlich: Kampf, S. 111.
148 Selbst die Bitte der Eisernen Front um einen kurzen Aufruf zu den Rüstwochen Anfang 1932 wurde von Brüning abgelehnt (K. Rohe: Reichsbanner, S. 399f).

„Eiserne Front im Eisernen Jahr!" Eine Woche später war, erneut rot gedruckt, zu lesen: „Eiserne Front – nationale Front".[149]

Aspekte der Namensgebung

Da der antifaschistische Kampf der Eisernen Front hier insbesondere vor dem Hintergrund seiner symbolischen Aspekte interessiert, ist der Blick auf zwei Schwerpunkte zu werfen: auf die Begriffswahl des Bündnisses und auf die von Carlo Mierendorff und Sergej Tschachotin geschaffene Symbolpropaganda gegen die NSDAP. Die Geburt des Begriffs „Eiserne Front" liegt ebenso im Dunkeln wie die des 1924 gegründeten Reichsbanners. „Autor und Geburtsstunde des symbolischen Namens lassen sich nicht genau bestimmen", stellt Karl Rohe fest, verweist aber darauf, dass die Formulierung bereits im Moment der Gründung der Harzburger Front geläufig gewesen sei.[150] In der Zeitung *Das Reichsbanner* findet sich der Begriff erstmals Ende Oktober.[151] Otto Hörsing, dessen Abschied vom Reichsbanner und aus der SPD unmittelbar mit der Gründung der Eisernen Front zusammenfiel, datierte die Entstehung des Namens später, wohl unzutreffend, auf den 22. November 1931, als die Spitzen des Reichsbanners in Magdeburg zu einer Bundesratssitzung zusammenkamen. Hörsing selbst hätte nach eigener Aussage den Begriff „Eisernes Reichsbanner" bevorzugt – eine widersinnige Bezeichnung, denn Eisen ist für eine Fahne ein denkbar ungeeignetes Material.[152] Die Rolle des scheidenden Reichsbanner-Vorsitzenden ist jedoch in einem anderen Zusammenhang von Bedeutung. Da Hörsing bei der Begriffswahl zumindest nicht ganz unbeteiligt gewesen sein dürfte, ist es von nicht geringem Interesse, dass dieser ein erklärter Bewunderer von Bismarck war, dem großen Gegenspieler der Sozialdemokratie im 19. Jahrhundert. Im Begriff „Eiserne Front" ließe sich insofern ein bewusste oder unbewusste Referenz an den *Eisernen Kanzler* vermuten. Pikanterweise taucht die Formulierung „eiserne Front" in einer Passage über den Weltkrieg in Hitlers *Mein Kampf* auf: „Mögen Jahrtausende vergehen, so wird man nie von Heldentum reden und sagen dürfen, ohne des deutschen Heeres des Weltkrieges zu gedenken. Dann wird aus dem Schleier der Vergangenheit heraus die eiserne Front des grauen Stahlhelms sichtbar werden, nicht wankend und nicht weichend, ein Mahnmal der Unsterblichkeit. Solange aber Deutsche leben, werden

---

149 Das Reichsbanner 2. u. 9.1.1932.
150 K. Rohe: Reichsbanner, S. 392.
151 „Wenige Tage [nach dem 24. Oktober 1931, B.B.] prägte die Reichsbannerzeitung zum ersten Mal den Begriff ‚Eiserne Front' und verstand darunter ein antifaschistisches Abwehrkartell der sozialdemokratischen Organisationen und bürgerlicher Kreise unter Reichsbannerregie" (H. Gotschlich: Kampf, S. 104f.).
152 AdsD NL Otto Hörsing, Mp. 19 (Hörsing-Text „Die Eiserne Front" vom 29. Januar 1932).

sie bedenken, dass dies einst Söhne ihres Volkes waren."[153] Der Begriff dürfte in der Weimarer Republik also zumindest geläufig gewesen sein, er war deutlich nationalistisch besetzt, er verwies nicht zuletzt auf den militaristischen Sprachgebrauch in der deutschen Öffentlichkeit, wie er sich spätestens im Verlauf des Ersten Weltkrieges herausgebildet hatte.

Noch deutlicher wurde der militärische Zusammenhang, in den sich das sozialistisch-republikanische Abwehrbündnis begrifflich stellte, durch die *Rüstwoche* der Eisernen Front vom 31. Januar bis zum 7. Februar 1932 mit Eintrag in die *Eisernen Bücher*.[154] Diese Aktion ging formal auf die 1925 in Leipzig gegründete, unzweifelhaft revanchistische „Initiative Eisernes Buch" zurück. Zweck dieses Buches, in dem seinerzeit alle deutschen Kriegstoten namentlich aufgeführt werden sollten, war „die Schaffung eines Ehrenmales zur Erinnerung an die Heldentaten des ruhmreichen deutschen Heeres im Weltkriege". Das Eiserne Buch sollte in einer dort integrierten Kapelle aufbewahrt werden. Die Behörden in Preußen lehnten die Bitte um öffentliche Sammlungen ab, da sie den Charakter der Initiative erkannt hatten.[155] Die antifaschistische Eiserne Front von 1931 jedenfalls nahm semantisch deutlich Bezug zur deutschen Frontkämpfergeneration. Das zeigt sich auch an ihrer Symbolik.

Wesen und Bedeutung der Drei Pfeile

„Wir haben das eine äußerst wichtige Moment, das im modernen Krieg mit geistigen Waffen zur Geltung kommt, erkannt und besprochen: die Notwendigkeit, das Gefühlsmäßige in der Propaganda nach einem bestimmten System aufzubauen und nach einer Totalität der Erfassung der menschlichen Seele zu

---

153 A. Hitler: Kampf, S. 182.
154 H. Gotschlich: Kampf, S. 112.
155 Siehe hierzu die Schriftstücke in den Akten des preußischen Innenministeriums: GStA PK I.HA Rep. 77, Tit. 1215 Nr. 3d Beiheft (ohne Nummerierung). Das Zitat stammt aus einem Schreiben der Geschäftsstelle für die Errichtung eines „Eisernen Buches zum Gedächtnis der Gefallenen" in Leipzig an das preußische Innenministerium vom 20. April 1925. Der Staatskommissar für die Regelung der Wohlfahrtspflege antwortete der Geschäftsstelle am 23. Mai, dass die Genehmigung zu einer öffentlichen Sammlung nicht erteilt werden könne, „da sich eine Inanspruchnahme der öffentlichen Wohltätigkeit zugunsten derartiger Veranstaltungen solange nicht rechtfertigen lässt, als die verhängnisvollen Kriegsfolgen auf sozialem und kulturellem Gebiet noch nicht völlig überwunden sind. Die Mühen und die Kosten, die die Durchführung des geplanten Unternehmens verursachen wird, würden nach meinem Dafürhalten nutzbringender für praktische Aufgaben der Kriegsbeschädigten- und Kriegshinterbliebenenfürsorge verwandt werden." Der Innenminister lehnte in einem Brief an den preußischen Kultusminister vom 3. Juni öffentliche Sammlungen und staatliche Förderung ab, da „durch die Neugründung die Gefahr einer weiteren Zersplitterung der auf die Ehrung der im Weltkriege Gefallenen gerichteten Bestrebungen" bestehe.

streben."¹⁵⁶ Dies schrieb 1932 der aus der Sowjetunion stammende Physiker Sergej Tschachotin, der zusammen mit Carlo Mierendorff die sozialdemokratische Propaganda in den Weimarer Spätjahren neu definierte. In dieser Bemerkung spiegelt sich das im Weltkrieg geborene kämpferische Verständnis von politischer Propaganda ebenso wie die ersten Erfahrungen mit der seit 1928 sprunghaft angestiegenen NS-Propaganda. Tschachotin, seit 1912 Assistent des berühmten Physiologen Iwan Petrowitsch Pawlow in St. Petersburg, hatte 1919/20 im südrussischen Bürgerkrieg auf Seiten der „Weißen" eine militärische Propagandaabteilung geleitet und galt seitdem als ausgewiesener Kenner der Materie.¹⁵⁷ Seit 1922 hielt er sich im deutschen Exil auf und hatte in Heidelberg die Bekanntschaft des zum Kreis der „militanten Sozialdemokraten" zählenden Carlo Mierendorff gemacht, der Ende der 20er Jahre zum Pressesprecher des hessischen Innenministers Wilhelm Leuschner avanciert war. Tschachotin und Mierendorff arbeiteten in der Folgezeit eng zusammen, stellten ihre Erkenntnisse in einer Anzahl von Einzelveröffentlichungen und Aufsätzen zur Diskussion und riefen nachdrücklich zum „Kampf um die Massenseele" auf.¹⁵⁸ Die Dominanz des Emotionalen gegenüber dem Rationalen, konstatierte Tschachotin, sei von den Nationalsozialisten voll erfasst worden, während die republikanischen Kreise noch immer annähmen, „man könne die Masse durch reine Überzeugung gewinnen". Die Werbung der Sozialdemokratie sei bislang schwerfällig, langweilig und weltfremd gewesen, wohingegen eine „gut berechnete und höchste Wirksamkeit erstrebende Agitation an alle Triebe denken, gewissermaßen alle Federn der menschlichen Seele in Bewegung setzen" müsse.¹⁵⁹ Tschachotin und Mierendorff beriefen sich bei ihrer Forderung nach einer Neugestaltung der sozialdemokratischen Propaganda sowohl auf das sowjetische Beispiel wie auch auf die Erfolge Hitlers.¹⁶⁰ Dessen Durchschlagskraft beruhe auf dem „Prinzip der Einschüchterung" und zugleich auf der Erkenntnis, dass in den aktuellen politischen Kämpfen das Gefühl die Oberhand über den Verstand habe: „Heute spielt bei der Mehrzahl der Menschen im politi-

---

156 Sergej Tschachotin: Die Technik der politischen Propaganda, in: Sozialistische Monatshefte 38 (1932), S. 425-431, Zitat S. 429. Zum Folgenden siehe ebd. sowie ders.: Dreipfeil; Carlo Mierendorff: Die Freiheitspfeile siegen in Hessen, in: Neue Blätter für den Sozialismus 3 (1932), S. 386-388; ders.: Die Bedeutung der neuen Propaganda, in: ebd. S. 517-521; ders./Sergej Tschachotin: Grundlagen und Formen politischer Propaganda, Magdeburg 1932; K. Rohe: Reichsbanner, S. 401-408; R. Albrecht: Symbolkampf; ders.: Mierendorff, S. 120-30.
157 R. Albrecht: Symbolkampf, S. 501, 509.
158 C. Mierendorff: Weg, S. 991.
159 S. Tschachotin: Technik, S. 425.
160 Zum Folgenden C. Mierendorff/S. Tschachotin: Grundlagen, S. 3-5; die Zitate S. 4f. Als Bestandteile der nationalsozialistische Propagandatechnik werden genannt: das Hakenkreuz als Symbol, die Rufe „Heil Hitler" und „Deutschland erwache" sowie der Hitlergruß als „scharfe Handbewegung".

schen Kampf das Gefühlsmäßige eine größere Rolle als das Denkmäßige, das kühl Abwägende, das rein Logische. (...) Aus dieser Grunderkenntnis ist zu folgern, dass bei einer richtig aufgezogenen Propaganda alle Triebe der menschlichen Seele ins Spiel gezogen müssen." Einzig die „Totalität der Erfassung aller Triebe" gewähre den Erfolg. Mierendorff folgerte aus dieser Erkenntnis die propagandistische Hauptaufgabe der SPD: „Wie kommen wir an diese Wähler heran, an diese politisch Inaktiven, die sich zudem in der Regel noch *gefühlsmäßig* entscheiden, im Gegensatz zu dem kleinen Bruchteil der politisch Aktiven, die sich ihr Urteil vornehmlich mit dem *Verstand* bilden."[161] Die intendierte Propaganda übernahm das nationalsozialistische „Prinzip der Einschüchterung" weitgehend, 80 Prozent sollte aus Einschüchterung, 20 Prozent aus Verspottung des Gegners bestehen, denn auch „das Lächerliche tötet immer".[162] Die Spottsymbolik sollte durch Karikierung des Hakenkreuzes, Hitlerfratzen sowie durch eine Übermalung des Hakenkreuzes erfolgen.

Damit waren die drei Pfeile geboren, die zum Hauptmotiv der SPD-Kampagne gegen den Nationalsozialismus wurden. Nach den Worten von Tschachotin wurde die Dreipfeilsymbolik nicht etwa am Reißbrett entworfen, sondern entstand spontan und intuitiv. Tschachotin sah in der Zeit des Boxheim-Skandals 1931 in Heidelberg ein mit weißer Kreide durchgestrichenes Hakenkreuz. Tschachotin vermutete einen erregten Arbeiter als Urheber und stellt die Frage: „Wer war es? Nie werden wir es erfahren – das Bild eines Unbekannten Soldaten unserer großen Arbeiterarmee stand plötzlich vor mir."[163] Man muss diese Geschichte nicht glauben, aber auch sie ist, wenn nicht wahr, so doch gut erfunden, und sie zeigt einmal mehr, wie stark der Weltkrieg in den Köpfen präsent war. Die drei Pfeile standen *für* und *gegen* etwas. Laut Tschachotin versinnbildlichten sie Dynamik der Eisernen Front, die Dreizahl stand für die drei Säulen: die Gewerkschaften als wirtschaftliche, die Partei als geistig-politische sowie Reichsbanner mit Arbeitersportlern als physische Macht der Bewegung. Zugleich forderte der Dreipfeil schlagwortartig Aktivität, Disziplin, Einigkeit. Die graphisch leicht reproduzierbaren Pfeile richteten sich dezidiert gegen das nationalsozialistische Hakenkreuz, das mit ihnen durchgestrichen werden konnte. Insofern, so Tschachotin, ist der Dreipfeil „unverwüstlich, denn die Gegner können nicht ihr Symbol über das unsere setzen, das Bild versteht auch dann ein jeder so, als ob das Hakenkreuz durch unsere Pfeile durchstrichen wäre. Dieses Symbol wurde in unseren Reihen mit größter Begeisterung aufgenommen und sofort mit höchstem Nachdruck in die Tat umgesetzt."[164] Die raffinierte Einfachheit des Symbols und seine offenbar

---

161 C. Mierendorff: Bedeutung, S. 518.
162 C. Mierendorff/S. Tschachotin: Grundlagen, S. 7f., 16-18.
163 S. Tschachotin: Dreipfeil, S. 22f., Zitat S. 23.
164 S. Tschachotin: Technik, S. 426.

spontane Geburt stehen in einem eigentümlichen Spannungsverhältnis zur Bedeutung der Drei Pfeile, denn dieser Propaganda wird sogar ein gewisser kunstgeschichtlicher Rang zugesprochen. Richard Albrecht verweist auf Bezüge zur ästhetischen Moderne sowie insbesondere zum frühen russischen Konstruktivismus. Für die drei Pfeile hatte offenbar das 1919 entstandene Plakat „Schlagt die Weißen mit dem roten Keil" des berühmten russischen Konstruktivisten El Lissitzky einen gewissen Vorbildcharakter.[165]

Die Eiserne Front entwickelte bereits in den ersten Monaten ihres Bestehens einen ganzen Symbolkanon, der zu einem guten Teil auf die Drei Pfeile bezogen war, so zum Beispiel das Liedgut und die Flagge. *Der Marsch der Eisernen Front* begann mit den Worten: „Drei Pfeile zerspalten wie Blitze der Nacht".[166] Die inoffizielle Flagge der Eisernen Front war rot und zeigte in der linken unteren Ecke die Pfeile in weiß.[167] Als Kampfgruß wurde der Ruf „Freiheit!" vom Reichsbanner Schwarz-Rot-Gold übernommen und mit der ursprünglich kommunistischen geballten Faust verbunden. Die Visualisierung dieses Rufes nach Freiheit erfolgte zum Beispiel bei Demonstrationen, in Anlehnung an die beliebten Tableaux Vivants, durch eine Freiheitsgöttin mit rotem, wallendem Gewand und roter phrygischer Mütze, die in der Linken eine Fahne der Eisernen Front, in der Rechten ein Schwert hält, oder durch „Lebende Freiheitsfahnen": Als solche marschierten in vier Reihen 16 Mädchen, die mit Fahnen der Eisernen Front bekleidet waren.[168] Zum Repertoire gehörten ebenso Aufpeitsch-Dialoge für Massenveranstaltungen, die durch Mierendorff und Tschachotin präzise beschrieben wurden.[169]

---

165 R. Albrecht: Symbolkampf, S. 526f. Der Dreipfeil hat noch über die nationalsozialistische Machtergreifung hinaus den demokratischen Sozialismus verkörpert, so auf der Pariser Weltausstellung 1937, wo das Symbol neben der Jakobinermütze sowie Hammer und Sichel auftaucht (K. Rohe: Reichsbanner, S. 408, Anm. 3).

166 Mit Text und Noten abgedruckt in Vorwärts 19.7.1932. Autor und Komponist sind nicht genannt. Die Vorwärts-Leser werden aufgefordert: „Ausschneiden! Aufbewahren! Auswendiglernen!" Ein weiteres Lied war der „Freiheitsmarsch der Eisernen Front", das als Gegenstück zum Marsch *Giovinezza* der italienischen Faschisten und dem Horst-Wessel-Lied der Nationalsozialisten konzipiert wurde: „Seht unsre Faust, / sie ist zum Schlag erhoben" (C. Mierendorff/S. Tschachotin: Grundlagen, S. 21f., Text und Noten S. 22).

167 K. Rohe: Reichsbanner, S. 401. Eine genaue technische Beschreibung der Fahne in C. Mierendorff/S. Tschachotin: Grundlagen, S. 14.

168 Abbildungen ebd. S. 37f.

169 Beispiel: „Heil Hitler!" – „Wir heilen ihn!" / „Heil Hitler!" – „Vom Größenwahn!" / „Soll Hitler an die Macht?" – „Nein!" / „Soll das System der Lüge an die Macht?" – „Nein!" / „Für" – „Freiheit!" / „und" – „Arbeit!" / „Wir wählen die Liste" – „1!" (Zit. nach ebd. S. 32f.).

Der „symbolpublizistische Bürgerkrieg" von 1932

Die propagandistische Konzeption von Mierendorff und Tschachotin war ganz auf die praktische, kämpferische Aktion ausgerichtet, die sich besonders im Kampf um die Wählerstimmen niederschlagen musste. „Wahlkampf kann nur lebendig werden", notierte Wilhelm Leuschner im April 1932 ganz in diesem Sinne, „wenn mit Fanatismus gekämpft wird. Appell an die Vernunft bleibt ohne besondere Massenwirkung. Hitlers Erfolg beruht auf dem Übersinnlichen."[170] Carlo Mierendorff prägte für die praktische Umsetzung den Begriff „Symbolkrieg" als „wirksamste Form der Straßenpropaganda".[171] Ein erster Testlauf wurde mit der Dreipfeil-Propaganda im hessischen Landtagswahlkampf im Juni 1932 in großem Stil inszeniert.[172] Mierendorff führte den relativen SPD-Erfolg beim Urnengang vom 19. Juni auf den systematischen Einsatz neuer Propagandamethoden auf psychologischer Grundlage zurück. Eike Hennig nennt diese Einschätzung „unzutreffend zweckoptimistisch".[173] Es lässt sich jedoch nicht von der Hand weisen, dass die Propaganda zu einer Sammlung des proletarischen Lagers führte, denn die SPD konnte der KPD eine beträchtliche Anzahl von Stimmen abnehmen. Ferner wurden offenbar viele bürgerliche Wähler, beeindruckt von der antifaschistischen Kampagne, von einem Votum zugunsten der NSDAP abgehalten. Doch auch die optimistische Wahlanalyse Mierendorffs konnte den schwerfälligen Parteiapparat der Berliner SPD-Führung nicht eben vom Nutzen solcher Propagandamethoden überzeugen. Tschachotin hat die niederschmetternd zögerliche Haltung der Parteispitze eindrucksvoll geschildert. Bereits im Dezember 1931 hatte er einen Artikel, in dem die Notwendigkeit neuer Propagandaformen begründet wurde, an den *Vorwärts* geschickt, allerdings sperrte sich Chefredakteur Friedrich Stampfer gegen eine Veröffentlichung. Der Beitrag erschien erst viel später in anderen Zeitungen. Während des Hindenburgwahlkampfes im Frühjahr 1932 versuchte es der Russe erneut: „Ich schickte nach Berlin einen Propagandaplan. Ich wartete vergebens auf eine Antwort." Das Unverständnis der SPD-Spitze gegenüber den neuen Propagandamethoden war nicht auszuräumen.[174] Erst Ende Juni

---

170 Zit. nach Eike Hennig: Von der Analyse der NS-Erfolge zur Bekämpfung der NSDAP: Carl Mierendorffs „Kampf um die Massenseele", in: Helga Grebing/Klaus Kinner (Hg.): Arbeiterbewegung und Faschismus. Faschismus-Interpretationen in der europäischen Arbeiterbewegung (Veröffentlichungen des Instituts zur Erforschung der europäischen Arbeiterbewegung der Ruhr-Universität Bochum, Schriftenreihe A/Bd. 2), Essen 1990, S. 262-283, Zitat S. 264.
171 C. Mierendorff/S. Tschachotin: Grundlagen, S. 6; C. Mierendorff: Freiheitspfeile, S. 387.
172 Siehe zeitgenössisch S. Tschachotin: Dreipfeil, S. 67-82, sowie insbesondere C. Mierendorff: Freiheitspfeile.
173 E. Hennig: Analyse, S. 277.
174 S. Tschachotin: Dreipfeil, S. 8-11, S. 45 (dort das Zitat) sowie zusammenfassend S. 61-64.

1932 konnten die Verantwortlichen des *Vorwärts* dazu gebracht werden, die Drei Pfeile als Signet der Eisernen Front auf das Titelblatt der Parteizeitung zu setzen.[175]

Um diese Zeit, zu Beginn des Reichstagswahlkampfes für den Urnengang am 31. Juli 1932, begann in Berlin ein entfesselter „symbolpublizistischer Bürgerkrieg", eine einzigartige Propagandaauseinandersetzung zwischen Faschisten und Antifaschisten, zwischen Kommunisten und Sozialdemokraten, zwischen Republikanern und Feinden des Systems.[176] Im Mittelpunkt stand der Krieg zwischen Hakenkreuz und Dreipfeil. Das Vorgehen der Sozialdemokratie ist dabei von der Kontinuität einer Politik seit 1918 geprägt, die Heinrich August Winkler als „Vermeidung des Bürgerkrieges" umschrieben hat. Diese Prämisse „war das Gesetz, nach dem die SPD, die eigentliche Staatsgründungspartei der Weimarer Republik, 1918 angetreten war".[177] Die Strategie ist als „Imperativ"[178] grundlegend für das Verständnis der sozialdemokratischen Politik im Jahr 1932. Die SPD-Spitze hat den symbolpublizistischen Bürgerkrieg zähneknirschend akzeptiert, weil sie glaubte, einzig dadurch den realen Bürgerkrieg in Deutschland vermeiden zu können. Angesichts der in einem realen oder auch nur symbolischen Krieg notwendigen Polarisierung wurde selbst eine Zurückdrängung nationalrepublikanischer Motive und Symbole in Kauf genommen. Die Propaganda der Eisernen Front war konsequent antifaschistisch und nahm zunehmend wieder einen „roten", klassenkämpferischen Charakter an. Das Titelblatt der *Maifeier-Kampfschrift* der Eisernen Front von 1932, rot dominiert, zeigt die Silhouette des Riesen Proletariat, die mit einem in rot gehaltenen Photo einer Arbeiterversammlung mit großer roter Fahne im Zentrum gefüllt ist.[179] „Jetzt zeige dich, rotes Berlin!" lauteten die Aufrufe der Eisernen Front zu einer Kundgebung im Berliner Lustgarten Anfang Juli 1932.[180] Die Nationalfarben schwarz-rot-gold erschienen nur noch an wenigen Stellen.[181] Im symboli-

---

175 Erstmals im Vorwärts 29.6.1932. Mierendorff und Tschachotin hatten gerade auf diese Art der Visualisierung großen Wert gelegt (Grundlagen, S. 10): „Ganz besonders wichtig ist eine ausgiebige Ausstattung der Zeitungen mit dem Drei-Pfeile-Symbol: in allen möglichen Formen und Größen soll es alle Seiten schmücken, es muss tausendfältig in die Leser eingehämmert werden, mit und ohne durchbohrtes Hakenkreuz."
176 Arnold Rabbow: dtv-Lexikon politischer Symbole, München 1970, S. 81. Zum Folgenden siehe vor allem G. Paul: Krieg.
177 Heinrich August Winkler: Die Vermeidung des Bürgerkrieges. Zur Kontinuität sozialdemokratischer Politik in der Weimarer Republik, in: Manfred Hettling/Paul Nolte (Hg.): Nation und Gesellschaft in Deutschland. Historische Essays (Hans-Ulrich Wehler zum 65. Geburtstag), München 1996, S. 282-304, Zitat S. 282.
178 Ebd. S. 303.
179 Maifeier-Kampfschrift.
180 Vorwärts 30.6.1932.
181 Sergej Tschachotin erwähnt ein Plakat der Eisernen Front in den Farben schwarz-rot-gold, auf dem ein eiserner Mann das „Hakenkreuzunwesen" mit einem Besen in einer weißen

schen Kampf gegen den Nationalsozialismus stellten Republik und Verfassung keine geeigneten propagandistischen Kategorien mehr dar. In einem der programmatischen Artikel von Mierendorff ist an mehreren Stellen von der Arbeiterbewegung die Rede, die als Urheber der neuen Propaganda aufgefasst wird, während der Begriff „Republik" überhaupt nicht mehr auftaucht.[182] Auch an anderen Stellen in Publikationen führender Sozialdemokraten ist die Diktion im Gegensatz zu früheren Jahren wieder ganz sozialistisch, alles auf den Abwehrkampf gegen den Nationalsozialismus ausgerichtet, die Republik findet keine Erwähnung.[183] Das zeigt, dass die Sozialdemokratie im Jahr vor der Machtergreifung das bürgerlich-republikanische Lager propagandistisch bereits völlig abgeschrieben hatte. Die SPD-Symbolsprache zielte vollständig auf das proletarische Milieu, das zu gewichtigen Teilen von den Kommunisten bedient wurde oder aber zur NSDAP abgewandert war.

Vom Gegner lernen: Arbeitersymbolik in der NS-Propaganda

Diese Abwanderungsbewegung verwundert nicht, wenn man sich vor Augen führt, dass die nationalsozialistische Propaganda hauptsächlich auf die „Gewinnung des deutschen Arbeiters" zielte, wie eine NSBO-Zeitung 1931 schrieb.[184] Hitler hatte in den einschlägigen Passagen von *Mein Kampf* seinen Respekt vor den Methoden der sozialistischen Massenagitation bekundet, weswegen das Motto „Vom Gegner lernen" geradezu ein Leitmotiv der NS-Propaganda wurde. Der kommunistische Publizist Willi Münzenberg hat diese Technik in seiner Exilschrift *Propaganda als Waffe* in einem Abschnitt mit dem Titel „Wie man den Gegner beraubte" beschrieben. Bei der Übernahme der gegnerischen Werbemethoden „handelte es sich für die Hitlerpropaganda immer nur um die bloße Übernahme der Form, während man den Inhalt frech fälschte. (...) Die Aneignung geht bis in kleinste Dinge, immer mit der Absicht, den Anhängern die Illusion, die Lüge aufzuzwingen, als ob die Hitlerpropaganda diese Symbole geschaffen oder aber ihnen erst den wahren Sinn gegeben hat.

Staubwolke hinweggefegt (S. Tschachotin: Technik, S. 426). Bei einer Demonstration am 1. Mai 1932 in Berlin wurde eine erbeutete Hakenkreuzfahne mitgeführt, auf der die drei Pfeile sowie, in der oberen inneren Ecke, die republikanischen Nationalfarben aufgenäht waren (siehe die Photos in Karin Steinweh: „Wir schaffen die Eiserne Front", in: 1933 – Wege zur Diktatur. Hg. von der Staatlichen Kunsthalle Berlin, Berlin 1983, S. 85-95, hier S. 85, 94).

182 C. Mierendorff: Bedeutung.
183 Siehe z.B. Siegfried Aufhäuser: Unter dem Hammer der Eisernen Front, in: Maifeier-Kampfschrift, o.P.
184 Zit. nach Eike Hennig: Anmerkungen zur Propaganda der NSDAP gegenüber SPD und KPD in der Endphase der Weimarer Republik, in: Tel Aviver Jahrbuch für deutsche Geschichte 17 (1988), S. 209-240, Zitat S. 210.

Man übernimmt nicht nur die Melodien, sondern sogar mit geringen, aber eben wichtigen Änderungen den Text der Arbeiterlieder."[185] Für die nationalsozialistische Hakenkreuzfahne wählte Hitler nicht zufällig rot als Grundfarbe. Auch die Figur des Riesen Proletariat wurde von der NSDAP wegen des hohen Symbolwerts für die Plakatpropaganda adaptiert.[186] Münzenberg nennt ein weiteres Beispiel: „Das ‚Braunhemd', eine Imitation des Schwarzhemds der italienischen Faschisten, das seinerseits das rote Garibaldihemd kopierte, wurde zum ‚heiligen Rock', Erinnerungen an den Soldatenrock, das ‚Ehrenkleid', spielten dabei eine große Rolle."[187] Und schließlich fand selbst die ursprünglich kommunistische geballte Faust auf der Gegenseite des politischen Spektrums im *Hitlergruß* seine Entsprechung. Die NSDAP wandelte den Gruß leicht ab. Münzenberg weist auf die fragwürdige Logik dieser Umstilisierung hin: „Vom Gegner übernahm man die Grußweise der erhobenen Hand, gab ihm [sic] aber die Form des Faschistengrußes, der wiederum aus dem alten Rom stammt. So erklärte man den römischen Gruß für einen ‚deutschen Gruß', unbekümmert darum, dass viele deutsche Südtiroler wegen Verweigerung dieses Grußes von den Faschisten eingesperrt waren – jetzt sperrt man im Dritten Reich die Verweigerer des Grußes ein, mit dem einst Varus seine Legionen im Teutoburgerwalde gegrüßt hatte."[188] Ernst Bloch brachte diese scheinsozialistische Agitation auf den Punkt: Er sah die Nationalsozialisten verkleidet „mit roten Masken", die einen „braunen Diebstahl" begingen.[189] In den aktuellen Kämpfen des Jahres 1932

---

185 W. Münzenberg: Propaganda, S. 262-264; die folgenden Zitate S. 262, 264. Selbst vor Paraphrasierungen aus der Internationalen machte Goebbels nicht halt, so bei einer Rede am 1. Oktober 1931 im Berliner Sportpalast (zit. nach E. Hennig: Anmerkungen, S. 234): „Kampfentschlossene her zu uns, Ihr alle, Ihr belogenen und betrogenen Arbeiter!"
186 Siehe z.B. das Plakat in Politische Plakate/HLD, S. 130, Abb. 159.
187 W. Münzenberg: Propaganda, S. 223.
188 Ebd. S. 264.
189 Zit. nach E.Hennig: Anmerkungen, S. 222. Wolfgang Fritz Haug maß der scheinsozialistischen NS-Propagandatechnik noch in den 70er Jahren eine aktuelle Bedeutung bei (Wolfgang Fritz Haug: Kritik der Warenästhetik, Frankfurt a.M. [7]1980, S. 171f.): „Die oberflächlichen Entwendungen bei den Kommunisten waren also Waffe des Antikommunismus, rundeten den Erfolg der Gestapo und Konzentrationslager ab. Heute, nach Zerschlagung des Faschismus, lebt jene ehemalige Technik antikommunistischer Ästhetisierung merkwürdig fort: wenn heute Organisationen der Arbeiterbewegung oder ihre Sympathisanten die alten Ausdrucksformen wieder verwenden, die im Deutschen Reich vorübergehend vom Faschismus beschlagnahmt worden waren, antwortet die Propaganda der Herrschenden mit einem raffinierten, für viele schwer zu durchschauenden Schachzug. Weil da naturgemäß manches so aussieht wie bei den Faschisten – kein Wunder, sahen diese es doch gerade auf diese Ähnlichkeit der Oberfläche ab –, setzte man die Linken jetzt, da der Faschismus verpönt ist, mit den Faschisten gleich. In der Gleichsetzung rot = braun erfüllt die faschistische Variante des Antikommunismus noch einmal ihre Funktion, die Massen an der Nase herumzuführen. An der Oberfläche hängende, mit einem sicheren Gespür für Wirkung begabte Intelligenzen wie Günter Grass fallen besonders leicht auf diese Äs-

wurde dies jedoch bei weitem nicht von allen erkannt. Selbst Mierendorff und Tschachotin äußerten die Befürchtung, dass beispielsweise der Ruf „Freiheit!" der Eisernen Front zu sehr als ein dem „Heil Hitler" entgegengeschleudertes Propagandamittel erscheinen könnte.[190] Dies zeigt die Unsicherheit im Umgang mit der NS-Propaganda und vor allem die Verkennung des Umstandes, in welch hohem Maße die Nationalsozialisten proletarische Motive übernahmen.

---

thetisierung zweiten Grades herein, um sie dann, ihrer Begabung entsprechend wirksam, weiter zu propagieren."
190 E. Hennig: Analyse, S. 268.

5. Die untergehende Republik und ihre Festkultur: Verfassungstag und Weimarer Tradition

5.1. Der letzte Weimarer Verfassungstag (11. August 1932)

„In der äußeren und seelischen Erschütterung unserer Tage bringen nicht allzu viele Deutsche die rechte Stimmung für eine Verfassungsfeier auf. Manche feiern in diesem Jahr die Verfassung wie den letzten Geburtstag eines dem Tod geweihten Familienmitglieds. Andere, die seit zwölf Jahren sich nicht genug tun konnten, auf die offenbaren Mängel und Schwächen dieser Verfassung hinzuweisen, behandelten sie heute schon als endgültig überwunden und vergessen in ihrer Freude zuweilen, dass der entscheidende Bruch mit der Verfassung denn doch noch nicht vollzogen ist."[1] Diese Passage, der liberalen *Vossischen Zeitung* vom 11. August 1932 entnommen, fasst brennpunktartig die Sachverhalte und Empfindungen an einem seltsamen Tag in der deutschen Geschichte zusammen: Die Republik schien bereits dem Tode geweiht, die Mängel der Verfassung waren offenkundig, und doch spricht aus den Zeilen so etwas wie ein letztes republikanisches Aufbäumen, ein kleiner Lichtstrahl der Hoffnung. Indes: Über dem Verfassungstag des Jahres 1932 lag ein großer Schatten. Der 11. August war in gewisser Hinsicht ein Anachronismus, denn die aktuelle Gegenwart im Sommer vor Hitlers Machtübernahme hatte so gut wie keinen Bezug mehr zum Werk von Weimar. Dementsprechend geht der letzte Verfassungstag der Weimarer Republik auch in den Geschichtsbüchern mehr oder weniger unter.[2] Das ist verständlich, denn in der Republik von Weimar tobten Kämpfe um Wählerstimmen, um Recht und Freiheit, nicht zuletzt und vor allem um Leben und Tod. Für eine Verfassungsfeier blieb da wenig Raum.

---

1 Vossische Zeitung 11.8.1932, hier zit. nach Elfi Bendikat: „Wir müssen Demokraten sein." Der Gesinnungsliberalismus, in: D. Lehnert/K. Megerle: Identität, S. 139-158, Zitat S. 149f.

2 H.A. Winkler: Weg erwähnt den Verfassungstag überhaupt nicht; in ders.: Weimar 1918-1933. Die Geschichte der ersten deutschen Demokratie, München ²1993, findet sich immerhin eine kurze Bemerkung (S. 510). Selbst Fritz Schellack (Nationalfeiertage, S. 259) geht auf den letzten Verfassungstag der Republik nur noch mit spärlichen Bemerkungen ein. Auch in der Memoirenliteratur ist der Verfassungstag von 1932, da völlig im Schatten der umliegenden Ereignisse stehend, kaum eine Erwähnung wert.

Sommer 1932

Mit dem *Kabinett der nationalen Konzentration*, von der linken Opposition als *Kabinett der Barone* tituliert, war seit Anfang Juni 1932 unter Reichskanzler Franz von Papen eine Regierung im Amt, deren Existenz zwar nicht den formalen Regularien der Weimarer Verfassung, wohl aber ihrem Geist massiv widersprach. Die Regierung Papen musste sich allem voran mit einer Welle politisch motivierter Gewalt auseinandersetzen, die in diesen Wochen und Monaten über das Land ging.[3] Der Sommer 1932 war eine Zeit massiver politischer Unruhen. Auf den Straßen tobte ein blutiger Bürgerkrieg zwischen den paramilitärischen Organisationen gemäßigter wie radikaler politischer Kräfte. Mitverantwortlich dafür war die parlamentarisch nicht gedeckte Regierung Papen selbst, denn sie hatte Mitte Juni als Gegenleistung für eine Tolerierung durch Hitler das Verbot von SS und SA aufgehoben. Vorläufiger Höhepunkt der Auseinandersetzungen war der *Altonaer Blutsonntag* am 17. Juli. Nachdem es der sozialdemokratische Polizeipräsident der damals noch zum preußischen Regierungsbezirk Schleswig-Holstein gehörenden Stadt Altona versäumt hatte, einen provokanten sonntäglichen Demonstrationszug der NSDAP-Gliederungen durch kommunistisch dominierte Stadtviertel zu untersagen, kam es zu Straßenschlachten zwischen den rivalisierenden politischen Gruppierungen. Die Polizei reagierte hilflos, am Ende waren unter der Zivilbevölkerung 18 Tote und Dutzende von Verletzten zu beklagen. Am folgenden Tag verbot die Reichsregierung per Notverordnung alle politischen Versammlungen unter freiem Himmel bis auf weiteres. Dieses Verbot war Mittel zum Zwecke des großen Schlages gegen Preußen, der drei Tage nach dem Blutsonntag erfolgte.

Der nächste Nackenschlag gegen die Republik ließ nicht lange auf sich warten: Bei den Reichstagswahlen zehn Tage nach dem *Preußenschlag* erreichte die NSDAP 37,3 Prozent der Stimmen und wurde mit 230 Mandaten stärkste Fraktion im neuen Reichstag. Die bürgerliche Mitte war so gut wie verschwunden, musste das republikanische Deutschland erschreckt zur Kenntnis nehmen: Die liberalen und gemäßigt konservativen Parteien hatten massiv an Stimmen verloren. Einzig der politische Katholizismus konnte sich behaupten. Die Sozialdemokratie verlor drei Prozent und kam auf 21,6 Prozent, während die KPD unwesentlich hinzugewann. Die Quintessenz des Urnengangs, der Zugewinn von NSDAP und KPD, bedeutete eine Mehrheit im neuen Reichstag für Parteien, die das Grundgesetz der parlamentarisch-demokratischen Republik mehr oder weniger offen ablehnten. Die Fraktionen von NSDAP und KPD kamen zusammen auf einen Stimmenanteil von über 50 Prozent und konnten damit

---

3 Siehe zusammenfassend zu den Ereignissen während der ersten Hälfte der Kanzlerschaft Franz von Papens von seiner Ernennung am 1. Juni bis zur Auflösung des Reichstages am 12. September 1932 H.A. Winkler: Weg, S. 611-733.

fortan jede demokratische Mehrheitsbildung blockieren. Nach der Wahl, die eine schwere Niederlage für das Präsidialkabinett von Papen bedeutete, „bahnte sich eine zögernde, durch Misstrauen und Unentschlossenheit gekennzeichnete Fühlungnahme zwischen NSDAP und Zentrum an".[4] Dass dem Zentrum in dieser Situation besonders daran gelegen war, den Verfassungstag zu feiern, kann man getrost bezweifeln, aber das Wesen ihrer Verhandlungspartner müsste den politischen Katholiken bereits wenige Tage nach dem Reichstagswahlgang deutlich geworden sein. Die „scheußlichste Bluttat dieser Tage", so Wilhelm Hoegner, wurde im oberschlesischen Potempa nahe Gleiwitz in der Nacht vom 9. zum 10. August begangen, also kaum 24 Stunden vor dem Verfassungstag. Uniformierte SA- und SS-Männer drangen in die Wohnung eines polnischen KPD-Sympathisanten ein und trampelten ihn vor den Augen seiner Mutter zu Tode.[5] Die unsagbare Brutalität dieses Mordes schreckte die republikanische Öffentlichkeit auf, obwohl sie sich an die Welle politisch motivierter Gewalt bereits gewöhnt zu haben schien. Überschattet von Potempa war nicht nur der Verfassungstag, sondern vor allem ein Ereignis, das die Aufmerksamkeit der politischen Öffentlichkeit viel stärker auf sich lenkte. Am 13. August weigerte sich Reichspräsident Paul von Hindenburg in einer persönlichen, in frostiger Atmosphäre stattfindenden Begegnung mit Adolf Hitler, den *böhmischen Gefreiten* zum Reichskanzler der Weimarer Republik zu ernennen. Die Absage Hindenburgs hatte mit dem gebrochenen Versprechen des NSDAP-Führers zu tun, die Regierung Papen auch nach den Wahlen zu tolerieren. Hitler reagierte cholerisch. Seine Enttäuschung wirkt noch in dem berüchtigten Solidaritätstelegramm nach, das er nach dem Beuthener Todesurteil an die Mörder von Potempa sandte: „Meine Kameraden! Angesichts dieses ungeheuerlichen Bluturteils fühle ich mich mit Euch in unbegrenzter Treue verbunden. Eure Freiheit ist von diesem Augenblick an eine Frage unserer Ehre, der Kampf gegen eine Regierung, unter der dieses möglich war, unsere Pflicht."[6]

---

4 Karl Dietrich Bracher: Die Auflösung der Weimarer Republik. Eine Studie zum Problem des Machtverfalls in der Demokratie (Schriften des Instituts für politische Wissenschaft, hg. von Otto Stammer, Bd. 4), Villingen/Schwarzwald ³1960, S. 611.
5 Das Zitat in W. Hoegner: Republik, S.354. Zum Mord von Potempa zusammenfassend H.A. Winkler: Weg, S. 699-702. Der Fall hatte insofern auch juristische Brisanz, als die Reichsregierung just am 9. August eine Notverordnung gegen politischen Terror erlassen hatte, die die Todesstrafe auf den Tatbestand des politischen Totschlags ausdehnte. Die Verordnung trat in der Nacht zum 10. August in Kraft, anderthalb Stunden vor dem Potempa-Mord. Die Täter wurden am 22. August 1932 von einem Sondergericht in Beuthen zum Tode verurteilt. Die kommissarische preußische Regierung begnadigte die Täter am 2. September zu lebenslänglichem Zuchthaus. Im März 1933 wurden sie unter den neuen Machtverhältnissen amnestiert, jedoch nicht rehabilitiert.
6 Zit. nach H.A. Winkler: Weimar, S. 513.

Staatsbegräbnis für die Republik: Die Feier der Reichsregierung

Das „Bluturteil" von Beuthen, der „Blutsonntag" von Altona: Blut floss in jenen Wochen nicht nur in den Straßen der Republik, sondern war auch fester Bestandteil der politischen Sprache. Ein weiteres Element der Metaphorik war die Rede von Tod und Untergang. In den sich überschlagenden Ereignissen der Augustwochen 1932 schien der Verfassungstag förmlich unterzugehen, ebenso wie die gesamte Republik vom Untergang bedroht war. „Letzter Verfassungstag!" notierte Joseph Goebbels sarkastisch-vorausschauend in seinem Tagebuch: „Lasst ihnen die kurze Freude!"[7] Als am Morgen des 11. August der Gedenktag für das Weimarer Verfassungswerk mit Kirchenglocken eingeläutet wurde, regte dies den Beobachter der *Frankfurter Zeitung* zu der sinnigen Frage an, ob es sich wohl um „Werde- oder Sterbeglocken" handele.[8] Wie als Antwort auf diese berechtigte Frage erlebte das Berliner Reichstagsgebäude am Mittag eine Veranstaltung, die etwas von einer Groteske hatte. Lange war unsicher gewesen, ob es im Jahre 1932 überhaupt eine offizielle Feier der Reichsregierung zum Verfassungstag geben würde, so wie es sich seit den Anfangsjahren der Republik eingebürgert hatte. Bei einer Ministerbesprechung am 18. Juni bekundete der Reichsminister des Inneren im Präsidialkabinett Papen, Wilhelm Freiherr von Gayl (DNVP), am diesjährigen Verfassungstag nur die Vormittagsfeier im Reichstag abhalten zu wollen, eine Beteiligung des Reichs an einer geplanten gemeinsamen Abendveranstaltung von Reich, Preußen und Stadt Berlin lehnte er ab.[9] Nach der Reichsexekution gegen Preußen stand offenbar der gesamte Verfassungstag zur Disposition.

Indes wussten die Verantwortlichen des Präsidialkabinetts von Papen die Gelegenheit der Reichsfeier schließlich auf ihre Weise zu nutzen und inszenierten eine Art vorgezogene Beerdigung der Republik. Hellmut von Gerlach sprach später in der *Weltbühne* von einer „Leichenfeier".[10] Der *Vorwärts* leitete

---

7 J. Goebbels: Tagebücher, Bd. 2, S. 681 (11.8.1932).
8 Zit. nach Petra Weber: Goethe und der „Geist von Weimar". Die Rede Werner Thormanns bei der Verfassungsfeier in der Paulskirche am 11. August 1932, in: Vierteljahrshefte für Zeitgeschichte 46 (1998), S. 109-135, Zitat S. 109.
9 BArchBln R 43 I/573, Bl. 258 (Ministerbesprechung vom 18.6.1932). Laut Arnold Brecht ist die Tatsache, dass die Vormittagsfeier am 11. August 1932 überhaupt stattfand, vor dem Hintergrund des scharfen Vorgehens der Regierung Papen gegen die Nationalsozialisten seit Anfang August zu sehen. Trifft dies zu, so wurde die Feier nur veranstaltet, um Hitler nicht den Triumph einer Absage zu schenken (A. Brecht: Kraft, S. 218). Zur Abendfeier von Preußen und Berlin in der Kroll-Oper siehe ebd.
10 So Hellmut von Gerlach in der Weltbühne, deren Leitung der Publizist und Pazifist Gerlach nach der Inhaftierung Carl von Ossietzkys im Mai 1932 übernommen hatte; hier zit. nach Christl Wickert: „Zu den Waffen des Geistes ... Durchgreifen Republik!" Die Linksintellektuellen, in: D. Lehnert/K. Megerle: Identität, S. 115-137, Zitat S. 129.

seinen Bericht über die Veranstaltung mit bemerkenswerten Detailbeobachtungen ein: „Zur Verfassungsfeier in diesem Jahre war die Ausschmückung des Reichstagssaales gegen die vorhergegangenen Gedenktage nicht unwesentlich verändert. Die Einleitungsformel der Reichsverfassung, die sonst stets zu beiden Seiten des großen Reichsadlers an der Stirnwand zu sehen war, fehlte dieses Mal. Dafür war in der linken Saalecke *eine große schwarzweißrote Fahne, allerdings mit der Gösch* angebracht, während in früheren Jahren diese Flagge nur draußen auf dem Platz der Republik wegen der Reichswehrparade neben der schwarzrotgoldenen Fahne wehte. Selbstverständlich war die Flagge der Republik in gleicher Größe in der anderen Saalecke zu sehen."[11] Auch der Habitus der feiernden Staatsmänner wurde von dem SPD-Parteiorgan mit einer amüsant anmutenden Akkuratesse beschrieben: Reichswehrminister Schleicher sei in seiner ordengeschmückten Reichswehruniform aufgetreten, Reichskanzler Papen im schwarzen Anzug mit seinen beiden Eisernen Kreuzen. „Hindenburg dagegen, der doch gewiss alle Kriegsorden besitzt, trug auf dem schwarzen Rock nicht einen einzigen!" Die so genannte Festrede hielt Innenminister von Gayl. Der dem ostpreußischen Militäradel entstammende Generalssohn, während des Weltkriegs Mitarbeiter von Hindenburg im Stab Oberost, war selbst in einer nationalistischen Partei wie der DNVP noch rechts angesiedelt. In seinen Ausführungen, vom *Vorwärts* sarkastisch als „Bußpredigt" bezeichnet, verlor Gayl über das Weimarer Verfassungswerk kein einziges gutes Wort.[12] Die Verfassung einige die Geister nicht, sondern trenne sie, und sei daher „abänderungsbedürftig". Der Minister, der seine staatsstreichartigen Verfassungsreformpläne bereits am Vortag im Kabinett erläutert hatte, wandte sich entschieden gegen den parlamentarisch-demokratischen Charakter des Staates und die dadurch bedingte „Herrschaft der politischen Parteien". Als zentrale Reformpunkte nannte er die Änderung des Wahlrechts in Richtung Persönlichkeitswahl, eine Sperrklausel für kleinere Parteien, die Heraufsetzung des Wahlalters sowie die Einführung einer ständisch geprägten Ersten Kammer als Gegengewicht zum Volksparlament. „Jede zielbewusste Reg[ierungs]politik", so von Gayl, „ist auf die Dauer in Deutschland zum Scheitern an zwei Dingen verurteilt, an der Anonymität der Verantwortung und an dem Fehlen einer Instanz, die, unabhängig von Parteieinflüssen, dem Gesamtwohl schädli-

---

11 Vorwärts 11.8.1932 (Nr. 376, Abendausgabe). Ein Photo vom Verfassungstag 1932, das Reichskanzler von Papen mit seinen beiden Eisernen Kreuzen zeigt, in H. Schulze: Braun, nach S. 544, Abb. 32.
12 Die Rede ist abgedruckt in Schulthess' Europäischer Geschichtskalender. NF 11 (1895) ff., München 1896ff., hier 1932, S. 138-140; die folgenden Zitate S. 139. Der Begriff „Bußpredigt" in Vorwärts 11.8.1932 (Abend).

che Parlamentsbeschlüsse ohne schwerwiegende verfassungsmäßige Reibungen auszugleichen vermag."[13]

Diese Rede über „schädliche Parlamentsbeschlüsse", eine kaum verhüllte Absage an die Demokratie, war ein Novum in der Geschichte der Weimarer Verfassungstage, obwohl der 11. August auch in den Jahren zuvor immer wieder Konfliktstoff geboten hatte.[14] „Es war das erste Mal in der Geschichte der Weimarer Republik", resümiert Heinrich August Winkler, „dass der Festredner bei dieser Gelegenheit eine Ansprache gegen das Verfassungswerk von 1919 hielt."[15] Diese Distanzierung lag nach einer Formulierung von Peter Steinbach im Rahmen einer Systemkritik, „die nicht mehr Reform, sondern Beseitigung des Weimarer Staats, der Verfassung und der Gesellschaft zum Ziele hatte".[16] Die zeitgenössischen Kritiker monierten insbesondere, dass die Staatsführung den Begriff „Republik" bei den Verfassungsfeierlichkeiten tunlichst vermied. Gayl nahm ihn in seiner gesamten Rede an keiner einzigen Stellen in den Mund, und auch Reichskanzler von Papen vermied das Wort, indem er das traditionelle *Hoch* am Ende der Feier nicht wie bisher üblich auf die deutsche Republik, sondern auf „das im *Deutschen Reiche* geeinte *Volk*" ausbrachte.[17] Immerhin gab es zumindest bescheidene republikanische Akzente. Als die Festversammlung abschließend das Deutschlandlied sang, ertönten deutlich hörbare Zwischenrufe nach „Freiheit". Der Kampfgruß der Eisernen Front wurde ebenso hörbar, als Reichspräsident Hindenburg im Anschluss an die Feier durch die Kuppelhalle des Reichstags marschierte und zum Abschreiten einer Ehrenkompanie der Reichswehr auf die Freitreppe am Platz der Republik trat. Der *Vorwärts* berichtete von einem dreifachen „Freiheit!" auf Reichsverfassung und Republik und kommentierte: „So wurde das, was in der offiziellen Feier versäumt worden ist, vom *freien* Volk auf *freiem* Grund nachgetragen!"[18]

---

13 Die hier vorgetragene Kritik am Weimarer Verhältniswahlrecht wurde auch von republikanischer Seite vorgetragen, siehe etwa A. Brecht: Vorspiel, S. 77f., 173-175. Zu den erstaunlich unpräzisen Überlegungen in der DNVP bezüglich einer Verfassungsreform in Richtung eines autoritären „Neuen Staates" siehe auch E. Matthias/R. Morsey: Ende, S. 560-564.
14 Etwa 1927, als der DVP-Abgeordnete Siegfried von Kardorff ein Plädoyer für schwarz-weiß-rot hielt (siehe hierzu Kapitel 5.4.).
15 H.A. Winkler: Weimar, S. 510.
16 P. Steinbach: Reichsfeind, S. 201.
17 Vorwärts 12.8.1932. Das SPD-Organ kritisierte diesen Sachverhalt stark, ebenso Hellmut von Gerlach in der Weltbühne, siehe Christl Wickert: „Zu den Waffen des Geistes ... Durchgreifen Republik!" Die Linksintellektuellen, in: D. Lehnert/K. Megerle: Identität, S. 115-137, hier S. 129f. Vgl. P. Weber: Goethe, S. 113.
18 Vorwärts 11.8.1932 (Nr. 376, Abend). Der Bericht schloss mit der sarkastischen Bemerkung, dass die Verantwortlichen der Rundfunkübertragung Schwierigkeiten haben würden, die Zwischenrufe auszublenden.

Klassik und Sarkasmus: Der republikanische Verfassungstag

Das verbliebene republikanische Spektrum in Deutschland, das im Sommer 1932 über die Sozialdemokratie nicht mehr weit hinausreichte, präsentierte sich am 11. August mit einer Mischung aus Trotz, Nachdenklichkeit und Fatalismus. Vielen war wohl bereits bewusst, dass es der letzte Tag dieser Art sein würde. Man begehe den diesjährigen Verfassungstag, schrieb der *Vorwärts*, „in voller Erkenntnis der Stunde, aber in der Gewissheit, dass die Zukunft auf unserer Seite ist. Wir erinnern an diesem Verfassungstag die Machthaber von heute an die Worte Schillers: ‚Nein, eine Grenze hat Tyrannenmacht: / Wenn der Gedrückte nirgends Recht kann finden, / Wenn unerträglich wird die Last, greift er / Hinauf getrosten Mutes in den Himmel / und holt herunter seine ewgen Rechte, / Die droben hangen unveräußerlich / Und unzerbrechlich, wie die Sterne selbst.'"[19] Der Rekurs auf das Freiheitspathos aus Schillers *Wilhelm Tell* war Teil eines republikanische Selbstverständnisses in Weimar, dessen roter Faden die Anrufung der Klassiker in guten wie in schlechten Zeiten darstellte. Gerade das Jahr 1932 bot mit dem 100. Todestag Goethes hierzu ausreichend Gelegenheit. Nach der Weigerung Hindenburgs im März, zur Goethe-Gedächtnisfeier nach Weimar zu fahren, hatte das Thema auch große politische Brisanz gewonnen. In diesem Zusammenhang bildete die am 11. August von der Stadt Frankfurt abgehaltene Verfassungsfeier auch einen gewissen Kontrast zu dem Trauerspiel im Berliner Reichstag. Redner in der Paulskirche war Werner Thormann, Chefredakteur der Zeitschrift *Deutsche Republik*.[20] Thormann scheute sich nicht, die Problematik des diesjährigen Verfassungstages beim Namen zu nennen und die Berufung auf Goethe als „Ausweg" zu klassifizieren: „Vor knapp zwei Wochen hat die Mehrheit des deutschen Volkes für Parteien gestimmt, die das Werk von Weimar ablehnen. Das unverbindliche Reden brauchte heute nicht schwer zu fallen. Es ist der Wunsch der Regierung, dass wie im vorigen Jahre des Freiherrn vom Stein diesmal Goethes gedacht werde. Und eine Goethe-Gedächtnisrede, welch besserer Ausweg aus den aktuellen Schwierigkeiten der Verfassungsfeier des Jahres 1932 wäre denkbar?" Thormann bezeichnete Goethe als überparteilichen Kronzeugen für die in der Weimarer Verfassung festgelegten freiheitlichen Grundrechte: „Goethe kann für keine Partei und für kein politisches System in Anspruch genommen werden, untrennbar aber ist von seiner Person, seinem Werk und seinem Leben die Idee, die nach den Jahren seines Sturmes und Dranges die Zentralidee seines Lebens wurde: die Idee der Humanität." Daraus leitete Thormann die Verpflichtung

---

19 Vorwärts 11.8.1932 (Nr. 375), 1. Beilage. Das Zitat stammt aus Schillers Drama Wilhelm Tell 2/2 (Rede von Stauffacher).
20 Siehe hierzu P. Weber: Goethe. Die Rede ist abgedruckt ebd. S. 125-135; die folgenden Zitate S. 125, 128.

ab, für den Erhalt des demokratischen Rechtsstaates mit Wort und Tat zu kämpfen: „Die Fundamentes dieses Staates, *unseres* Staates, vor dem Versinken in der Krise zu retten, sind wir aufgerufen. Mit Feiern und Hochrufen ist das nicht getan, aber das Bekenntnis darf nicht fehlen, wenn die Tat nachfolgen soll."

Dieser Schlussappell des bekennenden Republikaners, der 1930 aus Protest gegen die Brüningsche Präsidialregierung aus der Zentrumspartei ausgetreten war, war ebenso richtig wie in den Wind gesprochen. Die „Tat" war nach der verfassungswidrigen Reichsexekution gegen Preußen am 20. Juli ausgeblieben, so musste nun auch das „Bekenntnis" zur Republik wirkungslos verhallen. Hinzu kamen die für eine würdige Feier des Werkes von Weimar denkbar ungünstigen äußeren Umstände. Am Tag nach dem Altonaer Blutsonntag hatte die Reichsregierung per Notverordnung alle politischen Versammlungen unter freiem Himmel bis auf weiteres verboten. Da auch die von SPD und Reichsbanner geplanten Verfassungsfeiern als „politische Versammlungen" galten, fiel es Reichsinnenminister von Gayl nicht sonderlich schwer, das Ersuchen des Berliner Reichsbanners um eine Sondererlaubnis für den 11. August abzulehnen. Eine Ausnahme machte er lediglich bei der traditionellen Verfassungsfeier der Berliner Schutzpolizei im Lustgarten, der bereits am Vortag mit schwarzrot-goldenen Fahnen geschmückt worden war. Der kommissarische Polizeipräsident Melcher hielt eine Ansprache vor den Beamten, während sein abgesetzter Vorgänger Albert Grzesinski (SPD) auf der Titelseite des *Vorwärts* vom gleichen Tage einen Aufruf „An Stelle einer Rede im Lustgarten" veröffentlichte, der nicht eben von großer Emphase geprägt war, sondern eher die nüchterne Beamtenmentalität Grzesinskis widerspiegelt.[21] Ohnehin schien den Sozialdemokraten die Lust am Feiern spätestens nach dem Preußenschlag vergangen zu sein. Der *Vorwärts* schrieb am Verfassungstag rückblickend auf den 20. Juli: „Dieser schwärzeste Tag innerdeutscher Geschichte seit dem Bestehen der Republik gibt zum 11. August keiner Festesfreude Raum."[22] Zwar mahnte die Parteizeitung am 9. August ihre Leser eindringlich: „Es bedarf kaum eines Hinweises, dass am 11. August alle *schwarzrotgoldenen Fahnen* geflaggt werden müssen", und zwei Tage später: „Heute gegen Hitler-Papen Fahnen heraus!"[23] Die sonst üblichen Parteifeiern der SPD fielen jedoch offenbar ersatzlos aus. Auch das Reichsbanner Schwarz-Rot-Gold musste sich stark einschränken. Es mutet seltsam an, dass die Wochenzeitung *Das Reichsbanner*, im Gegensatz etwa zum *Vorwärts* und anderen SPD-Parteizeitungen, in der fraglichen Zeit so gut wie keine Berichterstattung über den Verfassungstag lieferte.[24] An

---

21 Vorwärts 11.8.1932 (Nr. 375).
22 Ebd.
23 Ebd. 9. u. 11.8.1932.
24 Das Reichsbanner 6./13./20.8.1932.

den traditionellen Fackelzug am Vorabend des 11. August war nicht zu denken. Nach Verhandlungen mit dem kommissarischen Berliner Polizeipräsidenten wurde der republikanischen Schutzformation immerhin gestattet, am Wochenende nach dem 11. August so genannte „Sommerfeste aus Anlass des Verfassungstages" abzuhalten.[25] Die Feier der republikanischen Staatsordnung wurde durch starke behördliche Auflagen ihrem Sinn und Zweck nach stark entfremdet. Die Sommerfeste durften nur in geschlossenen Räumen stattfinden, als Ausschmückung durfte die schwarz-rot-goldene, nicht jedoch die rote Dreipfeil-Fahne der Eisernen Front verwendet werden, und selbst das Tragen der Bundeskleidung des Reichsbanners war untersagt. Die Behörden verboten ferner längere Ansprachen und selbst Rezitationen. In den zugestandenen kurzen Begrüßungsworten war darüber hinaus die Thematisierung der aktuellen politischen Vorgänge tabu. Das Reichsbanner Schwarz-Rot-Gold nahm diese Auflagen eher mit Galgenhumor, richtete die Feste an zahlreichen Orten in Berlin aus und erfreute sich einer demonstrativ hohen Beteiligung. Der *Vorwärts* nannte als Beispiel die Feier der Eisernen Front in Tempelhof, abgehalten in einem Lokal in Marienfelde. Der abgesetzte Polizeipräsident Grzesinski wandte sich in einem kurzen Begrüßungswort an die „verfassungsfeiernden Sommergäste" und spottete, „eine hohe Behörde habe offenbar geglaubt, dem Volk sei die Verfassung so geläufig, dass besondere Feiern nicht notwendig seien und dass Sommerfeste auch genügten".

5.2. Alte und neue Feiertage

Ebenso wie in der Flaggen- und Hymnenfrage bedeutete die Revolution von 1918/19 in Deutschland auch hinsichtlich der offiziellen Feiertage eine Zeitenwende. Im Kaiserreich von 1871, dessen Feiertage nunmehr unbrauchbar geworden waren, hatte die gesamte Festtagsfrage die unterschiedlichen politischen Richtungen symbolisiert. Genauso war es in der Weimarer Republik, in der die verschiedenen Milieus ihre je eigenen Feiertage pflegten.[26] Die politische Festkultur hatte in Deutschland bereits eine gewisse Tradition erlangt. Schon in der Nationalbewegung in der ersten Hälfte des 19. Jahrhunderts waren verschiedene Jahrestage zum Anlass für Feierlichkeiten und Kundgebungen politischer Ziele genommen worden. Die bekanntesten Beispiele sind das Wartburgfest im Oktober 1817, das an das 300-jährige Jubiläum der Thesenverschickung

---

25 Zu den „Sommerfesten" und den folgenden Einzelheiten Vorwärts 12.8.1932 (Nr. 377), 1. Beilage, sowie 15.8.1932 („Republikanische Verfassungsfeiern").
26 Zur Bedeutung von Reichsgründungstag, Verfassungstag und Revolutionstag für die Parteien in der Weimarer Republik siehe die entsprechenden Passagen im Sammelband D. Lehnert/K. Megerle: Identität.

von Martin Luther und zugleich an den Jahrestag der Völkerschlacht von 1813 erinnerte, sowie das „Allerdeutschenfest" auf dem Hambacher Schloss Ende Mai 1832. Jedoch konnte sich eine kontinuierliche Festkultur in der Vormärzzeit wegen der reaktionären Politik des Deutschen Bundes noch nicht herausbilden. Erst im Zuge der Revolution 1848 fand die Nationalbewegung mit dem 18. März einen Gedenktag, der fortan nicht nur in liberal-demokratischen Kreisen kontinuierlich begangen wurde, sondern auch in die Festkultur der Arbeiterbewegung Einzug hielt. Jedoch war der 18. März auf Grund seines revolutionär-demokratischen Beigeschmacks von vornherein ohne Chance, einen Platz im Festkalender des Kaiserreichs zu erhalten.[27]

Das Reich von 1871 und seine Feiertage

Der Festkalender des Deutschen Reich, in dem sich mit dem Geburtstag des Monarchen, dem Sedantag und dem Reichsgründungstag schließlich drei Schwerpunkte herausbildeten, stand zunächst vor grundsätzlichen und auch strukturellen Problemen. Die bekannte Abneigung von Bismarck und Kaiser Wilhelm I. gegen alles Symbolische hemmte die gesellschaftlichen Bemühungen um einen anerkannten nationalen Feiertag. Zudem konnte es reichsoffizielle Gedenktage gar nicht geben, da die Länder die Kompetenz über die entsprechende Gesetzgebung auch über 1871 hinaus behalten hatten.[28] Prompt wies der traditionelle deutsche Föderalismus erste Bemühungen in die Schranken, den *Geburtstag des Kaisers* als nationalen Feiertag zu implementieren. Denn den Ehrentag des Regenten als „monarchisch-dynastische Huldigungsfeier"[29] zu gestalten, war preußische Tradition und setzte sich in den anderen Ländern nur schleppend durch, zumal man dort wesentlich eher geneigt war, den Geburtstag des eigenen Monarchen zu feiern. Eine Identifikation des Kaisergeburtstags mit einem nationalen Feiertag konnte auch nur vor dem Hintergrund einer Ideologie erfolgen, die die preußisch-protestantische Hohenzollernmonarchie mit dem nationalen Gedanken gleichsetzte. Unter dieser Prämisse wurde in der Ära Wilhelms II. im Zeichen eines verstärkten Reichspatriotismus die staatliche Festkultur ausgeweitet und zunehmend militarisiert. Herausragendes Beispiel für den kaiserlichen Geburtstagskult ist die beispiellos aufwändig und pathetisch inszenierte Zentenarfeier für Wilhelm I. am 22. März 1897, in deren Rahmen auf der Schlossfreiheit in Berlin ein pompöses *Kaiser-Wilhelm-Nationaldenkmal*, ein Reiterstandbild von Wilhelm Begas, eingeweiht wurde. Die Sozi-

---

27 Zum 18. März siehe Kapitel 2.5.
28 F. Schellack: Nationalfeiertage, S. 13.
29 Ebd. S. 15. Wilhelm I. hatte am 22. März Geburtstag, sein Enkel Wilhelm II. am 27. Januar. Friedrich III., der 99-Tage-Regent von 1888, kam nicht in den Genuss eines Kaisergeburtstags.

aldemokraten boykottierten den Kaiserpomp und nutzten den arbeitsfreien Tag, der zufällig mit dem Jahrestag des Märzgefallenenbegräbnisses zusammenfiel, zu einer Demonstration im Friedrichshain. Die beiden Veranstaltungen symbolisierten den weiterwirkenden Gegensatz zwischen großdeutschem Ideal und kleindeutscher Verwirklichung, denn der starke preußische Akzent bei der Feier für Wilhelm I., der sich zeitlebens als Preuße und nicht als Deutscher sah, war unübersehbar. „Deutschlands Glorie wurde hauptsächlich von marschierenden Soldaten repräsentiert", formuliert George L. Mosse pointiert.[30] Exakter wäre es indes, von „Preußens Glorie" zu sprechen. Nach dem Untergang der Hohenzollern- und aller anderen Monarchien in Deutschland 1918 boten die Regentengeburtstage keinen Anlass zu Feierlichkeiten mehr. Allerdings erinnert etwa der Aufwand, der zum 80. Geburtstag von Reichspräsident Paul von Hindenburg im Oktober 1927 betrieben wurde, stellenweise frappierend an manche vergangene Festlichkeiten, und im Zeitalter des Nationalsozialismus gab es mit dem 20. April sozusagen eine moderne Variante von *Kaisers Geburtstag*, die vom Volksmund auch sprachlich an das monarchische Vorbild angeglichen wurde.[31]

Im öffentlichen Bewusstsein des Kaiserreiches wesentlich stärker verankert war der *Sedantag*.[32] Während des deutsch-französischen Krieges von 1870/71 wurde der Hauptteil des französischen Heeres in den Ardennen eingekreist und

---

30 G.L. Mosse: Nationalisierung, S. 114. Vgl. zur Zentenarfeier F. Schellack: Nationalfeiertage, S. 33-43. Mit dem Ansinnen, sein Großvater möge als „Wilhelm der Große" in die Geschichtsbücher eingehen, konnte sich Wilhelm II. indes nicht durchsetzen.

31 Zum Hindenburg-Geburtstag 1927 siehe die Materialien in BArchBln R 54/55-57. Das Reichspostministerium entwarf eine Briefmarke mit dem Kopf des Reichspräsidenten, am Vorabend des 2. Oktober fand eine Großer Zapfenstreich statt, am Geburtstag selbst eine Feier im Berliner Stadion. „Führers Geburtstag" war Bestandteil des nationalsozialistischen Festkalenders, allerdings wurde der 20. April erst 1939, anlässlich des 50. Geburtstages von Hitler, zum nationalen Feiertag erklärt (Gesetz über einmalige Sonderfeiertage vom 17. April 1939, Reichsgesetzblatt 1939, 17.4.1939, S. 763, sowie Verordnung zum Gesetz über einmalige Sonderfeiertage vom 17.4.1939, ebd. S. 764).

32 Eine umfassende Studie zur Rolle des Sedantages in der Festkultur des Kaiserreiches fehlt bislang. Siehe zusammenfassend T. Schieder: Kaiserreich, S. 125-153 (mit Dokumenten); Georg Müller: Friedrich von Bodelschwingh und das Sedanfest, in: Geschichte in Wissenschaft und Unterricht 14 (1963), S. 77-90, und Hartmut Lehmann: Friedrich von Bodelschwingh und das Sedanfest. Ein Beitrag zum nationalen Denken der politisch aktiven Richtung im deutschen Pietismus des 19. Jahrhunderts, in: Historische Zeitschrift 202 (1966), S. 542-573, befassen sich mit der Rolle Bodelschwinghs bei den Versuchen, den Sedantag als nationalen Feiertag zu installieren; Claudia Lepp: Protestanten feiern ihre Nation – Die kulturprotestantischen Ursprünge des Sedantages, in: Historisches Jahrbuch 118 (1998), S. 201-222, geht den religiösen Hintergründen nach; Harald Müller: Die deutsche Arbeiterklasse und die Sedanfeiern. Zum antimilitaristischen Kampf der Sozialdemokratischen Arbeiterpartei in den ersten Jahren nach der Reichsgründung, in: Zeitschrift für Geschichtswissenschaft 17 (1969), S. 1554-1564, thematisiert den Widerstand der beiden sozialistischen Richtungen gegen den „Sedanrummel" zwischen 1871 und 1873.

musste schließlich am 2. September 1870 bei Sedan kapitulieren. Kaiser Napoleon III. ging zusammen mit 100.000 französischen Soldaten in Gefangenschaft. Der Tag von Sedan, in Deutschland frenetisch bejubelt, wurde zwar nie zum offiziellen Feiertag erhoben, fand aber insbesondere in protestantisch-nationalen Kreisen rasch Anerkennung. Hauptmentor war der westfälische Pastor Friedrich von Bodelschwingh, der im Krieg als Feldprediger tätig gewesen war. Schon im Jahr 1873 fand die für das deutsche 19. Jahrhundert und besonders für das Kaiserreich bezeichnende Verbindung von Fest- und Denkmalkultur einen prägnanten Ausdruck, als am Sedantag in Berlin die Siegessäule eingeweiht wurde.[33] Der 2. September indes hatte nicht nur einen ausgeprägt militärischen Charakter mit starker antifranzösischer Komponente, sondern wurde rasch zum innenpolitischen Zankapfel, denn das Gedenken an Sedan war von Anfang an auch gegen die sogenannten Reichsfeinde im Inneren gerichtet. Der Mainzer Bischof Wilhelm Emmanuel Freiherr von Ketteler maß diesem Aspekt erhebliche Bedeutung zu und untersagte 1874 den Geistlichen seiner Diözese die Teilnahme an den Feiern. Vor dem Hintergrund des entfesselten Kulturkampfes war das Sedanfest in den Augen des katholischen Bischofs das Fest einer Partei, „welche in der Gegenwart an der Spitze des Kampfes gegen das Christentum und die katholische Kirche steht (…). Sie feiert in der Sedanfeier nicht so sehr den Sieg des deutschen Volkes über Frankreich als die Siege ihrer Partei über die Kirche."[34] Während sich der politische Katholizismus also auf Boykott und verbale Angriffe gegen die „Satanfeier" am „Sankt Sedantag" beschränkten, gingen die Sozialisten zu aktivem Protest gegen den antifranzösischen 2. September über.[35] Aufsehen erregte das demonstrative Verbrüderungstelegramm, das die SPD im Jahr 1895 an die französischen Sozialisten schickte. Anlässlich des 25. Jahrestages der Schlacht brachte sie darin ihren „Protest gegen Krieg und Chauvinismus" zum Ausdruck. Am gleichen Tag nannte Kaiser Wilhelm II. die Sozialdemokratie, die bereits seit Wochen gegen das bevorstehende militaristisch-chauvinistische Sedangedenken protestiert hatte, „eine

---

33 Die Berliner Siegessäule mit der goldenen Viktoria an der Spitze, Erinnerungszeichen für die drei Einigungskriege von 1864, 1866 und 1870/71, wurde auf dem Platz vor dem Reichstagsgebäude (Königsplatz, heute Platz der Republik) errichtet und 1938 zusammen mit Bismarck- und Moltkedenkmal zum Großen Stern versetzt. Im Volksmund erhielt das Denkmal rasch die Bezeichnung *Goldelse*, in Anlehnung an einen Roman von Eugenie Marlitt aus dem Jahr 1866.
34 Zit nach G. Müller: Bodelschwingh, S. 88. Die folgenden Abwandlungen zit. nach T. Schieder: Kaiserreich, S. 129.
35 Siehe besonders H. Müller: Arbeiterklasse. Die erste derartige Veranstaltung fand schon ein Jahr nach dem Krieg, am 1. September 1871, in Braunschweig statt. Vereinzelt kam es auch zu Störaktionen sozialistischer Arbeiter bei den offiziellen Sedanfeiern. Zudem versuchte die Partei, den Todestag von Ferdinand Lassalle (31. August) als eine Art Gegenfeiertag zu installieren (T. Schieder: Kaiserreich, S. 130).

Rotte von Menschen, nicht wert, den Namen Deutscher zu tragen".[36] Der Sedantag, das wird hier deutlich, war weit davon entfernt, ein national einigender Feiertag des Kaiserreiches zu werden. Er verschärfte vielmehr noch die innenpolitischen Gegensätze und war ein „Tag der Spaltung".[37] Nachdem die siegesdeutsch angestrichene Fassade des Reiches im Weltkrieg zusammengestürzt war, war den Deutschen das sprichwörtliche „Sedanlächeln" erst recht vergangen, denn die Niederlage im Weltkrieg überstrahlte den Sieg von 1870/71, und an die Stelle von Sedan trat in der kollektiven Erinnerung das nicht weit entfernte Verdun als Ort des Schreckens und sinnlosen Mordens.[38] Der Sedantag hat folglich in der Weimarer Republik keine nennenswerte Rolle mehr spielen können. Der preußische Innenminister Wolfgang Heine (SPD) teilte Ende August 1919 seinen Ober- und Regierungspräsidenten mit, die bislang übliche Beflaggung öffentlicher Gebäude zum Gedächtnistag an die Schlacht zu Sedan entspreche nicht mehr den Zeitverhältnissen: „Unser Volk soll in dieser Zeit tiefsten Unglücks nicht durch demonstrative Erinnerung an frühere Siege darüber hinweg getäuscht werden, dass all sein Denken und Streben einer neuen Zukunft gewidmet sein muss."[39] Auf das prekäre Verhältnis zwischen Sozialdemokratie und Sedanfeiern musste Heine gar nicht erst hinweisen. Und ein Verbot von Umzügen, wie es die Reichsregierung im gleichen Jahr erließ, war in der Folgezeit nicht mehr notwendig.[40] Als einzige politische Gruppierung erstatteten später die Nationalsozialisten dem Sedantag noch eine schmale Referenz, indem sie regelmäßig Anfang September ihre *Deutschen Tage* veranstalteten. Diese Geste war aber weniger von dem Verlangen nach geschichtlicher Würdigung als von aktueller politischer Propaganda geprägt.

Im Gegensatz zum untergehenden Sedangedenken erlebte die Feier des *Reichsgründungstages* in der Republik eine unerwartete Renaissance, obwohl auch der 18. Januar durch den Ersten Weltkrieg und seine Folgen zunächst jede Grundlage verloren zu haben schien. Nach Kriegsende wurden die ehemaligen katholischen und sozialistischen Reichsfeinde zu staatsverantwortlichen politischen Faktoren in Deutschland, und nicht zuletzt signalisierten auch die Siegermächte durch eine symbolische Geste, dass es bei den Friedensverhandlungen um eine Abrechnung mit der Hohenzollernmonarchie gehen würde: Der

---

36 Wortlaut des Telegramms (zit. nach Deutscher Geschichtskalender für 1895. Bd. 2, Leipzig 1896, S. 50): „Am fünfundzwanzigsten Jahrestag der Schlacht von Sedan senden wir, als Protest gegen Krieg und Chauvinismus, den französischen Genossen Gruß und Handschlag. Hoch die Völkersolidarität!" Das Verdikt Wilhelms II. zit. nach Schulthess 1895, S. 178.
37 H. Hattenhauer: Nationalsymbole, S. 143.
38 Hermann Glaser spricht im Zusammenhang mit dem deutschen Kulturpatriotismus von einem „gleichbleibenden Zustand selbstherrlichen Kulturbewusstseins, der ab 1871 durch ‚Sedanlächeln' geprägt" gewesen sei (H.J. Koch: Wallfahrtsstätten, S. 26).
39 BArchBln R 43 I/2662, Bl. 27.
40 Ebd. Bl. 30 (Auszug aus dem Protokoll der Sitzung des Reichsministeriums vom 1.9.1919).

Tagungsort der Friedenskonferenz war Versailles, und die erste Sitzung fand am 18. Januar 1919 statt, exakt 48 Jahre nach der ebendort erfolgten Gründung des Kaiserreiches. Schon die damalige Zeremonie hatte auf einer symbolischen Anleihe aus der Vergangenheit beruht. Nachdem das neue Staatsgebilde juristisch bereits seit dem 1. Januar 1871 existierte, wurde der 18. Januar als Datum der Kaiserproklamation bewusst gewählt in Anlehnung an die Gründung des Königreiches Preußen genau 170 Jahre zuvor in Königsberg. Wie der Kaisergeburtstag hatte also auch der Reichsgründungstag bereits in seinem Ursprung stark preußische Züge und blieb bis 1918 immer ein „Monopol Preußens".[41] Er betonte die Dominanz der Hohenzollern im neuen Nationalstaat und wurde außerhalb des deutschen Kernstaates nicht als Feiertag verstanden, geschweige denn gefeiert. So konnte der 18. Januar im Kaiserreich keine richtige Tradition erlangen. Eine Ausnahme stellten lediglich die Feierlichkeiten zum 25. Jahrestag der Kaiserproklamation 1896 dar.

Vor diesem Hintergrund ist es erstaunlich, welche Rolle der Reichsgründungstag nach dem Untergang der Hohenzollernmonarchie spielen konnte. Erst in der Weimarer Republik gewann der 18. Januar eine eigentliche Bedeutung, wenn auch nur als „elitärer Gedenktag".[42] Ausgerechnet die republikanische DDP war es, die sich im Oktober 1920 angesichts des bevorstehenden 50. Jahrestages der Reichsgründung dafür einsetzte, den 18. Januar 1921 als allgemeinen Nationalfeiertag mit Schulfeiern zu begehen.[43] Demgegenüber sah die *Rheinische Zeitung*, das Kölner Organ der MSPD, „wenig Berechtigung" für eine Feier: „Das alte Deutsche Reich erweckt die Erinnerung an unausgesetzte Verfolgungen der Sozialdemokratie, an das Sozialistengesetz, an Umsturz- und Zuchthausvorlagen, an Wilhelm II. und Ludendorff. Wir glauben, dass deshalb die Beteiligung der Arbeiterklasse an einem derartigen Jubiläum nicht gerade überwältigend groß sein wird."[44] In der Folgezeit wurde der 18. Januar zu einem Instrument der staatsfeindlichen Kräfte, die dem republikanischen Alltag den verblichenen Glanz und die verspielte Macht des Hohenzollernreiches entgegenzustellen trachteten. Diese antirepublikanische Festkultur wurde maßgeblich von den Universitäten getragen, wo alljährlich entsprechende Feiern stattfanden.[45] Nach dem Sieg von Generalfeldmarschall Hindenburg bei der Reichspräsidentenwahl 1925 brachten auch DVP und DNVP einen Antrag in

---

41 Thomas Nipperdey: Deutsche Geschichte 1866-1918. Zweiter Band. Machtstaat vor der Demokratie, München 1992, S. 260.
42 R. Poscher: Verfassungstag, S. 23.
43 BArchBln R 15.01/16860, Bl. 173 (Kleine Anfrage der DDP-Fraktion im Reichstag vom 27.10.1920, Nr. 3167).
44 Rheinische Zeitung 6.11.1920.
45 T. Schieder: Kaiserreich, S. 86; R. Poscher: Verfassungstag, S. 22-36. Vgl. zum Reichsgründungstag in der Weimarer Republik F. Schellack: Nationalfeiertage, S. 133-276 passim.

den Reichstag ein, den 18. Januar als Nationalfeiertag einzuführen, der mit den Stimmen von KPD, SPD, DDP, Zentrum und BVP zurückgewiesen wurde.[46] Das Anliegen der Rechtsparteien, den Tag zum nationalen Festtag der Weimarer Republik zu machen, war auf Grund der preußischen, protestantischen und konservativen Dominanz des Hohenzollernreiches denkbar anachronistisch. Das jedoch hat die antirepublikanischen Kräfte nicht von einer weiteren Berufung auf den 18. Januar abgehalten, was die Verteidiger der Republik naturgemäß auf den Plan rufen musste, denn die Reichsgründung wurde nur zu oft ideologisch überhöht dem vorgeblichen „Novemberverbrechen" von 1918 gegenübergestellt. Auf einem Flugblatt des *Stahlhelm* aus der Endzeit der Republik stand etwa, gefolgt von einer langen Erörterung zu Preußentum und Führergedanke, zu lesen: „Der 18. Januar erinnert uns, dass der deutsche Frontsoldat das Reich gründete, das im November 1918 von Meuterern und Deserteuren zerstört und in Weimar von einem (jüdischen) Professor und vielen (demokratischen) Parteileuten in unmöglicher Form ‚erneuert' wurde."[47]

Höhepunkt der republikfeindlichen Januaragitation war das Jahr 1931, als der 60. Jahrestag der Reichsgründung begangen wurde. In Thüringen ordnete Innen- und Volksbildungsminister Wilhelm Frick, der erste nationalsozialistische Minister in Deutschland, Feiern in allen Schulen an, und die Reichsregierung veranstaltete einen Festakt im Reichstag.[48] Die republikanische Öffentlichkeit lehnte zwar das Begängnis des Tages nicht rundweg ab, setzte jedoch

---

46 Die Sozialdemokratie im Reichstage 1925, S. 28-31. Unter der Überschrift „Ein Vorstoß gegen die Verfassung" berichtet die SPD-Reichstagsfraktion über den Versuch einer Verfassungsrevision durch die Rechtsparteien. Unter anderem seien Anträge auf Änderung der Reichsfarben sowie auf Einführung des 18. Januar als Nationalfeiertag gestellt worden. Letzterer Antrag sei mit 193 gegen 138 Stimmen abgelehnt worden.
47 BArchKo ZSg.1-88/14, Nr. 9 (Stahlhelm-Flugblatt „Der 18. Januar und seine Bedeutung für Deutschland" von 1932 oder 1933).
48 Frick erließ am 12. Januar 1931 per Amtsblatt folgende Anordnung, zit. nach: Kultur und Erziehung unter dem Hakenkreuz. Referenten-Material. Hg. von der SPD, Berlin o.J. [1931], S. 30): „Am 18. Januar jährt sich zum 60. Male der Tag der Aufrichtung des Deutschen Reiches unter Kaiser Wilhelm I. im Spiegelsaal zu Versailles. An diesem Tage des Jahres 1871 fand der deutsche Einheitsgedanke zum ersten Male nach schwerem Kampf durch die Führerschaft und männliche Politik deutscher großer Männer wie Bismarck, Roon und Moltke seine Erfüllung. Die Bedeutung dieser Tatsache muss gerade jetzt als Wegweiser aus unserer Not zur Freiheit betont und hoch eingeschätzt werden. Wir ordnen daher an, dass am Montag, dem 19. Januar, der Unterricht in allen öffentlichen Schulen ausfällt und statt dessen in würdiger und angemessener Weise des 18. Januars als des Tages der 60. Wiederkehr der Reichsgründung durch eine Schulfeier gedacht wird. Dabei ist auf die Bedeutung der Männer, die dieses große Werk geschaffen haben, besonders hinzuweisen." Ein Programm des Festaktes der Reichsregierung befindet sich in BArchBln R 32/527, Bl. 44. Ansprachen hielten der DVP-Abgeordnete Wilhelm Kahl sowie Reichskanzler Brüning, am Ende wurden erste und dritte Strophe des Deutschlandliedes gesungen. Stil und Inhalt der Feierstunde entsprachen auffallend denen der jährlichen Verfassungsfeiern.

deutlich abweichende Schwerpunkte. Im Mittelpunkt der Betrachtungen stand die Erörterung der Frage, inwieweit man die Reichsgründung vom 18. Januar 1871 als Verwirklichung des deutschen Einheitsstrebens betrachten könne. Der ehemalige SPD-Volksbeauftragte Otto Landsberg erkannte bei einem Vortrag in der Freien Sozialistischen Hochschule in Berlin über „Die politische Krise der Gegenwart" zwar die staatspolitische Bedeutung Bismarcks mit Einschränkungen an, warf ihm jedoch den Ausschluss Österreichs und die fehlende Verwirklichung des Freiheitspostulats vor: „Der Einheitstraum des deutschen Volkes war, wenn auch nur in beschränktem Umfange, verwirklicht. Die Einheit eines erheblichen Teiles der Deutschen war erlangt – ohne die Freiheit." Er schloss seine Überlegungen mit einer Kennzeichnung der SPD-Politik als „Realpolitik", ein bewusst gewähltes Schlagwort aus der Bismarckzeit: „Wir Sozialdemokraten wollen durch die Demokratie zum Sozialismus. (...) Die Gegner der Demokratie sind die Romantiker, die Impressionisten, die Phantasten der Politik. Wir aber wollen die mit Idealen erfüllten Realpolitiker sein und bleiben!"[49] Im Gegensatz zu dieser fast staatsmännischen Einschätzung Landsbergs konnte ein linker Demokrat wie Carl von Ossietzky kaum fassen, dass die Reichsgründung 60 Jahre danach noch Anlass zum Feiern sein sollte: „Am 18. Januar 1871 soll die deutsche Einheit vollendet worden sein? An diesem Tag ist sie durch die Begründung des kleindeutschen Kaisertums der Hohenzollern für immer gesprengt worden."[50]

---

49 O. Landsberg: Krise, Zitate S. 3, 24.
50 Carl von Ossietzky: Zur Reichsgründungsfeier, in: Die Weltbühne 20.1.1931, hier zit. nach ders.: Rechenschaft, S. 170-173, Zitat S. 172. Dennoch hatte der Reichsgründungstag in konservativen Gedankenwelten als eine Art *Tag der deutschen Einheit* eine erstaunliche Langlebigkeit, selbst weit über die Weimarer Republik hinaus. Noch hundert Jahre nach der Reichsgründung wurde der 18. Januar von dem Historiker Hans-Joachim Schoeps allen Ernstes als deutscher Nationalfeiertag ins Gespräch gebracht: „Wenn man nach einem nationalen Feiertag fragt, der alle Deutschen zu verbinden vermag, so kann dies doch wohl nur der 18. Januar sein, an dem vor hundert Jahren, 1871, das Deutsche Reich gegründet worden ist. Dieser Stiftungstag des Deutschen Reiches, das von 1871 bis 1945 mehr als 65 Millionen deutscher Menschen umspannt hat, symbolisiert als einziger Tag des Kalenders die deutsche Einheit, die Erinnerung daran, dass wir einmal alle in einem Reiche gelebt haben. Das Reich von 1871 ist der einzige nationale Einheitsstaat der deutschen Geschichte gewesen; er hat den Rahmen für die Entwicklung eines deutschen Staatsbewusstseins gegeben. Der Einwand, dass das Gedenken dieses Tages eine Spitze gegen den westlichen Nachbarn gehabt habe, weil die Proklamation von Kaiser und Reich in Versailles erfolgt war, trifft nach deutschem Selbstverständnis nicht zu. (...) Einen nach Herkunft, Bedeutung und historischer Symbolkraft mit dem 18. Januar vergleichbaren Tag gibt es für Deutsche nicht." Hans-Joachim Schoeps: Überlegungen hinsichtlich eines Nationalfeiertages, in: Nationalfeiertage. Erinnerung und Verpflichtung? [Mitteldeutscher Kulturrat] Troisdorf vor Bonn 1972. S. 10-15, Zitat S. 11.

Die Weimarer Reichsverfassung wurde im thüringischen Schwarzburg, wo Reichspräsident Friedrich Ebert im August 1919 seinen Urlaub verbrachte, unterzeichnet. Die Zahl „11" des Datums hat Ebert offenbar persönlich eingefügt.

Ausweg aus einem Dilemma:
Der „Verfassungstag" wird erfunden

Wie auch immer das politische, publizistische und historische Urteil über den Reichsgründungstag ausfallen mochte: In der Gründungsphase der Weimarer Republik kam der 18. Januar als Nationalfeiertag ebenso wenig in Betracht wie der 2. September, vom Geburtstag des exilierten Kaisers ganz zu schweigen. „An ihren Festen erkennt man die Völker", so eine treffende Bemerkung von Otto Landsberg aus dem Jahr 1927. „Die unfreien unter ihnen lassen sich den Gedanken ihrer Feiertage vorschreiben und verherrlichen den Jahrestag einer Schlacht oder den Geburtstag eines Monarchen. Die freien aber begehen festlich den Tag einer Tat, die Zeugnis ablegt von Reife und Größe, von Mut und Stolz der Nation."[51] Nun war der 9. November als ein solcher Tag nicht recht geeignet, ebensowenig der 18. März, und der 1. Mai ließ sich 1919 lediglich als einmaliger gesetzlicher Feiertag durchsetzen. So stand die junge Republik auch in dieser symbolischen Frage vor einem Dilemma. Wie bei Flagge und Hymne war es eine Anfrage aus dem Ausland, die die Verantwortlichen zum Handeln brachte. Reichsaußenminister Hermann Müller-Franken schrieb dem Reichskanzler am 28. November 1919, das finnische Außenministerium habe nach dem deutschen Nationalfeiertag gefragt. Müller bat um eine Entscheidung in dieser Sache und unterbreitete zugleich einen weitreichenden Vorschlag: „Die Erhebung eines Tages zum Nationalfeiertag, für den meines Erachtens der 11. August als Datum der Verfassung des Deutschen Reiches in erster Linie in Betracht kommt, wäre geeignet, die im Auslande bestehenden Zweifel an dem Bestand der demokratischen Staatsform des Deutschen Reiches zu zerstreuen."[52] Das Kabinett schloss sich am 10. Dezember 1919 dieser Meinung an und beauftragte den Reichsinnenminister, das Weitere zu veranlassen.[53] Zwar gab es unmittelbar danach keine erkennbaren Aktivitäten, indes ist es zunächst ohnehin von größerem Interesse, sich mit den Hintergründen der Entscheidung für den 11. August zu beschäftigen. Dabei ist zwischen dem Votum für einen Verfassungstag als solchen und der Wahl des 11. August zu unterscheiden. Die Idee, einen nationalen Feiertag mit dem Grundgesetz eines Staates zu verknüpfen, war damals höchst ungewöhnlich und ist noch in der heutigen Staatenwelt viel eher die Ausnahme als die Regel. Im Jahr 1919 existierten Verfassungstage lediglich in Dänemark und in Norwegen.[54] Die Verantwortlichen im Reichs-

---

51 BArchKo NL Otto Landsberg (sechsseitiges Manuskript „Verfassungsfeier 1927", Zitat S. 1).
52 BArchBln R 43 I/566, Bl. 34.
53 AdR Bauer, S. 463 sowie ebd. Anm. 3 (10.12.1919).
54 In Norwegen gibt es seit 1814 einen Verfassungstag, in Dänemark seit 1849. Dänemark und Japan sind die einzigen Staaten, die neben dem Verfassungstag den Geburtstag des Monarchen als Feiertag begehen. Weitere Verfassungstage gab oder gibt es im unabhängigen Lettland (1920-1940), in der Sowjetunion (1977-1991) und in Nordkorea (seit 1949). Der 23. Mai

außenministerium könnten an das Vorbild dieser beiden Staaten ebenso gedacht haben wie an das Hambacher Fest von 1832, das bekannteste der zahlreichen Verfassungsfeiern in der Zeit des Vormärz, das am Jahrestag der Verabschiedung der bayerischen Verfassung von 1818 stattfand. Definitiv falsch ist die Ansicht von Karlheinz Weißmann, die Einführung des deutschen Verfassungstages sei „nach westeuropäischem Muster" versucht worden. In Frankreich, Großbritannien und in den Vereinigten Staaten gab und gibt es keinen Verfassungstag.[55]

Warum nun das Reichsaußenministerium aus den in Frage kommenden Tagen den 11. August vorschlug, ist nicht leicht zu erhellen. Bis heute wird häufig die irrige Ansicht geäußert, der 11. August 1919 sei der Tag der Verabschiedung oder des Inkrafttretens der Verfassung.[56] In Kraft getreten war die Verfassung erst am 14. August mit der Publikation im Reichsgesetzblatt, beschlossen hatte sie die Nationalversammlung am 31. Juli nach der dritten Lesung des Entwurfes mit 262 gegen 75 Stimmen bei einer Enthaltung. Indes war es am 11. August rund 30 Kilometer südlich von Weimar, im thüringischen Schwarzburg nahe Bad Blankenburg, zu einem ebenso denkwürdigen wie weithin unbekannten Staatsakt gekommen. Reichspräsident Friedrich Ebert, der zu einen Erholungsurlaub im dortigen Hotel „Weißer Hirsch" weilte, ließ zur feierlichen Unterzeichnung der Verfassungsurkunde das gesamte Reichskabinett aus Weimar anreisen.[57] Die Zeremonie war allem Anschein nach das Kind hoher republikanischer Improvisationskunst: Auf der Titelseite der Urkunde wurden die vorgedruckten Worte „Entwurf einer" kurzerhand durchgestrichen und durch den Artikel „Die" (Verfassung des Deutschen Reiches) ersetzt. Auf der letzten Seite hat Ebert vor Unterzeichnung das Datum dem Anschein nach eigenhändig eingesetzt.[58] Fortan wurde das improvisierte Geschehen im „Weißen Hirschen"

---

in der Bundesrepublik Deutschland ist weder National- noch gesetzlicher Feiertag. Grundsätzlich zur Frage, ob sich Verfassungstage als nationale Gedenktage eignen, siehe R. Poscher: Verfassungstag, S. 18-22.

55 K. Weißmann: Zeichen, S. 113. Hier soll offenbar der „undeutsche" Charakter der Weimarer Reichsverfassung nahe gelegt werden. In Großbritannien gibt es bekanntlich nicht einmal eine geschriebene Verfassung, mithin läuft der Bezug auf Westeuropa völlig ins Leere.

56 Erstaunlich ist, dass selbst Arnold Brecht, einer der Hauptinitiatoren der Weimarer Verfassungsfeiern, diesem Missverständnis aufsaß. 1921 schlug er den 11. August als Tag der „Promulgation", also der öffentlichen Bekanntmachung, für die Verfassungsfeier vor (A. Brecht: Nähe, S. 362).

57 Hans Patze/Walter Schlesinger (Hg.): Geschichte Thüringens. Fünfter Band: Politische Geschichte in der Neuzeit. 2. Teil (Mitteldeutsche Geschichte, hg. von Reinhold Olesch u.a., Bd. 48/V/2), Köln/Wien 1978, S. 397.

58 Faksimiles der ersten und letzten Seite in Friedrich Ebert 1871-1925. Mit einem einführenden Aufsatz von Peter-Christian Witt. Hg. von der Friedrich-Ebert-Stiftung/Archiv der sozialen Demokratie, Bonn ²1980, S. 149. Das Dokument trägt die Unterschriften von Ebert, Reichs-

vom 11. August zur Grundlage für den „Verfassungstag" und damit für den zentralen republikanischen Feiertag im Staat von Weimar. Dass bei der Entscheidung zu Gunsten dieses Tages der wahrscheinlich am 11. August 843 unterzeichnete Vertrag von Verdun eine Rolle spielte, kann man wohl ausschließen.[59] Nachdem sich die Regierung der Weimarer Koalition, wie oben erwähnt, im Dezember 1919 eine Erhebung zum republikanischen Nationalfeiertag befürwortet hatte, wurde die Angelegenheit jedoch zunächst nicht weiterverfolgt. Diese Zögerlichkeit hatte Folgen, denn bei der Reichstagswahl im Juni 1920 verlor die Koalition ihre parlamentarische Mehrheit, und die Gegner eines Nationalfeiertages waren im Reichstag fortan in der Überzahl. Die rechtsgerichtete DVP, die gegen das Verfassungswerk gestimmt hatte, war Koalitionspartner in der Reichsregierung unter Konstantin Fehrenbach, und diese lehnte prompt am ersten Jahrestag der Verfassungsunterzeichnung eine Beflaggung der öffentlichen Gebäude mit der fadenscheinigen Begründung ab, man könne „in der Zeit der nationalen Erniedrigung nicht gut flaggen".[60]

„Heraus mit Schwarzrotgold!"
Die erste Verfassungsfeier 1921

Ein Jahr später hatten sich die politischen Verhältnisse gewandelt, die Weimarer Koalition stellte unter Reichskanzler Joseph Wirth erneut die Regierung. Über eine würdige Begehung des Verfassungstages als Teil der Staatsrepräsentation herrschte jedoch noch immer „große Unsicherheit".[61] Nachdem das Reichskabinett zunächst beschlossen hatte, den Verfassungstag auf Grund der aktuellen politischen Belastungen nicht zu feiern, wurde auf Initiative des Ministerialdirektors im Reichsinnenministerium, Arnold Brecht, und nach Beratung Wirths mit Ebert dennoch eine bescheidene offizielle Veranstaltung vorbereitet. Die Planung der behördlichen Feier in der Berliner Staatsoper Unter den Linden – sozusagen auf preußischem Boden, wie ironisch vermerkt wurde – wurde Brecht, Reichskunstwart Edwin Redslob und dem Schriftsteller Otto Grautoff anvertraut, der kurze Zeit vorher an gleicher Stelle eine imposante Dante-

---

ministerpräsident Bauer sowie der Minister Hermann Müller, Noske, David, Mayer, Erzberger, Schmidt, Bell, Schlicke und Giesberts.
59 Reichsinnenminister Rudolf Oeser wies bei der Frankfurter Paulskirchenfeier am 18. Mai 1923 darauf hin, dass der Vertrag von Verdun im Jahr 843, wie man annehme, am 11. August geschlossen worden sei (siehe das Redemanuskript Oesers im BArchBln R 15.01/16869, Bl. 155).
60 AdR Fehrenbach, S. 103 (3.8.1920). Immerhin wurde der 11. August hier bereits als „Nationalfeiertag" bezeichnet.
61 F. Schellack: Nationalfeiertage, S. 181. Zum Verfassungstag 1921 und den folgenden Einzelheiten siehe ebd. S. 181-184; A. Brecht: Nähe, S. 360-364; A. Heffen: Reichskunstwart, S. 165.

Gedenkfeier inszeniert hatte. Der Saal wurde mit Blumenschmuck versehen, am Rednerpult ein schwarzer Adler mit roter Bewehrung auf goldenem Grund angebracht und die Bühne lediglich dezent mit den schwarz-rot-goldenen Reichsfarben umrahmt. Angesichts der scharfen parlamentarischen Auseinandersetzung Ende Juni um die Flaggenverordnung fürchtete man eine Provokation der republikkritischen Teilnehmer. Der sozialdemokratische *Vorwärts* hatte dagegen weit weniger Bedenken vor einem deutlichen republikanischen Bekenntnis und deshalb am Morgen des Verfassungstages einen deutlichen Appell an seine Leser gerichtet: „Heraus mit Schwarzrotgold!"[62] Die Ansprache bei der regierungsamtlichen Feier hielt Reichskanzler Joseph Wirth selbst, nachdem er sich vergeblich um einen geeigneten Festredner bemüht hatte.[63] Wirth stellte mit den Gebietsabtretungen eine aktuelle politische Tagesfrage in den Mittelpunkt seiner Ausführungen. Damit eröffnete er eine Tradition der folgenden Verfassungstage, nämlich die Feier des 11. August jeweils unter ein bestimmtes aktuelles oder historisches Motto zu stellen.

Die Feier fiel zwar insgesamt recht bescheiden aus, aber sie lässt sich dennoch als gelungenen Anfang werten, als Übergang von einem zögerlichen und gehemmten zu einem entschiedenen und feierlichen Republikanismus, wie er sich in den Folgejahren am Verfassungstag präsentierte. Der Festakt trug erstmals offiziellen Charakter, und bei einer offiziellen Gelegenheit wollten scheinbar auch diejenigen nicht fehlen, die der neuen Staatsform nicht eben wohlgesonnen waren. „Es war gewissermaßen der erste Erfolg des Unternehmens", vermerkte Arnold Brecht ironisch zur Verfassungsfeier von 1921, „als Leute, die sich sonst nicht gern zur Weimarer Republik bekannten, sich beschweren, dass sie nicht eingeladen waren."[64]

5.3. Die gescheiterte Erhebung des 11. August zum Nationalfeiertag

Nach der vorläufigen Vertagung der Nationalfeiertagsfrage und dem zögerlichen, doch immerhin hoffnungsvollen Auftakt im Jahre 1921 blieb der 11. August während der gesamten Weimarer Zeit, so die Feststellung von Fritz Schellack, „ein äußerst diffiziles und konfliktträchtiges Thema der deutschen

---

62 Vorwärts 10.8.1921, hier zit. nach ebd. 11.8.1932.
63 F. Schellack: Nationalfeiertage, S. 182f. Absagen hatte sich Wirth von dem Historiker Hermann Oncken, dem Theologen Adolf von Harnack und vom württembergischen Staatspräsidenten Hieber eingehandelt. Die Rede Joseph Wirths ist abgedruckt in Schulthess 1921, S. 250-252.
64 A. Brecht: Nähe, S. 362.

Innenpolitik".[65] Für die prorepublikanischen Kräfte lag das Ziel nahe, den Verfassungstag als Symbol für den demokratischen Neuanfang in Deutschland zum Nationalfeiertag zu erheben. Durch Arbeitsruhe und entsprechende Feiern eröffnete sich die Möglichkeit, die Weimarer Reichsverfassung und die damit verbundenen Grundgedanken in der Bevölkerung zu verankern. Aus formaljuristischer Perspektive stand der Versuch, den 11. August mit legislativen Mitteln zum republikanischen Feiertag zu machen, vor einer besseren Ausgangsposition als im Kaiserreich, da die Weimarer Reichsverfassung in Artikel 139 eine reichsweite Bestimmung von Feiertagen möglich machte. Der Reichsrat war dabei zwar zustimmungspflichtig, das heißt die Gliedstaaten behielten ein Vetorecht. Allerdings ergab die parlamentarische Wirklichkeit bezüglich des Verfassungstages rasch eine Umkehrung der Verhältnisse: Gerade die Länderkammer sprach sich mehrmals für eine Erhebung des 11. August zum Nationalfeiertag aus, während der Reichstag zum Blockadeinstrument der Verfassungstagsgegner wurde.

In der SPD erhoben sich schon früh Forderungen, die Bemühungen um einen Nationalfeiertag zu forcieren. Noch ohne den 11. August namentlich zu erwähnen, mahnte im Dezember 1920 der preußische Ministerpräsident Otto Braun in einem Schreiben an Reichskanzler Fehrenbach die reichsrechtliche Festlegung eines Nationalfeiertages an: „Das Staatsministerium empfand es als einen Missstand, dass bei dem Fehlen eines Nationalfeiertages die Reichsregierung sowohl als auch die Regierungen der Länder in jedem Jahr wieder vor die Frage gestellt werden, ob der 1. Mai und der 9. November zu feiern sind und dass die Entscheidung der Reichsregierung zu dieser Frage nur von Fall zu Fall und meistens erst unmittelbar vor den genannten Tagen ergeht, so dass ein einheitliches Vorgehen innerhalb des Reichs nicht möglich ist. Mit der Schaffung eines Nationalfeiertages wäre aber die Möglichkeit gegeben, die Feier irgendeines anderen Tages ein für allemal abzulehnen."[66] Auch auf den SPD-Parteitagen wurden Parteispitze und Fraktion in den Anfangsjahren der Republik des Öfteren zum Handeln aufgefordert. Auf der Kasseler Konferenz 1920 meinte etwa ein Delegierter: „Wir sollten dafür eintreten, dass ein Tag festgesetzt wird, an dem offiziell gezeigt wird, dass die Republik lebt", und schlug neben dem 9. November auch den 11. August vor. Ein Jahr später wurde in Görlitz erneut die Forderung laut, dass man „in der Feier des Verfassungstages weiter kommen müsse", was bisher durch die Abneigung rechts und links von der SPD verhindert worden sei.[67] Diese Bemerkung aus dem Jahr 1921 ist eine weise Vorausschau auf die traurige Wirklichkeit späterer Jahre, als die Sozial-

---

65 F. Schellack: Nationalfeiertage, S. 216. Zum Folgenden vgl. grundsätzlich ebd. S. 196-203 u.ö.
66 BArchBln R 15.01/16860, Bl. 172 (Schreiben vom 1.12.1920).
67 PVP-SPD Kassel 1920, S. 113; PVP-SPD Görlitz 1921, S. 294.

demokratie in ihrem Kampf um den Verfassungstag mehr als einmal alleine stand. Denn hinter den Auseinandersetzungen um den 11. August stand ebenso wie in der Frage des Republikschutzes letztlich der grundsätzliche Streit der Parteien um Verfassung und Staatsform. War das Anliegen des Republikschutzes in den Worten von Gotthard Jasper ein „vortrefflicher Prüfstein (...), an dem Freunde und Feinde der Republik Aufschluss zu geben gezwungen waren über ihre Stellung zum demokratischen Staat", so galt Ähnliches komprimiert sowohl für die theoretische Nationalfeiertagsfrage als auch für die alljährliche Feier des 11. August.[68] Hier wird erneut deutlich werden, in welch hohem Maße die Gesellschaft der Weimarer Republik fragmentiert war. Denn von denjenigen politischen Gruppierungen, die 1919 gegen das Verfassungswerk gestimmt hatten, war eine positive Einstellung zu dem möglichen Feiertag schwerlich zu erwarten. Zwar wurde der verbliebene nichtkommunistische Teil der USPD 1922 von der Sozialdemokratie absorbiert und in diesem Zusammenhang, verkörpert etwa durch die Person von Rudolf Breitscheid, zu einem demonstrativen Bekenntnis zu Republik und Verfassung gebracht. Die beiden Rechtsparteien DVP und DNVP jedoch machten trotz zeitweiliger Regierungsbeteiligung in der Republik ihre Ressentiments gegen die neue Staatsform gerade in symbolischen Einzelfragen wie dem Verfassungstag ostentativ deutlich.

Ende im Rechtsausschuss

Der Gang der Bemühungen, den Verfassungstag in der Legislative zum Nationalfeiertag des Weimarer Staates zu machen, ist in gewisser Weise die ewige Wiederkehr des Gleichen: Befürworter, Antragsteller, Argumentationen und Grund des Scheiterns variieren nur geringfügig. Seit 1922 bildete sich in der Feiertagsfrage ein fester Handlungsablauf heraus. Die republikanischen Parteien stellten in wechselnden Konstellationen wiederholt Anträge, den Verfassungstag zum Nationalfeiertag zu erheben. Erstmals wurden nach dem Mord an Reichsaußenminister Walther Rathenau 1922 die drei Parteien der ehemaligen Weimarer Koalition gemeinsam aktiv, einmal (1927) SPD und DDP, dreimal die DDP alleine. Ein weiteres Mal ergriff die Reichsregierung die Initiative. Dasselbe regte mehrmals der Reichsrat an, in dem es immer klare Mehrheiten für die Erhebung zum Nationalfeiertag gab.[69] Der Reichstag aber fällte nie eine

---

68 G. Jasper: Schutz, S. 4.
69 Antrag von SPD, DDP und Zentrum: VRT Bd. 374, Nr. 4683, S. 5156 (7. Juli 1922). Antrag von SPD und DDP: ebd. Bd. 416, Nr. 3428 (15. Juni 1927). DDP-Anträge: ebd. Bd. 370, Nr. 3436, S. 3345 (27. Januar 1922); Bd. 383, Nr. 455 (22. August 1924); Bd. 397, Nr. 238 (6. Januar 1925). Zur Initiative der Reichsregierung von 1928 siehe weiter unten. Zum Reichsrat vgl. F. Schellack, Nationalfeiertage, S. 169-173; Jahrbuch der Deutschen Sozialdemokratie 1927, S. 20f.; ebd. 1928, S. 31.

Entscheidung. Entweder trat wie 1924 durch die vorzeitige Auflösung des Parlaments eine Verzögerung ein, so dass die DDP sich veranlasst sah, einen nicht mehr bearbeiteten Antrag textidentisch im neuen Parlament einzubringen, oder die Angelegenheit wurde in den Rechtsausschuss überwiesen. Dieser Vorgang wiederholte sich zwischen 1922 und 1931 insgesamt sechsmal, ohne dass aus dem Gremium je etwas Produktives zurückkam. Es kam im Reichstag nie zu einer formellen Abstimmung, was besonders den Fraktionen von Zentrum und DVP zugute kam, die in einem solchen Falle zum republikanischen Offenbarungseid gezwungen worden wären. Gerade vom katholischen Zentrum, das vormals noch für einen republikanischen Nationalfeiertag eingetreten war, wurden in den späteren Jahren oft praktische Argumente gegen den 11. August, etwa die Erntezeit oder Schulferien, geltend gemacht. Andere Parteien wie DVP oder DNVP übernahmen diese sachlichen Vorbehalte gern, um dadurch prinzipielle ideologische Positionen, die bis zu offener Feindschaft gegen Republik und Verfassungswerk reichten, zu verschleiern. Die Diskussionen der Jahre 1927 und 1928 sind Belege dafür.[70]

1927 kam es in der Frage des Nationalfeiertages zu schweren, von ideologischen Gegensätzen geprägten Auseinandersetzungen in Reichstag und Reichsrat. Zentrale Figur war dabei der deutschnationale Reichsinnenminister Walter von Keudell, der bei seiner Amtsübernahme im Januar des Jahres einige hochqualifizierte Beamte wegen ihrer republikanischen Einstellung entlassen und damit für großes Aufsehen gesorgt hatte.[71] Nach dem Antrag von SPD und DDP vom 15. Juni 1927, den Verfassungstag zum Nationalfeiertag zu erheben, versuchte Keudell zunächst, „den Antrag möglichst zu sabotieren", so das SPD-Jahrbuch in einer zusammenfassenden Schilderung der Vorgänge.[72] Er leitete das Ansinnen zögernd und schließlich erst auf persönlichen Druck des preußischen Innenministers Grzesinski an den Reichsrat weiter. Dort kam es zu einer massiven persönlichen Auseinandersetzung zwischen dem Minister und dem stellvertretenden preußischen Bevollmächtigten zum Reichsrat, Ministerialdi-

---

70 Ähnlich wie bei den Reichsfarben, wo es 1926 zur zentralen Auseinandersetzung kam, ist auch in der Frage des Verfassungstages zu beobachten, dass die großen Debatten in eine Zeit fielen, die als die „ruhigen" oder gar „goldenen" Jahre der Weimarer Republik gelten.
71 Keudell versetzte im April 1927 Heinrich Schulz, seit 1919 Staatssekretär im Reichsinnenministerium mit der Zuständigkeit für Schul- und Bildungsfragen, sowie den in der Gestaltung der republikanischen Verfassungsfeiern besonders involvierten Ministerialdirektor Arnold Brecht in den Ruhestand. Brechts Nachfolger als Leiter der Verfassungsabteilung wurde der DNVP-Politiker von Kameke, ein bekennender Verfassungsgegner (H. Schulze: Braun, S. 522).
72 Jahrbuch der Deutschen Sozialdemokratie 1927, S. 20f., Zitat S. 21; siehe auch ebd. 1928, S. 31.

rektor Hermann Badt.[73] Indes entschied sich die Länderkammer mit einer deutlichen Mehrheit von 42 gegen 25 Stimmen für den Nationalfeiertag. Daraufhin sorgte im Rechtsausschuss des Reichstages die Zentrumspartei für eine Verwässerung des Antrags, indem ihre Vertreter ein Junktim mit der Frage der christlichen Feiertage herstellten und zudem eine Verschiebung der Verfassungsfeiern auf den Sonntag nach dem 11. August ins Gespräch brachten. Der Ausschuss stimmte im Juli 1927 mit den 14 Stimmen der Regierungskoalition aus Zentrum, DVP und DNVP gegen zehn Stimmen von SPD und DDP dem Junktim zu. Da eine Einigung in der strittigen Frage der christlichen Feiertage in weiter Ferne war, bedeutete diese Entscheidung auch für den Verfassungstag eine Verschiebung auf unbestimmte Zeit. In der Tat geschah in der Folgezeit nichts mehr. „Im Reichstage des Bürgerblocks", so die ebenso empörte wie resignative Feststellung des SPD-Jahrbuches, „haben alle bürgerlichen Parteien, die Demokraten ausgenommen, die Erhebung des 11. August zum Nationalfeiertag hintertrieben."[74]

Die große parlamentarische Auseinandersetzung von 1928

Ein Jahr später bot sich der Sozialdemokratie wieder eine bessere Ausgangsposition für einen neuen Versuch. Der eben noch getadelte *Bürgerblock* aus Zentrum, BVP, DVP und DNVP hatte bei der Reichstagswahl im Mai 1928 seine Mehrheit verloren, in der neuen SPD-geführten Koalition wurde der Sozialdemokrat Carl Severing Nachfolger des deutschnationalen Innenministers Keudell. In Sachen Verfassungstag kam es unmittelbar nach dem Wahlgang zu einer Art konzertierten Aktion. Zunächst ergriff die preußische Staatsregierung im Reichsrat die Initiative und beantragte die Erhebung des 11. August zum „Nationalfeiertag", an dem „alle öffentlichen Gebäude in den Reichsfarben zu beflaggen" und in allen Schulen „verbindliche, der Bedeutung des Tages entsprechende Feiern zu veranstalten" seien.[75] Der Antrag wurde am 25. Mai 1928 in der Länderkammer mit 47 gegen 19 Stimmen bei zwei Enthaltungen angenommen. Die Gegenstimmen stammten aus Bayern und Württemberg sowie von einigen preußischen Provinzialbevollmächtigten. Die beiden süddeutschen Staaten hatten bereits zuvor stets gegen den Nationalfeiertag votiert und auch bei der praktischen Ausgestaltung der Verfassungsfeiern „offene Sabotage"[76]

---

73 Siehe die ausführliche Schilderung in der Badt-Biographie von Yehiel Ilsar: Im Streit für die Weimarer Republik. Stationen im Leben des Hermann Badt, Berlin 1992, S. 130-159. Vgl. H. Schulze: Braun, S. 527-530.
74 Jahrbuch der Deutschen Sozialdemokratie 1928, S. 31.
75 Zit. nach ebd.
76 G. Jasper: Schutz, S. 239. Zum Verhalten der beiden Länder siehe auch H.-A. Kroiß: Reden, S. 127f. Bayern opponierte in der gesamten Weimarer Zeit gegen den 11. August, Württem-

betreiben. Ungeachtet dessen legte Severing Anfang Juli 1928 als eine der ersten Initiativen der neuen, sozialdemokratisch geführten Reichsregierung einen Gesetzentwurf für den Verfassungstag als nationalen Feiertag vor. Der Entwurf war nicht nur der preußischen Initiative in der Länderkammer nachgebildet, sondern wiederholte fast wörtlich den Antrag von SPD, DDP und Zentrum vom Juli 1922. Er sah die Beflaggung aller öffentlicher Gebäude ebenso vor wie die Abhaltung republikanischer Schulfeiern.[77]

Wenige Tage später, am 10. Juli 1928, beschäftigte sich der Berliner Reichstag mit diesem Ansinnen, und das Parlament wurde zum Schauplatz einer wahren Redeschlacht, die das Für und Wider um Verfassung und republikanische Staatsform beispielhaft zum Ausdruck brachte.[78] Zudem bot die mehrstündige Debatte über den Nationalfeiertag, wie schon bei den Flaggendebatten weit über den eigentlichen Gegenstand hinausgehend, eine Lehrstunde über die neueren historischen Entwicklungen in Deutschland aus Sicht der im Parlament vertretenen Parteien: Reichsgründung, Bismarckzeit, Wilhelminismus, Weltkrieg, Revolution und republikanische Erneuerung waren fester Bestandteil aller Debattenbeiträge. Dementsprechend wurde auch nicht nur über den 11. August gesprochen, sondern über viele andere alte und neue, mögliche und abwegige Feiertage. Reichsgründungstag und Maifeiertag waren ebenso Themen wie der Revolutionstag, ein möglicher Gefallenengedenktag oder gar ein nationaler Trauertag und dergleichen. Auch hier trat zu Tage, dass symbolische Fragen als Grundsatzfragen empfunden und extrem streitig behandelt wurden. Die Schärfe der gegenseitigen Angriffe führten die Debatte schließlich an den Rand des Abbruchs.

Dabei hatte an ihrem Beginn noch nichts auf eine mögliche Eskalation hingedeutet. Als erster Redner erläuterte Reichsinnenminister Severing den Regie-

---

berg insbesondere in der Ära des deutschnationalen Staatspräsidenten Bazille (1924 bis 1928). Zum Stimmenverhältnis im Reichsrat siehe A. Brecht: Kraft, S. 33. Von den preußischen Provinzialbevollmächtigten gehörten 1927 vier der DNVP, zwei der DVP, sechs dem Zentrum und nur ein einziger der SPD an (H. Schulze: Braun, S. 399).

77 VRT Bd. 430, Nr. 150 (4.7.1928). Der Antrag bildet inhaltlich und sprachlich die Quintessenz der zahlreichen republikanischen Anträge zu dieser Frage, deshalb hier der Wortlaut: „Entwurf eines Gesetzes über den Nationalfeiertag. Der Reichstag hat das folgende Gesetz beschlossen, das mit Zustimmung des Reichsrats hiermit verkündet wird: § 1. Nationalfeiertag des deutschen Volkes ist der 11. August als Verfassungstag. Er ist Fest- oder allgemeiner Feiertag im Sinne reichs- und landesrechtlicher Vorschriften. § 2. Am Nationalfeiertage sind alle öffentlichen Gebäude in den Reichsfarben zu beflaggen. In allen Schulen sind für Lehrer und Schüler verbindliche, der Bedeutung des Tages entsprechende Feiern zu veranstalten; fällt der Nationalfeiertag in die Schulferien, so finden diese Gedenkfeiern bei Schluss oder Wiederbeginn des Unterrichts statt." In der anschließenden ausführlichen Begründung des Antrags fasste Severing den Verlauf der bisherigen Bemühungen um die Erhebung des 11. August zum Nationalfeiertag zusammen.

78 Die Debatte in VRT Bd. 423, S. 124-153 (10.7.1928). Dort auch alle folgenden Zitate.

rungsantrag. Er räumte die Berechtigung der sachlichen Einwände gegen eine Erhebung zum Nationalfeiertag durchaus ein, hinsichtlich des Ernteproblems zeigte er sich für Ausnahmeregelungen offen. Ausführlich ging Severing auch auf die Möglichkeit anderer Gedenktage ein und verschwieg selbst die bestehenden Verfassungsmängel nicht. In der Sache aber blieb der Minister hart. Die Verfassung von Weimar habe immerhin „den Rechtsboden geschaffen, das Fundament errichtet, auf dem heute weitergearbeitet werden kann auf politischem, sozialem und kulturellem Gebiet, weitergearbeitet werden kann im Sinne des Fortschritts." Allein der Satz aus der Präambel, dass es das deutsche Volk selbst sei, das sich dieses Gesetz gebe, rechtfertige die Bedeutung des 11. August: „Aus eigenem Recht, nicht diktiert von Fürstenmacht, hat sich das deutsche Volk die Verfassung gegeben, eine Verfassung", so fuhr Severing mit einem Seitenhieb gegen die radikale Opposition im Parlament fort, „meine sehr verehrten Herren von der Kommunistischen und Nationalsozialistischen Partei, der Sie es verdanken, dass Sie hier sitzen." Abschließend umschrieb der Minister in eindringlichen Worten die Bedeutung des Verfassungstages: „*Der 11. August* ist der *Tag des Aufbaus*, der 11. August ist der Tag des deutschen Zukunftsglaubens, der 11. August ist der Tag des nationalen Selbstvertrauens, und darum, meine sehr verehrten Damen und Herren, lassen Sie uns den 11. August als Nationalfeiertag, als Verfassungstag bestimmen, des eingedenk, dass das Volk, das seine Verfassung ehrt, sich damit selbst ehrt." Einen ebenso beschwörenden Unterton wie der Minister legte auch der SPD-Abgeordnete Wilhelm Sollmann seinen Ausführungen bei, in denen er die Erhebung zum Nationalfeiertag unter Berufung auf die „großen, gemeinsamen Gedanken" des Verfassungstages forderte: „Solche Gedanken sind die Reichseinheit, das kommende großdeutsche Reich von Aachen bis Wien, die völlige Freiheit nach außen, das Bekenntnis zur Volkssouveränität im Innern, der Friedenscharakter der Republik, der Wille, die Verfassung als Grundlage aller ferneren politischen Entwicklung zu nehmen, und der Wille, die sozialen Gedanken der Verfassung, die jetzt erst Verheißung sind, zur Wirklichkeit zu machen. Weil wir die Republik zum Volksstaat machen wollen, fordern wir das Parlament auf, den Geburtstag der Republik zum Volksfeiertag zu erheben."

Interessant ist nun die Reaktion der Parteien, mit denen die Sozialdemokratie seit kurzer Zeit in einer Koalition verbunden war. Lediglich der Vertreter der DDP stellte sich rückhaltlos hinter die Forderung von Severing und Sollmann. Wilhelm Külz, einer der Vorgänger Severings als Reichsinnenminister, brachte die Haltung seiner Fraktion in betont staatsmännischen Wendungen auf den Punkt: „Der alte Staat ist gestürzt. Wer Anlass hat, kann ihm ruhig ein verehrungswürdiges Andenken bewahren. Er wird immer ein Glied auch in der Entwicklung des deutschen Volkes und des Deutschen Reiches bleiben. Aber ein neuer Staat ist gekommen, und geblieben ist das deutsche Volk. Diesem deutschen Volk gilt unsere Arbeit, gilt unsere Sehnsucht, und von diesem deutschen Volk wollen wir, dass es seinen Blick nicht rückwärts heftet, sondern dass es vorwärts und aufwärts sieht, damit es zur Nation werde, und der werdenden deutschen Nation soll dieser Tag als Nationalfeiertag gelten." Die drei weiteren Regierungsfraktionen, Zentrum, BVP und DVP, vertraten allerdings einen ganz anderen Standpunkt. Für die DVP trug Paul Moldenhauer einen vernunftrepublikanisch-ausweichenden Standpunkt vor, indem er die Einführung eines Nationalfeiertages als verfrüht bezeichnete, da der 11. August keinen einigenden Charakter im Volke besäße. Ob die DVP nun *für* oder *gegen* den Tag war, blieb ebenso offen wie im Beitrag des früheren Reichsministers Bell vom Zentrum. Bell brachte weitschweifend die Bedenken gegen den Nationalfeiertag wegen der Ernte- und Ferienzeit im August vor, beließ es aber immerhin bei diesen formalen Argumenten: „Wäre die Verfassung an irgendeinem anderen Tag, der nicht in die Erntezeit und nicht in die Ferien fiele, verabschiedet worden, so würde die Festlegung der Nationalfeier nicht den geringsten Bedenken und Schwierigkeiten begegnen." Mit diesen Worten versuchte der gemäßigte Zentrumspolitiker, die durchaus ambivalente Haltung des politischen Katholizismus gegenüber Republik und Verfassung zu kaschieren. Dagegen nahm sich der Vertreter der bayerischen Schwesterpartei des Zentrums kein Blatt vor den Mund. Dr. Horlacher von der BVP zählte nicht nur ausführlich die Mängel der Verfassung auf, vor allem die Schmälerung wichtiger Länderrechte, sondern machte geltend, dass auch die reichsweite Erhebung von Feiertagen einen Eingriff in die Länderrechte darstelle, insbesondere in deren Schulhoheit. Zur politischen Bedeutung des Verfassungstages erklärte Horlacher rundheraus, man habe insbesondere in Bayern „gar keinen Grund, diesem Tag etwa feierliche Gedanken zu widmen, sondern da ist das Gegenteil bei uns der Fall".

Den Positionen von DVP, Zentrum und BVP war gemeinsam, dass sie ein deutliches grundsätzliches Bekenntnis für oder gegen den 11. August als Nationalfeiertag vermieden. Dagegen lehnten die DNVP und erst recht die systemoppositionellen Kräfte KPD und NSDAP den Verfassungstag prinzipiell ab. Die Kommunisten sahen in der Verfassung den arbeiterfeindlichen Noskegeist verwirklicht und setzten sich für den Maifeiertag als „Kampftag gegen diese Verfassung und diese Republik" ein. Für die Deutschnationalen bezeichnete Hans Schlange-Schöningen den Verfassungstag als „parteipolitischen Zwangsfeiertag" zur Unterdrückung Andersdenkender und forderte stattdessen die Einführung eines Volkstrauertages. Schlange-Schöningen schien entgangen zu sein, dass es einen solchen bereits seit mehreren Jahren gab.[79] Die Diskussion

---

79 Der Gedenktag zur Erinnerung an die Gefallenen des Ersten Weltkrieges wurde seit 1925 am zweiten Fastensonntag begangen.

des 10. Juli 1928 lieferte indes auch ein flagrantes Beispiel für die Implosion der politischen Kultur in Deutschland in den späteren Jahren der Weimarer Republik. Der in der Einleitung zitierte Redebeitrag des Nationalsozialisten Joseph Goebbels, in dem der spätere Reichsminister für Volksaufklärung und Propaganda das jüdische Purimfest als Nationalfeiertag vorschlug, bildet ein beschämendes Kapitel in der deutschen Parlamentsgeschichte. Hier wurde deutlich, dass Republik und Verfassung selbst in der demokratisch gewählten Volksvertretung nicht mehr vor ordinärsten Verunglimpfungen sicher sein konnten. Laut Sitzungsprotokoll, das einen lebendigen Eindruck von der Atmosphäre der Debatte vermittelt, wurden die Abgeordneten von SPD und DDP von Gregor Strasser als „Judenknechte" und „Judenbanditen" beschimpft, wofür sich der NS-Parlamentarier einen Ordnungsruf einhandelte. Die Sitzung stand wegen der Tumulte im Saal kurz vor dem Abbruch.

Die Verantwortung für das Scheitern

Dass eine Erhebung des 11. August zum Nationalfeiertag auch 1928 nicht gelang, weil lediglich SPD und DDP sich dafür verwendeten, rückte angesichts der politischen Konfrontation im Parlament schon fast in den Hintergrund. Nach der Debatte vom 10. Juli wurde die Vorlage erneut dem Rechtsausschuss überwiesen, wo sie bis Jahresende 1928 noch immer nicht verhandelt worden war.[80] Damit war das Bemühen um eine reichsweite Erhebung des Verfassungstages zum nationalen Gedenktag endgültig gescheitert. Was auf Reichsebene misslang, konnte lediglich in einigen mehrheitlich republikanisch gesinnten Ländern durchgesetzt werden, so 1923 in Baden und 1929 in Hessen.[81] Hauptverantwortlich dafür, dass der 11. August nicht als gesetzlicher Feiertag verankert werden konnte, waren mit Zentrum, BVP und DVP die Parteien der bürgerlichen Mitte, die in der Frage des Nationalfeiertages ein deutliches Bekenntnis zum republikanischen Gedanken und zum Weimarer Staat scheuten. „Wie so oft bedeutete es in der Sache eine Entscheidung gegen Republik und Verfas-

---

80 Die Vorlage Severings wurde mehrheitlich in den Rechtsausschuss überwiesen (VRT Bd. 423, S. 153). Das per Hammelsprung ermittelte Ergebnis von 214 gegen 136 Stimmen legt prozentual nahe, dass die Gegenstimmen aus den Fraktionen von SPD und DDP stammten. Vgl. zur weiteren Verschleppung im Rechtsausschuss Jahrbuch der Deutschen Sozialdemokratie 1928, S. 31.
81 G. Jasper: Schutz, S. 235-237. In Preußen scheiterte dies, weil den Parteien der Weimarer Koalition eine breite Mehrheit fehlte. Immerhin gelang es, den 11. August auf dem Wege amtlicher Anordnungen zum halboffiziellen Feiertag zu etablieren; Marlene Bloch: Die Verfassungsfeiern in Hannover 1922-1932, in: Hans-Dieter Schmid (Hg.): Feste und Feiern in Hannover (Hannoversche Schriften zur Regional- und Lokalgeschichte, hg. von Cord Meckseper u.a., Bd. 10), Bielefeld 1995, S. 213-230, hier S. 214).

sung, sich nicht für sie zu entscheiden", stellt Ralf Poscher fest.[82] Allerdings war auch das Verhalten der Sozialdemokratie nicht konsequent. Sie hatte nach den Reichstagswahlen 1928 darauf verzichtet, den noch im Wahlprogramm geforderten Nationalfeiertag zum Gegenstand der Koalitionsverhandlungen zu machen. Durch den Eintritt der SPD in die Koalition, so beklagte Rudolf Breitscheid auf dem Magdeburger Parteitag 1929 mit vollem Recht, sei der Nationalfeiertag geopfert worden.[83] Nach 1928 gab es in der Frage des 11. August auch seitens der Sozialdemokratie lange Zeit Funkstille, die Angelegenheit schien versandet zu sein. In den SPD-Jahrbüchern von 1929 bis 1931 findet sich keine Erwähnung mehr, und selbst zum zehnten Verfassungsjubiläum gab es keinerlei parlamentarische Initiativen, die die umfangreichen Feierlichkeiten hätten abstützen können. Erst im März 1931 erfolgte ein neuer Vorstoß der SPD, wie von Siegfried Aufhäuser schon in Magdeburg angemahnt. Die sozialdemokratische Reichstagsfraktion forderte den 1. Mai und den 11. August als „gesetzliche Feiertage". Das Parlament ging nach mittlerweile bekanntem Muster vor: Es verwies die Angelegenheit in den Rechtsausschuss.[84]

5.4. Die Entwicklung des Verfassungstages in der Republik

Dass eine reichsweite Erhebung des 11. August zum Nationalfeiertag scheiterte, nahm den republikanischen Kräften in der Weimarer Republik zwar die Basis eines arbeitsfreien Tages zur Bewusstseinsbildung in der Bevölkerung. Dennoch konnte eine gelungene Gestaltung des Verfassungstages auf reichsweiter Ebene durchaus eine gewisse Kompensation für das fehlende Attribut sein, konnte zumindest den republikanischen Willen der Initiatoren unterstreichen, denn am Verfassungstag war ein entschiedenes Bekenntnis zur Republik ebenso möglich wie eine konzentrierte Darstellung der verschiedenen Mittel staatlich-republikanischer Symbolik. Die Verfassungstage der Weimarer Republik boten ein Spiegelbild der jeweiligen politischen Situation. Das jährliche Begängnis des 11. August konnte mit Schwerpunkten der aktuellen Tagespolitik des jeweiligen Jahres oder auch mit historischen Jubiläen verknüpft werden. Das ergab jeweils Motti für die Verfassungsfeiern, etwa 1921 die Gebietsabtretungen, 1923 die Ruhrbesetzung, 1930 die Befreiung des Rheinlandes und 1931 der 100. Todestag des Freiherrn vom Stein.[85] Allein die regelmäßige Feierstunde der Reichs-

---

82 R. Poscher: Verfassungstag, S. 15.
83 PVP-SPD Magdeburg 1929, S. 160.
84 Ebd. S. 175; VRT Bd. 445, S. 2003f. (25.3.1931).
85 Zum Beispiel wurde 1931 zum 100. Todestag des Freiherrn vom Stein mit der Publikation von dessen gesamtem literarischem Nachlass begonnen. Der erste Band sollte möglichst zum

regierung zwang die politischen und gesellschaftlichen Kräfte zum Offenbarungseid, denn eine Teilnahme bedeutete in gewisser Weise die Anerkennung der bestehenden Staatsform. Nicht zu Unrecht wurde etwa die regelmäßige Teilnahme von Reichspräsident Paul von Hindenburg, der zeitlebens ein Anhänger der Monarchie blieb, als Erfolg für die Republik gewertet. Eine Ausnahmeerscheinung blieben dagegen die berühmten unaufschiebbaren Dienstreisen des Oberbefehlshabers der Reichswehr, Hans von Seeckt, am Verfassungstag.[86]

Chronologischer Abriss

Schon im Vorfeld der ersten offiziellen und zentralen Feier der Reichsregierung im Jahre 1921 in Berlin hatte sich die Frage der Zuständigkeit für die Gestaltung der Festlichkeiten geklärt. Sie lag in den Händen des Reichsinnenministeriums, und Reichskunstwart Edwin Redslob übernahm in enger Zusammenarbeit mit Ministerialdirektor Arnold Brecht die organisatorische Vorbereitung der Veranstaltungen. Dabei wurde 1922 vor dem Hintergrund der innenpolitischen Krise nach dem Rathenaumord wesentlich offensiver vorgegangen, obwohl gewisse Bedenken wegen einer vielleicht zu starken Provokation möglicher Republikfeinde, wie sie sich im Jahr zuvor in der zurückhaltenden Ausschmückung des Festsaals niedergeschlagen hatten, nicht ausgeräumt waren.[87] „Die Verfassungsfeier gilt als etwas Selbstverständliches", schrieb Anfang Juli 1922 Reichsinnenminister Adolf Köster (SPD) an den Reichspräsidenten, „und sie wird viel weniger gegen kühle Stimmung zu kämpfen haben als im Vorjahre." Köster schlug gerade nach den Erfahrungen beim Begräbnis von Rathenau eine Verlegung der regierungsamtlichen Feier in den Reichstag vor und machte bereits konkrete Vorschläge zur Gestaltung der Feierlichkeiten. Um an der Berliner Feier teilnehmen zu können, verschob Reichspräsident Ebert sogar eine Reise nach Breslau, wo er ursprünglich am 11. August der Eröffnung der Hauptmann-Festspiele beiwohnen wollte.[88] Das Motto der Reichsfeier lautete

---

Verfassungstag erscheinen, wie Reichsinnenminister Joseph Wirth in einen Rundschreiben vom 16. Juli 1931 ankündigte (BArchBln R 43 I/567, Bl. 263f.).
86 K.D. Bracher: Auflösung, S. 232. Brachers oft zitierte Bemerkung entspricht indes nicht ganz den Tatsachen, denn zumindest den Feiern der Jahre 1921 bis 1923 scheint Seeckt beigewohnt zu haben. Auf einer Einladungsliste des Reichswehrministeriums für die Verfassungsfeier 1921 befindet sich hinter dem Namen des Generals ein Häkchen für voraussichtliche Anwesenheit (BArchBln R 43 I/569, Bl. 208), in den beiden folgenden Jahren bestätigt der Vorwärts Seeckts Teilnahme (Vorwärts 11.8.1922 u. 11.8.1923).
87 Allgemein zur Ausgestaltung der Verfassungsfeier durch den Reichskunstwart A. Heffen: Reichskunstwart, S. 164-172. Zum Verfassungstag 1922 siehe auch Kapitel 2.1.
88 BArchBln R 15.01/16864, Bl. 5, 9 (Schreiben des Reichsinnenministers an den Reichspräsidenten vom 5.7.1922, Antwort des Reichspräsidenten vom 7.7.1922).

„Einigkeit und Recht und Freiheit" aus Hoffmanns Deutschlandlied, das am gleichen Tag vom Reichspräsidenten zur Nationalhymne erklärt wurde. Die Parole kehrte im Reichstag als Saalschmuck sowie auf den am Verfassungstag erstmals ausgegebenen Dreimarkstücken wieder.[89] Mit den drei Schlagworten wurden dem republikanischen Gedanken sinnfällig Ausdruck verliehen und gleichzeitig die Bedeutung der Verfassung herausgehoben. Am Abend des Verfassungstages fand im Berliner Schauspielhaus eine weitere offizielle republikanische Feier statt, an der unter anderem Ebert und Reichskanzler Joseph Wirth teilnahmen.

Den Ablauf des 11. August, wie er sich unter Federführung des Reichsinnenministeriums seitdem einbürgerte und bis zum Ende der Republik im Wesentlichen beibehalten wurde, hat Annegret Heffen zusammengefasst: „Die Verfassungsfeierlichkeiten gliederten sich seit 1922 in zwei Teile: morgens fand eine Feier im Reichstag statt mit feierlichem Empfang der Reichsregierung und der Gäste, mit Musikvortrag, oft auch literarischem Vortrag und Reden. Nach Abschluss dieser internen Reichstagsfeier begaben sich die Teilnehmer vor das Reichstagsgebäude, wo militärische Paraden stattfanden. Für den Abend wählten die Verantwortlichen die Staatsoper oder andere Räumlichkeiten, in denen dann eine große Anzahl geladener Gäste an einem ähnlichen Programm teilnahmen wie am Vormittag. Den Nachmittag füllten fast jedes Jahr große Sportwettkämpfe oder Feierlichkeiten im Stadion der Stadt Berlin, zu denen in monatelangen Proben Schulkinder und Erwachsene Bewegungs- und Singspiele einübten."[90] Bemerkenswert an der jährlichen Feier der Reichsregierung am Vormittag des Verfassungstages sind drei Aspekte. Zum einen unterstreicht die Auswahl des Musikprogramms mit Bach, Beethoven oder Wagner die Bereitschaft der Republik, die nationalen Kulturgüter in Deutschland zu bewahren und zu pflegen, wie auch Carl Severing 1929 in einem Aufsatz über die „Verfassungsfeier als Ausdruck deutscher Festeskultur" betonte.[91] Zweitens zeigt ein Blick auf die Rednerliste bei den regierungsamtlichen Feiern, dass den Verantwortlichen offenbar sehr daran gelegen war, am Verfassungstag jegliche Polarisierung zu meiden und den Schwerpunkt auf die immer wieder beschworene

---

89 A. Brecht: Nähe, S. 396.
90 A. Heffen: Reichskunstwart, S. 165f.
91 Carl Severing: Die Verfassungsfeier als Ausdruck deutscher Festeskultur (1929), in: AdsD NL Carl Severing, Mp. 15/Nr. 18). Unter besonderer Berücksichtigung der Verfassungsfeier umreißt Severing darin die Festkultur im republikanischen Staat und bettet sie in die historische deutsche Tradition ein. Darüber hinaus beschreibt der Text Wesen und Notwendigkeit der Symbole in der Republik und antwortet damit auf den oft gegen den Staat von Weimar erhobenen Vorwurf, zu wenig integrative Kraft mittels Versinnbildlichungen entfaltet zu haben.

Eintracht des Volkes zu legen.[92] Auch die Reden selbst unterstreichen in aller Regel dieses Bemühen, worauf noch einzugehen sein wird. Der dritte Aspekt ist eine offenbar wohldurchdachte, von den Beteiligten aber scheinbar unbewusst vollzogene Symbolhandlung: Am Ende der Reichstagsfeier wurden die Türen des Gebäudes geöffnet, und die Teilnehmer schritten gemeinsam ins Freie, wodurch der Effekt einer auch symbolischen Öffnung der zuweilen als akademisch kritisierten Veranstaltungen hinaus zum versammelten republikanischen Volk herbeigeführt wurde. Obzwar dieser Gang ins Freie den Zweck hatte, eine Militärparade abzunehmen, lag doch in dieser unmittelbaren Begegnung von Volksvertretern und Volk, mit der die weiteren Veranstaltungen des Tages eingeleitet wurden, ein wichtiges und markantes Element der Feierlichkeiten, das oft übersehen wird, wenn von der mangelnden Volkstümlichkeit der Weimarer Verfassungstage die Rede ist. Der 11. August wolle, so hatte Reichskunstwart Edwin Redslob in einem Rundfunkvortrag hervorgehoben, „die scharfe Trennung zwischen Mitwirkenden und Zuschauern überwinden und Formen entwickeln, die dem Volksstaat entsprechen".[93] Diesen Aspekt hat selbst ein Intellektueller wie Carl von Ossietzky, mit beißender Kritik über das hohle Pathos der republikanischen Feiertage sonst alles andere als sparsam, lobend hervorgehoben. „Die schnell improvisierten Meetings von damals", so Ossietzky rückblickend zur Bedeutung der Verfassungstage in den frühen Jahren der Republik, „hatten einen großen Impuls; sie dienten auch gar nicht dem Zweck, zum tausendsten Male zu wiederholen, wie gut man es in Weimar gemacht habe und was für ein freiheitliches und demokratisches Land wir infolgedessen geworden seien, nein, sie wollten mobilisieren, zur Verteidigung der bedrohten Republik auffordern."[94]

Nachdem sich 1922 das republikanische Feierprogramm eben erst voll herausgebildet hatte, sollte das, was Ossietzky hier ansprach, bereits für das folgende Krisenjahr in vollem Maße gelten. Der 11. August 1923 wurde in manchen Bereichen zum Kulminationspunkt und Symbol der Krise, die durch die

---

92 Die Redner bei den Verfassungsfeiern im Reichstag waren: Reichskanzler Joseph Wirth (1921), der badische Staatspräsident Hermann Hummel (1922), der Heidelberger Staatsrechtslehrer Gerhard Anschütz und der Duisburger Oberbürgermeister Karl Jarres (1923), der Hamburger Bürgermeister Carl Petersen (1924), der Bonner Professor Platz (1925), Reichsinnenminister Wilhelm Külz (1926), MdR Siegfried von Kardorff (1927), der frühere Reichsjustizminister Gustav Radbruch (1928), Reichsinnenminister Carl Severing (1929), Reichsinnenminister Joseph Wirth (1930), Reichsfinanzminister Hermann Dietrich (1931), Reichsinnenminister Wilhelm Freiherr von Gayl (1932).
93 Zit. nach A. Heffen: Reichskunstwart, S. 172. Siehe zur Verbindung von Politikern und Volk auch die Bemerkungen von V. Ackermann: Staaatsbegräbnisse, S. 261, über die Totenfeier für Ebert 1925.
94 Die Weltbühne 6.8.1929, hier zit. nach C.v. Ossietzky: Rechenschaft, S. 144-147, Zitat S. 145.

französisch-belgische Besetzung des Ruhrgebietes und die Radikalisierung der politischen Kräfte im Inneren ausgelöst worden war. Carl Severings Wort von der „trübsten Verfassungsfeier der Nachkriegszeit" war nur allzu berechtigt.[95] Nachdem auf Grund der Hyperinflation bereits im Vorfeld zahlreiche Abendveranstaltungen am Verfassungstag gestrichen werden mussten, erlebte der Reichstag die Feier einer Regierung, die bereits wenige Stunden später gar nicht mehr im Amt war. In einer Art negativer Symbolhandlung trat ausgerechnet am Verfassungstag Reichskanzler Wilhelm Cuno zurück, da ihm die SPD-Reichstagsfraktion das Vertrauen entzogen hatte.[96] Die republikanische Abendveranstaltung des Reichspräsidenten im Schauspielhaus musste wegen eines Streiks der Berliner Verkehrsbetriebe ausfallen. Der Tag war zudem überschattet von reichsweiten Unruhen und Protesten gegen die Not der Bevölkerung. Bei Zusammenstößen vornehmlich kommunistischer Demonstranten mit der Polizei gab es Dutzende von Toten.[97]

In den folgenden Jahren der relativen Stabilisierung verlief auch der Verfassungstag in geordneteren Bahnen. Erstaunlich ist dies, weil zwischen 1924 und 1927 das Reichsinnenministerium von Politikern der beiden Rechtsparteien geführt wurde. Doch auch die Minister Jarres (DVP), Schiele und von Keudell (beide DNVP) kamen nicht umhin, die Gestaltung der ungeliebten behördlichen Feiern zu organisieren, auch wenn wie 1924 hierfür nachhaltiger Druck von außen erforderlich war. Das bürgerliche Kabinett von Wilhelm Marx hatte sich zunächst in zwei Ministerbesprechungen auf Vorschlag von Jarres darauf verständigt, die Feier des bevorstehenden Verfassungstages mit einer Feier zur Ehrung der Gefallenen anlässlich des zehnten Jahrestages des Kriegsausbruchs zusammenzulegen.[98] Das hätte bedeutet, dass die Verfassungsfeier schlicht ausgefallen wäre. Daraufhin intervenierte Reichspräsident Friedrich Ebert, um diesen Marginalisierungsversuch, den ersten offenen konservativen Angriff auf den 11. August, zu verhindern. „Er lege (...) Wert darauf, dass der Verfassungstag im Reichstag am 11. August in den herkömmlichen Formen stattfinde.

---

95 Carl Severing: Arbeiterschaft und Staat (1929), in: Deutsche Einheit, S. 162-166, Zitat S. 162.
96 Schulthess 1923, S. 152.
97 In Hannover wurde der Versuch unternommen, die offizielle Verfassungsfeier des Oberpräsidenten im Opernhaus zu stören (M. Bloch: Verfassungsfeiern, S. 216f.). Dabei kamen drei Menschen ums Leben, wie der kommunistische Abgeordnete Dietrich am 10. Juli 1928 im Reichstag beklagte. Dietrich berichtete ferner von tödlichen Zwischenfällen in Zeitz und Senftenberg (VRT Bd. 423, S. 141).
98 BArchBln R 43 I/567, Bl. 20f. (Auszüge aus Ministerbesprechungen am 24.5. und 19.6.1924). Das folgende Zitat Bl. 21. Am 24. Mai schlug Jarres anlässlich des zehnten Jahrestages der Kriegserklärung eine Feier zur Ehrung der Gefallenen vor: „Man könne dann etwa am 3. August den Verfassungstag und diesen Gedenktag zusammenfassen." Reichsaußenminister Stresemann stimmte seinem Parteifreund zu und regte die Errichtung einer Säule für die Gefallenen an. Am 19. Juni wurde der Plan fallen gelassen, da Staatssekretär Meissner aus dem Reichspräsidialamt die Einwände Eberts mitgeteilt hatte.

Auch sollte in den Schulen am 11. August der Bedeutung des Verfassungstages gedacht werden", ließ sein Staatssekretär Otto Meissner die Minister wissen. Nachdem der Verfassungstag daraufhin im üblichen Umfange begangen worden war, scheint der Blick auf das Folgejahr besonders aufschlussreich, denn nun hatte sich die politische Großwetterlage vollständig verändert. Doch obwohl mit Paul von Hindenburg kein begeisterter Anhänger des Verfassungstages Reichspräsident geworden war, und obwohl der Reichsinnenminister nunmehr gar aus den Reihen der antirepublikanischen DNVP stammte, gab es keinerlei Versuche mehr, die Feier der Reichsregierung am 11. August zu torpedieren. Sie wurde ordnungsgemäß und feierlich durchgeführt, und allein diese Tatsache verdeutlicht, dass sich der Verfassungstag bereits als eine Art gewohnheitsrechtliche Institution einen nicht geringen Respekt erworben zu haben schien. Darauf verweist auch die Anwesenheit von Luther, Stresemann und Schiele bei der Abendfeier der preußischen Staatsregierung in der Berliner Musikhochschule. Wenige Wochen zuvor hatte das Reichskabinett noch einmütig bekundet, dass es in diesem Jahr nur die Vormittagsfeier im Reichstag geben solle.[99] Nun waren die Reichsminister nicht nur zu der preußischen Feier erschienen, sondern lauschten andächtig den Worten des sozialdemokratischen preußischen Innenministers Carl Severing, der die Gelegenheit nicht verstreichen ließ, „gewisse Volkskreise" anzuspornen, „die es vergessen haben, dass die Mahnung, das stolze Bekenntnis von Hoffmann von Fallersleben: ‚Deutschland, Deutschland über alles!' an eine Voraussetzung geknüpft ist, nämlich an die, dass *es zu Schutz und Trutze brüderlich zusammenhält!*"[100] Dass die Frage der Nationalsymbole in der Weimarer Zeit nicht eben in brüderlichem Zusammenhalt behandelt wurde, zeigten ein Jahr später die massiven Auseinandersetzungen um die Reichsflagge. Dem hierüber gestürzten Hans Luther folgte Wilhelm Marx, und dessen Kabinett wollte nach den vorausgegangenen Kämpfen jegliche neue Konfrontation um den Verfassungstag vermeiden. Das Kabinettsprotokoll vom 31. Mai 1926 vermerkte beim entsprechenden Tagesordnungspunkt lapidar: „Der Minister des Innern berichtete. Dem Vorschlag wurde zugestimmt."[101] Die Rede beim Festakt hielt vorsichtshalber Reichsinnenminister Külz (DDP) selbst, dessen Ausführungen von Nüchternheit geprägt waren und jegliche Anstößigkeit vermieden: „Kein jubelndes Fest ist es, das wir am 11. August, dem Tag der Verfassung von Weimar, begehen, sondern eine Feier ernstesten Gepräges, ein Tag der Einkehr, der Selbstbesinnung, der nationalen Sehnsucht und Hoffnung, ein Tag, an dem das ganze deutsche Volk sich

---

99 AdR Luther I, S. 416 (11.7.1925).
100 AdSD NL Carl Severing Mp. 8/62 (Manuskript als Vorlage für einen Zeitungsbericht: „Die preußische Verfassungsfeier. Die Ansprache des Ministers Severing", datiert 12.8.1925).
101 BArchBln R 43 I/1412, Bl. 283.

eint in dem Gedanken an das Schicksal seiner selbst."[102] Ein Jahr später jedoch trat am Verfassungstag erneut die Flaggenfrage streitig in den Vordergrund, als der Redner beim Festakt der Reichsregierung, der DVP-Reichstagsabgeordnete Siegfried von Kardorff, für die Farben schwarz-weiß-rot, an denen er „mit heißer Liebe" hänge, das gleiche Maß an Achtung einforderte wie für die gesetzlich festgelegten Reichsfarben. Man werde sich um das Vaterland verdient machen, so Kardorffs abschließender Aufruf zur Einigkeit, wenn man die beiden Trikoloren nicht zu Parteifahnen mache: „Wir werden ein einheitliches Volk erst dann werden, wenn wir uns gegenseitig achten und verstehen lernen."[103]

Dieser Aufruf zur Einigkeit durchzieht wie ein roter Faden die anlässlich der Verfassungstage der Weimarer Republik gehaltenen Reden von Politikern aller Couleur. Im Jahr 1928 war dies mit dem früheren Reichsjustizminister Gustav Radbruch erstmals ein Vertreter der Sozialdemokratie. Das hatte damit zu tun, dass die SPD in diesem Jahr nach langer Oppositionszeit wieder führend an der Reichsregierung beteiligt war und mit Carl Severing auch den Innenminister stellte. Sofort war eine Veränderung hinsichtlich des 11. August spürbar. Die Vorbereitungen für den Verfassungstag begannen früher als in den vergangenen Jahren, das Programm war ausführlicher. Radbruch nutzte bei der Feier der Reichsregierung die Gunst der Stunde für eine engagierte Rede, in der er den Wert demokratischer Feiern für die Identitätsstiftung im Volk betonte und die aktuellen Parteienkämpfe in Deutschland als „menschlich peinlich und lächerlich" brandmarkte.[104] Das bezog sich sicherlich nicht zuletzt auch auf die vorangegangenen Auseinandersetzungen um die gesetzliche Verankerung des Verfassungstages als Nationalfeiertag. Dass dies gescheitert war, machte sich am Verfassungstag 1928 negativ in der Frage der Beflaggung bemerkbar, denn Bayern konnte auf diese Weise seinen Kleinkrieg gegen die Reichssymbole fortsetzen.[105] Unglücklich aus Sicht der Sozialdemokratie war sicherlich auch, dass just am 11. August bekannt wurde, dass das SPD-geführte Reichskabinett dem Bau des umstrittenen Panzerkreuzers A zugestimmt hatte.

---

102 10 Jahre/RfH, S. 69-77, Zitat S. 69.
103 Ebd. S. 78-96, Zitate S. 82f. Die Hannoversche Landeszeitung vermerkte am 20. August 1927 unter der Überschrift „Einigkeit! Verfassungsfeier und Flaggenstreit" positiv, dass auch die DNVP-Minister an dem Festakt teilgenommen hätten. Der Reichspräsident habe deswegen sogar seinen Urlaub verschoben.
104 Schulthess 1928, S. 145.
105 In München waren nur die Reichsbehörden schwarz-rot-gold beflaggt, Landes- und Kommunalbehörden dagegen nicht (F. Schellack: Nationalfeiertage, S. 219).

Zehn Jahre Weimarer Reichsverfassung: Das große Jubiläum von 1929

Besondere Aktivitäten entfaltete Innenminister Severing vor dem zehnten Jahrestag der Weimarer Reichsverfassung im Jahr 1929. Dieses Jubiläum solle „seiner Bedeutung entsprechend in besonders festlicher Weise" begangen werden, regte der Minister schon im Dezember 1928 an.[106] So wurde ein umfangreiches Programm vorbereitet und der Öffentlichkeit vorgestellt. Am Verfassungstag fanden neben dem üblichen regierungsamtlichen Festakt im ganzen Reich zahllose Einzelveranstaltungen und Abendfeiern sowie Sportwettkämpfe statt, für die der Reichspräsident Medaillen gestiftet hatte. Das Berliner Stadion war Schauplatz einer imposanten Massenkundgebung, in deren Rahmen über 10.000 Schulkinder und Tausende von Arbeitersängern ein rhythmisches Festspiel aufführten. Wenn man bedenkt, wie brisant die politische Lage im Sommer 1929 nach dem Blutmai wenige Monate zuvor und angesichts der sich zuspitzenden ökonomischen Krise bereits geworden war, so wurde der Jubiläumstag der Weimarer Reichsverfassung zu einer glanzvollen und beeindruckenden Demonstration der republikanischen Kräfte im Land. Hier wurde endgültig der Beweis erbracht, dass es gelungen war, den 11. August aus dem anfänglichen Schatten staatsverordneter Feierlichkeit zu ziehen. Volksfeste im ganzen Lande unterstrichen, dass die Republik ihren Festtag zu ihrer ureigenen Sache gemacht hatte. „Hohe Erwartungen sind an den gestrigen Tag geknüpft worden", schrieb der *Vorwärts* bilanzierend. „Die Wirklichkeit hat sie weit übertroffen. Die Republik ist gestern nicht bloß *gefeiert*, sondern von Millionen *erlebt* worden. Ihre Gegner hatten sich im voraus getröstet, dies alles werde nur ein offizielles Festgepränge mit ‚anbefohlener Begeisterung' sein. Heute müssen sie wissen, dass diese letzte Notlüge nicht mehr hält und dass in Deutschland *Volk und Republik eins* geworden sind."[107] Carl Severing zog ebenfalls eine positive Bilanz. „Alles in allem: das war eine Verfassungsfeier, die eine kräftige Weiterentwicklung zu demokratischem Wollen einleiten konnte und sollte."[108] Dem Erfolg des Verfassungstages 1929 standen nur wenige organisatorische Mängel gegenüber. Für die Feier der Reichsregierung konnte wieder kein Redner gefunden werden, so dass Severing selbst die Ansprache hielt. Gravierender war, dass eine geplante Beflaggung der Berliner Ost-West-Achse am Mangel an schwarz-rot-goldenen Fahnen scheiterte. „Rein organisatorisch war die Republik gar nicht in der Lage, Flagge zu zeigen, da zumindest bis zum zehnten Jahrestag der Verfassung ein entsprechender Materialfundus fehlte", stellt Fritz

---

106 Zit. nach F. Schellack: Nationalfeiertage, S. 221. Zum Verfassungstag 1929 und den folgenden Einzelheiten siehe ebd. S. 221-230 sowie C. Severing: Lebensweg, Bd. 2, S. 206-208.
107 Vorwärts 12.8.1929.
108 C. Severing: Lebensweg, Bd. 2, S. 208.

Schellack fest.[109] Den Fundus hatte Severing im Vorfeld zu erweitern versucht, allerdings waren ihm von den beantragten 300.000 Mark aus dem Republikschutzfonds nur 100.000 bewilligt worden.[110] Die Mittel wurden nicht nur für die Gestaltung der Festlichkeiten verwendet, sondern auch für eine publizistische Untermauerung des Jubiläums. Im Auftrag des Reichsinnenministeriums gab die Reichszentrale für Heimatdienst neben einem großzügig gestalteten Gedenkbuch eine Sammlung der vorangegangen Verfassungsreden sowie eine Reden- und Zitatsammlung für die Ausgestaltung von Verfassungsfeiern heraus.[111]

Das Gedenkbuch der Reichsregierung mit dem Titel „Deutsche Einheit – Deutsche Freiheit" lohnt eine nähere Betrachtung, da sich in ihm eine offenbar verbreitete Tendenz widerspiegelt. In seinem kurzen Geleitwort, in dem der Begriff „Republik" bezeichnenderweise nicht auftauchte, schrieb Reichspräsident Hindenburg: „Selbstbehauptungswille nach außen und Einigkeit im Innern sind die Voraussetzungen, von denen die Erhaltung unseres Vaterlandes in Einheit und Freiheit abhängt."[112] Dieser Aufruf zur Einigkeit nach innen, gerade an den Verfassungstagen immer wieder von Politikern der unterschiedlichsten Richtungen beschworen, bildet den roten Faden durch die gesamte Veröffentlichung. Der erste Teil enthält eine illustrierte Quellensammlung zur deutschen Geschichte von 1807 bis zur Gegenwart, eine Zusammenstellung, der das Bemühen anzusehen ist, die vielfältigen Konflikte, Reibungspunkte und Widersprüche in dieser bewegten historischen Zeitspanne möglichst zu kaschieren. Im zweiten Teil des Bandes wird das Streben nach Eintracht noch evidenter. Hier findet sich eine ganze Anzahl von kurzen Beiträgen zu politischen Zeitfragen, deren Autoren das gesamte politische und publizistische Spektrum in Deutschland bedienten. Bekennende Monarchisten wie Johannes Victor Bredt und Wilhelm Freiherr Gayl zählten ebenso dazu wie entschiedene Republikaner, unter ihnen Theodor Heuss, Willy Hellpach und Carl Severing selbst, der den Aufsatz „Arbeiterschaft und Staat" beisteuerte.[113] Zieht man die massiven und grundsätzlichen Auseinandersetzung um Republik und Monarchie in Be-

---

109 F. Schellack: Nationalfeiertage, S. 224.
110 H.-A. Kroiß: Reden, S. 126.
111 Deutsche Einheit (Gedenkbuch der Reichsregierung); 10 Jahre/RfH (Sammlung der Verfassungsreden 1919 bis 1928); Zum zehnten Verfassungstag. Eine Zusammenstellung von Reden, Zitaten, Gedichten, Daten und Vorschlägen zur Ausgestaltung von Verfassungsfeiern, Berlin 1929 [Reichszentrale für Heimatdienst], enthält neben drei Redetexten eine Reihe von Zitaten und Gedichten, Daten zur Verfassungsgeschichte sowie Empfehlungen für die musikalische Ausgestaltung von Verfassungsfeiern. Ebenso veranlasste die hessische Staatsregierung die Veröffentlichung eines Gedenkbandes; Julius Reiber/Karl Storck (Hg.): Zehn Jahre Deutsche Republik. Ein Gedenkbuch zum Verfassungstag 1929, Darmstadt 1929.
112 Deutsche Einheit, S. 3.
113 Carl Severing: Arbeiterschaft und Staat, in: ebd. S. 162-166.

tracht, die den Weimarer Staat geprägt haben, so hätte es nach den Gesetzen der politischen Logik eine solche gemeinsame und fast einträchtige Veröffentlichung eigentlich gar nicht geben können. Indes sind es gerade die konservativen Autoren, deren Artikel die meisten Überraschungen bergen. Zwar verwenden auch Johannes Victor Bredt und Gustav Stresemann den Begriff „Republik" nicht, aber sie rücken mehr oder minder deutlich von ihrem monarchischen Standpunkt ab.[114] Dieses Bemühen um Konsens, das auch bei den anderen Autoren unverkennbar ist, bildet ein Charakteristikum der Veröffentlichungen zum zehnten Verfassungstag. In der erwähnten Reden- und Zitatsammlung der Reichszentrale für Heimatdienst pries einer der Redevorschläge die Farben schwarz-rot-gold unter Berufung auf den Geist von Weimar als „Symbol des Gedankens an Einheit und Freiheit", während in einem anderen Otto von Bismarck als „Deutschlands größter Staatsmann" verherrlicht wurde.[115] Mögliche Konfliktpunkte wurden hier ebenso ausgeblendet wie in einem zum gleichen Jubiläum erschienenen Gedenkbuch der hessischen Staatsregierung, in der etwa die beiden republikanischen Reichspräsidenten Ebert und Hindenburg mit identischen Vokabeln als „Retter des Vaterlandes" gefeiert wurden, als seien sie die Dioskuren der Republik.[116]

Der 11. August in der Festkultur der Arbeiterbewegung

Nimmt man das eben konstatierte, zuweilen seltsam anmutende Bemühen um Eintracht hinüber in eine Betrachtung der Aktivitäten der SPD und ihrer Gliederungen an den Verfassungstagen der Republik, so wird als erstes auffallen, dass die Sozialdemokratie den 11. August im Unterschied zu anderen Parteien

---

114 Johannes Victor Bredt schrieb in seinem Artikel „Das Schicksal der deutschen Staatlichkeit" (ebd. S. 147-149, Zitat S. 147): „Wäre in jenen schlimmen Tagen die Monarchie erhalten geblieben, sähe es in Deutschland kaum anders aus als heute; es wäre nur die repräsentative Spitze eine andere." Von Gustav Stresemann liest man gar („Der deutsche Weg", ebd. S. 155-161, Zitat S. 159): „Niemand in Deutschland kämpft für die Wiederherstellung dessen, was war."
115 Zum zehnten Verfassungstag/RfH. Redevorschlag „10 Jahre Weimarer Verfassung", S. 9-19, hier S. 10-12, Zitat S. 12; Redevorschlag „Warum feiern wir den Verfassungstag?" S. 28-35, Zitat S. 29.
116 J. Reiber/K. Storck: Zehn Jahre, S. 9, 22. In dem vollkommen panegyrischen Beitrag von Ignaz Goy über Hindenburg (S. 19-24) ist das Bemühen greifbar, den kaiserlichen Generalfeldmarschall für die Republik zu vereinnahmen. Aus dem bloßen Vorhandensein Hindenburgs wird Vetrauen in Deutschlands Zukunft abgeleitet (S. 23f.): „Sein Bekenntnis zur Republik hat ihr Ansehen und ihre Festigung im In- und Ausland gefördert. Wie er 1918 klar gesehen und entschieden hat zwischen Kaiser und Vaterland, so jetzt zwischen Vergangenheit und Gegenwart. (...) So bekennt er sich rückhaltlos zum neuen Staat und zu dem neuen Symbol [schwarz-rot-gold, B.B.]. (...) In seinem vorbildlichen Geist liegt unser Schicksal begründet und besiegelt. Deutsch sein heißt: hindenburgtreu sein, dienstfreudig, opferbereit, vaterlandsgläubig, tatenstark!"

weit weniger als Kampftag denn als Feiertag empfunden und begangen hat. Als republikbejahende Partei nahm die SPD den Verfassungstag vorbehaltlos an und setzte ihn, obwohl eine Erhebung zum Nationalfeiertag misslang, auf breiter Basis in Szene. Keine andere politische Gruppierung der Weimarer Zeit hat dabei einen auch nur annähernd vergleichbaren Aufwand betrieben. Die sozialdemokratische Verfassungsfeier beruhte auf mehreren Säulen. Da war zum einen die umfangreiche publizistische Berichterstattung zum *Tag der Republik*. Im Vorfeld riefen die Parteizeitungen eindringlich zur Teilnahme an den Kundgebungen und zum Zeigen der schwarz-rot-goldenen Reichsfahne auf, im Nachgang wurden die Veranstaltungen breit geschildert. Der *Vorwärts* zum Beispiel richtete dabei stets ein besonderes Augenmerk auf die staatliche Symbolik und vermerkte penibel, welche Flagge an welchen Reichs- und Landesgebäuden zum 11. August gehisst worden war. Bei der Vorbereitung der Verfassungstage ließ sich die Sozialdemokratie von dem Gedanken leiten, dass vor dem Hintergrund einer umfangreichen ostentativen Propagandatätigkeit der reaktionären Kampfverbände zumindest an diesem Tag die Straße den Republikanern und ihren Symbolen gehören sollte. Dementsprechend gab es am Vorabend des Verfassungstages regelmäßig große Aufmärsche und Fackelzüge, die von SPD-Untergruppierungen wie der Arbeiterjugend oder vom Reichsbanner Schwarz-Rot-Gold organisiert wurden. Das Reichsbanner veranstaltete seit 1924 stets mehrtägige Verfassungsfeierlichkeiten. Höhepunkt war dabei sicherlich der Berliner Aufmarsch am Vorabend des zehnten Verfassungstages 1929, an dem 150.000 Menschen teilnahmen.[117] Zum Repertoire der SPD gehörten ferner die seit 1922 durchgeführten Parteifeiern am Abend des Verfassungstages, so dass sich im Laufe der Jahre ein fester Feierkanon herausbildete: Am Vorabend fanden Aufmärsche und Fackelzüge statt, am Vormittag die reichsoffiziellen Festakte, am Nachmittag Volksfeste und Sportveranstaltungen, am Abend Parteifeiern. Die Feier der republikanischen Verfassung wurde in der sozialdemokratischen Kulturbewegung zu einem festen Termin. Von den anderen Parteien hat lediglich die DDP vergleichbare Feiern veranstaltet, allerdings fehlte den Liberalen die Massenbasis der Sozialdemokratie.

---

117 Sozialdemokratische Parteikorrespondenz 9/1929, S. 495. An dem Aufmarsch waren laut Vorwärts vom 11.8.1929 auch andere Verbände beteiligt, so der österreichische *Republikanische Schutzbund* und die deutschen Eisenbahner.

Republik und Verfassungstag in der sozialdemokratischen Programmatik

Die SPD hat als „Staatspartei der Republik" den 11. August nicht nur alljährlich festlich begangen, Sozialdemokraten haben darüber hinaus in Reden, Verlautbarungen und Zeitungsartikeln immer wieder Stellung zur Bedeutung des Verfassungstages in der demokratischen Republik genommen. Der Grundtenor der Aussagen lässt sich in fünf zentralen Aspekten zu einem spezifischen sozialdemokratischen Verfassungsverständnis bündeln, das sich am Tag der Republik manifestierte.[118]

1. *Das Lob der Republik*. Die SPD nutzte die Plattform der Verfassungstag intensiv, um Wert und Gehalt der Republik herauszuheben. Schon am Tag der Verabschiedung in der Nationalversammlung beschrieb Eduard David, seinerzeit Reichsinnenminister, das Weimarer Werk als „Verfassung einer sozialen Demokratie. Das deutsche Volk ist das erste Volk, das diesen Gedanken, diese Wegweisung zum sozialen Frieden in seine Grundrechte aufgenommen hat. Es hatte hierfür kein Vorbild. Es ist seine eigenste Leistung, und es ist eine Leistung besten deutschen Geistes, des Geistes von Weimar, der in der Geistes- und Kulturgeschichte der Welt ein so hohes Ansehen sich errungen hat."[119] Die Vorzüge von Demokratie, Parlamentarismus und Weimarer Verfassung wurden immer wieder betont, und schon 1922 stellte aus Sicht der Sozialdemokratie die republikanische Staatsform die „einzige jetzt noch denkbare Form staatlichen Zusammenlebens" dar und wurde als Synonym für das „Lebensrecht des Volkes" betrachtet.[120] Daraus leitete sich die Aufgabe ab, die Republik konsequent gegen ihre Bedrohungen in Schutz zu nehmen: gegen Monarchismus und

---

118 Für die folgende stichprobenartige Untersuchung wurden herangezogen: die Rede von Reichsinnenminister Eduard David in der Nationalversammlung am 31. Juli 1919, dem Tag der Verabschiedung des Verfassungswerkes (wieder abgedruckt in 10 Jahre/RfH, S. 1-5); der Artikel „Verfassungstag" im Vorwärts 11.8.1922; die Reden der SPD-Reichsminister Schmidt, Köster und Radbruch bei der Parteifeier am Abend des 11. August 1922 (in Auszügen abgedruckt im Vorwärts 12.8.1922); der „Aufruf zur Verfassungsfeier" 1923 von Reichspräsident Friedrich Ebert (abgedruckt in Schulthess 1923, S. 151f.); die Ansprache des preußischen Innenministers Carl Severing bei der Verfassungsfeier des Landes Preußen am 11. August 1925 in der Staatlichen Hochschule für Musik in Berlin (AdsD NL Carl Severing, Mp. 8/62); das Vortragsmanuskript von Otto Landsberg für eine Verfassungsrede 1927 (BArchKo NL Otto Landsberg, Kl.Erw.328-4, sechsseitiges Manuskript „Verfassungsfeier 1927"); die Rede von Gustav Radbruch bei der Feier der Reichsregierung am 11. August 1928 (Verfassungsrede Radbruch 1928); der Artikel „10 Jahre Weimarer Reichsverfassung" von Hermann Wendel (Der Abend/Spätausgabe des Vorwärts 10.8.1929, Beilage); die Rede von Carl Severing am Verfassungstag 1929 (in Auszügen abgedruckt im Vorwärts 12.8.1929) sowie sein Artikel „Schutz der Republik! Zwang und Freiheit" (Vorwärts 11.8.1929). Vgl. grundsätzlich zur Fragestellung auch P. Steinbach: Reichsfeind.
119 10 Jahre/RfH, S. 3.
120 Vorwärts 11.8.1922.

Nationalismus, den „Geist der Dumpfheit und Zagheit, der nicht die Zeichen der Zeit erkannt hat"[121], und gegen die Kommunisten, jene „Exaltados links der Sozialdemokratie", die die Verfassung „mit wenig Gehirn und viel Spucke"[122] behandelten. Allerdings wird eine solch scharfe Kritik an den Verfassungsgegnern nur stellenweise laut, und noch seltener wird auf die vorrepublikanischen Zustände in Deutschland eingegangen. In der einzigen darauf bezogenen Passage führte Otto Landsberg Krieg und Zusammenbruch sowie die Folgeerscheinungen wie Armut, Not und Separatismus auf das unverantwortliche Handelns der bisherigen Staatslenker zurück.[123]

2. *Die Bedeutung der Sozialdemokratie.* Bei den sozialdemokratischen Betrachtungen des Verfassungswerks überwog die Darstellung des Positiven eindeutig, und naturgemäß wurde die Rolle der SPD in der Republik und bei der Ausarbeitung der Verfassung besonders betont. Durch ihren entscheidenden Beitrag seien die Reichseinheit bewahrt und die Grundlagen für einen demokratischen Volksstaat geschaffen worden, der durch soziale Errungenschaften die Arbeiterschaft an sich herangeführt habe. Deshalb könne man auf das Erreichte und in der Verfassung Festgeschriebene stolz sein und im Verfassungstag einen „Ehrentag der Republik" erblicken.[124] Weitgehend frei waren die Stellungnahmen aber von parteispezifischen Inhalten.

3. *Die Entwicklungsfähigkeit von Verfassung und Republik.* In den Würdigungen des Gesetzeswerkes und der Verdienste der Partei wurden die Mängel der Verfassung und ihre Entwicklungsfähigkeit keineswegs übersehen oder verschwiegen. Carl Severing meinte 1925, vieles von dem, was in der Verfassung stehe, sei erst Verheißung: „Wer sollte es leugnen, dass manches noch lange Ideal bleiben und nicht Wirklichkeit werden wird!" Als Beispiel nannte er die in der Präambel erwähnte Einheit der Stämme. „Wir sind heute Stammesmessplitter, wir sind heute noch viel zu sehr in erster Linie Preußen, Bayern, Württemberger, Lipper. *Wir haben es noch nicht gelernt, eine Nation zu sein.*"[125] Auch Otto Landsberg räumte den Auftrag zur Fortentwicklung des Weimarer Werkes unumwunden ein: „Die Liebe zur Weimarer Verfassung macht uns nicht blind für ihre Mängel, um so weniger, als wir wissen, wie ihnen beizukommen ist. Das Heilmittel gegen Fehler der Demokratie ist mehr Demokratie."[126] Indes ist es erstaunlich, dass gerade in den sozialdemokratischen Stellungnahmen eine Weiterentwicklung des Staates im Sinne des Sozia-

---

121 So Adolf Köster auf der Parteifeier 1922 (Vorwärts 12.8.1922).
122 Der Abend/Spätausgabe des Vorwärts, 10.8.1929, Beilage.
123 BArchKo NL Otto Landsberg, Kl.Erw.328-4 („Verfassungsfeier 1927"), S. 1f.
124 Diese Haltung wird in allen Beiträgen deutlich.
125 AdsD NL Severing, Mp. 8/62 (Manuskript als Vorlage für einen Zeitungsbericht: „Die preußische Verfassungsfeier. Die Ansprache des Ministers Severing", datiert 12.8.1925).
126 BArchKo NL Otto Landsberg, Kl.Erw.328-4 („Verfassungsfeier 1927"), S. 4.

lismus nur am Rande thematisiert wurde. Das russische Beispiel schien die demokratischen Sozialisten weiterhin stark zu beeindrucken. „Wir wollen über die Demokratie hinaus zum Sozialismus", bekannte Otto Landsberg zwar, „aber nicht auf dem Wege über Diktatur und Terror mit scheußlichen Massenhinrichtungen, sondern durch die Demokratie, durch die Ausnutzung der Kampfmittel, die uns die Weimarer Verfassung gewährt, des freien Wahlrechts, des freien Vereins- und Versammlungsrechts, der freien Presse. Die geschlossene Phalanx der klassenbewussten Arbeiter unter der Führung der Sozialdemokratie verteidigt die Demokratie und wird sie krönen durch die Verwirklichung der Ideale des Sozialismus."[127]

4. *Die SPD und das Vaterland.* Viel eher als das Bekenntnis zum Sozialismus findet sich in den sozialdemokratischen Stimmen das Bekenntnis zu Nation und Vaterland. Der Verfassungstag wurde zum Anlass genommen, die besondere Verbundenheit der Partei nicht nur zur Republik, sondern auch zum Vaterland zu unterstreichen. In vielen Passagen ist die rhetorische Fortsetzung der Burgfriedenspolitik unübersehbar, so schon in der Rede von Eduard David 1919: „Eine Welt von Widersachern war während des Krieges und noch nach ihm bemüht, die Ehre des deutschen Volkes als eines großen Kulturvolkes höchster menschheitlicher Leistungen herabzusetzen. Eine Flut von ehrenkränkenden Angriffen hat sich über den deutschen Namen ergossen."[128] Noch deutlicher äußerte sich Gustav Radbruch in seiner Verfassungsrede von 1928, die er schon mit der Aufsehen erregenden Anrede „Deutsche Volksgenossen und Volksgenossinnen!" begonnen hatte. Radbruch setzte das Werk von Weimar mit dem Fronterlebnis des Weltkrieges in Verbindung; der Krieg sei „nicht bloß ein Unglücksfall gigantischen Ausmaßes" gewesen, sondern auch „das Heldengedicht und die Passionsgeschichte eines ganzen Volkes".[129] Besonders Severing und Radbruch bemühten wiederholt die nationalen Symbole, um die vaterländische Haltung der deutschen Sozialdemokratie zu unterstreichen. Radbruch schreckte dabei selbst vor rauschendem Pathos nicht zurück: „Eine Verfassung ist wie eine Fahne, um die um so mehr Ehre und Heiligkeit ist, je mehr sie von Schwerthieben zerschlissen und von Kugeln durchbohrt ist."[130] Die Tendenz zu

---

127 Ebd. S. 6.
128 10 Jahre/RfH, S. 3.
129 Verfassungsrede Radbruch 1928, S. 4.
130 Ebd. S. 15f. Weitere prägnante Stellen bei Severing und Radbruch (AdsD NL Severing, Mp. 8/62; Verfassungsrede Radbruch 1928, S. 3): „Noch müssen wir gewisse Volkskreise anspornen, die es vergessen haben, dass die Mahnung, das stolze Bekenntnis von Hoffmann von Fallersleben: „Deutschland, Deutschland über alles!" an eine Voraussetzung geknüpft ist, nämlich an die, dass *es zu Schutz und Trutze brüderlich zusammenhält!"* – „Auf Wegen und Stegen wird immer wieder das Lied erklingen, das der erste deutsche Reichspräsident wieder zum Lied aller Deutschen gemacht hat. Und der fröhlich-feierliche Tag wird sich

nationalen Tönen konnte bis zu offenem Nationalismus reichen, wie er sich etwa zum Verfassungstag 1922 angesichts der starren Haltung Frankreichs gegen das republikanische Deutschland manifestierte: „Nicht die deutschen Monarchisten, die französischen Imperialisten sind die gefährlichsten Feinde des republikanischen Gedankens."[131] Auch solche zeitbedingten Fehleinschätzungen prägten die sozialdemokratische Sicht des 11. August.

5. *Von der Offensive zur Defensive.* Das Verfassungsverständnis der Sozialdemokratie und dementsprechend ihre Betrachtungsweise des Verfassungstages waren in der Weimarer Zeit Wandlungen unterworfen.[132] In den Anfangsjahren ging die Partei offensiv vor und instrumentalisierte den 11. August auch im politischen Tageskampf. Nicht geringer Stolz auf das Geschaffene verband sich mit dem Willen zur Wehrhaftigkeit. Später prägte sich in der SPD eine wesentlich defensivere Haltung aus, da die Partei immer stärker von dem Bewusstsein durchdrungen wurde, eine der letzten Bastionen zur Verteidigung der Verfassung zu sein. Das Hoch auf die Republik nahm zunehmend beschwörenden Charakter an, und die pathetischen Schlussworte Gustav Radbruchs bei der Verfassungsfeier 1928 drückten schon mehr einen flehentlichen Wunsch als eine feste Überzeugung aus: „Bürger und Bürgerinnen der deutschen Republik! Das Banner, das schwarzrotgoldene Banner, wird stehen, die Weimarer Verfassung wird stehen, die deutsche Republik wird stehen!"[133]

Misstönender Ausklang

Fritz Schellack nennt die Jahre 1929 und 1930 „kurze Höhepunkte" in der Geschichte der Verfassungstage in der Weimarer Republik.[134] Danach allerdings ging es mit dem 11. August rapide bergab, denn zum einen erlaubte in den Folgejahren die dramatische ökonomische Situation keine aufwändigen Feierlichkeiten mehr, und zum anderen wirkten sich die politische Eskalation in Deutschland und das sprunghafte Anwachsen der republik- und verfassungsfeindlichen Kräfte schon vor Hitlers Machtübernahme auch auf den republikanischen Feiertag aus. Im Jahr 1930 konnte Reichskunstwart Edwin Redslob im Berliner Stadion vor 50.000 Zuschauern noch ein beeindruckendes Massenfestspiel inszenieren, das die Rheinlandbefreiung zum Thema hatte. Dabei stellte

---

wiegen auf einem Meer von Fahnen in dem wundervoll warmen Dreiklang unserer Reichsfarben."
131 Vorwärts 11.8.1922.
132 Zum Folgenden P. Steinbach: Reichsfeind, S. 203.
133 Verfassungsrede Radbruch 1928, S. 16.
134 F. Schellack: Nationalfeiertage, S. 259.

der schwarz-rot-gold gekleidete Chor symbolisch die Reichsgrenzen dar.[135] Mit dieser Steigerung der Theatralik fand die sich entwickelnde Kultur der Verfassungstage zugleich ein abruptes Ende. Bezeichnend ist, dass es am gleichen Tage in Bayern erneut zu massiven Irritationen um die Verfassungsfeierlichkeiten kam, worüber der preußische Gesandte in München ausführlich nach Berlin berichtete.[136] Sozialdemokratie und Reichsbanner gestalteten den Verfassungstag recht wirkungsvoll mit einem Fackelzug zur Theresienwiese, jedoch war die sozialdemokratische *Münchener Post* die einzige Zeitung am Ort, die den 11. August nicht mit Stillschweigen überging. Weder die staatlichen bayerischen Behörden noch die Stadt München sahen sich zu Verfassungsfeiern bemüßigt, und selbst bei der Veranstaltung, die der Vertreter der Reichsregierung in München ausrichtete, kam es zu einer peinlichen Panne, da beim abschließenden Deutschlandlied niemand der Versammelten Miene machte mitzusingen. Die Angelegenheit wirbelte so viel Staub auf, dass sich die Reichskanzlei noch Wochen später zu einer Klarstellung gegenüber dem preußischen Ministerpräsidenten veranlasst sah. Ob die Nationalhymne dann ein Jahr später in München wieder intoniert wurde, ist nicht überliefert, jedenfalls wurden 1931 im ganzen Reich sowohl behördliche Initiativen als auch Parteiveranstaltungen weiter zurückgeschraubt. In Preußen war zwei Tage vor dem Verfassungstag das Volksbegehren zur Auflösung des Landtages gescheitert, aber auch dieser republikanische Sieg bot keinen Anlass zu lautem Jubel oder pathetischer Verfassungsfeier. Noch weniger war dies ein weiteres Jahr später der Fall, als die Republik sehenden Auges dem Untergang entgegenschritt. Schließlich hatten sich 1933 die politischen Verhältnisse in Deutschland so grundlegend gewandelt, dass die Streichung des 11. August „diskussionslos und wie selbstverständlich vollzogen" werden konnte, wie Fritz Schellack feststellt.[137] Die Weimarer Reichsverfassung blieb zwar formal bis zum Ende der nationalsozialistischen Herrschaft 1945 in Kraft, war aber durch die substantiellen Veränderungen im Gefolge des Ermächtigungsgesetzes stark ausgehöhlt und damit faktisch abgeschafft. Im umfangreichen NS-Festkalender war für den 11.

---

135 Ebd. S. 250-253. Siehe zum Verfassungstag 1930, der ganz im Zeichen der Rheinlandbefreiung stand, die Materialien in BArchBln R 43 I/573, Bl. 84-91. Darin befindet sich u.a. ein Programmheft der amtlichen Feiern am 10. und 11. August.

136 Siehe zum Folgenden BArchBln R 43 I/573, Bl. 141f., 154f. (Bericht des preußischen Gesandten in München an den Preußischen Ministerpräsidenten vom 11.8.1930, Schreiben des Staatssekretärs in der Reichskanzlei an den Preußischen Ministerpräsidenten vom 25.10.1930 mit Klarstellungen zu dem Bericht des Gesandten).

137 F. Schellack: Nationalfeiertage, S. 283. Zur informellen Abschaffung der Verfassungsfeiern an den preußischen Universitäten siehe R. Poscher: Verfassungstag, S. 34f. Der Kurator der Universität Halle hatte beim NSDAP-Kultusminister angefragt, in welchem Rahmen die diesjährige Feier ausgetragen werden solle. Die Sachlage sei so selbstverständlich, lautete die Antwort, „dass es einer Anfrage nicht bedurft hätte".

August selbstverständlich kein Platz, und so verschwand der Tag für immer in der Versenkung der Geschichte.

5.5. Traditionsbildung in der Republik: Aspekte einer Weimarer Erinnerungskultur

Die Weimarer Republik stellte sich nicht nur an ihren Verfassungstagen dar, sondern naturgemäß ebenso bei vielen anderen Gelegenheiten. Das war verbunden mit dem Versuch, nicht nur die Tradition der national-freiheitlichen Bewegung in Deutschland aus dem 19. Jahrhundert aufzunehmen und weiterzuführen, wie durch die Wahl der republikanischen Nationalsymbolik demonstriert wurde, sondern auch der republikanischen Staatsform als Wert an sich und als eines geschichtlichen Faktors zunehmend Gewicht beizumessen. Es entwickelten sich Ansätze zu einer Traditionsbildung in der Republik, mit der sich der Weimarer Staat gegen die immer wiederkehrenden Vorwürfe aus dem rechten politischen Spektrum zur Wehr zu setzen versuchte, wonach die neue staatliche Ordnung traditionslos und gar „undeutsch" sei. „Das Gerede von der Fremdheit des Parlamentarismus war im Grunde demagogischer Unfug", konstatiert Kurt Sontheimer, aber nichtsdestotrotz wurde es immer wieder gegen die parlamentarische Demokratie von Weimar ins Felde geführt.[138] Die Republik versuchte mit unterschiedlichen Mitteln, dagegen vorzugehen.

Zur Entwicklung einer gewissen republikanischen Tradition und zur Herausbildung einer eigenen Erinnerungskultur sollen im Folgenden einige Aspekte umschrieben werden. Der Bezug der Weimarer Republik zur nationalen Bewegung des 19. Jahrhunderts spielt dabei ebenso eine Rolle wie der damit zusammenhängende Versuch, den nationalen Symbolen eine neue Bedeutung als traditionsbildend zuzuschreiben. In der Diskussion um die Geschichtlichkeit der Republik soll es dann insbesondere um die unbekannten und die bekannten Märtyrer Weimars gehen. Volker Ackermann konstatiert eine „Demokratisierung" der nationalen Totenfeiern in der Republik: „Im Vergleich zu vorausgehenden Regierungsformen wird eine größere Anzahl von Bürgern nach ihrem

---

[138] K. Sontheimer: Denken, S. 150. Siehe auch ebd. Anm. 17: „Hätten die Nationalisten sich um eine fundierte Kenntnis der europäischen Geschichte bemüht, so wäre ihnen klargeworden, dass die konstitutionelle Monarchie zu Bismarcks Zeiten oder gar der aufgeklärte Absolutismus Friedrichs des Großen (beides Staatsmänner, denen sie große Verehrung entgegenbrachten) vom französischen Vorbild des absoluten Staates geprägt worden waren, also mindestens ebensoviel ‚Fremdes' in sich trugen wie der Parlamentarismus. Tatsache ist, dass die politischen Parteien in Deutschland durch die späte Verwirklichung der demokratisch-liberalen Staatsidee für den Parlamentarismus ziemlich schlecht gerüstet waren. Er war den Deutschen fremd, weil er ihnen nicht recht vertraut war, aber nicht fremd, weil er seiner Natur nach undeutsch war."

Tod ehrungsfähig."[139] Die enge inhaltliche Verbindung von Verfassungs- und Trauerfeiern in der Weimarer Republik war schon daran abzulesen, dass die Gestaltung der beiden so unterschiedlichen Anlässe in einer Hand lag, nämlich in der des Reichskunstwartes, und dass beide Arten republikanischer Feierlichkeiten unter der Prämisse der „Formgebung des Reiches" standen.[140] Die staatlichen Trauerfeierlichkeiten für Walther Rathenau 1922, Friedrich Ebert 1925 und Gustav Stresemann 1929 hatten für die Republik jeweils stabilisierende Wirkung. Beim Übergang vom Gedenken zu Legende und Kult ist in den Fällen von Rathenau und Ebert gerade der Sozialdemokratie eine entscheidende Funktion zuzuschreiben.

Alte und neue Legitimierungen für schwarz-rot-gold

Ein Ansatz für republikanische Traditionsbildung lässt sich etwa in den zahlreichen Debatten um die Flaggenfrage erkennen. In den Anfangsjahren der Republik propagierte die republikanische Seite die neuen Reichsfarben schwarz-rot-gold unter ausschließlichem Bezug auf die freiheitlich-nationale Bewegung des 19. Jahrhunderts und deren prononcierte Vertreter. In einem denkwürdigen Flugblatt des Reichsbanners Schwarz-Rot-Gold zur Reichstagswahl im Dezember 1924, in der die Flaggenfrage durch die Agitation der Rechtsparteien DVP und DNVP eine zentrale Rolle spielte, liest sich das etwa so: „Wir republikanischen Kriegsteilnehmer empfinden es als eine unerhörte Beleidigung unserer toten Kameraden, dass ausgerechnet von den sogenannten nationalen Parteien die einstige Reichsflagge in ihren Parteisumpf herabgezogen, zum Symbol des Hochverrats und des Eidbruches gemacht wird. Mehr konnte niemand als sie die schwarz-weiß-rote Fahne schänden, unter der wir gekämpft und geblutet haben, und die anzugreifen und zu besudeln noch keiner von uns sich erniedrigt hat. Unser schwarz-rot-goldenes Banner, das seit Jahrhunderten über Deutschlands Gauen wehte, unter dem Lützows wilde verwegene Jagd den Kampf gegen Frankreichs Eroberungspolitik führte, unter dem der Turnvater Jahn, Fichte, die Gebrüder Grimm, Ernst Moritz Arndt und andere für Deutschlands Einheit und Freiheit kämpften, werden wir gegen jeden Angriff mit allen uns zu Gebote stehenden Mitteln schützen. Wir kämpfen unter ihm für Deutschlands Einigkeit, für Deutschlands Freiheit nach innen und außen und für die Schaffung des großdeutschen Staates, der alle Deutschen umfasst, die heute noch außerhalb unserer Grenzen leben. Wir kämpfen unter

---

139 V. Ackermann: Totenfeiern, S. 27.
140 Siehe hierzu A. Heffen: Reichskunstwart, S. 163-176. Zu den Weimarer Trauerfeiern für Rathenau, Ebert und Stresemann siehe V. Ackermann: Totenfeiern, S. 91-105. Beim Tode Rathenaus wurde erstmals in Deutschland der Begriff „Staatsbegräbnis" verwendet (ebd. S. 22).

diesem Panier gegen schwarz-weiß-rote Reaktion, gegen Hakenkreuz und Sowjetstern, für Ruhe und Ordnung im Lande, für den wirtschaftlichen Wiederaufstieg, die Festigung und den Ausbau der Deutschen Republik."[141] Hier wurde die neue Flagge noch in ein geschichtliches Tableau gestellt, ihr originär republikanischer Charakter ist wenig ausgeprägt. Wenig später, im Verlauf der Lutherkrise von 1926, führten sozialdemokratische Stellungnahmen ein neues Argument ein, das eine gewisse Entwicklung in und mit der Weimarer Republik widerspiegelte und die nationale Symbolik nun auch entschieden republikanisch definierte. Die republikanischen Farben seien zu schützen und zu bewahren, so erklärte Rudolf Breitscheid im Reichstag, da mit ihrer Hilfe die „Versöhnung breiter Arbeitermassen mit dem Staate" gelungen sei. Der SPD-Flaggenexperte Eduard David ergänzte: „Diese Farben sind jetzt auch den Millionen Arbeitern ans Herz gewachsen. Zu den alten Märtyrern dieser Farben im vorigen Jahrhundert sind die neuen Märtyrer getreten, die gefallen sind, weil sie für die schwarzrotgoldene Sache, für die deutsche Republik gewirkt, gestritten und gelitten haben. Damit ist ein *neues, inneres Verhältnis der Arbeitermassen zu den schwarzrotgoldenen Farben* entstanden; ein neues, um mit Bismarck zu reden, Imponderabile ist hinzugekommen. Darüber kommt niemand mehr hinweg."[142] Die Reichsfarben hatten aus Sicht der Sozialdemokratie neben dem historischen einen aktuellen Bezug hinzugewonnen.

Die angebliche „Geschichtslosigkeit" der Republik: Ein exemplarischer Streitfall

Die Flaggenfrage stellte sich des Öfteren auch grundsätzlicher, als Frage nach der Geschichtlichkeit der Republik. In der Reichstagsdebatte über den Nationalfeiertag am 10. Juli 1928 kam es darüber zu einem Wortwechsel zwischen dem DNVP-Abgeordneten Schlange-Schöningen und Reichsinnenminister Severing. Nach der Feststellung des Deutschnationalen, der Parlamentarismus sei in Deutschland „geschichtslos", sah sich Severing, der eben ausführlich gesprochen hatte, veranlasst, nochmals das Wort zu ergreifen. „Ich glaube, ich verrate kein Geheimnis", so der Minister, „wenn ich an dieser Stelle noch einmal, wie es schon wiederholt geschehen ist, daran erinnere, dass die ganze Welt uns um die Tatsache beneidet, dass wir uns in verhältnismäßig kurzer Zeit von dem tiefsten Fall, den je ein Volk erlebt hat, erholt haben. Das ist ein Ehrenzeugnis für das deutsche Volk, das damit auch ein Stück wichtiger und ruhmreicher Geschichte geschrieben hat, ohne dass diese Geschichte an blutige Sie-

---

141 BArchKo ZSg.1-82/1, Nr. 19 (Reichsbanner-Flugblatt „Republikaner heraus!").
142 VRT Bd. 390, S. 7159 (11.5.1926), 7208 (12.5.1926).

gestage auf Schlachtfeldern anknüpft."¹⁴³ Als Geschichtstage des parlamentarischen Deutschland nannte der Minister den 14. März 1920, als der Kapp-Lüttwitz-Putsch in Schleswig-Holstein scheiterte, den 20. März 1921, als die deutsche Bevölkerung im besetzten Schlesien „Zeugnis von dem deutschen Gedanken" ablegte, sowie den 30. September 1923, als der Separatismus im Rheinland abgewehrt werden konnte. Severing abschließend: „Ich erlaube mir nur, darauf aufmerksam zu machen, dass neben den Ruhmestagen des alten monarchischen Systems auch das neue, das republikanische Deutschland ruhmreiche Geschichtstage zu verzeichnen hat, Tage nationaler Erhebung."

Die namenlosen Märtyrer der Republik

Solche Tage nationaler Erhebung hatte es in den politisch unruhigen Anfangsjahren der Republik immer wieder gegeben. Die beiden folgenden Fälle aus dem Kapp-Lüttwitz-Putsch und der Ruhrbesetzung standen zwar unter völlig verschiedenen Prämissen: 1920 wurde des Kampfes gegen die Reaktion im Inneren gedacht, und zwar in Form eines Denkmals, während es 1923 der tödliche Widerstand gegen einen äußeren Feind war, den die Reichsregierung in Form einer Trauerfeier würdigte. Gemeinsam ist den Vorgängen, dass die geehrten Opfer aus der Arbeiterbewegung stammten und dass sie als republikanische Märtyrer betrachtet werden konnten.

In Weimar waren während des Kapp-Putsches am 15. März 1920 bei einer friedlichen Demonstration vor dem Weimarer Volkshaus acht Teilnehmer, darunter eine Frau, von putschistischen Militärs erschossen worden. Ein weiteres Opfer gab es in der Coudraystraße.¹⁴⁴ Daraufhin veranstaltete die örtliche Gewerkschaftsbewegung einen Denkmalwettbewerb, aus dem Walter Gropius mit einem Entwurf namens „Der Blitzstrahl aus dem Grabesboden als Wahrzeichen des lebendigen Geistes!" als Sieger hervorging. Das Monument, der erste Weimarer Auftrag für den Gründer und Direktor des seit 1919 in der Goethestadt wirkenden Bauhauses, wurde von Oktober 1921 bis April 1922 auf dem Weimarer Hauptfriedhof errichtet und am Maifeiertag 1922 in einer beeindruckenden Zeremonie mit 4.000 Teilnehmern eingeweiht. Der „Steinerne Blitz", der das Ende der Gegenständlichkeit im Denkmalbau und den Beginn

---

143 Ebd. Bd. 423, S. 131, 136 (10.7.1928). Die folgenden Zitate Severings ebd.
144 Siehe zum Folgenden insbesondere Klaus-Jürgen Winkler: Die Architektur am Bauhaus in Weimar, Berlin/München 1993, sowie ders.: Moderne in Weimar 1919-1933. Bauhaus-Bauhochschule-Neues Bauen. Kunstführer, Weimar 1995; einige Bemerkungen bei P. Schuster: Nation, S. 121f. Einen rein kunstgeschichtlichen Blick auf das Werk von Walter Gropius wirft Dietrich Schubert: Das Denkmal für die Märzgefallenen 1920 von Walter Gropius in Weimar und seine Stellung in der Geschichte des neueren Denkmals, in: Jahrbuch der Hamburger Kunstsammlungen 21 (1976), S. 199-230.

von Abstraktion und kubistischer Gestaltung markiert, wurde von Gropius als Gräberreihe mit einem schräg aufragenden Körper gestaltet: „Der in die Diagonale gedrehte bizarre Block, nur aus Dreiecksflächen und schiefen Trapezen gebildet und als Kunstform schwer definierbar, trägt auf der Spitze einen Kristall, das Symbol der Expressionisten seit Scheerbarts Glasträumen."[145] Neben dieser kunstgeschichtlichen Bedeutung muss hier natürlich besonders die politische Implikation betrachtet werden. Weder die Stadt Weimar noch der Staat Thüringen stellten finanzielle Mittel für den Denkmalbau zur Verfügung. Er wurde allein aus Spenden der Gewerkschaftsmitglieder finanziert. Das zeigt zum einen, dass die Errichtung des Denkmals von den staatlichen Stellen als Angelegenheit des Proletariats gesehen wurde. Zum anderen jedoch verweist eine bemerkenswerte Einzelheit auf das republikanische Selbstverständnis des Totengedenkens: Das Denkmal von Gropius wurde mit der Inschrift „Den Märzgefallenen 1920" versehen.[146] Der Begriff *Märzgefallene* taucht gewöhnlich allein im Zusammenhang mit den Opfern der Berliner Barrikadenkämpfe vom 18. März 1848 auf. Seine Verwendung an dieser Stelle war ein mehr als deutlicher Verweis auf die Rolle der Gefallenen als republikanische Märtyrer.[147]

Als solche wurden auch die Opfer eines Zwischenfalls während der Ruhrbesetzung 1923 angesehen, wenn auch die nationalen Implikationen weit stärker waren als im Weimarer Fall. Nach der Besetzung von Teilen der Essener Krupp-Werke am 31. März 1923 durch französische Militärabteilungen wurden bei Protesten 13 Arbeiter erschossen und mehrere Dutzend verletzt.[148] Nachdem die französischen Behörden Vertretern der Reichsregierung die Einreise für das Begräbnis der Opfer untersagt hatten, wurde im Reichstag eine offizielle Trauerfeier abgehalten. Der Vorfall und die anschließende Totenehrung fanden in der Öffentlichkeit große Aufmerksamkeit und wirkten dadurch auch stabilisierend auf die Republik.

---

145 K.-J. Winkler: Moderne, S. 21. Zur kunstgeschichtlichen Implikation insbesondere D. Schubert: Denkmal, S. 202. Die Nationalsozialisten identifizierten das Denkmal mit dem „kulturlosen und undeutschen Kunststil" des Bauhauses und setzen 1934/35 den Abbruch des Hochkörpers durch. 1946 errichtete ihn die Weimarer Arbeiterschaft in leicht veränderter Form neu.
146 D. Schubert: Denkmal, S. 201. Die vollständige Inschrift lautet: „Den Märzgefallenen 1920 – Die Arbeiterschaft Weimars."
147 In der Literatur zu dem Denkmal von Gropius findet dieser Bezug nirgends Erwähnung. An einer Stelle wird das Märzgefallenenmonument sogar fälschlich unter „Denkmäler des Internationalismus" subsumiert (Helmut Scharf: Kleine Kunstgeschichte des deutschen Denkmals, Darmstadt 1984, Zitat S. 270). Der Begriff *Märzgefallene* wurde später auch spöttisch für diejenigen NSDAP-Mitglieder verwendet, die nach der Reichstagswahl vom 5. März 1933 aus opportunistischen Motiven in die Partei eintraten.
148 V. Ackermann: Totenfeiern, S. 93.

Der Rathenaukult

Eine noch weit größere Erregung in der Öffentlichkeit hatte ein knappes Jahr zuvor der Mordanschlag auf Reichsaußenminister Walther Rathenau ausgelöst. Das Attentat, verübt von Mitgliedern der rechtsradikalen *Organisation Consul* auf offener Straße am 24. Juni 1922, war Höhepunkt einer in der deutschen Geschichte beispiellosen Welle von politisch motivierter Gewalttätigkeit nach dem Weltkrieg. Neben den Morden an Karl Liebknecht und Rosa Luxemburg, an Kurt Eisner, Karl Gareis, Hugo Haase und Matthias Erzberger gab es Mordversuche gegen Philipp Scheidemann und Maximilian Harden. Der Tod Rathenaus hatte indes eine besondere, eine unmittelbare symbolische Dimension. „Es kann kein Zweifel daran bestehen", so formuliert Shulamit Volkow, „dass Rathenaus Ermordung einen entscheidenden Wendepunkt in der Geschichte der Republik darstellte. Sie wurde von vielen sofort und intuitiv als ein symbolisches Ereignis empfunden. Sie war ein eindeutiger Anschlag auf die Weimarer Republik, ein Ausdruck rückhaltloser Feindschaft gegen das gesamte neue System."[149] Rathenau, der Junggeselle und exzentrische Einzelgänger, war als Jude und Intellektueller ein klassischer Außenseiter der deutschen Gesellschaft und hatte sich mit dem politischen Systemwechsel von einem standfesten Monarchisten zu einem entschiedenen Verteidiger der neuen Republik gewandelt. Indes war er nicht eigentlich ein Symbol für die Abkehr von der Monarchie, und er war auch kein Symbol für die Erfüllungspolitik der Weimarer Regierungen. Dennoch wurde der Reichsaußenminister als ein Symbol der Republik empfunden, und seine Ermordung war eine symbolische Tat, die deren Schwächen und Verletzlichkeiten offen legte, ein Nackenschlag gegen die republikanische Staatsform, und damit wurde Rathenau zum ersten großen Märtyrer der Weimarer Republik. Harry Graf Kessler schrieb am Tag nach der Mordtat in sein Tagebuch: „Die Erbitterung gegen die Mörder Rathenaus ist tief und echt, ebenso der feste Wille zur Republik, der viel tiefer sitzt als der vorkriegsmonarchische ‚Patriotismus'."[150] Einen Tag danach bezeichnete Reichspräsident Friedrich Ebert den Mord in einer Rede vor Rathenaus Sarg im Reichstag als „Bluttat gegen die Deutsche Republik" und „Anschlag auf die

---

149 Shulamit Volkow: Überlegungen zur Ermordung Rathenaus als symbolischem Akt. Kommentar zu dem Vortrag von Gerald D. Feldman, in: Thomas P. Hughes u.a.: Ein Mann vieler Eigenschaften. Walter Rathenau und die Kultur der Moderne (Kleine Kulturwissenschaftliche Bibliothek, hg. von Ulrich Raulff, Bd. 21), Berlin 1990, S. 99-105, Zitat S. 100. Dort sehr instruktive Überlegungen zur „Ermordung Rathenaus als symbolischem Akt". Dass es nicht allein um Rathenau ging, zeigt auch ein NSDAP-Plakat, das am Tag nach dem Rathenaumord in München hing (W. Besson: Ebert, S. 94): „Rathenau ist tot. Ebert und Scheidemann leben noch."
150 H.G. Kessler: Tagebücher, S. 324 (25.6.1922).

Nation".¹⁵¹ Diese Wortwahl unterstreicht nachdrücklich, dass der Tod des Reichsaußenministers als nationales wie als republikanisches Erweckungserlebnis gewirkt hat, das viele Maßnahmen zum Schutz des Weimarer Staates nach sich zog.

Die Republik ließ es dabei aber nicht bewenden. In den Folgejahren bildete sich ein beständiges Erinnern an den ermordeten Außenminister heraus, an dem die gemäßigt bürgerlichen Kräfte ebenso ihren Anteil hatten wie die Sozialdemokratie.¹⁵² Zur Bewahrung seines Werkes wurde eine *Rathenau-Gesellschaft* ins Leben gerufen, die 1929 an der Stelle des Attentats in der Berliner Königsallee eine Gedenktafel enthüllte und einen *Rathenau-Preis* stiftete. Die Sozialdemokratie beging den 24. Juni jährlich als *Rathenau-Tag*, an dem sich die Gelegenheit für republikanisch-nationale Bekundungen bot. Immer wieder war dabei auch von den Symbolen des Weimarer Staates die Rede. Philipp Scheidemann erklärte am Rathenau-Tag 1924 in einer Rede vor Arbeitern: „Unsere nationale Gesinnung ist himmelweit entfernt von der nationalistischen Gesinnung unserer Gegner. Bei diesen ist ‚national' gleichbedeutend mit der Gier nach der Macht für eine bestimmte Klasse im Reich und der Vormachtstellung des Reichs in der Welt. So haben sie auch das herrliche Lied Hoffmanns von Fallersleben: ‚Deutschland über alles' tendenziös geschändet und aller Welt die Überzeugung beigebracht, dass Deutschland über alle und alles zu herrschen bestrebt sei. ‚An deutschem Wesen soll die Welt genesen!' Was haben derartige Worte dazu beigetragen, alle Welt gegen Deutschland aufzuhetzen! Nationalistische Gesinnung ist Intoleranz, Überheblichkeit ist Streit, ist Bedrohung, ist Krieg oder doch dauernde Rüstung zum Krieg. Nationale Gesinnung ist innige Liebe zum Vaterlande, ist die Selbstverständlichkeit, alle Nationen, alle Menschen als gleichberechtigt anzuerkennen; ist der Wille, durch internationale Garantien jedem Volke die Möglichkeit zu schaffen, alles seiner besonderen Veranlagung und Begabung entsprechend in höchster Vollendung schaffen und mit aller Welt austauschen zu können. Für den wahrhaft nationalen Menschen, gleichviel ob er Deutscher, Franzose, Italiener oder Russe ist, ist die Internationale der Schutz und Schirm für die Heimat, an der er mit allen Fasern seines Herzens hängt, die er liebt – ‚über alles in der Welt'."¹⁵³ Das im gleichen Jahr gegründete Reichsbanner Schwarz-Rot-Gold nutzte die Gelegenheit des Rathenau-Tages zu einer ersten Demonstration seiner Kampfbereitschaft. Robert Breuer beobachtete „eine rollende Phalanx von Männern und Jünglingen, von Kriegserprobten und Kampfwilligen, Tausende unter einem Wald von schwarz-rot-goldenen Fahnen – die Wagenburg der Republik. (...) Wer sich

---

151 F. Ebert: Schriften, Bd. 2, S. 241-243, Zitate S. 242f.
152 Zum Rathenau-Kult siehe V. Ackermann: Totenfeiern, S. 98f.
153 Philipp Scheidemann: Zwei notwendige Aufklärungen, in: Das Reichsbanner/Löbe S. 8-10, Zitat S. 9.

dem Banner entgegenstellt, wer Republik und Verfassung verbrecherisch gefährden will, wer die Mehrheit des deutschen Volks vergewaltigen möchte, wird die Wucht der republikanischen Schutzwehr schnell und empfindsam zu spüren bekommen. Der Spuk der Hakenkreuze und der schwarz-weiß-roten Kokarden muss und wird verfliegen. (...) Das Reichsbanner Schwarz-Rot-Gold ist keine Angelegenheit der Sozialdemokratie, keine Angelegenheit der Parteien. Das Reichsbanner Schwarz-Rot-Gold ist die Rettung der Republik, die Sicherung der Demokratie, Niederlage für alle Feinde der Verfassung und scharfer Schutz für alle, die ehrlich und friedlich innerhalb der Volksgemeinschaft die Vielfältigkeit der deutschen Art sich entwickeln und ausreifen lassen wollen."[154] Der republikanische Schutzbund hielt alljährlich am Rathenau-Tag eine Ehrenwache an der Stelle des Mordes.[155] Besondere Aktivitäten wurden schließlich, trotz der widrigen politischen Umstände, zum zehnten Todestag des Außenministers im Jahre 1932 entfaltet.[156] Das Reichsbanner veranstaltete einen Gedenkmarsch zu seinem Grab auf dem Berliner Friedhof Oberschöneweide, am Tatort nahm wie üblich eine Ehrenwache des Reichsbanners Aufstellung, Kränze wurden niedergelegt. Am Abend wurde im Reichstag eine große Gedächtnisfeier veranstaltet, die von der Reichsregierung boykottiert wurde.

Auf diese Weise fanden Wirken und Sterben von Walther Rathenau großen Nachklang und sicherten ihm einen festen Platz in der Ruhmeshalle der Republik. Für die Sozialdemokratie stand er dort neben dem zweiten großen Märtyrer, Matthias Erzberger, dem langjährigen Außenminister Stresemann sowie den beiden Präsidenten Ebert und Hindenburg. Diese fünf Namen finden sich zum Beispiel in der Publikation „Wer hat den Rhein befreit?" von Victor Schiff aus dem Jahre 1930: „Die *Sozialdemokratie* nimmt gewiss *nicht für sich allein* das Verdienst an der Rheinlandbefreiung in Anspruch. Sie weiß, was das deutsche Volk den Männern und Parteien schuldet, die mit ihr zusammen an diesem schwierigen Werke mitgewirkt haben. Sie verneigt sich vor dem Andenken der Märtyrer der Erfüllungs- und Annäherungspolitik, des Zentrumsmannes *Matthias Erzberger* und des Demokraten *Walther Rathenau*, die ihren Klarblick und ihren Mut damit bezahlten, dass sie von schwarzweißroten Meuchelmördern niedergestreckt wurden. Sie erkennt insbesondere die hohen Verdienste eines *Gustav Stresemann* an, der sich von einer ganz anderen Ideenwelt zur Erkenntnis der notwendigen Völkerverständigung durchgerungen hatte und der

---

154 Robert Breuer: Im schwarz-rot-goldenen Kampfwagen, in: ebd. S. 22f.
155 Ein Photo in H. Gotschlich: Kampf, nach S. 64, vom 24. Juni 1927 zeigt eine solche Reichsbanner-Ehrenwache in der Berliner Königsallee. Der Kranz trägt Schleifen in den Reichsfarben, ebenso die Schärpen der Männer.
156 Die folgenden Einzelheiten aus Vorwärts 24.6.1932; V. Ackermann: Totenfeiern, S. 99; A. Brecht: Kraft, S. 171. Arnold Brecht war als Vorsitzender von Rathenau-Stiftung und Rathenau-Gesellschaft involviert.

große und einflussreiche Teile des Bürgertums für diese Politik unermüdlich um sich sammelte. Sie weiß, dass Stresemann, dem es oft genug von Teilen seiner *eigenen* Partei besonders schwer gemacht wurde, auch gesundheitlich von seinen politischen Gegnern zu Tode gehetzt wurde, genau wie *Friedrich Ebert*. Die Sozialdemokratie weiß auch die Loyalität eines Mannes zu schätzen, der aus einem ganz anderen Lager stammt und dem es sicher nicht leicht gefallen sein mag, die Wege der Verständigungspolitik mit zu beschreiten: *Paul von Hindenburg* hat sich in den letzten fünf Jahren als ein verfassungstreuer Reichspräsident erwiesen, der, trotzdem er immer wieder von seinen früheren Freunden darum bestürmt wurde, der jetzt mit dem Erfolg der Rheinlandräumung gekrönten Politik keine Schwierigkeiten bereitet hat. *Aber bei aller Anerkennung der Verdienste anderer darf die deutsche Sozialdemokratie ohne Selbstüberhebung, aber auch ohne falsche Bescheidenheit die Befreiung des Rheinlandes in erster Linie als ihr Werk bezeichnen.*"[157]

Friedrich Ebert im Gedächtnis der Weimarer Sozialdemokratie

Unter den fünf von Victor Schiff genannten Politikern war Friedrich Ebert der einzige Sozialdemokrat. Dem ersten Reichspräsidenten der Weimarer Republik wurde nach seinem Tode im Amt 1925 eine ganz bemerkenswerte Art der Verehrung zuteil. Dass nach dem Zusammenbruch von 1918 ein Mitglied der im Kaiserreich verfemten Sozialdemokratischen Partei, ein Mann mitten aus dem Proletariat, an die Spitze des deutschen Staates rückte und damit praktisch die Nachfolge des Kaisers antrat, lag in der Logik der Zeitumstände 1918/19, und der gelernte Sattler wurde neben den neuen Reichsfarben zum herausragenden Symbol für den radikalen politischen Bruch in Deutschland und für die republikanische Staatsform. „Der Geist, die Hoffnungen, die Schwächen, der Glaube von Weimar konnten keine greifbarere Verkörperung finden als in der Person von Friedrich Ebert", stellte der Historiker Veit Valentin später fest.[158] Der Kult um den Reichspräsidenten speiste sich indes neben seiner Identifikation mit dem republikanischen Staatswesen aus weiteren Faktoren. Zu der anerkannten Aufbauleistung als Reichspräsident und seinen Verdiensten um den Erhalt der deutschen Einheit trat die überparteiliche Wertschätzung, die auch das bürgerliche Lager dem Sozialdemokraten entgegenbrachte, nicht zuletzt auf Grund seines ausgleichenden Wesens und seiner schlicht-würdigen Repräsentation. Auch in dieser Hinsicht symbolisierte Ebert die Weimarer Republik treffend.

---

157 Victor Schiff: Wer hat den Rhein befreit? Berlin 1930.
158 Bei einer Gedenkfeier in New York 1945 anlässlich des 20. Todestages von Ebert (zit. nach L. Richter: Rückbesinnung, S. 30).

Märtyrer der Republik: Friedrich Ebert starb am 28. Februar 1925 an einer verschleppten Krankheit, nach dem er sich in einer Reihe von Prozessen gegen den Vorwurf des Landesverrats wehren musste. Titelblatt des Vorwärts am Todestag des Reichspräsidenten.

Ein zentraler Faktor war ferner der frühe Tod des Reichspräsidenten, dem hohe symbolische Bedeutung zukam. Ebert starb am 28. Februar 1925 in Folge einer wochenlang verschleppten Krankheit, weil er sich in einer Reihe von Prozessen in Magdeburg gegen den Vorwurf des Landesverrats wehren musste. Dies war Höhepunkt und Ende einer jahrelangen Herabsetzungs- und Beleidigungskampagne rechts stehender Kreise gegen das republikanische Staatsoberhaupt, die gegen Ebert als Person, gegen sein Amt und darüber hinaus gegen die gesamte Republik gerichtet waren. Die Veröffentlichung des berüchtigten *Badephotos* von Ebert und Reichswehrminister Gustav Noske hatte dabei im Jahre 1919 den Auftakt markiert.[159] Während des Magdeburger Verfahrens im Winter 1924/25 musste der kranke Reichspräsident schließlich feststellen: „Sie haben mich politisch umgebracht, nun wollen sie mich auch noch moralisch morden. Das überlebe ich nicht."[160] Diese Umstände, die eigentümliche Ambivalenz zwischen Wertschätzung im Bürgertum und niederreißender Verunglimpfung durch rechte Kreise sowie der plötzliche Tod ließen auch aus der Gründerfigur Friedrich Ebert einen politischen Märtyrer der Republik werden, subtiler zwar als im Falle von Walther Rathenau, aber nicht minder wirksam im kollektiven Bewusstsein gerade der Sozialdemokratie, die zu Eberts Lebzeiten nicht immer das allerbeste Verhältnis zu ihrem Staatsoberhaupt gepflegt hatte.[161]

Das Gedenken an den Reichspräsidenten wuchs jedoch gerade in der SPD rasch zu einem regelrechten Kult, der sich in breit gestreuten Erscheinungsformen äußerte. Neben den zahlreichen publizistischen Würdigungen wurden Straßen nach Ebert benannt, Denkmale errichtet und Gedenkfeiern veranstaltet. In der Publizistik über Ebert wird insbesondere seine würdige Repräsenta-

---

159 Am 29. September 1919 stellte Friedrich Ebert den ersten von insgesamt 173 Strafanträgen wegen Beleidigung des Reichspräsidenten. Die rechtsgerichtete Deutsche Tageszeitung hatte unter dem Titel „Einst und jetzt" eine Postkarte vertrieben, auf der Wilhelm II. und Hindenburg in militärischen Uniformen den in Badehosen abgelichteten Urlaubern Ebert und Noske gegenübergestellt wurden. Das „Badephoto" war offenbar mit beleidigenden Zusätzen versehen; Wolfgang Birkenfeld: Der Rufmord am Reichspräsidenten. Zu Grenzformen des politischen Kampfes gegen die frühe Weimarer Republik 1919-1925, in: Archiv für Sozialgeschichte 5 (1965), S. 453-500, hier S. 453, 473). Die Droh- und Schmähbriefe an den Reichspräsidenten im Zusammenhang mit der Ermordung von Matthias Erzberger Ende August 1921 zeigen eindrücklich, dass man mit der Person Eberts die gesamte Republik herabzusetzen trachtete (ebd. S. 487-500).
160 Zit. nach Michael Freund: Der Gifthauch der Verleumdung. Der erste Reichspräsident der deutschen Republik, Friedrich Ebert, in: Frankfurter Allgemeine Zeitung 27.2.1960. Der Vorsitzende des Gerichts, Landgerichtsdirektor Beversdorf, war Mitglied der DNVP, machte im Zeitalter des Nationalsozialismus noch Karriere und rühmte sich, „den Kerl zur Strecke gebracht" zu haben (zit. nach ebd.).
161 Vgl. hierzu Walter Mühlhausen: Friedrich Ebert und seine Partei 1919-1925 (Kleine Schriften/Stiftung Reichspräsident-Friedrich-Ebert-Gedenkstätte, Nr. 10), Heidelberg 1992. Wegen der Haltung Eberts in der Reichsexekution gegen Sachsen und Thüringen 1923 wurde auf Parteitagen mehrmals sein Ausschluss aus der SPD gefordert.

tion hervorgehoben, und kaum einmal fehlt der Hinweis auf die nationalen Symbole von Weimar, die in engem Bezug zum Reichspräsidenten gesehen werden. Gustav Radbruch schrieb in einem Gedenkartikel wenige Tage nach Eberts Tod, dieser habe noch erleben dürfen, „dass seine Gedanken über Staatsbejahung, Volksgemeinschaft und Führertum, Nation und Reichseinheit, Demokratie und Pazifismus von einer gewaltigen Volksbewegung aufgenommen wurden, dass die Reichsbannerbewegung das Deutschlandlied, das er der deutschen Demokratie zurückgegeben hatte, zu ihrem Glaubensbekenntnis und die schwarz-rot-goldene Fahne zu ihrem Sinnbild machte."[162] Einen „Akt der Herzensweisheit" nannte Radbruch in einem späteren Artikel die Proklamation des Deutschlandliedes zur Nationalhymne durch Ebert: „Die Worte, in denen es geschah, sind so schön, dass sie als ein Vermächtnis des ersten Reichspräsidenten einstmals in den Lesebüchern aller deutschen Schulen stehen werden".[163] In einer Reichsbanner-Publikation wurde es als „ein bleibendes Verdienst des Reichspräsidenten" bezeichnet, den „schwarz-rot-goldenen Sang Hoffmanns von Fallersleben den reaktionären Nationalisten entrissen und zum Nationallied der Deutschen Republik erhoben zu haben. Welche Verkennung Hoffmann'schen Geistes ist es, in dem Deutschlandliede imperialistische oder gar monarchistische Einstellung zu erblicken! Deutsche *Einheit* und Freiheit, allerdings die großdeutsche Einheit unter Einbeziehung der deutschösterreichischen Brüder, war Hoffmanns Wunschziel. Darum bleibt sein Lied der Sang der deutschen Einheit, so wie die Farben Schwarz-Rot-Gold immer das Sinnbild großdeutscher Einheit sein werden."[164] Zum Repräsentationsstil des ersten republikanischen Reichspräsidenten gibt es ebenfalls eine Anzahl von Äußerungen. Schon 1923 charakterisierte Robert Breuer das sozialdemokratische Staatsoberhaupt als „schlicht bürgerlich, bürgerlich nicht im Sinne einer spießerlichen oder anmaßenden Bourgeoisie, bürgerlich im Geiste der Verantwortlichkeit einer restlos von ihrer staatlichen Leistung abhängigen Demokratie".[165] Thomas Mann lobte in einem Nachruf die „klug zurückhaltende Repräsentation" Eberts.[166] Und noch etliche Jahre nach dessen Tod schrieb Gustav Radbruch: „Das Bewusstsein seines hohen Amtes und die Bescheidenheit seiner Person

---

162 Gustav Radbruch: Friedrich Ebert, der Staatsmann, in: Schleswig-Hosteinische Volkszeitung 3.3.1925 (wieder abgedruckt in G. Radbruch: Biographische Schriften, S. 96-100, Zitat S. 99f.).
163 Gustav Radbruch: Friedrich Ebert / Deutschlands erster Reichspräsident, in: Der Leuchtturm 7/1931, Nr. 59/60 vom 11.8.1931, Beilage (wieder abgedruckt in ebd. S. 102-108, Zitat S. 107).
164 Anonym: Das Deutschlandlied und seine Dichter, in: Das Reichsbanner und Potsdam, S. 20-24, Zitat S. 20.
165 Robert Breuer: Das Fest der Tradition, in: Die Glocke 9 (1923), 1. Bd. Nr. 9 (28.5.1923), S. 235-237, Zitat S. 236.
166 „Zu Friedrich Eberts Tod. Ein Brief von Thomas Mann", in: Frankfurter Zeitung 6.3.1925.

mischten sich zu einer schlichten Würde, deren Zauber sich niemand entziehen konnte."[167]

Die Würde war das eine, die praktische Politik indes etwas anderes, und so kann es nicht verwundern, dass es auch massive Kritik an der von der deutschen Sozialdemokratie gestrickten Ebert-Legende gab. Kurt Tucholsky etwa wandte sich in einem Artikel in der *Weltbühne* ein Jahr nach dem Tode Eberts mit scharfen Worten gegen die Sage vom Retter des Vaterlandes, bezeichnete den verstorbenen Reichspräsidenten statt dessen als „Verräter" und bescheinigte ihm „bodenlose Charakterlosigkeit".[168] Offenbar anderer Meinung waren die sozialdemokratischen Abgeordneten in der Berliner Stadtverordnetenversammlung, die bereits wenige Tage nach Eberts Tod, am 5. März 1925, erfolgreich beantragten, eine der Hauptverkehrsstraßen nach dem verstorbenen Reichspräsidenten zu benennen. Am 2. April beschloss das Plenum, die Straßenzüge vom Leipziger Platz bis zum Brandenburger Tor sowie von dort bis zum Reichstag nach Friedrich Ebert zu benennen.[169] Damit wurde im ganzen Reich eine Welle von Straßenbenennungen nach dem verstorbenen Reichspräsidenten eingeleitet. Ebenfalls noch im Todesjahr 1925 gründete die SPD die Friedrich-Ebert-Stiftung, deren Ziele die Förderung des demokratischen Bewusstseins in der deutschen Bevölkerung und der Verständigung unter den Völkern sowie die finanzielle Unterstützung von Studierenden aus Arbeiterfamilien war. Mit dieser Gründung erfüllte die Partei einen Wunsch des Verstorbenen. Das Gedächtnis an Ebert wurde an vielen weiteren Stellen gepflegt. In der Wandelhalle des Berliner Reichstages wurden Büsten von Ebert und Hindenburg aufgestellt, die von Bernhard Bleeker und Edwin Scharff gestaltet worden waren.[170] Im Jahr 1928 errichten Stahlhelm und Reichsbanner im nie-

---

167 Gustav Radbruch: Friedrich Ebert / Deutschlands erster Reichspräsident, in: Der Leuchtturm 7/1931, Nr. 59/60 vom 11.8.1931, Beilage (wieder abgedruckt in G. Radbruch: Biographische Schriften, S. 102-108, Zitat S. 106).
168 Kurt Tucholsky: Die Ebert-Legende. Antwort auf eine Antwort, in: Die Weltbühne 12.1.1926 (wieder abgedruckt in Sebastian Haffner u.a.: Zwecklegenden. Die SPD und das Scheitern der Arbeiterbewegung, Berlin 1996, S. 81-86, Zitate S. 83, 85). An der Person Eberts und seinem Platz in der deutschen Geschichte scheiden sich die Geister bis in die Gegenwart hinein. Ähnlich krass wie Tucholskys zeitgebundenes Verdikt fällt das historisierend-publizistische Urteil von Sebastian Haffner über Friedrich Ebert aus; nach Meinung von Peter-Christian Witt pflegte Haffner einen pathologischen Hass auf Ebert (P-C. Witt: Ebert, S. 18).
169 M. Azaryahu: What, S. 251-253. Die Entscheidung von 1925, übrigens mit den Stimmen der DNVP und gegen die der KPD gefällt, hatte eine bis zum heutigen Tage bestehende Kuriosität zur Folge. Da man die bisherige „Budapester Straße" nicht gänzlich aufgeben wollte, wurde der Abschnitt des Kurfürstendamms zwischen Auguste-Viktoria-Platz (heute Breitscheidplatz) und Corneliusbrücke in „Budapester Straße" umbenannt. Aus diesem Grunde beginnt der Kurfürstendamm mit der Nummer 11, die Nummern 1 bis 10 existieren nicht.
170 Siehe die Abbildungen in Deutsche Einheit, vor S. 209.

dersächsischen Holzminden gemeinsam ein sogenanntes *Reichspräsidentenhaus*, auch Ebert-Hindenburg-Haus genannt. Die Vorsitzenden der beiden Bünde, Franz Seldte und Otto Hörsing, nahmen wegen dieser punktuellen Zusammenarbeit, die eine Parallele lediglich beim Reichsehrenmal hatte, starke Kritik aus den eigenen Reihen in Kauf.[171]

Bemerkenswert ist ferner die Verewigung des Reichspräsidenten in Form von Briefmarken und Denkmalen. Die erste deutsche Briefmarke mit den Portrait von Friedrich Ebert erschien nicht schon unmittelbar nach seinem Tode, sondern erst am 1. September 1928.[172] In unterschiedlichen Werten und Farben wurde die Marke bis Anfang 1932 in einheitlicher Größe und stets mit der gleichen Portraitskizze herausgegeben. Die Markenvorlage ging auf den oft reproduzierten Kupferstich des von Renoir und Manet beeinflussten Berliner Malers und Graphikers Eddy Smith (1896 bis 1957) zurück. Neben den Briefmarken als Erinnerungszeichen im alltäglichen Gebrauch der Bevölkerung wurde der Reichspräsident mit einer ganzen Reihe von Denkmalen geehrt. Diese standen zwar „am Rande der Denkmalkultur in Deutschland", wie Werner Plum in einem provisorischen Katalog über das Gedenken an Friedrich Ebert in der darstellenden Kunst einleitend schreibt. Die Weimarer Republik sei auf Grund der historischen Umstände von „Gestaltlosigkeit" geprägt gewesen, „die kaum für Personenkult Platz bot".[173] Dennoch gibt die Aufstellung Plums einen imposanten Eindruck von der sozialdemokratischen Erinnerungskultur in der Weimarer Republik. Viele dieser Monumente entstanden auf Initiative von SPD, Reichsbanner oder Gewerkschaften in der Provinz. So wurden zum Beispiel am 23. September 1928 in Gotzlow, einem Vorort von Stettin, sowie im thüringischen Bleicherode Ebert-Denkmale eingeweiht.[174] Eines der wenigen zentralen Ebert-Denkmale war das umkämpfte neoklassizistische Ehrenmal an der Frankfurter Paulskirche, das am Verfassungstag 1926 aufgestellt wurde.[175] Dass der Reichspräsident auch nach seinem Tode vor Schmähungen von rechts nicht sicher sein konnte, lässt sich nicht nur an überlieferten verbalen Ausfälligkeiten ablesen, sondern auch an der Beschädigung eines Ebert-Denkmals in Butzbach durch Nationalsozialisten bereits im Jahre 1928.[176] Auch regelmäßige

---

171 K. Rohe: Reichsbanner, S. 348f.
172 Siehe hierzu Werner Plum: Gedenken an Friedrich Ebert in der darstellenden Kunst – provisorischer Katalog –, Bonn 1985 [unveröffentlichtes Manuskript, AdsD], S. 15f., 114.
173 Ebd. S. 14.
174 Das Reichsbanner 7.10.1928.
175 W. Emrich: Ebert, S. 44-48; D. Rebentisch: Ebert, S. 25 sowie ebd. die Abbildungen 9-16. Wenige Wochen nach der „Machtergreifung" entfernten die Nationalsozialisten die von Richard Scheibe geschaffene Erzfigur. 1950 wurde ein zweiter Abguss aufgestellt.
176 Zu der Beschädigung im Jahr 1928 W. Plum: Gedenken, Katalog, Blatt Nr. 36. 1932 erklärte ein Nationalsozialist, Ebert sei „das größte versoffene Schwein gewesen" (zit. nach W. Birkenfeld: Rufmord, S. 472).

Feiern am Todestag von Ebert hat es offenbar gegeben, wenn auch eine Verstetigung in Form eines *Ebert-Tages*, wie es nach der Entwicklung bei Rathenau denkbar gewesen wäre, offenbar nicht gegeben hat. Einen Höhepunkt stellten die Feierlichkeiten zum fünften Todestag Ende Februar 1930 dar. Das Reichsbanner veranstaltete am 28. Februar vormittags am Grabe Eberts auf dem Heidelberger Bergfriedhof eine Feierstunde, eine weitere abends im Heidelberger Lutherhaus. Auf der Bühne des Saales stand ein schwarz-rot-golden drapiertes Bild des Verstorbenen, der von Gustav Radbruch als großer deutscher Staatsmann gewürdigt wurde. Am Ende sang die Versammlung stehend das Deutschlandlied.[177]

Mit der Machtübernahme der Nationalsozialisten wurde die Erinnerung an Friedrich Ebert rasch inopportun, die Stiftung wurde verboten, das Frankfurter Denkmal entfernt, die Briefmarke aus dem Verkehr gezogen. Indes trat am 4. Mai 1933 der Ende April neugewählte SPD-Parteivorstand noch „im gewohnten Raum unter den Bildern Bebels und Eberts" zusammen, wie sich Friedrich Stampfer erinnert.[178] 1935 konnte nurmehr mit illegalen Flugblättern an den vor zehn Jahren Verstorbenen erinnert werden. Weitere zehn Jahre später, am 2. März 1945, fand im New Yorker Exil eine Gedächtnisfeier zum 20. Todestag Eberts statt, an der Friedrich Stampfer, Veit Valentin, Arnold Brecht, Hubertus zu Löwenstein und viele andere teilnahmen. Grußworte sandten neben anderen Heinrich Brüning, Wilhelm Sollmann und Leopold Jessner.[179] Dass die Erinnerung an den ersten Reichspräsidenten der Weimarer Republik auch danach nicht abriss, zeigt eine 1950 von der SPD herausgegebene Broschüre mit Textanregungen und weiteren Vorschlägen zu Gestaltung und Ablauf von Friedrich-Ebert-Gedenkfeiern.[180] Darin wird empfohlen, die Gedächtnisfeier unter das Motto „Einigkeit und Recht und Freiheit" zu stellen. „Die *Dekoration* muss der Feier entsprechen. Für Ebert-Feiern in Rot und Schwarz-Rot-Gold. Spruchbänder und Transparente im hellen Gelb auf rotem Grund."

---

177 UBHd NL Gustav Radbruch II.D, Nr. 211 (Presseausschnitte zu den Ebert-Feiern zum fünften Todestag Ende Februar 1930).
178 F. Stampfer: Erfahrungen, S. 270.
179 Die Veranstaltung ist dokumentiert in L.Richter: Rückbesinnung.
180 Anregungen und Unterlagen für eine Friedrich-Ebert-Feier. Hg. vom Parteivorstand der SPD, Presse und Propaganda (Sonderausgabe zu Ausgabe 30 „Der SPD-Redner"), o.O. o.J. [Bonn 1950]; die folgenden Zitate S. 3, 6.

Zusammenfassung

Mit dem ersten Reichspräsidenten Friedrich Ebert endet diese Studie über die Rolle der deutschen Sozialdemokratie in den Symbolkämpfen der Weimarer Republik, mit den neuen Nationalfarben schwarz-rot-gold hatte sie begonnen. Damit ist ein Bogen zwischen den beiden zentralen Symbolen der ersten deutschen Demokratie gespannt. Die Weimarer Epoche stellte geradezu eine Hoch-Zeit politischer Symbolik und symbolischer Gefechte in Deutschland dar. Von „Symbolmüdigkeit" oder gar „Symbol-Indolenz", die man in der Bundesrepublik Deutschland angesichts der nationalsozialistischen Reizüberflutung konstatiert hat, war zwischen 1918 und 1933 nichts zu spüren.[1] Die deutsche Sozialdemokratie spielte in der Weimarer Symbolgeschichte eine besondere Rolle. Die Partei stand vorbehaltlos hinter der republikanischen Staatsform, die als Ergebnis des verlorenen Weltkriegs und der Revolution von 1918/19 ins Werk gesetzt wurde. Wenn es auch in Teilen der Parteilinken noch Strömungen gab, die in der parlamentarischen Demokratie lediglich den idealen Boden zur konsequenten Verwirklichung des Sozialismus sehen wollten, so hatte sich gleichwohl die Partei als Ganzes schon längst vom orthodoxen Marxismus verabschiedet und befand sich auf dem Weg von der rein proletarischen Arbeiter- zur linken Volkspartei, die die Republik als Wert an sich anerkannte und verinnerlichte.

Die Loyalität zur Republik und das gewandelte Verhältnis zu Staat und Nation spiegelte sich deutlich in der Haltung der Sozialdemokratie in den symbolischen Auseinandersetzungen von Weimar. Nach der Hinwendung zur Nation, schon vor 1914 eingeleitet und im Weltkrieg manifestiert, hat sich die SPD zwischen 1918 und 1933 auch symbolisch nationalisiert. Darin unterschied sie sich vom anderen Flügel der gespaltenen Arbeiterbewegung, den Kommunisten, die politisch und symbolisch den Weg der Sowjetisierung beschritten. Zentrale Riten, Mythen und Symbole aus dem politisch organisierten Proletariat des 19. Jahrhunderts behielten beide Flügel trotz getrennter Symbolwege bei. Mit ihrer symbolischen untermauerten Nationalisierung führten die demokratischen Sozialisten eine Vorstellung endgültig ad absurdum, die schon im 19. Jahrhun-

---

1 Eine „Symbolmüdigkeit" als „Nachwirkung des im Dritten Reich betriebenen Missbrauchs visueller Symbole zur Massenbeeinflussung und -lenkung" konstatierte Arnold Rabbow: Symbole der Bundesrepublik Deutschland und des Landes Niedersachsen. Hg. von der [niedersächsischen] Landeszentrale für politische Bildung, Hannover 1980, S.7. Theodor Eschenburg führte 1962 die „Symbol-Indolenz" in der Bundesrepublik auf „mangelndes Staatsbewusstsein und Nationalgefühl" zurück (T. Eschenburg: Staatssymbole).

dert ausschließlich von außen in die Arbeiterbewegung hineinprojiziert worden war: das angebliche Spannungsverhältnis zwischen internationaler Klassensolidarität und nationalem Empfinden. Das nationale Empfinden der Sozialdemokratie speiste sich im Wesentlichen aus den Ideen und Werten der freiheitlich-demokratischen Nationalbewegung des 19. Jahrhunderts und wurde unter dem Begriff *Tradition von 1848* in das Gründungskapital der Weimarer Republik eingebracht. Der Symbolkanon, den sich der neue Staat nach zögerlichem Beginn zulegte, sollte den engen Bezug zu diesem Traditionsstrang der deutschen Geschichte versinnbildlichen. Die Sozialdemokratie war an Auswahl und Deutung der republikanischen Nationalsymbolik maßgeblich beteiligt und hat ebenso entschieden an Verbreitung und Verteidigung mitgewirkt. Vier Faktoren sind dabei hervorzuheben.

Erstens stand die Symbolwahl in engem Zusammenhang mit der Kompromiss- und Koalitionspolitik der Weimarer Anfangsjahre. Der Schulterschluss mit den Bürgerlichen war, wenn nicht gewollt, so doch notwendig, da eine parlamentarische Mehrheit für eine rein sozialistische Regierung niemals zu Stande kam. Es ist müßig, darüber zu spekulieren, welche nationalen Symbole gewählt worden wären, hätten MSPD und USPD bei den Wahlen zur Nationalversammlung im Januar 1919 eine Mehrheit gewonnen. Noch spekulativer ist die Frage, ob diese Symbole längeren Bestand gehabt hätten. Die Zusammenarbeit mit DDP und Zentrum war jedenfalls ein ständiges Nehmen und Geben, und namentlich der Flaggenartikel der Reichsverfassung sowie die Entscheidung, den Ersten Mai nur einmalig zum Nationalfeiertag zu machen, wurden in der Sozialdemokratie als Kompromisslösungen akzeptiert, wenn sie auch nicht optimal erschienen.

Zweitens wurden die nationalrepublikanischen Symbole seitens der SPD stets negativ und positiv begründet. Im Gegensatz zu den linkssozialistischen Parteien unterschied die Mehrheitssozialdemokratie deutlich zwischen Partei- und Nationalsymbolik, und obwohl die SPD diese Fragen auffallend wenig reflektierte, herrschte Einigkeit, dass die staatlichen Symbole einen möglichst breiten Konsens im Volk anstreben sollten. Parteisymbolik schied deshalb als nationale Symbolik weitgehend aus. Insofern stellten die gewählten Symbole ein Angebot an alle politischen Gruppierungen in der Republik dar. Ihr positiver Bezugspunkt war die Tradition von 1848, als deren Fortsetzung sich die Weimarer Republik dezidiert verstand. Die schwarz-rot-goldene Trikolore war das bestimmende Symbol der national-freiheitlichen Vormärzbewegung und der Revolution von 1848, auch das Deutschlandlied entstand als Kind dieses Strebens nach „Einheit und Freiheit". Die Märzgefallenen wurden weiterhin als Märtyrer verehrt, und die Paulskirche war das Leitbild der Weimarer Reichsverfassung, auf die wiederum sich der 11. August bezog. Aus Sicht der Sozialdemokratie schloss die Berufung auf die nationaldemokratische Bewegung des

19. Jahrhunderts auch das großdeutsche Postulat ein, während sie in der Reichsgründung von 1871 stets eine „Einigung durch Unterordnung"[2] erblickt hatte. In den Weimarer Symbolstreitigkeiten spiegeln sich deshalb auch verschleppte Konflikte der deutschen Geschichte. Der Flaggenstreit zwischen schwarz-rot-gold und schwarz-weiß-rot entstand nicht etwa in Folge des *Flaggenwechsels* von 1919, sondern wurzelte tief im 19. Jahrhunderts und hätte sich wohl nur vermeiden lassen, wenn Bismarck nicht die schwarz-weiß-rote Trikolore für die Hohenzollernmonarchie erfunden, sondern seine Abneigung gegen die Farben von 1848 überwunden hätte.

Drittens herrschte in der Sozialdemokratie weitestgehend Konsens bezüglich aller Symbolfragen, zumal bei der republikanischen Nationalsymbolik. Es gab zwar durchaus kontroverse Positionen, etwa in der Flaggenfrage zwischen Mehrheits-SPD und Unabhängigen und in Form der schwarz-weiß-roten Anwandlungen von Noske und Ebert, der mit seiner streng paritätischen Flaggenverordnung von 1921 bis an den Rand der Verfassungskonformität ging. Aber ebensowenig wie die spätere scharfzüngige Kritik von links waren diese Streitigkeiten repräsentativ für die Gesamtpartei. Die SPD war die einzige Partei der Weimarer Zeit, deren Abstimmungsverhalten stets einheitlich zu Gunsten der republikanischen Symbole ausfiel. Sie war auch die mit Abstand aktivste republikanische Kraft, wenn es um Verbreitung und Verteidigung der Weimarer Symbole gerade zwischen 1923 und 1928 ging. Sozialdemokraten versuchten unermüdlich, schwarz-rot-gold vor seinen Gegnern in Schutz zu nehmen und den Reichsfarben in der Öffentlichkeit ihren angemessenen Platz zu sichern, wenn auch die Methoden nicht immer gut gewählt waren. Das sozialdemokratisch dominierte Reichsbanner war die einzige republikanische, *schwarz-rot-goldene* Schutzformation der Weimarer Zeit und sorgte für eine weite Verbreitung der republikanischen Farben. Der Einsatz für die nationalen Symbole war Teil des sozialdemokratischen Werbens für die demokratische Staatsform: Symbolschutz bedeutete für die SPD Republikschutz, wodurch sie sich zunehmend von den beiden anderen Parteien der Weimarer Koalition unterschied. Die SPD hätte nie mit völkischen Gruppierungen kooperiert, wie dies die DDP seit 1930 tat, und undenkbar waren in der Sozialdemokratie auch Streitigkeiten etwa um die Frage, ob man lediglich *Bürger* der Republik oder aber *Bürgen* des Weimarer Staates sein wolle, wie sie jahrelang der politische Katholizismus ausgetragen hat.[3] Die Sozialdemokratie hatte ein uneingeschränkt aktives Verfassungsverständnis, sie war nicht nur republiktreu, sondern auch bereit, die Staatsform nach ihren Möglichkeiten zu verteidigen.

---

2 D. Groh/P. Brandt: Gesellen, S. 20.
3 K. Rohe: Reichsbanner, S. 282f. Ob das Wortspiel zeitgenössisch ist oder von Rohe selbst stammt, geht aus der Passage nicht hervor.

Viertens wurden schwarz-rot-gold, der Verfassungstag und mitunter auch das Deutschlandlied in das kulturelle Umfeld der sozialdemokratischen Arbeiterbewegung integriert. Vor dem Ersten Weltkrieg wäre beispielsweise völlig undenkbar gewesen, beim Begräbnis eines Sozialdemokraten schwarz-rot-goldene Fahnen zu zeigen und das Deutschlandlied zu singen, wie es im Fall von Adolf Köster bezeugt ist.[4] Auch diese Details geben Zeugnis von der engen Verbundenheit der SPD mit der Republik. Zugleich war es in der Partei selbstverständlich, proletarisch-internationale und nationale Symbole parallel und einträchtig zu zeigen. Kein Sozialdemokrat sah einen Widerspruch zwischen rot und schwarz-rot-gold, zwischen Erstem Mai und Verfassungstag. Milieu und Partei einerseits, Staat und Nation andererseits waren die beiden Säulen des sozialdemokratischen Bewusstseins. Diese Haltung war besonders am Wirken des SPD-dominierten Reichsbanners Schwarz-Rot-Gold abzulesen. Die Aufmärsche des Reichsbanners bildeten einen festen Bestandteil des Programms am Verfassungstag, an dem die Sozialdemokratie überhaupt hohe Aktivitäten entfaltete. Ihr gebührt maßgeblicher Anteil bei der festlichen Gestaltung des 11. August und bei den Versuchen, den Verfassungstag zu popularisieren. Nachdem jedoch bereits im Kaiserreich die offiziellen Feiertage keinen einigenden Charakter entfaltet hatten, gelang es auch im Weimarer Staat nicht, einen allgemein anerkannten Nationalfeiertag zu installieren. „In der Republik besaß jede Partei ihre eigenen Gedenktage", so die Feststellung von Hans Hattenhauer, im Kern zutreffend, aber außer Acht lassend, dass der Verfassungstag nicht einmal von seinen Gegnern als Parteifeiertag betrachtet wurde und zeitgenössisch weit höhere Beachtung fand, als die bisherige Weimar-Forschung zu erkennen gibt.[5] Freilich ist ebenso richtig, dass es in Deutschland erst im neu vereinigten Nationalstaat von 1990 gelungen ist, mit dem 3. Oktober als *Tag der Deutschen Einheit* einen gesellschaftlich breit akzeptierten Nationalfeiertag zu schaffen.[6]

Die Schwierigkeiten eines Staates mit breit akzeptierten Symbolen kann man auch anhand der deutschen Nationalhymne in Geschichte und Gegenwart aufzeigen.[7] Dass Reichspräsident Friedrich Ebert 1922 das Hoffmann-

---

4 K. Doß: Köster, S. 157. Das Begräbnis fand im Februar 1930 in Hamburg-Blankenese statt.
5 H. Hattenhauer: Nationalsymbole, S. 159.
6 Siehe die jährlichen offiziellen Feierlichkeiten, die in der Hauptstadt des jeweils im Bundesrat präsidierenden Landes ausgetragen und von gut angenommenen Festprogrammen für die Bevölkerung begleitet werden, sowie den Umzug „Deutschlands Fest" in Berlin. Zwar gibt es gelegentlich Stimmen, die für den 9. November als Feiertag plädieren (zuletzt Außenminister Joschka Fischer, Die Zeit 6.10.2000), jedoch zieht niemand grundsätzlich in Zweifel, dass der 3. Oktober ein feierwürdiger Tag ist.
7 Bis heute herrscht in der deutschen Öffentlichkeit weithin Unkenntnis über die Tatsache, dass seit 1991 nicht mehr alle drei Strophen des Deutschlandliedes die Nationalhymne der Bundesrepublik sind, sondern lediglich „Einigkeit und Recht und Freiheit" (siehe den Briefwechsel zwi-

Haydnsche Deutschlandlied zum nationalen Gesang der Weimarer Republik proklamierte, stellte die wohl mutigste sozialdemokratische Symbolhandlung nach 1918 dar. Ebert trug hier dem Fehlen von Alternativen Rechnung, auch haben die Erfahrungen aus dem Flaggenstreit sowie das Anliegen der nationalen Verantwortung eine Rolle gespielt. Das Lied der Deutschen war von der SPD vor 1914 abgelehnt und im Weltkrieg toleriert worden, nunmehr akzeptierte die Partei das Symbol und propagierte es auch teilweise, obwohl es zugleich als ein Zugeständnis an die bürgerlichen und republikkritischen Kreise aufgefasst wurde. Im Gegensatz zu schwarz-rot-gold und dem Verfassungstag, die eindeutig republikanisch besetzt waren, verknüpften sich in Ursprung und Rezeption des Deutschlandliedes unterschiedliche Traditionsstränge miteinander, und insofern konnte man es in der Weimarer Republik nicht ausschließlich als republikanisches Nationalsymbol propagieren. Die verschiedenen Rezeptionsstufen machten aus dem Gesang ein Stiefkind der Sozialdemokratie, wenn auch dieses Stiefkind nicht eben schlecht behandelt. Im Gegenteil: Um die Arbeiterschaft mit dem Gesang zu versöhnen und der fortwirkenden nationalistischen Vereinnahmung entgegenzuwirken, wurde der Hoffmannsche Text neu interpretiert und akzentuiert, wodurch kritischen Stimmen gegen eine Erhebung zur Nationalhymne der Boden entzogen war. Was die Weimarer Sozialdemokratie als national und patriotisch verstand, entnahm sie vor allem der dritten Strophe des Deutschlandliedes, in der mit „Einigkeit und Recht und Freiheit" die programmatischen Forderungen von 1848 widerhallten. Deshalb rückte diese Strophe zugleich als Referenz und Gegenwartsaufgabe in den Vordergrund. Die Neuinterpretation fand die Zustimmung großer Teile der Sozialdemokratie. Es ist erstaunlich, wie oft sich führende SPD-Politiker der Weimarer Zeit in ihren Reden auf die Nationalhymne berufen und aus ihr zitiert haben: eine Gepflogenheit, die auf sozialdemokratischer Seite erst in den 60er Jahren durch Willy Brandt wieder aufgenommen worden ist.[8]

---

schen Bundespräsident Richard von Weizsäcker und Bundeskanzler Helmut Kohl vom August 1991, abgedruckt in E. Kuhn: Einigkeit, S. 147). Ebenfalls in Form eines Briefwechsels hatten 1952 die Amtsvorgänger Heuss und Adenauer das gesamte Deutschlandlied zur bundesrepublikanischen Hymne bestimmt, allerdings sollte bei offiziellen Anlässen die dritte Strophe gesungen werden. Diese Hervorhebung ging auf Friedrich Eberts Proklamation von 1922 zurück. In den 80er Jahren gab es unter westdeutschen Juristen eine Diskussion über die Rechtswirksamkeit einer solchen Symbolsetzung, ohne dass die Frage abschließend geklärt werden konnte; Klaus Hümmerich/Klaus Beucher: Keine Hymne ohne Gesetz. Zu den staatsrechtlichen Anforderungen an die Setzung des Symbols Nationalhymne, in: Neue Juristische Wochenschrift 40 (1987), S. 3227-3232; Markus Hellenthal: Kein Gesetzesvorbehalt für Nationalhymne! Bemerkungen zur Nationalhymne der Bundesrepublik Deutschland und ihrer rechtswirksamen Bestimmung durch den Bundespräsidenten, in: ebd. 41 (1988), S. 1294-1302; Günter Spendel: Zum Deutschland-Lied als Nationalhymne, in: Juristen-Zeitung 43 (1988), S. 744-749.
8 Willy Brandt: Mit Herz und Hand. Ein Mann in der Bewährung, Hannover 1962, S. 150, 163, 193. Die Redensammlung zitiert das Deutschlandlied schon im Titel.

Was bei der Nationalhymne durch Neuinterpretation gelang, blieb bei anderen Symbolkomplexen, die nicht eindeutig republikanisch zu deuten waren, in Ansätzen stecken. Dies steht auf der Passivseite der sozialdemokratischen Symbolpolitik in der Weimarer Republik. Indem die SPD darauf verzichtete, etwa die symbolischen Nachwirkungen des Weltkrieges oder auch historische Persönlichkeiten wie Friedrich den Großen für die Republik zu vereinnahmen und zu internalisieren, überließ sie die Deutungsmacht zu häufig den antirepublikanischen Kräften. Zwar wandte man sich dem *Alten Fritz* in gewissem Umfang zu, allerdings wurde er nicht als Option für republikanische Werbung verstanden, und mit Briefmarkenboykotten gab man sich eher der Lächerlichkeit preis. Fridericus und Bismarck blieben antirepublikanisch besetzt, was nicht zuletzt die starke Inanspruchnahme durch den Nationalsozialismus unterstreicht. Auch dem aggressiven Kampf der Antirepublikaner um die Deutungsmacht des Weltkrieges hat die Weimarer Sozialdemokratie nicht ausreichend entgegenwirken können. Zwar gab es mit dem Kult um Ludwig Frank oder der Beteiligung am Reichsehrenmal-Projekt entsprechende Ansätze, aber nicht selten stand die SPD diesem hoch emotionalen Thema der Nachkriegsgesellschaft ratlos und schweigend gegenüber. Der Demokratisierungseffekt des Fronterlebnisses ließ sich nicht in ausreichendem Maße in den republikanischen Alltag tragen. Dort sah sich die Partei nicht nur zum Schweigen gezwungen, sondern fand sich zuweilen sogar ohne positives Symbol wieder, so im Reichspräsidentenwahlkampf von 1932. Die Präferenz für Hindenburg wurde zwar republikanisch legitimiert, indes war der Generalfeldmarschall eben *auch* und vor allem ein Symbol für den Weltkrieg, der in der Republik real und symbolisch das Maß aller Dinge blieb. Für Hindenburg konnten die Sozialdemokraten mit keiner ihrer beiden Fahnenoptionen, schwarz-rot-gold oder rot, glaubhaft werben. Dieses Symboldilemma versinnbildlicht das allgemeine politische Dilemma, in das die deutsche SPD nach dem Sturz ihres letzten Reichskanzlers Hermann Müller-Franken 1930 angesichts der parlamentarisch nicht gedeckten Brüningschen Präsidialregierungen geraten war. Im Augenblick der NS-Machtübernahme waren dann alle republikanischen Versuche, die nationalen Symbole zur Integration in den demokratischen Staat zu nutzen, längst hinfällig. Symbolgeschichtlich hatte die Republik schon vor dem 30. Januar 1933 aufgehört zu existieren. Mit einem Federstrich wurden nun auch seine Zeichen beseitigt. Einzig das „Deutschland über alles" blieb, und zu seinem Gesang hisste man zwölf Jahre lang die Hakenkreuzflagge.

Indes liegen Niederlage und Sieg der deutschen Sozialdemokratie eng beisammen. Vordergründig muss man ihre symbolischen Bemühungen vor 1933 als gescheitert erachten. Als ein langfristiger Erfolg ist dagegen zu werten, dass das von der Weimarer Sozialdemokratie vorgetragene Nationsverständnis und ihre konsequente Haltung zugunsten der republikanischen Staatsform Allgemeingut der Bundesrepublik Deutschland geworden sind, was man nicht zuletzt an den Symbolen ablesen kann. „Ich liebe die, welche nicht zu leben wissen", lässt Friedrich Nietzsche den weisen Propheten *Zarathustra* sagen, „es sei denn als Untergehende, denn es sind die Hinübergehenden."[9] Die zentralen republikanischen Nationalsymbole von Weimar, Nationalfarben und Hymne, gingen 1933 zwar zunächst unter oder wurden zumindest tendenziös verfälscht, jedoch gingen sie sozusagen hinüber in die Bundesrepublik Deutschland und wirken damit bis in die Gegenwart hinein. Schwarz-rot-gold und der Gesang von „Einigkeit und Recht und Freiheit", die Kennzeichen der Bonner Republik sind nun weitergewandert nach Berlin, wo Vergangenheit und Zukunft symbolisch aufeinandertreffen.

---

9 Friedrich Nietzsche: Also sprach Zarathustra. Ein Buch für Alle und Keinen, Stuttgart 1993 [zuerst 1883-1885], S. 8.

Quellen- und Literaturverzeichnis

Ungedruckte Quellen

Archiv der sozialen Demokratie, Bonn (AdsD)
– Nachlass Emil Barth
– Nachlass Artur Crispien
– Nachlass Wilhelm Dittmann
– Nachlass Friedrich Ebert
– Nachlass Felix Fechenbach
– Nachlass Karl Höltermann
– Nachlass Otto Hörsing
– Nachlass Paul Levi
– Nachlass Hermann Müller-Franken
– Nachlass Gustav Noske
– Nachlass Philipp Scheidemann
– Nachlass Carl Severing
– Nachlass Heinz Umrath

Bundesarchiv, Koblenz (BArchKo)
– Nachlass Arnold Brecht (N/1089)
– Nachlass Eduard David (N/1027)
– Nachlass Otto Landsberg (Kl.Erw.328-4).
– Nachlass Gustav Noske (N/1046)
– Nachlass August Winnig (Kl.Erw.470)
– Akten des Reichsbanners Schwarz-Rot-Gold, Ortsgruppe Hannover, bzw. der Eisernen Front, Kampfleitung Hannover 1924-1932 (Kl.Erw.320)
– Grzesinski, Albert: Im Kampf um die deutsche Republik. Lebensweg eines heute Staatenlosen (Kl.Erw.144)
– Heine, Wolfgang: Politische Aufzeichnungen/Erinnerungen (Kl.Erw.371-9)
– Zeitgeschichtliche Sammlungen (ZSg.)

Bundesarchiv, Berlin (BArchBln)
– Büro des Reichspräsidenten (R 54)
– Reichskanzlei (R 43)
– Reichsministerium des Innern (R 15.01)
– Reichskunstwart (R 32)

Geheimes Staatsarchiv Preußischer Kulturbesitz, Berlin (GStA PK)
– Preußisches Staatsministerium (I.HA Rep.90)
– Preußisches Innenministerium (I.HA Rep.77)
– Nachlass Konrad Haenisch (I.HA Rep.92)
– Nachlass Otto Braun (I.HA Rep.92)
– Nachlass August Winnig (XX.HA Staatsarchiv Königsberg Rep.300)

Hessisches Staatsarchiv, Darmstadt (HStAD)
− Nachlass Carlo Mierendorff
− R2 (Plakatsammlung)
− R13/1 (Unterlagen zur Reichspräsidentenwahl 1925)
− R13/2 (Unterlagen zu Reichstagswahlen)

Hessische Landes- und Hochschulbibliothek, Darmstadt (HLHB)
− Kartensammlung, plak.11

Universitätsbibliothek, Heidelberg (UBHd)
− Nachlass Gustav Radbruch

Zeitungen und Zeitschriften

Alldeutsche Blätter
Berliner Lokal-Anzeiger
Berliner Tageblatt
Berliner Volkszeitung
Berliner Zeitung
Die Rote Fahne
Die Weltbühne
Die Zeit
Frankfurter Allgemeine Zeitung
Frankfurter Zeitung
Leipziger Volkszeitung
Neue Preußische Zeitung (Kreuz-Zeitung)
Oldenburgische Landeszeitung
Das Reichsbanner
Schleswig-Holsteinische Volks-Zeitung
Sozialdemokratische Parteikorrespondenz
Sozialistische Monatshefte
Süddeutsche Zeitung
Völkischer Beobachter
Vorwärts
Vossische Zeitung
Westfälische Neueste Nachrichten

Gedruckte Quellen und Literatur

Achten, Udo: Illustrierte Geschichte des 1. Mai, Oberhausen 1979.
− (Hg.): Zum Lichte empor. Mai-Festzeitungen der Sozialdemokratie 1891-1914, Berlin/Bonn 1980.
− (Hg.): Lachen links. Das republikanische Witzblatt 1924 bis 1927, Berlin/Bonn 1985.
−: Wenn ihr nur einig seid. Texte, Bilder und Lieder zum 1. Mai, Köln 1990.

Ackermann, Volker: Nationale Totenfeiern in Deutschland. Von Wilhelm I. bis Franz Josef Strauß. Eine Studie zur politischen Semiotik (Sprache und Geschichte, hg. von Reinhart Koselleck/Karlheinz Stierle, Bd.15), Stuttgart 1990.

–: Staatsbegräbnisse in Deutschland von Wilhelm I. bis Willy Brandt, in: Étienne François u.a. (Hg.): Nation und Emotion. Deutschland und Frankreich im Vergleich. 19. und 20. Jahrhundert (Kritische Studien zur Geschichtswissenschaft, hg. von Helmut Berding u.a., Bd.110), Göttingen 1995, S. 252-273.

Adamek, Karl: Politisches Lied heute. Zur Soziologie des Singens von Arbeiterliedern. Empirischer Beitrag mit Bildern und Noten (Schriften des Fritz-Hüser-Instituts für deutsche und ausländische Arbeiterliteratur der Stadt Dortmund, hg. von Rainer Noltenius, Reihe 2/Bd.4), Essen 1987.

Akten der Reichskanzlei [AdR]. Weimarer Republik. Hg. für die Historische Kommission bei der Bayerischen Akademie der Wissenschaften von Karl Dietrich Erdmann, für das Bundesarchiv von Hans Booms. 23 Bde, Boppard a.Rh. 1973-1990.

Albrecht, Richard: Symbolkampf in Deutschland 1932: Sergej Tschachotin und der „Symbolkrieg" der Drei Pfeile gegen den Nationalsozialismus als Episode im Abwehrkampf der Arbeiterbewegung gegen den Faschismus in Deutschland, in: Internationale wissenschaftliche Korrespondenz zur Geschichte der deutschen Arbeiterbewegung 22 (1986), S. 498-533.

–: Der militante Sozialdemokrat. Carlo Mierendorff 1897 bis 1943. Eine Biografie (Internationale Bibliothek, Bd.128), Berlin/Bonn 1987.

Alexander, Thomas: Carl Severing. Sozialdemokrat aus Westfalen mit preußischen Tugenden, Bielefeld 1992.

Alings, Reinhard: Monument und Nation. Das Bild vom Nationalstaat im Medium Denkmal – zum Verhältnis von Nation und Staat im deutschen Kaiserreich 1871-1918 (Beiträge zur Kommunikationsgeschichte, hg. von Bernd Sösemann, Bd.4), Berlin/New York 1996.

Amlung, Ulrich u.a.: „von jetzt an geht es nur noch aufwärts: entweder an die Macht oder an den Galgen!" Carlo Mierendorff (1897-1943). Schriftsteller, Politiker, Widerstandskämpfer [Begleitbuch zur gleichnamigen Ausstellung des Stadtarchivs Darmstadt 1997], Marburg 1997.

Amos, Heike: Auferstanden aus Ruinen ... Die Nationalhymne der DDR 1949 bis 1990, Berlin 1997.

Anpassung oder Widerstand? Aus den Akten des Parteivorstands der deutschen Sozialdemokratie 1932/33. Hg. und bearb. von Hagen Schulze (Archiv für Sozialgeschichte, Beiheft 4), Bonn-Bad Godesberg 1975.

Anregungen und Unterlagen für eine Friedrich-Ebert-Feier. Hg. vom Parteivorstand der SPD, Presse und Propaganda (Sonderausgabe zu Ausgabe 30 „Der SPD-Redner"), o.O. o.J. [Bonn 1950].

Anschütz, Gerhard: Die Verfassung des Deutschen Reichs vom 11. August 1919. Ein Kommentar für Wissenschaft und Praxis. Dritte Bearbeitung, Berlin [13]1930.

Apelt, Willbalt: Geschichte der Weimarer Verfassung, München/Berlin [2]1964.

Arbeiterbewegung und Klassik. Ausstellung im Goethe- und Schiller-Archiv der Nationalen Forschungs- und Gedenkstätten der klassischen deutschen Literatur in Weimar 1964-1966, Weimar 1964.

Arbeiterjugendbewegung in Frankfurt 1904-1945. Material zu einer verschütteten Kulturgeschichte, in: 100 Jahre Historisches Museum Frankfurt am Main 1878 bis 1978. Drei Ausstellungen zum Jubiläum (Kleine Schriften des Historischen Museums, Bd.12), Frankfurt a.M. 1978.

Arndt, Jürgen: Ein Signet des Kreisauer Kreises, in: Moltke Almanach 1 (1984), S. 188-191.

Arndt, Karl: Die NSDAP und ihre Denkmäler. Oder: Das NS-Regime und seine Denkmäler, in: Ekkehard Mai/Gisela Schmirber (Hg.): Denkmal-Zeichen-Monument. Skulptur und öffentlicher Raum heute, München 1989, S. 69-81.

Arnold, Friedrich (Hg.): Anschläge. Politische Plakate in Deutschland 1900-1970. 166 Blätter in den Druck- und Papierfarben der Originale, Ebenhausen bei München 1972.

Arnold, Paul u.a.: Großer deutscher Münzkatalog. Von 1800 bis heute, Augsburg ^{11}1991.

Artinger, Kai (Hg.): Die Grundrechte im Spiegel des Plakats. 1919 bis 1999. Mit Beiträgen von Klaus Adomeit u.a., Berlin 2000.

Asmus, Helmut (Hg.): Studentische Burschenschaften und bürgerliche Umwälzung. Zum 175. Jahrestag des Wartburgfestes, Berlin 1992.

–: Das Wartburgfest. Studentische Reformbewegungen 1770-1819, Magdeburg 1995.

Assion, Peter: Ohne Symbole schwach? Arbeiterbewegung, Symboltraditionen und Massendemokratie, in: Wolfgang Kaschuba u.a. (Hg.): Arbeiterkultur seit 1945 – Ende oder Veränderung? Tübingen 1991, S. 275-290.

Aufbruch zur Demokratie. Die Anfänge der Weimarer Republik und die Reichsverfassung von 1919. Eine Ausstellung des Bundesarchivs, Koblenz ^{2}1995.

Azaryahu, Maoz: What is to be remembered: The struggle over street names in Berlin, 1921-1930, in: Tel Aviver Jahrbuch für deutsche Geschichte 17 (1988), S. 241-258.

–: Von Wilhelmplatz zu Thälmannplatz. Politische Symbole im öffentlichen Leben der DDR (Schriftenreihe des Instituts für Deutsche Geschichte – Universität Tel Aviv, hg. von Shulamit Volkow/Frank Stern, Bd.13), Gerlingen 1991.

Bald, Albrecht: Deutsche Nationalversammlung 1919 nach Bayreuth? in: Archiv für Geschichte von Oberfranken 78 (1998), S. 377-380.

Balistier, Thomas: Gewalt und Ordnung. Kalkül und Faszination der SA, Münster 1989.

Barbaud, Pierre: Joseph Haydn in Selbstzeugnissen und Bilddokumenten, Reinbek 1960.

Bartels, Paul: Die deutschen Reichsfarben. Ein Beitrag zu der Frage der Einheits-Flagge, Hannover 1926.

Becker, Heinrich: Zwischen Wahn und Wahrheit. Autobiographie, Berlin 1972.

Behrenbeck, Sabine: Heldenkult oder Friedensmahnung? Kriegerdenkmale nach beiden Weltkriegen, in: Gottfried Niedhart/Dieter Riesenberger (Hg.): Lernen aus dem Krieg? Deutsche Nachkriegszeiten 1918 und 1945. Beiträge zur historischen Friedensforschung, München 1992, S. 344-364.

–: Der Kult um die toten Helden. Nationalsozialistische Mythen, Riten und Symbole 1923 bis 1945 (Kölner Beiträge zur Nationsforschung, hg. von Otto Dann u.a., Bd.2), Vierow bei Greifswald 1996.

Bendikat, Elfi/Lehnert, Detlef: „Schwarzweißrot gegen Schwarzrotgold". Identifikation und Abgrenzung politischer Teilkulturen im Reichstagswahlkampf des Frühjahrs 1924, in: Detlef Lehnert/Klaus Megerle (Hg.), Politische Teilkulturen zwischen Integration und Polarisierung. Zur politischen Kultur in der Weimarer Republik, Opladen 1990, S. 102-142.

Benz, Wolfgang: Die Klassiker als Nothelfer. Die Weimarer Republik in Weimar und Berlin, in: Uwe Schultz (Hg.): Die Hauptstädte der Deutschen. Von der Kaiserpfalz in Aachen zum Regierungssitz Berlin, München 1993, S. 194-204.

–/Graml, Hermann (Hg.): Biographisches Lexikon zur Weimarer Republik, München 1988.

Berding, Helmut: Staatliche Identität, nationale Integration und politischer Regionalismus, in: Blätter für deutsche Landesgeschichte 121 (1985), S. 371-392.

Berlin 1929. Festschrift zur Bundes-Verfassungsfeier Reichsbanner Schwarz-Rot-Gold 9.-11. August, o.O. o.J. [1929].

Bernstein, Eduard: Die deutsche Revolution – ihr Ursprung, ihr Verlauf und ihr Werk. 1. Band: Geschichte der Entstehung und ersten Arbeitsperiode der deutschen Republik, Berlin-Fichtenau 1921.

Bessel, Richard: Die Heimkehr der Soldaten: Das Bild der Frontsoldaten in der Öffentlichkeit der Weimarer Republik, in: Gerhard Hirschfeld u.a. (Hg.): Keiner fühlt sich hier mehr als Mensch ... Erlebnis und Wirkung des Ersten Weltkriegs (Schriften der Bibliothek für Zeitgeschichte. NF, hg. von Gerhard Hirschfeld, Bd.1), Essen 1993, S. 221-239.

Besson, Waldemar: Friedrich Ebert. Verdienst und Grenze (Persönlichkeit und Geschichte, hg. von Günther Franz, Bd.30), Göttingen usw. 1963.

Bieder, Theobald: Das Hakenkreuz. Mit 5 Bildtafeln, Leipzig/Berlin 1921.

Birkenfeld, Wolfgang: Der Rufmord am Reichspräsidenten. Zu Grenzformen des politischen Kampfes gegen die frühe Weimarer Republik 1919-1925, in: Archiv für Sozialgeschichte 5 (1965), S. 453-500.

Bismarcks Sturz. Zur Rolle der Klassen in der Endphase des preußisch-deutschen Bonapartismus 1884/85 bis 1890. Von einem Kollektiv unter Leitung von Gustav Seeber (Akademie der Wissenschaften der DDR/Schriften des Zentralinstituts für Geschichte, Bd.52), Berlin 1977.

Blessing, Werner K.: Der monarchische Kult, politische Loyalität und die Arbeiterbewegung im deutschen Kaiserreich, in: Gerhard A. Ritter (Hg.): Arbeiterkultur. Überarbeitete dt. Ausgabe des Heftes „Workers' Culture" des Journal of Contemporary History Bd.13/2, April 1978, hg. von Walter Laqueur/George L. Mosse (Neue Wissenschaftliche Bibliothek, Bd.104, Geschichte), Königstein i.Ts. 1979, S. 185-208.

Bloch, Marlene: Die Verfassungsfeiern in Hannover 1922-1932, in: Hans-Dieter Schmid (Hg.): Feste und Feiern in Hannover (Hannoversche Schriften zur Regional- und Lokalgeschichte, hg. von Cord Meckseper u.a., Bd.10), Bielefeld 1995, S. 213-230.

Blos, Wilhelm: Denkwürdigkeiten eines Sozialdemokraten. Zwei Bde, München 1914/19.

Boldt, Hans: Die Weimarer Reichsverfassung, in: Karl Dietrich Bracher u.a. (Hg.): Die Weimarer Republik 1918-1933. Politik-Wirtschaft-Gesellschaft (Studien zur Geschichte und Politik. Schriftenreihe der Bundeszentrale für politische Bildung, Bd.251), Bonn ²1988, S. 44-62.

Boldt, Werner: Pazifisten und Arbeiterbewegung. Der Berliner Blutmai, in: Gerhard Kraiker/Dirk Grathoff (Hg.): Carl von Ossietzky und die politische Kultur der Weimarer Republik. Symposion zum 100. Geburtstag (Schriftenreihe des Fritz Küster-Archivs, hg. von Stefan Appelius/Gerhard Kraiker), Oldenburg 1991, S. 177-223.

Bouvier, Beatrix W.: Die Märzfeiern der sozialdemokratischen Arbeiter: Gedenktage des Proletariats – Gedenktage der Revolution. Zur Geschichte des 18. März, in: Dieter Düding u.a. (Hg.): Öffentliche Festkultur. Politische Feste in Deutschland von der Aufklärung bis zum Ersten Weltkrieg, Reinbek 1988, S. 334-351.

–: Zur Tradition von 1848 im Sozialismus, in: Dieter Dowe u.a. (Hg.): Europa 1848. Revolution und Reform (Forschungsinstitut der Friedrich-Ebert-Stiftung/Reihe Politik- und Gesellschaftsgeschichte, hg. von Dieter Dowe/Michael Schneider, Bd.48), Bonn 1998, S. 1169-1200.

Bowlby, Chris: Blutmai 1929: Police, Parties and Proletarians in a Berlin Confrontation, in: The Historical Journal 29 (1986), S. 137-158.

Bracher, Karl Dietrich: Die Auflösung der Weimarer Republik. Eine Studie zum Problem des Machtverfalls in der Demokratie (Schriften des Instituts für politische Wissenschaft, hg. von Otto Stammer, Bd.4), Villingen/Schwarzwald ³1960.
Brandt, Willy: Mit Herz und Hand. Ein Mann in der Bewährung, Hannover 1962.
–: Links und frei. Mein Weg 1930-1950, Hamburg 1982.
Braun, Otto: Von Weimar zu Hitler, New York ²1940.
Brauneck, Manfred (Hg.): Die Rote Fahne. Kritik, Theorie, Feuilleton 1918-1933, München 1973.
Brecht, Arnold: Vorspiel zum Schweigen. Das Ende der deutschen Republik, Wien 1948.
–: Walther Rathenau und das deutsche Volk, München 1950.
–: Aus nächster Nähe. Lebenserinnerungen 1884-1927, Stuttgart 1966.
–: Mit der Kraft des Geistes. Lebenserinnerungen. Zweite Hälfte 1927-1967, Stuttgart 1967.
Bredt, Johannes Victor: Der Geist der Deutschen Reichsverfassung, Berlin 1924.
–: Erinnerungen und Dokumente 1914 bis 1933. Bearb. von Martin Schumacher (Quellen zur Geschichte des Parlamentarismus und der politischen Parteien. 3.Reihe: Weimarer Republik. Hg. von Karl Dietrich Bracher u.a., Bd.1), Düsseldorf 1970.
Breitenborn, Konrad: Bismarck. Kult und Kitsch um den Reichsgründer. Aus den Beständen des früheren Bismarck-Museums in Schönhausen (Elbe) und dem Archiv der ehemaligen Stendaler Bismarck-Gesellschaft, Frankfurt a.M. 1990.
Bröger, Karl: Deutsche Republik. Betrachtung und Bekenntnis zum Werke von Weimar (Schriften zur Zeit, hg. von August Rathmann/Franz Osterroth), Berlin o.J. [1926].
Brüning, Heinrich: Memoiren 1918-1934, Stuttgart 1970.
Bucher, Peter: Die Errichtung des Reichsehrenmals nach dem ersten Weltkrieg, in: Jahrbuch für westdeutsche Landesgeschichte 7 (1981), S. 359-386.
Buchner, Bernd: Zur Funktion von Symbolen in der deutschen Arbeiterbewegung, in: Diethelm Class (Hg.): Gesellschaft und Individuum. Beiträge anlässlich einer Tagung von Doktorandenstipendiaten der Friedrich-Ebert-Stiftung in Bonn vom 20.-24. Oktober 1997, S. 98-104.
Buchner, Max: Schwarz-Rot-Gold und Schwarz-Weiß-Rot in Vergangenheit und Gegenwart. Betrachtungen über den Werdegang und Stand der „Deutschen Frage", München 1924.
Buchwitz, Otto: 50 Jahre Funktionär der deutschen Arbeiterbewegung, Berlin 1949.
Bühler, Ottmar: Die Reichsverfassung vom 11. August 1919. Mit Einleitung, Erläuterungen und Gesamtbeurteilung nebst einem Anhang enthaltend den Wortlaut der Geschäftsordnungen für den Reichstag und für die Reichsregierung (Aus Natur und Geisteswelt. Sammlung wissenschaftlich-gemeinverständlicher Darstellungen, Bd. 1004), Leipzig/Berlin ²1927.
Bundesverfassungsfeier des Reichsbanners Schwarz-Rot-Gold vom 11. bis 13. August 1928. Frankfurt a.M. 1848-1928. 80 Jahre [Festschrift], Frankfurt a.M. o.J. [1928].
Busch, Moritz: Tagebuchblätter. Erster Band: Graf Bismarck und seine Leute während des Krieges mit Frankreich 1870-1871 bis zur Beschießung von Paris, Leipzig 1899.
Busch, Otto: Schwarz-Rot-Gold. Die Farben der Bundesrepublik Deutschland. Ihre Tradition und Bedeutung, Frankfurt a.M./Offenbach ²1954.
–: 125 Jahre – „Deutschland, Deutschland über alles" – 1841-1966: über ein Jahrhundert Diskussion und Polemik um das Deutschlandlied (Sonderreihe aus „gestern und heute", Nr. 21), München 1966.
Buschkiel, Ludwig: Die deutschen Farben von ihren Anfängen bis zum Ende des zweiten Kaiserreiches, Weimar 1935.

Callessen, Gerd/Hemmersam, Flemming: Zur Geschichte des 1. Mai, in: Archiv für Sozialgeschichte 22 (1982), S. 544-555.

Carsten, Francis L.: Revolution in Mitteleuropa 1918-1919, Köln 1973.

Chickering, Roger Philip: The Reichsbanner and the Weimar Republic, 1924-26, in: The Journal of Modern History 40 (1968), S. 524-534.

Christoph, Jürgen: Die politischen Reichsamnestien 1918-1933 (Rechtshistorische Reihe, hg. von H.-J. Becker u.a., Bd. 57), Frankfurt a.M. usw. 1988.

Clark, Jon: Bruno Schönlank und die Arbeitersprechchorbewegung (Schriften des Fritz-Hüser-Instituts für deutsche und ausländische Arbeiterliteratur der Stadt Dortmund, Reihe 2/Bd. 2), Köln 1984.

Conze, Werner/Groh, Dieter: Die Arbeiterbewegung in der nationalen Bewegung. Die deutsche Sozialdemokratie vor, während und nach der Reichsgründung (Industrielle Welt. Schriftenreihe des Arbeitskreises für moderne Sozialgeschichte, hg. von Werner Conze, Bd. 6), Stuttgart 1966.

Curtius, Julius: Sechs Jahre Minister der Deutschen Republik, Heidelberg 1948.

Dähnhardt, Dirk: Revolution in Kiel. Der Übergang vom Kaiserreich zur Weimarer Republik 1918/19 (Mitteilungen der Gesellschaft für Kieler Stadtgeschichte, hg. von Jürgen Jensen, Bd.64), Neumünster 1978.

Dann, Otto: Nation und Nationalismus in Deutschland. 1770-1990, München ³1996.

Das Jungbanner. Jugendpflege im Reichsbanner Schwarz-Rot-Gold, Magdeburg o.J. [ca. 1926].

Das politische Plakat. Hg. in amtlichem Auftrage, Charlottenburg 1919.

Das Reichsbanner Schwarz Rot Gold. Beiträge von Paul Löbe u.a., Berlin o.J. [1924].

Das Reichsbanner und Potsdam. Hg. von der Ortsgruppe Potsdam des Reichsbanners Schwarz-Rot-Gold, Rehbrücke bei Potsdam o.J. [1924].

Das Sozialistengesetz. 1878-21. Oktober-1928. Jubiläums-Festschrift, o.O. o.J. [1928].

Das Völkerschlachtdenkmal in Leipzig. Der „Deutsche Patriotenbund", das Denkmal, seine Entstehung und seine Eigenart. Auf Grund urkundlicher Quellen im Auftrage des „Deutschen Patriotenbundes" neu bearbeitet von Reinhold Bachmann, Leipzig o.J. [1913].

David, Eduard: Um die Fahne der Deutschen Republik! Ihre Bedeutung in Geschichte und Gegenwart, Stuttgart/Berlin 1921.

–: Um die Fahne der Deutschen Republik. Ihre Bedeutung in Geschichte und Gegenwart. Gänzlich neu bearbeitete Auflage, Hannover 1926.

Dede, Klaus: Die missbrauchte Hymne. Ein Plädoyer, Oldenburg 1989.

Deimling, Bernhard von/Lorenz, Paul: Schwarz-Rot-Gold. Zwei Reden zum Verfassungstage (Kulturwille. Kleine Flugschriften, H.7), Leipzig/Wien o.J. [1924].

Der deutsche Adler. Funktionen eines politischen Symbols [Ausstellung und Katalog: Reiner Diederich u.a.], Frankfurt a.M. 1973.

Der fünfte Jahrestag der Deutschen Reichsverfassung. Aufmarsch des Reichsbanners Schwarz-Rot-Gold am Verfassungstage 1924. Hg. von Wilhelm Kindermann, Jena o.J. [1924].

Der Reichsehrenhain. Hg. von der Stiftung Reichsehrenmal, Berlin 1931.

Der Schatz des Drachentödters. Materialien zur Wirkungsgeschichte des Nibelungenliedes. Zusammengestellt und kommentiert von Werner Wunderlich (Literaturwissenschaft-Gesellschaftswissenschaft, hg. von Theo Buck/Dietrich Steinbach, Bd. 30), Stuttgart 1977.

Dessauer, Friedrich u.a.: Wie erziehen wir republikanische Menschen? (Republikanische Erziehung. Schriftenreihe, hg. von Ludwig Hüter, H. 1), Langensalza usw. 1929.

Deuerlein, Ernst (Hg.): Der Hitler-Putsch. Bayerische Dokumente zum 8./9. November 1923 (Quellen und Darstellungen zur Zeitgeschichte, Bd. 9), Stuttgart 1962.

Deutsche Arbeiterdichtung 1910-1933. Hg. von Günter Heintz, Stuttgart 1974.

Deutsche Einheit. Deutsche Freiheit. Gedenkbuch der Reichsregierung zum 10. Verfassungstag 11. August 1929, Berlin 1929.

Deutscher Geschichtskalender für 1895. Bd. 2, Leipzig 1896.

Dieckmann, Friedrich: Deutsche Hymnen, in: ders.: Glockenläuten und offene Fragen. Berichte und Diagnosen aus dem anderen Deutschland, Frankfurt a.M. 1991, S. 148-163.

Diederich, Reiner u.a.: Die rote Gefahr. Antisozialistische Bildagitation 1918-1976, Berlin 1976.

Die deutschen Universitäten und der heutige Staat. Referate erstattet auf der Weimarer Tagung deutscher Hochschullehrer am 23. und 24. April 1926 von Wilhelm Kahl, Friedrich Meinecke, Gustav Radbruch (Recht und Staat in Geschichte und Gegenwart. Eine Sammlung von Vorträgen und Schriften aus dem Gebiet der gesamten Staatswissenschaften, Nr. 44), Tübingen 1926.

Die deutsche Revolutionslyrik. Eine geschichtliche Auswahl mit Einführung und Anmerkungen von Julius Bab, Wien/Leipzig 1919.

Die Geschichte von Schwarz-Rot-Gold. Beiträge zur deutschen Flaggenfrage, Berlin 1922.

Diehl, August: Das Reichsehrenmal. Ein Prüfstein und Wahrzeichen deutscher Kultur im Dritten Reich, Halle/Saale 1933.

Die Regierung der Volksbeauftragten 1918/19 [RdV]. Zwei Teile. Eingel. von Erich Matthias. Bearb. von Susanne Miller unter Mitw. von Heinrich Potthoff (Quellen zur Geschichte des Parlamentarismus und der politischen Parteien. 1. Reihe: Von der konstitutionellen Monarchie zur parlamentarischen Republik. Hg. von Werner Conze/Erich Matthias, Bde 6/I u. 6/II), Düsseldorf 1969.

Die Sozialdemokratie im Reichstage 1925. Bericht über die Tätigkeit der sozialdemokratischen Reichstagsfraktion von Januar bis August 1925. Hg. vom Parteivorstand der SPD, Berlin o.J. [1925].

Die Sozialdemokratie im Wahlkampf 1928. Eine Zusammenstellung der Wahlarbeit. Hg. vom Parteivorstand der SPD, o.O. o.J. [Berlin 1928].

Die SPD-Fraktion in der Nationalversammlung 1919-1920. Eingeleitet von Heinrich Potthoff. Bearb. von dems./Hermann Weber (Quellen zur Geschichte des Parlamentarismus und der politischen Parteien. 3. Reihe: Die Weimarer Republik. Hg. von Karl Dietrich Bracher/Rudolf Morsey, Bd.7), Düsseldorf 1986.

Dithmar, Reinhard (Hg.): Der Langemarck-Mythos in Dichtung und Unterricht, Neuwied usw. 1992.

Dohna, Alexander Graf zu: Die staatlichen Symbole und der Schutz der Republik, in: Gerhard Anschütz/Richard Thoma (Hg.): Handbuch des Deutschen Staatsrechts. Erster Band (Das Öffentliche Recht der Gegenwart, Bd. 28), Tübingen 1928, S. 200-208.

Dollinger, Hans: Friedrich II. von Preußen. Sein Bild im Wandel von zwei Jahrhunderten, Bindlach 1995 [zuerst München 1986].

Domizlaff, Hans: Propagandamittel der Staatsidee, Altona-Othmarschen 1932.

Dörner, Andreas: Politischer Mythos und symbolische Politik. Der Hermannmythos: zur Entstehung des Nationalbewusstseins der Deutschen, Reinbek 1996.

Dorpalen, Andreas: Hindenburg in der Geschichte der Weimarer Republik, Berlin/Frankfurt a.M. 1966.

Dorrmann, Michael: Das Bismarck-Nationaldenkmal am Rhein. Ein Beitrag zur Geschichtskultur des Deutschen Reiches, in: Zeitschrift für Geschichtswissenschaft 44 (1996), S. 1061-1087.
Doß, Kurt: Reichsminister Adolf Köster 1883-1930. Ein Leben für die Weimarer Republik, Düsseldorf 1978.
Drabkin, J.S.: Die Novemberrevolution in Deutschland, Berlin 1968.
Dreysse, Wilhelm: Langemarck 1914. Der heldische Opfergang der Deutschen Jugend, Minden i.W. usw. o.J. [1934].
Duesterberg [,Theodor]: Das Reichsehrenmal im Walde südlich Bad Berka. Gedanken und Anregungen für die Ausgestaltung, Halle/Saale o.J. [³1931].

Ebert, Friedrich: Kämpfe und Ziele. Mit einem Anhang: Erinnerungen von seinen Freunden, Dresden o.J. [1926].
–: Schriften, Aufzeichnungen, Reden. Mit unveröffentlichten Erinnerungen aus dem Nachlass, 16 Bildern und einem Lebensbild von Paul Kampffmeyer. Hg. von Friedrich Ebert jun. 2 Bde, Dresden 1926.
Edelman, Murray: Politik als Ritual. Die symbolische Funktion staatlicher Institutionen und politischen Handelns, Frankfurt a.M./New York 1976.
Eiserne Front. Vier Aufrufe, o.O. o.J. [1932].
Eisner, Kurt: Zwischen Kapitalismus und Kommunismus. Hg. und mit einer biographischen Einführung versehen von Freya Eisner, Frankfurt a.M. 1996.
Elfferding, Wieland: Der soldatische Mann und die „weiße Frau der Revolution". Faszination und Gewalt am Beispiel des 1. Mai der Nazis, in: 100 Jahre Erster Mai. Beiträge und Projekte zur Geschichte der Maifeiern in Deutschland. Ein Tagungsbericht [Verein zum Studium sozialer Bewegungen], Berlin 1989, S. 43-55.
Emrich, Willi: Reichspräsident Friedrich Ebert und die Stadt Frankfurt am Main, o.O. o.J. [1954].
Endlich, Stefanie: Die Neue Wache 1818-1993. Stationen eines Bauwerks, in: Deutsche Nationaldenkmale 1790-1990. Hg. vom Sekretariat für kulturelle Zusammenarbeit nichttheatertragender Städte und Gemeinden in Nordrhein-Westfalen, Gütersloh, Bielefeld 1993, S. 101-113.
Engelbert, Günther (Hg.): Ein Jahrhundert Hermannsdenkmal 1875-1975. Hg. anlässlich der 100jährigen Wiederkehr der Einweihung des Hermannsdenkmals in Zusammenarbeit mit der Hermannsdenkmal-Stiftung in Detmold (Sonderveröffentlichungen des Naturwissenschaftlichen und Historischen Vereins für das Land Lippe, Bd. 23), Detmold 1975.
Erman, Wilhelm: Schwarzrotgold und Schwarzweißrot. Ein historischer Rückblick (Die Paulskirche, eine Schriftenfolge), Frankfurt a.M. ²1925.
–: Schwarzrotgold im Bauernkrieg? in: Historische Vierteljahrschrift 23 (1926), S. 89-96.
Erste Internationale Arbeiter-Olympiade zu Frankfurt-M. 24. bis 28. Juli 1925. Hg. i.A. des Büros des Internationalen Arbeiter-Verbandes für Sport und Körperkultur, Sitz Belgien und der Zentralkommission für Arbeitersport und Körperpflege, Sitz Berlin, vom Hauptausschuß der 1. Internationalen Arbeiter-Olympiade, Sitz Frankfurt-M [Festbuch], Frankfurt a.M. 1925.
Eschenburg, Theodor: Deutsche Staatssymbole, in: Die Zeit 27.7./3.8.1962.
Everling, Friedrich: Monarchische Frage und Flaggenfrage, in: Max Weiß (Hg.): Der nationale Wille. Werden und Wirken der Deutschnationalen Volkspartei 1918-1928, Berlin 1928, S. 154-166.

Fehrenbach, Elisabeth: Über die Bedeutung der politischen Symbole im Nationalstaat, in: Historische Zeitschrift 213 (1971), S. 296-357.

Feld, Hans: Potsdam gegen Weimar oder Wie Otto Gebühr den Siebenjährigen Krieg gewann, in: Axel Marquardt/Heinz Rathsack (Hg.): Preußen im Film. Eine Retrospektive der Stiftung Deutsche Kinemathek (Preußen. Versuch einer Bilanz. Eine Ausstellung der Berliner Festspiele, Bd. 5), Reinbek 1981, S. 68-73.

Fest, Joachim C.: Hitler. Eine Biographie, Frankfurt a.M. usw. 1973.

Festschrift zum 10. Bayerischen Arbeiter-Sängerbundesfest Nürnberg Pfingsten 1925 verbunden mit Enthüllung der Gedächtnistafel für die im Weltkriege 1914-18 gefallenen Deutschen Arbeitersänger. Hg. i.A. des Hauptfestausschusses vom Presseausschuß, Nürnberg o.J. [1925].

Fisch, Jörg: Geschichte Südafrikas, München 1990.

Fischer, Fritz: Griff nach der Weltmacht. Die Kriegszielpolitik des kaiserlichen Deutschland 1914/18, Düsseldorf ³1964.

Fischer-Baling, Eugen: Der Untersuchungsausschuss für die Schuldfragen des ersten Weltkrieges, in: Alfred Herrmann (Hg.): Aus Geschichte und Politik. Festschrift zum 70. Geburtstag von Ludwig Bergstraesser, Düsseldorf o.J. [1954], S. 117-137.

Flechtheim, Ossip K.: Die KPD in der Weimarer Republik. Mit einer Einleitung von Sigrid Koch-Baumgarten, Hamburg 1986 [zuerst Offenbach 1948].

Frank, Ludwig: Aufsätze, Reden und Briefe. Ausgewählt und eingel. von Hedwig Wachenheim, Berlin o.J. [1924].

Franke, Heinz: Warum Hindenburg? (Kampfschrift. Broschürenreihe der Reichspropaganda-Leitung der NSDAP, H. 7) München o.J. [1932].

Frauendienst, Werner u.a.: Deutsche Geschichte der neuesten Zeit von Bismarcks Entlassung bis zur Gegenwart. 1. Teil: Von 1890 bis 1933 (Handbuch der Deutschen Geschichte, neu hg. von Leo Just, Bd. IV/1), Frankfurt a.M. 1973.

„Freiheit lebet nur im Liede". Das politische Lied in Deutschland. Eine Ausstellung des Bundesarchivs in Verbindung mit dem Deutschen Volksliedarchiv Freiburg, Koblenz ²1995.

Freitag, Werner: Nationale Mythen und kirchliches Heil: Der „Tag von Potsdam", in: Westfälische Forschungen 41 (1991), S. 379-430.

Frenzel, Rainer: Plakat und Politik: Eine vergleichende Analyse der visuellen Darstellungsmuster der politischen Parteien im Reichstagswahlkampf Juli 1932. Schriftliche Hausarbeit für die Diplomprüfung am Fachbereich Politische Wissenschaften der Freien Universität Berlin. Sommersemester 1991 [unveröffentlicht].

Freund, Gisèle: Fotografien zum 1. Mai 1932. Hg. vom Museum für Moderne Kunst, Frankfurt a.M. 1995.

Freund, Michael: Der Gifthauch der Verleumdung. Der erste Reichspräsident der deutschen Republik, Friedrich Ebert, in: Frankfurter Allgemeine Zeitung 27.2.1960.

Fricke, Dieter: Kleine Geschichte des Ersten Mai. Die Maifeier in der deutschen und internationalen Arbeiterbewegung, Frankfurt a.M. 1980.

Friedel, Alois: Die politische Symbolik in der Weimarer Republik, phil. Diss. Marburg 1956.

–: Deutsche Staatssymbole. Herkunft und Bedeutung der politischen Symbolik in Deutschland, Frankfurt a.M./Bonn 1968.

Friedell, Egon: Kulturgeschichte der Neuzeit. Die Krisis der europäischen Seele von der schwarzen Pest bis zum Ersten Weltkrieg. Ungekürzte Ausgabe in zwei Bänden, München 1976 [zuerst München 1927-1931].

Friedrich Ebert 1871-1925. Mit einem einführenden Aufsatz von Peter-Christian Witt. Hg. von der Friedrich-Ebert-Stiftung/Archiv der sozialen Demokratie, Bonn ²1980.
Friedrich Ebert in Schwarzburg. Hg. vom Landkreis Rudolstadt/Thüringen, o.O. o.J. [Rudolstadt 1994].
Friedrich Ebert zum Gedächtnis, Berlin o.J. [1925].
Führ, Christoph: Zur Schulpolitik der Weimarer Republik. Die Zusammenarbeit von Reich und Ländern im Reichsschulausschuss (1919-1923) und im Ausschuss für das Unterrichtswesen (1924-1933). Darstellung und Quellen, Weinheim usw. 1970.
Führer, Karl Christian: Auf dem Weg zur „Massenkultur"? Kino und Rundfunk in der Weimarer Republik, in: Historische Zeitschrift 262 (1996), S. 739-781.
Fünf Jahre Deutsche Reichsverfassung. 1919-Weimar-1924. Hg. i.A. des Reichsbanners Schwarz-Rot-Gold von R.Mund/Wilhelm Kindermann, Jena o.J. [1924].
50 Jahre. Durch Kampf zum Sieg. Eine Festansprache für die Erinnerungsfeier am 21. Oktober 1928. Hg. vom Vorstand der SPD, Berlin o.J. [1928].

Gailus, Manfred: „Seid bereit zum Roten Oktober in Deutschland!" Die Kommunisten, in: Detlef Lehnert/Klaus Megerle (Hg.): Politische Identität und nationale Gedenktage. Zur politischen Kultur in der Weimarer Republik, Opladen 1989, S. 61-88.
Gall, Lothar: Die Germania als Symbol nationaler Identität im 19. und 20. Jahrhundert (Nachrichten der Akademie der Wissenschaften in Göttingen. I. philologisch-historische Klasse, Jahrgang 1993, Nr.2), Göttingen 1993.
Gamm, Hans-Jochen: Der braune Kult. Das Dritte Reich und seine Ersatzreligion. Ein Beitrag zur politischen Bildung, Hamburg 1962.
Gathen, Antonius David: Rolande als Rechtssymbole. Der archäologische Bestand und seine rechtshistorische Deutung (Neue Kölner Rechtswissenschaftliche Abhandlungen, hg. von der Rechtswissenschaftlichen Fakultät der Universität zu Köln, H.14), Berlin 1960.
Gedenkstätten. Arbeiterbewegung-Antifaschistischer Widerstand-Aufbau des Sozialismus. Hg. vom Institut für Denkmalpflege in der DDR, Leipzig usw. ²1974.
Gellinek, Christian: Philipp Scheidemann. Eine biographische Skizze, Köln usw. 1994.
Gerstenberg, Heinrich: Deutschland über alles! Vom Sinn und Werden der deutschen Volkshymne. Mit drei Kunstdrucktafeln und einem Anhang „Das Deutsche Nationallied" von Johann Friedrich Böhmer (1818) (Schriften der Deutschen Akademie, Nr.16), München 1933.
Giovanoli, Friedrich: Die Maifeierbewegung. Ihre wirtschaftlichen und soziologischen Ursprünge und Wirkungen (Sozialwissenschaftliche Abhandlungen, Bd.1), Karlsruhe 1925.
Goebbels, Joseph: Tagebücher 1924-1945. Hg. von Ralf Georg Reuth. 5 Bde, München/Zürich 1992.
Goethes Werke [Weimarer Ausgabe]. Hg. i.A. der Großherzogin Sophie von Sachsen. Bd.49/1, Weimar 1898.
Göldner, Markus: Politische Symbole der europäischen Integration. Fahne, Hymne, Hauptstadt, Pass, Briefmarke, Auszeichnungen (Rechtshistorische Reihe, hg. von H.-J. Becker u.a., Bd. 62), Frankfurt a.M. usw. 1988.
Gollbach, Michael: Die Wiederkehr des Weltkrieges in der Literatur. Zu den Frontromanen der späten Zwanziger Jahre (Theorie-Kritik-Geschichte, Bd. 19), Kronberg i.Ts. 1978.
Görlitz, Walter: Hindenburg. Ein Lebensbild, Bonn 1953.

Gotschlich, Helga: Zwischen Kampf und Kapitulation. Zur Geschichte des Reichsbanners Schwarz-Rot-Gold, Berlin 1987.
Grebing, Helga: Sozialdemokratie und Nation. Zur Geschichte der Diskussion der „nationalen Frage" in der SPD vor und nach 1945, in: Klaus Schönhoven/Dietrich Staritz (Hg.): Sozialismus und Kommunismus im Wandel. Hermann Weber zum 65. Geburtstag, Köln 1993, S. 69-90.
Greve, Uwe: Einigkeit und Recht und Freiheit. Kleine Geschichte des Deutschlandliedes, Hamburg 1982.
Grimme, Adolf: Das neue Volk – Der neue Staat. Sieben Ansprachen, Berlin 1932.
Groh, Dieter: The ‚Unpatriotic Socialists' and the State, in: Journal of Contemporary History 1 (1966), Nr. 4, S. 151-177.
–/Brandt, Peter: „Vaterlandslose Gesellen". Sozialdemokratie und Nation 1860-1990, München 1992.
Grote, Bernd: Der deutsche Michel. Ein Beitrag zur publizistischen Bedeutung der Nationalfiguren (Dortmunder Beiträge zur Zeitungsforschung, hg. von Kurt Koszyk, Bd. 11), Dortmund 1967.
Grünebaum, S.: Ludwig Frank. Ein Beitrag zur Entwicklung der deutschen Sozialdemokratie, Heidelberg 1924.
Grzesinski, Albert: La Tragi-Comédie de la République Allemande. Souvenirs, Paris 1934.
Guben, Berndt: Schwarz, Rot und Gold. Biographie einer Fahne, Berlin/Frankfurt a.M. 1991.
Günther, Ulrich: ... über alles in der Welt? Studien zur Geschichte und Didaktik der deutschen Nationalhymne, Berlin/Neuwied 1966.
Gusy, Christoph: Weimar – die wehrlose Republik? Verfassungsschutzrecht und Verfassungsschutz in der Weimarer Republik (Beiträge zur Rechtsgeschichte des 20. Jahrhunderts, hg. von Knut Wolfgang Nörr u.a., Bd. 6), Tübingen 1991.
–: Die Weimarer Reichsverfassung, Tübingen 1997.

Haenisch, Konrad: Die deutsche Sozialdemokratie in und nach dem Weltkriege, Berlin ⁴1919.
Haffner, Sebastian u.a.: Zwecklegenden. Die SPD und das Scheitern der Arbeiterbewegung, Berlin 1996.
Hagen, Manfred: Das politische Plakat als zeitgeschichtliche Quelle, in: Geschichte und Gesellschaft 4 (1978), S. 412-436.
Hagenlücke, Heinz: Deutsche Vaterlandspartei. Die nationale Rechte am Ende des Kaiserreiches (Beiträge zur Geschichte des Parlamentarismus und der politischen Parteien, Bd. 108), Düsseldorf 1997.
Hahn, Paul: Erinnerungen aus der Revolution in Württemberg. „Der Rote Hahn, eine Revolutionserscheinung", Stuttgart o.J. [ca.1923].
Halbach, Robert (Hg.): Nationaler Totenkult. Die Neue Wache. Eine Streitschrift zur zentralen deutschen Gedenkstätte, Berlin 1995.
Handbuch für die Wähler der USPD. Reichstagswahl 1920. Hg. von der Zentralleitung der USPD. 3 He., o.O. o.J. [Berlin 1920].
Hanisch, Manfred: Für Fürst und Vaterland. Legitimitätsstiftung in Bayern zwischen Revolution 1848 und deutscher Einheit, München 1991.
Hansen, Hans Jürgen: Heil Dir im Siegerkranz. Die Hymnen der Deutschen, Oldenburg/Hamburg 1978.

Hardtwig, Wolfgang: Erinnerung, Wissenschaft, Mythos. Nationale Geschichtsbilder und politische Symbole in der Reichsgründungsära und im Kaiserreich, in: ders.: Geschichtskultur und Wissenschaft, München 1990, S. 224-263.
–: Nationsbildung und politische Mentalität. Denkmal und Fest im Kaiserreich, in: ders.: Geschichtskultur und Wissenschaft, München 1990, S. 264-301.
–: Bürgertum, Staatssymbolik und Staatsbewusstsein im Deutschen Kaiserreich 1871-1914, in: Geschichte und Gesellschaft 16 (1990), S. 269-295.
Hattenhauer, Hans: Geschichte der deutschen Nationalsymbole. Zeichen und Bedeutung (Geschichte und Staat, Bd. 285), München ²1990.
Hauffen, Adolf: Geschichte des deutschen Michel. Hg. vom Deutschen Verein zur Verbreitung gemeinnütziger Kenntnisse in Prag, Prag 1918.
Haug, Wolfgang Fritz: Kritik der Warenästhetik, Frankfurt a.M. ⁷1980.
Haupts, Leo: Graf Brockdorff-Rantzau. Diplomat und Minister in Kaiserreich und Republik (Persönlichkeit und Geschichte, hg. von Günther Franz, Bd. 116/117), Göttingen/Zürich 1984.
Haußmann, Conrad: Schlaglichter. Reichstagsbriefe und Aufzeichnungen. Hg. von Ulrich Zeller, Frankfurt a.M. 1924.
Haydn, Joseph: Chronik seines Lebens in Selbstzeugnissen. Zusammengestellt und hg. von Willi Reich, Zürich ²1984.
Hedinger, Hans-Walter: Der Bismarck-Kult. Ein Umriss, in: Gunther Stephenson (Hg.): Der Religionswandel unserer Zeit im Spiegel der Religionswissenschaft, Darmstadt 1976, S. 201-215.
Heer, G.: Reichsbanner Schwarz-Rot-Gold und Deutsche Burschenschaft, in: Burschenschaftliche Blätter 39 (1924/25), S. 122-127.
Heffen, Annegret: Der Reichskunstwart – Kunstpolitik in den Jahren 1920-1933. Zu den Bemühungen um eine offizielle Reichskunstpolitik in der Weimarer Republik, Essen 1986.
Heiber, Helmut: Die Republik von Weimar. Durchgesehen und ergänzt von Hermann Graml (dtv-Weltgeschichte des 20. Jahrhunderts, hg. von Martin Broszat/Helmut Heiber), München ¹⁴1981.
Heine, Heinrich: Deutschland. Ein Wintermärchen. Nach dem Erstdruck hg. von Werner Bellmann, Stuttgart 1979.
Heinemann, Ulrich: Die Last der Vergangenheit. Zur politischen Bedeutung der Kriegsschuld- und Dolchstoßdiskussion, in: Karl Dietrich Bracher u.a. (Hg.): Die Weimarer Republik 1918-1933. Politik-Wirtschaft-Gesellschaft, Bonn ²1988, S. 371-386.
Hellenthal, Markus: Kein Gesetzesvorbehalt für Nationalhymne! Bemerkungen zur Nationalhymne der Bundesrepublik Deutschland und ihrer rechtswirksamen Bestimmung durch den Bundespräsidenten, in: Neue Juristische Wochenschrift 41 (1988), S. 1294-1302.
Heller, Hermann: Staat, Nation und Sozialdemokratie. Referat auf der Dritten Reichskonferenz der Jungsozialisten am 12./13. April 1925 in Jena, in: ders.: Gesammelte Schriften. 1. Bd: Orientierung und Entscheidung. Hg. von Christoph Müller u.a., Tübingen ²1992, S. 527-542.
Hellpach, Willy: Politische Prognose für Deutschland, Berlin 1928.
Hennig, Eike: Anmerkungen zur Propaganda der NSDAP gegenüber SPD und KPD in der Endphase der Weimarer Republik, in: Tel Aviver Jahrbuch für deutsche Geschichte 17 (1988), S. 209-240.

–: Von der Analyse der NS-Erfolge zur Bekämpfung der NSDAP: Carl Mierendorffs „Kampf um die Massenseele", in: Helga Grebing/Klaus Kinner (Hg.): Arbeiterbewegung und Faschismus. Faschismus-Interpretationen in der europäischen Arbeiterbewegung (Veröffentlichungen des Instituts zur Erforschung der europäischen Arbeiterbewegung der Ruhr-Universität Bochum, Schriftenreihe A/Bd. 2), Essen 1990, S. 262-283.

Hermand, Jost: Zersungenes Erbe. Zur Geschichte des „Deutschlandliedes", in: ders.: Sieben Arten an Deutschland zu leiden, Königstein i.T. 1979, S. 62-74.

Herre, Paul: Deutsche Walhall. Eine Auseinandersetzung und ein Programm zu einem Ehrenmal des Deutschen Volkes, Potsdam o.J. [1930].

Hesmer, Karl-Heinz: Flaggen-Wappen-Daten. Die Staaten der Erde von A-Z, Gütersloh usw. 1975.

Heß, Jürgen C.: „Das ganze Deutschland soll es sein". Demokratischer Nationalismus in der Weimarer Republik am Beispiel der Deutschen Demokratischen Partei (Kieler Historische Studien, hg. von Hartmut Boockmann u.a., Bd. 24), Stuttgart 1978.

Hettling, Manfred: Das Begräbnis der Märzgefallenen 1848 in Berlin, in: ders./Paul Nolte (Hg.): Bürgerliche Feste. Symbolische Formen politischen Handelns im 19. Jahrhundert, Göttingen 1993, S. 95-123.

–: Totenkult statt Revolution. 1848 und seine Opfer, Frankfurt a.M. 1998.

Heuss, Theodor: Schwarz-Rot-Gold, in: Deutsche Politik 3 (1918), H.17, 22.11.1918, S. 1475-1479.

Hickethier, Knut: Karikatur, Allegorie und Bilderfolge. Zur Bildpublizistik im Dienste der Arbeiterbewegung, in: Peter von Rüden u.a. (Hg.): Beiträge zur Kulturgeschichte der deutschen Arbeiterbewegung. 1848-1918, Frankfurt a.M. usw. 1981, S. 79-165.

Hiepe, Richard: Riese Proletariat und Große Maschinerie. Revolutionäre Bildvorstellungen in der Kunst des 19. Jahrhunderts, in: Kunst + Unterricht. Zeitschrift für alle Bereiche der ästhetischen Erziehung, H.19, März 1973, S. 22-26.

Hiller von Gaertringen, Friedrich Freiherr: „Dolchstoß"-Diskussion und „Dolchstoßlegende" im Wandel von vier Jahrzehnten, in: Waldemar Besson/Friedrich Frhr. Hiller v. Gaertringen (Hg.): Geschichte und Gegenwartsbewusstsein. Historische Betrachtungen und Untersuchungen. Festschrift für Hans Rothfels zum 70. Geburtstag, dargebracht von Kollegen, Freunden und Schülern, Göttingen 1963, S. 122-160.

Hilpert, Fritz: Das Reichsehrenmal und die Frontkämpfer. Nach authentischem Material der Frontkämpferverbände Reichskriegerbund Kyffhäuser, Reichsbanner, Stahlhelm und Reichsbund jüdischer Frontsoldaten, Berlin o.J. [1927].

Hitler, Adolf: Mein Kampf. Ungekürzte Ausgabe. 1. Band: Eine Abrechnung. 2. Band: Die nationalsozialistische Bewegung, München [73]1933.

Hoegner, Wilhelm: Die verratene Republik. Deutsche Geschichte 1918-1933, München 1979 [zuerst 1958].

–: Der schwierige Außenseiter. Erinnerungen eines Abgeordneten, Emigranten und Ministerpräsidenten, München 1959.

–: Flucht vor Hitler. Erinnerungen an die Kapitulation der ersten deutschen Republik 1933, München 1977.

Hoernle, Edwin: Rote Lieder, Berlin/Weimar 1968.

Hoffmann, Hilmar: „Und die Fahne führt uns in die Ewigkeit". Propaganda im NS-Film. Bd. 1, Frankfurt a.M. 1988.

Hoffmann, Ludwig/Hoffmann-Ostwald, Daniel: Deutsches Arbeitertheater 1918-1933. 2 Bde, München [2]1973.

Hofmann, Hanns Hubert: Der Hitlerputsch. Krisenjahre deutscher Geschichte 1920-1924, München 1961.
Höhn, Reinhard: Die vaterlandslosen Gesellen. Der Sozialismus im Licht der Geheimberichte der preußischen Polizei 1878-1914. Bd. 1 (1878-1890), Köln/Opladen 1964.
Hörth, Otto: Gedenkfeiern 1873 / 1898 / 1923 (Die Paulskirche. Eine Schriftenfolge), Frankfurt a.M. 1925.
Horváth, Ödön von: Ein Kind unserer Zeit (ders.: Gesammelte Werke. Kommentierte Werkausgabe in Einzelbänden. Hg. von Traugott Krischke, Bd. 14), Frankfurt a.M. 1994.
Hubatsch, Walter: Hindenburg und der Staat. Aus den Papieren des Generalfeldmarschalls und Reichspräsidenten von 1878 bis 1934, Göttingen usw. 1966.
Huber, Ernst Rudolf: Deutsche Verfassungsgeschichte seit 1789. Bd.5: Weltkrieg, Revolution und Reichserneuerung 1914-1919, Stuttgart usw. 1978.
Hübner, Hans: Aus der Geschichte der roten Fahne (Kämpfe der deutschen Arbeiterklasse, Bd. 6), Berlin 1962.
Hübner, Oskar: Das Lesebuch der Republik, Berlin/Leipzig 1922.
Hümmerich, Klaus/Beucher, Klaus: Keine Hymne ohne Gesetz. Zu den staatsrechtlichen Anforderungen an die Setzung des Symbols Nationalhymne, in: Neue Juristische Wochenschrift 40 (1987), S. 3227-3232.
Hüppauf, Bernd (Hg.): Ansichten vom Krieg. Vergleichende Studien zum Ersten Weltkrieg in Literatur und Gesellschaft (Hochschulschriften Literaturwissenschaft, Bd. 61), Königstein i.Ts. 1984.
–: Schlachtenmythen und die Konstruktion des „Neuen Menschen", in: Gerhard Hirschfeld u.a. (Hg.): Keiner fühlt sich hier mehr als Mensch ... Erlebnis und Wirkung des Ersten Weltkriegs (Schriften der Bibliothek für Zeitgeschichte. NF, hg. von Gerhard Hirschfeld, Bd. 1), Essen 1993, S. 43-84.

[Ilgen, Friedrich Hermann:] Deutscher Ehrenhain für die Helden von 1914/18, Leipzig 1931.
Ilsar, Yehiel: Im Streit für die Weimarer Republik. Stationen im Leben des Hermann Badt, Berlin 1992.

Jäckh, Ernst: Der goldene Pflug. Lebensernte eines Weltbürgers, Stuttgart 1954.
–: Weltsaat. Erlebtes und Erstrebtes, Stuttgart 1960.
Jäger, Ernst: Schwarz-Rot-Gold in der deutschen Geschichte. Kulturhistorischer Beitrag zur Flaggenfrage, Berlin o.J. [1925].
Jahrbuch der Deutschen Sozialdemokratie 1926-1931. Hg. vom Vorstand der SPD. 6 Bde, Berlin o.J. [1927-1932].
Janßen, Karl-Heinz: Tannenberg – ein deutsches Verhängnis, in: Die Zeit 16.9.1977.
Janusch, Daniela: Die plakative Propaganda der Sozialdemokratischen Partei Deutschlands zu den Reichstagswahlen 1928 bis 1932 (Bochumer Historische Studien, Neuere Geschichte Nr. 7), Bochum 1989.
Jasper, Gotthard: Der Schutz der Republik. Studien zur staatlichen Sicherung der Demokratie in der Weimarer Republik 1922-1930 (Tübinger Studien zur Geschichte und Politik, hg. von Hans Rothfels u.a., Bd. 16), Tübingen 1963.
Jenke, Manfred: Zur Geschichte des 1. Mai. Ereignisse der geschichtlichen Entwicklung des 1. Mai. Hg. vom Deutschen Gewerkschaftsbund, Köln o.J. [ca.1960].
John, Hans-Georg: Politik und Turnen. Die Deutsche Turnerschaft als nationale Bewegung im deutschen Kaiserreich von 1871-1914, Ahrensburg 1976.
Jugend heraus! Gedichte und Prologe für Kundgebungen und Feste, Berlin ^{3}1922.

Kaiser, Bruno (Hg.): Die Pariser Kommune im deutschen Gedicht, Berlin 1958.
Kämpfer, Frank: „Der rote Keil". Das politische Plakat. Theorie und Geschichte, Berlin 1985.
Kampffmeyer, Paul/Altmann, Bruno: Vor dem Sozialistengesetz. Krisenjahre des Obrigkeitsstaates, Berlin 1928.
Kaufmann, Günter (Hg.): Langemarck. Das Opfer der Jugend an allen Fronten, Stuttgart o.J. [1938].
Keller, Katrin/Schmid, Hans-Dieter (Hg.): Vom Kult zur Kulisse. Das Völkerschlachtdenkmal als Gegenstand der Geschichtskultur, Leipzig 1995.
Kerbs, Diethart/Stahr, Henrick (Hg.): Berlin 1932. Das letzte Jahr der ersten deutschen Republik. Politik, Symbole, Medien (Reihe deutsche Vergangenheit/Stätten der Geschichte Berlins, Bd. 73), Berlin 1992.
Kessler, Harry Graf: Walter Rathenau. Sein Leben und sein Werk. Mit einem Kommentar von Hans Fürstenberg: Erinnerung an Walter Rathenau, Wiesbaden o.J. [1962; zuerst 1928].
–: Tagebücher 1918-1937. Hg. von Wolfgang Pfeiffer-Belli, Frankfurt a.M. ^{4}1979.
Klapheck, Richard: Das Reichsehrenmal für unsere Gefallenen. Die Toteninsel im Rhein. Erweiterter ND, Düsseldorf 1926.
Klein, Ansgar u.a. (Hg.): Kunst, Symbolik und Politik. Die Reichstagsverhüllung als Denkanstoß, Opladen 1995.
Klenke, Dietmar u.a.: Arbeitersänger und Volksbühnen in der Weimarer Republik (Solidargemeinschaft und Milieu: Sozialistische Kultur- und Freizeitorganisationen in der Weimarer Republik, hg. von Peter Lösche/Dieter Dowe), Bonn 1992.
Knapp, Thomas A.: The German Center Party and the Reichsbanner. A Case Study in Political and Social Consensus in the Weimar Republic, in: International Review of Social History 14 (1969), S. 159-179.
Knopp, Guido/Kuhn, Ekkehard: Das Lied der Deutschen. Schicksal einer Hymne, Berlin/Frankfurt a.M. 1988.
Koch, Hans-Jörg: Der 9. November in der deutschen Geschichte, Freiburg ^{2}2000.
Koch, Hans Jürgen (Hg.): Wallfahrtsstätten der Nation. Zwischen Brandenburg und Bayern. Erw. Neuausg. Frankfurt a.M. 1986.
Kolb, Eberhard: Die Weimarer Republik (Oldenbourg Grundriss der Geschichte, hg. von Jochen Bleicken u.a., Bd. 16), München ^{3}1993.
Konrad, Helmut (Hg.): Sozialdemokratie und „Anschluss". Historische Wurzeln. Anschluss 1918 und 1938. Nachwirkungen. Eine Tagung des Dr.-Karl-Renner-Instituts, Wien, 1. März 1978 (Schriftenreihe des Ludwig Boltzmann Instituts für Geschichte der Arbeiterbewegung, hg. von Karl R. Stadler u.a., Bd. 9), Wien usw. 1978.
Kopetzky, Helmut: In den Tod – Hurra! Deutsche Jugend-Regimenter im Ersten Weltkrieg. Ein historischer Tatsachenbericht über Langemarck (Kleine Bibliothek, Politik-Wissenschaft-Zukunft, Bd.228), Köln 1981.
Korff, Gottfried: Bemerkungen zum politischen Heiligenkult im 19. und 20. Jahrhundert, in: Gunther Stephenson (Hg.): Der Religionswandel unserer Zeit im Spiegel der Religionswissenschaft, Darmstadt 1976, S. 216-230.
–: Volkskultur und Arbeiterkultur. Überlegungen am Beispiel der sozialistischen Maifesttradition, in: Geschichte und Gesellschaft 5 (1979), S. 83-102.
–: Rote Fahnen und Tableaux Vivants. Zum Symbolverständnis der deutschen Arbeiterbewegung im 19. Jahrhundert, in: Albrecht Lehmann (Hg.): Studien zur Arbeiterkultur. Beiträge der 2. Arbeitstagung der Kommission „Arbeiterkultur" in der Deutschen Gesell-

schaft für Volkskunde in Hamburg vom 8. bis 12. Mai 1983 (Beiträge zur Volkskunde in Nordwestdeutschland, hg. von der Volkskundlichen Kommission für Westfalen, Landschaftsverband Westfalen-Lippe, H. 44), Münster 1984, S. 103-140.

–: „Heraus zum 1. Mai". Maibrauch zwischen Volkskultur, bürgerlicher Folklore und Arbeiterbewegung, in: Richard van Dülmen/Norbert Schindler (Hg.): Volkskultur. Zur Wiederentdeckung des vergessenen Alltags (16.-20. Jahrhundert), Frankfurt a.M. 1984, S. 246-281.

–: Rote Fahnen und geballte Faust. Zur Symbolik der Arbeiterbewegung in der Weimarer Republik, in: Dietmar Petzina (Hg.): Fahnen, Fäuste, Körper. Symbolik und Kultur der Arbeiterbewegung, Essen 1986, S. 27-60.

–: Bemerkungen zur Symbolgeschichte des 1. Mai, in: 100 Jahre Erster Mai. Beiträge und Projekte zur Geschichte der Maifeiern in Deutschland. Ein Tagungsbericht [Verein zum Studium sozialer Bewegungen], Berlin 1989, S. 85-103.

–: Rote Fahnen und Bananen. Notizen zur politischen Symbolik im Prozess der Vereinigung von DDR und BRD, in: Schweizerisches Archiv für Volkskunde 86 (1990), S. 130-160.

–: Hand, in: 13 Dinge. Form-Funktion-Bedeutung. Katalog zur gleichnamigen Ausstellung im Museum für Volkskultur in Württemberg, Stuttgart 1992, S. 51-69.

Koselleck, Reinhart: Kriegerdenkmale als Identitätsstiftungen der Überlebenden, in: Identität. Hg. von Odo Marquard/Karlheinz Stierle (Poetik und Hermeneutik. Arbeitsergebnisse einer Forschungsgruppe VIII), München 1979, S. 255-276.

–/Jeismann, Michael (Hg.): Der politische Totenkult. Kriegerdenkmäler in der Moderne (Bild und Text, hg. von Gottfried Böhm/Karlheinz Stierle), München 1994.

Kosthorst, Erich: Die Geburt der Tragödie aus dem Geist des Gehorsams. Deutschlands Generäle und Hitler – Erfahrungen und Reflexionen eines Frontoffiziers, Bonn 1998.

Koszyk, Kurt: „Nie vergessen, auszusprechen das, was ist". Aus 85 Jahren Agitation, Propaganda und politischer Werbung der SPD, in: Vorwärts 24.11.1960.

–: Die verhinderte Hymne. Eine kulturpolitische Episode aus den 50er Jahren, in: ders./Volker Schulze (Hg.): Die Zeitung als Persönlichkeit. Festschrift für Karl Bringmann (Journalismus. Schriftenreihe der Stiftervereinigung der Presse, hg. von Franz Ronneberger/Karl Bringmann, NF Bd.17), Düsseldorf 1982, S. 257-269.

Kraffert, Wolfram: Die Nagelsäule. Nachdenklicher Führer zu einem Mainzer Denkmal, Mainz 1984.

Kranz, Herbert: Schwarz Weiß Rot und Schwarz Rot Gold (Erzählte Geschichte. Die letzten hundert Jahre, Bd. 2), Stuttgart 1961.

Kraus, Karl: Aphorismen. Sprüche und Widersprüche. Pro domo et mundo. Nachts (ders.: Schriften. Hg. von Christian Wagenknecht, Bd. 8), Frankfurt a.M. 1986.

Krause, Hartfrid: USPD. Zur Geschichte der Unabhängigen Sozialdemokratischen Partei Deutschlands (Studien zur Gesellschaftstheorie, hg. von Norbert Altmann u.a.), Frankfurt a.M./Köln 1975.

Kreimeier, Klaus: Die Ufa-Story. Geschichte eines Filmkonzerns, München/Wien 1992.

Krockow, Christian Graf von: Von deutschen Mythen. Rückblick und Ausblick, Stuttgart 1995.

Kroiß, Hans-Andreas: 22 Reden und Aufsätze zum Verfassungstag (11. August) der Weimarer Republik. Ein Beitrag zur Erforschung der politischen Kultur der Zeit, phil. Diss. Augsburg 1985.

Kuhn, Ekkehard: Einigkeit und Recht und Freiheit. Die nationalen Symbole der Deutschen, Berlin/Frankfurt a.M. 1991.

Kühn, Willibald (Hg.): Blühe, deutsches Vaterland! Gedanken, Gedichte und Lieder zur Verfassungsfeier in der Schule, Leipzig 1926.
Kultur und Erziehung unter dem Hakenkreuz. Referenten-Material. Hg. von der SPD, Berlin o.J. [1931].
Kundgebung für die großdeutsche Republik am 4. und 5. Sept. in Mülheim (Ruhr), o.O. 1926.
Kurtze, Eberhard: Die Nachwirkungen der Paulskirche und ihrer Verfassung in den Beratungen der Weimarer Nationalversammlung und in der Verfassung von 1919 (Historische Studien, hg. von E. Ebering, H.203), Berlin 1931 [ND Vaduz 1965].
Kurz, Thomas: „Blutmai". Sozialdemokraten und Kommunisten im Brennpunkt der Berliner Ereignisse von 1929, Berlin/Bonn 1988.
Kurzke, Hermann: Hymnen und Lieder der Deutschen (excerpta classica, Bd.5), Mainz 1990.
Kuttner, Erich: Bilanz der Rechtsprechung, Berlin 1922.
–: Der Sieg war zum Greifen nahe! Unwiderlegliche Zeugnisse gegen die Lüge vom Dolchstoß, Berlin [8]1924.

Lamprecht, Helmut (Hg.): Deutschland Deutschland. Politische Gedichte vom Vormärz bis zur Gegenwart, Bremen 1969.
Landsberg, Otto: Die politische Krise der Gegenwart. Nach einem Vortrag, gehalten in der Freien Sozialistischen Hochschule in Berlin am 17. Januar 1931, Berlin 1931.
[Langbehn, Julius:] Rembrandt als Erzieher. Von einem Deutschen, Leipzig [48]1908.
Lange, Willy (Hg.): Deutsche Heldenhaine, Leipzig 1915.
Langemarck. Ein Vermächtnis. Worte von Josef Magnus Wehner, am 10. Juli 1932, zur Stunde der Übernahme des Gefallenen-Friedhofs in Langemarck durch die Deutsche Studentenschaft, gesprochen an alle deutschen Hochschulen, verbunden mit Briefen Gefallener, München 1933.
Lantz, Pierre: Krise der Politik und Krise des Symbols, in: Jürgen Link/Wulf Wülfing (Hg.): Nationale Mythen und Symbole in der zweiten Hälfte des 19. Jahrhunderts. Strukturen und Funktionen von Konzepten nationaler Identität (Sprache und Geschichte, hg. von Reinhart Koselleck/Karlheinz Stierle, Bd. 16), Stuttgart 1991, S. 72-83.
Laube, Gisbert: Der Reichskunstwart. Geschichte einer Kulturbehörde 1919-1933 (Rechtshistorische Reihe, hg. von H.-J. Becker u.a., Bd. 164), Frankfurt a.M. 1997.
Lauber, H[einz]/Rothstein, Birgit: Der 1. Mai unter dem Hakenkreuz. Hitlers „Machtergreifung" in Arbeiterschaft und in Betrieben. Augen- und Zeitzeugen, Daten, Fakten, Dokumente, Quellentexte, Thesen und Bewertungen, Gerlingen 1983.
Laufenberg, Heinrich: Arbeiterklasse und Staatsgewalt. Festrede, gehalten anlässlich der Märzfeier am 18. März 1919 im Zirkus Busch, Hamburg 1919.
–: Die Hamburger Revolution, Hamburg o.J. [1919].
Leber, Julius: Ein Mann geht seinen Weg. Schriften, Reden und Briefe. Hg. von seinen Freunden, Berlin-Schöneberg/Frankfurt a.M. 1952.
–: Schriften, Reden, Briefe. Hg. von Dorothea Beck/Wilfried F. Schoeller. Mit einem Vorwort von Willy Brandt und einer Gedenkrede von Golo Mann, München 1976.
Lehmann, Hartmut: Friedrich von Bodelschwingh und das Sedanfest. Ein Beitrag zum nationalen Denken der politisch aktiven Richtung im deutschen Pietismus des 19. Jahrhunderts, in: Historische Zeitschrift 202 (1966), S. 542-573.

Lehnert, Detlef: „Staatspartei der Republik" oder „revolutionäre Reformisten"? Die Sozialdemokraten, in: ders./Klaus Megerle (Hg.): Politische Identität und nationale Gedenktage. Zur politischen Kultur in der Weimarer Republik, Opladen 1989, S. 89-113.

Lemmer, Ernst: Manches war doch anders. Erinnerungen eines deutschen Demokraten, Frankfurt a.M. 1968.

Lepp, Claudia: Protestanten feiern ihre Nation – Die kulturprotestantischen Ursprünge des Sedantages, in: Historisches Jahrbuch 118 (1998), S. 201-222.

Lermen, Birgit: „Dass ein gutes Deutschland blühe". Hoffmann von Fallerslebens „Lied der Deutschen" und Bertolt Brechts „Kinderhymne", in: Gerd Langguth (Hg.): Autor, Macht, Staat. Literatur und Politik in Deutschland. Ein notwendiger Dialog, Düsseldorf 1994, S. 86-109.

Lessing, Walter: Die Streichquartette von Joseph Haydn. Eine Sendereihe im Südwestfunk, o.O. 1982 [vervielfältiges Manuskript].

Levi, Paul: Zwischen Spartakus und Sozialdemokratie. Schriften, Aufsätze, Reden und Briefe. Hg. und eingel. von Charlotte Beradt (Politische Texte, hg. von Wolfgang Abendroth u.a., Frankfurt a.M./Wien 1969.

Lidtke, Vernon L.: Songs and Politics: An Exploratory Essay on Arbeiterlieder in the Weimar Republic, in: Archiv für Sozialgeschichte 14 (1974), S. 253-273.

–: Lieder der deutschen Arbeiterbewegung, 1864-1914, in: Geschichte und Gesellschaft 5 (1979), S. 54-82.

Link, Jürgen: Schönhuber in der Nationalelf: Halbrechts, rechtsaußen oder im Abseits? Die politische Kollektivsymbolik der Bundesrepublik und der Durchbruch der neorassistischen Schönhuberpartei (DISS-Text, hg. vom Duisburger Institut für Sprach- und Sozialforschung e.V., Nr. 10), Duisburg 1990.

Löbe, Paul: Der Weg war lang. Lebenserinnerungen, Berlin ³1954.

Lochner, Fritz: Vom echten Fridericus ... Nach eigenen Briefen, Äußerungen und Randbemerkungen Friedrich II., in: Das Panier 8/1926, 2. Folge Mai 1926, S. 15f.

Loewenstein, Karl: Betrachtungen über politischen Symbolismus, in: Dimitri S. Constantopoulos/Hans Wehberg (Hg.): Gegenwartsprobleme des Internationalen Rechtes und der Rechtsphilosophie. Festschrift für Rudolf Laun zu seinem siebzigsten Geburtstag, Hamburg 1953, S. 559-577.

Longerich, Peter (Hg.): Die Erste Republik. Dokumente zur Geschichte des Weimarer Staates, München/Zürich 1992.

Lösche, Peter/Walter, Franz: Die SPD: Klassenpartei-Volkspartei-Quotenpartei. Zur Entwicklung der Sozialdemokratie von Weimar bis zur deutschen Vereinigung, Darmstadt 1992.

Low, Alfred D.: Die Anschlussbewegung in Österreich und Deutschland, 1918-1919, und die Pariser Friedenskonferenz, Wien 1975.

Löwenstein, Prinz Hubertus: Die Tragödie eines Volkes. Deutschland 1918-1934, Amsterdam 1934.

–: Botschafter ohne Auftrag. Lebensbericht, Düsseldorf 1972.

Lucas, Friedrich J.: Hindenburg als Reichspräsident (Bonner Historische Forschungen, hg. von Max Braubach, Bd. 14), Bonn 1959.

Ludwig, Emil: Hindenburg und die Sage von der deutschen Republik, Amsterdam 1935.

Lurker, Manfred (Hg.): Wörterbuch der Symbolik, Stuttgart ⁵1991.

Lurz, Meinhold: Kriegerdenkmäler in Deutschland. Bd. 4: Weimarer Republik, Heidelberg 1985.

Lüsebrink, Hans-Jürgen/Reichardt, Rolf: Die Bastille. Zur Symbolgeschichte von Herrschaft und Freiheit, Frankfurt a.M. 1990.
Luther, Hans: Politiker ohne Partei. Erinnerungen, Stuttgart 1960.

Machtan, Lothar (Hg.): Bismarck und der deutsche National-Mythos, Bremen 1994.
Mader, Ursula: Wie das „Deutschlandlied" 1922 Nationalhymne wurde. Aus der Ministerialakte „Nationallied", in: Zeitschrift für Geschichtswissenschaft 38 (1990), S. 1088-1100.
Mai, Ekkehard: Vom Bismarckturm zum Ehrenmal. Denkmalformen bei Wilhelm Kreis, in: ders./Schmirber, Gisela (Hg.): Denkmal-Zeichen-Monument. Skulptur und öffentlicher Raum heute, München 1989.
Mai, Gunther: Das Ende des Kaiserreichs. Politik und Kriegführung im Ersten Weltkrieg (Deutsche Geschichte der neuesten Zeit vom 19. Jahrhundert bis zur Gegenwart, hg. von Martin Broszat u.a.), München ³1997.
Maifeier-Kampfschrift der Eisernen Front, o.O. 1932.
Malanowski, Wolfgang: November-Revolution 1918. Die Rolle der SPD, Frankfurt a.M./Berlin 1969.
Malhotra, Ruth: Künstler und politisches Plakat, in: Hans Bohrmann (Hg.): Politische Plakate, Dortmund 1984, S. 11-48.
Marßolek, Inge (Hg.): 100 Jahre Zukunft. Zur Geschichte des 1. Mai, Frankfurt a.M./Wien 1990.
Matthias, Erich: Sozialdemokratie und Nation. Ein Beitrag zur Ideengeschichte der sozialdemokratischen Emigration in der Prager Zeit des Parteivorstandes 1933-1938, Stuttgart 1952.
–/Morsey, Rudolf (Hg.): Das Ende der Parteien 1933. Mit 46 Abbildungen (Veröffentlichung der Kommission für Geschiche des Parlamentarismus und der politischen Parteien), Düsseldorf 1960.
Mayer, Eugen: Skizzen aus dem Leben der Weimarer Republik. Berliner Erinnerungen, Berlin 1962.
Meissner, Otto: Staatssekretär unter Ebert-Hindenburg-Hitler. Der Schicksalsweg des deutschen Volkes von 1918-1945, wie ich ihn erlebte, Hamburg 1950.
Meissner, Hans-Otto: Junge Jahre im Reichspräsidentenpalais. Erinnerungen an Ebert und Hindenburg 1919-1934, Esslingen/München 1988.
Mergel, Thomas: Sozialmoralische Milieus und Revolutionsgeschichtsschreibung. Zum Bild der Revolution von 1848/49 in den Subgesellschaften des deutschen Kaiserreichs, in: Christian Jansen/Thomas Mergel (Hg.): Die Revolutionen von 1848/49. Erfahrung-Verarbeitung-Deutung, Göttingen 1998, S. 247-267.
Merseburger, Peter: Der schwierige Deutsche. Kurt Schumacher. Eine Biographie, Berlin 1997.
Meyer-Braun, Renate: Zur Rolle von Symbolik und Parteitradition in der Transformationsphase der Partei, dargestellt am Beispiel der Bremer Parteiorganisation der 50er Jahre, in: Beiträge zur Geschichte der Bremer Arbeiterbewegung (1906 bis 1959), hg. vom Fachbereich 1 Allgemeinwissenschaftliche Grundlagenfächer der Hochschule Bremen, o.O. o.J. [Bremen 1985], S. 95-121.
Michels, Robert: Der Patriotismus. Prolegomena zu seiner soziologischen Analyse, München/Leipzig 1929.
Mierendorff, Carlo: Republik oder Monarchie? in: Sozialistische Monatshefte 32 (1926), S. 435-439.

–: Der sozialistische Weg, in: Sozialistische Monatshefte 38 (1932), S. 989-993.
–: Die Freiheitspfeile siegen in Hessen, in: Neue Blätter für den Sozialismus 3 (1932), S. 386-388.
–: Die Bedeutung der neuen Propaganda, in: Neue Blätter für den Sozialismus 3 (1932), S. 517-521.
–/Tschachotin, Sergej: Grundlagen und Formen politischer Propaganda, Magdeburg 1932.
Miller, Susanne: Das Ringen um „die einzige großdeutsche Republik". Die Sozialdemokratie in Österreich und im Deutschen Reich zur Anschlussfrage 1918/19, in: Archiv für Sozialgeschichte 11 (1971), S. 1-67.
–: Die Bürde der Macht. Die deutsche Sozialdemokratie 1918-1920. Hg. von der Kommission für Geschichte des Parlamentarismus und der politischen Parteien (Beiträge zur Geschichte des Parlamentarismus und der politischen Parteien, Band 63), Düsseldorf 1978.
–/Potthoff, Heinrich: Kleine Geschichte der SPD. Darstellung und Dokumentation 1848-1990, Bonn ^{7}1991.
Möller, Horst: Weimar. Die unvollendete Demokratie (Deutsche Geschichte der neuesten Zeit vom 19. Jahrhundert bis zur Gegenwart, hg. von Martin Broszat u.a.), München ^{5}1994.
Mommsen, Hans: Die verspielte Freiheit. Der Weg der Republik von Weimar in den Untergang 1918 bis 1933 (Propyläen Geschichte Deutschlands, hg. von Dieter Groh, Bd. 8), Frankfurt a.M./Berlin 1989.
Mommsen, Wolfgang J.: Der Geist von 1914: Das Programm eines politischen „Sonderwegs" der Deutschen, in: ders.: Der autoritäre Nationalstaat. Verfassung, Gesellschaft und Kultur des deutschen Kaiserreiches, Frankfurt a.M. 1990, S. 407-421.
Moses, John A.: Die Wirkung der Dolchstoßlegende im deutschen Geschichtsbewusstsein, in: Bernd Hüppauf (Hg.): Ansichten vom Krieg. Vergleichende Studien zum Ersten Weltkrieg in Literatur und Gesellschaft (Hochschulschriften Literaturwissenschaft, Bd.61), Königstein i.Ts. 1984, S. 240-256.
Mosse, George L.: Die Nationalisierung der Massen. Politische Symbolik und Massenbewegungen in Deutschland von den Napoleonischen Kriegen bis zum Dritten Reich, Frankfurt a.M./Berlin 1976.
Moßmann, Walter/Schleuning, Peter: Alte und neue politische Lieder. Entstehung und Gebrauch, Texte und Noten, Reinbek 1978.
Mühlhausen, Walter: Friedrich Ebert und seine Partei 1919-1925 (Kleine Schriften/Stiftung Reichspräsident-Friedrich-Ebert-Gedenkstätte, Nr. 10), Heidelberg 1992.
–: Zur nationalen Symbolik in der Weimarer Republik. Referat beim Seminar „Nationale Symbole in der deutschen Geschichte des 19. und 20. Jahrhunderts" des Staatlichen Instituts für Lehrerfortbildung und -weiterbildung Rheinland-Pfalz und der Stiftung Reichspräsident-Friedrich-Ebert-Gedenkstätte, Heidelberg 19./20.11.1998 [unveröffentlicht].
– (Hg.): Friedrich Ebert. Sein Leben, sein Werk, seine Zeit. Begleitband zur ständigen Ausstellung in der Reichspräsident-Friedrich-Ebert-Gedenkstätte, Heidelberg 1999.
Mühsam, Erich: Revolution. Kampf-, Marsch- und Spottlieder, Berlin 1925.
Müller, Georg: Friedrich von Bodelschwingh und das Sedanfest, in: Geschichte in Wissenschaft und Unterricht 14 (1963), S. 77-90.
Müller, Harald: Die deutsche Arbeiterklasse und die Sedanfeiern. Zum antimilitaristischen Kampf der Sozialdemokratischen Arbeiterpartei in den ersten Jahren nach der Reichsgründung, in: Zeitschrift für Geschichtswissenschaft 17 (1969), S. 1554-1564.
Müller, Richard: Geschichte der deutschen Revolution. 3 Bde. Band I: Vom Kaiserreich zur Republik. Band II: Die Novemberrevolution, Berlin 1973f [zuerst 1924].

Müller-Franken, Hermann: Die Novemberrevolution. Erinnerungen, Berlin 1928.
Münkler, Herfried: Siegfrieden, in: ders./Wolfgang Storch: Siegfrieden. Politik mit einem deutschen Mythos, Berlin 1988, S. 50-132.
Münzenberg, Willi: Propaganda als Waffe. Ausgewählte Schriften 1919-1940. Hg. von Til Schulz, Jossa 1977.

Neubecker, Ottfried/Wolf, Erik: Die Reichseinheitsflagge. Ein Vorschlag. Mit einer farbigen Tafel, Heidelberg 1926.
Neuland, Franz/Werner-Cordt, Albrecht (Hg.): Die Junge Garde. Arbeiterjugendbewegung in Frankfurt am Main 1904-1945, Gießen 1980.
Neumann, Sigmund: Die Parteien der Weimarer Republik. Mit einer Einführung von Karl Dietrich Bracher [zuerst Berlin 1932 u.d.T. „Die politischen Parteien in Deutschland"], Stuttgart 1965.
Nietzsche, Friedrich: Die Geburt der Tragödie aus dem Geiste der Musik. Mit einem Nachwort von Peter Sloterdijk, Frankfurt a.M. 1987 [zuerst 1872].
–: Morgenröte. Gedanken über die moralischen Vorurteile. Mit einem Nachwort von Ralph-Rainer Wuthenow, Frankfurt a.M. 1983 [zuerst 1881].
–: Also sprach Zarathustra. Ein Buch für Alle und Keinen, Stuttgart 1993 [zuerst 1883-1885].
Nipperdey, Thomas: Nationalidee und Nationaldenkmal in Deutschland im 19. Jahrhundert, in: Historische Zeitschrift 206 (1968), S. 529-585.
–: Deutsche Geschichte 1866-1918. Zweiter Band. Machtstaat vor der Demokratie, München 1992.
Nitsch, Franz/Peiffer, Lorenz (Hg.): Die roten Turnbrüder. 100 Jahre Arbeitersport. Dokumentation der Tagung vom 1. bis 3. April 1993 in Leipzig, Marburg 1995.
Noske, Gustav: Von Kiel bis Kapp. Zur Geschichte der deutschen Revolution, Berlin 1920.
–: Erlebtes aus Aufstieg und Niedergang einer Demokratie, Offenbach/Zürich 1947.

Obermann, Karl (Hg.): Einheit und Freiheit. Die deutsche Geschichte von 1815 bis 1849 in zeitgenössischen Dokumenten, Berlin 1950.
Oehme, Walter: Die Weimarer Nationalversammlung 1919. Erinnerungen, Berlin 1962.
Olden, Rudolf: Hindenburg oder der Geist der preußischen Armee (Exilliteratur. Hg. von Hans-Albert Walter/Werner Berthold, Bd.16), Hildesheim 1982 [zuerst Paris 1935].
Opposition oder Quertreibereien? Materialien über Parteischädigungen, Berlin o.J. [1923].
Ortmeyer, Benjamin: Argumente gegen das Deutschlandlied. Geschichte und Gegenwart eines Lobliedes auf die deutsche Nation, Köln 1991.
Ossietzky, Carl von: Rechenschaft. Publizistik aus den Jahren 1913-1933. Hg. von Bruno Frei, Berlin/Weimar ³1985.
Otte, Holger: Gustav Radbruchs Kieler Jahre 1919-1926 (Rechtshistorische Reihe, hg. von H.-J. Becker u.a., Bd. 17), Frankfurt a.M./Bern 1982.

Patze, Hans/Schlesinger, Walter (Hg.): Geschichte Thüringens. Fünfter Band: Politische Geschichte in der Neuzeit. 2. Teil (Mitteldeutsche Geschichte, hg. von Reinhold Olesch u.a., Bd. 48/V/2), Köln/Wien 1978.
Paul, Gerhard: Aufstand der Bilder. Die NS-Propaganda vor 1933, Bonn 1990.
–: Krieg der Symbole. Formen und Inhalte des symbolpublizistischen Bürgerkrieges 1932, in: Diethart Kerbs/Henrick Stahr (Hg.): Berlin 1932. Das letzte Jahr der ersten deutschen

Republik. Politik, Symbole, Medien (Reihe deutsche Vergangenheit/Stätten der Geschichte Berlins, Bd. 73), Berlin 1992, S. 27-55.

Petzet, Wolfgang/Sutter, Otto Ernst (Hg.): Der Geist der Paulskirche. Aus den Reden der Nationalversammlung 1848-1849, Frankfurt a.M. 1923.

Petzold, Joachim: Die Dolchstoßlegende. Eine Geschichtsfälschung im Dienst des deutschen Imperialismus und Militarismus (Schriften des Instituts für Geschichte der Deutschen Akademie der Wissenschaften zu Berlin. Reihe I/Bd. 18), Berlin 1963.

Peukert: Detlev J.K.: Die Weimarer Republik. Krisenjahre der Klassischen Moderne (Moderne Deutsche Geschichte, Bd. 9), Frankfurt a.M. 1987.

Plakate als Spiegel der politischen Parteien in der Weimarer Republik. Eine Ausstellung des Bayerischen Hauptstaatsarchivs, München 1996.

Plenge, Johann: 1789 und 1914. Die symbolischen Jahre in der Geschichte des politischen Geistes, Berlin 1916.

Pleyer, Hildegard: Politische Werbung in der Weimarer Republik. Die Propaganda der maßgeblichen politischen Parteien und Gruppen zu den Volksbegehren und Volksentscheiden „Fürstenenteignung" 1926, „Freiheitsgesetz" 1929 und „Auflösung des Preußischen Landtages" 1931, phil. Diss. Münster 1959.

Plum, Werner: Gedenken an Friedrich Ebert in der darstellenden Kunst – provisorischer Katalog –, Bonn 1985 [unveröffentlichtes Manuskript, AdsD]

Poetzsch-Heffter, Fritz: Handkommentar der Reichsverfassung vom 11. August 1919. Ein Handbuch für Verfassungsrecht und Verfassungspolitik, Berlin ³1928.

Politische Plakate der Weimarer Republik 1918-1933. Hg. vom Hessischen Landesmuseum Darmstadt, Darmstadt 1980.

Pörtner, Rudolf (Hg.): Alltag in der Weimarer Republik. Kindheit und Jugend in unruhiger Zeit. Veränderte Ausgabe, München 1993.

Poscher, Ralf (Hg.): Der Verfassungstag. Reden deutscher Gelehrter zur Feier der Weimarer Reichsverfassung, Baden-Baden 1999.

Potthoff, Heinrich: Das Weimarer Verfassungswerk und die deutsche Linke, in: Archiv für Sozialgeschichte 12 (1972), S. 433-483.

Prause, Gerhard: Niemand hat Kolumbus ausgelacht. Populäre Irrtümer der Geschichte richtiggestellt, Düsseldorf/München 1986.

Preitz, Max: Hoffmann von Fallersleben und sein Deutschlandlied, in: Jahrbuch des Freien Deutschen Hochstifts 1926. I.A. der Verwaltung hg. von Ernst Beutler, Frankfurt a.M. 1926, S. 289-327.

Preuß, Hugo: Staat, Recht und Freiheit. Aus 40 Jahren deutscher Politik und Geschichte, Tübingen 1926 [ND Hildesheim 1964].

Pross, Harry: Politische Symbolik. Theorie und Praxis der öffentlichen Kommunikation, Stuttgart usw. 1974.

Protokolle der Parteitage der USPD [PP-USPD]. 5 Bände. Unveränderte NDe, Glashütten i.Ts. 1975f.

Protokolle über die Verhandlungen der Parteitage der Sozialdemokratischen Partei Deutschlands [PVP-SPD]. Abgehalten in Weimar (1919), Kassel (1920), Görlitz (1921), Augsburg/Gera/Nürnberg (1922), Berlin (1924), Heidelberg (1925), Kiel (1927), Magdeburg (1929) und Leipzig (1931). Unveränderte NDe. der Ausgaben 1919ff, Glashütten i.Ts. usw. 1973f.

Pyta, Wolfram: Gegen Hitler und für die Republik. Die Auseinandersetzung der deutschen Sozialdemokratie mit der NSDAP in der Weimarer Republik (Beiträge zur Geschichte des Parlamentarismus und der politischen Parteien, Bd. 87), Düsseldorf 1989.

Rabbow, Arnold: dtv-Lexikon politischer Symbole, München 1970.
–: Symbole der Bundesrepublik Deutschland und des Landes Niedersachsen. Hg. von der [niedersächsischen] Landeszentrale für politische Bildung, Hannover 1980.
Rabenau, Friedrich von: Seeckt. Aus seinem Leben. 1918-1936. Unter Verwendung des schriftlichen Nachlasses im Auftrage von Frau Dorothee von Seeckt. Unveränderter ND, Leipzig 1941.
Radbruch, Gustav: Der innere Weg. Aufriss meines Lebens, Göttingen ²1961.
–: Biographische Schriften. Bearb. von Günter Spendel (Gustav Radbruch: Gesamtausgabe. Hg. von Arthur Kaufmann, Bd. 16), Heidelberg 1988.
–: Politische Schriften aus der Weimarer Zeit. Band I: Demokratie, Sozialdemokratie, Justiz. Band II: Justiz, Bildungs- und Religionspolitik. Bearb. von Alessandro Baratta (Gustav Radbruch: Gesamtausgabe. Hg. von Arthur Kaufmann, Bde 12/13), Heidelberg 1992f.
Rademacher, Hellmut: Deutsche Plakatkunst und ihre Meister, Hanau o.J. [1965].
Ragozat, Ulrich: Die Nationalhymnen der Welt. Ein kulturgeschichtliches Lexikon, Freiburg i.Br. usw. 1982.
Rebentisch, Dieter: Friedrich Ebert und die Paulskirche. Die Weimarer Demokratie und die 75-Jahrfeier der 1848er Revolution (Kleine Schriften/Stiftung Reichspräsident-Friedrich-Ebert-Gedenkstätte, Nr. 25), Heidelberg 1998.
Redslob, Edwin: Von Weimar nach Europa. Erlebtes und Durchdachtes, Berlin 1972.
Regel, Helmut: Die Fridericus-Filme der Weimarer Republik, in: Axel Marquardt/Heinz Rathsack (Hg.): Preußen im Film. Eine Retrospektive der Stiftung Deutsche Kinemathek (Preußen. Versuch einer Bilanz. Eine Ausstellung der Berliner Festspiele, Bd. 5), Reinbek 1981, S. 124-134.
Reiber, Julius/Storck, Karl (Hg.): Zehn Jahre Deutsche Republik. Ein Gedenkbuch zum Verfassungstag 1929, Darmstadt 1929.
Reitz, Jakob: Carlo Mierendorff 1897-1943. Stationen seines Lebens und Wirkens. Hg. i.A. des Magistrats der Stadt Darmstadt (Darmstädter Schriften, Bd. 51), Darmstadt 1983.
Renger, Annemarie: Ein politisches Leben. Erinnerungen, Stuttgart 1993.
Rheinbaben, Rochus Freiherr von: Stresemann. Der Mensch und der Staatsmann. Die Biographie, an der er selbst noch mitgewirkt hat, Dresden 1930.
Ribbe, Wolfgang: Flaggenstreit und Heiliger Hain. Bemerkungen zur nationalen Symbolik in der Weimarer Republik, in: Dietrich Kurzke (Hg.): Aus Theorie und Praxis der Geschichtswissenschaft. Festschrift für Hans Herzfeld zum 80. Geburtstag (Veröffentlichungen der Historischen Kommission zu Berlin, Bd. 37), Berlin/New York 1972, S. 175-188.
Richter, Ludwig: Verfassungsgebung im Theatersaal. Weimar und die Nationalversammlung 1919, in: Geschichte in Wissenschaft und Unterricht 45 (1994), S. 626-637.
–: (Hg.): Rückbesinnung und Neubeginn. Eine Gedenkfeier zu Ehren Friedrich Eberts am 2. März 1945 in New York. Eine Dokumentation (Kleine Schriften/Stiftung Reichspräsident-Friedrich-Ebert-Gedenkstätte, Nr. 19), Heidelberg 1995.
Riha, Karl: Der deutsche Michel. Zur Ausprägung einer nationalen Allegorie im 19. Jahrhundert, in: Klaus Herding/Gunter Otto (Hg.): Karikaturen. „Nervöse Auffangsorgane des inneren und äußeren Lebens" (Kunstwissenschaftliche Untersuchungen des Ulmer Vereins, Verband für Kunst- und Kulturwissenschaften, hg. von Michael Brix u.a., Bd. 10), Gießen 1980, S. 186-205.
Ritter, Erwin: Hoch über den Parteien das Vaterland! Ein Beitrag zur Flaggen-, Wappen- und Festtagsfrage, Karlsruhe o.J. [1931].

Ritter, Gerhard A./Miller, Susanne (Hg.): Die deutsche Revolution 1918-1919. Dokumente, Hamburg ²1975.

Rohe, Karl: Das Reichsbanner Schwarz Rot Gold. Ein Beitrag zur Geschichte und Struktur der politischen Kampfverbände zur Zeit der Weimarer Republik. Hg. von der Kommission für Geschichte des Parlamentarismus und der politischen Parteien (Beiträge zur Geschichte des Parlamentarismus und der politischen Parteien, Bd. 34), Düsseldorf 1966.

–: Politik. Begriffe und Wirklichkeiten. Eine Einführung in das politische Denken, Stuttgart usw. ²1994.

Rosenberg, Arthur: Geschichte der Weimarer Republik. Hg. von Kurt Kersten (Sammlung „res novae". Veröffentlichungen zu Politik, Wirtschaft, Soziologie und Geschichte, Bd. 9), Frankfurt a.M. 1961 [zuerst Karlsbad 1935].

Rüden, Peter von: Sozialdemokratisches Arbeitertheater (1848-1914). Ein Beitrag zur Geschichte des politischen Theaters, Frankfurt a.M. 1973.

Rudloff, Michael (Hg.): Sozialdemokratie und Nation. Der Hofgeismarkreis in der Weimarer Republik und seine Nachwirkungen. Protokollband zum Symposium der Friedrich-Ebert-Stiftung in Zusammenarbeit mit der Kurt-Schumacher-Gesellschaft vom 22. bis 24. April 1994 in Leipzig, Leipzig 1995.

Rufe in das Reich. Die heldische Dichtung von Langemarck bis zur Gegenwart. Ausgewählt von Herbert Böhme (Die Bücher der Jungen Generation, hg. von August Friedrich Velmede), Berlin 1934.

Ruge, Wolfgang: Hindenburg. Portrait eines Militaristen, Berlin 1974.

Rühle, Günther: Theater für die Republik im Spiegel der Kritik. 1. Band: 1917-1925. 2. Band: 1926-1933. Überarbeitete Neuauflage, Frankfurt a.M. 1988.

Rülcker, Christoph: Arbeiterkultur und Kulturpolitik im Blickwinkel des „Vorwärts" 1918-1928, in: Archiv für Sozialgeschichte 14 (1974), S. 115-155.

Rupieper, Hermann-Josef: „Der Kampf gegen die nationalsozialistische Seuche": Die Werbeabteilung der SPD und die Auseinandersetzung mit der NSDAP 1929-1932, in: Internationale wissenschaftliche Korrespondenz zur Geschichte der deutschen Arbeiterbewegung 19 (1983), S. 1-22.

Rürup, Reinhard: Der „Geist von 1914" in Deutschland. Kriegsbegeisterung und Ideologisierung des Krieges im Ersten Weltkrieg, in: Bernd Hüppauf (Hg.): Ansichten vom Krieg. Vergleichende Studien zum Ersten Weltkrieg in Literatur und Gesellschaft (Hochschulschriften Literaturwissenschaft, Bd. 61), Königstein i.Ts. 1984, S. 1-30.

Sabrow, Martin: Die verdrängte Verschwörung. Der Rathenau-Mord und die deutsche Gegenrevolution, Frankfurt a.M. 1998.

Saldern, Adelheid von: Arbeiterkulturbewegung in Deutschland in der Zwischenkriegszeit, in: Friedhelm Boll (Hg.): Arbeiterkulturen zwischen Alltag und Politik. Beiträge zum europäischen Vergleich in der Zwischenkriegszeit, Wien usw. 1986, S. 29-70.

Salewski, Michael: Über historische Symbole, in: Julius H. Schoeps (Hg.): Religion und Zeitgeist im 19. Jahrhundert (Studien zur Geistesgeschichte, hg. von Julius H. Schoeps, Bd. 1), Stuttgart/Bonn 1982, S. 157-183.

Sandmann, Fritz: Das Deutschlandlied und der Nationalismus, in: Geschichte in Wissenschaft und Unterricht 13 (1962), S. 636-656.

Sarcinelli, Ulrich: Symbolische Politik. Zur Bedeutung symbolischen Handelns in der Wahlkampfkommunikation der Bundesrepublik Deutschland (Studien zur Sozialwissenschaft, Bd. 72), Opladen 1987.

–: Symbolische Politik und politische Kultur. Das Kommunikationsritual als politische Wirklichkeit, in: Politische Vierteljahresschrift 30 (1989), S. 292-309.

Scharf, Helmut: Kleine Kunstgeschichte des deutschen Denkmals, Darmstadt 1984.

Scharrer, Adam: Vaterlandslose Gesellen. Das erste Kriegsbuch eines Arbeiters (Kleine Bibliothek Politik-Wissenschaft-Zukunft, Bd. 266), Köln 1982 [zuerst 1930].

Scheidemann, Philipp: Der Zusammenbruch, Berlin 1921.

–: Memoiren eines Sozialdemokraten. Ungekürzte Volksausgabe, Dresden 1930.

Schellack, Fritz: Nationalfeiertage in Deutschland von 1871 bis 1945 (Europäische Hochschulschriften, Reihe 3: Geschichte und ihre Hilfswissenschaften, Bd. 415), Frankfurt a.M. usw. 1990.

Scherer, Anke: Die Diskussion über die Farben der deutschen Fahne in der Nationalversammlung 1919. Schriftliche Hausarbeit im Rahmen der Veranstaltung „Der Nationalismus in der Zeit der Weimarer Republik" von Bernd Faulenbach, Ruhr-Universität Bochum, Wintersemester 1992/93 [unveröffentlicht].

Schieder, Theodor: Das Deutsche Kaiserreich von 1871 als Nationalstaat (Wissenschaftliche Abhandlungen der Arbeitsgemeinschaft für Forschung des Landes Nordrhein-Westfalen, hg. von Leo Brandt, Bd. 20), Köln/Opladen 1961.

Schiff, Victor: Wer hat den Rhein befreit? Berlin 1930.

Schilling, Heinz: Aufbruch und Krise. Deutschland 1517-1648 (Siedler Deutsche Geschichte/Das Reich und die Deutschen), Berlin 1988.

Schirmann, Léon: Neues zur Geschichte des Berliner Blutmai 1929, in: 100 Jahre Erster Mai. Beiträge und Projekte zur Geschichte der Maifeiern in Deutschland. Ein Tagungsbericht [Verein zum Studium sozialer Bewegungen], Berlin 1989, S. 43-55.

–: Blutmai Berlin 1929. Dichtungen und Wahrheit, Berlin 1991.

Schmidt, Walter: Die Revolution von 1848/49 in der Traditionspflege der revolutionären deutschen Arbeiterbewegung, in: 125 Jahre Kommunistisches Manifest und bürgerlich-demokratische Revolution 1848/49. Referate und Diskussionsbeiträge. Wissenschaftliche Redaktion: Gunther Hildebrandt/Walter Wittwer, Glashütten i.Ts. 1975, S. 67-89.

Schmitz-Rheinfeld, Christian: Schwarz Rot Gold. Von den geschichtlichen Stationen der deutschen Freiheitsfarben (Schriftenreihe der Jungsozialisten, hg. vom Bundessekretariat der Jungsozialisten, Nr. 1/63), Bonn o.J [1963].

Schneider, Richard (Hg.): Historische Stätten in Berlin, Frankfurt a.M./Berlin 1987.

Schneidewin, Max: Ein neues Nationallied für „Deutschland, Deutschland über alles", in: Die Kritik 14 (1898/99), S. 90-96.

Schoeps, Hans-Joachim: Überlegungen hinsichtlich eines Nationalfeiertages, in: Nationalfeiertage. Erinnerung und Verpflichtung? [Mitteldeutscher Kulturrat] Troisdorf vor Bonn 1972. S. 10-15.

Schrade, Hubert: Das Deutsche Nationaldenkmal. Idee-Geschichte-Aufgabe, München 1934.

Schrader, Bärbel (Hg.): Der Fall Remarque. Im Westen nichts Neues. Eine Dokumentation, Leipzig 1992.

Schramm, Percy Ernst: Herrschaftszeichen und Staatssymbolik. Beiträge zu ihrer Geschichte vom dritten bis zum sechzehnten Jahrhundert. Mit Beiträgen verschiedener Verfasser (Schriften der Monumenta Germaniae Historica, Deutsches Institut für Erforschung des Mittelalters, Nr. 13). 3 Bde, Stuttgart 1954-1956.

Schubert, Dietrich: Das Denkmal für die Märzgefallenen 1920 von Walter Gropius in Weimar und seine Stellung in der Geschichte des neueren Denkmals, in: Jahrbuch der Hamburger Kunstsammlungen 21 (1976), S. 199-230.

Schulthess' Europäischer Geschichtskalender. NF 11 (1895) ff, München 1896ff.

Schultze, Fritz: Die deutsche Fahne, Berlin/Leipzig 1930.
Schulze, Hagen: Otto Braun oder Preußens demokratische Sendung. Eine Biographie, Frankfurt a.M. usw. 1977.
–: Weimar. Deutschland 1917-1933 (Siedler Deutsche Geschichte/Die Deutschen und ihre Nation), Berlin ⁴1993.
–: Der Weg zum Nationalstaat. Die deutsche Nationalbewegung vom 18. Jahrhundert bis zur Reichsgründung (Deutsche Geschichte der neuesten Zeit vom 19. Jahrhundert bis zur Gegenwart, hg. von Martin Broszat u.a.), München ⁵1997.
Schümer, Dirk: Ein Kampf um Lehm. Deutsche Szene: Die Wahrheit über die Hermannsschlacht, in: Frankfurter Allgemeine Zeitung 6.9.1996.
Schuster, Peter: Die Nation und ihre Toten. Denkmale des 20. Jahrhunderts, in: Deutsche Nationaldenkmale 1790-1990. Hg. vom Sekretariat für kulturelle Zusammenarbeit nichttheatertragender Städte und Gemeinden in Nordrhein-Westfalen, Gütersloh, Bielefeld 1993, S. 115-127.
Schwieger, Gerd: Zwischen Obstruktion und Kooperation. Eduard David und die SPD im Kriege, phil. Diss. Kiel 1970.
See, Klaus von: Deutsche Germanen-Ideologie. Vom Humanismus bis zur Gegenwart, Frankfurt a.M. 1970.
–: Die Ideen von 1789 und die Ideen von 1914. Völkisches Denken in Deutschland zwischen Französischer Revolution und Erstem Weltkrieg, Frankfurt a.M. 1975.
Seeba, Hinrich C.: „Einigkeit und Recht und Freiheit": The German Quest for National Identity in the Nineteenth Century, in: Peter Boerner (Hg.): Concepts of National Identity. An Interdisciplinary Dialogue. Interdisziplinäre Betrachtungen zur Frage der nationalen Identität, Baden-Baden 1986, S. 153-166.
–: „Hermanns Kampf für Deutschlands Not". Zur Topographie der nationalen Identität, in: Deutsche Nationaldenkmale 1790-1990. Hg. vom Sekretariat für kulturelle Zusammenarbeit nichttheatertragender Städte und Gemeinden in Nordrhein-Westfalen, Gütersloh, Bielefeld 1993, S. 61-75.
Seiffert, Gerhardt: Das ganze Deutschlandlied ist unsere Nationalhymne! Eine klärende Dokumentation. Hg. von der Hoffmann von Fallersleben-Gesellschaft, Fallersleben o.J. [1964].
Severing, Carl: 1919/1920 im Wetter- und Watterwinkel, Bielefeld 1927.
–: Mein Lebensweg. Band I: Vom Schlosser zum Minister. Band II: Im Auf und Ab der Republik, Köln 1950.
Sieburg, Heinz-Otto: Geschichte Frankreichs. 4., überarbeitete und erweiterte Auflage, Stuttgart usw. 1989.
Singe mit! Eine Sammlung politischer und gewerkschaftlicher Kampfeslieder. Nach der Beschlagnahme geänderte und ergänzte Auflage, Leipzig 1909.
Sinnbilder des Reiches. 48 Bilder. Ausgewählt und beschrieben von Hubert Schrade, München 1938.
Sontheimer, Kurt: Antidemokratisches Denken in der Weimarer Republik. Die politischen Ideen des deutschen Nationalismus zwischen 1918 und 1933, München 1978 [zuerst 1962].
Sozialdemokratisches Handbuch für die preußischen Landtagswahlen, Berlin 1921.
Speicher, Stephan: Ort der deutschen Geschichte. Der Reichstag in Berlin, Berlin 1995.
Speitkamp, Winfried: „Erziehung zur Nation". Reichskunstwart, Kulturpolitik und Identitätsstiftung im Staat von Weimar, in: Helmut Berding (Hg.): Nationales Bewusstsein und

kollektive Identität. Studien zur Entwicklung des kollektiven Bewusstseins in der Neuzeit 2, Frankfurt a.M. 1994.
–: Die Verwaltung der Geschichte. Denkmalpflege und Staat in Deutschland 1871-1933 (Kritische Studien zur Geschichtswissenschaft, hg. von Helmut Berding u.a., Bd. 114), Göttingen 1996.
Spendel, Günter: Zum Deutschland-Lied als Nationalhymne, in: Juristen-Zeitung 43 (1988), S. 744-749.
Spindler, Max (Hg.): Handbuch der bayerischen Geschichte. Vierter Band: Das neue Bayern 1800-1970. Erster Teilband, München 1974.
Spotts, Frederic: Bayreuth. Eine Geschichte der Wagner-Festspiele, München 1994.
Staatslexikon. Recht-Wirtschaft-Gesellschaft. Hg. von der Görres-Gesellschaft. 5 Bde, Freiburg i.Br. usw. 1985ff.
Stampfer, Friedrich: Der 9. November. Gedenkblätter zu seiner Wiederkehr, Berlin 1919.
–: Die vierzehn Jahre der Ersten Deutschen Republik, Köln o.J. [^{3}1953].
–: Erfahrungen und Erkenntnisse. Aufzeichnungen aus meinem Leben, Köln 1957.
Steiger, Günter: Urburschenschaft und Wartburgfest. Aufbruch nach Deutschland. Hg. und bearb. von Marga Steiger, Leipzig ^{2}1991.
Stein, Hans-Peter: Symbole und Zeremoniell in deutschen Streitkräften vom 18. bis zum 20. Jahrhundert. Mit einem Beitrag von Hans-Martin Ottmer (Entwicklung deutscher militärischer Tradition, hg. vom Militärgeschichtlichen Forschungsamt, Bd. 3), Herford/Bonn 1984.
Steinbach, Peter: „Aus dem Reichsfeind von früher ist der Verteidiger der Republik geworden". Sozialdemokratisches Verfassungsverständnis im Spiegel der Weimarer Verfassungsfeiern, in: Richard Saage (Hg.): Solidargemeinschaft und Klassenkampf. Politische Konzeptionen der Sozialdemokratie zwischen den Weltkriegen, Frankfurt a.M. 1986, S. 193-207.
–: Widerstand gegen den Nationalsozialismus – eine „sozialistische Aktion"? Zum 100. Geburtstag Carlo Mierendorffs (1897-1943). Vortrag vor dem Gesprächskreis Geschichte der Friedrich-Ebert-Stiftung in Bonn am 3. März 1997 (Gesprächskreis Geschichte, hg. von Dieter Dowe, H. 18), Bonn 1997.
Steinweh, Karin: „Wir schaffen die Eiserne Front", in: 1933 – Wege zur Diktatur. Hg. von der Staatlichen Kunsthalle Berlin, Berlin 1983, S. 85-95.
Stern, Fritz: Adenauer in Weimar: Der Mann und das System, in: ders.: Das Scheitern illiberaler Politik. Studien zur politischen Kultur Deutschlands im 19. und 20. Jahrhundert, Frankfurt a.M. usw. 1974, S. 189-211.
Stern-Rubarth, Edgar: Die Propaganda als politisches Instrument, Berlin 1921.
–: Graf Brockdorff-Rantzau, Wanderer zwischen zwei Welten. Ein Lebensbild, Berlin 1929.
Stölzl, Christoph (Hg.): Die Neue Wache Unter den Linden. Ein deutsches Denkmal im Wandel der Geschichte, München/Berlin 1993.
Stresemann, Gustav: Reden und Schriften. Politik-Geschichte-Literatur. 1897-1926. 2 Bde, Dresden 1926.
–: Vermächtnis. Der Nachlass in drei Bänden. Hg. von Henry Bernhard unter Mitarbeit von Wolfgang Goetz/Paul Wiegler, Berlin 1932f.
Stresemann, Wolfgang: Mein Vater Gustav Stresemann, München/Berlin 1979.
Ströbel, Heinrich: Die deutsche Revolution. Ihr Unglück und ihre Rettung. Hg. von „Aufbau und Werden", Gesellschaft für praktische Volksaufklärung und Steigerung der nationalen Arbeitskraft, Berlin ^{4}1922.

Tacke, Charlotte: Denkmal im sozialen Raum. Nationale Symbole in Deutschland und Frankreich im 19. Jahrhundert (Kritische Studien zur Geschichtswissenschaft, hg. von Helmut Berding u.a., Bd. 108), Göttingen 1995.

Tatarin-Tarnheyden, E.: Grundlegende Betrachtungen zur Flaggenfrage, in: Archiv des öffentlichen Rechts NF 13 (1927), S. 313-336.

tendenzen. Zeitschrift für engagierte Kunst, 14. Jahrgang (1973), Nr.91, Oktober/November 1973 [Themenheft „Das politische Plakat"].

Thape, Ernst: Von Rot zu Schwarz-Rot-Gold. Lebensweg eines Sozialdemokraten, Hannover 1969.

Thimme, Annelise: Flucht in den Mythos. Die Deutschnationale Volkspartei und die Niederlage von 1918, Göttingen 1969.

Tietz, Jürgen: Ostpreußisches Stonehenge. Verstreut in alle Winde: Der kurze Ruhm des Tannenberg-Denkmals, in: Frankfurter Allgemeine Zeitung 22.9.1997.

Trophäe oder Leichenstein? Kulturgeschichtliche Aspekte des Geschichtsbewusstseins in Frankfurt im 19. Jahrhundert. Eine Ausstellung des Historischen Museums Frankfurt, in: 100 Jahre Historisches Museum Frankfurt am Main 1878 bis 1978. Drei Ausstellungen zum Jubiläum (Kleine Schriften des Historischen Museums, Bd. 12), Frankfurt a.M. 1978.

Tschachotin, Sergej: Die Technik der politischen Propaganda, in: Sozialistische Monatshefte 38 (1932), S. 425-431.

–: Dreipfeil gegen Hakenkreuz, Kopenhagen 1933.

Tucholsky, Kurt: Deutschland, Deutschland über alles. Ein Bilderbuch von Kurt Tucholsky und vielen Fotografen. Montiert von John Heartfield, Reinbek 1980 [zuerst Berlin 1929].

–: Gedichte. Hg. von Mary Gerold-Tucholsky, Reinbek 1983.

–: Schnipsel. Hg. von Wolfgang Hering/Hartmut Urban, ND Reinbek 1995.

Tümmler, Hans: „Deutschland, Deutschland über alles". Zur Geschichte und Problematik unserer Nationalhymne, Köln/Wien 1979.

Ueberhorst, Horst: Bildungsgedanke und Solidaritätsbewußtsein in der deutschen Arbeitersportbewegung zur Zeit der Weimarer Republik, in: Archiv für Sozialgeschichte 14 (1974), S. 275-292.

Uhen, Leo: Gruppenbewusstsein und informelle Gruppenbildungen bei deutschen Arbeitern im Jahrhundert der Industrialisierung (Untersuchungen über Gruppen und Verbände, hg. von Georg Weippert, Bd. 1), Berlin 1964.

Ullrich, Volker: Als der Thron ins Wanken kam. Das Ende des Hohenzollernreiches 1890-1918, Bremen 1993.

Ulrich, Bernd/Ziemann, Benjamin (Hg.): Frontalltag im Ersten Weltkrieg. Wahn und Wirklichkeit. Quellen und Dokumente, Frankfurt a.M. 1994.

–: (Hg.): Krieg im Frieden. Die umkämpfte Erinnerung an den Ersten Weltkrieg. Quellen und Dokumente, Frankfurt a.M. 1997.

Underberg, Elfriede (Hg.): Die Dichtung der ersten deutschen Revolution. 1848-1849 (Deutsche Literatur. Sammlung literarischer Kunst- und Kulturdenkmäler in Entwicklungsreihen, hg. von Heinz Kindermann u.a./Reihe Politische Dichtung, hg. von Robert F. Arnold, Bd. 5), Leipzig 1930.

Unruh, Karl: Langemarck. Legende und Wirklichkeit, Koblenz 1986.

Unverfehrt, Gerd: Arminius als nationale Leitfigur. Anmerkungen zu Entstehung und Wandel eines Reichssymbols, in: Ekkehard Mai/Stephan Waetzoldt (Hg.): Kunstverwaltung, Bau- und Denkmal-Politik im Kaiserreich (Kunst, Kultur und Politik im Deutschen Kaiserreich. Schriften eines Projekt-Kreises der Fritz-Thyssen-Stiftung, Bd. 1), Berlin 1981, S. 315-340.

Ursachen und Folgen. Vom deutschen Zusammenbruch 1918 und 1945 bis zur staatlichen Neuordnung Deutschlands in der Gegenwart. Eine Urkunden- und Dokumentensammlung zur Zeitgeschichte. Hg. und bearb. von Herbert Michaelis/Ernst Schraepler. 26 Bde, Berlin 1958ff.

Valentin, Veit/Neubecker, Ottfried: Die deutschen Farben. Mit einem Geleitwort von Reichskunstwart Dr. Edwin Redslob, Leipzig o.J. [1929].

„Vaterlandslose Gesellen". Kurze Biographien der verstorbenen hervorragenden Sozialisten des 19. Jahrhunderts, Stuttgart 1901.

Veddeler, Peter: Nationale Feiern am Hermannsdenkmal in früherer Zeit, in: Günter Engelbert (Hg.): Ein Jahrhundert Hermannsdenkmal 1875-1975. Hg. anläßlich der 100jährigen Wiederkehr der Einweihung des Hermannsdenkmals in Zusammenarbeit mit der Hermannsdenkmal-Stiftung in Detmold (Sonderveröffentlichungen des Naturwissenschaftlichen und Historischen Vereins für das Land Lippe, Bd. 23), Detmold 1975, S. 167-182.

Verfassungsrede. Gehalten von Prof. Dr. Gustav Radbruch bei der Feier der Reichsregierung am 11. August 1928, Berlin 1928.

Verhandlungen der verfassungsgebenden Deutschen Nationalversammlung [VNV]. Bde 326-343. Stenographische Berichte und Anlagen, Berlin 1920.

Verhandlungen des Reichstags [VRT]. I. bis VII. Wahlperiode. Bde 344-456. Stenographische Berichte und Anlagen, Berlin 1921ff.

Verhey, Jeffrey: Der „Geist von 1914" und die Erfindung der Volksgemeinschaft, Hamburg 2000.

[Vetter, Karl]: Weshalb: Deutschland Deutschland über Alles? Von einem Deutschen, Berlin 1923.

Volkow, Shulamit: Überlegungen zur Ermordung Rathenaus als symbolischem Akt. Kommentar zu dem Vortrag von Gerald D. Feldman, in: Thomas P. Hughes u.a.: Ein Mann vieler Eigenschaften. Walter Rathenau und die Kultur der Moderne (Kleine Kulturwissenschaftliche Bibliothek, hg. von Ulrich Raulff, Bd. 21), Berlin 1990, S. 99-105.

Vondung, Klaus (Hg.): Kriegserlebnis. Der Erste Weltkrieg in der literarischen Gestaltung und symbolischen Deutung der Nationen, Göttingen 1980.

Von unten auf. Ein neues Buch der Freiheit. Gesammelt und gestaltet von Franz Diederich. 2 Bde, Berlin 1911.

Vortragsdisposition, Winke und Beispiele für die Gestaltung von Bundesgründungs- und 1848er Gedenkfeiern. Hg. vom Bundesvorstand des Reichsbanners Schwarz-Rot-Gold, Magdeburg o.J. [1929].

Voßke, Heinz: Geschichte der Gedenkstätte der Sozialisten in Berlin-Friedrichsfelde, Berlin 1982.

Weber, Petra: Goethe und der „Geist von Weimar". Die Rede Werner Thormanns bei der Verfassungsfeier in der Paulskirche am 11. August 1932, in: Vierteljahrshefte für Zeitgeschichte 46 (1998), S. 109-135.

Wehler, Hans-Ulrich: „Moderne" Politikgeschichte? Oder: Willkommen im Kreis der Neorankeaner vor 1914, in: ders.: Politik in der Geschichte. Essays, München 1998, S. 160-172.

Weidenfeld, Werner/Korte, Karl-Rudolf (Hg.): Handbuch zur deutschen Einheit, ND Bonn 1994.

Weißmann, Karlheinz: Die Zeichen des Reiches. Symbole der Deutschen, Asendorf 1989.

–: Schwarze Fahnen, Runenzeichen. Die Entwicklung der politischen Symbolik der deutschen Rechten zwischen 1890 und 1945, Düsseldorf 1991.
Wendt, Hans: Der Tag der Nationalen Arbeit. Die Feier des 1. Mai 1933. Mit neun Abbildungen, Berlin 1933.
Wenn wir marschieren ... Ein republikanisches Liederbuch. Hg. vom Reichsbanner Schwarz-Rot-Gold. Zusammengestellt von Franz Osterroth, Berlin 1930.
Wentzcke, Paul: Vom Stammbaum und Schicksal der deutschen Farben, in: Aus Politik und Zeitgeschichte 1 (1955), S. 1-8.
–: Die deutschen Farben. Ihre Entwicklung und Deutung sowie ihre Stellung in der deutschen Geschichte. Neue, bis zur Gegenwart fortgeführte Fassung (Quellen und Darstellungen zur Geschichte der Burschenschaft und der deutschen Einheitsbewegung, hg. von der Gesellschaft für burschenschaftliche Geschichtsforschung, Bd. 9), Heidelberg 1955.
Werth, German: Verdun. Die Schlacht und der Mythos, Bergisch Gladbach 1979.
Wette, Wolfram: Gustav Noske. Eine politische Biographie. Hg. vom Militärgeschichtlichen Forschungsamt, Düsseldorf 1987.
Wheeler, Robert F.: USPD und Internationale. Sozialistischer Internationalismus in der Zeit der Revolution, Frankfurt a.M. usw. 1975.
Wheeler-Bennett, John W.: Der hölzerne Titan. Paul von Hindenburg, Tübingen 1969.
Wildung, Fritz: Arbeitersport, Berlin o.J. [1929].
Will, Wilfried van der/Burns, Rob: Arbeiterkulturbewegung in der Weimarer Republik. Eine historisch-theoretische Analyse der kulturellen Bestrebungen der sozialdemokratisch organisierten Arbeiterschaft. 2 Bde, Frankfurt a.M. usw. 1982.
Willms, Johannes (Hg.): Der 9. November. Fünf Essays zur deutschen Geschichte, München 1994.
Winkler, Heinrich August: Die Sozialdemokratie und die Revolution von 1918/19. Ein Rückblick nach sechzig Jahren, Berlin/Bonn 1979.
–: Von der Revolution zur Stabilisierung. Arbeiter und Arbeiterbewegung in der Weimarer Republik 1918 bis 1924 (Geschichte der Arbeiter und der Arbeiterbewegung in Deutschland seit dem Ende des 18. Jahrhunderts, hg. von Gerhard A. Ritter), Berlin/Bonn ²1985.
–: Der Schein der Normalität. Arbeiter und Arbeiterbewegung in der Weimarer Republik 1924 bis 1930 (Geschichte der Arbeiter und der Arbeiterbewegung in Deutschland seit dem Ende des 18. Jahrhunderts, hg. von Gerhard A. Ritter), Berlin/Bonn ²1988.
–: Der Weg in die Katastrophe. Arbeiter und Arbeiterbewegung in der Weimarer Republik 1930 bis 1933 (Geschichte der Arbeiter und der Arbeiterbewegung in Deutschland seit dem Ende des 18. Jahrhunderts, hg. von Gerhard A. Ritter), Bonn ²1990.
–: Weimar 1918-1933. Die Geschichte der ersten deutschen Demokratie, München ²1993.
–: Requiem für eine Republik. Zum Problem der Verantwortung für das Scheitern der ersten deutschen Demokratie, in: Peter Steinbach/Johannes Tuchel (Hg.): Widerstand gegen den Nationalsozialismus, Bonn 1994, S. 54-67.
–: Die Vermeidung des Bürgerkrieges. Zur Kontinuität sozialdemokratischer Politik in der Weimarer Republik, in: Manfred Hettling/Paul Nolte (Hg.): Nation und Gesellschaft in Deutschland. Historische Essays (Hans-Ulrich Wehler zum 65. Geburtstag), München 1996, S. 282-304.
–: Hindenburg, ein deutsches Verhängnis, in: Berliner Zeitung 2.10.1997.
Winkler, Klaus-Jürgen: Die Architektur am Bauhaus in Weimar, Berlin/München 1993.
–: Moderne in Weimar 1919-1933. Bauhaus-Bauhochschule-Neues Bauen. Kunstführer, Weimar 1995.
Winnig, August: Das Reich als Republik. 1918-1928, Stuttgart/Berlin 1929.

–: Wir hüten das Feuer. Aufsätze und Reden aus zehn Jahren (1923-1933), Hamburg 1933.
Winter, Michael: Wir sind das Volksfest. Kaum Grund zum Feiern: Das deutsche Revolutionsjahr 1848, in: Süddeutsche Zeitung 19.11.1997.
Wippermann, Klaus W.: Politische Propaganda und staatsbürgerliche Bildung. Die Reichszentrale für Heimatdienst in der Weimarer Republik, Bonn 1976.
Wippermann, Wolfgang: Die Geschichte des „Reichsehrenmals Tannenberg". Ein historisches Lehrstück, in: Niemandsland 1 (1987), H. 2, S. 58-69.
Witt, Peter-Christian: Friedrich Ebert. Parteiführer-Reichskanzler-Volksbeauftragter-Reichspräsident. Bonn ³1992.
Wittwer, Wolfgang W.: Die sozialdemokratische Schulpolitik in der Weimarer Republik. Ein Beitrag zur politischen Schulgeschichte im Reich und in Preußen. Mit einem Geleitwort von Otto Büsch (Historische und Pädagogische Studien, hg. von Otto Büsch/Gerd Heinrich, Bd. 12), Berlin 1980.
Wolf, Lothar u.a.: Materialien zur Geschichte der deutschen Nationalhymne. Arbeitsheft zum Schulfernsehen. Hg. von der Landesbildstelle Berlin, Zentrum für audio-visuelle Medien, Berlin 1990.
Wördehoff, Bernhard: Flaggenwechsel. Ein Land und viele Fahnen, Berlin 1990.
Wunderer, Hartmann: Arbeitervereine und Arbeiterparteien. Kultur- und Massenorganisationen in der Arbeiterbewegung (1890-1933), Frankfurt a.M./New York 1980.

Zechlin, Egmont: Die Entstehung der schwarz-weiß-roten Fahne und das Problem der schwarz-rot-goldenen Farben. Zur Geschichte von Bismarcks Verfassungsgründung, in: Archiv für Politik und Geschichte 3 (1925), S. 345-367.
–: Schwarz Rot Gold und Schwarz Weiß Rot in Geschichte und Gegenwart (Einzelschriften zur Politik und Geschichte, hg. von Hans Roeseler, Bd. 15), Berlin 1926.
Zehn Jahre deutsche Geschichte 1918-1928, Berlin 1928.
10 Jahre Weimarer Verfassung. Die Verfassungsreden bei den Verfassungsfeiern der Reichsregierung. Hg. von der Reichszentrale für Heimatdienst, Berlin 1929.
Zeller, Ursula: Die Frühzeit des politischen Bildplakats in Deutschland (1848-1918), Stuttgart 1988.
Ziegler, Wilhelm: Die Deutsche Nationalversammlung 1919/1920 und ihr Verfassungswerk, Berlin 1932.
Zuckmayer, Carl: Carlo Mierendorff. Porträt eines deutschen Sozialisten, in: ders.: Aufruf zum Leben. Portraits und Zeugnisse aus bewegten Zeiten, Frankfurt a.M. 1976, S. 37-60.
Zum zehnten Verfassungstag. Eine Zusammenstellung von Reden, Zitaten, Gedichten, Daten und Vorschlägen zur Ausgestaltung von Verfassungsfeiern, Berlin 1929 [Reichszentrale für Heimatdienst].
Zweig, Stefan: Die Welt von Gestern. Erinnerungen eines Europäers, Frankfurt a.M. 1970 [zuerst Stockholm 1944].

Personenregister

Ablaß, Bruno 81
Ackermann, Volker 346
Adenauer, Konrad 228, 365
Albrecht, Richard 295
Altmann, Bruno 250
Amundsen, Roald 115
Anschütz, Gerhard 333
Arminius (Hermann der Cherusker) 16, 29, 193, 201-206, 208f., 221
Arndt, Ernst Moritz 41, 183, 248, 347
Audorf, Jakob 148
Auerswald, Hans von 173
Aufhäuser, Siegfried 330
Augusta 225

Baake 62
Bach, Johann Sebastian 332
Badt, Hermann 325
Barth, Emil 61
Barth, Erwin 215
Basch 41
Bauer, Gustav 320
Bauer, Otto 76, 158
Bazille 326
Bebel, August 103, 169, 171, 246, 265, 283f., 360
Becker, Carl Heinrich 230
Becker, Nikolaus 187
Beethoven, Ludwig van 40, 157, 180, 332
Begas, Wilhelm 169, 310
Behncke 110
Behne, Adolf 71f.
Behrens, Peter 230
Bell, Johannes 45, 320, 328
Berg, Heinrich 205
Bergmann, Ernst 221
Bergsträßer, Ludwig 181
Bernhard, Georg 75
Bernstein, Eduard 54, 177
Bessel, Richard 219f.
Besson, Waldemar 92

Bethmann Hollweg, Theobald von 188
Beversdorf 356
Bieber, Oswald 229
Bismarck, Otto von 19, 29, 65, 67, 75, 79, 108, 145f., 166, 169-171, 187, 190, 206, 236-241, 245-251, 265, 283, 291, 310, 312, 315f., 326, 339, 346, 363, 366
Bismarck, Otto von (Enkel) 248
Bleeker, Bernhard 358
Bloch, Ernst 299
Blos, Wilhelm 171
Blum, Robert 183
Böckh, August 211
Bodelschwingh, Friedrich von 312
Boldt, Hans 81
Boldt, Werner 257, 259
Böß 121
Bracher, Karl Dietrich 331
Brandt, Otto 190
Brandt, Willy 275, 365
Braun, Otto 32, 81, 85, 87f., 107, 110, 112f., 121f., 179, 187f., 209, 226, 230f., 234f., 257, 322
Brecht, Arnold 21, 94, 129, 133f., 136, 177f., 180, 304, 319-321, 324, 331, 353, 360
Brecht, Bertolt 144, 264
Bredt, Johannes Victor 116, 182, 248, 338f.
Breitscheid, Rudolf 80, 89-91, 114, 137, 257, 323, 330, 348
Breuer, Robert 180f., 242, 352, 357
Brockdorff-Rantzau, Ulrich Graf von 38, 40, 76
Bröger, Karl 164
Brüning, Heinrich 36, 126, 129, 288, 290, 308, 315, 360, 366
Bülow, Bernhard von 194

Campe, Julius 145
Cato der Ältere 24
Chambord, Henri Graf von 12
Christo 23

401

Cohen, Max 83
Cohn, Oskar 49, 73, 80, 189
Crispien, Artur 90
Cromwell, Oliver 28
Cserépy, Arzen von 241
Cuno, Wilhelm 178f., 228, 334

Dahlmann, Friedrich Christoph 183
Dante 320
Daumier, Honoré 281
Däumig, Ernst 90
David, Eduard 48, 52, 73, 85, 88f., 114, 118, 158, 267, 320, 341, 343, 348
Degeyter, Pierre 147
Degoutte 177
Deimling, Berthold von 117
Delbrück, Clemens von 79
Delbrück, Hans 197
Dietrich 334
Dietrich, Hermann 333
Dittmann, Wilhelm 90
Döllinger, Ignaz von 183
Donoso Cortés 198
Dörner, Andreas 34, 194, 209
Dorsch 89
Dülberg, Ewald 62, 71

Eberhardt 58f.
Ebert, Friedrich 18, 20, 37-39, 42f., 60, 85-88, 107, 111, 131, 133-140, 148, 150, 155, 158f., 161f., 164-167, 172, 176, 179f., 187f., 192, 195, 201f., 206, 212, 217, 224, 231, 243, 268, 287, 317, 319f., 331-334, 339, 341, 347, 351, 353-361, 363-365
Edelman, Murray 30
Ehrhardt 106
Eisler, Hanns 263
Eisner, Kurt 267, 351
Engels, Friedrich 157, 171f., 283
Erman, Wilhelm 82
Erzberger, Matthias 43, 92, 133, 176, 196-198, 320, 351, 353, 356
Eschenburg, Theodor 159, 361
Esther 36
Everling, Friedrich 118, 209

Fallmerayer, Jakob Philipp 183
Faulenbach, Bernd 245
Fehrenbach, Elisabeth 28
Fehrenbach, Konstantin 151, 156, 159, 320, 322
Feld, Hans 241
Felder, Josef 167
Fichte, Johann Gottlieb 157, 244, 347
Fischer, Joschka 364
Follen, Karl 203
Frank, Josef Maria 288
Frank, Ludwig 210, 212f., 217f., 366
Franz II. 141f.
Freiligrath, Ferdinand 65, 157, 166, 175, 177, 203, 215
Freitag, Werner 39
Frick, Wilhelm 315
Fricke, Dieter 32, 254
Friedel, Alois 13, 117, 123, 139
Friedell, Egon 26
Friedrich I. Barbarossa 204
Friedrich III. 65, 310
Friedrich der Große 19, 33, 39, 41, 42, 49, 199, 237-246, 346, 366
Friedrich Wilhelm I. 42
Friedrich Wilhelm III. 94
Friedrich Wilhelm IV. 64, 168, 184
Fuad 121
Fuchs, Walter 260

Gagern, Friedrich Freiherr von 179
Gagern, Heinrich von 176, 179
Gareis, Karl 351
Garibaldi, Giuseppe 299
Gayl, Wilhelm Freiherr von 20, 304-306, 308, 333, 338
Gebühr, Otto 241f.
George, Heinrich 137
Gerlach 227
Gerlach, Hellmut von 304, 306
Gervinus, Georg 183
Geßler, Otto 84, 153
Giesberts 114, 320
Glasbrenner, Adolf 175
Glaser, Hermann 313
Gmeinhardt, Max 255f.

Goebbels, Joseph 15, 32, 35, 219, 239, 253, 274f., 299, 304, 329,
Goethe, Johann Wolfgang von 21, 37, 39, 41, 157, 183, 185, 227, 307, 349
Gollbach, Michael 219
Göring, Hermann 31, 130
Gotschlich, Helga 287
Goy, Ignaz 339
Graefe, Albrecht von 35
Gramm, Carl 148
Grautoff, Otto 320
Grimm, Jacob 108, 174, 183, 347
Grimm, Wilhelm 347
Grimme, Adolf 34
Gröber 46
Groener, Wilhelm 58-61, 222, 231
Gropius, Walter 349f.
Grün, Anastasius 183
Grzesinski, Albert 21, 191, 233, 248, 253, 257, 308f., 324

Haas, Ludwig 112, 117
Haase, Hugo 59-61, 63, 268, 351
Häbich, Walter 262
Haenisch, Konrad 150, 215
Haffner, Sebastian 358
Harden, Maximilian 351
Harnack, Adolf von 321
Harries, Heinrich 145
Hartmann, Ludo Moritz 77, 172
Hartmann, Moritz 77
Haschka, Leopold 141
Hattenhauer, Hans 14, 364
Haubach, Theodor 31
Haug, Wolfgang Fritz 299
Hauptmann, Gerhart 136, 224, 331
Haußmann, Conrad 69, 79, 81, 172
Haußmann, Julius 69
Haydn, Joseph 133, 135, 141f., 146, 148, 155, 159, 167, 179, 285, 365
Heartfield, John 84, 282
Hebbel, Friedrich 157
Heffen, Annegret 224, 332
Hegel, Georg Wilhelm Friedrich 79, 157
Heiber, Helmut 33, 52
Heilbron 134

Heilmann, Ernst 282
Heine, Heinrich 157, 175, 203
Heine, Wolfgang 21, 42, 240f., 244f., 313
Heinrich von Preußen 54
Heinze 79
Helfferich, Karl 43, 92f., 105, 187, 198
Hellpach, Willy 103, 135, 142, 154, 338
Hennig, Eike 296
Herder, Johann Gottfried von 49
Hergt, Oscar 187
Hermann der Cherusker s. Arminius
Herwegh, Georg 175
Herz 222
Hesse, Hermann 68
Hettling, Manfred 168
Heuss, Theodor 69, 142, 148, 338, 365
Hieber, Hermann 99, 321
Hiery, Hermann 25
Hilferding, Rudolf 36, 90f.
Hilpert, Fritz 225f.
Hindemith, Paul 179
Hindenburg, Paul von 16, 19, 25, 42f., 59f., 84, 102, 107-113, 117, 123, 125f., 129, 155, 174, 185-193, 198f., 206, 210-212, 214, 223, 226, 228-237, 239, 247, 272, 296, 303, 305-307, 311, 314, 331, 335, 338f., 353f., 356, 358f., 366
Hintze, Peter 23
Hitler, Adolf 12, 15, 31, 33, 43, 99, 105f., 126f., 129, 141, 149, 167, 209, 223, 229, 231, 234, 236-239, 243, 253, 273-275, 283, 285, 290f., 293, 296, 298-304, 308, 311, 344
Hoegner, Wilhelm 167, 188f., 191f., 303
Hoffmann 186
Hoffmann, Adolf 90
Hoffmann von Fallersleben, August Heinrich 17f., 133, 135, 139, 141f., 144-146, 148, 150, 153, 155f., 158f., 161f., 165, 167, 332, 335, 343, 352, 357, 364
Höltermann, Karl 99f., 116f., 278
Horlacher 328
Hörsing, Friedrich Otto 100, 110, 112, 117, 171, 218, 226, 232, 289, 291, 359
Huch, Ricarda 243
Hugenberg, Alfred 128

Hummel, Hermann 136, 333

Ilgen, Friedrich Hermann 221

Jäckh, Ernst 40
Jahn, Friedrich Ludwig 65, 177, 183, 347
Janssen 229
Jarres, Karl 107, 187f., 228, 253, 333f.
Jasper, Gotthard 74, 88, 96, 101, 323
Jeanne-Claude 23
Jellinek, Walter 77
Jentzsch, Hans Gabriel 205
Jessner, Leopold 360
Jordan, Wilhelm 183
Juchacz, Marie 97

Kahl, Wilhelm 48, 82, 315
Kameke 324
Kampffmeyer, Paul 180, 250
Kant, Immanuel 66, 72, 157, 244
Kapp, Wolfgang 106, 152, 174, 349
Kardorff, Siegfried von 306, 333, 336
Karl der Große 27, 64
Katzenstein, Simon 46, 73, 79
Kaufhold, Enno 274
Kautsky, Karl 90
Kegel, Max 148
Kessler, Harry Graf 56, 62, 70, 93f., 192f., 351
Ketteler, Wilhelm Emmanuel Freiherr von 312
Keudell, Walter von 324f., 334
Kjellén, Rudolf 214
Klein, Cesar 71f.
Kleist, Heinrich von 206, 208-210
Klenke, Dietmar 164
Knilling, Eugen Ritter von 179
Koch-Weser, Erich 114, 153, 233, 289
Kohl, Helmut 18, 158, 365
Köhler 244
Koppen 204
Korff, Gottfried 14, 263-265, 274, 282
Köster, Adolf 43, 133f., 331, 341f., 364
Kotzebue, August von 202
Kranz, Herbert 202
Kraus, Karl 190

Krause, Hartfrid 96
Kreimeier, Klaus 241
Kreis, Wilhelm 229
Kreuter 226
Krischke, Traugott 68
Krüger 210
Kuhn, Ekkehard 150
Kühn, Heinz 100, 166
Külz, Wilhelm 130, 327, 333, 335
Künstler, Franz 254
Kurz, Thomas 256, 258f.

Landsberg, Otto 38, 209, 248, 316, 318, 341-343
Langbehn, Julius 70
Lange, Hans 260
Lange, Willy 223f.
Lantz, Pierre 15
Lassalle, Ferdinand 55, 148, 157, 168, 171, 265, 283, 312
Laufenberg, Heinrich 173
Laverrenz 45, 49, 85
Leber, Julius 110, 174, 200, 218f.
Ledebour, Georg 90
Lederer, Hugo 250
Lemmer, Ernst 56f.
Lenin, Wladimir Iljitsch 284
Lepinski, Franz 160
Lequis 202
Lessing, Gotthold Ephraim 163
Leuschner, Wilhelm 293, 296
Levi, Paul 32, 43, 124, 160, 184, 201
Lichnowsky, Felix Fürst 173
Liebknecht, Karl 55, 90, 256, 266, 284, 351
Liebknecht, Wilhelm 169, 171
Lissitzky, El 295
Löbe, Paul 19, 21, 41f., 51, 97, 101, 134, 144, 176f., 179f., 192f., 211
Lochner, Fritz 242
Low, Alfred 76
Löwenstein, Prinz Hubertus 12, 101, 127f., 130, 360
Lucas, Friedrich J. 189
Luckhardt, Emil 147
Ludendorff, Erich 43, 58, 186f., 198f., 211, 243, 314

Ludwig I. 64
Ludwig II. 65
Ludwig XVI. 64
Lurker, Manfred 277
Lurz, Meinhold 221, 238
Luther, Hans 109-115, 117f., 232, 335
Luther, Martin 25, 205, 247, 310
Lüttwitz, Walther Freiherr von 106, 174, 349
Lützow, Adolf Freiherr von 63
Luxemburg, Rosa 90, 171, 256, 284, 351

Machtan, Lothar 246-249
Mackay, Charles 258
Malcolm 199
Manet, Edouard 359
Mann, Thomas 357
Marlitt, Eugenie 312
Marx, Karl 157, 171f., 177, 277, 283
Marx, Wilhelm 107f., 115, 122, 174, 188, 226, 232, 234, 288f., 334f.
Matthäi, Albert 152
Maurice, Sir Frederic 199
Max von Baden 69, 196
Mayer, Eugen 232
Mayer, Wilhelm 320
Meinecke, Friedrich 69, 239, 267
Meissner, Hans-Otto 190
Meissner, Otto 191, 334f.
Melanchthon, Philipp 25
Melcher 308
Metternich, Klemens Wenzel Fürst von 75
Michels, Robert 277
Mierendorff, Carlo 219, 282, 291, 293-297, 300
Mies van der Rohe, Ludwig 230
Mischler, Richart 41
Moldenhauer, Paul 328
Molkenbuhr, Hermann 46, 49, 73, 81
Möller, Horst 42, 188
Moltke, Helmut Graf von 246, 312, 315
Mommsen, Hans 13
Mommsen, Wolfgang J. 214
Moser, Gustav von 18
Mosse, George L. 311
Mozart, Wolfgang Amadeus 153, 157

Mudra 59
Mühlhausen, Walter 81
Müller, Paul 85
Müller-Breslau 270
Müller-Franken, Hermann 43, 45, 58, 60, 121, 278, 318, 320, 366
Münkler, Herfried 26, 194, 198, 204
Münzenberg, Willi 201, 285, 298f.
Mussolini, Benito 262

Napoleon III. 312
Naumann, Friedrich 158
Netto, Heinrich 63
Neumann, Heinz 262
Neumann, Sigmund 30
Nietzsche, Friedrich 18, 29, 49, 367
Noske, Gustav 41, 51, 60, 76, 85-87, 190, 320, 356, 363

Oehme, Walter 39
Oeser, Rudolf 176, 178f., 320
Olden, Rudolf 43
Oncken, Hermann 321
Ossietzky, Carl von 169, 242, 252f., 261, 304, 316, 333
Öttinger, Karl 128

Papen, Franz von 128, 239, 290, 302-306, 308
Paquet, Alfons 264
Pawlow, Iwan Petrowitsch 293
Payer, Friedrich von 270
Pechstein, Max 71f.
Petersen, Carl 333
Petri, Moritz Leopold 143
Petzold, Joachim 199, 201f.
Pfau, Ludwig 69
Philipp II. 28
Pieck, Wilhelm 257
Piscator, Erwin 264
Platz 333
Plenge, Johann 214f.
Plum, Werner 359
Poelzig, Hans 230
Pohlmann 218
Poincaré, Raymond 177

Poscher, Ralf 330
Potthoff, Heinrich 74
Pottier, Eugène 147
Preczang, Ernst 170
Preuß, Hugo 35, 37-39, 77-79, 81, 91, 269f.
Pross, Harry 21, 33, 56, 189
Pünder 123

Quarck, Max 46, 74, 81, 180f.
Quidde, Ludwig 49, 52

Radbruch, Gustav 11, 21, 138, 162-164, 212, 216, 233, 249, 286f., 333, 336, 341, 343f., 357, 360
Ragozat, Ulrich 142
Rathenau, Walther 16, 20, 43, 92-96, 102, 119, 133, 137, 176, 257, 323, 331, 347, 351-353, 356, 360
Rausch, Bernhard 53
Rauscher, Ulrich 43, 85
Redslob, Edwin 115-117, 119, 134, 178, 180, 191, 224, 226, 320, 331, 333, 344
Reinhardt, Walther 38
Renger, Annemarie 83
Renner, Karl 195
Renoir, Auguste 359
Roethe, Gustav 144
Rohe, Karl 24, 78, 100f., 165, 273, 289, 291, 363
Roon, Albrecht Graf von 315
Rosenberg, Alfred 208, 274
Rosenberg, Arthur 36
Rosenberg, Frédérik Hans von 136
Rouget de Lisle 28, 161
Rosenfeld, Kurt 104, 126, 261
Runge 252
Rupprecht 179

Salewski, Michael 37
Sallet, Friedrich von 175
Sammet, Rainer 196
Sand, Karl Ludwig 202
Sarcinelli, Ulrich 23
Schacht, Roland 242
Scharff, Edwin 358
Scharrer, Adam 54

Scheibe, Richard 359
Scheidemann, Philipp 38f., 45, 51, 55, 57, 63, 78, 93, 113, 151-153, 156, 160-162, 214f., 270, 285, 351f.
Schellack, Fritz 301, 321, 337f., 344f.
Schiele, Martin 334f.
Schiff, Victor 353f.
Schiller, Friedrich von 26, 37, 41, 65, 157, 227, 307
Schirmann, Léon 258
Schlange-Schöningen, Hans 328, 348
Schleicher, Kurt von 305
Schlicke 320
Schlösser, Rainer 210
Schmidt, Robert 320, 341
Schneckenburger, Max 145
Schneidewin, Max 147
Schoeps, Hans-Joachim 316
Scholz, Wilhelm von 209
Schönthan, Franz von 18
Schramm, Percy Ernst 22
Schulz, Heinrich 324
Schulze, Hagen 43, 145
Schumacher, Kurt 32, 279
Schweriner, Artur 94
Seeba, Hinrich C. 208
Seeckt, Hans von 40, 331
Seipel, Ignaz 75
Seitz, Karl 179
Seldte, Franz 128, 226, 359
Severing, Carl 21, 36, 51, 102, 119, 125f., 162f., 218, 228, 230, 233f., 257, 261, 268, 279, 287, 325-327, 329, 332-338, 341-343, 348
Simons, Walter 62, 153
Sinzheimer, Hugo 261
Sixt von Armin 59
Slesack 277
Smith, Eddy 359
Sollmann, Wilhelm 85, 143, 157, 265, 327, 360
Sombart, Werner 40, 214
Sontheimer, Kurt 238, 346
Speicher, Stephan 37
Stalin, Josef W. 201
Stampfer, Friedrich 11, 31, 62, 110, 296, 360

Stein, Adolf 130
Stein, Karl Reichsfreiherr vom und zum 116, 307, 330
Steinbach, Peter 33, 220, 306
Stern, Fritz 42
Sthamer, Friedrich 80
Stingl, Karl 243f.
Stoiber, Edmund 179
Strasser, Gregor 329
Strauß, Franz Josef 179
Stresemann, Gustav 36, 40, 43, 88, 106, 111, 118, 123, 140, 157, 178, 211, 334f., 339, 347, 353f.
Stücklen 35

Tacitus 201
Tacke, Charlotte 24
Tessenow, Heinrich 230
Thälmann, Ernst 32, 188, 234, 237, 282
Thimme, Annnelise 33, 197
Thoma, Ludwig 68
Thormann, Werner 307
Tirpitz, Alfred von 43
Tirpitz, P. 58
Treviranus, Gottfried 206
Trimborn, Carl 46
Tschachotin, Sergej 98, 215, 282-285, 291, 293-297, 300
Tucholsky, Kurt 84, 143, 189, 243, 278, 358

Uhland, Ludwig 108, 174, 183
Unruh, Fritz 137
Unruh, Karl 149

Valentin, Veit 108, 116, 126, 217, 354, 360
Varus 203, 205
Verdroß, Alfred 77
Verhey, Jeffrey 213
Vetter, Karl 161f.
Vischer, Theodor 183
Vogt, Karl 183
Voigt, Georg 179
Volkow, Shulamit 351

Wachenheim, Hedwig 213
Wackerle, Josef 229
Waden, Johann 277
Wagner, Richard 31, 94, 332
Wagner, Siegfried 105f.
Waigel, Theo 179
Walker 121
Wallas, Graham 30
Walter, Franz 164
Weber, Alfred 180
Weinert, Erich 263
Weißmann, Karlheinz 14, 85, 319
Weizsäcker, Richard von 18, 365
Welcker, Theodor 144
Wels, Otto 83, 93f., 97, 239, 262, 290
Wendel, Hermann 341
Wendt, Hans 274
Wermuth 201
Wessel, Horst 167
Wetzel (Generalsuperintendent) 206
Wetzel (Architekt) 229
Wever 178
Wieland, Christoph Martin 57
Wildung, Fritz 83
Wilhelm I. 29, 65, 67, 94, 145, 169, 204, 208, 238, 310f., 315
Wilhelm II. 67f., 145f., 150, 154, 170, 185, 189f., 199, 219, 237f., 241, 310f., 313f., 356
Winkler, Heinrich August 186f., 235, 253, 257, 297, 301, 306
Winnig, August 17, 51
Wirmer, Josef 130f.
Wirth, Joseph 92f., 137, 290, 320f., 332f.
Witt, Peter-Christian 43, 358
Wulle, Reinhold 69f.

Young, Owen D. 237

Zetkin, Clara 95
Zörgiebel, Karl 253f., 257f., 261-263
Zuckmayer, Carl 32
Zweig, Stefan 266
Zweigert, Erich 226

Der Autor

Bernd Buchner, geboren 1968, studierte Mittlere und Neuere Geschichte sowie Journalistik in Gießen und Bordeaux. Er war Graduiertenstipendiat der Friedrich-Ebert-Stiftung und arbeitet zurzeit als Kulturjournalist in Bayreuth.